# 이문화관리

독자들로부터 큰 호응을 얻고 있는 이 책의 제3판은 이문화 관리에 대한 최신 접근방식을 탐구하고 국제 임무 및 글로벌 팀을 관리하기 위한 전략과 전술을 제시하기 위해 수정 및 업데이트되었다. 학습 및 개발에 중점을 둔 이 새로운 버전은 학생들이 미래의 경영자에게 매우 중요한 다문화 역량을 습득할 수 있도록 "응용" 및 "경영자 노트" 수록과 함께 글로벌 경영 모델을 소개하고 있다. 경영 관행과 프로세스가 국가 및 지역마다 크게 다른 세계에서, 모든 경영자가 글로벌 경영자인 지금 이러한 기술은 그 어느 때보다 더 중요하다. 이 책은 국제 경영 과정을 수강하는 학생들은 물론 임원 연수 프로그램 참여자들에게도 적합하다.

**리차드 스티어스(Richard M. Steers)**는 미국 오리건대학교 런드퀴스트 경영대학(Lundquist College of Business, University of Oregon)의 조직 및 경영학과의 명예교수이다.

**루시아라 나르돈(Luciara Nardon)**은 캐나다 칼레톤대학교 스프로트 경영대학(The Sprott School of Business, Carleton University)의 국제경영학과 부교수이다.

**카를로스 산체스-룬데(Carlos Sanchez-Runde)**는 스페인 나바라대학교 IESE 경영대학(IESE Business School, University of Navarra)의 조직인적 관리학과의 교수 및 학과장이다.

# Management Across Cultures

## Developing Global Competencies

THIRD EDITION

Richard M. Steers

Luciara Nardon

Carlos J. Sanchez-Runde

CAMBRIDGE
UNIVERSITY PRESS

# Management Across Cultures

Developing Global Competencies

**by Richard M. Steers, Luciara Nardon, Carlos J. Sanchez-Runde**

Management Across Cultures

# 이문화관리

3rd Edition

## 글로벌 역량 개발

김응규 · 김태중 · 박재석 · 안성익 공역

*Developing Global Competencies*

Richard M. Steers, Luciara Nardon,
Carlos J. Sanchez-Runde

한티미디어

## 역 자

| | | | | |
|---|---|---|---|---|
| 대표 역자 | **김응규** | 한밭대학교 | 경상대학 교수 | ekkim@hanbat.ac.kr |
| | **김태중** | 충남대학교 | 경영학부 교수 | tjkim006@cnu.ac.kr |
| | **박재석** | 전)명지대학교 | 경영대학 교수 | mail2jspark@gmail.com |
| | **안성익** | 영남대학교 | 경영학과 교수 | siahn@yu.ac.kr |


# 이문화관리 제3판

**발행일** 2019년 2월 22일 초판 1쇄
**지은이** Steers • Nardon • Sanchez-Runde
**옮긴이** 김응규 • 김태중 • 박재석 • 안성익
**펴낸이** 김준호
**펴낸곳** 한티미디어 | 서울시 마포구 연남로 1길 67 1층
**등 록** 제15-571호 2006년 5월 15일
**전 화** 02) 332-7993~4 | **팩 스** 02) 332-7995
**ISBN** 978-89-6421-368-1 (93320)
**가 격** 27,000원

**마케팅** 박재인 최상욱 김원국 | **편 집** 김은수 유채원 | **관 리** 김지영
**내지 • 표지디자인** 유채원
**인 쇄** 우일미디어

이 책에 대한 의견이나 잘못된 내용에 대한 수정정보는 한티미디어 홈페이지나 이메일로 알려주십시오.
독자님의 의견을 충분히 반영하도록 늘 노력하겠습니다.

**홈페이지** www.hanteemedia.co.kr | **이메일** hantee@hanteemedia.co.kr

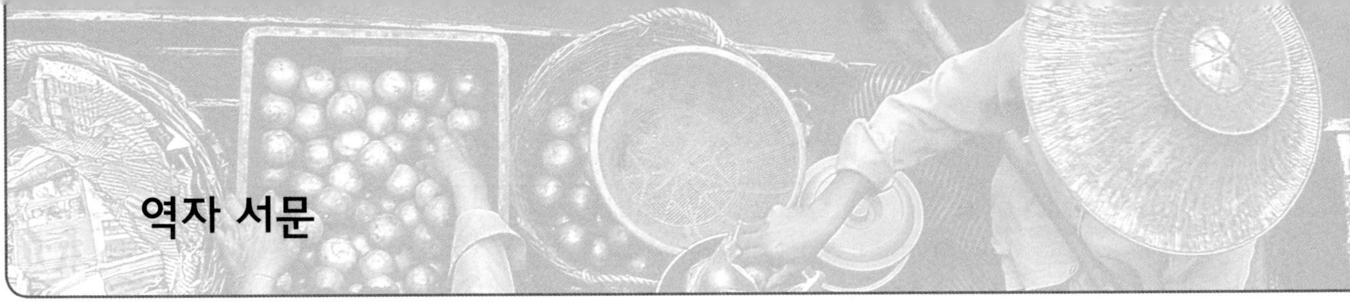

# 역자 서문

글로벌 비즈니스 환경에서 국경을 초월한 파트너십을 통해 매우 다양한 문화가 끊임없이 만나고 있으며, 모든 기업은 글로벌 시장을 대상으로 하기 때문에 문화 다양성에 대한 관리는 필수적이며, 이처럼 난해한 문화적 차이를 이해하고 글로벌 경영의 복잡한 딜레마를 조정하고 성공적인 글로벌 역량을 개발하는 것이 이 책의 목적이다.

국제경영학, 인사관리, 비즈니스 커뮤니케이션 등 경영학의 세부 전공에서 문화를 개별적으로 다루는 장이 있지만 경영학 전반에 대한 문화적인 접근은 본서와 같은 이문화관리(경영)에서 다룬다. 해외에서는 이 분야도 오랜 역사를 지니고 있지만, 아직 우리나라에서는 독자들의 관심을 끌 만한 교재가 없는 것이 현실이다. 이것이 이 책 번역의 이유이기도 하다.

본서는 이 분야의 다른 책들이 가지고 있지 않은 몇 가지 장점이 있다. 첫째, 각 장의 체계적인 접근이다. 도전적인 과제로 시작하여 본론 및 본론과 관련된 응용(사례), 그리고 다시 요약하고 경영자에 대한 시사점을 제공하는 경영자 노트, 마지막으로 장 전체 내용과 관련된 사례로 구성되어 있다. 둘째, 다양한 시각에서 접근한 점이다. 미국, 캐나다, 스페인에 거주하는 세 명의 저자들의 다양한 시각과 풍부한 사례가 이 책의 재미를 더해 준다. 특히 문화연구에서 서구 편향성을 극복하기 위한 저자들의 세심한 노력이 돋보인다. 셋째, 이론과 실제의 균형을 통하여 현장 적용 가능성을 높였다. 복잡한 이론이나 개별적인 사례들을 나열하여 독자들을 혼란에 빠트리지 않고, 핵심적인 이론만 취하여 최신의 사례로 연결시켜 독자의 이해를 돕고자 하였다. 대부분의 원서들이 600페이지 이상 되어 분량에 압도되는데 이 책은 그런 과잉 설명의 늪에서 탈피하고자 하였다.

이 책은 3단계로 구성되어 있다. 1단계는 경영자가 직면한 과제와 문화 및 조직 경계를 넘어 다양한 경영자 역할과 책임이 어떻게 다른지 논의하면서 분석을 시작한다(1장, 2장). 2단계는 글로벌 경영자가 접하게 되는 복잡한 문화, 조직 및 상황적 맥락에 대한 깊은 이해와 비판적 분석을 개발하는 데 초점을 둔다(3장, 4장). 3단계는 이러한 기반 위에서 경영자가 경쟁적인 글로벌 환경에서 성공하기 위해 사용할 수 있는 구체적인 다문화 기술 개발에 초점을 둔다(5장에서 11장까지). 마지막으로 12장에서 배운 내용들을 다시 정리하면서 마무리한다. 따라서 한 학기 분량으로서 적합하다고 판단된다.

애초에 이 책의 번역을 권유하신 한티미디어 김준호 사장님의 격려와 김은수 편집팀장, 유채원 편집자의 세심한 원고정리에 감사드린다. 물론 교수님들의 노고 없이는 처음부터 불가능한 일이다. 까다로운 번역 작업에 참여하여 시간 압박 속에서 고생하신 김태중 교수님, 박재석 교수님, 안성익 교수님께 진심으로 감사드린다. 겉표지에 나와 있는 역자들의 순서는 가나다순이며, 이 책의 번역 과정에 동일한 기여를 하였음을 밝혀 둔다. 여러 교수님들이 나누어 번역하다 보니 용어의 통일(예: manager는 경영자, 관리자, 매니저로 역자의 기호에 따라 번역), 문체의 일관성 등 난제들이 많이 있었고, 이를 해결하기 위해 노력을 했지만 역부족임을 절감한다. 물론 번역본의 오류는 전적으로 역자들의 책임이다.

2019년 2월 수통골에서

역자들을 대신하여 **김응규**

# 저자 서문

> 비즈니스가 지난 50년 동안의 변화보다 앞으로 10년 안에 훨씬 더 많이 변할 것이기 때문에 지금이 비즈니스 세계에 들어갈 최고의 시기다.
>
> 빌 게이츠, 마이크로소프트 설립자[1]

글로벌 경제에서 성공하려면 혁신적인 아이디어와 제품, 원재료, 경쟁력 있는 노동력에 대한 접근성, 정교한 마케팅 전략, 탄탄한 자금조달, 지속 가능한 공급망 및 예측 가능한 물류지원 등 많은 요소가 필요하다. 그러나 이 노력의 핵심 동인은 영원히 중간에 끼어 있는 경영자이다. 실제로 경영자가 되는 것이 해가 갈수록 점점 더 어려워지는 것 같다. 모든 산업과 서비스에서 경쟁 압력이 커지면서 결과를 도출해 내야 하는 경영자에게도 압력이 가중된다. 역경을 딛고 성공하면 대개 경영자는 조직 상층부로 승진하고 또한 개인적 보상도 더불어 증가한다. 그러나 실패하면 완전히 정지하지는 않지만 경력개발의 진전이 늦추어진다. 따라서 경영자와 조직 모두에게 이해관계가 매우 높다.

이를 염두에 두고, 이 복잡하고 어려운 환경 속에서 생존하고 성공하기 위해 무엇을 알아야 하는가? 물론 그들은 미시경제학과 거시경제학을 이해할 필요가 있고, 전략, 마케팅, 운영 및 물류, 재무 및 회계 등 비즈니스 방식의 기본 사항을 이해해야 한다. 또한 아웃소싱, 정치적 위험, 법률적 제도, 그리고 조직 운영에 신생 기술의 적용 같은 문제를 이해해야 한다. 그러나 이러한 지식 외에도 경영자는 업무를 수행하기 위해 전 세계의 다른 사람 및 조직과 협력하는 방법을 이해해야 한다. 우리는 이것을 **다문화 역량**이라고 부르며, 이것이 이 책의 초점이다.

이 책의 대상은 전 세계에 있는 경영자들로, 북미, 유럽, 라틴아메리카뿐 아니라 전 세계의 모든 지역 – 중국 및 브라질, 인도 및 독일, 호주 및 싱가포르 등 – 의 경영자들이 이 분야에서 그들의 목표와 목적을 추구할 때, 경영자의 관점에서 경영 프로세스와 관행을 탐구하는 것을 목표로 한다. 이는 경영자의 인식과 행위의 세부사항과 구체성이 때로는 문화에 따라 크게 다를 수 있지만 전 세계적으로 근본적인 경영자 역할이 상대적으로 고정되어 있다는 믿음에서 수행된다. 종합적으로, 우리의 목표는 경영자가 도전적이고 때로는 혼란스러운 상황에 직면할 때 적시에 사용할 수 있는 이문화 관리 기술의 향상된 행동 레퍼토리를 개발하도록 경영자를 돕는 것이다. 미래의 경영자들이 문화적 현실을 더 잘 이해하고 향상된 대처 전략을 개발하는 데 이를 사용함으로써 많은 전임자가 성공하지 못할 때 성공할 수 있기를 바란다.

결과적으로 이 책은 경영 관행 및 프로세스가 전 세계적으로 어떻게 다르고 그 이유가 무엇인지를 깊이 이해하는 데 중점을 둔다. 경영자가 기업을 구성하는 방식과 기업 성공에 필요한 일상적인 업무를 수행하는 방식에 대해 이 책은 문화인류학, 심리학, 경제학, 경영학의 최근 연구를 반영한다. 우리는 이 접근법이 현실을 반영한다고 믿기 때문에 이 책은 문화 간 차이점과 유사점을 강조한다. 이 책은 경영자의 태도와 행동뿐만 아니라 세계의 다른 지역 출신 사람들에 대한 접근방식을 형성하는 데 도움이 되는 심리적 토대를 탐구한다. 무엇보다 이 책은 학습에 관한 것이다. 이 책 전반부에 **글로벌 경영 모델**을 소개하여 글로벌 경험을 추구하는 경영자의 지적이고 실무적인 발전의 가이드 역할을 한다. 또한 글로벌 만남, 경영 성과, 경력 성공에 대해 평생학습 접근법을 취한다.

이 책 전반에 걸쳐 우리의 중점은 비판적 분석에 있으며, 임의의 결론을 도출하거나 즐겨찾기를 선택하는 것이 아니다. 성공적인 글로벌 경영자는 평가와 독단주의보다 이해와 유연성에 더 중점을 둘 것으로 믿는다. 이러한 이해는 현지 환경과 더 잘 조화되는 방식으로 준비하고 행동하는 경영자의 능력을 촉진할 수 있다. 결과적으로 미래의 사건에 대비할 수 있는 경영자가 성공할 확률이 높다. 이 두 가지 관점 – 즉 경영 행위 이면의 문화적 요인에 대한 탐구와 이 분야에서 사용되는 일반적인 경영 전략 – 을 통합함으로써 직장에서 글로벌 경영자를 보다 프로세스 지향적으로 바라보는 것이 우리의 의도이다.

이 책의 제목은 두 가지 목표를 반영한다. 첫째, 우리는 경영 관행과 프로세스가 국가 및 지역 경계를 넘어 자주 어떻게 다른지 검토하고자 한다. 다른 문화권의 경영자는 종종 각기 다른 방식으로 역할과 책임을 인식한다. 그들은 종종 다른 방식으로 조직하고 의사결정을 다르게 한다. 이러한 차이를 이해하는 것이 글로벌 경영 능력 개발의 첫 번째 단계이다. 둘째, 우리는 이문화에서 성공하기 위해 글로벌 경영자가 사용할 수 있는 현실적인 전략과 전술을 확인하고 논의하기를 원한다. 즉, 우리는 사람들이 이문화에서 어떻게 일하고 관리할 수 있는지, 그 과정에서 그들이 어떻게 많은 장애물을 극복할 수 있는지를 탐구하고자 한다. 이 두 가지 목표는 서로 호환될 뿐만 아니라 미래의 비즈니스 과제를 해결하는 데 필수 불가결이다.

관심 있는 잠재 고객을 찾는 대부분의 저자와 마찬가지로, 우리는 주로 우리 자신의 견해, 아이디어 및 좌절감을 표현하기 위해 이 책을 썼다. 현장에서 강사와 연구원으로서, 우리는 자료의 발표에서 독자의 눈높이에 다소 밑도는 것으로 보이는 이 분야의 책들에 점점 더 참을성이 없어졌다. 우리의 견해로는 경영자와 잠재적인 경영자는 똑같이 행동 정보를 지능적으로 소비한다. 직무를 더 잘하기 위해 그들은 불확실한 환경에 대한 유용한 정보와 대화를 추구한다. 그들은 부당하거나 단순한 결론이나 근시안적인 규칙서를 찾는 것이 아니다. 게다가 경영자들은 처방전이 아닌 학습전략을 찾고 있으며, 글로벌 경영자가 되는 것이 단거리경주가 아닌 마라톤처럼 장기적인 목표라고 인식한다.

글로벌 비즈니스 과제와 경영자 행동을 해석할 때 한 가지 세계관을 지닌 책을 보는 것은 당황스럽다. 그래서 우리는 시야를 좀 더 넓히고, 의사소통, 협상, 리더십과 같은 다양한 주제를 탐구하는 다양한 견해를 통합하기 위해 노력하였다. 예를 들어, 중국인이나 인도인의 경영 관행이 호주나 캐나다의 관행과 어떻게 다른가를 질문할 때 "그들은 우리와 어떻게 다른가?"와 같이 대부분 서양 편향을 출발점으로 가정한다. 대신 중국, 인도, 호주, 캐나다의 경영 스타일이 어떻게 다른지 알아보기 위해 다음과 같이 더 간단하고 유용한 질문을 한다. "우리 모두는 서로 어떻게 다른가?" 나아가 이문화에서 경영상의 유사성에 관해 더 유용한 질문을 추가할 수 있다. "우리 모두 어떻게 서로 비슷한가?" 이를 달성하기 위해 우리는 현지에서나 전 세계적으로 경영에 만병통치약과 같은 보편적인 접근법을 거부한다. 왜냐하면 그런 접근법은 현장에서 이해와 성공을 제한한다고 믿기 때문이다. 오히려 우리의 목표는 그들의 경영 활동을 추구하는 데 도움이 될 수 있는 이문화 이해와 실용 이론을 개발하기 위해, 경영자가 이 책에서 제공한 것과 같은 외부 정보와 함께 자신의 개인 경험을 활용할 수 있는 학습전략 개발을 통해 다문화 역량을 개발하는 것이다.

이 책을 쓰면서 우리는 또한 아르헨티나, 벨기에, 브라질, 캐나다, 칠레, 중국, 콜롬비아, 덴마크, 멕시코, 네덜란드, 노르웨이, 페루, 싱가포르, 남아프리카, 한국, 스페인, 영국, 미국 및 우루과이 등 세계 여러 국가와 지역에서 우리의 연구 및 교육 경험을 활용할 수 있었다. 그렇게 함으로써 우리는 전 세계 여러 곳의 동료들과 학생들로부터 배웠으며, 이러한 경험이 이 책의 품질을 높이는 데 기여했다고 믿는다. 여기서 우리의 목표는 편견 없는 책을 쓰는 것이 아니다. 우리는 이것은 불가능한 일이라고 생각한다. 사실 독자, 시장 및 개인 능력을 이유로 이 책을 영어로 쓰겠다고 한 결정은 최종 결과에 약간의 편향성을 담고 있다. 오히려 우리의 의도는 다양한 국가, 문화 및 개인적 견해를 동시에 반영하는 책을 쓰는 것이다. 그래서 편향을 숨기거나 합리화하는 대신 공개적으로 드러내고 논의하였다. 결과적으로 이 책에는 글로벌 경영자들의 삶에 대한 우리의 견해를 반영하는 데 있어서, 확실성은 거의 없고 많은 모순을 담고 있다.

이 프로젝트는 가족의 도움 없이는 성공할 수 없었다. 우리의 경우 특히 더 그러한데, 세 가족 모두가 이 프로젝트를 실현시키기 위해 함께 모였다. 특히 리차드는 그를 둘러싸고 지원한 세 세대의 여성, 쉴라(Sheila), 캐슬린(Kathleen) 그리고 앨리슨(Allison)에게 감사한다. 루시아라는 그를 무조건적으로 지원해 준 그녀의 어머니 주사라(Jussara)와 영감을 준 아들 카이오(Caio)에게 감사한다. 카를로스는 아내 캐롤(Carol), 딸 클라라(Clara)와 이사벨(Isabel)에게 그들의 지속적인 지지와 격려에 감사한다. 우리 세 명의 가족들은 가능한 모든 면에서 우리를 위해 함께했으며, 그에 대해 진심으로 감사드린다.

모든 성공적인 책은 저자, 강사, 학생 및 출판사의 합작품이다. 이 점에서 우리는 이 책을 마지막 버전보다 훌륭하게 만드는 데 도움 되는 유용한 의견을 주신 강사 및 외부 평가자들에게 감사드린다. 우리 자신들의 수업과 다른 강사들의 수업에서 학생들의 의견은 초판을 개선하는 데 도움을 주었다. 마지막으로 케임브리지대학 출판사 사람들은 개정 및 제작 과정 전반에 걸쳐 도움과 지원을 아끼지 않았다. 그들은 함께 일할 일류 집단으로서의 명성에 부응하였다. 특히 프로젝트 전반에 걸쳐 조언과 인내 그리고 지원을 아끼지 않은 파울라 파리쉬(Paula Parish), 라이하나 베굼(Raihanah Begum), 조 레인(Jo Lane)에게 감사드린다. 우리는 그들 모두에게 빚을 지고 있다.

리차드 스티어스, 미국
루시아라 나르돈, 캐나다
카를로스 산체스-룬데, 스페인

## ❖ NOTES

1. J. D. Meier, "Lessons learned from Bill Gates," sourcesofinsight.com, 2013.

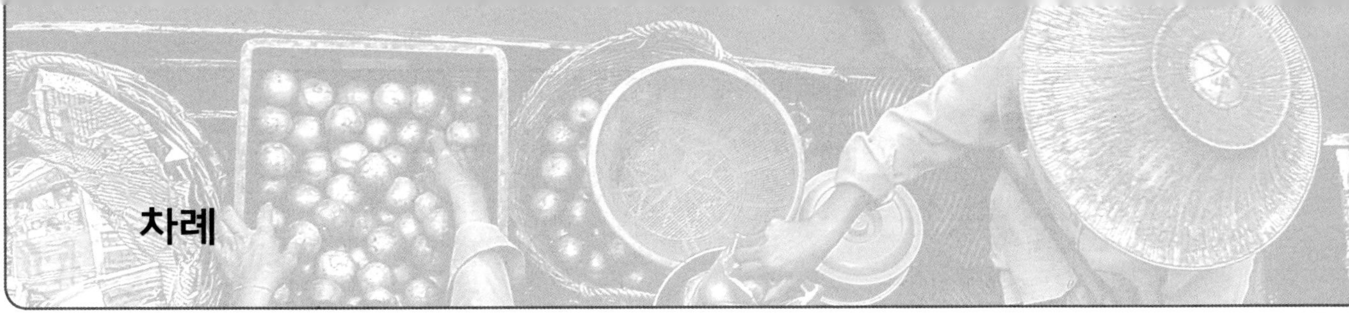

# 차례

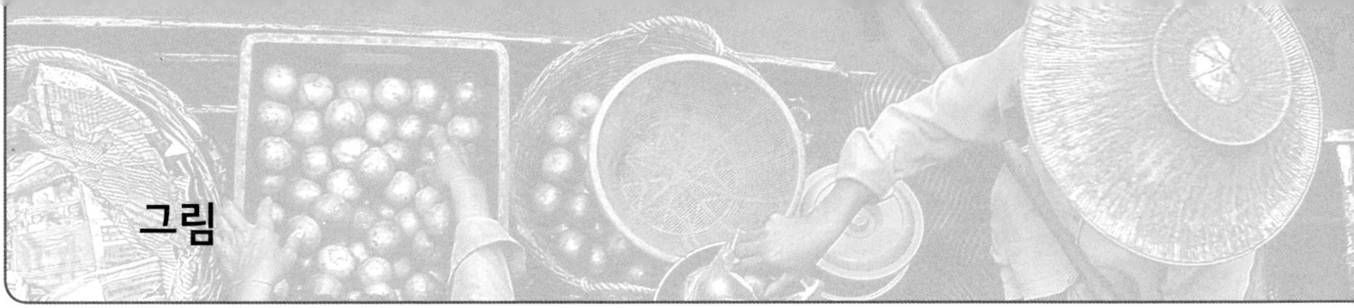

# 그림

# 1 이문화관리: 서론

## Management across cultures: an introduction

### 경영 과제

MIT 경제학자 레스터 더로우(Lester Thurow)가 말했다. "경쟁이 치열한 사회는 두 가지 가능성을 제공한다. 당신이 패배할 수도 있고, 이기고 싶다면 변해야 한다."[1] 확대되는 세계화로 인해 변화와 경쟁력에 대한 압력이 커지고 있다. 이 변화하는 환경을 이해하는 것이 첫 번째 도전이고, 두 번째는 이러한 도전을 극복하고 격동적인 글로벌 환경에 의해 제시된 기회를 활용하기 위해 세계 각 지역에 있는 사람들과 상호 유익한 대인관계 및 다문화관계를 구축하는 것이다. 한편 윤리적 행동과 사회적 책임에 대한 우려가 경영자 행동을 둘러싸고 있다. 이 서론의 장에서 글로벌 비즈니스 환경에서 성공하기 위한 중요한 열쇠는 문화 간 생산적으로 일하고 관리할 수 있는 충분한 *다문화 역량*을 개발하는 것이다.

### 차례



프라하에 있던 일본인 마케팅 대표 히로코 누마타와 주최자인 체코인 이레나 노박 사이의 저녁 모임에서 일본인 손님이 화장실에 갔을 때 순식간에 혼란이 일어났다. 누마타가 남자화장실 문을 여는 순간 노박이 그녀를 막아섰다. "표식을 못 보셨나요?" 노박이 물었다. 누마타는 "물론 봤습니다."라는 대답 뒤에, "그런데 빨간색이잖아요. 우리나라에서는 빨간색 표식은 여자화장실이라는 의미입니다. 남자화장실은 파란색이나 검정색

이어야 합니다."라고 덧붙였다. 노박은 테이블로 돌아오면서, 자신도 표식을 보았지만 색깔이 아닌 글씨에 집중했다는 것이 기억났다. 그녀는 그녀와 일본인 동료가 같이 보고 토론했지만 다르게 해석한 것이 얼마나 많을지 궁금했다.[2]

우리는 확실성이 없고 끊임없이 변화하는, 모순적이고 불안정한 세계에 살고 있다. 시간이 지남에 따라, 우리는 점점 더 우리 주변에서 보는 많은 것들이 실제로는 전혀 다른 무엇일 수 있다는 사실을 깨닫게 되었다. 시야가 점점 흐려질 때 우리는 더 큰 지각적 통찰력을 필요로 한다. 비즈니스 사이클은 점점 더 역동적이고 예측 불가능해지고 있으며, 기업, 기관 및 직원들은 어김없이 변화한다. 이러한 불확실성의 대부분은 개인 및 주요 기업의 통제를 벗어나는 경제적 힘의 결과이다. 안정성이나 예측 가능성에 저항하는 최근의 기술 변화의 물결에서 많은 불확실성이 나타난다. 또한 개인과 기업이 현지 기관, 경쟁자 및 문화에 맞설 때, 현실을 이해하지 못하는 데서 많은 불확실성이 나타난다. 국제 경영에 있어 지식은 절대적인 힘이며, 지식 기반이 더욱 불확실해짐에 따라 기업과 그 경영자들은 그들이 찾을 수 있는 모든 곳에서 도움을 구한다.

오늘날 국제 경영 환경에서 성공하기 위해 필요한 지식의 양과 지식이 쓸모없게 되는 속도를 고려할 때, 학습 기술 습득과 전 세계의 파트너와 성공적으로 일할 수 있는 능력 개발이 성공을 원하는 경영자에게 최고의 전략이 될 수 있다는 것이 이 책의 주제이다. 비즈니스 및 기관의 지식은 대인관계 상호작용을 통해 전달된다. 매니저가 전 세계의 파트너와 상호 유익한 대인관계 및 다문화관계를 구축할 수 있다면, 그들은 지식 격차를 극복할 수 있을 것이다. **이 책에서 우리의 목표는 경영자가 직무 책임, 기업 사명 및 경력을 쌓기 위해 구축할 수 있는 정보 및 학습 모델을 개발하는 것이다.**

경영자들이 점점 국경을 초월해 일을 하게 됨에 따라, 그들의 문화적 모순 목록이 계속 커지고 있다. 몇 가지 예를 생각해 보자. 같은 EU 회원국이지만, 프랑스와 독일 사람들은 유럽연합을 "우리"라고 부르고, 영국인들은 "그들"이라고 한다. 일부 유럽인들에게 일본은 "극동" 지역에 속해 있지만, 일부 일본인들에게 유럽은 "극동" 지역의 일부이다. 모두 각자의 입장에 따라 다르다. 국가 원수를 비판하는 것은 전 세계 많은 사람들이 좋아하는 오락거리이지만, 태국 왕을 비난하는 것은 15년 형의 중죄로 처벌받을 수 있다. 나이지리아 태생의 종양 전문 의사인 은케치 음바(Nkechi Mba)는 어디에서나 종이에 이름을 쓸 때마다 정중하게 그녀의 학위(MBA)가 아니라 이름을 써 달라는 말을 듣는다. IT 네트워크의 세계적인 리더인 한국에서, 종종 상사들은 직원들이 사무실 책상에 앉아 있지 않으면 일을 하지 않는다고 생각한다. 최근 미국 대학생들의 마케팅 조사에 따르면, 아디다스, 삼성, 레고, 에릭슨 등 좋아하는 브랜드의 국적을 아는 학생이 7%에 불과했다. 특히 노키아 휴대전화가 일본에서 만들어졌다고 학생들이 잘못 결론을 내린 후 노키아 휴대전화 품질 등급이 급증했다.

더 있다. 독일 바이에른 방송 심포니 오케스트라는 최근 콘서트 투어에서 클래식 레퍼토리의 일부를 삭제했는데, 그 이유가 새로운 작업장 소음 규제를 위반하였기 때문이다. 미국의 거대 통신기업 AT&T는 여성 및 남성 종업원에 대한 성차별을 이유로 집단소송을 당했다. 북미와 유럽에서 친구와 골프를 치다가 당신이 홀인원을 한 경우, 파트너들이 당신에게 상금을 지불하는 것이 관례이지만, 일본에서는 당신이 그들에게 지불한다. 나이지리아의 니제르 델타 개발 공사(Niger Delta Development Corporation)의 책임자는 경쟁사를 물리치기 위해 현지 주술사에게 수백만 달러 상당의 공금을 지불한 것이 발각되어 해고되었다. 서유럽으로 소량의 기분전환용 마약 밀수를 하다가 걸린 초범에 대한 벌칙은 엄격한 훈계나 경고에 그친다. 그러나 싱가포르에서는 사형이다. 마지막으로 글로벌 비즈니스 미팅을 위한 복장은 도전과제일 수 있다. 가죽으로 된 것을 착용하는 것은 인도의 많은 힌두교도에게는 모욕적일 수 있다. 말레이시아에서는 왕실 가족만 황색 옷을 입을 수 있다. 흰색은 아시아의 많은 지역에서 애도를 나타내는 색이다.

이런 사례를 접할 때, 많은 관찰자들은 일축하는 경향이 있다. 즉, 세계가 점점 작아지고 있으며, 세계화의 압력으로 국가 간 사업방식이 동질화됨에 따라 시간이 지나면서 이러한 많은 까다로운 관습과 관행이 사라질 것이라고 말한다. 그러나 이것은 틀릴 수 있다. **세상은 점점 작아지는 것이 아니라 점점 빨라지고 있다.** 많은 세계화의 압박은 현재 지역사회를 경제 전쟁의 피해로부터 보호하기 위해서만이 아니라 실제로 다른 지역 관습이나 전통, 그리고 사업 관행을 강조하고 있다. 이것이 경영자에게 의미하는 바는, 이러한 것들과 여러 현지 관습의 많은 부분이 오랫동안 존속할 것이며, 지혜로운 경영자는 이러한 차이를 무시하지 않고 이용할 준비가 되어 있어야 한다는 것이다.

## 변화하는 글로벌 환경 The changing global landscape

**변화하는 글로벌 환경(changing global landscape)**에 대해 오늘날 회자되고 있는 글들의 상당 부분은 에너지, 긴급함 및 기회와 관련이 있다. 변혁적 리더 개발, 전략적 제휴 구축, 글로벌 제품 플랫폼 출시, 기술혁신 활용, 선점 효과, 글로벌 벤처, 아웃소싱, 지속 가능한 공급망 및 무엇보다도 돈을 버는 것에 대해 우리는 이야기를 듣는다. 행위-

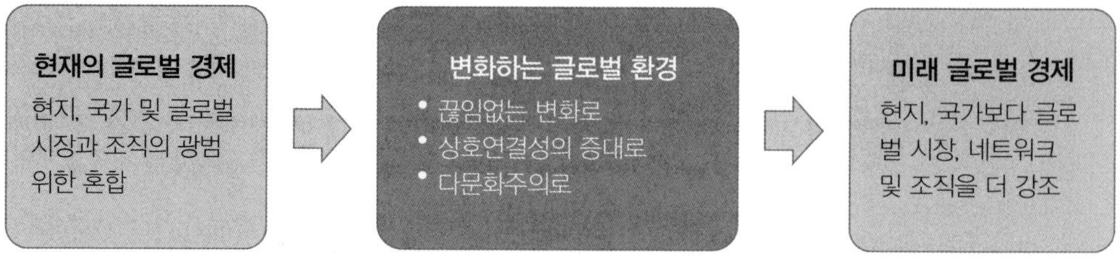


그림 1.1 변화하는 글로벌 환경

그리고 승리 – 가 일상적인 용어인 것 같다. 글로벌 비즈니스에 대한 논의는 끊임없이 역동적인 균형을 의미한다. 우리는 변화를 제외하고는 아무것도 확실하지 않으며, 승자는 항상 변화에 대비한다는 말을 듣는다. 우리는 또한 글로벌 비즈니스가 항상 조마조마한 급류 래프팅과 같다고 말한다. 모든 것이 움직이고 기회가 풍부하다.

그러나 자주 논의되지 않지만 동등하게 중요한 글로벌화의 어두운 면이 있다. 이 측면에는 파트너와의 끊임없는 갈등, 공급업체 및 유통업체와의 오해, 상호 불신, 반복적인 지연, 비용 초과, 정치 및 경제적 위험과 좌절, 개인적인 스트레스, 경우에 따라서 경력 상실 등이 포함된다. 사실 국제 합작 투자의 50% 이상이 운영 초기 5년 이내에 실패한다. 이러한 실패의 주요 원인은 문화적 차이와 파트너 간의 갈등이다.[3]

이와 같은 문제는 조직의 성공, 특히 실행 가능한 글로벌 파트너십 구축 분야에서 몇 가지 잠재적으로 심각한 결과를 초래할 수 있다. 글로벌 환경에서 발생하는 모든 변화를 처리하는 것은 쉽지 않지만, 세 가지 중요한 변화가 두드러진다. 즉, 간헐적인 변화에서 끊임없는 변화, 고립에서 증가하는 상호연결, 그리고 쌍방문화에서 다문화주의로 진화(그림 1.1 참조).

## 간헐적 변화에서 끊임없는 변화

변화는 어디에나 있다. 기업, 제품 및 경영자는 변화한다. 이러한 소란스러움으로 인해 투자자로부터 소비자에 이르기까지 거의 모든 사람들이 경제 및 정치적으로 세계 사건의 본질, 범위 및 속도에 더 많은 주의를 기울여야 한다. 세밀함이 더욱 중요해졌다. 개인적인 관계는, 비록 그들이 점점 더 긴장 상태에 있지만, 예측할 수 없는 세계에서 가장 안전한 피난처의 하나로 남아 있다.

이러한 변화하는 환경에서, 실제로 이러한 변화의 주요 원인 중 하나로서, 특히 디지털 혁명과 관련하여 기술의 끊임없는 개발과 적용을 들 수 있다. 기술은 글로벌화의 주요 동인이자 국가 경제 발전 및 경쟁력의 핵심 요소로 대두되고 있다. 사실 오늘날 우리가 알고 있는 글로벌 비즈니스는 기술 없이 불가능할 것이다. 합리적이고 신뢰할 수 있는 컴퓨터 및 통신기술의 출현으로 국경을 초월한 조정과 협업이 안정적으로 이루어졌다. 몇 년 전에 자회사는 독립적인 조직으로 관리되었으며, 경영자는 조정을 위해 전 세계를 여행하였다. 오늘날 전자기술은 정보의 전달을 용이하게 하고 텍스트, 음성 및 비디오를 통한 의사소통을 간단하고 경제적으로 만든다.

동시에 글로벌화로 인해 국경을 초월한 기술혁신의 이전과 보급이 증가하고, 선진기술을 개발하고 채택하기 위해 국가 간 경쟁이 가속화되었다. 비즈니스가 점점 더 글로벌화됨에 따라 더 우수하고 저렴한 기술에 대한 필요성이 커지면서, 기술 개발이 새로운 차원으로 끌어올려졌다. 컴퓨터는 곧바로 쓸모없게 되고, 스마트폰은 이동 중에도 경영자를 위한 새로운 기능을 통합하며 전 세계 거의 모든 곳에서 휴대폰 사용 범위와 인터넷 접근성을 제공한다. 경영자는 비즈니스에 대한 기술의 영향을 이해하지 않고 글로벌화를 이해하거나 전 세계적으로 관리할 수 없다.

베트남에서 모바일 웹의 성장 사례를 살펴보자.[4] 베트남의 인터넷 보급률은 10년 전 12%에서 9천만 명으로 44%까지 증가하였다. 그 중 많은 부분이 인구의 3분의 1 이상이 사용하는 스마트폰에 의해 주도된다. 이 확장은 다양한 온라인 서비스에 힘을 실어주고 있다, 특히 모바일 전자상거래에서 폭발적인 성장의 첫 징후가 보이고 있다. 베트남 정부 기관은 전자상거래 시장이 2012년 7억 달러에 비해 올해 40억 달러의 매출을 창출할 것으로 전망했다. 데이터 가격은 세계에서 가장 낮은 수준이다. 이것은 지역 비즈니스를 위한 기회를 제공함과 동시에 글로벌 기술 기업의 발판을 확대한다. 모바일 소셜미디어 활동 계정이 작년에 41%나 증가했다. 이는 중국, 인도, 브라질보다 더 높은 수치이며, 선진국의 인터넷 사용을 따라잡기 위해 미얀마나 나이지리아와 같은 다른 모바일-우선(mobile-first) 국가에서 발생하는 현상이다. 페이스북은 불과 3년 전 850만에서 현재 3천만 명의 사용자를 보유하고 있어서 베트남이 가장 빠르게 성장하는 시장 중 하나가 되었다.

## 고립에서 상호연결성

점점 더 격렬하고 불확실한 오늘날의 비즈니스 환경에서 주요 변화는 점점 더 주기적으로 발생한다. 최근 글로벌 금융위기와 함께 세계적인 경기침체가 계속되어 전 세계적으로 어려움을 겪고 있으며, 부유한 국가나 빈곤한 국가 모두 정치적으로나 경제적으로 변화를 겪고 있다. 인도와 중국의 경제 및 정치력은 기하급수적으로 증가하고 있으며, 양국 모두 성장 및 발전의 긍정적 및 부정적 결과를 관리하는 데 어려움을 겪고 있다. 러시아는 글로벌 경제에서 효과적으로 경쟁할 수 있는 현지 기업을 만들기 위해 정치적으로 경제적으로 세계에서 스스로를 재확인하고, 사업 부분의 만연한 부패를 극복하고, 경제 시스템을 개혁하려고 노력하고 있다. 아랍 국가들은 민주주의와 인권을 위해 노력하고 있다. 일본은 엄청난 환경 재앙 이후 경제를 재건하려고 노력하고 있다. 프랑스는 역사적으로 경쟁력이 약한 노동정책에 변화를 줌으로써 경제를 활성화시키고자 노력하고 있다. 터키는 기업들이 세계 시장에 더 많이 진출할 수 있도록 유럽연합에 가입하려고 노력하고 있다. 남아프리카공화국은 오래된 아파르트헤이트 제도의 흔적을 버리고 평등주의 원칙에 입각하여 새롭고 강한 경제를 구축하기 위해 계속 노력하고 있다. 이를 통해 대부분의 정부와 기업에 도전이 되는 고품질 저비용 제품 및 서비스에 대한 소비자 수요가 급증하고 있다. 간단히 말해서 오늘날 점점 더 확대되는 글로벌 경제를 반갑게 맞아들이자. 이 새로운 경제에서 글로벌화는 논쟁거리가 아니라 현실이다.

글로벌화의 도전과 잠재적 위험이 새로운 현상이라고 말하려는 것은 아니다. 실제로는 그 반대가 사실로, 글로벌화는 항상 상거래의 주요 부분이었다. 그러나 오늘날 글로벌화의 규모나 생활수준, 국제무역, 사회복지 및 환경적 지속가능성에 미치는 영향은 새로운 것이다. 1975년 세계 해외직접투자(foreign direct investment, FDI)는 총 230억 달러에 불과하였다. 20년이 조금 지난 1998년에는 6,440억 달러에 달했다. 그로부터 10년 만인 2008년에는 1조 5천억 달러에 이르렀으며, 2020년에는 3조 달러를 넘을 것으로 예상된다. 지역적, 세계적 경기침체에도 불구하고 세계 FDI는 통제할 수 없는 속도로 계속 성장하고 있다. 조직 및 경영자에게 이 증가의 파급효과는 무엇인가? 선진국과 저개발국에 미치는 영향은 무엇인가? 이 혁명에서 정부와 공공정책의 역할이 있는가?

이러한 상호연결성의 한 가지 예를 들어 보자. 휘발유 생산에 첨가제로 에탄올을 사용하는 것이 미국과 유럽 시장에서 크게 증가했을 때, 전 세계 옥수수 가격이 폭등하고 멕시코 빈민층의 주식인 토르티야의 가격이 거의 두 배가 되었다. 그러나 얼마 지나지 않아 석유 가격이 떨어지고 옥수수 가격이 하락하면서 에탄올 시장이 추락하였다.[5] 그로부터 1년 후, 옥수수 가격과 마찬가지로 유가가 다시 폭등했다. 이 모든 것의 한가운데에는 단지 생존하려고 하는 멕시코 농민들이 있다. 의도되지는 않았지만 그럼에도 불구하고 엄청난 결과를 초래하였다.

## 쌍방문화에서 다문화주의로

오늘날의 글로벌 비즈니스 환경을 특징짓는 강도와 다양성의 증가로 인해 경영자는 여러 문화에서 동시에 성공해야 한다. 경영자가 프랑스나 독일 혹은 유럽에서 장기 임무를 준비한 날은 사라졌다. 오늘날 경영자는 전 세계 여러 문화권의 파트너와 동시에 거래를 하여야 한다. 결과적으로 과거에 가능했던 것처럼 한 언어와 문화를 학습하는 것만으로 충분치 않다. 비즈니스 관계를 개발하는 데 걸리는 시간도 몇 년에서 몇 달로 심지어 몇 주로 단축되었다. 따라서 글로벌 매니저 개발에 새로운 접근법이 요구된다. 쌍방 비즈니스 환경으로부터 다문화 혹은 글로벌 환경으로 이러한 진화는 경영자에게 현지에서 새로운 현실에 신속하게 적응하는 데 적어도 세 가지 새로운 도전과제를 제공한다.

- **때로는 우리가 적응해야 할 문화가 불분명하다.** 회사가 당신에게 6개월 R&D 프로젝트를 위해 글로벌 팀에 합류하도록 요청했다고 가정하자. 팀에는 브라질, 인도, 포르투갈, 러시아인이 각각 한 명씩 있다. 팀의 모든 구성원은 본국에서 정규직 직원이지만 이 프로젝트를 위해 일시적으로 스웨덴 본사에서 근무하도록 배정되었다. 팀 구성원들은 어떤 문화에 적응해야 하는가? 이 경우 규칙을 결정할 지배적인 문화집단은 없다. 여러 문화가 관련되어 있고, 각 경영자가 다른 문화를 경험했을 가능성이 거의 없음을 감안할 때, 적응의 전통적인 접근방식은 성공할 것 같지 않다. 그럼에도 불구하고 그룹의 구성원들은 결과를 내기 위하여(그리고 경력을 보호하기 위해) 신속하고 효과적으로 협력할 수 있어야 한다. 당신은 어떻게 할 것인가?
- **많은 다문화 만남은 다른 문화에 대해 학습할 시간도 없이 예고 없이 일어난다.** 당신은 아웃소싱 계약을 협상 중이던 인도에서 1주일간의 체류를 마치고 방금 돌아왔다. 당신이 본사 사무실에 도착하자마자 남아프리카에서 엄청난 인수 기회가 생겼다는 사실을 알았고 더 자세한 내막을 알기 위해 일주일 후 남아프리카로 떠날 예정이다. 당신은 남아프리카에 가 본 적이 없으며 거기에 아무도 아는 사람이 없다. 당신은 어떻게 할 것인가?
- **전통적인 대면 상호작용 대신 스카이프 또는 비디오를 통한 다문화 회의가 점점 더 많아지고 있다.** 당신은 만난 적이 없는 싱가포르의 파트너와 파트너십을 구축하라는 요청을 받았고, 싱가포르의 다문화에 대한 지식이 없다고 가정하자. 또한 이 업무가 대면 커뮤니케이션이나 상호작용이 없이 온라인으로 완료된다고 가정하자. 당신의 상사는 신속한 결과를 원한다. 당신은 어떻게 할 것인가?

종합해 보면, 오늘날 급변하는 비즈니스 환경에서 여러 문화에서 일하고 관리하는 것이 얼마나 어려운 것인가를 위 세 가지 도전과제가 보여 준다. 의사소통, 협상, 지휘 및 사업의 옛날 방식은 과거보다 효과적이지 않다. 앞서 언급한 것처럼 이 책의 주요 초점은 글로벌 환경에서의 경영 성공 – 글로벌 경영자가 되는 방법 – 을 어떻게 촉진할 것인가에 관한 것이다.

## 다문화 역량 및 경영자 성공
## Multicultural competence and managerial success

글로벌화의 압력은 기업과 글로벌 경제에서 기업의 사업방식에 심각한 도전을 의미하며, 경영의 질과 효율성에 직접적인 영향을 미친다. 그럼에도 불구하고 글로벌화는 기업들에게 기회와 도전을 제공한다. 그러한 도전에 대응하는 방식 – 또는 대응하지 않는 방식 – 이 승패를 결정한다. 승자는 주변 환경을 특징짓는 복잡성을 해독하기 위해 경제적 기반, 정치적 그리고 법적 스킬, 문화적 인식을 두루 갖춘 경영자가 있어야 한다. 이 모든 것을 하나로 묶는 것은 지속적으로 경쟁사보다 한 수 더 멀리 보고, 더 나은 결과를 내고, 더 오래 생존할 수 있는 경영 노하우가 될 것이다. 글로벌화가 불가피한 것처럼 보이긴 하지만, 모든 문화와 국가가 같은 방식으로 반응하지는 않을 것이며, 바로 그 점에 이문화에서 일하는 경영자에게 주요 도전과제 중 하나가 있다.

이와 같은 많은 도전과제에 비추어 볼 때, 글로벌 과제 – 또는 심지어 글로벌 여행 – 를 고려하는 경영자들은 그들이 일하게 될 세계에 관해 최대한 많이 배우면 좋을 것이다. 본국에서 일하는 현지 경영자들도 마찬가지이다. 글로벌 비즈니스 세계가 홈그라운드에 있는 그들에게 도전해 오고 있기 때문이다. 좋든 싫든 거의 모든 곳에서 글로벌화와 경쟁이 증가함에 따라 경영자의 도전과제는 경쟁자를 개별적으로 또는 집단적으로 능가하는 것이다. 이것은 자신의 이익을 독점적으로 중시하거나 글로벌 파트너와 상호이익이 되는 전략적 제휴를 구축함으로써 시도될 수 있다. 어느 쪽이든, 도전과 함정은 매우 크다.

여기서 고려해야 할 또 다른 중요한 요소는 지정학의 본질에 근본적인 변화이다. 헤게모니 – 동양 혹은 서양 – 의 시대는 끝났다. 더 이상 글로벌 비즈니스 리더는 한두 개의 주식시장, 통화, 경제 또는 정치 지도자에 집중하지 않는다. 오늘날 비즈니스 환경은 너무 복잡하고 상호관련이 있다. 그러나 일부 예측과는 달리, 국가나 다국적기업은 여전히 강력하고 중요한 존재일 것이다 – 우리는 실로 "국경 없는 사회"로 나아가는 것이 아니다. 기술, 기업, 사회복지, 환경 이익단체로 구성된 글로벌 네트워크 또한 강력해질 것이다. 실제로 글로벌 네트워크는 전통적 또는 역사적 기관이 아닌 권력을 대표할 것이다. 미래의 정치적, 사회적, 환경적 노력 같은 미래의 경제 및 비즈니스 노력은 공동의 기반, 생산적인 파트너십 및 상호이익에 대한 추구로 점점 더 특징지어질 것이다.

오늘날 많은 실패한 평범한 경영자들의 역경은 다국적기업의 실패에 관한 많은 이야기에서 분명하게 알 수 있다. 경영자는 종종 이해 안 되는 격동적이고 적대적이기까지 한 환경에서 기업의 전사적 목표 달성을 촉진하는 방법으로 인적, 재무적, 정보 및 물리적 자원을 활용할 책임이 있다. 이러한 도전과제는 국경을 초월하여 영업을 할 때 특히 문제가 된다.

글로벌화 압력이 증가하고 경영자가 비즈니스를 수행하기 위해 국가 간 이동에 더 많은 시간을 투자함에 따라, 교육 및 개발 커뮤니티는 글로벌 경제에서 경영자 성공의 기준에 대한 집중적인 분석을 점차 늘려 왔다. 이 문제에 더 많은 관심이 집중됨에 따라, 점점 더 많은 경영 전문가는 경영자의 국경을 초월하는 관점의 개발 필요성을 강조하였다. 이 개념은 "문화 지능"과 "글로벌 리더십"을 포함하여 여러 가지 방법으로 확인되지만, 우리는 그것을 **다문화 역량(multicultural competence)**이라고 부른다.[6] (이 주제는 2장에서 자세하게 논의된다.) 그것을 무엇이라고 부르건 간에, 크고 작은 기업, 기존 및 신생 기업들이 글로벌 경쟁력을 위해 노력할 때, 다문화 역량의 특성과 기술은 더욱더 요구된다.

다문화 역량의 개념과 다문화 역량 개발 방법이 이 책의 핵심이다. 이 책 전체에서 논의된 기술과 능력은 그러한 역량을 개발하려는 노력을 나타낸다. 다문화 역량의 근본적인 도전과제는 경영자가 그것을 가지고 있느냐 없느냐가 아니다. 오히려 그들이 그러한 역량을 얼마나 가지고 있는가의 문제다. 즉 정도의 문제다. 간단히 말해서 잘 훈련된 경영자 – 특히 높은 수준의 다문화 역량 소유자 – 는 역량 수준이 낮은 사람들보다 도전적인 외국 환경에서 성공할 가능성이 더 크다. 아주 간단하다.

이 장에서 논의된 과제를 해결하기 위해 노력하는 것은 바로 쉽게 얻을 수 있는 미봉책이기보다 어려운 일, 명확한 사고, 진지한 반성 및 세심한 행동의 결과이다. 이를 달성하기 위해서는 경영자가 사회적 상호작용 및 비즈니스 의사결정을 유도하고 전임자의 많은 사람들이 만든 이문화 및 전략적 실수를 반복하지 못하게 막는 중요한 도구로서 다문화 역량을 개발해야 한다. 분명히 세계 경제에서 일하고 경영하는 것은 문화 간 이해와 기술 이상의 것을 요구하지만, 우리는 그러한 기술 없이는 경영자의 업무를 성취하기가 더 어렵다고 주장한다. 세계가 진정으로 더 복잡해지고, 서로 연결되고, 기업의 상호관계가 커지고 있다면, 새로운 글로벌 경영자는 조직 및 이해관계자가 성공하기 위해서 분명히 역할을 수행해야 한다.

## 경영자 노트:
## 다문화 역량 개발

스위스에 본사가 있는 ABB의 전 회장인 퍼시 바네빅(Percy Barnevik)은 다음과 같이 말했다. "글로벌 경영자는 태어나는 것이 아니라 만들어진다. 이것은 자연스러운 과정이 아니다." 글로벌 경영자가 되는 것은 과정의 결과이다. 다양한 임무와 문화를 통하여 흐르는 경력 경로다. 그것은 여행이지 최종 상태가 아니다. 효율적인 글로벌 경영자를 특징짓는 것은 관리능력(기술)이 아니라 – 이것도 분명히 중요하지만 – 세계 도처의 다양한 사람들과 환경에 그들의 경영기술을 적용할 수 있는 추가적인 다문화 역량이 중요하다는 것을 우리는 제시한다(그림 1.2 참조). 조직과 경영방식이 문화적으로 어떻게 다른지에 대한 깊은 이해와 함께 일하는 기본 경영기술의 시너지 효과적 통합 능력이 성공적인 글로벌 경영자에게 필요하다.

장기 체류를 위해 외국으로 이주하거나 짧은 체류를 위해 전 세계를 여행하거나, 자국에서 외국인을 만나는 경우 경영자는 종종 문화적 도전에 직면한다. 서로 다른 문화는 경영방식에 관한 서로 다른 가정, 행동, 의사소통 스타일 및 기대치를 가지고 있다. 적절하고 효과적인 방식으로 이러한 차이를 처리할 수 있는 능력을 다양한 이름으로 부를 수 있지만, 우리는 그것을 **다문화 역량**이라고 부른다. 그것은 문화를 넘어서 성공적으로 일할 수 있는 능력을 나타낸다. 다문화적으로 유능하다는 것은 다른 문화의 사람들에게 공손하거나 공감하는 것 이상이다. **문화적 다양성을 활용하여 사람들을 통해 일을**

그림 1.2 글로벌 경영기술 구축

완수한다.

다문화 역량은 문화 간 상호작용과 관련하여 문화적 관점을 확대하는 데 특히 중점을 두고 세계를 바라보는 한 방법일 수 있다. 다른 말로 하면, 다음과 같이 질문한다: 우리는 다문화 세계에서 효과적으로 기능하는 능력을 향상시킬 수 있는 다른 문화권의 사람들로부터 무엇을 배울 수 있는가? 다문화 역량은 호기심, 다양성에 대한 인식, 그리고 복잡성의 수용이 포함된다. 다문화 역량을 지닌 사람들은 경계를 재고하고 행동을 바꾸어 스스로를 개방하는 경향이 있다. 그들은 호기심이 있고, 맥락에 관심을 가지고 있으며, 현재의 사건과 과제를 역사적으로나 미래의 상황에 배치할 수 있는 능력을 소유하고 있다. 그들은 일상생활에서 내재된 모순을 받아들이고 지속적인 변화로 자신의 안위를 유지할 수 있는 능력을 가지고 있다.

또한 다문화 역량을 지닌 경영자는 다양성, 의식 및 민감성에 대한 의지와 다양성 자체를 중시한다. 그들은 중대한 위험을 감수하고 직관적인 결정을 내릴 수 있는 능력을 포함하여 놀라움과 불확실한 상황에서 기회를 추구하는 의지를 보여 준다. 그들은 자기 개선을 위한 역량과 다른 사람들의 발전을 돕는 지속적인 개선에 중점을 둔다. 그들은 일반적으로 활동과 계획에 대해 장기적인 관점을 취한다. 그들은 장기적인 결과에 초점을 맞추고 단기적인 문제나 결과에 사로잡히지 않는다. 마지막으로 그들은 상호의존성

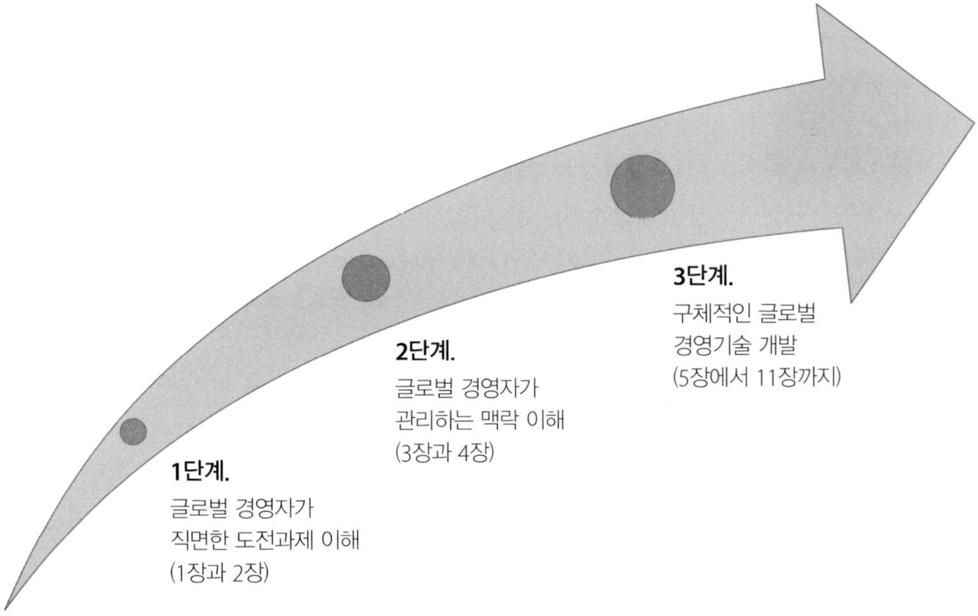


**그림 1.3** 다문화 역량 개발 단계

과 인과관계를 찾는 능력을 포함하여 시스템 관점을 자주 취한다.

비즈니스 세계가 가까워짐에 따라 모든 국가의 기업들은 진정한 글로벌 환경에서 일할 수 있는 경영자를 필요로 할 것이다. 이러한 환경에서, 성공적인 경영자는 기업 목표와 종업원 복지를 향상시키는 방식으로 문화적 차이를 활용하는 방법에 대한 깊이 있고 폭넓은 이해를 제공한다. 일반적으로 현지 환경에서 성공할 수 있는 경영자와 글로벌 경제에서 성공할 수 있는 경영자를 구별하는 것은 바로 이 점이다.

글로벌 경영기술 개발에 대한 주제는 많이 회자되었지만, 많은 부분이 모호하고, 단순하고, 때로는 부정확하게 씌어졌다. 성공적인 글로벌 경영자는 자신의 인식과 세계에서 벌어지는 일에 대한 평가를 포함하여 자신에게 의존하는 경향이 있다. 그들은 종종 외부 조언 이상의 개인적인 통찰력이 필요하다. 실제로 성공한 경영자와 실패한 경영자를 차별화하는 요소는 유연하고 포괄적인 세계관을 개발하여 문화와 국경을 넘어 그들의 행동을 유도한다는 사실이다. 이를 살펴보는 한 가지 방법은 전문가 개발이 3단계로 구성되어 있다고 생각하는 것이다(그림 1.3 참조). 첫 번째 단계에서는 경영자가 직면한 다양한 도전과제를 잘 이해하는 것을 강조한다. 두 번째 단계에서는 관리가 이루어지는 문화적, 조직적 및 상황적 맥락을 잘 이해하는 것을 강조한다. 마지막 세 번째 단계에서는 구체적인 글로벌 경영기술을 학습하고, 이러한 기술을 어디에 어떻게 사용할 것인가에 대한 이해를 강조한다. 우리는 이 세 단계를 다문화 역량 개발 로드맵으로 간주한다.

아래의 구글의 글로벌 교육 프로그램에 대한 사례는 경영자, 종업원, 고객 그리고 기업의 장기 목표에 도움이 되는 다문화 역량을 촉진하기 위해 이 세 가지 전략이 어떻게 결합될 수 있는지를 보여 준다.

## 책의 계획 Plan of book

앞에서 언급한 것처럼 우리는 글로벌 영역에서 경영의 성공을 세 가지 상호 연결된 요소로 구성된다고 본다: 글로벌 도전과제 이해, 글로벌 환경 이해, 그리고 글로벌 경영기술 개발. 따라서 이 책은 이러한 가정을 중심으로 3단계 발전과정으로 구성되었다. 로열 더치 쉘(Royal Dutch Shell)의 아리 드 게우스(Arie de Geus)는 "미래에 당신의 경쟁자보다 더 빠르게 학습하는 능력이 유일하게 지속 가능한 경쟁우위가 될 것이다"라고 말했다.[9] 이 책의 목적은 이러한 미션을 지원하는 것이다.

1. 글로벌 도전과제 이해(1장과 2장). 경영자는 먼저 그들이 직면한 도전과 장애뿐만 아니라 기회를 이해해야 한다. 그들은 직무를 이해하고 그들의 노력이 더 큰 조직의 목표에 부합하는 방법을 이해하여야 한다. 그리고 그들은 현장에서 성공하는 데 필요한 것과 여러 부분이 어떻게 조화를 이룰 수 있는지에 대한 정신적 모델을 가지고 있어야 한다. 다음 장에서 이러한 글로벌 경영 모델이 제시될 것이고, 우리는 이 모델을 바탕으로 구축할 것이다.
2. 글로벌 환경 이해(3장과 4장). 경영자는 다음으로 그들이 일하는 현지 환경을 평가하고 가능한 대안 중에서 적절한 선택을 하여야 한다. 분석 및 이해를 위해 환경을 분해할 수 있는 많은 방법이 있지만, 문화적, 조직적, 상황적 세 가지 상호 연관된 환경을 시각화하는 것이 생산적 접근방식임을 제안한다. 즉, 경영자는 자신의 업무와 책임을 완수하기 위하여 세 가지 환경 모두에서 동시에 성공해야 한다. 종합하면, 환경은 경영활동에 대한 요구와 제약을 만든다. 이러한 제한사항은 글로벌 경영자에게 두 가지 중요한 질문을 제기한다: 내가 경영자로서 무엇을 해야 하는지, 즉 성공하려면 무엇을 해야 하는가? 그리고 둘째로, 경영자로서 나는 무엇을 하지 말아야하는가? 다른 사람들의 기분을 상하게 하거나 기회를 잃지 않기 위해 어떤 행동을 피해야 하는가? 이 두 가지 한계 내에서 경영자는 현재와 미래의 행동에 대해 가능한 옵션 중에서 선택을 자유롭게 할 수 있다. 여기서 질문은, 나의 선택은 무엇이며, 어떻게 조직을 위하여 나의 경영기술을 가장 잘 사용할 수 있는가이다. 다시, 2장에서 소개된 글로벌 경영 모델이 도움이 되도록 설계되었다.
3. 글로벌 경영기술 개발(5장에서 11장까지). 현지 환경을 보다 잘 이해하고 선택을 하면, 경영자는 자신의 행동을 수행하기 위해 적절한 글로벌 경영기술을 보유하고 있어야 한다. 이 책에서 논의한 바와 같이, 우리는 이문화 간 커뮤니케이션, 리더십, 협상 및 글로벌 파트너십, 윤리, 직무 및 동기부여, 팀 관리, 해외에서의 삶과 성공적인 업무 등이 이러한 기술에 포함된다고 본다. 책의 이 부분은 기술 개발 및 행동 계획에 매우 구체적으로 접근한다. 12장에서는 이 책 전체에 걸쳐 제시된 자료를 요약하고 통합하는 것을 목표로 한다.

## 핵심용어

변화하는 글로벌 환경(특성) • 다문화 역량

## 토의용 질문

1. MIT 경제학 교수 레스터 더로우는 기업은 변해야 하며, 그렇지 않으면 살아남지 못한다고 주장한다. 당신은 이 주장에 동의하는가? 이유는? 어떤 면에서 이 문장이 사실이고, 어떤 면에서 사실이 아닌가?
2. 본 장에서 세계는 점점 작아지는 것이 아니라 점점 더 빨라진다고 했다. 당신은 이 문장에 동의하는가? 글로벌 경영자에게 이것이 의미하는 바는 무엇인가?
3. 전문가들은 대부분의 비즈니스에서 글로벌화는 생존에 필수라는 데 동의한다. 그러나 대부분이 전부를 의미하는 것은 아니다. 글로벌화 없이 살아남을 수 있는 – 심지어는 번성할 수 있는 – 비즈니스의 특성은 무엇인가?
4. 국제 합작 투자의 50% 이상이 5년 내 실패한다. 과거 경영자가 아니라 미래 경영자는 이러한 실패율을 줄이기 위해 무엇을 해야 하는가?
5. 본 장에서 변화하는 글로벌 환경의 세 가지 특성이 논의되었다(그림 1.1). 당신은 이들 특성 각각이 불가피하다고 믿는가, 아니면 미래의 사건이 이러한 추세 중 하나 혹은 그 이상을 무력화하거나 변화시키는 역할을 할 것으로 믿는가? 그 이유는?
6. 사회와 마찬가지로, 기업은 점점 다문화 조직으로 이행하고 있다. 기업, 종업원, 사회에 이러한 추세의 긍정적 및 부정적 결과는 무엇인가?
7. 다문화 역량이 경영자와 기업의 성공에 중요한 이유는 무엇인가?
8. ABB 회장이었던 퍼시 바네빅이 훈련이라는 명백한 시사점 외에 글로벌 경영자는 태어나는 것이 아니라 만들어지는 것이라고 말할 때 그 의미는 무엇인가? 여기서 작동하는 개발 프로세스는 있는가?
9. 당신의 견해로, 앞으로 10년 내 글로벌 경영자가 직면하는 중요한 도전과제는 무엇인가? 여기에 대해 어떻게 준비해야 하는가?
10. 복잡한 글로벌 환경에 비추어 볼 때, 본 장에서 다문화 역량을 개발하는 데 3단계 접근법이 유용하다고 주장하였다(그림 1.3 참조). 그런 모형을 사용할 때 잠재적인 장점과 단점은 무엇인가?

## 사례: 구글의 글로벌 교육

"구글"은 숫자 뒤에 100개의 0을 붙인다. 그것은 거대한 숫자이며 은유적으로 회사 설립자의 상상력을 사로잡는다. 그들은 수백만의 사람들이 경로를 횡단할 수 있는 관계를 구축하고자 했다. 그러나 이를 달성하기 위해 회사는 전 세계적인 범위(global reach)와 국제적인 전문지식을 필요로 했다. 구글의 여러 조치, 특히 글로벌 교육 프로그램에서 이러한 노력을 엿볼 수 있다.

구글의 여행하는 경영자의 사례는 그들에게 직면한 도전과제와 그들이 성공할 수 있도록 돕는 전략에 대해 경영자를 교육하는 독창적인 방법을 보여 준다. 새로운 세대의 경영자를 양성하기 위하여, 거대한 검색 엔진인 구글은 현재 세계적인 임무를 수행하기 위해 젊은 "두뇌(brainiacs)"를 보내고 있다.[10] 최근에 한 그룹의 연수생이 인도 방갈로르 외곽의 작은 마을에서 여행을 시작하였다. 작은 마을에는 컴퓨터가 없었고, 코끼리가 걸어 다니며 마음대로 농작물을 짓밟았던 들판으로 둘러싸인 비포장도로만 있었다. 이 방문은 전 세계 수십억 명의 사람들이 경험한 겸손하고 얽매이지 않는 삶의 방식에 관해 구글 제품 부매니저(associate manager)를 교육하는 것을 목표로 하였다. 마을 주민들과의 대화는 어색하게 시작되었으며, 연수생들은 주민들이 회사에 대해 들어 본 적이 없다는 사실을 발견했다. 앞면에 회사 로고가 있고, 뒷면에 "I am feeling lucky."라는 회사 홈페이지의 고전적인 문구가 새겨진 티셔츠를 언급하면서 한 젊은 매니저는 이 경험이 "셔츠 등에 새겨진 문구에 완전히 새로운 의미"를 부여했다고 말했다(역자 설명: 여기서 "I am feeling lucky."는 "운좋은 예감"으로 번역이 가능하지만 검색 시 바로 원하는 사이트로 이동하는 구글 버튼 명칭이다).

방갈로르 첫날 방문자들은 커머셜 스트리트 쇼핑 지구로 가서 가격 깎기 대회를 벌였다. 각 구글 연수생에게 "괜찮은 제품"을 구매하라고 500루피(약 13달러)가 주어졌고, 구매할 때 가장 많이 할인을 받은 사람에게는 상품이 수여되었다. 대부분의 경우 맨 처음 노점상과 협상을 해야만 했다. 한 연수생은 "나는 보통 니만 마커스에서 쇼핑을 한다"고 말했는데 그녀는 목걸이 가격을 375루피에서 250루피까지 깎는 데 성공했다. 하지만 대회에서 우승한 연수생은 그녀의 동료 중 하나로, 인도의 전통의상인 암적색 *셰르와니(sherwani)*를 처음에 요구된 가격의 3분의 1로 구입을 하였다.

인도에서 다시 이 그룹은 회사의 시부야 본사를 방문하여 동료 직원들과 네트워크를 형성하고, 지역 시장과 지역 문화를 배우기 위하여 일본으로 여행했다. 방문자들은 일본인 동료들과 내년의 제품 "로드맵"을 공유하고, 질문에 대답한 다음, 각 위치의 엔지니어와 경영자가 무엇에 집중하고 있는지 들어 보았다. 또한 현지 구글 직원, 고객 및 파트너와의 대화를 통해 현지 시장에 대한 이해를 얻었다. 도쿄에서 그들은 다음과 같은 사실을 알게 됐다. 야후 재팬은 경쟁사 - 그것은 구글과 AOL과 이베이가 하나로 통합된 것과 같다 - 를 무너뜨렸다는 것. 하지만 구글이 일본 사람들의 상상력을 사로잡았다는 것. 구글은 일본에서 도요타에 이어 No.2 브랜드다.

글로벌 여행자(연수생)의 제품 지식, 비즈니스 기술 및 거리에서 지내는 요령(street smart)을 향상시키기 위한 또 다른 그룹 경쟁을 위해 도쿄의 전설적인 전자제품 지구인 아키하바라가 선정되었다. 그들은 작은 팀으로 나누어졌고, 그들이 발견할 수 있는 가장 이상한 가젯을 사기 위해 100달러를 받았다. 전자제품으로 가득 찬 상점에 뛰어든 그들은 USB로 작동하는 연기 제거 재떨이와 앞뒤로 흔들면 LED 라이트로 단어를 철자로 나타내는 요술지팡이를 발견하였다.

그 다음 이들 그룹은 중국을 방문하여 중국에서의 사업 실상에 직면하게 되었다. 그들은 즉시 회사의 자유로운 경영 스타일과 중국의 엄격한 정부 규칙 및 검열의 균형 갈등을 인식했다. 베이징의 구글 본사에서 방문자들은 현지 영어 사용자들과 인터뷰를 하였다. 종종 구글 사이트에 대한 접근을 차단하고, 선택에 국가주의 요소를 교묘히 강요함으로써 중국 정부가 홈팀 바이두(baidu.com)에 유리하도록 효과적으로 불공정한 게임 운영을 하는 냉혹한 현실을 이 그룹은 목격했다. 방문자들에게 교훈은 명백하였다: 바이두는 구글보다 중국에 대해 더 많이 알고 있다. 학습과 마찬가지로 여행은 계속되었다.

구글의 경우 두 가지 주요한 학습 전략이 사용되었다. 첫째, 구글 경영자는 낯선 상황에 의도적으로 배치되어 신속하게 이해하고 직접 경험(first-hand experience)을 인식해야 했다. 그들은 이러한 경험을 반영하고, 이해하고, 미래에 대한 중요한 교훈을 식별해야 했다. 둘째, 동시에 경영자들은 자신이 보았던 것을 조직하고, 현장으로 돌아왔을 때 시도될 수 있는 미래의 행동에 대한 상용 이론(theories-in-use)을 개발해야 했다.

## 사례 질문

1. 학습의 관점에서 구글의 글로벌 교육 프로그램에 대한 당신의 평가는? 긍정적인 점과 부정적인 점은?
2. 구글 교육 프로그램에는 그림 1.3에서 보여 준 것처럼 글로벌 경영 개발 프로세스의 3단계 모두가 포함되어 있는가? 설명하라.
3. 당신이 이 프로그램 참가자라면, 보다 나은 글로벌 경영자가 되기 위해 당신은 무엇을 배워야 한다고 생각하는가?
4. 글로벌 교육에 대한 구글의 접근법이 다른 접근법보다 어떤 조직의 형태에 더 잘 작동되는가?

**5.** 만약 당신이 구글의 교육 프로그램을 맡고 있다면, 효과성을 높이기 위하여 어떤 일을 할 것인가? 이유는?

**6.** **(선택형 연구 질문)** 다른 기업이나 조직이 지원한 글로벌 경영 교육 프로그램의 사례를 찾아라. 이러한 프로그램들은 어떤 특성을 공유하는가? 어떤 차이가 있는가? 글로벌 교육에 어떤 접근법이 가장 효과적이라고 생각하는가? 이유는?

## ❖ NOTES

1. "60 Minutes," CBS television, 1998.
2. 사적인 대화.
3. See www.hewitt.com.
4. James Hookway, "Vietnam's mobile revolution catapults millions into the digital age," *Wall Street Journal*, June 12, 2015.
5. Timothy Wise, "The cost to Mexico of US corn ethanol expansion," *Global Development and Environment Institute*, Tufts University, May 2012.
6. Richard M. Steers, Carlos J. Sanchez-Runde, and Luciara Nardon, *Management across Cultures: Challenges and Strategies*. Cambridge University Press, 2010.
7. Percy Barnevik, cited in Philip Harris, Robert Moran, and Sarah Moran, *Managing Cultural Differences*. Amsterdam: Elsevier, 2004, p. 25.
8. Mansour Javidan and Richard M. Steers, *The Global Mindset*. Amsterdam: Elsevier, 2007.
9. Arie de Geus, "Planning as learning," *Harvard Business Review*, March 1988.
10. Steven Levy, "Google goes globe-trotting," *Newsweek*, November 12, 2007, pp. 62–4.

# 2 글로벌 경영자: 도전과 책임

## Global managers: challenges and responsibilities

### 경영 과제

IBM 전략 계획가 마이클 캐논 브룩스(Michael Cannon-Brooks)의 말이다. "당신이 뉴욕에 앉아 있을 때보다 상하이, 상파울루, 혹은 두바이에 앉아 있을 때 매우 다르게 생각할 것이다."[1] 세계의 다른 지역에 있는 경영자들이 다르게 생각한다면, 성공적인 파트너십의 협상 및 구축, 글로벌 팀 구축, 혹은 다른 문화권의 종업원에게 동기부여를 할 때 이것이 무엇을 의미하는가? 기업이 점점 더 복잡한 글로벌 비즈니스 환경에 직면함에 따라 논리적인 질문이 있다: 과거와 동일한 방식으로 오늘날 조직을 관리할 수 있는가? 다른 말로, 변화된 환경은 우리들로 하여금 경영자의 역할 및 경영 기능을 재평가하도록 하는가? 진정 경영의 정의가 변하는가? 또한 오늘날의 경영자들은 새로운 세상에서 글로벌 임무에 더 많이 참여할 수 있도록 어떻게 대비해야 하는가? 여기에서 성공의 열쇠는 문화 간 펼쳐지는 경영자 역할의 변화를 이해하는 능력이다.

### 차례

## 응용



점점 더 상호 연결된 글로벌 경제에서 살고 일한다는 인식이 널리 퍼져 있음에도 불구하고 다른 나라와 문화에 대해 이해하는 사람이 거의 없다는 것은 흥미로운 일이다. 휴일에 여행을 할 때 우리는 흔히 같은 문화의 사람들과 여행하고, 익숙한 음식을 먹고, 우리의 여행 버스를 타고 돌아오는 집단적 경험을 추구한다. 우리가 사업상 해외에 가면, 에어컨과 *BBC World News*가 있는 오성급 호텔의 회의실에서 대부분 시간을 보낸다. 그러고 나서 우리는 태국, 코스타리카 또는 프랑스에 간 적이 있다고 말하면서 집으로 돌아간다. 불행히도 우리가 어디에 있었다는 것과 있었던 곳에서 무언가를 배웠다는 것은 큰 차이가 있다.

우리가 더 깊은 이해를 추구할 때에도, 종종 얻기가 쉽지 않다. 사실 교육 책임자와 경영자 모두가 직면하는 핵심적인 문제는 정확히 글로벌 인지도, 이해 및 기술을 확장하는 방법이다. 이 추구에서, 경영자는 종종 해외 임무 준비에 도움이 되도록 이문화 훈련 및 개발 전문가들에게 조언을 구한다. 그러나 자기 자신이 아니라 타인에게 지나치게 의존하는 것은 위험을 초래할 수 있다. 우리가 듣는 것이 정확한지 편향된 것인지 어떻게 알 수 있는가? 우리가 들은 것에 우리의 경력과 회사의 성공을 걸고 싶은가? 그리고 일단 현장에서, 우리가 잠재적인 해외 비즈니스 파트너와 그들의 배경, 그들의 사업 접근방식, 미래의 의도에 대해 거의 알지 못할 때, 그들을 어떻게 신뢰하고 사업을 할 수 있겠는가?

여기서 분명한 질문은 무엇을 해야 하는가이다. 불행히도, 이 질문에 대한 대답은 과거처럼 간단하지 않다. 미래 경영자가 대학에서 프랑스어나 독일어 또는 스페인어를 배우고 국제적인 경력을 쌓을 수 있는 시대는 끝났다. 외국어와 외국문화를 학습하는 것이 도움은 되지만, 비즈니스 기회가 나타났다 사라지는 속도가 빠르다는 점에서 비현실적이다. 게다가 오늘날의 경영자는 이보다 훨씬 더 많은 것을 필요로 한다.

다른 문화권 사람들을 이해하는 도전과제는 비즈니스가 발생하는 속도가 빨라짐에 따라 더욱 어려워졌다. 여기서 핵심 요소는 최근의 기술 진보가 글로벌화의 속도와 복잡성을 새로운 차원으로 끌어올린 방식이다. 커뮤니케이션 및 정보기술을 통해 국적 또는 문화적 배경에 관계없이 세계 어느 곳에서나 협력하거나 경쟁할 수 있다. 점점 더 많은 조직이 전 세계적으로 사업을 확장함에 따라 문화적 배경이 매우 다른 파트너와 경쟁자에게 경영자의 노출이 크게 증가하여 경제학자나 사회과학자 모두 놀라움을 금치 못하고 있다. 모든 유형의 경영자에게 이 점에 대한 의미는 분명하다: **글로벌** 관점에서 **실시간**으로 비즈니스 관계를 생각하고 이해할 수 있는 경영자가 제한된 국가 기반 사고방식을 갖고 있는 사람들보다 성공할 가능성이 높다. 이것이 이 장의 주제이다.

## 전통적 경영 모델 Traditional management models

**경영(management)**에 대한 정의는 다양하지만, 세계 각 지역에서 만들어진 이러한 정의의 대부분이 큰 차이가 없다는 점이 중요하다. 경영은 경영이라고 우리에게는 그렇게 들린다. 19세기와 20세기 초 프리드리히 테일러(Frederick Taylor), 앙리 파욜(Henri Fayol), 막스 베버(Max Weber), 메리 파커 폴렛(Mary Parker Follett) 등의 초기 저서에서부터 시작하여 오늘날까지 계속되는 대부분의 저자들은 경영은 가능한 한 효율적이고 효과적으로 특정 조직의 목표를 달성하기 위해 사람, 물자 및 프로세스에 대한 조정 및 통제와 관련이 있다는 것에 동의한다. 사실 경영사학자인 클로드 조지(Claude George)는 6천년 전에 고대 사마리아인, 이집트인, 히브리인, 중국인으로 거슬러 올라간 이러한 정의의 근원을 발견하였다.[2] 경영의 개념이나 직업은 새로운 것이 아니다. 실제로 그들은 조직화된 사회의 중심축을 형성하는 것으로 널리 알려져 있다.

기본 정의는 동일하지만 주제의 변형을 쉽게 찾아볼 수 있다. 과학적 경영의 지지자 프리드리히 테일러 시대부터 산업 기술자들은 생산 및 운영, 그리고 성과를 극대화하는 방식으로 직무, 사람, 인센티브 시스템을 조직화하는 필요성을 오랫동안 강조해 왔다.[3] 또한 20세기 초 프랑스의 산업 기술자 앙리 파욜은 분업, 지휘의 단일성, 방향의 단일성, 개인의 이익을 일반의(즉 조직의) 이익에 종속시키는 것을 포함하여 관리의 표준화된 "원칙"의 중요성을 강조하였다.[4] 테일러는 노동자에 초점을 두고 파욜은 행정 구조에 중점을 두었지만, 그들의 진언(mantra)은 동일하다: 조직은 힘, 규율, 계층, 논리를 통해 관리되어야 한다(그림 2.1 참조).

같은 시기에 사회과학자들과 학자들은 이와 같은 동일한 현상에 대해 다른 견해를 가지고 있었다. 독일 태생의 심리학자인 휴고 뮌스터버그(Hugo Munsterberg)는 심리학 원리를 경영자와 근로자에게 적용하여, 그 과정에서 산업심리학 분야를 개척했다.

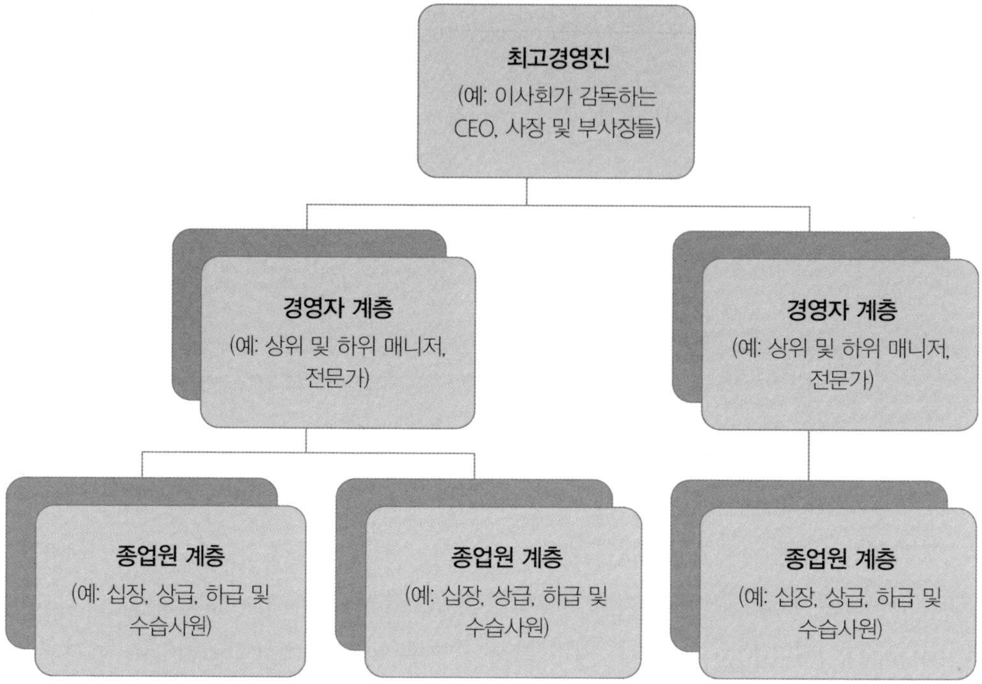


**그림 2.1** 조직 및 경영의 전통적 "그림"

1913년 그는 *심리학 및 산업 효율성*(*Psychology and Industrial Efficiency*)이라는 책에서, 이 새로운 원리의 목적은 "근대의 실험실 심리학과 경제 문제 사이의 중간에 있는 새로운 과학의 개요를 스케치하는 것이다"라고 쓰고 있다.[5] 한편 막스 베버는 조직의 조직화 및 운영방식 – 더 정확히 표현하면 조직의 조직화 및 운영의 당위성 – 에 대해 광범위하게 썼다.[6] 베버는 조직의 가장 완벽한 형태로 **관료주의(bureaucracy)** 개념을 도입했다(최근에 이 용어는 다르고 부정적인 의미로 사용되지만, 이것이 원래의 의미다). 규칙이 모든 것을 통제하고 우연으로 남겨진 것이 거의 없다. 사람들은 공자 시대의 고대 중국 공무원 제도처럼 자격 기준에 따라 고용되고 승진되었다. 권력과 권위는 개인이 아닌 사무실에 부여되었다. 그러나 여기에서도 결론은 동일했다. 유능한 매니저가 규칙적으로 시행하는 규칙 및 표준 운영 절차는 효율적인 운영으로 이어질 것이다. 목표는 변경되지 않았다.

100년이 지나 이제 동양과 서양의 경영에 관한 현대 학자들의 조언을 생각해 보자. 현대 학자들은 경영의 성격과 역할에 대해 진행되는 논의에 깊이를 추가했지만, 확장은 하지 못했다. 경영에 대한 두 가지 현대적 정의를 고려해 보자. "경영은 다른 사람의 작업 활동을 조정하고 감독하여 활동이 효율적이고 효과적으로 완료되도록 하는 것이다."[7]

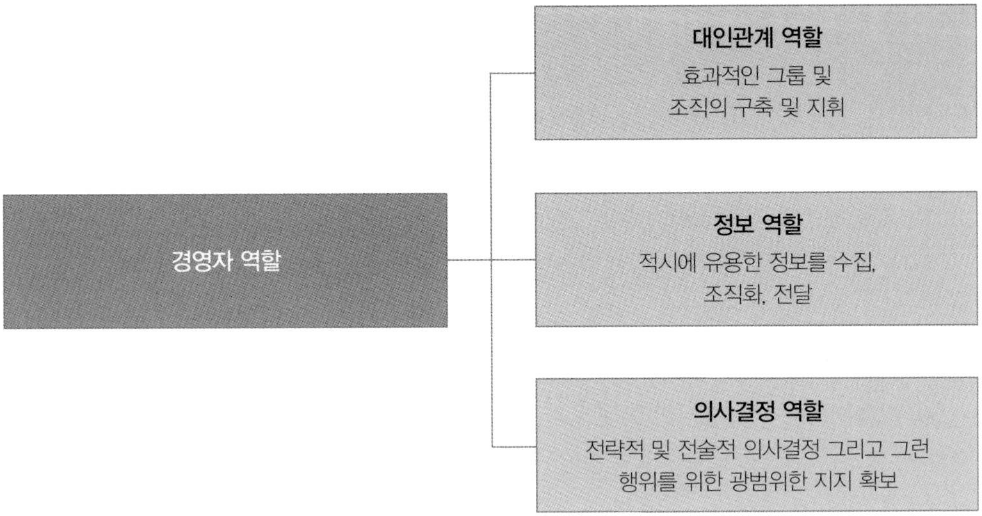


그림 2.2 경영자 역할

그리고 "경영은 목표 지향적인 경영자가 조직의 환경에서 작업을 수행할 수 있도록 자원을 조합하여 사용하는 프로세스이다."[8] 또 다시 원하는 목적지는 변경되지 않았다.

수세기 동안 변하지 않은 경영 개념에 대한 이러한 안정성은 모든 경영자가 본질적으로 동일한 작업을 한다는 것을 의미한다. 실제로 가장 자주 인용되는 경영학 연구 중 하나에서 맥길대학교 교수인 헨리 민츠버그(Henry Mintzberg)는 우리가 장인(foremen)을 보든, 회사 사장을 보든, 또는 정부 행정관을 보든 "경영자의 업무가 매우 유사하다"고 결론지었다.[9] 결국 "경영자의 주된 목적은 우리 자신의 조직이 기본적인 목적, 즉 특정 재화와 서비스의 효율적인 생산을 보장하도록 하는 것"이라는 것이다. 민츠버그는 한 걸음 더 나아가 모든 경영자는 다양한 각도에서 10가지 기본적인 **경영자 역할(managerial role)**을 수행할 것을 제안한다. 이 10가지는 대표, 리더, 섭외자, 정보 모니터, 정보 전달자, 대변인, 기업가, 해결사, 자원 배분자, 협상가이다.[10] 이러한 특성들은 그림 2.2에 나와 있는 것처럼, 대인관계 역할, 정보 역할, 의사결정 역할 등 3개의 큰 유형으로 나누어진다.

## 글로벌 경영의 맥락 Context of global management

이 모든 것이 올바른 방향일 수 있겠지만, 이러한 추론은 문화 간 이러한 역할을 수행하는 글로벌 경영자가 직면한 어려움을 무시하거나 적어도 경시하는 것으로 보인다. 이 책 전체에서 논의하는 바와 같이, 문화적 차이는 전 세계 경영의 개념화와 실천에 중요한 역할을 할 수 있다. 비즈니스 관리에 대한 사람들의 개념뿐만 아니라 경영 원리의 적용은 종종 문화적 배경, 개인적 경험, 그리고 그들이 직면한 상황의 결합에서 비롯된다. 따라서 우리는 질문해야 한다: 전형적인 호주인이나 폴란드인, 또는 인도네시아인 경영자는 인도인, 볼리비아인, 프랑스인과 같은 방식으로 비즈니스 의사결정과 행동에 접근하는가? 그렇지 않다면 그들의 접근방식은 어떻게 다른가? 글로벌 경영자는 어떻게 그러한 다양한 세계관을 동시에 처리할 수 있는가?

글로벌화 압력이 심화되면서 문제가 추가될 수 있다. 좋든 싫든, 오늘날 치열해지고 복잡한 비즈니스 환경에서, 모든 사람들은 일하는 곳과 관계없이 글로벌 경영자이거나 글로벌 경영자가 되어 가고 있다. 10년 전만 해도 사람들은 영국인 경영자, 중국인 경영자, 멕시코인 경영자 등의 차이에 상당한 주의를 기울였다. 그들은 선의의 문화적 고정관념에 비교적 관대했다. 오늘날 글로벌 경제가 현실화되고 대부분의 비즈니스가 국제화됨에 따라 이러한 고정관념은 다소 흐려졌다. 이것은 각국의 경영자 및 그들의 사업방식 간에 더 이상 실질적인 차이가 존재하지 않는다고 말하는 것은 아니다. 물론 차이가 있다. 오히려 효과적인 경영의 정의가 국가적 기원과 거의 관련이 없는 방식으로 변했다고 말하는 편이 낫다. 오늘날 대부분의 경영자는 전 세계 지역의 고객, 비즈니스 파트너 및 종업원과 교류하여야 한다. 성공 또는 실패는 이들 경영자의 국경을 초월한 국가간 활동의 의사소통, 협상, 계약, 지도, 조직, 조정 및 통제 능력에 달려 있다.

사실 오늘날 까다로운 글로벌 경제에서 성공하기 위해 그 어느 때보다 국제 및 이문화 커뮤니케이션, 협업 및 협력의 능력이 요구된다. 국가적 및 지역적 기업이 점차 과거의 일이 되어 가고 있기 때문에, 기업은 글로벌 관점에서 생각해야 한다. 기회와 마찬가지로 미래는 명확하고 비가역적으로 변화하여 현명한 기업과 경영자는 적절하게 대응해야 한다.

이 모든 측면에서 경영자의 책임은 소비자의 이익과 회사의 수익을 극대화하기 위한 것이다. 동시에, 사회는 종종 다음과 같이 요구한다: 경영자는 공정한 임금을 지불하고, 종업원들에게 안전하고 평등한 근로조건을 제공하고, 사업을 수행하는 국가의 법률 및 규정을 준수하고, 환경을 보호하고, 사회적 책임을 다하고, 윤리적 규범과 직업 표준을 준수해야 한다. 이러한 상충되는 목표를 달성하는 것이 결코 쉬운 일이 아니라고 지적하는 것은 절제된 표현이다. 이를 고려할 때, 오늘날 경영자들에 대한 질문은 이러한 국제 비즈니스 용감한 신세계를 위해 경영자는 어떻게 최선을 다해 준비할 것인

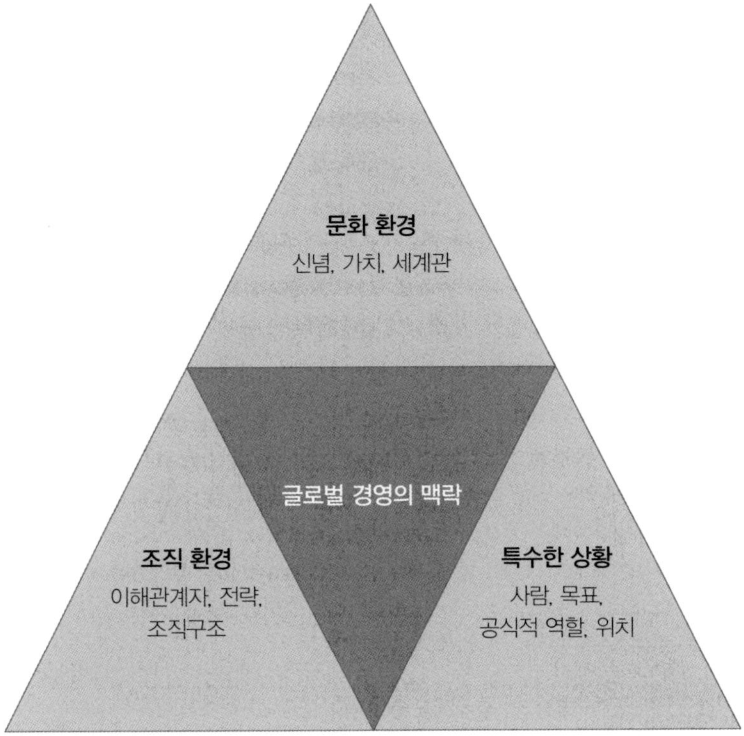


그림 2.3 글로벌 경영의 맥락

가이다.

우리가 보았듯이, 전통적인 경영 모델은 문화적 – 혹은 조직적 – 차이에 대해 거의 관심을 기울이지 않는다. 경영은 주로 보편적인 추구이며, 좋은 경영의 핵심은 규정된 규칙과 정책을 따르는 것임을 전제로 한다. 여기서 누락된 점은 작업 환경의 차이가 어떻게 경영이 정의되고 구현되는 방식에 영향을 미칠 수 있는지에 대한 심각한 고려이다.

이러한 차이점을 이해하려면 **글로벌 경영의 맥락(context of global management)**을 자세히 살펴보아야 한다. 즉, 경영자가 해야 할 일(요구사항)과 수행하지 말아야 할 일(제약사항)을 제한할 수 있는 글로벌 환경의 특성, 따라서 의사결정과 행동의 제한된 선택권을 제공한다. 이것을 운영하기 위하여 우리는 경영자의 직무를 둘러싼 복잡한 환경의 3가지 요소를 확인한다(그림 2.3 참조).

- **문화 환경.** 규범적 행동을 형성하는 데 도움이 되는 특정 만남에서 지배적인 문화적 경향은 무엇인가? 우리가 대하는 혹은 대할 예정인 사람들에 대해 무엇을 알고 있는가? 그들의 신념, 가치 및 세계관은 무엇인가?

- **조직 환경.** 우리는 조직 환경에 대해 무엇을 아는가? 주요 이해관계자는 누구인가? 그들의 주요 전략은 무엇인가? 글로벌 무대에서 비즈니스를 수행하기 위해 조직은 어떻게 구조화되어야 하는가?
- **특수한 상황.** 환경을 특징짓는 것을 돕는 문화와 조직을 초월한 특수한 상황 즉 고유한 요소는 무엇인가? 여기에는 사람 또는 기업의 목표, 수행되는 직무의 성격(즉, 마케팅, 생산 등), 상호작용의 장소(즉, 사무실, 식당, 국가 등), 관련된 사람들의 상대적 지위 혹은 역할(즉, 상사, 부하 등)이 포함된다.

지금은 글로벌 경영자들이 자신을 발견하고 성공하기 위해 노력해야 하는 복잡하고 종종 모순되는 환경이다. 이 맥락 환경의 각 요소는 중요하며 각 요소는 상당한 변동성을 나타낸다. 이제 질문은 경영자가 현장에서 실제로 할 수 있는 것과 경영상의 어려움을 더 잘 이해하기 위해 직무 환경의 세 가지 맥락을 어떻게 설정하는가이다. 글로벌 경영자는 분명히 직장에서 다양한 요구사항 및 제약사항에 직면하지만, 그들은 많은 기회가 있다. 도전과제는 이것을 어떻게 실현할 것인가를 이해하는 것이다.

### 응용 2.1 감독자는 무엇인가?

경영자가 직면하는 맥락의 차이의 한 예를 보기 위해, 여러 문화권의 삶들이 감독자(supervisor)의 역할을 어떻게 보는지 살펴보자. 이 용어는 무엇을 의미하는가? 그것은 사람들의 마음속에 무엇을 불러일으키는가? 영어로 감독자라는 단어는 권위, 통제, 권력의 의미를 가지고 있으며, 감독자는 보스(상사)다(그림 2.4 참조). 대조적으로 일본어에서 그 단어는 가족적인 함의를 지닌다. 감독자는 부모와 마찬가지로 상위 롤 모델이고 부하의 보호자이다. 실제로 일본어의 *카초우*는 "감독자"(더 정확하게는 "부장(section chief)") 또는 "족장(patriarch)" 또는 "가장(family head)"을 의미한다. 독일어에서 "감독자"라는 단어는 기술적 능력과 전문성의 의미를 강하게 지니고 있다. 실제로 감독자는 때때로 *마이스터*(*meister*)(또는 *마스터* 기술자)라고 불린다. 독일 감독자는 일반적으로 지식, 기술 능력(독일어로 *technik*) 및 훈련 능력으로 선택되며, 반드시 다른 사람들을 통제할 수 있는 능력이 아니다. 멕시코에서 감독자(스페인어로 *capataz* 또는 *jefe*)는 충성과 순종의 대가로 종업원들의 사적 이익을 돌보는 후원자로 간주된다. 기본적으로 같은 단어, 그러나 매우 다른 의미. 그리고 때로는 매우 다른 행동의 결과.

다음에 대해 생각해 보자.

(1) 직장에서 감독자 역할의 이와 같이 다양한 의미의 시사점은 무엇이며, 감독자에게 보고하는 사람들에게 시사점은 무엇인가? 설명하라.
(2) "감독자"에 대한 개인적인 정의는 무엇인가? 당신의 정의는 어디에서 나왔는가? 어떻게 발전했는가?

(3) 터키나 말레이시아로부터 여러 감독자를 만나기로 했다면, 만나기 전에 그 지역의 감독자 역할에 대해 어떻게 배울 수 있는가?

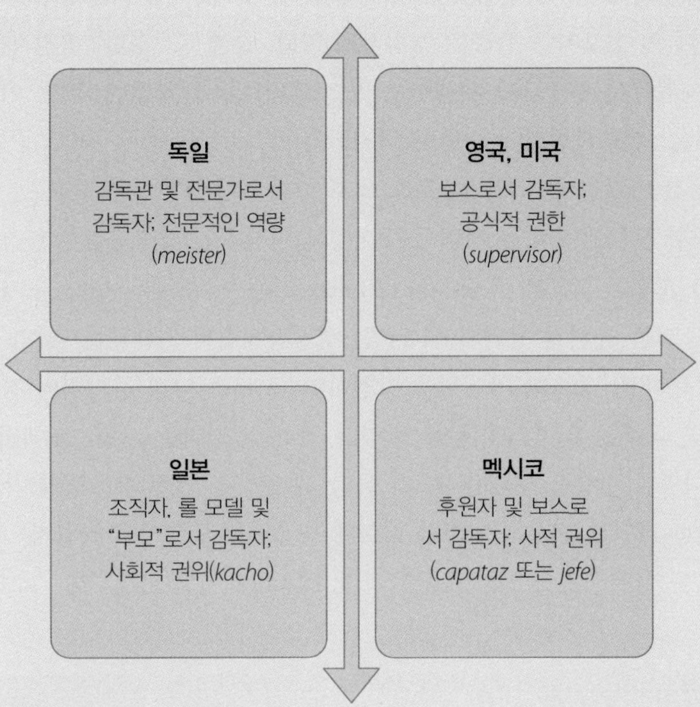


그림 2.4 문화 간 감독자 역할

## 경영 모델의 재고 Rethinking management models

이러한 논의를 염두에 두고, 이 책의 중심 주제는 문화적, 조직적, 특수한 환경에 대한 적절한 이해가 결여된 상태에서 경영자의 역할과 책임을 이해하는 것이 글로벌 경영자에게는 매우 부차적인 전략이라는 것이다. 성공한 경영자는 자신의 경영 행위가 발생하는 맥락을 이해해야 하며 이를 이해하기 위해 현지 환경을 아는 것이 중요하다. 이 과제는 두 가지 측면에서 볼 수 있다. 첫째, 문화적 다양성이 경영자 역할 기대치를 어떻게 바꿀 수 있는가? 둘째, 일단 이것이 이해되면, 경영자가 그러한 차이를 수용하기 위해 무엇을 할 수 있는가?

## 문화 간 경영자 역할과 경영방식

사람들이 문화 간 생각이나 습관이 다르다면, 적합한 경영자 역할에 대한 그들의 기대치도 달라질 수 있다. 두 가지 관련된 쟁점이 있다. 첫째, 이상적인 경영자의 역할은 무엇인가 – 사람들이 선호하는 훌륭한 경영자의 역할, 둘째, "진정한" 경영자 역할은 무엇인가 – 실제 생활에서 경영자가 수행하는 있는 그대로의 일상적인 역할. 이론적으로 이 두 가지 역할은 서로 관련성이 높아야 하지만 실제로는 중요한 차이가 종종 발견된다. 당연히, 국가 간 비교를 하는 것만으로도 모호성이 증가한다.

첫째, 다양한 문화권에 있는 사람들이 어떻게 이상적인 경영자를 설명하는지 살펴보자. INSEAD 교수인 앙드레 로랑(Andre Laurent)은 이 주제에 대해 흥미로운 연구를 수행하였다.[11] 그는 규범적 경영자 역할(즉, 경영자에게서 기대되는 것)의 이해에 관심을 기울였고 문화 간 중요한 차이점을 발견하였다. 그는 여러 문화권의 경영자에게 효과적인 경영을 다루는 일련의 질문을 하였다. 로랑의 결과는 그림 2.5에서 볼 수 있듯이 문화 간 다양한 반응을 나타낸다. 각 응답 세트에서, 전형적인 경영자가 적합한 경영 행위에 관한 간단한 진술에 얼마나 다르게 대응하고 있는지 주목하자. 세 가지 질문 각각에 대해 동의하는 경영자의 비율은 각각 10~78%, 17~83%, 26~74%이다. 이 비

**그림 2.5 경영자 역할에 대한 인식**

| 국가 | 각 문장에 동의하는 경영자의 비율 | | |
|---|---|---|---|
| | "부하들이 하는 대부분의 질문에 경영자는 대답을 해야 한다." | "지휘 계통이 존재하는 주된 이유는 누가 권한을 가지고 있는지를 알기 위해서이다." | "업무를 효율적으로 수행하기 위해 지휘 계통을 무시해도 괜찮다." |
| 중국 | 74 | 70 | 59 |
| 프랑스 | 53 | 43 | 43 |
| 독일 | 46 | 26 | 45 |
| 인도네시아 | 73 | 83 | 51 |
| 이탈리아 | 66 | – | 56 |
| 일본 | 78 | 50 | – |
| 네덜란드 | 17 | 31 | 44 |
| 스페인 | – | 34 | 74 |
| 스웨덴 | 10 | 30 | 26 |
| 영국 | 27 | 34 | 35 |
| 미국 | 18 | 17 | 32 |

출처: Data from Andre Laurent, reported in John Saee, *Managing Organizations in a Global Economy* (Mason, OH: Thompson/Southwestern, 2005), pp. 39–42.

율은 비슷하지 않다. 다른 나라의 경영자들이 올바른 경영자 역할에 대한 설명이 너무 다른 경우, 국가 간 실질적인 경영 스타일에 큰 차이점을 발견하는 것은 놀라운 일이 아니다.

케임브리지대학의 찰스 햄덴-터너(Charles Hampden-Turner) 교수와 네덜란드의 경영 컨설턴트 폰스 트롬피나르스(Fons Trompenaars)가 수행한 두 번째 연구에서 그림 2.6과 같이 문화를 기반으로 한 경영자 간에 상당한 차이가 있음을 발견했다. 예를 들어 미국, 스웨덴, 일본, 핀란드 및 한국의 경영자는 포르투갈, 노르웨이, 그리스 및 영국의 지도자보다 더 높은 추진력과 주도권을 보여 주었다. 캐나다 경영자들은 미국의 경영자들보다 주도권과 추진력을 덜 강조하였다. 동시에 스웨덴, 일본, 노르웨이, 캐나다 및 미국의 경영자들은 그리스, 포르투갈, 스웨덴 및 이탈리아의 경영자들보다 권한

**그림 2.6 경영방식에 대한 인식**

| 국가 | 경영자의 추진력 및 주도권 감각(경영자의 동의 비율) | 국가 | 경영자의 권한 위양 의지 (경영자의 동의 비율) |
|---|---|---|---|
| 미국 | 74 | 스웨덴 | 76 |
| 스웨덴 | 72 | 일본 | 69 |
| 일본 | 72 | 노르웨이 | 69 |
| 핀란드 | 70 | 미국 | 66 |
| 한국 | 68 | 싱가포르 | 65 |
| 네덜란드 | 67 | 덴마크 | 65 |
| 싱가포르 | 66 | 캐나다 | 64 |
| 스위스 | 66 | 핀란드 | 63 |
| 벨기에 | 65 | 스위스 | 62 |
| 아일랜드 | 65 | 네덜란드 | 61 |
| 프랑스 | 65 | 호주 | 61 |
| 오스트리아 | 63 | 독일 | 61 |
| 덴마크 | 63 | 뉴질랜드 | 61 |
| 이탈리아 | 62 | 아일랜드 | 60 |
| 호주 | 62 | 영국 | 59 |
| 캐나다 | 62 | 벨기에 | 55 |
| 스페인 | 62 | 오스트리아 | 54 |
| 뉴질랜드 | 59 | 프랑스 | 54 |
| 그리스 | 59 | 이탈리아 | 47 |
| 영국 | 58 | 스페인 | 44 |
| 노르웨이 | 55 | 포르투갈 | 43 |
| 포르투갈 | 49 | 그리스 | 38 |

출처: Charles Hampden-Turner and Fons Trompenaars, *The Seven Cultures of Capitalism* (New York: Doubleday, 1993), ch. 1.

을 위양하는 경향이 있었다. 앙드레 로랑의 연구 결과와 함께 이러한 결과는 효과적인 경영자 행동이 문화에 따라 다를 수 있음을 분명하게 시사한다.

다른 연구들도 이 결론을 확증한다. 예를 들어, 한 연구에 따르면 영국 경영자가 프랑스와 독일 경영자보다 더 참여적이다.[12] 두 가지 이유가 제시되었다. 첫째, 영국은 프랑스나 독일보다 더 평등주의적이며, 정치 환경이 이러한 접근방식을 지지한다. 둘째, 최고위 영국 경영자는 일상적인 비즈니스 업무에 개입하지 않는 경향이 있으며, 중하위 경영자에게 여러 가지 주요 결정을 위임한다. 반면에 프랑스와 독일은 업무중심적이고 권위적인 접근방식을 선호하는 경향이 있다. 독일의 공동 결정이 조직 전체의 직원들과 권력을 공유하는 것은 사실이지만, 일부 사람들은 이것이 독일 문화가 아닌 독일 법률에서 비롯된 것이라고 주장해 왔다. 반면에 스칸디나비아 국가들은 좀 더 평등주의적 문화를 따르는 참여적 리더십 접근법을 널리 사용한다.

세계의 다른 쪽에서는 일본 경영자들이 다소 권위적인 경향이 있지만 동시에 부하 직원의 의견을 경청한다. 한 연구에 따르면 일본의 경영자는 다른 문화권의 경영자들보다 자신의 부하 직원의 기술과 역량에 더 큰 자신감을 나타냈다.[13] 일본 리더십의 또 다른 특징은 부하 직원들에게 매우 구체적인 목표 대신 모호한 목표를 부여하는 성향이 있다. 다시 말해, 많은 일본인 경영자들은 일반적인 방식으로 자신이 원하는 것을 직원에게 말하지만, 상세한 일 및 업무 계획 결정은 직원에게 맡긴다. 이 관행은 한국에서도 흔히 볼 수 있으며, 프로젝트 경영에 실천적인 목표 관리(management-by-objectives, MBO) 접근법을 취하는 전형적인 미국인 경영자들과 대조된다.

이 점을 설명하기 위해, 민츠버그의 10가지 경영자 역할로 돌아가 보자. 이 모델은 북미 경영자를 대상으로 설계되었지만, 문화와 경영자 역할이 교차하는 방식을 개념적으로 탐구하는 데 유용하다. 예를 들어 그림 2.7은 문화적 차이에 의해 영향을 받을 수 있는 10가지 경영자 역할 각각을 보여 준다. 예를 들어 개인주의 문화의 대부분의 사람들은 책임을 맡는 경영자를 선호하는 반면, 집단주의적 문화의 사람들은 대부분 보다 자문적인 경영자를 선호한다는 많은 연구가 있다. 마찬가지로 고맥락 문화의 경영자는 그들의 이야기 논지를 이해시키기 위해 종종 메시지를 둘러싼 상황을 광범위하게 활용하는 반면에, 저맥락 문화의 경영자들은 전적으로 구체적이고 상세한 메시지에 의지하고, 메시지 맥락의 대부분을 무시하는 경향이 있다. 간략히 말하면, 국가 간 이동하면서 경영자의 역할은 중요한 방식으로 바뀐다.

그림 2.7 경영자 역할에 대한 문화의 영향

| 경영자 역할 | 문화 간 차이 |
|---|---|
| **대인관계 역할** | |
| 대표(figurehead) | 대표는 어떤 문화권에서는 상당한 상징적 가치를 지닌다./다른 문화권에서 대표로 묘사되는 것은 칭찬으로 여겨지지 않는다. |
| 리더(leader) | 개인주의 문화권은 매우 가시적인 "책임지는" 리더를 선호한다./집단주의 문화권은 의견을 구하는 리더를 선호한다. |
| 섭외자(liaison) | 어떤 문화권은 장기적인 대인관계에 기반을 둔 비공식 접촉을 선호한다./다른 문화권은 공식적인 대표자를 활용하는 것을 선호한다. |
| **정보 역할** | |
| 정보 모니터(monitor) | 문화는 종종 정보 모니터링의 범위와 특정 정보 출처가 가장 큰 관심을 받는 데 영향을 미친다. |
| 정보 전달자(disseminator) | 어떤 문화권에서는 메시지를 둘러싼 맥락이 메시지 자체보다 더 중요하다./다른 문화권에서는 그 반대가 사실이다. |
| 대변인(spokesperson) | 문화는 종종 조직의 합법적인 대변인으로 여겨지고 존경받는 사람에게 영향을 미친다. |
| **의사결정 역할** | |
| 기업가(entrepreneur) | 어떤 문화는 혁신과 변화를 매우 지지한다./다른 문화는 현상 유지를 선호하고 변화에 저항한다. |
| 해결사(disturbance handler) | 어떤 문화는 갈등을 조용히 해결한다./다른 문화는 공개적인 접근법을 수용하고 때로는 장려한다. |
| 자원 배분자(resource allocator) | 계층적 문화는 차별적 자원배분을 지지한다./평등주의 문화는 배분에 있어서 평등이나 형평성을 더 선호한다. |
| 협상가(negotiator) | 어떤 문화는 제안된 계약서의 모든 항목을 동시에 협상한다./다른 문화는 각 항목을 순차적으로 협상한다. |

## 현지 상황에 맞는 경영자 역할

마지막으로 경영자는 자신의 스타일을 이해하는 것이 중요하다. 근본적인 질문은 여기에 있다: 당신은 해외 임무를 수행할 것으로 예상되는 경영자가 될 수 있는가? 이 새로운 환경을 어느 정도 이해하고 있으며, 경영자로서 잠재력을 극대화하기 위해 당신의 스타일을 적응시킬 수 있는가? 예를 들어 당신의 경영 스타일이 매우 참여적이라면, 그래야 한다고 밤새 독재자로 변할 수 있는가? 그래야 하는가? 자기인식(self-awareness)이 경영자가 가져야 하는 가장 중요한 기술 중 하나라고 우리는 여기서 제안한다. 결과적으로 다른 사람들이 당신에게 기대하는 것을 아는 것은 당신이 편안하게 될 수 있는 것을 모르는 경우 거의 가치가 없다. 따라서 다른 문제를 다루기 전에, 경영자는 자신이 어떤 유형의 경영자인지, 어떤 유형의 행동을 배우는지, 기꺼이 배우고 싶은지, 얼마나 기꺼이 변화하고 자신과 가치에 확실한지 파악해야 한다.

감독자와 경영자에게 기대되는 것을 결정하는 데 있어 문화의 중요한 영향을 고려할 때, 어떻게 경영자는 이문화에서 성공할 수 있는가? 많은 경우 성공한 경영자는 현지 상황에 맞게 가능한 한 문화적 차이에 대해 인식을 개발하고 경영 스타일을 조정하는 것으로 나타난다. 그러나 이 전략이 항상 최선은 아니다. 어떤 경우에는, 변화를 촉진하기 위해 경영자가 해외로 파견되는데, 현지 문화에 적응하지 않는 것이 경영자의 가장 중요한 경쟁 우위가 될 수 있다. 이러한 경우, "현지인처럼 사는 것(going native)"이 최선의 접근법은 아니다.

롭 코피(Rob Coffee)와 가레스 존스(Gareth Jones)는 경영자 성공의 열쇠가 지역 문화에 의해 거절당하지 않도록 현지 환경에 충분히 부합할 수 있는 능력에 있다고 제안한다.[14] 그러나 너무 많이 준수하면 조직에서 중요한 변화를 이끌 경영자의 잠재력을 손상시킬 수 있다. 경영자는 자신의 문화적 배경과 관련된 개인적인 특성과 특별한 방법으로 인해 해외로 파견되거나 글로벌 운영을 맡는 경우가 많다. 이러한 능력을 잃는 것이 조직이나 추종자들의 최선의 이익이 아닐 수도 있다. 분명히 현지 문화를 소외시키는 것은 몇 가지 도전을 가져올 수밖에 없지만, 현지인처럼 사는 것이 최선의 해결책이 될 수는 없다. 글로벌 경영자의 성공은 문화적 맥락의 핵심 측면에 충분히 부합하고, 변화를 촉진하는 데 사용할 수 있는 경영자의 영향력을 확보하는 것 사이의 절묘한 균형에 달려 있다. 여기서 아이디어는 경영자가 변화를 위해 필요한 연결 관계를 만들기 위해 구성원으로 받아들여지고, 새로운 문화적 환경에 충분히 부합해야 한다는 것이다. 효과적인 경영자는 변화될 수 있는 문화와 그러한 제약 속에서 작동할 수 없는 문화를 이해한다.

## 글로벌 임무의 다양성 Diversity in global assignments

*하버드 비즈니스 리뷰* 전 편집장인 토마스 스튜어트(Thomas A. Stewart)는 "글로벌 경영자는 단순히 낡은 여행가방과 너덜너덜한 여권으로 특징지을 수 없다"라고 말했다.[15] 이 주장이 맞다면, 장래의 성공을 위해 스스로 준비할 책임은 분명히 경영자에게 있다. 각기 다른 문화권의 경영자 및 기업가와의 관계는 우리 자신에 대해 더 많이 배우고, 새로운 업무 처리 방식을 발견하고, 오래된 또는 새로운 문제에 대한 창조적인 해결책을 발견하는 데 상당한 도움이 된다. 그것은 대부분의 경영자를 위한 개발 과정의 한

부분이다. 그리고 이러한 과정에서, 지속적인 인지, 분석, 체험적 학습은 중요한 – 때로는 과소평가된 – 역할을 한다.

글로벌 경영자는 기술과 능력뿐만 아니라 다양한 형태로 나타난다. 실제로 오늘날 세계 경제에서 거의 모든 경영자는 글로벌 경영을 통해 어떤 형태로든 참여하고 있다. 따라서 모든 활동과 책임을 포함하는 정확한 정의를 개발하는 것이 불가능하지는 않더라도 어려운 일이다. 그러나 출발점으로서, 우리는 **글로벌 경영자(global manager)**를 글로벌 기업 목표를 달성하기 위해 국가 및 문화 간 사람들과 함께 일하는 사람으로 정의한다. 이들 경영자 전부는 아니더라도 많은 경영자는 다른 문화적 배경을 가진 사람들과 함께 일하며, 이러한 차이를 어떻게든 수용하거나 대응해야 한다는 가정이 이 정의에 내재되어 있다. 또한 이러한 문화 간 상호작용의 일부가 다른 국가(예: 캐나다 및 미국 또는 캐나다 및 사우디아라비아)보다 문화적 차이가 적은 국가에 걸쳐 있다는 인식이 이 정의에 내재되어 있다. 사실 이러한 문화적 차이 중 일부는 종종 한 국가 내에서도 발견된다.

글로벌 경영자가 전통적인 경영자와 다르다 – 달라야만 한다 – 는 가정이 이 정의의 핵심이다. 그들은 국가적 관점이 아닌 세계관을 가져야 한다. 그들은 문화적 차이뿐만 아니라 기업 목표를 달성하기 위해 그러한 차이를 활용하는 방법을 이해해야 한다. 그들은 지배가 아니라 협력 관계를 추구해야 한다. 무엇보다도 전 세계에 있는 동료나 파트너와 함께 일할 수 있는 역량과 자신감이 있어야 한다. 매우 다른 기업 라이프스타일을 가진 경영자가 이 정의에 포함된다. 일부는 해외에서 살고, 일부는 항공기 안에서 살고, 일부는 가상공간에서 살고, 일부는 세 가지 모두에서 산다.

간결함을 기하기 위해, 분류에 명백한 위험이 있음을 인정하면서 글로벌 경영자는 주재원, 항공편 상용 고객 및 가상 경영자 등 3가지 범주로 크게 나눌 수 있다고 우리는 제안한다. 우리는 또한 이러한 경영자 유형과 문화적 도전이 상당히 다를 수 있음을 제시한다(그림 2.8 참조). **주재원(expatriate)**은 일반적으로 특정 국가나 지역에 대한 깊은 지식이 필요하지만, **항공편 상용 고객(frequent flyer)**은 문화적 차이와 문화적 과정 전반에 대한 광범위한 지식을 필요로 한다. 전자는 외국에 있지만 다소 안정적인 삶을 살고 있다. 후자는 고도의 이동성을 제공한다. 이것은 하나의 접근법이 다른 접근법보다 우월하다는 것을 의미하는 것이 아니라, 단지 그것들이 다르다는 것과 각각의 접근법이 글로벌 상거래에서 중요한 역할을 한다는 것이다. 여기에 주로 컴퓨터와 정보기술을 통해 일하고, 결과를 얻기 위해 사이버공간에서 세계를 오가는 다른 경영자 범주가 추가된다. 우리는 이러한 개인을 **가상 경영자(virtual manager)**로 지칭하는데, 이는

**그림 2.8 글로벌 임무의 과제**

| 특징 및 경영 과제 | 주재원 | 항공편 상용 고객 | 가상 경영자 |
|---|---|---|---|
| 주요 경영 초점 | 장기적 면대면 경영, 경영자가 기업 운영을 감독하기 위해 해외에 파견되거나 외국 기업에 특별한 전문기술을 제공하기 위해 채용됨. | 단기적 면대면 경영, 특정 전문기술(예: 프로젝트 경영, 재무 통제 등)을 지닌 경영자가 특정 운영을 계획, 실행 혹은 통제하기 위해 여행함. | 종종 전문분야(예: 물류, IT)에 가상 기술 경영, 경영자는 정보 네트워크 및 디지털 기술을 통하여 그들의 업무 및 책임의 대부분을 수행함. |
| 문화적 체화 및 기술 의존성의 정도 | 높은 문화적 체화; 낮은 기술 의존성 | 중 · 하의 문화적 체화 및 기술 의존성 | 문화적 체화가 낮거나 전무; 높은 기술 의존성 |
| 커뮤니케이션 및 상호작용의 주요 수단 | 주로 면대면 | 면대면 및 가상의 균형 | 주로 가상 |
| 이문화에서 일하기 위한 주요 성공 요인 | 전형적으로 그들이 살고 일하는 곳에서 문화 및 문화-비즈니스 관계에 대한 깊은 지식이 요구된다; 이중 혹은 다중 언어 능력이 중요함; 현지 문제뿐만 아니라 글로벌 문제를 이해하는 것도 중요하다. | 전형적으로 전 세계적으로 문화적 차이, 역학 및 문화-비즈니스 관계에 대한 보통 수준의 이해가 요구된다; 다중 언어 능력이 중요함; 글로벌 이슈에 대한 깊은 이해가 중요하다. | 전형적으로 전 세계적으로 문화적 차이 및 비즈니스 관행의 차이에 대한 최소한의 이해는 필요하다(더 깊은 이해가 선호되지만); 다중 언어 능력이 종종 유용하다. |
| 일반적인 문화적 도전 | *지역적 근시(regional myopia)*: 글로벌 이슈 및 전사적 기업 목표를 희생시키면서 현지 또는 지역 문제 및 비즈니스 관행을 지나치게 강조함. | *글로벌 근시(global myopia)*: 현지 관습 및 비즈니스 관행을 희생하면서 글로벌 이슈와 전사적인 기업 목표를 지나치게 강조함. | *기술적 근시(technological myopia)*: 커뮤니케이션 및 정보기술의 현지 사용, 오용 및 응용에 대한 문화적 차이의 영향에 대해 무지함. |

협업 및 비즈니스 상호작용의 기본 패턴을 인정하는 것이다.[16] (실제로 대부분의 경영자 직책은 본사에 앉아서 글로벌 고객과 함께 일할 때조차 어느 정도의 다문화 전문성이 요구되기 때문에, 글로벌 경영자의 네 번째 범주 즉 모든 사람들을 추가해야 한다고 주장하는 사람도 있다.)

## 주재원

전통적으로 가장 보편적인 해외 임무는 모회사가 비즈니스를 수행하거나 수행하고자 하는 여러 국가에 모회사 경영자를 장기간 파견하는 것과 관련이 있다. 기업은 종종 여러 가지 이유로 주재원 경영자를 선호했는데, 특히 먼 거리에서 모회사 대표 및 통제가 필요하거나, 모국 경영자에게 경력 개발 기회를 제공하거나, 현지인이 직무를 수행할 기술이 부족할 때 기술 격차를 메울 필요가 있을 때 주재원을 선호한다.[17] 그러나 오늘날 "주재원"이라는 용어는 외국에 거주하는 모든 사람을 묘사한다. 여기에는 한국의 스위스 회사에 근무하는 스위스인 경영자 또는 한국에서 한국 회사에 근무하는 스위스인 경영자가 포함될 수 있다. 둘 다 오랜 기간 동안 해외에 살면서 비슷한 어려움을 겪고 있다.

### 응용 2.2 더모트 보덴, 주재원

LG의 남용 사장은 적극적인 서구 스타일의 외국인 경영자 그룹을 고용하기로 작정하지는 않았지만, 그는 변화가 필요하다는 것을 알고 있었다. 회사의 한국인 경영진은 고품질의 제품을 생산하는 데 탁월한 엔지니어링 최강 기업을 구축했지만, 매출의 4/5 이상이 해외에서 발생하고, 제조의 60% 이상이 해외에서 이루어지는 것으로 나타났다. 남용이 LG전자의 최고위직에 올랐을 때, 회사는 저속 성장을 하고 있었다. 회사는 전 세계적으로 탑5의 소비자 전자제품 입세가 되었지만, 주요 히트작은 거의 없었다. 남용은 디지털 시대에 성공하고 싶다면 회사가 트렌드세터가 되어야 한다고 생각했다. 대대적으로 개혁하기 위해 그는 헤드헌터에게 국적에 상관없이 전 세계 다국적기업에서 최고의 인재를 발굴해 줄 것을 요청했다.

아일랜드 출신의 더모트 보덴(Dermot Boden, LG 수석 마케팅 책임자)은 LG가 내부 변화 관리자로 고용한 최초의 외국인이었다. 남용은 화이자와 존슨앤존슨의 베테랑을 고용하여 LG를 프리미엄 브랜드로 만드는 것을 도왔다. 문제는 LG의 마케팅이 매력이 없다는 것이었다. 그래서 보덴은 패션 하우스 프라다와 공동 브랜드로 된 휴대폰과 1,500달러 이상의 세탁기 등 고급 제품을 이용하여 브랜드에 보다 세련된 이미지를 제공하기로 결정했다. 또한 전 세계의 광고를 다루기 위해 런던에 있는 한 국제 광고 대행사를 고용하여 마케팅에 대해 체계적으로 접근하는 방식을 취했다.

다른 외국인 주재원은 LG가 개발한 뒤죽박죽이 된 프로세스와 시스템의 표준화를 요청받았다. 예를 들어 구매는 4개의 다른 사업 단위에 의해 수행되었으며, 110개국의 공장과 자회사에 분배되었다. "나는 지휘자와 같다. 좋은 음악을 만들기 위해 2,000명의 구매 담당자와 함께 연주하고 있다."라고 2008년에 LG의 수석 구매 책임자로 입사한 IBM에서 20년간 근무한 베테랑인 톰 린톤(Tom Linton)이 말했다. 구매 시스템을 개혁하는 린톤의 노력으로 회사가 수백만 달러를 절약했다고 2010년 남용이 말했다. 한편 LG의 공급망도 마찬가지로 엉망이었다. 2008년에 HP를 떠나 LG의 최고 공급망 책임자가 된 스위스인 디디에 첸네보(Didier Chenneveau)는 10개 이상의 창고 관리 시스템, 5개의 운송 운영 및 부품 및 완제품의 이동을 모니터링하기 위한 4개의 컴퓨터 시스템을 물려받았다. 그의 목표는: 모든 것을 단일 글로벌 시스템으로 통합하는 것이다.

그러나 보덴과 다른 외국인 경영자는 현지 한국인 경영자들로부터 큰 환영을 받지 못했다. "가장 큰 걱정은 서구 임원들이 유교 문화에서 효과가 없을 수도 있는 사고방식을 강요할 것이라는 전망이었다"라고 최승훈 마케팅 매니저는 말했다. "내 상사와 영어로 의사소통을 해야 한다는 생각이 나에게 두려움을 안겨 주었다"라고 이교원 구매 담당자는 말했다. 그러나 시간이 지남에 따라 새로운 주재원들이 문화적 차이를 메우기 위해 노력했다는 데에 최씨와 이씨는 동의했다. 국제화에 대한 이 실험의 결과는 흥미롭다. 기대했던 글로벌 판매 급증이 실패하면서, 보덴과 다른 주재원의 계약을 갱신하지 않기로 결정했다. 회사는 외국인 경영진이 아닌 한국인 경영진을 중심으로 다른 경영전략을 추진하기로 결정했다고 발표했다. 한편 도시의 맞은편에 있는 거대한 전자제품 경쟁사 삼성은 더 많은 주재원을 계속 고용하고 있다.

다음에 대해 생각해 보자.

(1) LG의 외국인 경영자의 급속한 증가와, 한편으로 빠른 해고를 당신은 어떻게 설명하는가?
(2) LG가 3년간의 주재원 경영자 실험을 통해 얻은 이익과 손실은 무엇인가?
(3) 주재원 채용을 할 계획인 경영자가 LG 경험에서 얻은 교훈은 무엇인가?

주재원 임무의 장점 중 일부는 상당히 명백하지만, 실제로 주재원 임무를 성공적으로 수행할 수 있는 사람들을 찾는 것은 문제가 될 수 있다. 해외여행(아마도 휴가 또는 출장)은 사람들에게 즐거운 경험일 수 있지만, 실제로 해외에 사는 것은 실망스럽고 스트레스 받고 때로는 매우 불쾌할 수 있다. 많은 사람들에게, 4성급 호텔에 머무르고, 고급 레스토랑에서 식사하고, 새로운 볼거리를 보고 곧 자신의 침대로 돌아가리라는 것을 아는 것은, 자신의 언어를 말하는 사람이 없는 이상한 동네에서 가정을 꾸리고, 아이들을 위해 새로운 학교를 찾고, 식별할 수 없는 식품으로 가득 찬 현지 시장에서 쇼핑하고, 대중교통을 이용하는 것보다 훨씬 낫다. 다른 사람들에게 이와 같은 경험은 모험과 학습의 감각을 제공한다. 분명히 임무의 위치도 중요한 역할을 한다. 어떤 사람들은 어떤 지역에서는 성공할 것이고 다른 곳에서는 실패할 것이다. 경영자와 회사의 과제는 항공기에 탑승하기 전에 어떤 유형의 임무에 적합한 사람인지 파악하는 것이다.

많은 사람들이 국제 임무를 좋은 기회로 생각한다. 그것은 경력을 쌓거나 더 많은 돈을 벌거나 새로운 것을 배우는 기회일 수 있다. 그것은 개인적인 도전이나 더 흥미로운 삶의 방식일 수 있다. 국제 임무를 수행하는 경영자는 새로운 경영기술을 습득하고, 모호성에 대한 참을성을 높이며, 사물을 보는 새로운 방식을 학습하고, 다른 사람들과 함께 일하는 능력을 향상시킬 수 있다.[18] 그러나 앞에서 언급한 것처럼, 해외에서 생활하고 일하는 것은 쉽지 않다. 장기간의 국제 임무는 특히 가족과 함께 하는 경영자의 경우 배우자가 본국에서 직업을 포기해야 하고 현지 국가에서 적절한 취업 자리를 찾지 못할 때나 자녀가 국제학교와 같이 특별한 관심을 필요로 할 때 특히 어려움이 있다. 최근 설문조사에 따르면 해외 파견 임무를 거부한 근로자의 81%가 가족 문제를 언급했다.[19]

## 항공편 상용 고객

장기 주재원 임무는 종종 유용하지만, 이탈리아, 태국, 또는 코스타리카에서 장기 임무를 준비했을 때 경영자들이 때로는 지상보다 하늘에서 더 많은 시간을 보내는 것처럼 보이는 새로운 현실로 급속도로 빠져들고 있다. 더 짧은 글로벌 임무는 – 종종 증가된 업무 강도가 수반되는 – 일반적으로 특정 업무나 프로젝트에 집중되며, 결과를 평가할 수 있는 더 쉬운 방법을 제공할 수 있다(그림 2.8 참조).[20] 또한 장기 해외 파견 임무를 위해 가족과 떨어지는 것을 원하지 않기 때문에 더 짧은 국제 임무에 관심을 두는 경영자가 많다. 이로 인해 이러한 일자리에 유용한 인력 풀이 늘고 있다. – 이것은 큰 장점이다. 왜냐하면 높은 자격조건을 갖춘 주재원에 대한 수요가 공급보다 많기 때문이다.[21] 게다가 직원들은 종종 단기 임무를 자신의 친구와 가족관계뿐만 아니라 본국의 경력 기회에서도 유리하다고 판단한다.

단기 임무 경영자가 직면하는 주요 도전과제는 가족이나 친구가 없는 외국에서 매우 짧은 시간에 관계를 발전시키고 조정하는 것이다.[22] 파견된 사람들은 특정 문제를 해결하거나 특정 작업을 수행하기 위해 짧은 기간 동안 해외로 파견되기 때문에, 전통적인 장기 주재원 임무와 같이 요령을 익히고 새로운 임지에 적응하는 법을 배울 시간이 주어지지 않는다. 대신 항공편 상용 고객은 도착하자마자 업무를 수행할 것으로 기대되기 때문에, 도전과 스트레스가 증가한다. 제한된 사회생활, 가정생활과 더불어 신속하게 수행해야 하는 강한 압박 때문에 파견자는 오랜 시간 동안 일해야 하고, 높은 스트레스를 견뎌야 하며, 때로는 일과 삶의 균형이 무너지는 경우도 있다.

### 응용 2.3 잔 칩체이스, 항공편 상용 고객

잔 칩체이스(Jan Chipchase)는 신흥 시장에서의 소비자 행동을 이해하는 데 전문적인 연구, 설계 및 전략 컨설팅 업체인 Studio D. Radiodurans의 창립자이다.[23] 런던에서 태어난 그는 캘리포니아에 있는 Frog Design의 Executive Creative Director of Global Insights로 일하면서 선진 및 신흥 시장에서 글로벌 연구팀을 이끌었다. 2010년 Frog Design에 합류하기 전에 칩체이스는 도쿄에 본부를 둔 노키아의 수석 과학자로서 자주 여행을 다녔다. 그의 연구 목표는 앞으로 3~15년 동안 기술을 이해하는 데 중점을 두고, 기술이 다른 문화권에서 작동하는 방식을 이해하는 것이었다. 그는 소비자 및 사용자 행동, 그리고 혁신 과정에서 통찰력이 적용되는 방식에 대한 분야에서 이론가로 널리 알려졌다.

그의 연구 대부분은 상업 고객이 위탁한다. 그는 런던, 베를린, 샌프란시스코, 상하이, 로스앤젤레스에서 살았고, 거의 10년 동안은 도쿄에서 살았다. 한 인터뷰에서 그는 "나는 도쿄, 런던, 베이루트, 시골 우간다, 케냐, 스페인, 뉴욕 등을 돌고 6주 만에 방금 돌아왔다. 나는 트럼프타워에서 머물렀고, 수단 국경 근처에서 10달러짜리 오두막에도 머물렀으며, 오토바이를 타고 헤즈볼라 해결사 가이드와 함께 여행했다"고 말했다. 그는 노키아의 연구 센터 및 디자인 스튜디오에서 거의 10년을 보낸 후 극단적인 방법(extreme method) 연구원으로 명성을 얻었다. 그의 전직 고용주인 캘리포니아의 Frog Design은 GE와 레노보와 같은 고객들을 위한 제품 디자인에 사회학, 민족학 및 심리학을 적용하기 위해 그를 고용하였다.

칩체이스는 최근 그의 수많은 이동통신 고객을 위한 모바일뱅킹을 이해하기 위해 아프가니스탄에 뛰어들었다. "전 세계 어디에나 이 팀원들을 데리고 가서 연구할 수 있다"라고 칩체이스는 말했다. 그는 현장에 갈 때 약 10,000장의 사진을 찍는다. "더 극단적인 장소로 가면, 다른 곳에 이미 있는 것들을 볼 가능성이 높지만, 잘 보이지 않는 것이 많다."

다음에 대해 생각해 보자.

(1) 이 예를 기반으로 볼 때, 지루한 작업 속도와 이동 속도는 많은 항공편 상용 고객을 지치게 할 수 있다고 주장된다. 당신의 관점에서, 이와 같이 빠른 이동성이 요구되는 환경에서 생존하기 위해 성공적인 상용 고객은 어떤 특성을 갖추어야 하는가?
(2) 잔 칩체이스와 같은 직무 유형의 장점과 단점은 무엇인가? 당신은 그런 직업을 갖는 것을 좋아하는가? 좋아하는 이유 혹은 그렇지 않은 이유는?
(3) 5년 내 칩체이스는 무엇을 할 것이라고 당신은 생각하는가? 왜 그렇게 생각하는가?

## 가상 경영자

글로벌화를 현실화하고 업무의 본질을 변화시키는 동일한 커뮤니케이션 기술은 또한 글로벌 경영자의 삶과 업무 습관에 영향을 미치고 있다. 이러한 기술의 대부분은 새로운 것이 아니다(예: 휴대전화, 인터넷). 그러나 최근 몇 년 동안 달라진 점은 이러한 통신기술이 운영 능력과 대화형 기능 면에서 크게 향상되었다는 것이다. 이러한 기술 중 상당수는 바쁜 경영자에게 보다 강력한 도구로 통합되었다. 스마트폰과 태블릿을 통해 전자메일과 웹에 접근할 수 있게 됨에 따라 짐을 줄이고 계속 연결된 상태로 이동이 가능하게 되었다. 더 이상 랩톱과 케이블로 가득 찬 가방이 필요 없게 되었다. 연결할 특정 위치에 있을 필요도 없다. 무선기술을 통해 최소한의 장비로 언제 어디서나 작업을 수행할 수 있으므로, 집을 떠나지 않고도 글로벌 경영자가 될 수 있다. 그러나 여기서 중요한 문제는 기술에 대한 접근성이 아니라 오히려 집단적으로 기업 이익에 도움이 되는 업무 네트워크 및 관계를 구축하기 위하여 그런 기술을 사용할 수 있는 경영자의 능력이다.

### 응용 2.4 아드히라 이옌가, 가상 경영자

델리의 기업가인 아드히라 이옌가(Adhira Iyengar)는 가상 경영자의 좋은 예이다.[24] 최근 어느 날 아침 이옌가는 일어나서 한 잔의 차를 준비하고 PC에 로그온하였다. 예상대로 캘리포니아에 있는 그녀의 비즈니스 파트너 데브라 브라운(Debra Brown)은 이미 로그인되어 이옌가의 최근 보고서에 대해 질문을 하였다. 그들이 온라인 스카이프 회의를 마친 후, 이옌가는 자신의 달력을 보고 또다시 긴 하루가 될 것임을 깨달았다. 그날 아침 10시에 상하이의 클라이언트인 시앙 빙 웨이(시앙 씨, 또는 서양 이름으로 앤드류(Andrew))와 서비스 계약의 일부 변경사항에 대해 전화 회의를 가졌다. 오후 1시 30분에 그녀는 호주의 잠재적 고객 그룹과 화상 회의를 가졌다. 하루가 끝나기 전에 그녀는 보고서를 작성하고 멕시코 몬테레이의 예비 파트너인 가브리엘라 베도야 카르데나스(Gabriela Bedoya Cardenas)에게 전자메일을 보내야 했다. 그녀는 다음 주 그녀의 동료들과 연례 대면 미팅을 위해 오슬로 여행을 준비해야 한다.

다음에 대해 생각해 보자.

(1) 이옌가는 분명히 바쁜 삶을 살고 있다. 그녀가 갖고 있는 특별한 자질 또는 기술은 무엇인가? 그리고 그런 정신없는 가상공간에서 생존하고 성공하기 위해 다른 가상 노동자들이 가져야 하는 자질 또는 기술은 무엇인가?
(2) 이옌가는 전 세계 동료들과 많은 시간을 보내고 있지만, 사람들과 얼굴을 마주 보면서 대화하는 시간은 거의 없다. 주로 기술을 통해 상호작용을 하는 도전과제에 대해 당신은 어떻게 생각하는가?
(3) 이 사례에 대해 우리는 아는 바가 거의 없지만, 5년 혹은 10년 후 이옌가의 삶이 어떻게 되었을지 추측해 보자. 어떤 점이 다를 수 있는가? 어떤 점이 같은가?

다시 강조하지만, 이 세 가지 범주의 글로벌 경영자(주재원, 항공편 상용 고객, 가상 경영자)는 중복되는 범주를 나타낸다. 분명히 오늘날 대부분의 주재원들은 웹 및 기타 통신기술을 많이 사용하는 반면, 많은 가상 경영자들은 일을 수행하기 위해 때때로 여행을 해야 한다. 이 세 가지 범주를 구별하는 우리의 목적은 국경을 초월하여 사업을 하는 데 있어서 경영자의 책임과 도전과제의 차이점을 강조하는 것이다.

## 경영자 노트:

## 글로벌 경영자 모델

이 장에서 우리는 효과적인 글로벌 경영자를 차별화하는 것이 경영기술 – 이들도 분명히 중요하지만 – 이 아니라 다양한 기술 환경을 통해 다양한 경영기술을 적용할 수 있는 추가적인 다문화 역량과 이러한 기술의 결합이라고 지적했다. 즉, **글로벌 경영기술 = 경영능력 + 다문화 역량**. 다문화적으로 유능하다는 것은 다른 문화권의 사람들에게 공손하거나 공감하는 것 이상이다. 문화적 다양성을 활용하여 사람들을 통해 일을 완수한다.

우리가 배운 것을 토대로 또 하나의 토의할 주제가 있다: 외국 환경에서 이해, 계획 및 행동하는 경영자의 노력을 지원할 수 있는 글로벌 경영 모델을 어떻게 구축할 것인가이다. 글로벌 시장과 같이 불확실한 영역에서 경영자 행동을 안내하는 유용한 모델은 최소한 두 가지 문제를 인식해야 한다. 첫째, 경영자는 자신의 환경을 이해하여야 한다. 그들이 무엇을 알아야 하거나 해야 하는가? 그들이 무엇을 하지 말아야 하는가? 기회는 어디에 있는가? 그리고 합리적 의사결정을 내리거나 구체적인 행동을 말하는데 그들은 얼마나 많은 재량권을 갖고 있는가? 둘째, 경영자는 당면한 환경의 제약 속에서 목표와 목적을 추구하는 데 필요한 기술과 능력을 갖추어야 한다(또는 개발해야 한다). 이러한 기술이 없으면, 기회를 놓치기 쉽다.

그렇다면, 이것을 가장 잘 수행할 수 있는 방법이 문제다. 이를 위해 옥스퍼드대학교 교수 로즈마리 스튜어트(Rosemary Stewart) 교수의 고전적 연구를 바탕으로 경영자의 선택을 이해하는 체계적인 모델을 제안한다.[25] 글로벌이든 아니든 우리의 경영방식을 재고하기 위한 설득력 있는 주장을 내놓았다. 그녀의 연구 목표는 간단하고 놀랍다.

> "독자의 경영에 대한 사고방식을 바꾸려고 노력하면서, 나는 경영에 대해 이야기하기 위해 일반적으로 사용되는 언어가 경영자가 실제로 하는 일을 너무 적게 설명하기 때문에 이것이 필요하다고 믿는다. 그것은 종종 너무 일반적이며, 경영을 주로 공통적인 활동으

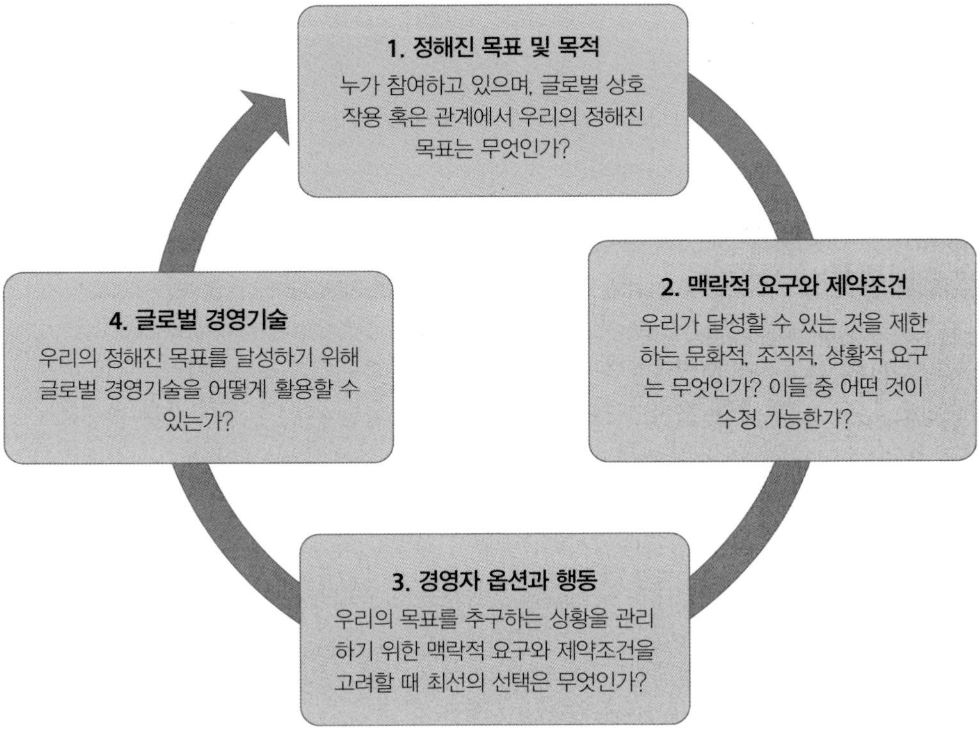


그림 2.9 글로벌 경영자 모델

로 취급하며, 또한 너무 형식적이고 이상주의여서 현실과 괴리된다."[26]

스튜어트에 따르면, 필요한 것은 "경영자 직무의 성격과 다양성, 그리고 개인이 실제로 그 직무를 수행하는 방법에 대한 새로운 사고방식"이다.[27]

이 논리에 따라 이 책 전체에 걸쳐 탐색을 위한 기초가 될 **글로벌 경영 모델(global management model)**을 제안한다. 이 모델에서 제안된 대로, 경영자의 첫 번째 임무는 일관성 있는 **목표 및 목적(goals and objectives)**을 개발하는 것이다(그림 2.9 박스 1 참조). 계약 협상, 관계 구축, 파트너십 관리, 글로벌 근로자 관리 등 다가오는 글로벌 접촉(encounter)에서 성취하고자 하는 것은 무엇인가?

명확한 목적, 전략 및 목표를 수립하는 것 이외에도, 모델은 경영자에게 경영활동을 향상시키거나 제한할 수 있는 다양한 **맥락적 요구와 제약조건(contextual demands and constraints)**을 이해하도록 요구한다(박스 2). 모든 경영 업무는 기존 **요구(demand)**(사람들이 해야 하는 것)와 **제약조건(constraint)**(사람들이 해서는 안 되는 것)에 따라 다양한 수준으로 제한된다. 요구와 제약조건은 현지 문화, 조직, 환경으로부터 적지 않은 영향을 받는다. 앞에서 언급한 것처럼 우리는 이것을 "글로벌 경영의 맥락"이라고 부른다.

이러한 한계 내에서 경영자는 대개 수행될 작업과 완료 방법에 대해 그들에게 제시된 다양한 **경영자 옵션과 행동(managerial options and actions)**을 갖고 있다(박스 3). 경영자의 도전과제는 문화적, 조직적 및 상황적 요구와 제약조건을 이해하는 것이다, 즉, 환경 내의 각 고유 문제에 직면한 다음 이러한 한계 내에서 행동해야 한다. 이것은 쉽지 않은 일이지만 장기적인 성공에 필수적이다.

마지막으로 경영자가 글로벌 환경에서 추구하는 목표를 달성하기에 충분한 **글로벌 경영기술(global management skills)**을 보유하지 않는 한 이러한 것들은 가능하지 않다(박스 4). 글로벌 경영기술은 다음과 같다.

- 문화 간 의사소통
- 글로벌 조직에서 리더십 역할 수행
- 글로벌 협약 협상 및 글로벌 파트너와의 협력
- 윤리적이고 사회적 책임이 있는 방식으로 경영
- 글로벌 종업원과 함께 일하고 관리
- 글로벌 팀과 함께 일하고 관리
- 글로벌 임무 관리

모델은 경영자 업무의 성격과 경영자가 업무를 수행하는 방법에 대해 생각할 수 있는 틀을 제공한다. 우리는 이 모델을 기반으로 글로벌 맥락에서 경영활동을 탐구할 수 있다. 즉, 글로벌 경영자가 할 수 있는 것에 대한 제약조건과 해야 할 일에 대한 요구를 포함하여 글로벌 경영자가 자신이 일하는 환경을 시각화할 수 있도록 이러한 틀을 적용할 수 있다. 이 두 세트의 매개변수 내에서, 글로벌 경영자는 목적이나 목표를 달성하기 위해, 기술을 사용하거나, 새로운 기술을 개발하는 데 자유롭다. 이것이 그들이 행동에 대한 의사결정(선택)을 할 수 있는 영역이다. 이 영역 내에서 경영자가 묻는 몇 가지 논리적인 질문은 다음과 같다.

- 나는 무엇을 성취하려고 하는가?
- 무엇을 할 수 있는가?
- 내 옵션은 무엇인가?
- 협상 또는 변경할 수 있는 요구 또는 제약조건은 무엇인가?
- 나의 경영기술을 어떻게 가장 잘 사용할 수 있는가?
- 성공하기 위해 어떤 새로운 기술을 배워야 하는가?

개발 도구이며 경영 지침인 이 모델은 글로벌 경영자의 업무방식을 이해하는 데 유용할 것으로 기대되며, 이 책 전체에서 이 모델을 활용할 것이다. 이 모델은 지나치게 단순하거나 지나치게 복잡하지 않다. 대신 경영자는 올바른 결정을 내리고 적절한 행동을 취할 때 이해하고 수용해야 하는 세 가지 핵심 요소를 강조한다.

## 핵심용어

*capataz*(스페인어) • 제약조건(모델) • 글로벌 경영의 맥락 • 맥락적 요구와 제약조건(모델) • 문화적 환경 • 요구(모델) • 주재원 • 상용 고객 • 글로벌 경영 모델 • 글로벌 경영기술 • 글로벌 경영자 • *jefe*(스페인어) • *카초우*(일본어) • 경영 • 경영자 옵션과 행동(모델) • 경영자 역할(민츠버그) • *meister*(독일어) • 조직 환경 • 특수한 상황 • 목표 및 목적(모델) • *technik*(독일어) • 가상 경영자

## 토의용 질문

**1.** 이 장을 시작할 때, IBM의 마이클 캐논 브룩스는 세계 다른 지역에 있는 경영자는 사고 패턴에서 체계적인 차이를 보인다고 지적한다. 당신은 이 주장이 사실이라고 믿는가? 그렇다면 경영능력을 개발하고 현장에서 경영자의 생존 및 성공을 위한 시사점은 무엇인가?

**2.** 당신은 "경영"에 대한 한 가지 공통된 정의가 있다고 믿는가 아니면 다양한 정의들이 있다고 믿는가? 설명하라.

**3.** 세계가 점점 더 글로벌화하고 경영자들이 점점 더 글로벌 경영자가 되면서, 부정적인 결과는 무엇인가? 그렇다면 이 점에 대해 어떤 조치를 취해야 하는가?

**4.** 처음으로 현장에 진출하는 경영자는 글로벌 경영의 환경을 설명하는 모델을 어떻게 활용할 것인가? 이 모델을 사용하여 그들의 지식 기반을 확대하기 위하여 경영자들이 할 수 있는 것들인가?

**5.** 경영방식에 대한 인식은 그림 2.6에서처럼 다르다. 경영자는 글로벌 임무를 더 잘 준비하기 위하여 이 정보를 어떻게 활용할 것인가?

**6.** 다른 문화권에 있는 다른 사람을 대할 때 경영자는 자신의 정체성을 유지하고 현지 상황에 적응하는 이상적인 균형을 어떻게 찾을 것인가? 설명하라.

**7.** 우리는 세 가지 유형의 글로벌 경영자를 파악했다(주재원, 항공편 상용 고객, 가상 경영자). 이들 각 유형의 경영자가 직면한 성공에 대한 가장 심각한 도전과제는 무

엇인가? 이문화 환경 속에서 근무할 때, 성공의 확률을 높이기 위하여 경영자의 각 유형은 무엇을 해야 하는가?

**8.** 그림 2.9에 설명된 것 같은 글로벌 경영 모델을 활용할 때, 경영자의 관점에서 장점과 잠재적인 단점은 무엇인가? 설명하라.

**9.** 다문화 역량을 개발하기 위하여 다양한 글로벌 경영기술을 고려할 때, 당신은 어떤 기술이 충분히 갖추어 있다고 믿고 어떤 기술을 더 많이 사용할 것이라고 믿는가?

## 사례: 두 명의 주재원

스미스 씨(Mr. Smith)와 장 씨(Mr. Zhang) – 실제 인물이지만 가명 – 는 표면적으로는 같은 종류의 일을 하는 주재원이다: 상하이에서 일하는 영국인 주재원과 런던에서 일하는 중국인 주재원. 다음은 이들 각자의 관점에서 본 이야기이다.

"중국에서의 규칙은 항상 투명하지는 않다." 중국에서 미용 제품을 판매하는 서양 기업의 중역인 스미스는 말했다. 그의 기업은 문을 두드리고 친지에게 립스틱과 샴푸를 사도록 설득하는 현지인 네트워크를 통하여 영업을 한다. 이들 판매원은 다른 판매원을 고용한다. 이 직접판매는 중국을 비롯하여 많은 국가들에서 논란의 여지가 많다. 일부 관리는 조화로운 사회에 위협이 되고 있다고 생각한다. 직접마케팅 회사는 사기꾼을 배제하기 위한 엄격한 조건 아래서만 영업을 할 수 있다. 예를 들면, 그들이 영업을 하는 지역에 물리적인 사무실을 유지해야 하며, 그래서 불만을 가진 직원과 고객이 불만을 제기할 수 있게 한다.

회사가 규칙을 준수하는 것에 만족한다고 스미스 씨는 말한다. 그러나 이것은 서구에서처럼 그렇게 간단하지가 않다. 중국의 상법은 때때로 허용되는 것에 대해 신뢰가 안 가는 것이 있다. 예를 들어, 파트타임 영업사원으로 일하도록 학생들을 모집하는 것이 합법적인가? 스미스 씨가 아는 한 합법적이다. 그러나 직원 중 일부가 대학 캠퍼스에서 모집을 시작하자 학부모들이 불평을 했고, 정부는 스미스의 회사가 보이지 않는 선을 넘어섰다고 하면서 그들 편을 들었다. "나는 그것이 유교의 산물이라고 생각한다"고 그는 생각에 잠겨 말했다. "중국인들은 교육에 엄청난 가치를 두고 있으며, 학생들의 주의를 책으로부터 분산시키는 모든 것을 싫어한다." 그의 회사는 이제 학생들을 피한다.

그의 도전과제에도 불구하고 스미스 씨는 중국에서 일하는 것이 즐겁다고 말한다. 그는 중국인 영업사원을 존경한다. 영국에서 직접판매는 일반적으로 부업이다. 중국에서는 상근 직업이다. 중국인들은 가족, 친구, 급우의 대규모 네트워크를 보유하고 있으며, 활용하기를 주저하지 않는다. "그것은 문화 속에 체화되어 있다"라고 그는 말한다. 중국인들은 저녁식사 자리에서 부탁하거나 사업 제안을 광고해도 당혹해 하지 않는다고 한다. "그것이 정말 도움이 된다."

장 씨가 일하는 환경은 매우 다르다. 영국식 고기 파이는 "건조하고 맛이 없다"라고 그는 말한다. 게다가 영국 음식은 매우 비싸다. 해외에 파견된 중국인 주재원은 중국에 있는 서구 주재원들과 같은 호화로운 급료와 특혜를 누리지 못한다. 그들이 국영기업에서 일하는 경우에는 특히 그렇다. 본국으로 돌아가면 중국인 경영자는 가정부가 있다. "그들은 스스로 요리하는 데 익숙하지 않다"라고 통신회사 중역인 장 씨가 말한다. 선진국으로 파견되면, "그들은 심지어 화장실 청소도 해야 된다"라고 그는 주장했다. 그래도 그는 영어능력이 뛰어나기 때문에 많은 다른 중국인 주재원들보다 영국 생활이 훨씬 쉽다. 그러나 그의 임금은 낮았으며, 배우자나 가족 없이 런던에 파견되었다. "우리는 가족 지출이나 주거비 또는 자녀 교육비를 지원하는 주재원 패키지 제도가 없다." 외롭고 우울한 시간을 보낼 수 있다.

일반적으로 중국에 있는 서구인 주재원들은 그들이 원해서 중국에 있다. 어떤 사람들은 문화가 매혹적이라고 생각한다. 대부분의 사람들은 돈을 벌 수 있고 경력 관리에 도움이 된다고 생각한다. 서구의 다국적기업들은 중국에서의 입지를 원하며, 중국은 잠재적으로 수익성이 높기 때문에 가장 유능한 직원을 파견한다. 월마트의 조달 책임자는 심천에 있다. HSBC 사장은 지난해 런던에서 홍콩으로 옮겼다. 중국에서 주재원 경력은 서구인 중역이 최고위직으로 승진하는 데 도움이 된다. 하지만 서구에 있는 중국 주재원은 그 반대이다. 특히 국영기업의 중국 경영진은 적합한 인재를 육성하여 승진시키며, 그 사람들은 중국에 거주한다. 당신의 인맥과 몇 년 격리되어 있다는 것은 그들이 당신에 대해 냉담하고, 당신의 승진 기회를 위협한다는 것을 의미할 수 있다. 만약 당신이 중국 고위 경영자이고, 해외에 파견되었다면, 당신은 본국에서 일을 잘 하지 못했다는 것을 의미할 수 있다고 장 씨는 말한다. 그리고 덧붙이기를 만약에 당신이 국영기업체에 근무한다면, 해외 파견을 거절할 수도 없다는 것이다.

장 씨에 따르면, 유럽에서 일하는 장점은 사업을 관리하는 규칙이 비교적 간단하다는 것이다. "모든 것이 투명하다"라고 그는 말한다. 기업 간의 관계도 훨씬 간단하다. 중국에서는 고객이 알고 있거나 관계가 있는 사람에게서만 구매할 것이라고 회사는 전제한다. 따라서 그들은 고객의 구미를 맞추는 데 막대한 시간을 소비한다. 서구 기업도 이것을 하지만, 이 정도까지는 아니다. 마지막으로 기업 에티켓의 차이도 중요하다. 중국 업체가 프레젠테이션을 하고 고객이 그가 대답할 수 없는 많은 질문을 하거나 많은 잠재적인 문제점을 제기한다면 벤더는 정신을 못 차릴 것이라고 장 씨는 말한다. 그는 고객이 그를 좋아하지 않는다고 생각할 것이다. 그러나 고객이 서양인이라면 그가 더 많은 정보를 얻기 원한다고 생각할 것이다. "여기 사람들은 사람이 아니라 사실을 바라본다."

표면적으로는 스미스 씨와 장 씨는 동일한 일자리를 가지고 있다. 그들은 서로의 나라에서 둘 다 주재원이고, 마케팅과 판매에 종사하고 있다. 하지만 분명히 직무는 동일하지 않다.

## 사례 질문

1. 이 사례를 통하여, 이 두 주재원에 대한 "글로벌 경영의 맥락"(문화적, 조직적, 상황적)을 어떻게 묘사하겠는가? (그림 2.3 참조) 주요 차이점은 무엇인가? 유사점은 무엇인가?
2. 이들 맥락의 차이가 스미스 씨와 장 씨의 행동에 어떻게 영향을 미칠 수 있을지 설명하라.
3. 스미스 씨와 장 씨는 둘 다 주재원이지만, 이 사례에 대한 당신의 평가에 근거하여 두 사람 모두 실제로 동일한 직무를 갖고 있는가? 설명하라.
4. 경영자 역할에 대한 인식(그림 2.5)의 차이는 각자의 업무 접근방식에 어떤 영향을 미칠 수 있는가?
5. 여기에 정보가 제한되어 있음을 인식하고, 각 경영자의 목표 및 목적, 맥락적 제약 조건 및 경영 옵션을 보다 잘 이해하기 위하여, 어떻게 글로벌 경영 모델(그림 2.9)을 사용할 수 있는가? 각 경영자가 자신의 성과를 향상시키는 데 필요한 구체적인 글로벌 경영기술에 관한 결론을 내릴 수 있는가?
6. **(선택형 연구 질문)** 다른 기업들이 어떻게 글로벌 임무를 위해 주재원을 준비하는지 알아보라. 이러한 기업의 노력 간에 유사점 또는 차이점이 있는가? 그런 프로그램을 개선하기 위해 당신은 어떤 제안을 해야 하는가?

## ❖ NOTES

1. Cited in Luciara Nardon, Richard M. Steers, and Carlos J. Sanchez-Runde, "Developing

multicultural competence," *The European Business Review*, May 9, 2013.

2. Claude S. George, *The History of Management Thought*. Englewood Cliffs, NJ: Prentice-Hall, 1972.
3. Frederick Taylor, *Scientific Management*. New York: Harper & Row, 1911.
4. Henri Fayol, *Administration Industrielle et générale*. Paris: Dunod, 1916.
5. Hugo Munsterberg, *Psychology and Industrial Efficiency*. Cambridge, MA: Riverside Press, 1913.
6. Max Weber, *The Theory of Social and Economic Organization*. New York: Free Press, 1927.
7. Stephen Robbins and Mary Coulter, Management, 9th edn. Upper Saddle River, NJ: Pearson/Prentice-Hall, 2006, p. 7.
8. Michael Hitt, Stewart Black, and Lyman Porter, *Management*, 2nd edn. Upper Saddle River, NJ: Pearson/Prentice-Hall, 2004, p. 8.
9. Henry Mintzberg, *The Nature of Managerial Work*. New York: Harper & Row, 1973, p. 55.
10. Henry Mintzberg, *Structure in Fives: Designing Effective Organizations*. Englewood Cliffs, NJ: Prentice-Hall, 1993.
11. Andre Laurent, "The cultural diversity of Western conceptions of management," *International Studies of Management and Organization*, 13(1/2) (1983), pp. 75–96.
12. Richard Hodgetts and Fred Luthans, *International Management: Culture, Strategy, and Behavior*, 5th edn. New York: McGraw-Hill-Irwin, 2003.
13. James Abbeglen and George Stalk, *Kaisha: The Japanese Corporation*. New York: Harper & Row, 1985.
14. Rob Coffee and Gareth Jones, *Why Should Anyone Be Led By You? What It Takes to Be an Authentic Leader*. Cambridge, MA: Harvard Business School Press, 2006, pp. 109–33.
15. Thomas Stewart, cited in Philip Harris, Robert Moran, and Sarah Moran, *Managing Cultural Differences*. Amsterdam: Elsevier, 2004, p. 1.
16. 우리는 *inpatriates*(본사 국가의 일자리에 파견된 외국인 매니저)도 주재원(expatriates) 유형에 포함시킨다. 왜냐하면 그들은 동일한 유형의 문제와 도전과제를 공유하기 때문이다. 유일한 차이점은 방향이 반대라는 것이다. 우리는 또한 재택근무자(*telecommuters*: 네트워크를 통해 주로 집에서 일하는 사람)와 전 세계에서 장소에 구애 받지 않고 네트워크를 통해 일하는 디지털 유목민(digital nomad)도 가상 경영자의 범주에 포함시킨다. 왜냐하면 둘 다 컴퓨터 매개 기술을 활용하여 일을 하기 때문이다.
17. Marja Tahvanainen, Denice Welch, and Verner Worm, "Implications of short-term international assignments," *European Management Journal*, 23(6) (2005), pp. 663–73.
18. Nancy Adler, *International Dimensions of Organizational Behavior*. Mason, OH: Thompson, 2008.
19. Martha J. Frase, "International commuters: are your overseas assignments creating risky

stealth-pats?," *HR Magazine*, March, 2007, pp. 91–5.

20. Carla Joinson, "Cutting down the days: HR can make expat assignments short and sweet," *HR Magazine*, April, 2000, pp. 93–7.
21. *The Economist*, "Traveling more lightly: staffing globalization," June 24, 2006, pp. 23–4.
22. Helene Mayerhofer, Linley Hartmann, Gabriela Michelitsch-Riedl, and Iris Kollinger, "Flexpatriate assignments: a neglected issue in global staffing," *International Journal of Human Resource Management*, 15(8) (2004), pp. 1371–89.
23. "Most creative people in business," *Fast Company*, August 21, 2015; "Jan Chipchase," Fast Company, June 2011, p. 128.
24. Luciara Nardon and Richard M. Steers, "The new global manager: learning cultures on the fly," *Organizational Dynamics*, 37(1) (2008), pp. 47–59.
25. Rosemary Stewart, *Choices for the Manager*. Englewood Cliffs, NJ: Prentice-Hall, 1982.
26. Stewart, *Choices for the Manager*, p. vii.
27. Stewart, *Choices for the Manager*, p. vii.

# 3 문화 환경
## Cultural environments

### 경영 과제

이 장을 통해 우리는 글로벌 경영자가 운영하는 맥락을 이해하는 데 중점을 두어 *다문화 역량* 개발의 2단계를 시작할 것이다(1장의 그림 1.3 참조). 이 장에서는 문화 환경에 대해 살펴보고, 4장에서는 조직 환경에 대해 설명한다. 고대의 지혜서인 *탈무드*에 다음과 같은 내용이 있다. "우리는 사물을 있는 그대로 보지 못한다. 우리는 사물을 우리의 관점에서 본다."[1] 우리는 문화의 산물이다. 이들 문화적 차이 때문에 현실을 다르게 보게 된다. 다양한 문화적 신념, 가치관 및 전통을 처리하는 데 익숙하지 않으면, 오늘날 큰 이해관계가 따르고 끊임없이 변화하는 환경 속에서 경영자는 기회를 잃게 될 것이다. 경영자의 관점에서 보면, 한쪽 방향으로 들어가면 성공할 수 있고, 다른 쪽 방향으로 들어가면 실패할 수 있다. 첫 단계로서, 경영자는 두 가지 질문을 할 수 있다: 정형화되지 않는 용어인 "문화"란 무엇인가? 문화, 맥락, 태도, 그리고 행동 사이의 관계는 무엇인가? 이러한 문제를 이해하는 경영자는 성공적인 파트너십을 구축하고 경쟁하는 데 더 잘 준비되어있다.

### 차례

## 응용



메뚜기는 북미에서는 해충, 중국에서는 기호식품, 태국에서는 애피타이저로 여겨진다. 하등 곤충에 대한 인식에서조차 지역적인 차이가 있다는 것은 무엇을 시사하는가? 실제로, 이것은 어떻게 그리고 왜 일반적인 취향이 국가와 지역에 따라 그렇게 뚜렷하게 다를 수 있는지에 대해 무엇을 말하는가? 다른 문화라서 메뚜기에 대해 그렇게 견해를 달리 할 수 있다면, 사람들과 무엇을 함께 할 수 있을지 상상해 보라.

왜 사람들이 – 경영자를 포함하여 – 그렇게 행동하는지 이해하고 싶다면, 그들이 일하는 문화 환경을 진지하게 바라보는 것부터 시작하는 것이 좋다고 철학자와 사회과학자들은 오랫동안 주장해 왔다. 다음의 세 가지 주장에 대해 생각해 보자.

- 위에서 인용한 탈무드의 지혜는 2000년 전의 것이지만, 씌어졌던 초기와 마찬가지로 오늘날까지도 사실이다. 문화는 세계 사건에 대한 우리의 인식에 영향을 미치고, 따라서 우리의 가치관, 태도 및 행동에 영향을 미친다. 문화는 받아들일 수 있는 것과 그렇지 않은 것을 알려 준다. 문화가 다르다면 우리의 인식, 가치 및 판단도 마찬가지다. 한 문화에서 유쾌하고, 매력적이고, 수용 가능한 것이 다른 문화에서는 그렇지 않을 수 있다.
- 약 700년 전에 중국의 학자 왕잉린(Wang Yinglin)은 공자의 것으로 생각되는 고대 지혜를 엮어서 *삼자경*(*三字經, Trimetric Classic*)이라고 불렀다. 그는 다음과 같이 말했다. "모든 사람들은 기본적으로 동일하며, 습관과 환경만 다르다(性相近 習相遠)."[2]
- 최근에 와튼 스쿨 교수 로버트 하우스(Robert J. House)는 다음과 같이 말했다. "세계 문화가 점점 더 상호 연결되고 있고, 비즈니스 세계가 점점 더 글로벌화되고 있다는 많은 증거가 있다. 경제적 경계가 무너지면서, 문화 장벽이 높아져 비즈니스에 새로운 도전과 기회가 생길 수 있다. 문화가 접촉하게 되면, 어떤 면에서 문화는 수렴할 수 있지만, 문화의 특이성은 증폭될 것이다."[3]

탈무드, 유학자, 현대의 경영학 교수는 역사적으로 매우 다른 시기와 장소에서 왔지만,

그림 3.1 글로벌 경영의 문화적 환경

많은 현대 경영자들이 놓친 점을 그들은 이해했다: 문화는 우리의 사고방식과 행동방식을 결정할 수 있다. 이것은 우리의 직장생활에서뿐만 아니라 개인적인 삶에서도 사실이다. 불행하게도, 너무나 많은 경영자들이 해외에서 근무하면서 가장 기본적인 이문화 차이를 무시해 왔고, 따라서 자신과 회사를 위한 중요한 기회를 놓쳤다.

## 문화, 사회화 및 규범적 행동 Culture, socialization, and normative behavior

경제 및 정치적 고려사항과 함께, 글로벌 경영의 **문화 환경(cultural environment)**은 조직이 운영되는 거시 환경의 많은 부분을 통합한다(그림 3.1 참조). 여기에는 사회에서 널리 퍼진 사회적 규범과 신념뿐만 아니라 사회적 조직과 문화적 다양성이 포함된다. 또한 사회 제도의 본질은 근본적인 문화적 특성의 영향을 받는 범위 내에서 고려되어야 한다.

문화적 맥락이 어떻게 작동하는지 이해하려면 문화에 대해 더 많이 배우고 때로는 국가 간, 지역 간, 그리고 국가 및 지역 내에서 어떻게 크게 다를 수 있는지 알아야 한다. 그렇게 하기 위해 이 장에서 우리는 경영자와 관련이 있는 문화적 맥락의 5가지 측면을 검토한다. (1) 사회화와 규범적 신념의 창조 및 강화와 관련된 문화의 기본 개념

(2) 문화를 설명하는 다양한 모델 (3) 문화 및 제도 환경 (4) 문화의 복잡성과 모순 (5) 문화적 다양성과 다문화주의. 우리는 간단한 질문으로 시작한다: 문화란 무엇인가? 불행하게도, 이 질문은 보기처럼 간단하지 않다.

## 문화란 무엇인가?

문화는 간단하면서도 이해하기 어렵다. 모든 독자가 쉽게 이해할 수 있는 정의가 풍부하기 때문에 간단하다. 그러나 동시에 복잡 미묘하기 때문에 문화를 이해하기 어려울 수 있다. 고대 중국의 도교 철학자 노자는 한때 물을 문화에 은유적으로 사용하여 말했다, "물은 물고기가 결코 알아차릴 수 없는 것이다."[4] 다른 말로 하면, 대부분의 사람들은 자신의 문화에 깊숙이 체화되어 자신의 사고방식이나 문화가 어떤 영향을 미치는지 알지 못한다. 그들은 문화에 너무 가까이 있다. 우리가 물에서 나왔을 때 비로소 우리 자신의 문화적 편견과 가정을 알게 된다.

다른 문화를 다루는 데 중요한 문제는 우리가 그것을 볼 때 문화를 어떻게 인식하는지에 관한 것이다. 문화라는 용어는 무엇을 의미하는가? 다른 문화권에서 일할 때 경영자가 직면하는 주요 도전과제 중 하나는 우리를 둘러싼 세계의 다른 현상으로부터 문화적 영향을 파악하는 것이다. 예를 들어 문화는 어디에서 끝나고 성격은 어디에서 시작되는가? 보편적 행동이란 무엇이고 그렇지 않은 행동은 무엇인가? 이와 관련하여 문화에 대한 적절한 정의를 찾는 것이 어려울 수 있다.

길트 홉스테드(Geert Hofstede)는 **문화(culture)**를 한 인간 집단 구성원을 다른 집단과 구별하는 마음의 집단적 프로그래밍으로 정의한다.[5] 한편 문화인류학자 클라이드 클럭혼(Clyde Kluckhohn)은 문화를 한 사회의 사람들을 다른 사회의 사람들과 구별하는 신념, 가치, 행동, 관습 및 태도의 집합으로 정의한다.[6] 글로벌 리더십 및 조직 행동 효과성(Global Leadership and Organizational Behavior Effectiveness, GLOBE) 프로젝트의 연구진은 문화를 공통된 동기, 가치관, 신념 및 해석 또는 세대 간에 전달되는 집단 구성원의 공통 경험에서 비롯되는 중요한 사건의 의미로 정의한다.[7] 폰스 트롬피나르스(Fons Trompenaars)는 문화를 집단이 문제를 해결하고 딜레마를 조화시키는 방식으로 정의한다.[8] 앤 스위들러(Ann Swidler)는 문제해결 접근법을 취하면서, 문화를 한 문화권의 사람들이 생존하고 성공하는 것을 돕는 상징, 이야기, 의식 및 세계관의 "툴킷(toolkit)"으로 보았다.[9] 마지막으로 문화인류학자인 클리포드 게어츠(Clifford Geertz)는 사람들이 삶에 대한 태도에 관한 지식을 전달하고 영속화하며 발전시키는 수단으로 문화를 정의하였다.[10] 문화는 사람들이 자신의 경험을 해석하고 행동을 이끌어 내는 관점에서 의미의 구조(fabric)이다.

이 모든 정의는 유용하고 많은 공통점을 가지고 있지만, 그들 모두 경영자보다 학계에 더 많은 미묘한 차이가 있을 수 있다. 이러한 정의를 글로벌 경영자의 관점에서 종합하면, **문화는 아래 세 가지 질문에 답하는 것으로 가장 잘 표현된다: 우리는 누구인가, 우리는 어떻게 살아야 할 것인가, 우리는 일에 어떻게 접근하는가?** 이들 세 가지 질문은 개인, 환경 및 업무 규범과 가치에 중점을 둔다. 이 질문에 대한 답변을 통해 일과 사회 및 일반적으로 경영자가 다른 문화권에서 일할 때 행동방식에 대한 추론적 결론을 도출할 수 있다.

## 문화의 특성

이 정의에 공통적인 문화의 세 가지 특성은 여기에서 우리의 토론을 위해 특히 주목된다.

- **문화는 그룹 구성원들에 의해 공유되고, 때로는 그룹 자체의 회원 자격을 정의한다.** 문화적 선호도는 전 세계적으로 보편적이거나 전적으로 개인적인 것이 아니다. 그룹의 모든 구성원은 아니지만 일반적으로 한 그룹의 사람들이 공유하는 선호도다. 대부분의 한국인과 멕시코인 들이 매운 음식을 좋아한다는 사실은 그들 모두가 그런 요리를 선호한다는 것은 아니며, 네덜란드인과 캐나다 인 모두가 회피하는 요리도 아니다.
- **문화는 그룹이나 커뮤니티의 회원 자격을 통해 학습된다.** 문화는 규범적 사회적 행동의 형태로 연장자, 교사, 관료, 경험 및 사회 전반으로부터 학습된다. 우리는 다른 사람들의 행동을 보고, 커뮤니티에서 성장하면서, 학교, 가족 관찰을 통해 가치, 가정 및 행동을 습득한다.
- **문화는 그룹 구성원의 태도와 행동에 영향을 미친다.** 우리의 선천적인 신념, 가치 및 사회적 행동의 패턴의 많은 부분은 특정 문화 훈련 및 사회화를 통해 가능하다. 우리가 성장한 후, 문화는 받아들일 수 있는 행동과 받아들일 수 없는 행동, 매력적인 행동과 매력적이지 않은 행동 등을 구별케 한다. 결과적으로, 우리가 자신을 어떻게 보는지 그리고 우리가 믿고 소중히 여기는 것의 관점에서 문화는 사회화 과정에 큰 영향을 미친다. 이것은 이어서 **규범적 행동(normative behavior)** 또는 우리가 생각하기에 우리 주변 사람들이 기대하는 우리의 행동방식에 영향을 미친다.

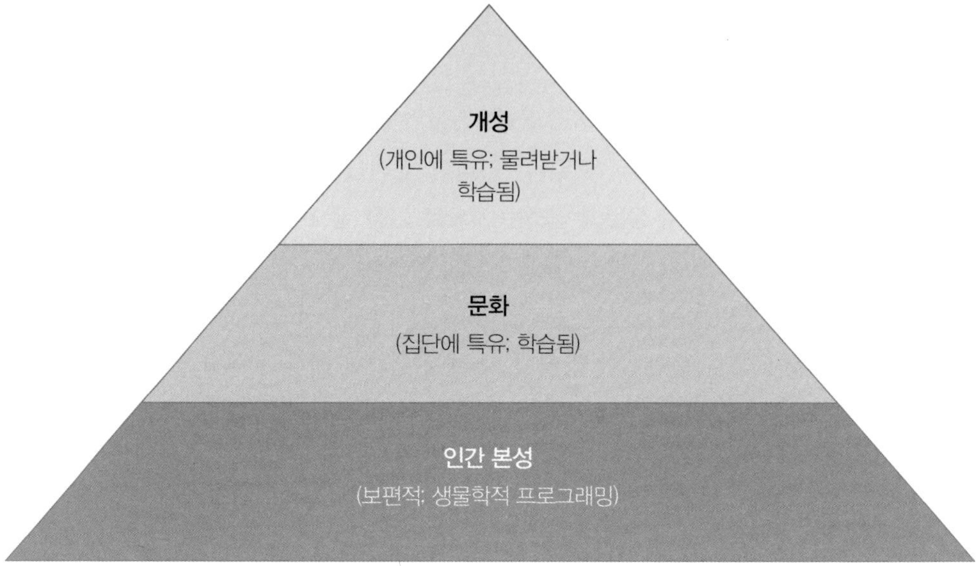


**그림 3.2** 문화, 개성 및 인간 본성
출처: Adapted from Geert Hofstede, *Culture's Consequence: International Differences in Work Related Values* (Thousand Oaks, CA: Sage, 1980); and D. Thomas and K. Inkson, *Cultural Intelligence for Global Business: People Skills for Global Business* (San Francisco, CA: Berret-Hoehler, 2003).

그림 3.2는 인간적, 문화적, 개인적 선호 사이의 관계를 보여 준다. 다수의 사회심리학 연구에 의하면 학습되고 계승된 태도와 행동의 조합이 성격에 영향을 미친다고 한다. 이 발달 과정에서 핵심 부분은 사람들이 양육되는 문화이다. 어느 정도까지 우리는 우리가 자라난 곳과 사회화된 방식의 산물이다. 문화는 인간 본성이나 생물학적 프로그래밍의 영향을 받는다. 문화는 이 둘 사이에 존재하며 그들을 구분하는 경계는 흐릿하다. 어떤 사람이 특정한 방식으로 행동하는 이유를 명확히 아는 것이 불가능한 경우가 많이 있다. 대부분의 경우에 현실은 그것이 별로 중요하지 않다는 것이다. 경영자는 문화적 차이에 대한 이해를 포함하여 다양한 인구 집단에서 효과적으로 일할 필요가 있지만, 거기에 국한되지 않는다. 보편적인 것과 그렇지 않은 것을 식별하는 것이 더 중요하다. 가치, 신념, 또는 가정이 보편적이라는 그릇된 믿음은 오해를 부를 수 있다. 이런 이유로 이 책에서 우리는 보편적이지 않은 가정에 대한 인식을 갖기 위해 문화적 차이를 강조할 것이다.

문화는 종종 수용할 수 있는 행동과 수용할 수 없는 행동으로 간주되는 것에 대한 한계를 설정한다. 문화는 개인과 집단에게 **규범적 행동**을 수용하고 따르도록 압력을 가한다. 즉 문화는 사람들이 할 수 있는 것을 안내하는 규칙을 결정한다. 사실 신문과 정기간행물은 "문화 장벽"을 깨기 시작하는 사람들로 가득하다. 옳건 그르건 이러한 장벽은 사회 구성원 간 일률적인 관행, 안정성 및 보안을 보장하기 위해 설정되며, 따라서 사회는 체제를 교란시키는 사람들을 별로 달가워하지 않는다.

### 응용 3.1 미츠코시 백화점의 고객 서비스

고객 서비스는 전 세계적으로 동일한가? 고객이 서비스를 받는다(물론 어떤 고객은 다른 고객보다 더 잘 받을 수 있지만)는 의미에서는 동일하지만, 고객 서비스 담당자의 마음가짐이나 정보처리 측면에서는 아니다. 예를 들어, 외국의 관찰자들은 자국에서 순진한 서구 고객이 고객만족이라는 널리 퍼진 약속에 얼마나 호의적으로 반응하는지 오랫동안 목격했다. 반면에 고급 미츠코시 백화점 같은 많은 일본 판매점에서는 고객만족을 보장하지 않는 대신, 그들이 최선을 다하면 만족이 뒤따를 것이라고 믿는다.[11] 하지만 보장은 없다. 많은 일본 영업사원들에게 만족을 보장하는 것은 너무 가식적으로 들리고, 거의 사생활 침해와 비슷하다. "우리가 고객이 실제로 만족할 것인지의 여부를 판단해야 하는가?"라는 논리로 이어진다.

이와 같은 행동은 구매자와 판매자 간의 관계에 관한 다양한 이미지와 관련이 있다. 서양에서 이것은 평등한 사람들 사이의 수평적인 교환으로 보여진다. 그러나 일본인은 고객과의 관계를 계층적인 관점으로 보는 경향이 있어서, 구매자는 주인과 같고 판매자는 하인과 유사하다. "고객이 항상 옳다"와 같은 서구에서 종종 들리는 표현은 계층적 틀 안에서는 거의 이해할 수 없는 것이다. 왜냐하면 옳고 그름을 평가하는 것은 평가하는 사람이 갑의 위치에 있다는 것을 암시하기 때문이다. 고객이 서구권에서 항상 옳다면, 그들은 일본에서는 옳고 그름 이상이다. 결과적으로 서구의 상업 관계는 거래와 구매자와 판매자 간의 균형에 초점을 맞추고 있으며, 일본에서는 관계 및 충성도와 상호의존성의 조합에 대한 관심이 강조된다.

마지막으로 일본의 판매사원은 일반적으로 구매자의 불평, 발언 및 요청을 액면 그대로 받아들이고 고객이 원하는 내용을 정확하게 이해하려고 한다. 이것은 서양인들이 종종 너무 차갑거나 감정이 결여된 것으로 보는 개인적인 개입의 부족으로 보인다. 일본 판매원은 서양의 전략과 달리 고객의 결론을 끌어내지 않고 제품 정보를 제공한다. 반면에 서양에서는 마치 의지의 경연장(contest of wills)인 것처럼, 판매원은 지금 "판매 중"이기 때문에 고객으로 하여금 즉시 제품을 구입하도록 설득한다. 일본에서는 판매에 지나치게 개입하는 판매원은 제품이나 서비스의 품질에 대해 고객의 의심을 사게 된다. 그래서 판매원은 고객에게서 떨어져서 제품이 저절로 팔리도록 내버려 둔다.

다음에 대해 생각해 보자.

(1) 좋은 고객 서비스의 정의는 무엇인지 설명하라.
(2) 고객과 판매원 모두의 관점이 어떻게 실제로 이 정의에 영향을 줄 수 있는가? 이 두 관점이 크게 다를 때 어떤 일이 일어날 것인가?
(3) 고객 서비스 직원의 인지 프로세스 또는 사고 프로세스가 문화 간 어떻게 다른가? 이유는?

## 문화의 기술적 모델 Descriptive models of culture

전 세계의 변화와 도전을 이해하기 위해 많은 연구자들은 문화 및 하부문화의 차이점과 유사점을 비교할 수 있는 도구나 메커니즘이 필요하다고 제안한다. 이러한 메커니즘은 어떤 사람들이 다른 사람들과 다르게 생각하고 행동하는 이유를 개념적으로 파악할 수 있는 발견적 방법을 제공한다. 많은 연구자들 – 많은 글로벌 경영자들 – 은 계층적 또는 평등주의적, 개인주의적 또는 집단주의적 등으로 다양한 문화적 차원에 대해 문화를 비교하기 시작했다. 문화적 차원을 비교하는 것은 두 개 이상의 문화 사이에 일반적인 트렌드에 대한 간단한 스케치를 제공하지만, 이문화 이해의 시작점으로 유용할 수 있다.

그러나 이 간단한 전략도 문제가 없는 것은 아니다. 문화인류학자인 에드워드 홀(Edward Hall)이 한때 다음과 같이 말했다. "문화의 분석은 버섯을 식별하는 일에 비유할 수 있다는 결론에 이르렀다. 버섯의 본질 때문에 두 전문가는 정확히 똑같이 그들을 묘사하지 않는다. 따라서 우리가 우리 손에 든 버섯이 식용 가능한지 여부를 결정하려고 할 때, 우리 모두에게 혼란을 초래한다."[12] 홀이 여기에서 중요한 점을 지적한다. 글로벌 경영자의 성공은 종종 문화와 문화적 차이에 대한 이해에 달려 있지만, 그들에게 조언하는 전문가는 항상 일치하는 것이 아니다. 그러나 홀의 은유를 적용하려면, 경영자는 어느 버섯이 식용 가능한지 어느 버섯이 가능하지 않은지 결정해야 한다. 그들의 사업 수행에 어떤 관행이나 행동이 장벽이 되는지, 어떤 것이 파트너십의 길을 열어 줄 것인지를 알 필요가 있다.

### 국가 문화 모델

많은 경영자에게 문화의 연구는 여러 문화 차원(예: 개인주의/집단주의)을 사용하여 여러 국가를 비교하는 것으로 시작된다. 예를 들어 파리 출신의 경영자가 부다페스트로 여행한다면 도착하기 전에 두 지역 간의 문화적 트렌드의 차이를 이해하는 것이 도움이 될 수 있다. 그러한 모델은 경영자가 성공하기 위해 알 필요가 있는 모든 것을 설명해 주지는 않지만, 유용한 출발점이 될 수 있다.

다수의 그러한 모델이 있고 널리 채택되어 왔다(그림 3.3 참조). 여기에는 에드워드 홀, 길트 홉스테드, 폰스 트롬피나르스, 로버트 하우스 그리고 GLOBE 프로젝트 연구진이 포함된다. 각각은 여러 차원이나 척도를 사용하여 문화적 차이의 본질을 포착하려고 시도한다. 그렇게 함으로써 각 모델은 사회적 신념, 규범 및/또는 가치의 다른 측면을 강

**그림 3.3 국가 문화의 알려진 모델**

| 홀 | 홉스테드 | 트롬피나르스 | GLOBE 프로젝트 |
|---|---|---|---|
| *맥락*: 메시지의 맥락이 메시지 자체만큼 중요한 정도.<br>*공간*: 사람들이 타인과 물리적인 공간을 공유할 때 편안함을 느끼는 정도.<br>*시간*: 사람들이 순차적으로 일을 처리하는가 혹은 동시에 여러 가지 일을 처리하는가. | *권력 거리*: 사회에서 권력의 적절한 분배에 대한 신념.<br>*불확실성 회피성향*: 사람들이 불확실하거나 미지의 상황에 의해 위협감을 느끼는 정도.<br>*개인주의-집단주의*: 사회에서 개인 대 집단 이익의 상대적 중요성.<br>*남성성-여성성*: 단호함 대 소극성; 물질적 소유 대 삶의 질.<br>*시간 지향성*: 일, 삶 및 관계에 대한 장기 대 단기 지향성.<br>*방종-절제*: 쾌락 및 욕구 충족에 대한 사회적 강조 대 만족감을 억제하거나 규제하기 위한 엄격한 사회적 통제. | *보편주의-특수주의*: 규칙이 일률적으로 적용되는가 혹은 상황에 따라 적용되는가.<br>*개인주의-집단주의*: 사람들은 자기 자신으로부터 정체성을 추동하는가 혹은 집단으로부터 추동하는가?<br>*한정주의 대 확산주의*: 개인의 다양한 역할이 구분되어 있는가 혹은 통합되어 있는가?<br>*중립주의 대 표현주의*: 사람들은 그들의 감정 표현을 자유롭게 하는가 혹은 억제하는가?<br>*성취주의 대 귀속주의*: 사람들은 존경과 사회적 지위를 어떻게 부여받는가?<br>*시간 관념*: 사람들은 과거 혹은 미래에 초점을 두는가?<br>*환경과 관계*: 사람이 환경을 통제하는가 환경이 사람을 통제하는가? | *권력 거리*: 사람들이 권력이 공평하게 분배되었다고 기대하는 정도.<br>*불확실성 회피성향*: 사람들이 미래 사건의 불예측성을 줄이기 위해 규범, 규칙 및 절차에 의존하는 정도.<br>*인간 지향주의*: 사람들이 공평, 이타주의 및 관용을 중시하는 정도.<br>*제도적 집단주의*: 사회가 자원의 집단적 배분 및 집단적 행위를 장려하는 정도.<br>*조직내 집단주의*: 개인이 그들 조직 및 가족 내에서 자긍심, 충성심 및 응집력을 나타내는 정도.<br>*단호함*: 사람들이 타인과의 관계에서 독단적이고, 대결적이며, 공격적인 정도.<br>*남녀 평등주의*: 성적 차별이 최소화되는 정도.<br>*미래 지향주의*: 사람들이 계획, 투자 및 연기된 만족감과 같은 미래 지향적인 행동에 참여하는 정도.<br>*성과 지향주의*: 높은 성과가 장려되고 보상받는 정도. |

출처: *Based on Edward T. Hall, The Silent Language* (New York: Anchor Books, 1981); Edward T. Hall and Mildred R. Hall, *Understanding Cultural Differences* (Yarmouth, ME: Intercultural Press, 1990); Geert Hofstede, *Culture's Consequences: International Differences in Work Related Values* (Thousand Oaks, CA: Sage, 1980, rev. 2001); Fons Trompenaars, *Riding the Waves of Culture: Understanding Cultural Diversity in Global Business* (London: McGraw-Hill, 1993); Robert House, Paul Hanges, Mansour Javidan, Peter Dorfman, and Vipin Gupta, *Culture, Leadership, and Organizations* (Thousand Oaks, CA: Sage, 2004).

조한다. 그림 3.3에 4가지 모델 각각을 간단히 요약하였다(국가 문화의 모델은 부록에서 더 자세하게 설명된다). 다음은 공통점을 찾아서 모델 간 간단한 비교를 한다.[13]

유명한 문화인류학자인 에드워드 홀이 유용한 문화 모델을 제안했다. 홀은 독일, 프랑스, 미국, 일본을 비롯한 여러 사회에서 민족지학 연구를 바탕으로 한 틀을 제안했다.[14] 그의 연구는 개인 간 커뮤니케이션에서 문화가 어떻게 다른지에 초점을 맞추었지만 개인 공간과 시간에 대한 연구도 포함되었다. 그림 3.3에서 세 가지 문화 차원이 요약되었다. 이문화관리(예: 단일시간형과 다중시간형) 분야에서 오늘날 사용되는 많은 용어가 그의 연구에서 나왔다. 홀의 모델, 특히 이문화 간 커뮤니케이션과 관련된 내용은 5장에서 더 자세하게 논의될 것이다.

두 번째 중요한 모델은 네덜란드 경영학자 홉스테드에 의해 제안되었다.[15] 그의 고전적 책, *문화의 결과*(*Culture's Consequences*)에서 홉스테드는 문화를 한 집단이나 사회를 다른 집단이나 사회와 구별하는 "마음의 소프트웨어"에 비유한다. 다시 말해서 사람들은 모두 같은 하드웨어를 사용하지만, 두뇌와 사고방식 및 행동방식은 매우 다를 수 있다. 홉스테드의 모델은 주요 다국적기업에서 일하는 여러 국가의 직원들을 대상으로 한 연구에서 도출되었으며, 다른 문화는 가치 있는 것의 차이점을 토대로 구별될 수 있다는 가정 아래 작성되었다. 즉, 어떤 문화는 개인 간의 평등에 높은 가치를 두고 있는 반면, 다른 문화는 사람들 간의 위계질서 또는 권력 거리에 높은 가치를 부여한다. 마찬가지로, 어떤 문화는 일상생활에서 확실성에 가치를 두고, 예기치 않은 사건에 대처하는 데 어려움을 겪는 반면에, 다른 문화는 모호성에 관대하며 변화를 즐기는 것 같다. 이러한 가치 차원을 기준으로 문화 간 조직 행동에 대한 통찰력을 얻을 수 있다고 홉스테드는 주장한다. 초기에 홉스테드는 문화를 네 가지 차원으로 나누었으나, 나중에 마이클 본드(Michael Bond)와의 공동 연구를 바탕으로 장기 및 단기 지향성에 초점을 둔 다섯 번째 차원을 추가하였다. 최근에 여섯 번째 차원(방종 대 절제)이 추가되었다(그림 3.3 참조).

홉스테드의 연구를 기반으로, 네덜란드 경영학자 폰스 트롬피나르스는 10년간 쉘(Shell)과 다른 경영자에 대한 연구에서 다소 다른 문화 모델을 제시했다.[16] 그의 모델은 문화 간 가치와 개인적인 관계의 변화에 초점을 두고 있다. 그림 3.3에서 보는 것처럼, 7개의 차원으로 구성된다. 마지막 두 가지는 시간 관리와 사회와 자연과의 관계에 초점을 둔다.

마지막으로 로버트 하우스는 문화 차원 연구의 가장 야심찬 노력의 일환으로, 리더십 프로세스에 대한 문화적 차이의 영향을 이해하는 데 초점을 맞춘 국제 연구팀을 이끌었다.[17] 그들의 조사는 GLOBE 연구라고 불렸다. 그들의 연구에서 GLOBE 연구원은 9가지 문화 차원을 발견했다(그림 3.3 참조). 이들 차원 중 몇 가지는 이전에 발견되었지만(예: 개인주의/집단주의, 권력 거리 및 불확실성 회피성향), 다른 것들은 독특하다(예: 남녀 평등주의와 성과 지향주의).

이 평가를 바탕으로 GLOBE 연구원은 62개 국가에서 데이터를 수집하고 결과를 비교하였다. 문화 간 리더 행동에서 체계적인 차이가 발견되었다. 예를 들어, 개인주의적 서구에서 종종 받아들여지는 참여적 리더십 스타일은 집단주의적인 동양에서는 효과가 회의적이다. 아시아 경영자들은 가부장적인 리더십과 집단 유지 활동에 큰 중점을 두고 있다. 카리스마적인 리더는 대부분 문화에서 발견될 수 있지만, 어떤 문화에서는 독단성이 강하고 다른 문화에서는 수동적이다. 중국보다 미국에서 더 자신의 부하직원에 주의 깊게 경청하는 경영자들에게 가치를 둔다. 말레이시아 리더들은 겸손하고 위엄 있는 태도로 행동할 것으로 예상되는 반면, 미국 리더들은 거의 이런 태도로 행동하지 않는다. 인도 사람들은 독단적이고, 도덕적으로 원칙적이고, 이데올로기적이고, 대담하며 능동적인 리더를 선호한다. 많은 아랍 국가에서 가족과 부족의 규범은 독재적인 리더를 지지한다. 분명히 GLOBE 프로젝트의 주요한 공헌 중 하나는 문화적 차원뿐만 아니라 그러한 차원의 변화가 리더십 행동과 효과에 어떻게 영향을 미치는지 체계적으로 연구하는 것이었다.

종합해 보면 이들 모델은 두 가지를 달성하려고 한다. 첫째, 각 모델은 다양한 문화를 비교할 수 있는 잘 설명된 일련의 차원을 제공한다. 문화 분석을 위한 속기 형식을 제공한다. 우리는 다양한 문화를 권력 거리, 불확실성 회피성향 등으로 분해할 수 있다. 우리들로 하여금 생각을 정리할 수 있게 하고, 그렇지 않으면 굉장히 어려운 일에 우리의 주의를 집중시킬 수 있게 한다. 둘째, 일부 모델은 다양한 문화를 평가할 수 있는 점수를 제공한다. 예를 들어, 독일은 프랑스보다 더 평등주의적이라고 말하는 데에 홉스테드의 척도를 사용할 수 있다. 이러한 등급이 매우 정확하거나 이러한 국가를 일반적으로 나타낼지 여부와 관계없이, 경영자는 문화적 차이에 대처하고 경영상의 영향을 고려해야한다.

연구의 비판론자들은 개발 및 활용의 기초가 되는 네 가지 이론과 연구는 문화 간 중심 경향을 비교하는 데 너무 많이 초점을 맞추고 각 문화 내에서 차이점을 비교하는 데 충분하지 않다고 지적했다. 다시 말해, 모든 인도네시아인이나 케냐인 또는 불가리아인은 같은가? 당연히 아니다. 더욱이 동아시아(중국, 한국, 일본)와 서유럽(네덜란드, 프랑스, 독일, 이탈리아)의 사람들 사이에 단지 몇 가지 차이가 있음을 시사하는 것은 부정확한가? 다시 대답은 "아니오"이다. 이러한 비판은 유효한가? 이러한 비판들이 사람들의 세상을 보는 방식과 세상에 대응하는 방식에 영향을 주는 문화적 차이에 대한 기본적인 주장을 바꿀 것인가? 아마도 아닐 것이다. 이미 언급했듯이, 문화적 차원의 사용이 확실히 도움이 되지만, 더 상세한 연구의 시작으로 간주되어야 한다.

## 모델 간 공통 주제: 핵심 문화적 차원

이들 모델 각각은 문화의 다른 측면에 초점을 맞추고 있지만, 서로를 증폭시키고 글로벌 경영과 국제 비즈니스 세계를 더 잘 이해할 수 있는 중요한 평가 요소로서의 유용성을 강화시키는 역할을 한다. 각 모델은 이러한 노력에 가치 있는 것을 추가하였다.

이를 염두에 두고 다양한 문화적 차원의 모델을 비교해 보면, 문화 간 차별화를 시도할 때 연구자와 경영자가 가장 일반적으로 사용하는 것으로 5가지 차원이 드러난다(그림 3.4 참조).[18] 완벽하게 맞지는 않지만 그럼에도 불구하고 공정한 공통의 합의점을 찾는다. 우리는 이것을 **핵심 문화 차원(core cultural dimension)**이라고 지칭한다. 각 차

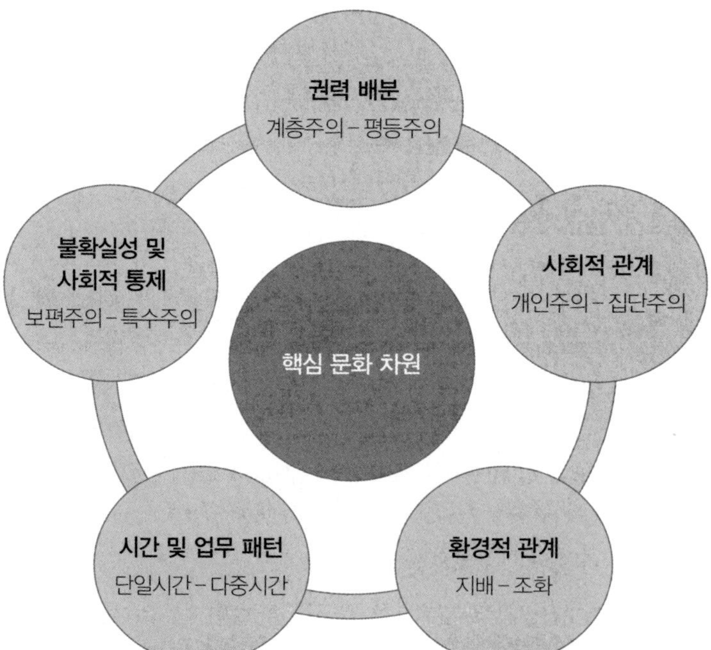


**그림 3.4** 핵심 문화 차원

출처: Based on Luciara Nardon and Richard M. Steers, "The culture theory jungle: divergence and convergence in models of national culture," in Rabi S. Bhagat and Richard M. Steers (eds.), *Cambridge Handbook of Culture, Organizations, and Work* (Cambridge University Press, 2009), pp. 3–22.

원은 문화에 관한 다섯 가지 근본적인 질문 중 하나에 초점을 맞추고 있다. 이 질문은 세계 경제에서의 사회적 상호작용 및 경영방식과 관련이 있다.

(1) **권력 배분(계층주의 대 평등주의).** 사회에서 권력과 권위가 어떻게 배분되는가? 이 분배는 계층구조 또는 평등주의 개념에 기초하고 있는가? 평등 또는 특권에 관한 사회적 신념은 무엇인가?
(2) **사회적 관계(개인주의 대 집단주의).** 사회의 기본 구성 요소는 무엇인가? 개인 또는 집단? 집단 행동을 위해 사회는 어떻게 구성하는가?
(3) **환경적 관계(지배 지향 대 조화 지향).** 사회적 차원에서, 사람들은 주변 환경과의 관계를 어떻게 바라볼 것인가? 환경을 통제하거나 습득하는 것이 그들의 목표인가 또는 환경과 조화를 이루면서 사는 것이 목표인가?
(4) **시간 및 업무 패턴(단일시간형 대 다중시간형).** 사회의 사람들은 일과 근무시간 외 활동을 수행하기 위해 자신의 시간을 어떻게 구성하는가? 사람들은 선형적(즉, 한 번에 한 가지씩)으로 일을 하는가 아니면 비선형적(즉, 한 번에 모든 것)으로 일을 하는가?
(5) **불확실성 및 사회적 통제(보편주의 대 특수주의; 규칙기반 대 관계기반이라고도 함).** 사회는 어떻게 불확실성을 줄이고 구성원들의 행동을 통제하려고 하는가? 사회는 규칙 또는 관계에 초점을 맞추고 있는가? 즉, 사회 전반에 걸쳐 보편적으로 적용되는 규칙, 정책, 법률 및 사회적 규범을 통해 사람들을 통제하기 위해 노력하고 있는가(보편주의)? 아니면 개인적 관계, 집단 내 가치 또는 특수한 상황에 의해 조정되는 규칙과 법률을 통해 사람들을 통제하기 위해 노력하고 있는가(특수주의)?

이 다섯 가지 핵심 문화 차원은 비즈니스와 경영이 전 세계에서 어떻게 수행되는지 – 또는 수행되지 않는지 – 에 영향을 줄 수 있는 문화적 차이의 주요 측면을 강조한다. 이 핵심 문화 차원은 기반이 된 모델과 마찬가지로 한 국가의 중심 경향에 대한 신속한 문화적 스냅 샷을 제공한다. 그것들은 국가 간 문화적 차이를 조사하기 위한 좋은 출발점이지만, 그 유용성은 관련 국가 및 특정 상황에 따라 달라질 것이다.

### 응용 3.2 핀란드의 교통 범칙금

문화가 어떻게 다른지에 대한 좋은 예는 열정적으로 평등주의를 강조하는 핀란드에서 찾을 수 있다. 핀란드의 많은 법률은 보편주의적이며 평등이 아니라면 형평의 원리에 근거한다. 예를 들어 교통 범칙금은 개인 소득에 따라 다르다. 더 많이 벌수록, 더 많이 지불한다. 경찰청은 국세청

파일에 바로 컴퓨터로 액세스하여 현장에서 벌금을 계산한다. 따라서 젊은 핀란드 사업가인 야코 리트솔라(Jaako Rytsola)는 시속 25마일 존에서 시속 43마일로 그의 BMW를 몰다가 걸렸을 때, 그의 과속딱지는 72,000달러였다. 마찬가지로 27세의 백만장자인 유씨 살로노야(Jussi Salonoja)도 그의 BMW로 시속 25마일 존에서 시속 40마일로 달리다가 잡혀서 225,000달러의 벌금이 부과되었다. 정부 장관은 이것이 "북유럽 전통"이라고 말했다. 그들은 누진 과세와 누진 처벌을 동시에 갖고 있다. 그러나 제한 속도를 10마일 초과하여 벌금 60,000달러를 내게 된 다른 운전자는 다른 견해를 가지고 있었다. "핀란드는 특정 부류의 사람들이 살기가 불가능하다"고 그는 말했다.[19]

다음에 대해 생각해 보자.

(1) 교통 범칙금과 개인 소득 연계의 공정성에 대한 당신의 견해는 무엇인가? 이것이 공정하거나 불공정한 이유는 무엇인가?
(2) 당신이 운전하는 자동차의 종류가 경찰의 단속에 영향을 미쳤다고 당신은 생각하는가? 모든 문화권에서 이것은 사실인가?
(3) 부하직원과의 평등을 포함하여 진정으로 평등을 강조하는 국가에서 경영자가 되고 싶은가?

## 문화 및 제도 환경 Culture and institutional environments

글로벌 경제 위기가 최고조에 달했을 때, 아메리카은행(Bank of America)은 연간 50억 달러를 절약하기 위해 3년 동안 30,000개의 일자리를 줄이겠다고 발표했다. 비용 절감 노력은 수년간의 잘못된 투자와 많은 사람들이 생각하기에 잘못된 경영 의사결정으로 인한 후유증에 대처하면서 은행을 재편성하고 축소하는 광범위한 노력의 일환이었다. 발표 직후 아메리카은행의 주가는 크게 올랐다.

서비스와 생산의 수요가 줄어드는 어려운 경제 상황에서 세계 곳곳의 기업들이 동일한 도전에 직면한다: 과잉 노동력을 어떻게 할 것인가? 그러나 도전은 같지만, 기업의 대응은 같지 않다. 아메리카은행의 상황과 마찬가지로 북미 지역 대부분에서 서비스 수요 감소는 논리적으로 – 문화적으로 일관되게 – 직원 해고를 유도한다. 사람들에게 어려움을 안겨 주는 것으로 널리 인정되지만, 해고는 종종 금융 위기에 대한 신중한 비즈니스 및 경영 대응으로 간주된다. 그러나 독일이나 네덜란드에서는 오래된 사회적 법률로 인해 직원을 해고하는 것이 훨씬 어렵고 비용이 많이 든다. 따라서 네덜란드 및 독일 기업들은 조기 퇴직 또는 일자리 나누기와 같은 다른 구제책을 찾는다. 마지막으로 일본에서는, 조직이 공적 명성을 잃을 위험이 있어 비즈니스 및 향후 채용 기회에 영향을 미칠 수 있기 때문에 해고가 거의 발생하지 않는다. 해고는 직장에서의 가부장주의에 관한 근본적인 일본 사회의 규범을 위반한다. 결과적으로 일본 기업들은 과잉 노동력이 있더라도, 잉여 직원을 조직의 다른 부서나 자회사로 이동을 결정할 것이다. 동일한 문제이지만 대응책은 다르며, 모든 것이 경영자가 직면하는 제도적 환경의 일부이다.

문화와 제도적 환경은 함께 간다. 사실 상호 보강하고 있다. **제도적 환경(institutional environment)**은 일반적으로 개인이나 기업을 지지하거나 반대하는 정부나 사회가 특정 전략을 추구하는 것을 장려하거나 저지하는 법적－정치적 환경으로 구성된다(그림 3.5 참조). 정부는 법률과 정책, 호의적 기업에 대한 기술 이전, 재정 지원, 투자 정책에 대한 법적 제한, 수출입 정책과 제한을 통해 조직을 통제할 수 있는 상당한 권한을 가지고 있다. 이 분야는 종종 비즈니스－정부 관계로 언급되며, 국제 비즈니스에서의 주요 논쟁은 기업과 정부가 적대적 관계 또는 협력적 관계의 정도에 있다.

일본과 미국 사이에 제도적 환경과 비즈니스－정부 관계를 비교하는 것보다 더 큰 격차를 보이는 곳은 없다. 일본과 미국 기업의 기업 전략에 중요한 차이가 있다면, 일본은 시장점유율 확보에 집착하고, 반면에 미국은 단기순이익 혹은 높은 주가 달성에 집착하는 데 있다. 이러한 근본적인 차이는 두 나라 비즈니스 환경의 다양한 차이에서 비롯된다, 많은 일본 기업들은 미국 경쟁사들보다 장기적인 관점을 취한다.

먼저, 미국 기업의 제도적 환경을 생각해 보자. 이 환경은 다음과 같은 특성이 있다. 정부와 주요 규제 기관을 포함하여 거리를 유지하고 적대적인 비즈니스－정부 관계가 일반적이다. 기업의 주요 목적은 주주의 부의 가치를 극대화하는 것이다. 투자자들은 단기거래와 투자수익을 강조한다. 주당 순이익과 주가 사이에는 명확한 관계가 있다. 경영자는 우수한 성과에 대해 스톡옵션과 큰 보너스를 제공받는다. 마지막으로 저평가된 기업은 적대적 인수합병의 대상이 된다.

이제 일본에서 발견되는 매우 다른 제도적 환경을 고려해 보자. 서구와 대조적으로, 일본의 제도적 환경은 전략적 산업에 대한 정부의 목표 설정 및 지역 산업에 대한 지원을 포함하여 핵심 사업 환경에 침투하는 강력하고 지속적이고 협력적인 비즈니스－정부 관계가 특징이다. 기업의 주요 목적은 투자자, 직원 및 국가에 도움이 되는 장기적인 가치를 창출하는 것이다. 투자자들은 주당 순이익 대신 장기적 주가 상승을 강조한다. 배당금은 이익이 비율이 아닌 주식 액면가의 일정 비율로 지급된다. 경영자는 우수한 성과에 대해 스톡옵션이나 큰 보너스를 거의 받지 않는다. 주주의 이익을 보호하는 외부 이사진은 거의 없다. 마지막으로 저평가된 회사는 일반적으로 적대적 인수로부터

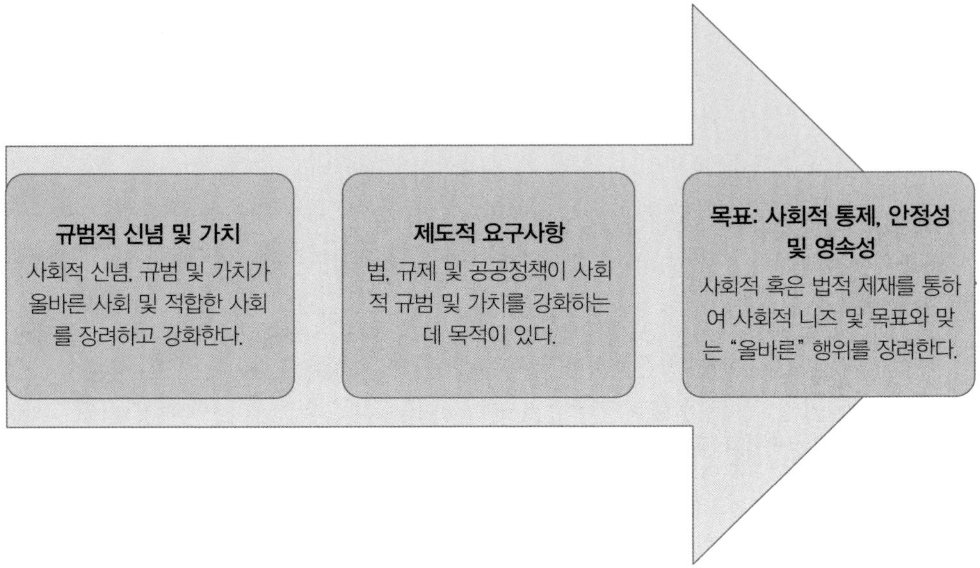


**그림 3.5** 규범적 신념, 제도적 요구사항 및 사회적 통제

자매회사가 보호한다.

이러한 차이의 결과로, 일본 기업은 재정적 목표(주주를 만족시키는 것) 대신 전략적 목표(시장점유율 확대 등)를 달성하는 데 더 주의를 기울일 수 있는 위치에 있다. 세 가지 주요 이유 때문에 이러한 경쟁우위가 나타난다. 첫째, 낮은 이익과 높은 유보이익은 성장을 지원한다. 둘째, 은행과 긴밀한 관계는 성장을 지원하기 위해 높은 수준의 부채 사용을 허용한다. 마지막으로, 일본의 주주들은 일상적으로 낮은 배당금과 경영진의 절대적인 통제력을 수용한다.

### 응용 3.3 이슬람 법률 시스템과 글로벌 비즈니스

일본과 미국을 떠나 제도적 환경의 또 다른 사례를 보기 위해 중동으로 가 보자. 컬럼비아대학교의 인류학자인 로렌스 로젠(Lawrence Resen)은 법률 시스템의 기능과 관련하여 서양과 이슬람 국가의 차이점에 대해 광범위하게 저술했다.[20] 로젠에 따르면, 서구의 재산은 소유권의 관점("누가 이 땅을 소유하는가?")에서 법적인 목적으로 본다. 이것은 객관주의적인 접근이다. 반면에 이슬람에 따르면, 재산은 다른 사람들과의 관계의 관점으로 볼 수 있다("누가 이 땅과 관련이 있는가?"). 이것은 주관주의적 접근이다. 나눌 수 있는 자아의 개념은 이슬람에서 상상할 수 없기 때문에 권력은 제도적이며 개인적이다. 판사는 의식적으로 자신의 개인적인 감정과 태도를 배제하지 않고도 판결을 내릴 것을 암시한다.

재판관은 분쟁에 대한 여러 당사자들의 부채를 확인하기 위해 관련자의 범위를 크게 넓히고, 특정 권리를 강조하기보다는 사람들로 하여금 합의를 위해 협상하도록 종용한다. 판사는 증인의 객관적 전문성보다는 사회적 관계의 성격과 강도에 따라 증인의 신뢰도를 평가할 것이고, 관찰할 수 있는 상황보다 그 사람과 그 사람의 과거 역사의 평가에 따라 사실을 확정할 것이다. 로젠은 또한 관계 네트워크에 더 큰 영향을 미치기 때문에, 교양 있고 부유한 사람들이 이슬람 문화의 더 높은 법적 기준을 지키고 있다고 강조한다.

경영자에게 윤리적 상황은 같아 보인다. 비즈니스 계약은 개인적 접촉과 네트워크 모두 과도하게 사용하며, 보편주의적 문화에서보다 특수주의적 문화에서 상황이 변할 때 일시적으로만 유효하다.

다음에 대해 생각해 보자.

(1) 이슬람 법률 제도는 서구의 지배적 법률과 어떻게 다른가?
(2) 이러한 차이가 개인 및 집단 행동에 미치는 영향은 무엇인가?
(3) 이러한 차이가 비이슬람 사업가들이 중동에서 사업을 하는 데 어떻게 영향을 미칠 수 있는가?
(4) 아무도 기분을 상하게 하지 않는 방식으로 "외국인"은 이러한 법적 차이를 어떻게 처리할 것인가?

## 문화의 복잡성과 모순 Cultural complexities and contradictions

문화와 문화적 차이에 대한 관련 개념은 명백한 행동의 이면을 보고, 어떤 사람들이 다른 사람들과 왜 다르고 어떻게 행동하는지 더 잘 이해할 수 있는 수단으로 위에서 소개되었다. 그러나 이러한 일반화에서 놓치기 쉬운 것은, 동일한 사회 내의 사람들이 동일한 도전에 대처하기 위해 다른 전략을 사용할 수 있다는 것이다. 결과적으로 전체 문화를 고정관념화 하는 것은 현명하지 못하다. 대신 우리는 주요 트렌드 그 자체뿐만 아니라 뉘앙스와 역경향을 찾아야 한다. 우리는 또한 사람들이 그들의 태도와 행동 패턴을 형성할 때 주변의 사건이나 환경인 **맥락**의 차이점을 찾아야 한다. 이 사실을 인식하지 못하면 종종 개인적 그리고 사업적 기회를 놓치게 된다.

직장 내에서의 평등한 기회 문제를 생각해 보자. 평등한 기회에 대한 투쟁은 동서남북, 세계의 많은 국가에서 길고 어려운 투쟁이었다. 많은 사람들에게 이 투쟁은 근본적인 신념이 너무 강하기 때문에 매우 격렬했다. 그러나 사람들이 종종 인식하지 못하는 것은 평등한 권리에 관한 사회 및 기업 관행이 우리의 핵심 신념과 가치에 내재되어 있다는 것이다. 따라서 문화권 내에서뿐만 아니라 이문화 사이에서 그런 신념과 관행을 비교할 수 있어야 한다. 예를 들어 어떤 문화는 성 역할 분화를 강조한다. 즉, 남녀는 사회에서 서로 다른 역할을 할 것으로 기대되며 다르게 대우를 받는다. 또 어떤 문화는 남녀가 가정과 직장에서 책임을 분담해야 한다고 생각하면서 성 역할 분화를 최소화할 것을 점차 강조한다. 또 다른 문화권은 유연성과 관용을 위해 노력하고 있다. 이러한 문화적 차이의 결과로, 많은 사람들은 다른 사람들의 신념을 지나치게 가부장적이라거나 지나치게 관대하다고 비판하기 바쁘다. 예리한 관찰자에게는 차이가 종종 표면 아래에서만 발견될 수 있다.

이것이 어떻게 작동되는지를 알아보기 위해, 고학력 여성의 증가가 중동 전역에서 직업 기회를 확대한다는 사실을 생각해 보자. 나헤드 타헤르(Nahed Taher)는 이 여성 중 한 명이다.

## 응용 3.4 중동의 여성 중역

나헤드 타헤르는 바레인에 본사를 둔 걸프원투자은행(Gulf One Investment Bank)의 최초의 CEO이다.[21] 사우디상업은행(National Commercial Bank)의 전 수석 경제학자인 타헤르는 제다의 압둘라지즈 왕 국제공항에서 메카 순례자를 위한 터미널 확장을 포함하여 공공부문 프로젝트에 대한 자금 조달 계획에 몰두해 왔다. 그녀는 또한 사우디의 구리, 아연 및 금광뿐만 아니라 사우디아라비아항공의 담수화공장의 자금 조달을 감독한다. 타헤르는 아랍계 경영진의 드문 예일 수 있지만, 점점 흔한 예가 되고 있다. 사실 타헤르와 같은 비즈니스 리더는 어려움에도 불구하고 권력을 획득했다. 중동에서 10명의 중역들이 *포브스*의 "세계에서 가장 영향력 있는 여성" 목록에 올랐다.

타헤르와 같은 여성이 중동에서 어떻게 글로벌 유리천장을 극복할 수 있었을까? 많은 경우, 세계 경제의 글로벌화가 중요한 역할을 하였다. 최근 몇몇 무슬림 국가의 경제 자유화와 많은 국영기업의 민영화가 무슬림 여성 경제인들이 발판을 마련하는 데 도움이 되었다. "이제 기회는 모든 사람에게 열려 있다"라고 북미아랍은행가협회(Arab Bankers Association of North America)의 최초 여성 회장인 로라 오스만(Laura Osman)은 말한다. 사실 무슬림 세계에서 은행업은 역사적으로 남성의 전유물이었는데 그러한 자리에도 여성의 수가 점차 증가하고 있다. 이집트에서 가장 큰 민간은행 중 하나인 상업국제은행(Commercial International Bank)에서 사하르 엘-살랍(Sahar El-Sallab)은 서열 2위다. 실제로 이 은행의 직원 10명 중 4명과 경영진의 70%가 여성이다. 마찬가지로 쿠웨이트의 글로벌투자은행(Global Investment House)의 회장인 마하 알-군나임(Maha Al-Ghunaim)은 그녀가 설립한 투자은행을 자산 규모 70억 달러로 성장시켰다. 최근 이 은행은 카타르에서 영업 허가권을 얻었고, 다음으로는 사우디아라비아에서 영업망을 구축하고자 한다.

이슬람 여성 사업가들은 또한 대기업의 최고위직에도 있다. 임레 바르망벡(Imre Barmanbek)은 터키의 가장 큰 다국적기업 중 하나인 도간지주회사(Dogan Holding)를 운영한다. 루브나 올라얀(Lubna Olayan)은 중동에서 가장 큰 다국적기업 중 하나인 사우디아라비아의 올라얀(Olayan) 그룹을 감독하여 40개 이상의 회사에 투자하고 있다. 이집트의 카미스(Khamis) 가족이 운영하는 대기업의 최고위직에는 여러 명의 여성이 포함되어 있다. 원래 인도 출신인 비드야 차브리아(Vidya Chabria)는 UAE의 점보(Jumbo) 그룹의 회장이다. 이 회사는 50개국에서 영업을 하는 자산 20억 달러의 다국적기업이며, 내구재, 화학제품 및 기계류 제품에 관여하고 있다. 이 회사는 또한 중동에서 가장 큰 가전제품 유통업체 중 하나인 점보전자(Jumbo Electronics)와 정보기술 및 통신 제품의 세계적인 브랜드를 보유하고 있다. 따라서 이슬람 여성들이 비즈니스 세계에서 "평등"에 이르는 데 아직 갈 길이 멀지만 진전은 이루어지고 있다. "세계의 이 지역에서 여성으로 사는 것은 힘들지만, 당신이 직무를 처리하는 방식에서 적절한 교육, 신뢰성, 진실성을 가지고 있다면, 현명한 남성들이 항상 당신에게 임무를 부여할 것이다"라고 이집트의 상업국제은행의 엘-살랍은 말한다.

동시에 점차 늘어나는 교육받은 젊은 여성들은 비록 느리지만 중하위 경영진에 진입하고 있다. 예를 들어 사우디아라비아는 새로운 정부 정책으로 보육, 교통 및 어떤 경우에는 분리된 공장을 제공하여 중요한 민간 및 공공 부문 일자리에 더 많은 여성을 채용하기 위해 노력하고 있다. 예를 들어 사우디아라비아의 산업재산권청(Industrial Property Authority)은 사업주들이 더 많은 사우디 여성을 고용하도록 고안된 13개의 특별 구역을 건설하고 있다. 이 구역은 통근 거리를 짧게 하고, 제조 기술을 가르치는 교육센터를 제공하기 위해 도시 지역 근처에 위치하고 있다. 그러나 외국 기업이 최근 여성 고용의 대부분을 차지하고 있다. 예로는 GE의 사우디 운영을 위해 고용된 젊은 공학 졸업생인 자라 알 칼리파(Zahra al Khalifa)가 있다. 그러나 여전히 여성에게 많은 장애물이 존재하며, 업무의 가장 힘든 부분은 주로 상점 밖에 있다. 칼리파는 말한다. "우리 고객의 대부분은 남성이다. 그들은 아직 여성들과 거래하는 것을 불편해 한다."[22]

다음에 대해 생각해 보자.

(1) 여기서 언급된 것과 같이, 중동 지역에서 일하는 성공한 여성 사업가의 예와 아랍 및 무슬림 여성에 대한 고정관념을 어떻게 조화시킬 수 있는가?
(2) 여기서 토론된 여성들은 그들이 성공할 수 있게 한 어떤 공통적인 개인적 특성들을 보여 주는가?
(3) 세계의 다른 지역으로부터 지나치게 단순하거나 단순히 부정확한 문화적 고정관념의 어떤 다른 예를 찾을 수 있는가? 우리가 그런 고정관념을 가지는 이유는 무엇인가?
(4) 자라 알 칼리파의 사례를 고려해 볼 때, 산업계에서 일하는 여성들의 전통적인 장애물을 극복하기 위해 사우디와 다른 아랍 정부가 또 무엇을 해야 하는가?

나헤드 타헤르와 그녀의 동료들의 예는 오래된 딜레마를 제기한다. 수세기 동안 국가 및 지역 간 문화적 차이가 인정되어 왔지만, 글로벌 비즈니스에서 문화적 차이의 역할에 대해서는 합의가 이루어지지 않았다. 글로벌 무대에서 활동하는 사람들이 이를 극복할 수 있다면 문화적 제약이 중요한가? 이 질문을 다룰 때, 대부분의 사람들은 믿는 자 및 믿지 않는 자 두 그룹 중 하나에 속한다. 믿는 자는 가능한 연구 증거와 실무 경험을 토대로 문화가 중요하다고 주장한다. 왜냐하면 런던에서 작동하는 것이 광저우, 방갈로르 또는 모스크바에서 작동하지 않을 가능성이 크기 때문이다. 해외에서 일하는 사람들이 세계 곳곳에서 서로 다른 것들이 어떻게 될 수 있는지를 잘 알고 있으며, 이 차이의 상당 부분은 문화적 특성에 의해서만 설명될 수 있다고 그들은 주장한다. 반면에 사람들은 일반적으로 다르며, 두 명의 인도인들도(또는 중국인, 러시아인, 사우디인도) 같은 방식으로 행동하지 않는다고 믿지 않는 자는 주장한다. 한 국가의 조직이 다른 국가의 조직과 매우 다르게 운영될 수 있으며, 다르게 운영되어야만 한다고 종종 그들은 더욱 강조한다. 마지막으로 연구의 관점에서 볼 때, 문화에 의해 설명된 차이는 적지만, 법적, 정치적, 경제적 차이와 이용 가능한 기술을 포함하여 국가 간 행동 차이를 설명하는 데 많은 다른 요인들이 동등하게(아마도 더) 중요하다고 그들은 주장한다.

이들 입장 중 어느 쪽이 더 현실을 정확히 반영하는가? 그리고 글로벌 경영자에게 시사점은 무엇인가? 연구와 실무 경험 모두 문화가 중요하다고 제안하지만, 연구와 실무 경험은 또한 문화만으로 외국의 상대방의 행동을 설명하기에는 불충분하다고 제안한다. 남성 지배적인 문화에서 이들 여성의 성공을 어떻게 설명할 수 있겠는가?

이런 이유 때문에 우리는 문화 현상에 대한 해석에 신중해야 한다. 문화의 역할(혹은 문화 역할의 축소)에 대한 강한 선입견은 문화가 종종 중요하게 작용할 수 있는 방식을 알지 못하게 할 수 있다. 경영 실무에서 문화의 역할을 이해하는 것은 문화적 영향을 파악하고, 이를 다루기 위한 최선의 행동 방침을 알리는 데 도움이 되는 문화에 대한 사고방식이 요구된다. 즉, 우리는 문화가 무엇인지, 우리 자신의 문화가 작동하는 가정과 개인 및 집단 편견의 관점에서 우리의 사고방식에 어떻게 영향을 미치는지, 자신을 발견할 수 있는 다양한 상황에 대한 문화적 영향을 알아내기 위해 문화의 작동 방식에 대한 충분한 이해가 필요하다. 이것은 결코 쉬운 일이 아니지만, 글로벌 경영자에게 중요한 문제일 수 있다.

이러한 성공적인 여성의 사례는 복잡한 현상에 단순한 모델을 적용할 때의 몇 가지 중요한 한계를 드러낸다. 한편으로 그러한 모델은 문화적 영향력과 문화적 차이로 인한 도전을 이해하기 위한 좋은 출발점을 제공한다. 반면에, 그들은 제한된 매개변수에 우리의 주의를 집중시켜, 현실에 대한 우리의 해석을 오도할 수 있다. 대신, 행동에 대한 문화적 영향력의 이해는 우리들로 하여금 근본적인 복잡성과 모순을 찾게 하고, 매우

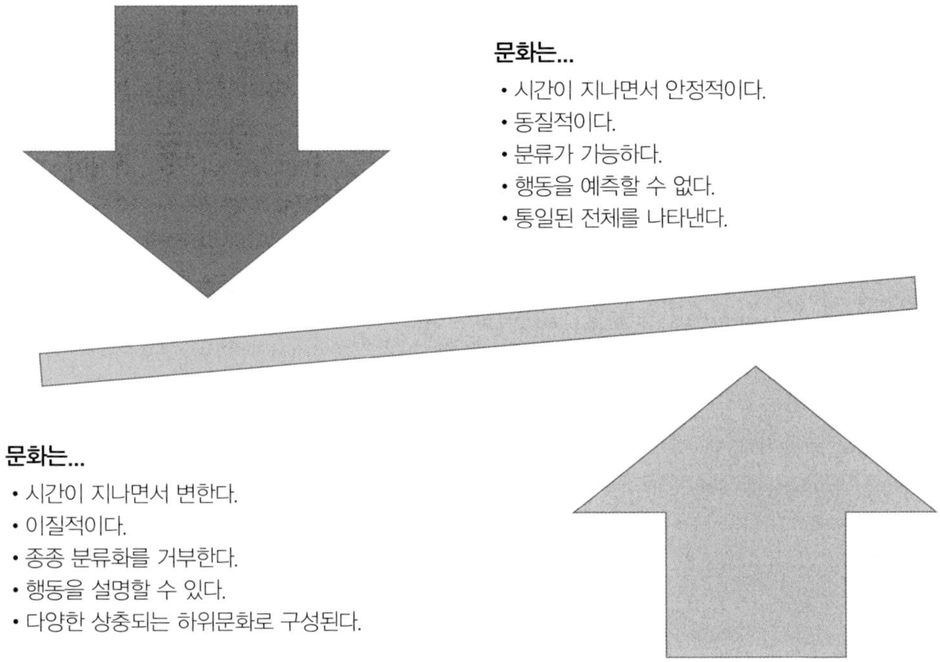


그림 3.6 문화적 복잡성 및 모순

다른 환경에서 성공적으로 행동할 능력을 제공한다.

우리는 일부 사람들이 균질한 문화로 보는 것에 대한 다섯 가지 제한을 제안한다. 모두 문화가 실제로 균질하지 않다는 사실을 지적한다(그림 3.6 참조).

(1) **문화는 안정적이지만, 시간이 지나면 변한다.** 문화를 일련의 고정된 차원으로 분류하려는 모든 시도에서의 위험 중 하나는 문화가 안정적이며 변함없이 유지된다는 것이다. 문화의 어떤 측면은 실제로 안정적이고 지속적이지만, 다른 문화는 시간이 지남에 따라 진화하고 변화한다. 다시 말해서, 사람들이 자신이 무엇이고 누구인지에 충실하기 위해 노력하는 동시에, 필요하거나 바람직할 때 변화를 수용하고 진화한다. 경영자를 위한 의미는 어떤 것들이 보이지 않는 경우에도 자기 자신을 포함하여 일해야 하는 문화가 계속 유동적인 상태에 있다는 것이다.

(2) **문화는 균질하지만 개별성을 허용한다.** 문화를 범주화하려는 시도에서 두 번째 문제는 그러한 행위가 어느 정도 균질성을 내포한다는 것이다. 개별 문화를 설명할 때(간단한 차원이든 깊은 기술적 분석을 통하든), 우리는 문화 그룹 전체에서 자주 발견되는 고유한 측면에 중점을 둔다. 정의에 따라 문화는 공유되기 때문에 그룹 구성

원들 간에 공통적인 내용을 포함한다. 문화집단의 구성원은 사회적 행동을 집합적으로 표상하고 정의하는 다양한 가닥을 함께 묶는 데 상당한 시간과 노력을 투자한다. 그러나 문화는 종종 내부 변이(개별성), 심지어 그들의 중대한 불일치까지 허용한다는 의미에서 분열되어 있다. 사람들의 고정관념화 경향에도 불구하고, 논리와 개인 경험에 의하면 모든 문화권에서 변이가 발견된다. 예를 들어, 사람들은 호주를 매우 개인주의적인 문화로 묘사하지만, 실제로 많은 집단주의적 호주인과 많은 개인주의적 중국인이 있다. 또한 사람들은 어떤 상황에서(예: 직장에서)는 개인주의적 방식으로 행동할 수 있지만, 다른 상황에서(예: 종교행사 참석)는 집단주의적 방식으로 행동할 수 있다. 행동이 발생하는 문화적 맥락을 이해함으로써 외부인은 국가 간 적절하거나 수용 가능한 것으로 간주되는 행동과 카이로나 런던, 뉴욕에서 매우 다를 것 같은 행동을 이해할 수 있다.

(3) 문화는 종종 미묘하지만 중요한 차이를 간과하는 일반적인 범주로 분류된다. 제한된 차원을 사용하는 문화에 대한 설명은 이 제한된 형용사가 문화를 포착할 수 있다는 인상을 심어 줄 수 있다. 그러나 경험과 관찰은 문화가 더 복잡하고 역설적이라고 말해 준다. 어떤 일반적인 분류에 대한 많은 예외와 조건이 있다. 모든 문화는 보편적 조건을 무시하는 결정적인 요소를 포함하고 있다. 예를 들면, 라틴계의 *오르굴로*(*orgullo*) 개념, 또는 사람들의 업적에 대한 자부심; 브라질의 *제이찡유*(*jeitinho*) 또는 유연한 적응력; 일본의 *가오*(*kao*) 개념, 또는 체면[체면을 세운다는 의미의 *가오 오 다데루*(*kao o tateru*)]. 이러한 독특한 문화적 측면은 독특한 역사적 경험과 반응 속에 얽혀 있고, 독특한 역사적 경험과 반응으로부터 도출된다. 개념의 근본적인 의미를 이해하지 못하는 일반적인 범주와 설명은 독특한 문화적 측면을 충분히 포착하지 못한다. 현명한 경영자는 단순한 해결책을 피하고 수사학이 아닌 범주화의 기저에 있는 뉘앙스를 찾는다.

(4) 문화는 행동을 설명할 수는 있지만 예측하지는 못한다. 특정 문화를 묘사하기 위해 몇 가지 핵심 문화적 차원을 사용하는 것은 해당 문화의 연구를 시작하는 유용한 방법일 수 있다는 것을 위에서 언급했다. 그러나 주의 깊게 또는 조심스럽게 이것이 행해지지 않으면, 문화적 차원의 사용에 지나치게 의존하게 되면 인과관계 또는 결정론의 과장된 가정으로 이어질 수 있다. "집단주의 문화의 사람들은 팀에서 일하는 것이 더 낫다" 또는 "계층적 문화는 권위주의적 리더를 더 선호한다"와 같은 일반적인 문화적 특성과 행동을 연결하는 것은 쉽다. 그러나 이러한 유형의 결론은 문제가 된다. 문화는 행동을 제약하고 가능하게 한다. 문화는 우리를 둘러싼 세계를

이해하고, 배우고, 시야를 확장하기 위한 틀을 제공한다. 이러한 틀은 우리 주변의 현상을 해석하고, 다른 사람들과 소통하고, 사회적 및 심리적 과정을 조직하는 데 중요하다.

(5) **문화는 통일된 전체를 대표하지만, 또한 여러 가지 종종 상충되는 하위문화로 구성된다.** 마지막으로, 앞에서 언급한 것처럼, 문화의 주요 특성은 문화가 학습된다는 것이다. 그들 주위 사람들의 행동방식을 보고, 가족들을 관찰함으로써 사람들은 가치, 가정, 행동을 습득한다. 그러나 여기에는 국가 문화에 대한 과도한 일반화와 고정관념의 주요 원인이 있다. 이는 한 문화권 내의 대부분의 사람들이 다수의, 종종 상충되는 하위문화에 속하기 때문이다. 하위문화에는 교육 수준(지적 문화), 직업 또는 전문화(전문 문화), 옳고 그름에 대한 규범적 신념 및 조직화된 종교(종교 문화), 작업장(조직 문화), 국가 내의 지리적 위치(지역 문화) 등이 포함된다. 이것이 의미하는 것은 사람들은 그들이 속한 여러 가지 하위문화로부터 추가적인 문화적 도구를 얻을 수 있다는 것이다. 문화는 한 집단의 사람들이 일련의 기본 가정이나 신념을 공통적으로 가질 때는 언제나 존재하거나 출현하는 사회적으로 구성된 집단적 현상이다. 따라서 조직, 산업, 국가 내에 다양한 하부문화가 공존한다. 문화적 구성은 다양한 그룹 멤버십에 의해 계층화되고 영향을 받는다. 이러한 다양한 문화의 계층은 개인적 관심, 해석 및 행동을 형성하고, 두드러진 문화적 계층은 시간이 지남에 따라 달라질 수 있다. 따라서 한 시점에서, 사람들은 동시에 하나의 문화와 많은 문화에 속해 있어서 문화적 차이에 대한 연구를 더욱 어렵게 만든다.

그래서 이 모든 것들이 경영자에게 어떤 의미가 있다는 것인가? 경영자는 이문화 접촉을 둘러싼 각 상황의 특성에 초점을 맞출 수 있는 한 성공 가능성이 더 높다. 행동에 대한 문화의 영향이 진공상태에서 일어나지 않기 때문에 단순히 거시적 수준의 문화적 변수(예: 권력 거리, 성 역할 지향성 등)를 찾을 수 없다. 그것은 관련된 특정 행위자와 함께 조직의 현실로 구성된 맥락에서 발생한다. 유명한 사회학자 앤 스위들러(Ann Swidler)는 다음과 같이 말했다. "얼마나 많은 문화가 행동에 영향을 미치는지에 대한 논쟁은 결정적인 통찰력을 흐리게 한다. 문화적 영향은 맥락에 따라 다르다. … 그러나 문화가 행동으로 옮겨지는 맥락에 대한 분석은 거의 없다."[23] 많은 경영자에게 문화가 아니라 맥락이 글로벌 비즈니스에서 성공하는 데 가장 큰 도전을 나타낸다.

한 "문화" 내에서 갈등이 어떻게 이문화뿐 아니라 다문화적이라는 것을 보기 위해 뉴욕발 텔아비브행 델타항공의 최근 항공편을 고려해 보자.

### 응용 3.5 텔아비브행 좌석 배정

항공기가 점점 더 혼잡해지고 승객의 공간과 서비스가 열악해짐에 따라 갈등의 증가는 승객과 승무원 모두에게 예측 가능하고 실망스러운 일이다. 최근 *뉴욕타임스*에 보도된 한 가지 사례는 이것이 문화적 차이와 관련이 있음을 보여 준다.[24] 뉴욕에서 이스라엘 텔아비브까지 가는 델타항공의 탑승 과정에서 *하레디(Haredi)* 남성 그룹은 배정된 좌석에 앉기를 거부했다. *하레디* 유대교는 현대 세속적인 문화를 거부하는 것을 특징으로 하는 정통 유대교의 한 지파다. *하레디* 근본주의자들은 자신들을 종교적으로 가장 확실한 유대교 집단으로 여기며, 그들의 종교적 믿음 때문에 가까운 친척이나 배우자가 아니면 이성간의 접촉을 금지한다.

남자들이 여자들 옆에 앉을 수 없다고 말하자, 승무원은 두 명의 여성(이스라엘인)에게 남자 승객들과 좌석을 바꿔 달라고 요청했다. 두 여성은 특정 좌석을 예약하고 돈을 지불했기 때문에 옮기지 않겠다고 말하면서 거절했다. 그들은 또한 성차별을 주장했다. 항공기 내에 여분의 좌석이 없기 때문에 이 문제를 해결하기 위해 최소한 4명이 이동해야만 했다. 승무원은 기장에게 보고했지만, 어느 누구도 해결책이 없었고, 주변 승객들의 인내심에도 한계가 왔다.

다음에 대해 생각해보자.

(1) 이 갈등의 본질을 어떻게 설명하겠는가? 그 근본 원인은 무엇인가?
(2) 만약 당신이 승무원 혹은 기장이고, 구체적인 행동을 취해야 한다는 것을 알고 있다면, 정확히 무엇을 할 것이며 그 이유는 무엇인가? 선택한 행동의 잠재적 파급효과는 무엇인가?
(3) 델타항공 또는 국제항공운송협회(International Air Transport Association)는 미래의 유사한 잠재적 갈등을 관리하기 위한 정책을 수립해야 하는가? 수립한다면, 이러한 정책은 어떤 모습일까?
(4) 이문화와 다문화 갈등의 다른 상황에 적용될 수 있는 이 예를 넘어서는 보다 광범위한 교훈은 무엇인가?

## 문화적 다양성과 다문화주의 Cultural diversity and multiculturalism

한 캐나다 사회학자는 미국인과 캐나다인의 문화적 이미지의 차이에 대해 말하기를, 미국 문화는 모든 사람들이 미국인이 되기 위해 노력하는 "용광로(melting pot)"의 이미지를 창출하는 반면, 캐나다 문화는 문화적 차이가 끊임없이 드러나는 "모자이크(mosaic)"의 이미지를 창출한다고 했다. 어쩌면 사실일 수도 있고 아닐 수도 있다. 어쨌든 문화적 차이를 이해하는 것은 각 상황이 고유하기 때문에 문화 간 상호작용을 탐색하는 데만 우리를 끌어들인다. 문화 자체가 분명 중요하지만, 상황에 따라 다른 방식으로 중요할 수 있다. 예를 들어 사우디아라비아에서 비즈니스가 수행되는 방식을 이해하는 것은 흥미로울 수 있지만, 브라질에 있는 프랑스 회사에서 일하는 사우디 경영자와 계약을 협상할 때 그것은 거의 도움이 되지 않는다. 프랑스와 브라질 문화에 대해 배우는 것은 유용한 일이지만, 여전히 현재 상황에서 해야 할 일을 이해하는 데는 부족하다.

이 예는 다소 극단적인 것처럼 보일 수 있지만 흔히 일어나는 이문화 만남에서 적어도 세 가지 도전과제를 보여 준다.

(1) **상호작용에는 여러 문화가 개입된 경우가 많으며, 특정 상황에서 각 문화가 어떻게 작용하는지 혹은 지배적인지 명확하지 않다.** 우리의 예에서, 적절한(부적절한) 행동을 결정하는 것은 개인의 사우디 문화적 배경인가, 프랑스 비즈니스 문화의 영향을 받은 기업 문화인가, 또는 상호작용이 일어나는 브라질 현지 문화인가?

(2) **사람들은 한 문화권 내 상황에서보다 이문화 환경에서 종종 다르게 행동한다.** 생각해 보라. 당신이 사우디 경영자에 대한 대응 방법을 모색하고 가능한 한 최선을 다해 행동을 조정하는 동안, 상대방은 무엇을 하고 있다고 생각하는가? 똑같을 것이다.

(3) **문화는 단편화되어 있으며, 특정 문화적 환경 내에서도 다른 하위그룹에서 다른 행동이 관찰된다.** 유용한 문화 정보를 얻기 위해서, 우리가 다루는 하위그룹을 구체화하는 것이 중요하다.

### 응용 3.6 싱가포르의 다문화주의

싱가포르는 성공적인 다문화 사회로 널리 알려져 있다. 약 5백만 인구의 74%는 중국인, 13%는 말레이인, 9%는 인도인, 그리고 나머지는 유럽인과 다른 나라 사람으로 구성되어 있다. 그들은 불교, 기독교, 이슬람교, 도교, 힌두교, 시크교, 유대교 등 다양한 종교적 신앙을 대표하며, 모두 700km$^2$ 조금 더 되는 면적에 몰려 있어 세계에서 인구밀도가 가장 높은 국가 중 하나이다. 서로 가까운 거리에 사는 사람들의 다양성은 잠재적으로 폭발적이지만, 싱가포르는 놀랍게도 높은 수준의 사회 문화적 조화로 두드러진다.[25]

이유는? 1965년 독립 이후, 신생 민주주의는 다양한 인종 및 문화 그룹을 통합된 정체성을 지닌 평화롭고 실행 가능한 사회로 통합하려고 하였다. 이것 없이는, 천연자원이 거의 없는 이 작은 국가가 생존할 가능성이 없음을 많은 사람들은 이해했다. 새 정부는 어떻게 이 일을 완수했을까? 주로 높은 수준의 중앙 집중화와 개입; 국가와 종교의 분리; 종교에 대한 세속적 중립주의 유지; 영어를 공통어로 하고, 주요 커뮤니티 언어(말레이어, 중국어(만다린어), 타밀어)를 공식 언어로 인정; 족벌주의와 정실주의에 반하는 실력주의 시스템; 반대자들이 사실상 일당제 정부라고 부르는 것, 이는 정부 정책의 연속성을 보장한다.

정부가 문화적 종교적 조화를 이루기 위해 사용한 주요 수단은 교육 시스템이었다. 학생들은 자신의 모국어도 배우지만, 공립학교에서 수업은 영어로 진행된다. 인종적, 종교적, 문화적 합의

뿐만 아니라 국가의 자부심과 정체성은 광범위한 사회 연구 프로그램을 통해 주입된다. 여러 그룹을 하나로 모으는 또 다른 방법은 주요 문화권마다 다양한 주거 공간에서 대표적인 주택 할당을 부여받는 인종 통합 정책이다. 일단 한도가 차면, 그 인종 집단에게 공동주택의 판매가 허용되지 않는다.

한 설문에 따르면, 싱가포르인들은 정부와 종교 간, 그리고 종교와 종교 간에 종교적 관용의 정도가 높기 때문에 시민권을 종교의 요구보다 높게 평가한다. 둘째, 주요 국가 언어인 영어는 "종교 언어"와 충돌하지 않는다. 셋째, 인종 – 언어 – 종교적 다수가 없기 때문에 특정 집단의 정치적 지배력을 막는다.

마지막으로, 싱가포르의 경이적인 경제적 성공과 번영은 긴장을 최소화하고, 아시아의 보다 역동적인 경제 중 하나로 국가의 지위를 유지하기 위해 여러 집단이 함께 노력하도록 동기부여를 했다. 이 나라의 모든 시민이 부자는 아니지만, 생활수준은 북미와 서유럽 수준에 필적한다. 최근 조사에 따르면, 싱가포르 가구의 11.4%가 백만장자로 간주되며, 이는 세계에서 가장 큰 비율이다.

다음에 대해 생각해보자.

(1) 외부 관측자들이 싱가포르를 성공적인 다문화 사회로 묘사하는 이유는 무엇인가?
(2) 이러한 특성들은 다른 다민족 사회로 쉽게 이전 가능한가? 가능한 이유와 가능하지 않는 이유는?
(3) 다문화 사회에서 사는 싱가포르 사람들이 직면한 어려움은 무엇인지 설명하라.
(4) 싱가포르에서 사업을 하는 외국 기업에 시사점은 무엇인가?
(5) 다른 나라들은 싱가포르 사례를 통해 보다 성공적인 다문화 사회를 개발하기 위해 무엇을 배울 수 있는가?

## 경영자 노트:
## 이문화에서 일하는 것

우리는 문화를 비교할 수 있는 일반적인 차원을 찾는 것에서부터 문화가 실제로 복잡하고 때로는 모순이라는 것을 이해하는 것에 이르기까지 완전히 한 바퀴를 돌아 제자리에 왔다. 문화는 그룹이나 범주로 쉽게 분류되지 않는다. 에드워드 홀에 따르면, "문화는 드러내는 것보다 훨씬 더 많이 숨기고, 숨기는 것은 이상하게도, 참가자들로부터 가장 효과적으로 숨긴다."[26] 확실히 주의가 따른다.

이에 덧붙여 문화와 맥락이 경영자 행동에 미치는 중요한 역할에 대한 이해이다. 이러한 복잡성과 모순은 경영자가 문화적 긴장이나 변화의 한가운데에 있을 때, 어떻

**1. 문화적 고정관념을 피하라.**

- 문화 기술은 단지 제한된 정보를 담고 있다.
- 문화를 기술할 때 가능한 한 객관적이어야 한다. 평가를 피해야 한다.
- 신념, 가치 및 규범의 정확한 기술에 초점.
- 문화 기술은 추가적인 탐색에 대한 가장 먼저 추측된 것으로 간주되어야 한다.
- 문화 기술은 시간이 지남에 따라 수정되어야 한다.

**2. 문화적 차이를 중립적 관점으로 보라.**

- 문화는 좋은 것도 아니고 나쁜 것도 아니고, 단지 차이가 있을 뿐이다 – 다른 행동 시사점을 지닌다.
- 대부분의 문화는 복잡하고, 태도와 행동에서 모순을 발견할 수 있다는 점을 기억하라.
- 타인의 눈을 통해 상황을 볼 수 있도록 당신의 확대된 문화 지식을 활용하라.
- 타인의 사고를 설명하는 인적 상호작용에 있어서 섬세함과 뉘앙스를 찾아라.

**3. 당신의 인지능력을 향상시킴으로써 예기치 못한 상황을 준비하라.**

- 자의식
- 감정이입
- 정보 수집 및 분석
- 정보 통합 및 변환
- 행동 유연성
- 유념

그림 3.7 이문화에서 일하는 전략

게 행동하고 반응해야 하는지에 대한 흥미로운 질문을 제기한다. 여기서 중요한 도전은, 서로 다른 문화는 그들의 경영자에게 매우 다른 행동을 요구하며, 한 국가에서 허용되는 것이 다른 국가에서 불쾌감을 줄 수 있다는 것이다. 이것은 놀라운 일은 아니지만 그럼에도 불구하고 글로벌 인력과 상호작용하거나 때로는 관리할 때 경영자에게 실질적인 도전이 된다. 경영자는 어떻게 행동해야 하며, 외국 문화에서 기업 목표 달성의 임무를 맡고 있을 때 그들은 받아들여질 것인가? 경영자는 지역 관습과 기대에 맞게 경영 스타일을 스스로 적용하거나 조정해야 하는가? 근본적으로 게임의 규칙을 이해하지 못하고 어떻게 살아남고 성공할 수 있겠는가? 그들이 이해하는 규칙은 종종 변경되거나 특정 개인이나 맥락에 적용되지 않는다.

이러한 이해를 돕기 위해, 경영자가 다른 사람들의 "이상한" 행동을 이해하려고 노력할 때 도움이 될 수 있는 몇 가지 대응 전략을 요약한다(그림 3.7 참조). 구체적으로 말하자면, 우리는 고정관념을 피하고, 중립적으로 문화를 보며, 예기치 못한 상황을 준비하는 세 가지 경영 전략에 대해 논의한다.

## 1. 문화적 고정관념을 피하라.

문화가 경영 관행에 미치는 영향을 이해하는 것이 중요한 첫 걸음이다. 문화가 행동에 영향을 미치는 방식을 이해할 수 있고 문화가 어떻게 다른지에 대한 지식을 가지고 있는 경영자는 문화 현상을 잘 파악하고 대처할 해결책을 식별할 수 있다. 이 점에서 **문화적 고정관념(cultural stereotype)**의 역할은 분명히 관련이 있다.

맥길대학교 교수 낸시 애들러(Nancy Adler)는 문화에 대한 고정관념을 없애거나 문화에 속한 사람들에 대한 지나친 일반화를 피하는 방법에 대해 건전한 조언을 제공한다.[27]

- 본질적으로 문화 기술은 제한된 정보가 포함된다. 그러한 일반화는 종종 문화적 다양성에 대한 다른 유용한 정보를 가린다는 것을 명심하라.
- 문화 기술은 가능한 한 객관적으로 다양한 그룹의 구성원을 설명하는 것으로 제한되어야 하며, 평가 요소(예: “이것은 좋다”, “저것은 나쁘다”)를 포함하면 안 된다.
- 문화 기술은 한 집단의 신념, 가치 및 사회적 규범에 대한 정확한 기술을 제고해야 한다.
- 문화 기술은 그룹의 개별 구성원에 대한 보다 구체적인 정보를 개발하기 전에 문화 그룹의 행동에 대한 가장 먼저 추측된 것으로 간주되어야 한다.
- 문화 기술은 관찰이나 경험을 통해 얻은 새로운 정보에 기초하여 시간이 지남에 따라 수정되어야 한다.

문화를 기술하고 두 개 이상의 그룹 간의 문화적 차이를 확인할 때 적어도 두 가지 이유로 주의가 필요하다. 첫째, 상식은 더 큰 문화적 차이가 작은 문화적 차이보다 다루기가 더 어렵다는 것을 시사하지만, 경험은 이것이 항상 그런 것은 아니라는 것을 암시한다. 네덜란드와 벨기에와 같이 문화적으로 유사한 것으로 인식되는 국가 간을 이동하는 경영자는 큰 차이만큼 작은 차이를 처리하기가 어렵다는 것을 알게 되었다. 더 나쁜 것은 이러한 작은 차이가 종종 간과되고 피해가 발생할 때까지 다루지 않는다는 것이다. 둘째, 처음에는 커다란 문화적 차이로 보일지도 모르는 부분은 더 작은 유사성에 의해 극복될 수 있다. 예를 들어, 브라질 기업과 중국 기업 간(매우 다른 두 문화권의 기업)의 최근 합작투자에서 구성원들은 비슷한 수준의 개발 및 맥락의 중요성과 같은 관계를 용이하게 하는 유사성의 원천을 발견했다. 한 브라질 사장이 말하기를, “중국인은 아시아의 브라질인들이다.”[28]

## 2. 문화적 차이를 중립적 관점으로 보라.

문화적 차이는 경영 세계에서 나쁜 점이 아니다. 그들은 단지 때때로 더 많은 일을 요구한다. 많은 경우 현재의 업무에 따라 어느 정도의 문화적 차이는 경영 의사결정 및 행동 개선으로 이어진다. 예를 들어 최근 조사에 따르면 포르투갈 경영자들은 스칸디나비아 사람(문화적으로 매우 다른)들보다 브라질 및 스페인 사람들(문화적으로 유사한)과 비즈니스 활동을 하는 것이 더 위험하고 어렵다고 느끼고 있다. 그러나 같은 경영자는 브라질 및 스페인 사람들에게 훨씬 편안해 하고, 친목을 나누고 친해지기를 원했다는 것은 주목할 만한 가치가 있다.[29]

이것이 시사하는 바는 문화적 차이가 내재적으로 좋거나 나쁜 것이 아니라 상황에 따라 긍정적 또는 부정적으로 인식될 수 있다는 것이다. 또한 때때로 이러한 차이는 양측에 똑같이 인식되는 것이 아니다. 포르투갈 경영자는 덴마크인의 시간 엄수에 감사할 수 있지만, 덴마크 경영자는 포르투갈인의 지각에 짜증을 낼 수 있다. 반면에 덴마크 경영자는 포르투갈인의 유연성(특수주의적 또는 낮은 수준의 규칙 지향성)을 인정할 수 있지만, 포르투갈 경영자는 덴마크인의 규칙에 대한 집착에 불만스러울 것이다.

가장 중요한 것은, 두 개의 문화가 만날 때, 이 식별 가능한 차이가 어떻게 나타나는가를 예측하기 어렵다. 출발점으로, 문화적 틀은 환경을 생각하고 인식하는 우리의 능력에 한계를 만들어, 다른 문화권의 사람들이 상황에 대한 다른 이해를 갖게 될 것이며 아마도 다르게 행동할 것임을 암시한다. 그러나 사람들이 서로, 그리고 그들 주위의 새로운 환경과 상호작용을 할 때, 새로운 이해가 생겨나고 새로운 행동이 요구될 수 있다. 이문화 상황에서 개인은 오랫동안 본국에서와 같은 방식으로 행동할 것이라고 생각하는 것은 순진하다. 시간이 지남에 따라 새로운 관계 방식으로 협상하거나 관계가 지속되지 않을 것이다. 불행하게도, 특정 상황과 관계에 대해 어떤 것이 효과가 있을지 예측할 수 없다. 왜냐하면 문화 이외의 여러 요인들이 작용하기 때문이다. 예를 들어, 누가 권력을 가지고 있는가? 누가 돈을 가지고 있는가? 권력자들의 개성은 무엇인가? 관계의 목표는 무엇인가? 우월감, 열등감, 동일성의 성향 혹은 인식으로 이어질 수 있는 문화적 그룹 간에 역사적인 문제가 있는가? 위에서 중국과 브라질의 제휴 관계를 언급하면서 한 중국인 경영자가 말하기를, "내 생각으로는 브라질인과 함께 일하는 것이 북미인, 프랑스인, 심지어 싱가포르인과 함께 일하는 것보다 쉽다. 싱가포르인은 우리와 같은 문화적 뿌리를 가지고 있기 때문에 이는 놀라운 일이다. 그러나 브라질인들은 서로를 동등한 수준으로 대우하기 때문에 훨씬 편하다. 이것은 같은 문화적 뿌리를 가졌거나 같은 언어를 사용하는 것보다 더 중요할 수 있다."[30]

간단히 말해 두 개 이상의 문화가 접촉할 때 상호작용의 출발점은 이들 문화가 제공하는 것이다. 그러나 최종 결과는 상호작용, 관련된 사람과 조직, 권력 차이, 발생하는 교류에 따라 달라질 수 있다. 경영학자인 오뎃 센카르(Oded Shenkar), 야동 루오(Yadong Luo), 올리 에헤스켈(Orly Yeheskel)은 서로 다른 세 문화권 출신으로, 이러한 프로세스를 **문화 마찰(cultural friction)**이라고 부르며, 이것은 조직 정체성, 국가 정체성, 자원과 이해관계에서 차이, 권력과 위계의 비대칭성과 같은 문제를 포함하여 두 문화가 접촉할 때 대처해야 할 저항과 갈등을 의미한다.[31] 당사자들 간의 관계를 형성할 대응 및 역대응의 과정에서 이러한 문제를 다루고 협상해야 한다.

## 3. 예기치 못한 상황을 준비하라.

마지막으로, 문화적 영향의 복잡성과 문화적 접촉의 예측 불가능성에 직면할 때, 명백한 의문이 생긴다. 즉, 글로벌 경영자는 무엇을 할 수 있는가? 이 어려운 질문에 대해 종종 간과되는 응답은 경영자가 고유한 상황에 맞게 행동을 배우고 조정하는 속도에 달려 있다. 여기서 조정은 다른 문화에 맞게 행동을 조정한다는 의미가 아니라 상황에 맞게 행동을 조정한다는 의미이다. 때로는 순서에 따라 다른 문화를 최대한 가깝게 조정하는 경우가 있다. 하지만 다른 경우에 이러한 행동은 비생산적이다(예: 우리는 나헤드 타헤르를 전통적인 아랍 여성으로 생각하는 것을 피해야 한다). 차이를 아는 것이 성공적인 글로벌 경영자의 특성이다.

이를 위해 글로벌 경영자에게 다음과 같은 몇 가지 중요한 학습 기술을 제안한다.

- 자의식. 글로벌 경영자는 그들이 복잡한 문화적 존재라는 것과 그들의 가치, 신념, 가정 및 커뮤니케이션 선호도(communication preference)가 문화적 유산의 산물이라는 것을 이해할 필요가 있다.
- 감정이입. 글로벌 경영자는 다른 사람들도 복잡한 문화적 존재이며 뿌리 깊은 문화적 가치와 신념의 산물임을 이해해야 한다. 오해가 발생하면 유능한 글로벌 경영자는 판단하기 전에 혼란스럽거나 모욕적인 행동에 대한 문화적 설명을 검색한다.
- 정보 수집 및 분석. 문화가 모든 관련된 당사자의 인식, 기대, 행동을 형성하는지를 이해하기 위해 경영자는 숨겨진 문화적 가정을 밝혀내야 한다.
- 정보 통합 및 변환. 경영자는 수집된 정보를 일관된 행동 이론으로 동화시켜야 한다.
- 행동 유연성. 경영자는 다양한 행동으로 참여하고, 스타일을 전환하고, 여러 가지 방식으로 업무를 수행할 수 있는 능력이 필요하다.
- 마음 챙김. 글로벌 경영자는 자신과 다른 사람 및 상호작용에 유의해야 한다. 글로벌 경영자는 자신의 감정과 행동, 그리고 다른 사람들의 행동과 반응에 세심한 주의를 기울여야 한다.

요약하면 경영자는 세상을 바라보는 방식에서 자신의 편견(그리고 다른 사람의 편견)을 날카롭게 인식해야 한다. 이것은 쉬운 일이 아니다, 왜냐하면 우리 자신의 관점에서 다른 사람의 관점으로 이동하려는 지속적인 노력이 필요하기 때문이다. 다른 사람들을 이해하는 데는 우리 자신의 중심적인 관점을 벗어나 우리의 세계관을 확장시킬 필요가 있다. 프랑스 철학자 길레스 두웨즈(Gilles Deleuze)는 이 개념을 "내 생각에 있는 또 다른 생각, 내 소유물에 있는 또 다른 소유물"이라고 말했다.[32] 앞으로 이 책 전반에 걸쳐 우리는 문화가 중요한 여러 가지 측면을 상세하게 논의하고, 문화가 어떻게 다른 시각과 이해로 이어지는지 강조하고, 경영방식에 대한 그 의미를 밝혀낸다. 이러한 논의가 경영자의 경영 이해에 대한 자신의 편견을 파악하고, 현장에서 잠재적인 문화적 문제를 인지하는 데 도움이 되는 것이 우리의 바람이다.

## 핵심용어

집단주의 문화 • 핵심 문화 차원 • 문화적 환경 • 문화 마찰 • 문화적 고정관념 • 문화 • 평등주의적 문화 • GLOBE 문화 모델 • 홀의 문화 모델 • *하레디* 근본주의자 • 조화 지향 문화 • 계층적 문화 • 홉스테드의 문화 모델 • 개인주의적 문화 • 제도 환경 • *제이찡유*(*jaitinho*: 브라질어) • *가오*(*kao*: 일본어) • 지배 지향 문화 • 마음챙김 • 단일시간형 문화 • 규범적 행동 • *오르굴로*(*orgullo*: 스페인어) • 특수주의(관계기반)적 문화 • 다중시간형 문화 • *샤리아*(*sharia*: 아랍어) • 트롬피나르스 문화 모델 • 보편주의(규칙기반)적 문화

## 토의용 질문

1. 그림 3.1에 제시된 것처럼 문화 환경을 잘 이해하면 경영자들이 해외 임무를 어떤 방식으로 준비할 수 있겠는가? 당신의 견해를 보여 주는 두 가지 구체적인 예를 들어라.
2. 글로벌 경영의 관점에서 문화에 대한 당신의 정의는 무엇인가? 어떻게 이러한 정의가 글로벌 경제에서 경영자의 성공 및 실패 방식을 이해하는 것을 도울 수 있는가?
3. 어떤 국가 또는 지역은 핵심 신념이 지역사회 구성원 간에 깊고 광범위하게 박혀 있는 강한 문화라고 불린다. 반면에 다른 국가는 신념 체계가 보다 다양성을 허용하는 약한 문화를 가지고 있다. 그러한 차이를 설명하는 것은 무엇이며, 이들 문화권에서 일하는 경영자에게는 어떤 영향이 있는가?
4. 여기서 검토한 4가지 문화 모델(요약은 그림 3.3 참조) 각각의 상대적인 강점은 무

엇인가? 글로벌 경영자에게 어떤 모델이 가장 유용하며 그 이유는 무엇인가?

5. 어떤 사람들은 여기서 검토된 것과 같은 국가 문화 모델이 지나치게 단순하고 오해의 소지가 있다고 주장한다. 이 주장에 동의하는가 동의하지 않는가? 그러한 모델을 사용할 때의 장점과 단점은 무엇인가?
6. 여기에서 논의된 핵심 문화 차원(그림 3.4)에 의해 설명된 바와 같이, 다양한 문화 모델에서 몇 가지 유사성을 발견할 수 있다. 당신의 견해로는 파트너 또는 경쟁업체를 더 잘 이해하고자 하는 경영자에게 유용한 이러한 모델에서 누락된 사항은 무엇인가?
7. 규범적 신념과 제도적 요구사항은 모두 사회통제, 안정 및 지속성을 강화하는 것을 목표로 한다(그림 3.5). 그렇게 함으로써 종종 변화에 대항하는 힘을 창출한다. 이와 관련하여 여성 또는 소수민족에게 보다 공평한 고용 기회를 제공하기 위해 한 국가의 법률을 수정하려는 경우 어떻게 진행할 것인가? 당신의 전략은 무엇인가?
8. 우리는 말과 글로 예를 들어 러시아 문화 또는 인도 문화에 대해 국가 간 문화적 차이를 설명한다. 분명히 한 국가 내에서 개인, 지역 및 기타 차이점이 있다. 모든 문화권에는 이해의 명확성을 떨어뜨리는 여러 가지 문화적 복잡성 및 축소가 있다. 경영자는 해외 임무 이전에 이러한 차이점을 찾고 이해를 향상시키기 위해 무엇을 할 수 있는가?
9. 싱가포르는 함께 일하는 중국, 말레이, 인도 및 앵글로 문화의 강한 대표성을 지닌 번성하는 다문화 사회의 좋은 본보기이다. 경영자는 한국이나 일본과 같이 문화적 다양성이 적은 국가에 파견되는 것과 비교하여 이 국가로의 파견근무를 어떻게 준비할 수 있겠는가?
10. 이 장에서 제시된 자료를 토대로 이문화에서 일하기 위한 세 가지 전략이 확인되었다(그림 3.7). 각 전략은 경영자들에게 그들이 문화 간 상호작용에 접근하는 방식을 바꾸도록 요구한다. 실제로 이러한 전략을 따르는 것이 얼마나 어렵고 경영자는 여기서 사고방식을 바꾸기 위해 어떤 일을 할 수 있는가?
11. 주니어 경영자에게 자신의 작업환경에서 문화적 차이의 역할에 대해 교육하기 위해 1주일 세미나를 만들고 이끌도록 요청받은 경우, 당신은 그것을 어떻게 구성하는가? 당신의 프로그램 내용은 무엇인가? 그리고 누가 그것을 가르치는가?

## 사례: 안나 하칸손 – 스웨덴에서 바레인으로

스톡홀름에 있는 스웨덴투자은행의 투자은행원인 안나 하칸손(Anna Håkansson)은 최근 바레인투자은행의 고위 경영자와 계약을 맺기 위해 바레인 파견을 통보받았다. 중동에 가 본 적이 없는 그녀는 어떻게 준비를 해야 할지 자신이 없었다.

그녀는 먼저 거기에 방문한 사람들의 일반적인 설명과 직접경험을 얻기 위해 경험이 있는 동료들과 이야기하였다. 그 다음에는 구글 검색을 실행하여 아랍 문화에 대해서 2100만 건의 조회 수가 있다는 것을 발견했다. 이 검색 과정에서 그녀는 그녀가 기대한 것을 이해하는 데 도움이 되는 각종 권위 있는 소스에 있는 최근 기사를 발견했다.

그녀는 대가족 제도가 아랍 사회에서 하나의 가장 중요한 존재라는 것을 알았다. 사회생활뿐만 아니라 경제 및 정치에서도 중추적인 역할을 한다. 심지어 개인의 자기 정체성조차도 집단적 자아를 기반으로 한다. 가족 구성원은 집단 조상, 연장자에 대한 집단적 존중, 다른 가족 구성원의 복지에 대한 집단적 의무 및 책임을 공유한다. 처음에 사람이 도움을 청하는 곳이 정부가 아니라 대가족이다. 전통적 대가족 제도의 회복력에 대한 주된 이유는 종교적 가르침과 *샤리아* 법에 담겨있는 전통적 신념에 의해 강화된 이슬람의 사회적, 경제적, 정치적 가치의 특별한 힘이라는 것을 그녀는 배웠다. *샤리아*(*sharia*)는 "길"을 의미하며, 이슬람에 기반한 법적 제도 위에 살고 있는 사람들을 위해 공적 및 사적 측면의 생활을 규제하는 법적 틀을 제공한다.

하칸손이 계속 배우면서, 아랍의 대가족 제도의 세 가지 특징이 눈에 띄었다. 첫째, 아랍 사회는 전형적으로 가부장제 사회로서 서구 사회에서 사라진 연령과 연공서열에 대한 존중을 유지하고 있다. 연장자의 지혜와 권위는 거의 도전받지 않는다. 둘째, 아랍 사회의 전통적인 성 역할은 다른 전통적인 사회와 몇 가지 공통적인 특징을 공유하며, 가장 주목할 만한 것은 남성의 역할은 가족 제공자, 보호자, 관리자로서 가정 외부에 있고, 여성의 역할은 가정 내에 있다는 것이다. 남성은 가정 밖의 사업 및 공적 업무에서 지배적인 위치에 있고, 여성은 가정 내에서 특히 학부모 의사결정에서 지배적인 위치에 있다. 셋째, 아랍 사회에서 결정을 내리고 합법화하기 위한 전통적인 방법은 그룹 내에서 의견을 중요하게 여기는 사람들 간의 협의를 통해 이루어진다. 협의에서 그룹의 모든 구성원을 구속하는 합의가 나온다. 대가족 내에서 주요 공감대 형성자는 고위 남성이나 연장자이다. 이 오래된 협의 및 합의 과정은 이슬람교에서 종교적 제재를 받았다.

지금까지 알아본 것을 바탕으로, 하칸손은 모든 것을 정리하여 사용하기 쉬운 형식

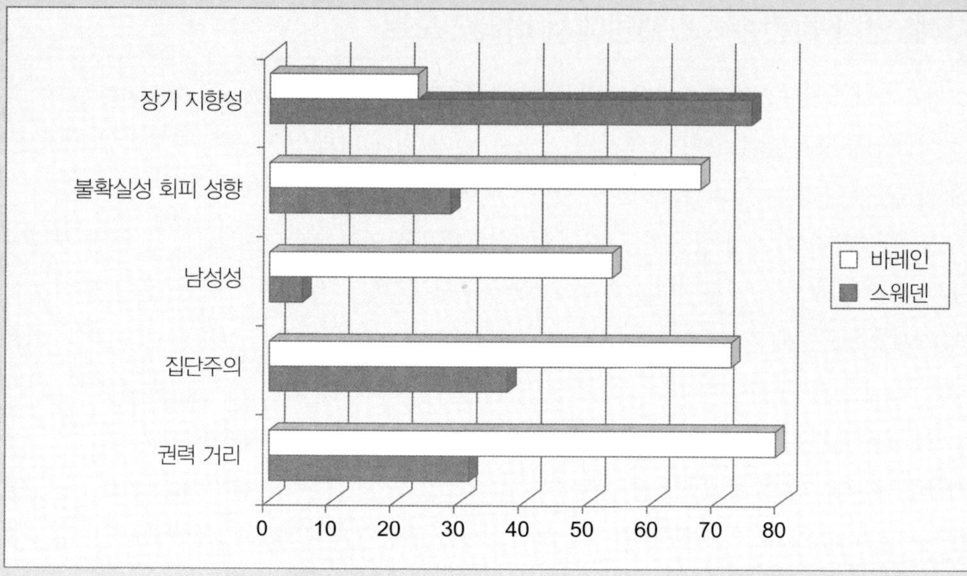


**그림 3.8** 바레인과 스웨덴의 홉스테드 문화 차원

으로 만들려고 시도하였다. 그녀는 자신이 배운 것을 확고히 하기 위해 스웨덴과 아랍 사회를 비교할 수 있는 문화 모델을 찾아보았다. 그녀는 네덜란드 경영학자 홉스테드가 개발한 모델을 선택하였다. 그는 문화를 한 그룹이나 사회를 다른 것과 구별하는 "마음의 소프트웨어"로 보았다. 즉, 사람들은 동일한 하드웨어를 가지고 있지만, 두뇌와 사고방식과 행동은 매우 다르다.

이 모델을 사용하여 그녀는 본국 스웨덴과 바레인의 문화를 비교했다(그림 3.8). 바레인의 경우, 사람들이 장기 지향성이 낮고, 불확실성 회피 성향이 높으며, 남성성이 적당히 높고, 집단주의가 적당히 높고, 권력 거리가 높다는 것(경직된 위계질서)을 그녀는 발견했다. 대조적으로 스웨덴의 경우 그녀는 매우 다른 점수를 발견했다. 구체적으로 홉스테드의 척도에 의하면, 스웨덴은 장기 지향성이 높고, 불확실성 회피 성향이 적당히 낮으며, 남성성이 매우 낮고, 집단주의가 적당히 낮고(상대적으로 개인주의가 높고), 권력 거리가 낮았다. 즉 스웨덴에서는 성 및 인종의 평등을 포함하여 평등주의가 강조된다. 창조성과 혁신을 촉진하는 데 도움이 된다는 믿음으로 권력은 널리 공유되고 불확실성은 용인된다. 집단과 실제로 사회 자체는 모두가 중요하다고 여기지만, 개인주의도 마찬가지다.

이제 하칸손은 양국의 기본적인 차이점을 비교할 구체적인 비교 틀을 가지고 있다고 믿었다. 그녀가 배운 것을 바탕으로 바레인에 대한 출장 준비를 마쳤다고 믿었다. 그러나 정말로 준비를 마쳤는가?

## 사례 질문

1. 안나 하칸손이 출장을 준비하는 방식에 대해 당신은 어떻게 생각하는가? 그녀는 여기서 더 잘할 수 있었을까? 그렇다면 어떻게?
2. 여기서 사용된 홉스테드 모델과 같은 문화 모델은 경영자가 외국에서 어떻게 적절하게 행동해야 하는지 이해하는 데 도움이 되는가?
3. 홉스테드 틀 대신 홀이나 GLOBE 모델을 사용한다면 안나의 주류 스웨덴 및 바레인 문화에 관한 결론이 다를 것인가(그림 3.6 참조)?
4. 안나가 바레인의 업무 환경에 대해 더 잘 이해할 수 있도록 하는 응용 3.3과 3.4의 교훈이 있는가? 설명하라.
5. 배운 것을 바탕으로, 하칸손이 바레인의 상대방 문화를 이해하려고 할 때, 그녀가 직면한 문화적 복잡성과 모순의 일부를 파악하라(그림 3.6 참조).
6. 하칸손은 바레인에서 만날 경영자에 대한 고정관념을 최소화하기 위해 무엇을 할 수 있는가?
7. 안나 하칸손이 다가오는 방문을 준비하기 위해 이미 해 왔던 것을 토대로, 중동의 비즈니스 문화에 대한 지식을 계속 발전시키기 위해 그녀가 취할 것을 권고하는 다음 단계는 무엇인가?
8. **(선택 연구 질문)** 당신이 관심이 있지만 방문한 적이 없는 국가를 찾아서, 국가 문화 환경에 관해 가능한 한 많이 안나 하칸손의 학습 전략을 따르라. 학습이 끝나면 그 나라에 방문하기 전에 알아 두면 도움이 될 만한 질문이 남아 있는가? 이 답이 없는 질문에 대해 유용한 정보를 어떻게 얻을 수 있는가?

## ❖ NOTES

1. The Talmud is a record of rabbinical discussions pertaining to Jewish law, ethics, customs, and history.
2. Wang Yinglin, *Trimetric Classic* (trans. Herbert Giles). Shanghai: Kelly & Walsh, 1910. The *Three Character Classic, Trimetric Classic, or San Zi Ji* is one of the classic Chinese texts. It was probably written in the thirteenth century and attributed to Wang Yinglin (1223–96) during the Song Dynasty, but has also been attributed to Ou Shizi (1234–

1324). Some writers have attributed the original wisdom collected in this volume to Confucius, although there is no conclusive evidence on this.

3. Robert J. House, "Introduction," in Robert J. House, Paul J. Hanges, Mansour Javidan, Peter W. Dorfman, and Vipin Gupta, *Culture, Leadership, and Organizations: The GLOBE Study of 62 Societies*. Thousand Oaks, CA: Sage, 2004, pp. 1–2 (p. 1).
4. Lao-Tzu, or Laozi, was a philosopher of ancient China and is a central figure in Taoism. Laozi literally means "Old Master" and is generally considered an honorific. Laozi is revered as a god in religious forms of Taoism. Taishang Laojun is a title for Laozi in the Taoist religion, which refers to him as "One of the Three Pure Ones."
5. Geert Hofstede, Culture's Consequences: *International Differences in Work-Related Values*. Thousand Oaks, CA: Sage, 2001.
6. Clyde Kluckhohn, "Culture and behavior," in Gardner Lindzey (ed.), *Handbook of Social Psychology*. New York: McGraw-Hill, 1951, pp. 921–76.
7. House *et al., Culture, Leadership, and Organizations*.
8. Fons Trompenaars, *Riding the Waves of Culture: Understanding Cultural Diversity in Global Business*. London: McGraw-Hill, 1993.
9. Ann Swidler, "Culture in action: symbols and strategies," *American Sociological Review*, 51(2) (1986), pp. 273–86.
10. Clifford Geertz, *The Interpretation of Cultures*. New York: Basic Books, 1973.
11. Jonny Johanson and Ikujiro Nonaka, *Relentless: The Japanese Way of Marketing*. New York: Basic Books, 1996.
12. Edward T. Hall, *An Anthropology of Everyday Life: An Autobiography*. New York: Anchor Books, 1992, p. 210.
13. See Luciara Nardon and Richard M. Steers, "The culture theory jungle: divergence and convergence in models of national culture," in Rabi S. Bhagat and Richard M. Steers (eds.), *Cambridge Handbook of Culture, Organizations, and Work*. Cambridge University Press, 2009, pp. 3–22.
14. Edward T. Hall and Mildred R. Hall, *Understanding Cultural Differences*. Yarmouth, ME: Intercultural Press, 1990.
15. Hofstede, *Culture's Consequences*.
16. Trompenaars, *Riding the Waves of Culture*.
17. House *et al., Culture, Leadership, and Organizations*.
18. See Nardon and Steers, "The culture theory jungle."
19. "Speeding while rich," *The Week*, March 4, 2015, p. 4.
20. Lawrence Rosen, *Law as Culture: An Invitation*. Princeton University Press, 2006, pp. 98–100.
21. Elizabeth MacDonald and Megha Bahree, "Muslim women in charge," Forbes, July 30, 2008; Faiza Saleh Ambah, "Saudi women rise in defense of the veil," *Washington Post*,

June 1, 2006, p. A12.

22. Ahmed al Omran, "Saudi women move into workforce but face limits," *Wall Street Journal*, January 2, 2016, p. A6.
23. Swidler, "Culture in action."
24. Sarah Gordon, "Delta Airlines flight from New York's JFK Airport was delayed after ultra-Orthodox Jewish passengers refuse to sit next to women," *Daily Mail*, April 15, 2015.
25. "Singapore: model of a pluralistic, multicultural society," Beryl-pieces-asia.blogspot.com, 2012.
26. Edward T. Hall, *The Silent Language*. New York: Anchor Books, 1990, p. 29.
27. Nancy J. Adler, *International Dimensions of Organizational Behavior*, 5th edn. Mason, OH: Thompson, 2008.
28. Guilherme Azevedo, "Brazilian management in China and a theory of the formation of hybrid organizational cultures," paper presented at the European Group of Organizations Studies (EGOS) conference, Amsterdam, July 12, 2008.
29. Susana Costa e Silva and Luciara Nardon, "An exploratory study of cultural differences and perceptions of relational risk," paper presented at the European International Business Academy conference, Catania, Italy, December 15, 2007.
30. Azevedo, "Brazilian management in China."
31. Oded Shenkar, Yadong Luo, and Orly Yeheskel, "From distance to friction: substituting metaphors and redirecting intercultural research," *Academy of Management Review*, 33(4) (2008), pp. 905–22.
32. Martín Hopenhayn, "La aldea global entre la utopía transcultural y el ratio mercantil: paradojas de la globalización cultural," in Ramón Pajuelo and Pablo Sandoval (eds.), *Globalización y Diversidad Cultural: Una Mirada desde America Latina*. Lima: Instituto de Estudios Peruanos, pp. 423–4.

# 4 조직 환경

## Organizational environments

### 경영 과제

이 장에서는 글로벌 인식과 이해가 경영자에게 중요한 두 번째 주요 맥락인 조직 환경을 다룬다. 조직은 여러 가지 모양, 크기, 형태를 띤다. 경영자는 그들이 일하고 있는 조직의 유형, 환경에 대처하기 위해 찾은 해결책의 유형, 이들 해결책의 시사점을 이해할 필요가 있다. 즉 조직 그 자체는 기대되고 요구되는 것을 정의함으로써 경영자에게 압력이 된다. 경영자가 조직에 대해 직면한 공통적인 과제는 이해관계자의 성격과 목표, 그들이 추구하는 전략, 조직의 전반적인 목표를 지원하는 기업 문화를 조직하고 결정하며 조직 문화를 만들고 지원하는 근본적인 방법이다. 경영자에게 주는 시사점과 함께 이와 같은 주제들이 본 장에서 논의된다.

### 차례



### 응용

페이스북의 중역 쉐릴 샌드버그(Sheryl Sandberg)는 아래와 같이 경험에서 우러나오는 말을 한다. "우리는 강점 중심 조직이 되려고 노력한다. 즉, 일자리를 사람들에게 적합하게 하기보다는 사람들에게 일자리를 적합하게 만들기 위해 노력한다. 우리는 사람들의 천부적인 강점에 집중하여, 일상적으로 그들이 강점을 활용할 수 있는 방법을 찾는 데 우리의 관리 시간을 투자한다."[1] 샌드버그는 페이스북과 다른 곳에서의 비즈니스 성공은 사람뿐 아니라 사람들로부터 최선을 끌어내는 데 달려 있다고 강조한다. 조직은 이것을 달성하는 수단이다. 글로벌화는 조직과 경영에 천편일률적인 접근법이 아니라 다양한 선택을 필요로 한다. 이것은 글로벌 비전과 전략을 가지고, 현지 조건과 가용 자원에 적합하게 기업 전략을 맞출 것을 의미한다. 이러한 과정에서 조직의 주요한 이해관계자(투자자, 종업원, 고객, 정부 등)가 중요한 역할을 한다.

여기서 메시지는 간단하다: 다양한 이해관계자, 다양한 전략, 다양한 구조. 그러나 이것은 시작에 불과하다. 조직의 고유한 비즈니스 전략을 감안할 때, 경영자에게 중요한 질문은 전략을 효과적으로 수행하기 위하여 인적 자원을 포함하여 중요한 자원을 어떻게 조직화하는 것인가이다. 이것이 이 장의 초점이다.

## 조직과 환경 Organizations and environments

조직이란 무엇이며 조직 프로세스를 이해하는 것이 왜 중요한가? 쉽게 말해 **조직(organization)**은 공동의 목표를 달성하고자 하는 두 명 이상의 사람들의 의식적인 조정 활동 시스템이다. 조직과 조직의 경영자들이 이러한 공동 목표를 달성하는 데 있어 효율성과 효과성을 성공적으로 달성하는 정도에 따라 성공하기도 하고 실패하기도 한다. 조직은 박스나 칸막이 방에 사람들을 배치하는 방법에 관한 것이 아니다. 대신 조직은 가치 있는 목표 달성을 위한 인적, 재정적, 물리적 자원에 초점을 맞춘 주요 명령 및 통제 시스템의 역할을 수행한다. 또한 조직 설계는 책임을 지는 경영자를 도울 수 있는 능력에 근거하여 살거나 죽는다.

그러나 조직은 이보다 훨씬 많은 의미를 지닌다. 홉스테드는 아래와 같이 주장한다. "조직 및 경영 문제에 대한 보편적인 해결책은 없다. 조직은 상징적 실체이다. 조직 구성원들의 마음속에 있는 암묵적인 모델에 따라 기능하며, 이들은 문화적으로 결정된다."[2] 조직은 경영자에게 표준 운영 절차 및 조직 문화 규범의 형태로 행동을 유도하기 위해 일련의 규칙, 정책, 절차 및 행동 규범을 제공한다. 이것은 경영자가 일하는 지배

**그림 4.1** 글로벌 경영의 조직 환경

적인 문화 및 기관에 크게 영향을 받는 **미시적 환경**(micro environment)이라고 생각할 수 있다. 조직 문화는 국가 문화 가치 및 규범을 복제하거나 거부하여 국가 규범이 강화되거나 적용되지 않는 미시적 환경을 조성한다. 예를 들어 특정 문화 환경에서 시간 엄수는 표준이 아니지만(예: 그리스), 그 나라의 조직은 이 문화적 규범을 거부하고 매우 건전한 이유를 들어 시간 엄수를 준수할 수 있다(예: 올림픽항공에서 글로벌 비행 스케줄 유지). 실제로 많은 글로벌 조직은 조직 전체에 명확한 행동 지침을 만들어 다양한 국가 문화에 의해 야기된 도전과제를 다룬다.

어떤 직업에서도 성공하려면 경영자는 **조직 환경(organizational environment)**에 관해 가능한 한 많이 알아야 한다. 본 장에서, 경영 성과와 관련된 조직의 네 가지 측면을 논의한다: 글로벌 전략, 조직구조, 조직 의사결정 및 기업 문화. 진행하면서 조직 환경을 형성하는 데 도움을 주는 이해관계자의 역할, 시장 압력 및 경제적 제약이 분명하게 드러날 것이다(그림 4.1 참조).

## 이해관계자와 글로벌 전략 Stakeholders and global strategies

단순한 논리는, 항상 글로벌 상호작용에 대한 좋은 지침은 아니지만, 전략 결정은 **전략**

**경영 주기(strategic management cycle)**라고 하는 비교적 예측 가능한 형식을 따른다는 것을 암시한다. 이 주기와 관련된 관계는 일방적 인과관계의 형태를 띤다. 즉 사명(mission)이 전략을 결정하고, 전략이 조직구조를 결정하고, 조직구조가 경영방식을 지배하고, 경영방식이 조직의 사명 달성의 성공 여부를 결정한다.

그러나 현실은 이보다 훨씬 더 복잡하고 상호작용하는 관계를 보여 준다. 사명과 가치는 조직의 초기 전략과 목표를 결정하는 데 도움이 될 수 있지만, 조직 설계 및 경영방식은 특히 조직이 성숙하고 새로운 도전과 경제적 현실에 직면할 때, 전략에 큰 영향을 미칠 수 있다. 마찬가지로 전략이 조직구조에 영향을 미칠 수 있지만 경영방식도 조직구조에 영향을 미칠 수 있다. 마지막으로 이와 같은 상호작용 관계는 그 자체로 다면적이고 상호작용적인 비즈니스 환경에서 더욱 잘 나타난다. 여기에는 지리적 위치; 조직이 활동하는 문화적 환경; 법적 협약 및 현지 관습; 정치 및 제도적 지원의 차이; 국가 및 지역의 요소 부존량; 조직이 사업을 수행하는 특정 분야(예: 산업 대 서비스); 가용 투자, 기술 및 시장; 환경적 과제와 목표 같은 외적 요소가 포함된다. 바꾸어 말하면 단순한 전략 – 구조 – 경영 패러다임은 조직이론이 국경을 넘을 때 설명력이 떨어진다는 것을 알 수 있다. 특히 여기에서 부족한 점은 조직의 성공에서 핵심적인 문제는 전략이 아닐 수도 있다는 인식이다. 그것은 이해관계자일 수 있다.

놀랍지 않게도 기업의 **이해관계자(stakeholder)**, 즉 투자자, 고객, 종업원 등은 기업의 사명과 전략 결정에 큰 영향을 미칠 수 있다. 다양한 이해관계자는 기업 활동에 대해 요구하고 기대하고 제한한다. 그리고 이러한 요구는 다양한 이해관계자마다 다르며, 어떤 사람들은 높은 투자수익을 원하고, 다른 사람들은 사회적 혹은 환경적으로 책임 있는 조직이 되기를 원한다. 대부분의 전략가들은 이것을 이해한다. 그러나 많은 글로벌 경영자가 이해하지 못하는 것은 기업이 사업을 수행하는 지배적인 문화가 이해관계자 집단의 성격과 힘에 영향을 미칠 수 있다는 점이다. 이론적으로는 모든 이해관계자는 평등하지만 실제 어떤 이해관계자는 다른 이해관계자보다 훨씬 강력한 권한이 있다.

예를 들어 어떤 기업은 권한과 영향력이 집중되어 있는 이해관계자 집단에 직면한다. 한국, 아르헨티나, 영국 그리고 미국에서 투자자, 고객, 그리고 정부는 종종 기업의 사명 및 전략에 지대한 영향을 미친다. 반면에 종업원과 일반 대중은 아니다. 동시에 독일, 일본, 그리고 노르웨이에서는 다른 상황이 존재한다. 즉, 투자자, 고객, 그리고 정부가 사명 및 전략에 큰 영향을 미치지만, 종업원과 일반 대중들 또한 영향을 미친다. 게다가 스웨덴이나 독일에서 사업을 하는 외국 기업들은 이와 같이 폭넓은 혹은 더욱 분산된 이해관계자 집단에 직면하며, 이처럼 다른 환경에 적응해야 한다. 폭넓은 이해관계자들에 의해 특징지어지는 환경에서 전략 수립이 어떻게 이루어지는지 알기 위해 독일의 *미텔슈탄트(Mittelstand)* 기업의 예를 살펴보자. 여기에서 투자자가 중요하지만 종업원, 국가, 현지 공동체 또한 중요하다.

### 응용 4.1 독일의 *미텔슈탄트* 기업

대부분의 사람들은 지멘스, BMW, 폭스바겐, 다임러, 베이엘, 바스프와 같은 크고 성공적인 독일 기업의 이름에 친숙하다. 그러나 많은 사람들이 인식하지 못하는 것은 독일 경제의 진정한 강점이 이들 대기업에 있다기보다 오히려 250만 개의 중소기업에 있다는 점이다. 소위 *미텔슈탄트(Mittelstand)* 기업은 국가 경제의 2/3를 차지하고 민간 고용의 80% 이상을 차지하고 있다. *미텔슈탄트* 기업의 예로는 레셔날(Rational, 고급 식당 오븐), 트럼프(Trumpf, 컴퓨터기반 기계장비), 그리고 플레이모빌(Playmobil, 교육용 장난감)이 있다.[3]

독일의 *미텔슈탄트* 기업은 수십 년 동안 잘 작동해 온 글로벌 전략을 통해 글로벌 시장에서 경쟁한다. 이 전략은 다음과 같이 요약할 수 있다. 첫째, 높은 비용 구조 때문에, 대부분의 *미텔슈탄트* 기업은 낮은 가격으로 특징지어지는 시장을 무시하고 품질이나 다른 제품의 독창성이 높은 가격을 요구할 수 있는 시장을 선호한다. 이들 시장 내에서, 그들은 고급 기술 및/혹은 우수한 기술을 사용하여 우수한 제품을 만드는 데 중점을 둔다. 그런 다음 그들은 단기적인 이윤 극대화가 아니라 고객만족을 기반으로 경쟁한다. 이러한 노력을 보완하기 위해 독일 기업들은 가장 저렴한 것은 아니라 찾을 수 있는 최고의 근로자를 고용하고 양성한다. 그들은 견습 프로그램을 경쟁무기로 광범위하게 사용한다. 조직의 직급에 관계없이 기업의 사명을 달성하기 위해 다른 곳에서는 거의 볼 수 없는 권한을 위임받는다. 이것은 주로 공동 결정과 종업원 개입을 통하여 이루어진다. 마지막으로 독일 기업은 시장 개발에 장기적인 관점을 선호하며 필요한 경우 인내심을 발휘한다. 이는 대부분의 기업이 주요 독일 은행과 긴밀한 관계를 맺고 있고, 짧은 투자 회수 기간을 요구하는 북미 투자자와 달리 금융기관들이 투자수익을 얻고자 할 때 인내심을 가지고 있기 때문에 가능하다.

불행히도, 최근 독일의 노동 및 생산 비용 증가는 이러한 많은 중소기업의 경쟁력을 위협하고 있다. 결과적으로 일부 기업들은 다른 저비용 국가(특히 아시아 및 동유럽 지역)의 제조 시설을 선호하여 독일 기반 사업의 많은 부분을 축소하기 시작했다. 생산성을 높이기 위한 기술 사용이 점점 강조되고 있다. 그럼에도 불구하고 미래는 여전히 불확실하다. 현재의 성공에도 불구하고 *미텔슈탄트* 기업이 높은 비용 구조로 인해 향후 글로벌 시장에서 도태될지 모른다고 많은 사람들은 걱정한다. 최종적으로 고객은 독일의 장인정신에 대해 얼마를 지불할 것인가? 반면에 품질이 기업 경쟁력의 기준이라면, 이러한 전략을 변화(혹은 평가절하)시키는 위험은 무엇인가?

다음에 대해 생각해 보자.

(1) 이들 중견기업에 대해 배운 점에서 누가 주요 이해관계자이며 그들이 원하는 것은 무엇인가?
(2) 독일 *미텔슈탄트* 기업의 본질이 그들의 전략 수립 프로세스에 어떻게 영향을 미치는가?
(3) 점점 글로벌화되는 세계에서, 독일 *미텔슈탄트* 기업의 미래를 어떻게 생각하는가? 그 이유는?

## 글로벌 비즈니스의 조직화 Organizing for global business

많은 기업에서 글로벌 비즈니스를 수행하기 위한 적절한 조직 설계의 선택은 기업의 글로벌 활동 증가에 따라 시간이 지나면서 진화한다. 이 진화 과정은 흔히 국제 활동이 보다 중심적인 국내 활동에 부속된 형태의 **국내 조직 설계(domestic organization design)**로 시작되며, 시간이 지나면서 조직의 전략 중심에 국제 비즈니스를 배치시키는 보다 통합된 글로벌 조직 설계로 진화한다. 한 국가 기업이 오랫동안 국내 시장을 위해 생산해 온 제품을 처음으로 수출하기 시작할 때 가장 일반적인 국내 조직 설계를 발견할 수 있다. 이 노력은 성공적인 실행을 감독하기 위한 몇 가지 구조가 필요하지만, 벤처기업이 새롭고 성공하지 못할 수 있기 때문에 대부분의 조직은 신뢰할 수 있는 현지 관리자를 활용하여 조심스럽게 접근한다.

기업이 해외에서 자사 제품을 판매하기로 결정하거나 해외 판매율이 증가할 때, 기업은 종종 수출부서를 설립한다. 이것은 본사 내에서 해외 거래에 대해 책임을 지는 별도의 부서다. 다시 말하자면 이것은 설치하고 운영하는 것이 간단하다. 기업들이 글로벌 시장 간 차별성이 점점 높아지면서 현지화된 전문지식이 현지 고객의 요구를 만족시킬 수 있는 전략적 자산이라는 것을 곧 깨닫게 된다. 그러한 경우 기업들은 종종 국제사업부를 설치한다. 수출부서는 일반적으로 본국의 본사에 위치하고 있지만 국제사업부는 주로 회사의 글로벌 시장 가까이에 배치된다. 현지 경영자가 고용되어 주요 고객 및 시장과 가까워지고 미래 비즈니스 기회에 대해 본사에게 세계관을 제공한다.

전체 비즈니스에서 국제 활동이 더욱 두드러짐에 따라, 대부분의 기업은 이러한 성장 사업 분야를 활용하기 위하여 재조직화한다. 그런 다음 그들은 전형적인 **글로벌 조직 설계(global organization design)**(그림 4.2 참조) 중 하나를 선택한다. 기업은 이러한 지식의 최상의 조합을 제공하고 기업의 전략적 목표를 지원하는 설계를 식별하기 위해 많은 노력을 기울인다. 적절한 조직 설계는 성공적인 경쟁을 촉진하기 위하여 네 가지 전략적 정보 유형을 통합할 수 있어야 한다. 즉, (1) 현지의 문화, 경제, 그리고 사회적 조건의 이해와 관련된 지역 지식 (2) 현지 고객 요구사항 및 기업 제품에 대한 가능한 시장에 대한 이해와 관련된 제품 지식 (3) 금융, 생산과 같은 다양한 기능별 영역에 대한 전문성의 현지 접근성과 관련된 기능 지식 (4) 판매 및 서비스를 위해 각 고객의 특정 니즈와 관련된 고객 지식.

대부분의 조직 설계는 간단하다. 그러나 글로벌 매트릭스와 글로벌 네트워크 설계는 추가적인 설명이 필요하다. **글로벌 매트릭스 조직(global matrix organization)**은 다른 글로벌 설계 중 두 가지를 혼합하여 나타난다(예: 글로벌 기능 설계와 글로벌 제품 설계의 통합). 모든 매트릭스 조직과 마찬가지로 각 매니저는 두 명의 감독자가 있어 커뮤니케이션과 유연성은 향상되지만 책임성과 직무 선명도는 감소한다. 또한 점점 더 역동적인 환경으로 인해 일부 조직에서는 **웹기반 글로벌 네트워크 설계(Web-based global network design)**를 사용하여 느슨한 고리가 있는 그룹으로 조직을 분해하고 지역별 그룹 및 지역 본부와 전 세계의 각기 다른 단위를 연결하는 팀 및 프로젝트를 만든다. 웹기반 네트워크는 단일 제품(예: 하이테크 제품)을 만들기 위해 기술과 특허를 조

**그림 4.2 글로벌 조직 설계**

| 글로벌 조직 설계 | 조직의 기초 | 주요한 적용 |
|---|---|---|
| 글로벌 제품 | 글로벌 운영 단위에 따라 지정된 특정 제품 그룹(예: 세탁용품, 유아용품 등)에 대한 세계적인 책임 | 주요 제품 각각에 대해 전 세계적으로 별도의 부서(법인 본사도 가능)를 설립한다. 상대적으로 표준화된 제품 개발 및 글로벌 제품의 마케팅을 강조하는 회사에 적합한 설계이다(예: 한 부서에는 유아용품, 다른 부서에는 세탁용품). |
| 글로벌 지역 설계 | 세계의 지리적 위치(예: 아시아 – 태평양지역, 라틴 아메리카, 유럽) | 여러 지역에서 맞춤형 제품의 개발 및 마케팅을 책임지는 지역 본부를 구축한다(예: 영국과 미국에서 다른 캔디 판매). 제품이 다양한 기호에 맞는 현지화가 요구될 때 적합한 설계이다. |
| 글로벌 기능 | 기능하는 분야(예: 재무, 운영, 마케팅) | 다양한 기능적 책임(예: 글로벌 마케팅 부서, 글로벌 금융 부서 등)을 위한 글로벌 단위를 구축한다. 회사가 전 세계 어디든 쉽게 이전할 수 있는 비교적 좁은 제품(예: 글로벌 항공사)을 보유하고 있을 때 해당한다. |
| 글로벌 고객 | 고객의 특별한 필요성(예: B2B 거래, 프랜차이즈) | 유사제품이지만 다른 소비자 그룹(예: 자동차 제조업체 및 현지 타이어 교체 업체에 대량으로 타이어 판매)에 대해 별도로 전 세계 부서를 설립한다. 경쟁시장에서 고객 관계 구축이 중요할 때 적합한 설계이다. |
| 글로벌 매트릭스 | 두 개의 조직 설계의 조합(예: 글로벌 제품 설계와 글로벌 지역의 조화) | 다양한 제품 또는 서비스 그룹의 관리자를 위한 이중 보고 라인을 설정한다(예: 생산 및 품질 사양에 대해 제조 관리자에게 보고하고, 판매 단위 수에 대해서는 마케팅 매니저에게 보고한다). 대량 조립 또는 대중 서비스 회사(예: 자동차, 화학제품)에서 인기 있는 설계이다. |
| 웹기반 글로벌 네트워크 | 느슨하게 결합된 웹기반 조직(예: 우버) | 세계화된 제품 또는 서비스를 설계, 구축, 제공하기 위해서 전 세계 여러 기업의 클러스터를 설립한다. 다중 및 상호연관된 기술을 필요로 하는 신제품 개발을 위한 하이테크 산업에 적합한 설계이다. |

정하는 여러 기업들의 노력을 조정하는 데 유용하다. 이들 팀은 종종 매우 역동적이어서 시간이 지남에 따라 사업단 사이의 관계가 변화한다. 이 설계는 유연하고 전략적 다양성 및 빠른 학습을 가능하게 하지만 통제하기 어려울 수 있고 높은 수준의 모호성을 유발할 수 있다.

### 응용 4.2 우버 테크놀로지스

웹기반 글로벌 네트워크 설계 중 가장 명확한 사례로 규제가 심한 택시산업과 정면으로 경쟁하기 위해 전 세계의 개인 운전자와 개인 차량을 사용하는 매우 성공적인 차량 공유 서비스 업체인 우버 테크놀로지스를 들 수 있다. 우버 운전자는 일반적으로 공공 운전자로 허가받지 않으며, 자동차는 과세 또는 규제를 받지 않고, 수수료는 정부 규제의 감시를 피해 온라인으로 설정된다. 따라서 비용 및 이에 따른 가격은 전통적인 택시보다 훨씬 낮다.

말할 필요도 없이 일부 정부 그리고 노조원이 대부분인 택시 운전사들은 이러한 신생 산업에 반대한다. 최근에 프랑스는 불법으로 택시 서비스를 제공한 혐의로 현지 우버 서비스의 임원을 체포하기에 이르렀다. 한국, 네덜란드, 인도네시아에서도 유사한 혐의가 제기되었다. 프랑스의 체포 사건 이후, 회사는 발표하였다. "우리는 우버와 같은 서비스에 대한 규제 체제에 대해 프랑스 정부와 지속적으로 대화하기를 열망하고 있다. 더 많은 사람들이 이러한 새로운 경제적 가능성을 이용할 수 있게 하면서, 대중의 니즈와 안전에 초점을 맞춘 규제와 함께 나아갈 수 있는 길이 있다."

다음에 대해 생각해 보자.

(1) 우버 테크놀로지스는 전 세계 많은 국가에서 사업을 수행하고 전통적인 산업의 변화를 강요하는 기업 조직 설계와 결합된 기술 혁신의 사례를 나타낸다. 엄격히 규제된 산업에서 규제받지 않는 경쟁자로서 우버를 지지하는가? 그 이유는?
(2) 만약 우버가 성공한다면 전통적인 택시 운전사의 일자리는 어떻게 되는가? 이것은 공정한가 혹은 필요한가?
(3) 이 갈등의 해결책으로 무엇을 권하고 싶은가? 혹은 해결책이 있는가? 설명하라.
(4) 국제 경영에서 기술적 필연성이 있는가, 즉 입증된 새로운 기술이 장기적으로 오래된 기술보다 앞서갈 수 있는가? 현지 문화, 일자리 및 거주자를 보호하기 위해 정부가 기술적 혹은 경제적 변화의 속도를 강제적으로 늦춰야 할 때가 있는가? 설명하라.

글로벌 전략과 조직 설계 간의 관계를 이해하는 것은 경영자에게 중요하다. 왜냐하면 조직의 우선순위(제품 표준화 대 국가 적응)에 대한 정보를 제공하고 관리 재량의 정도에 영향을 미치기 때문이다. 예를 들어, 글로벌 전략과 구조를 따르는 조직은 해외에서 본국의 조직 문화와 프로세스를 복제하기를 원하여 현지 적응할 여유가 거의 없다.

본사는 외국인 경영자의 행동을 감독하고 모국의 사업방식에서 벗어난 행동에 주의한다. 반면에 현지 조건에 맞게 적응하는 전략을 따르는 조직은 자회사의 재무적 목표가 충족되는 한 조직 관리 방식에 대해 현지 경영자에게 상당한 재량권을 부여할 것이다. 마찬가지로 전략에 어울리는 조직구조를 이해하면 경영자가 현지 또는 본사에서 직면할 수 있는 압력의 유형과 역할의 중요성에 대한 중요한 정보를 경영자에게 제공한다.

## 지역 조직화 모델 Regional organizing models

경영자는 조직 설계의 현지 또는 지역적 경향을 연구함으로써 전략과 구조에 대해 많은 것을 배울 수 있다. 이러한 설계는 조직의 주요 수혜자가 누구인지, 누가 권력과 영향력을 가지고 있는지, 평사원의 권한과 특권, 경영자 역할 의무 및 의사결정 방식을 알려 준다. 여러 가지 면에서 **기업 고유의 조직 설계는 지문**(fingerprint)과 같다. 조직 설계는 기업의 성격, 가치, 야망, 경영 시스템 및 운영 절차에 대한 통찰력을 제공해 준다. 이러한 설계를 비교하면 문화적 차이가 비즈니스 운영방식과 관리방식에 어떤 영향을 미칠 수 있는지 이해하는 데 도움이 된다. 이는 여러 국가에서 다양한 조직을 운영해야 하는 경영자에게도 도움이 될 수 있다.

국가별 토론은 이 책의 범위를 벗어나지만, 조직 운영으로부터 가장 큰 수혜자가 누구인지에 대한 핵심적인 질문에 근거하여 보다 일반적인 모형 네 가지를 식별할 수 있다. 우리는 이를 **지역 조직화 모델(regional organizing model)**이라 칭한다.[5] 분명히 모든 지역 조직은 다양한 이해관계자가 있고, 많은 다수 혹은 소수 그룹은 다양한 방식으로 이익을 얻는다(예: 투자자 수익, 고용, 지역사회 개발). 그러나 여기에서 질문은, 일반적인 추세로서 누가 가장 수혜를 입는가이다. 우리가 조직 설계에서 문화적 차이의 역할을 탐구하기 시작할 때 우리가 발견한 것은 경영 스타일뿐만 아니라 주요 수혜자에 대해 지역 간 체계적인 차이가 있다는 것이다. 이것은 하나의 문화권에 속한 모든 조직이 공동의 목표와 주요 수혜자를 공유하고 있다는 것을 말하는 것이 아니라, 기업이 전 세계 여러 지역에서 다르게 보이고 다른 방식으로 운영되는 이유를 이해하는 데 도움이 되는 추세를 발견할 수 있다.

우리는 여기서 조직의 네 가지 지역 모델을 예를 들어 살펴본다: 투자자, 가족, 네트워크, 상호이익(그림 4.3 참조).

**그림 4.3 조직의 지역 모델**

| 특징 | 투자자 모델 | 가족 모델 | 네트워크 모델 | 상호이익 모델 |
|---|---|---|---|---|
| 나라 예시 | 미국, 호주, 영국, 캐나다 회사들 | 중국의 *공쓰*, 한국의 재벌, 멕시코의 *그루포* | 일본의 *카이샤*와 *케이레츠* | 독일의 *콘쩨른*, 덴마크의 *셀스카벳*, 네덜란드의 *베드리프*, 스위스의 *폴테그* |
| 주요 수혜자 | 주주 및 투자자를 주된 수혜자로 강조 | 투자자와 주요 수혜자로서 대가족 구성원에 대해 강조 | 회사 네트워크, 개인 회사 주주 및 상임 직원에 대해 순차적 강조 | 주주와 투자자, 대부분의 직원, 지역사회 및 일반 대중 간의 상대적인 균형 |
| 권력과 영향의 중심 | 주로 투자자와 주주가 보유한 중앙집중된 권한으로 최고경영진에게 위임 | 정부의 지원을 받고 가족의 관리와 통제에 의해 중앙집권화됨 | 투자자, 자매회사, 주요 은행, 노동조합 및 정부가 보유한 적당히 분산된 권력 | 투자자, 파트너, 경영자, 노사협의회, 노조 및 정부가 광범위하게 분산된 권력 |
| 관리자 선택의 경향 | 전문적인 교육 | 가족 구성원 | 선임 | 기술 숙련도 |
| 의사결정의 경향 | 포괄적인 하향식 중앙집권 방식 | 하향식 중앙집권 방식, 종종 정부의 참여와 지원 | 직원들과 상하 및 계층간 협의가 이루어지지만 일반적으로 최종 결정은 최고경영자가 내림 | 주요 의사결정에 대한 관리자, 직장 협의회 및 노조의 협력 |
| 직원 권리와 직업 보장 | 모든 직원에 대해 직원 권리 및 고용 보장에 대한 약한 법적 보호 | 모든 직원에 대해 직원 권리 및 고용 보장에 대한 약한 법적 보호 | 모든 영구 직원에 대한 약한 법적 보호, 하지만 강력한 사회적, 직원 권리 보호 및 직업 안정성 | 거의 모든 직원에 대한 직원 권리 및 고용 보장에 대한 강력한 법적 보호 |
| 기본 모델의 변형 | 기본 모델 내에서의 다양한 변형 | 기본 모델의 변형은 거의 없음 | 기본 모델의 적당한 변형 | 기본 모델의 변형은 거의 없음 |

출처: Based on Richard M. Steers, Luciara Nardon, and Carlos Sanchez-Runde, "Culture and organization design: strategy, structure, and decision-making," in Rabi S. Bhagat and Richard M. Steers (eds.), *Cambridge Handbook of Culture, Organizations, and Work* (Cambridge University Press, 2009), pp. 71 – 106.

## 조직의 투자자 모델(예: 미국, 영국, 캐나다)

조직 설계 및 관리 구조라는 주제에 대해 많은 책들은 경영자가 상당히 유사한 방식으로 자원을 조직화한다고 가정한다. 전형적으로 여기서 그들이 말하는 것은 **조직의 투자자 모델(investor model of organization)**로 설명될 수 있다. 조직 및 통제에 대한 이 접근법의 좋은 예는 호주, 캐나다, 뉴질랜드, 영국, 그리고 미국을 포함하는 "앵글로" 문화에서 찾을 수 있다. 이 클러스터에 속한 대부분의 기업들은 그들의 주요 조직화 틀로서 어떤 형태의 투자자 모형을 사용한다. 다시 말해 투자자는 일반적으로 기업의 조직, 경영 및 기업의 궁극적인 운명에 상당한 힘과 영향력을 행사하며, 스스로 소유주로서 이익의 대부분 또는 투자 수익을 회수할 수 있다. 사실 미국의 경우 상업법은 기업의 임원이 투자자의 독점적 이익을 위해 (법률 및 규제 한도 내에서) 기업을 경영해야 한다고 요구한다. 따라서 그런 행위가 투자자에 이익이 된다는 것을 증명할 수 없으면 종업원이나 고객에게 더 큰 이익을 제공하는 것이 허용되지 않는다. 그것은 단순히 법에 위배된다.

어떤 문화권에서 "전형적"인 기업을 찾는 것은 도전과제이지만, 미국 기업보다 더 큰 도전은 없다. 다른 곳에서처럼 미국 기업은 그들이 사업을 하는 문화를 반영하며, 미국은 다문화적이기 때문에 기업 간에 큰 차이를 발견하는 것은 놀라운 일이 아니다(유사한 산업 안에서조차). 마찬가지로 기본적인 조직구조 및 관리 프로세스 측면에서 그런 기업의 일반적인 모습을 묘사할 수 있다(그림 4.4 참조). 우리가 지배적인 미국 문화 패턴에 대해 알고 있는 것을 바탕으로 전형적인 미국 기업을 묘사해 보자.

- 지배 지향. 많은 투자자 조직은 개인 또는 집단의 성취 및 책임, 환경에 대한 통제, 의사결정에 대한 선형적 접근법, 규칙과 정책에 대한 존중, 질서에 대한 의식, 그리고 적어도 이론적으로는 누구나 정상에 오를 수 있다는 믿음을 강조한다.
- 강력한 CEO들. CEO 및 회사 회장은 종종 회사 성공 시 성과의 대부분을 인정받고 실패 시 책임을 진다. 그들은 또한 많은 돈을 번다. 미국 CEO들은 그들이 성공하는 한 의사결정자 및 리더로서 상당한 권한을 가진다. 사실 우리는 종종 "제왕적 CEO"에 대해 듣는다. 그러나 그들은 성공하지 못하면 오히려 빨리 사라진다.
- 전문 경영인. 동시에 이들 기업은 소위 "전문 경영인"을 활용한다. 이것은 다른 형태의 경영이 전문적이지 않다는 것이 아니라 그런 기업이 외부의, 전문적으로 교육을 받은, 공평한 경영자(친족 관계가 없는)에 크게 의존한다는 점을 강조한다.
- 유연한 조직 설계. 전형적인 미국 기업의 조직 설계는 오히려 유연하다. 그들은 많은 제휴 및 파트너를 가지고 있고, 필요 시(예: 재무적 긴급사태) 스스로 새로운 모습을 보여 준다. 비즈니스 확장을 위한 자본, 신제품에 대한 시장조사 또는 심층적인 법률 자문이 필요한 경우 대부분의 미국 기업들은 일반적으로 외부에 의존한다. 마찬가지로 제조 및 서비스 기업은 종종 회사와의 관계가 약한 외부 공급업체 및 유통업체에 의존한다.

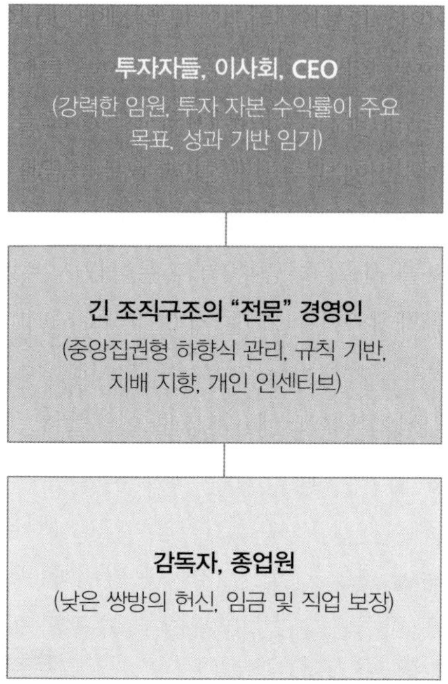


**그림 4.4** 미국 투자자 모델의 예

출처: Based on Richard M. Steers, Luciara Nardon, and Carlos Sanchez-Runde, "Culture and organization design: strategy, structure, and decisionmaking," in Rabi S. Bhagat and Richard M. Steers (eds.), *Cambridge Handbook of Culture, Organizations, and Work* (Cambridge University Press, 2009), pp. 82 – 5.

- 낮은 종업원 고용 보장. 모든 직급의 종업원은 종종 조직의 소중한 구성원이 아닌 생산 요소로 간주된다. 사실 일부 미국 기업에서는 소위 "정규직" 종업원은 업무량의 변화에 따라 일상적으로 고용되고 해고된다. 회계 관점에서 보면 종업원은 기업의 고정비용의 일부가 아닌 변동비용의 일부로 간주된다. 게다가 부분적으로 비용을 절감하고 부분적으로 운영효율성을 높이기 위해 비정규직 근로자가 증가하고 있다. 당연히 조직에 대한 종업원의 헌신은 줄어들고 있다.

여기서 중요한 것은 소위 "앵글로" 클러스터 전역에 걸쳐 조직과 경영방식이 동일하다(혹은 유사하다)고 가정하는 것은 실수다.[6] 예를 들어 런던 비즈니스 스쿨의 교수인 나이젤 니콜슨(Nigel Nicholson)은 전형적인 영국의 지배 규칙은 미국의 지배 규칙과 다르다고 주장한다. 원칙적으로 영국 기업은 미국 기업보다 권한 집중에 대해 훨씬 덜 관대하다. 예를 들어 영국 기업은 단일 이사회를 반대하고, 이사회 의장과 CEO의 역할을 한 사람으로 통합하려는 미국의 추세와 달리 두 사람의 역할을 분리하는 것을 선호한다. 그들은 또한 차등 의결권을 싫어하며, 은행이 기업의 다수 주식을 소유하지 못하게 하는 규칙이 있다. 영국 기업들은 또한 변호사들에 훨씬 덜 시달리고, 정부 로비에 돈을 덜 쓰며, 일반적으로 약한 동업자조합이 있다. 일반적으로 영국 기업이 미국 기업보다 더 자유주의적인 경향이 있으며 소유권에 대한 유동성과 유연성을 유지하는 경향이 있다고 니콜슨은 지적하였다. 그러나 영국 기업이 소유권과 지배구조에서 자유주의적이라면, 경영정책과 방식은 더 보수적인 경향이 있다. 영국 경영의 정신은 매우 실용적이고, 성취 지향적이고, 기업가적이지만, "독창적인" 생각에 반대되고, 리더십이 약하고, 재무관리에 강하고, 그리고 종종 비전, 공동사회 및 통합에 약점이 있다.

동시에 미국과 캐나다 사이의 체계적인 차이점을 지적할 수 있다. 낸시 애들러는 다음과 같은 관찰을 제공한다. 미국인과 비교했을 때, 캐나다인은 자신의 강점을 과소평가하고 아마도 약점을 과장하는 경향이 있다.[7] 그들은 보통 무언가에 최고라고 주장하지 않는다. 캐나다인들은 협력관계를 강하게 믿는다. 예를 들어 캐나다는 세계의 국가 집단이 무언가를 달성하기 위해 (단일 국가 혼자 하는 대신에) 중진국 주도권 창출의 선두주자 중 하나이다. 캐나다인은 미국인보다 공식적인 경향이 있다. 캐나다인은 직함과 성(family name)이 중요하다. 캐나다인은 일반적으로 미국인보다 예의 바르고 덜 전투적이다. 캐나다인들은 또한 종교에 대해 솔직하게 터놓고 이야기하지 않는다. 마지막으로 캐나다인들은 교육 및 의료와 같은 분야에 사회 전반에 걸쳐 집단적인 책임을 믿는다. 유사점이 없다고 말하는 것은 아니다. 분명히 유사한 면이 있지만, 미국인과 캐나다인이 동일한 라이프스타일로 살거나 동일한 가치를 공유한다고 가정하면 글로벌 경영자에게 기회가 사라질 수 있다는 것이다.

요약하면 미국과 영국 기업, 호주, 캐나다 및 뉴질랜드 기업 간의 비교를 할 때, 그룹 내 변동이 그룹 간 변동보다 크거나 작은지 여부가 주요 논점이라고 주장할 수 있다. 즉 소위 "앵글로" 클러스터를 구성하는 모든 국가에서 공통점을 발견할 수 있다. 이러한 유사성에 대한 이유 중 일부는 모든 문화권에서 역사적으로 영국의 영향에서 찾을 수 있다. 그럼에도 불구하고 이 클러스터에서 발견된 강력한 개인주의를 인정하여 조직설계 및 경영방식에 대해 일반화하기가 어렵다는 사실을 발견하는 것은 놀라운 일이 아니다. 동시에 차이점의 일부는 이들 국가에 거주하는 사람들의 문화적 이질성의 증가 속에서 찾을 수 있다. 전반적으로 다양성이 증가하고 있다. 사실 이들 국가가 점차 다문화가 됨에 따라, "앵글로"라는 용어는 이 클러스터의 서술자로서의 의미를 상실할 것이다. 사실 이들 국가와 문화는 앞으로 매우 다른 방향으로 진화할 것이다.

## 조직의 가족 모델(예: 중국)

**조직의 가족 모델(family model of organization)**의 두드러진 특징은 기업의 일상적인 운영에서 가족 구성원의 중심적 역할이다. 종종 여러 가족 구성원이 기업의 계층구조에서 서로 다른 직책을 맡는다. 가장 – 항상 그런 것은 아니지만 종종 남자 – 이 그런 기업을 운영한다. 또한 가족 구성원은 기업 운영 및 성공의 주요 수혜자이다. 가족 모델은 다양한 형태를 띨 수 있다. 이 모델은 전 세계 여러 곳에서 볼 수 있지만(예: 남미, 동남아시아, 중동), 우리는 여기서 중국에 초점을 둔다.[8]

서양인이 중국 문화를 묘사하려고 할 때, 그들은 항상 옳건 그르건 **유교주의(Confucianism)**로 시작한다.[9] 공자는 일상생활에서 대인관계를 이끌어 낼 윤리적 행동 규범을 공포하였다. 이 규범은 소위 **다섯 가지 기본 덕목(five cardinal virtues)**으로 요약된다. 이것들은 효도, 상사에 대한 절대적인 충성심, 연공서열의 엄격한 준수, 상사에 대한 복종, 친구와 동료 간의 상호신뢰로 구성된다. 이 원칙은 더 넓은 사회에서 살아가는 방법을 제시하지만, 오늘날 비즈니스 방식에 시사점이 있다. 공자와 그의 추종자들은 우주(사회)를 교양 있는 귀족 엘리트가 지배하는 계층적 체계로 보았다. 민주주의와 평등과 같은 개념은 무시되었고 학습과 교육은 높은 평가를 받았다. 유교 사회는 자기수양, 노력, 근면, 절약이라는 덕목을 강조한다.[10] 그러므로 인간관계의 본질은 평등한 사람들 간 상호작용이 아니라 불평등한 사람들 간 상호작용이다. 다시 말해 올바른 대인관계 행동은 자신의 나이, 성별, 사회적 지위에 의해 결정되며, 이 사회 예의에 어긋나면 엄격한 처벌을 받게 된다.

이 다섯 가지 기본 덕목은 전통 중국 사회와 비즈니스 관행을 특징짓는 몇 가지 사회적 패턴에 의해 강화된다.

- **꽌시**. 이것은 두 사람 사이의 강한 개인적인 관계를 의미하며, 지속적인 호의 교환의 의미가 있다.[11] 두 사람은 무슨 일이 일어나든 관계없이 양심적으로 상대방에게 헌신한다고 가정할 때, 두 사람은 *꽌시* 관계에 있다. 이 유대는 호의의 교환(사회적 자본)을 기반으로 하며, 반드시 우정이나 동정이 필요한 것이 아니며, 친구를 포함할 필요도 없다. 그것은 감정적이라기보다 실용적이다. 그러나 이 계약에 따라 의무를 이행하지 못하면 심각한 체면 손상을 초래하고, 신뢰할 수 없는 사람이 된다.
- **체면**. 체면(face)은 주로 품위, 자존심 및 명성을 의미하는 것으로 해석된다.[12] 이는 개인 간의 올바른 관계 유지와 체면 보호에 기반한다. 모든 사회적 상호작용은 당사자가 체면을 잃지 않는 방식으로 수행되어야 한다. 따라서 개인이 헌신적인 태도를

유지할 수 없다면, 그 사람은 체면을 잃어버리게 된다. 마찬가지로 사람은 사회에서 자신의 지위에 맞는 대우를 받지 못하면 체면을 잃어버린다. 따라서 하급 동료가 더 높은 봉급을 받거나 자신보다 앞서 승진했다는 사실이 알려지면 상급 경영자는 체면을 잃게 된다.

- **계급.** 유교 원칙은 집단 구성원들의 계급과 차이를 인식하도록 고안되었다. 결과적으로 개인의 행동 요구사항은 누가 관계에 관여하고 있는지에 따라 달라진다. 평등한 사람들 사이에서도 어떤 규정된 행동 패턴이 존재한다. 오늘 두 명의 낯선 사람들이 처음 만나서 그들이 같은 고등학교나 대학에 다녔다는 사실을 알게 되었을 때 이것을 볼 수 있다. 즉각적인 연대감이 나오고 즉각적인 동료애를 느낀다. 반면에 이 공통 배경이나 씨족 외부의 사람들에게는 종종 적개심이나 불신이 있다. 이방인들과 이야기할 때 어떤 사람들은 매우 퉁명스럽고 무례하지만 친구나 지인을 만날 때는 매우 친절하고 관대하다고 외국인 관찰자들은 지적한다. 이는 소속의 문제이다.
- **조화.** 지인들 사이에는 집단의 조화를 유지할 분명한 책임이 있다. 다시 말해 이 원칙은 불평등 사이의 조화를 강조한다. 조화는 권력, 위신 또는 직위의 불평등한 계층의 사람들을 연결한다. 가족 이외의 강한 개인 관계는 동등한 지위, 나이 또는 명예를 가진 사람들 사이에서만 발생하는 경향이 있기 때문에, 조화는 다른 모든 필연적으로 더 공식적인 관계를 정의하는 수단이다. 지인 및 가족 구성원 간에 이러한 조화를 지속적으로 유지하는 것은 모든 사람의 책임이며, 선물 제공을 포함하여 상당한 노력이 투자된다.

중국의 강한 문화적 전통에 비추어 볼 때, 크고 작은 중국 기업들이 이러한 유산을 반영하는 것은 놀라운 일이 아니다. 중국 기업은 일반적으로 ***공쓰(公社)***라고 한다. 이 용어는 원래 민간 가족소유 기업을 지칭했지만, 최근의 중국 기업법은 이 용어를 크든 작든, 가족소유이건 국영이건 관계없이 모든 회사를 지칭하기 위해 사용한다. 이 차이를 명확히 하기 위해 중소규모의 가족 경영 기업을 *지아주 공쓰(家族公社)*라고 부른다. 전형적인 가족 경영 기업의 예시는 그림 4.5에 나와 있다. 간단한 특성은 아래와 같다.

- **수평적 및 비공식 구조.** *공쓰*는 공식적 구조가 적고 표준 운영과 전문성이 거의 없다.[13] 그들은 공식적인 구조와 절차가 없지만, 조직 효율성과 같은 객관적으로 정의된 것보다 개인 관계가 우선시될 가능성이 높다. 누구를 아는가가 무엇을 아는가보다 훨씬 중요하며, 종업원 충성도가 실제 성과보다 선호되는 경우가 있다.

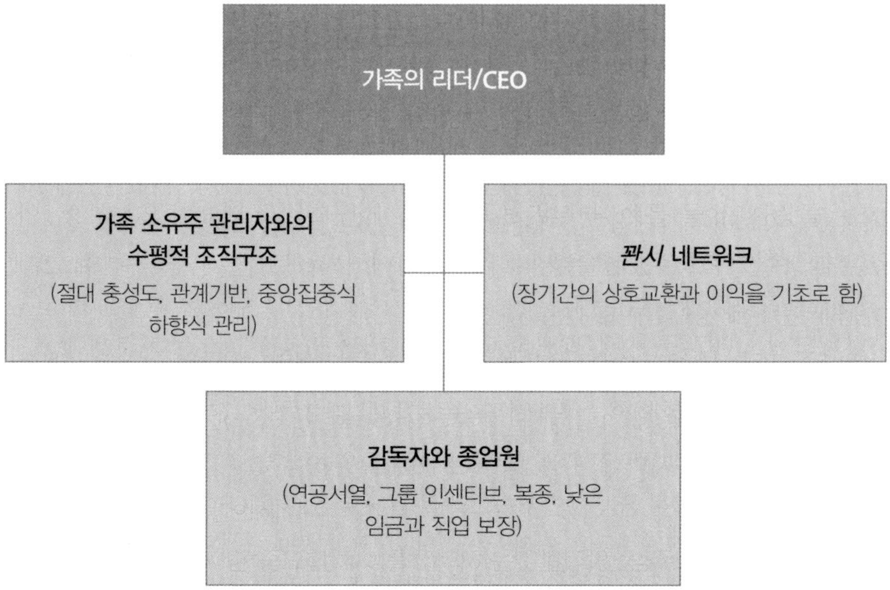


**그림 4.5** 조직의 가족 모델의 예(중국 공쓰)

출처: Based on Richard M. Steers, Luciara Nardon, and Carlos Sanchez-Runde, "Culture and organization design: strategy, structure, and decision-making," in Rabi S. Bhagat and Richard M. Steers (eds.), *Cambridge Handbook of Culture, Organizations, and Work* (Cambridge University Press, 2009), pp. 91 – 4.

- **관계기반.** 의사결정은 종종 직감이나 장기간의 비즈니스 교환 관계를 기반으로 한다. 다덴 비즈니스 스쿨의 교수인 밍저천에 따르면, 이러한 가족기업이 경쟁우위가 있다면, 작은 규모, 유연성, 연결망 및 협상기술에 달려 있다.[14]
- **가족 경영.** 최고경영자 지위는 때때로 경영능력이 부족함에도 불구하고 가족 구성원들로 채워진다.[15]
- **사유재산으로서의 비즈니스.** 사업주는 사업을 핵심 가족(개인이 아닌)의 사유재산으로 간주하는 경향이 있으므로 외부인과 소유권을 공유하거나 가족과 관련이 없는 개인이나 조직으로부터 어떤 방식으로 돈을 빌리기를 꺼려한다.
- **가족 수입.** 유교사상에 따라 가족이 가장 근본적인 수입 및 지출의 단위이다. 한 가족 내에서 자신의 수입을 공동의 가족 기금에 공헌한다. 각 구성원은 그 돈의 일부에 대한 권리를 가지며, 나머지는 가족 전체에 속한다. 전체 가족의 이익이 개인 및 가족 외부사람들보다 우선한다.

## 조직의 네트워크 모델(예: 일본)

다음으로 자주 일본에서 발견되는 **네트워크 조직 모델(network model of organization)**에 대해 살펴보자. 일본 문화에는 계층구조에 대한 강한 믿음, 강한 집단주의, 강한 조화 지향성, 온건한 단일시간성향(일을 순차적으로 처리) 및 강력한 특수주의가 포함된다. 일본의 계층구조 믿음은 연장자와 권위 있는 위치에 있는 사람들에게 보여지는 깊은 존경심에서 볼 수 있다. 많은 경우에, 즉각적이고 의문의 여지 없이 그들의 지시를 따른다. 이러한 믿음은 초기 유교적 가르침에서 나온 것이다(위 참조). 사실 일본의 권위의 개념은 서구에서 전형적으로 발견되는 권위의 개념과 다르다. 서양의 권위에 대한 견해는 권력이 일반적으로 한 방향으로 흐르고 있음을 보여 준다: 아래로. 상급자 또는 매니저가 지침을 제공하고, 그 아래 있는 사람이 이 지침을 따른다. 권위는 일방적인 개념이다. 이와 대조적으로 일본과 아시아 여러 나라에서는 권력이 마찬가지로 아래쪽으로 흐르고 있지만, 권력을 행사하는 이들은 그들이 관리하는 사람들의 복지와 안녕을 돌보아야 한다. 즉 상급자는 부하들이 의문을 제기하지 않고 자기의 지침을 따르기를 기대하지만, 부하들의 경력에 도움이 될 수 있도록 부하들을 가이드하고 코치하고 가르치는 데 상당한 시간을 할애해야 한다. 부하들과 많은 경우에 부하 가족들을 돌볼 것이다. 따라서 여기서 권위는 양방향으로 작용하며, 양측(상급자와 부하)이 해야 할 역할이 있다. 당신 위에 있는 사람들에게 경의를 표함으로써, 당신은 본질적으로 그들이 당신을 돌볼 것을 요구하고 있는 것이다.

일본은 또한 집단주의적 국가이다. 집단은 일반적으로 개인에 우선하며, 사람들은 집단 구성원을 통해 개인의 정체성을 얻는다. “모난 돌이 정 맞는다”라는 속담이 이러한 믿음의 중요성을 잘 표현한다(서양 속담에는 이와 대조적으로 “우는 아이에게 젖 준다”라는 말이 있다). 따라서 종업원은 자연적으로 일에 있어서 집단 쪽으로 끌려가고, 그룹 성취가 개인의 성취를 능가한다. 연공서열 또는 그룹기반 보상이 성과기반의 개인 보상보다 선호되는 경우가 많다.

다른 사람들 및 자연과의 조화는 또 다른 강한 특징이다. 주변 환경에 대한 일본인의 존중은 전설적이다. 이것은 자연을 바꾸거나 도전하는 것을 삼간다는 것이 아니다. 오히려 환경에 가능한 한 해를 끼치지 않는 방식으로 시도한다. 마찬가지로 대부분의 일본인은 누구에게 불쾌감을 주거나 공개적 갈등이나 논쟁을 불러일으키지 않기 위해 애를 쓴다. 결과적으로 일본에서의 커뮤니케이션은 적어도 콘텐츠만큼이나 맥락을 강조하는 경향이 있다. 단어가 부적절한 경우 생각을 전달하기 위해 비언어적인 신호를 종

**그림 4.6** 일본 네트워크 모델의 예(기린 지주회사 *카이샤*, 미츠비시 *케이레츠*)
출처: Based on Richard M. Steers, Luciara Nardon, and Carlos Sanchez-Runde, "Culture and organization design: strategy, structure, and decision-making," in Rabi S. Bhagat and Richard M. Steers (eds.), *Cambridge Handbook of Culture, Organizations, and Work* (Cambridge University Press, 2009), pp. 85–91.

종 사용한다. 마지막으로 많은 관찰자들은 일본 사회가 매우 특수주의적이라고 지적한다. 즉, 법의 명확한 규칙이 사회에 널리 퍼져 있지만, 친구나 가족 또는 힘 있고 영향력 있는 사람들에 대해 일상적으로 예외가 적용된다는 것이다.

일본의 크고 매우 다각화된 기업은 수년에 걸쳐 그들의 구성원과 국가에 봉사해온 조직에 독특한 접근방식을 취한다.[16] 이러한 조직을 *케이레츠*라고 한다. *케이레츠*는 서로의 성공을 위해 일하기 위해 긴밀한 동맹관계를 형성하는 독특한 일본 형태의 기업(*카이샤*)을 가리킨다(그림 4.6 참조). 여기에 표시된 예는 미츠비시 *케이레츠*의 일부인 기린 지주 *카이샤*이다. 이러한 유형의 조직의 설계는 일본 역사에 뿌리를 둔 것이며, 국가 문화와 부합하기 때문에 성공을 거두었다.[17] 일본의 *케이레츠*는 하나 이상의 은행, 선도 제조업체 및 무역회사로 구성된 서로 긴밀히 연결된 기업 집단이며, 주요 그룹 기업의 사장들로 구성된 사장단 위원회에 의해 감독된다.

*케이레츠*의 공통적인 특징은 다음과 같다.

- **내부 자금조달.** 자금조달은 대부분 일본 대기업의 자체 금융기관(예: 기업 소유의 은행 혹은 보험회사)을 통하여 이루어지며, 시장조사나 법률자문조차도 종종 그룹 내에서 이루어진다. 각 수평적 *케이레츠* 내에서 기업 소유 은행은 기업 운영 및 새로운 투자를 위한 내부 자금조달을 포함하여 여러 가지 기능을 수행한다.
- **무역회사.** 일본 기업들은 크고 매우 유능한 종합무역상사(*소고 쇼샤*, trading company)를 소유하고 있다. 이러한 조직은 회원사들에게 글로벌 시장 및 유통망에 대한 접근성을 제공하고, 전 세계에 걸쳐 신규 또는 확장 시장을 지속적으로 감시하기 위해 사무실을 유지관리한다. 동시에 현장 사무실은 회원사가 신제품을 개발하거나 조기에 경쟁에 뛰어들 수 있도록 시장 및 경제 정보를 수집하고 분석한다. 그들은 종종 회원사에게 다양한 마케팅 활동을 지원할 뿐만 아니라 그들의 고객들을 위해 일본으로 제품의 수입을 돕는다.
- **약한 임원.** 전 세계 많은 다른 기업과 비교할 때, 임원들의 힘이 약하고 의사결정은 회사 전체에 분산되어 있다. 임원들은 독단적인 의사결정자라기보다 공감대 형성자로서 높이 평가받는다.
- **장기 고용 종업원.** 많은 서구 기업들과 달리 일본 기업들은 종업원을 변동비가 아닌 고정비용으로 다루는 경향이 있고, 공급업체와의 관계는 시간이 지남에 따라 더 가깝고 안정적인 경향이 있다.
- **기업 노조.** **기업별 노조(enterprise unions)**라고 불리는 일본 노조는 서구의 경우보다 기업의 이익과 더 밀접한 관련이 있다.

## 조직의 상호이익 모델(예: 독일, 네덜란드, 스칸디나비아 국가들)

조직 및 경영에 대한 네 번째 접근법은 **조직의 상호이익 모델(mutual benefit model of organization)**이다. 이 모형은 독일, 네덜란드 및 스칸디나비아 국가에서 흔히 볼 수 있으며, 다시 한 번 이 지역에서 발견된 오랜 전통 문화에서 유래되었다. 이 모형은 집단 참여와 공동선에 대한 사회적 가정에 기초한다. 우리는 이 모형의 하나의 변형으로서 독일에 초점을 맞춘다.

많은 사회과학자들이 독일 문화를 일반적으로 묘사하려고 시도하였다. 예를 들어 홉스테드는 전형적인 독일인을 상대적으로 개인주의적이고(미국인만큼 극단적이지는 않지만), 불확실성 회피 성향과 남성성이 높고, 권력 거리가 비교적 낮다고 묘사했다.[18] 시간에 대해 매우 엄격하며, 일정을 세밀히 따르고, 질서를 요구하며, 개인 공간을 존중하고, 권력과 지위를 존중하며, 의사결정에 앞서 세부적인 정보를 찾는다고 홀과 홀은 덧붙인다. 홀과 홀은 한 프랑스 중역이 한 말을 인용한다. "독일인들은 창조적인 생각을 하기에는 너무 바쁘다."[19] 3장에서 논의한 대로, 문화인류학자들은 지배적인 독일 문화는 지배 지향, 온건한 개인주의 및 평등주의, 강력한 규칙 기반 지향성, 시간에 대한 단일적 접근법이라고 제시한다.

외국 관찰자들에게 독일인들은 보수적이고, 공식적이며, 예의 바르다.[20] 공식적 지위가 대화에서 중요하며, 개인정보 보호 및 의전이 중요하다. 사업에서 독일인들은 독단적인 경향이 있지만 공격적이지는 않다. 기업은 종종 엄격한 부서화를 특징으로 하지만, 주요 이해관계자 간의 광범위한 토론과 합의 구축을 기반으로 의사결정이 이루어지는 경향이 있다. 협상은 데이터와 계획에 대한 광범위한 평가를 기반으로 하며, 독일은 저맥락 문화권(메시지 명확성이 중요한 곳, 5장 참조)이기 때문에, 커뮤니케이션이 명확하고, 외국인이 쉽게 이해할 수 있다.

어느 나라의 기업과 마찬가지로, 전형적인 독일의 대기업(*콘쩨른*)의 본질이나 구조를 일반화하는 것은 어렵다. 그럼에도 불구하고 대표적인 모델이 그림 4.7에 제시되어 있다.

- 감독 및 경영 이사회. 독일 기업은 일반적으로 두 개의 이사회에 의해 운영이 된다. 맨 위에 미국 기업의 이사회와 매우 유사한 **감독이사회(supervisory board)**(*Aufsichtsrat*)가 기업의 주요 목표가 장기적으로 충족되게 하는 책임을 진다. 이사의 임기는 5년이며 유효 투표수의 75% 이상의 투표로 바꿀 수 있다. 감독이사회는 **경영이사회(management board)**(*Vorstand*)의 활동을 감독하며, 경영이사회는 기업의 최고경영진으로 구성되고 실제 전략 및 운영 관리를 담당한다.
- 공동결정 및 직장평의회. 상호이익 구조의 주요 특징은 다양한 수준에 있는 종업원들이 미래 조직에 영향을 미치는 결정에 있어 높아진 위상이다. 독일에서 이것을 **공동결정(co-determination)**(*Mitbestimmung*)이라고 한다. 이를 위해 평사원 중에 선출된 **직장평의회(works council)**는 기업 감독이사회에 참여하고 전략 수립 및 경영 업무에 적극적으로 참여한다.
- 마스터. 하위직 매니저[주로 *마이스터*(*Meister*), 또는 마스터 기술자가 보유한]부터 그 위에 있는 매니저들은 자신이 누구인지보다 자신이 알고 있는 것으로부터 인정을 받는다. 그들은 미국 매니저들보다 통제력이 떨어지는 경향이 있다. 대신 근로자와 감독자가 마감 시간을 맞추고, 품질과 서비스를 보장하며, 철저한 감독을 요구하

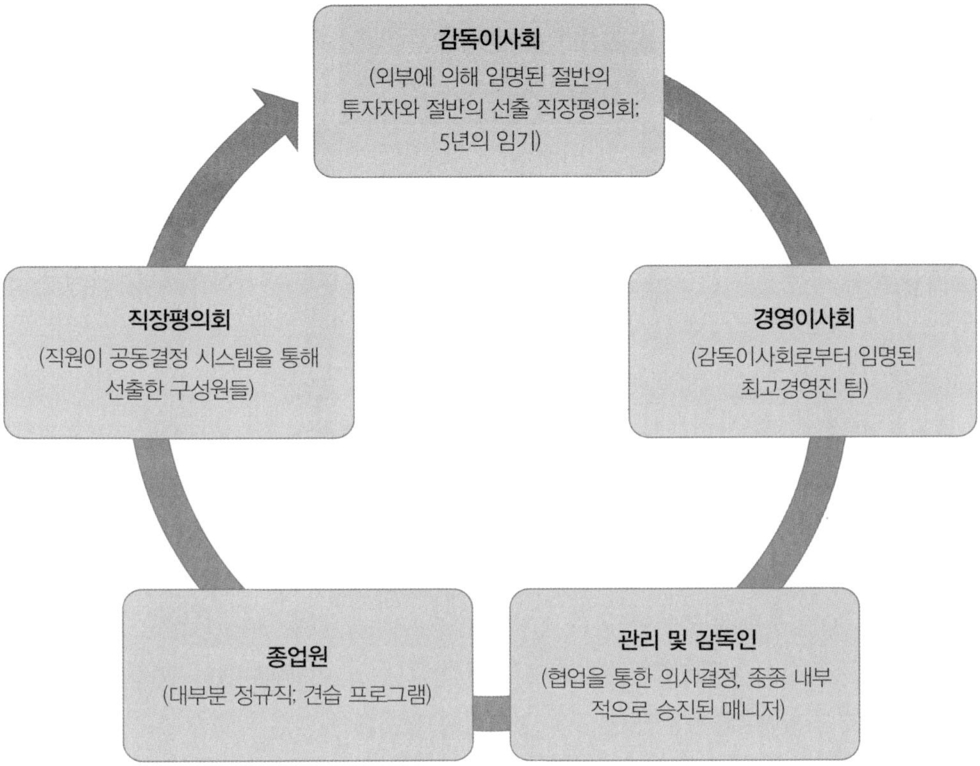


**그림 4.7** 독일의 상호이익 모델의 예(*콘쩨른*)
출처: Based on Richard M. Steers, Luciara Nardon, and Carlos Sanchez-Runde, "Culture and organization design: strategy, structure, and decision-making," in Rabi S. Bhagat and Richard M. Steers (eds.), *Cambridge Handbook of Culture, Organizations, and Work* (Cambridge University Press, 2009), pp. 94–7.

지 않는다고 가정한다. 합의된 매개변수 내에서의 독립성은 관리자와 피관리자 간의 업무 관계를 특징으로 한다.

- 테크닉. 독일 기업의 조직적 배경 뒤에는 일반적으로 *테크닉*(*Technik*)이라고 불리는 기술 역량에 대한 특별한 개념이 있다. 이것은 직무에 필요한 지식과 기술을 설명한다.[21] 고품질과 첨단 제품을 제조하는 것은 과학과 예술이다. 독일 제조에서 *테크닉*의 성공은 독일의 국내총생산(GDP)의 40% 이상이 제조에서 파생된다는 사실에 의해 입증이 된다. 사실, 독일은 EU가 제조한 모든 수출의 절반 이상을 차지하고 있다. 이러한 이유로 *테크닉*에 대한 지식은 감독자와 경영자의 선택에서 주요 결정 요소이다.

## 통제, 참여, 의사결정 Control, participation, and decision-making

기업의 미래 방향에 관한 시기적절하고 현명한 의사결정을 내리는 것은 경영자의 주요 기능이다. 이 프로세스의 핵심은 최적의 결과를 얻기 위해 언제, 어디서, 어떻게 정보가 제공되는지이다. 즉 보다 나은 의사결정을 내릴 수 있는 유용하고 중요한 정보나 견해를 누가 가지고 있는가, 그리고 기밀 유지 혹은 효율성을 이유로 누구를 무시할 수 있는가? 분명히 이 문제에 대해 상당한 견해차가 있다. 이 견해차의 핵심에는 경영 통제 및 종업원 개입 혹은 의사결정 참여라는 두 가지 이슈가 있다.

이 경영 의사결정 과정에서 조직의 통제와 종업원의 개입 정도를 시험하는 많은 연구가 있지만, 우리는 오래되고 간편한 체계를 사용한다.[22] 이 방법은 강력한 실험적인 기초와 어떻게 문제들이 실제적으로 다뤄지고 조직의 계층이 해결되는지에 대해 이해할 수 있는 현실적인 방법이라는 점에서 학자들과 경영자들에 의해 널리 쓰여 왔다. 이 모델은 세 가지 계층의 분류 제도를 관리자들과 조직들에게 허용되는 종업원들의 참여 정도를 기초로 하여 제공한다: 집중(centralized), 상담(consultative), 협업(collaborative).[23] (그림 4.8 참조)

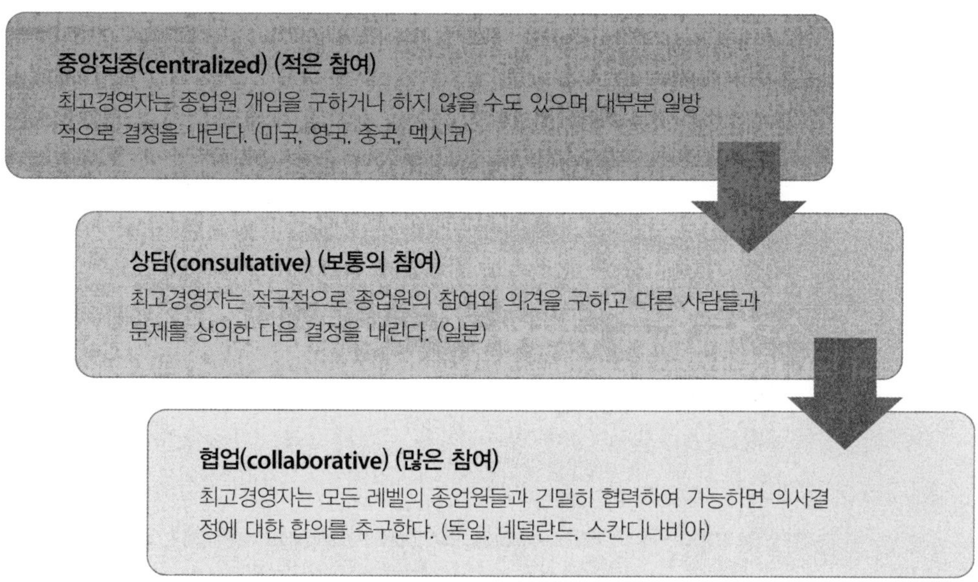


**그림 4.8** 조직 의사결정에서의 종업원들의 참여

출처: Based on Richard M. Steers, Luciara Nardon, and Carlos Sanchez-Runde, "Culture and organization design: strategy, structure, and decision-making," in Rabi S. Bhagat and Richard M. Steers (eds.), *Cambridge Handbook of Culture, Organizations, and Work* (Cambridge University Press, 2009), pp. 107 – 15.

## 집중된 의사결정(미국, 영국, 캐나다)

많은 이른바 "앵글로" 나라들(호주, 캐나다, 뉴질랜드, 영국, 미국)의 전형적인 의사결정을 살펴보면, 우리는 라인별 관리자의 손에 집중된 권력의 과정을 찾을 수 있다. 이 과정에서 초기 문제의 식별은 대개 관리직이나 관리의 책임을 가지고 있는 곳에서 찾을 수 있다: 종업원들의 의견은 처음에는 대개 무시되거나 제공되지 않는다. 문제나 이슈가 식별되면, 그것을 분석하고 해결하는 것은 경영자의 책임이며, 종종 고위 간부나 외부의 전문가, 컨설턴트의 도움을 받기도 한다. 바뀐 업무절차 형태로 의사결정은 낮은 레벨의 종업원들에게 전달된다. 당연히, 낮은 계층에 있는 사람들은 경영진들의 결론이나 의도에 대한 이해가 떨어지기 때문에, 결정의 이행은 느린 경향이 있으며, 경영진들은 결정에 따르라고 종업원들을 설득해야 한다. 종종, 과정에 대한 결과로 외생적 보상(외부적인 관리에 의한 보상, 월급이나 성과급)이 내재적인 보상(내부적인 관리에 의한 보상, 성취감이나 직업 만족에 대한 자부심) 대신 사용된다.

한편, 위에 묘사된 의사결정 과정은 중국의 공쓰나 가족경영 기업과는 다르다. 집단주의 나라임에도 불구하고 중국은 아직 계층적이기 때문에 중앙집권적인 의사결정에 따른다. 문제의 식별은 전형적으로 관리자들이나 소유권자들의 엄격한 경영이나 생산 통제 시스템에 의해 수행된다. 소유권자들은 토론하고 문제를 분석하며, 종종 대가족의 구성원이나 *꽌시* 관계를 이용하여 조언을 구하기도 한다. 독재적인 결정 스타일은 일반 종업원들에게 빠른 결정을 알려 주는 것이 가능하다(그림 4.9 참조). 소유권자-매니저에 대한 충성심과 불이행의 결과에 대한 두려움 때문에 소유권자의 결정에 대한 종업원들의 빠른 수용과 실행도 가능하다. 회사에 대한 관습과 충성심 때문에 아마 결정을 실행하는 종업원들의 내부 동기는 높을 것이고, 직업 안정성과 수입에 대한 중요성 때문에 외부적인 동기도 높을 것이다.

## 상담하는 의사결정(일본)

전형적인 일본의 *카이샤*(회사) 경영자들의 의사결정은 일본의 문화를 반영하고, 서양의 방법과는 많은 부분에서 구분된다. 놀랄 것 없이 일본의 회사들은 수직형 계층구조를 기초로 한 문제해결 개념을 지지한다.[24] 이 개념은 **품의조치제도**(*ringi-seido* 또는 *ringi sei*)라고 불리는 것으로, 토론회라는 의미이다.

특정한 문제나 기회가 포착되면, 종업원들이나 관리자들은 문제의 다양한 변수들을 논의하고, 가능한 해결책을 찾으려고 한다. 동시에, 기술 전문가들이 지원을 해 준다.

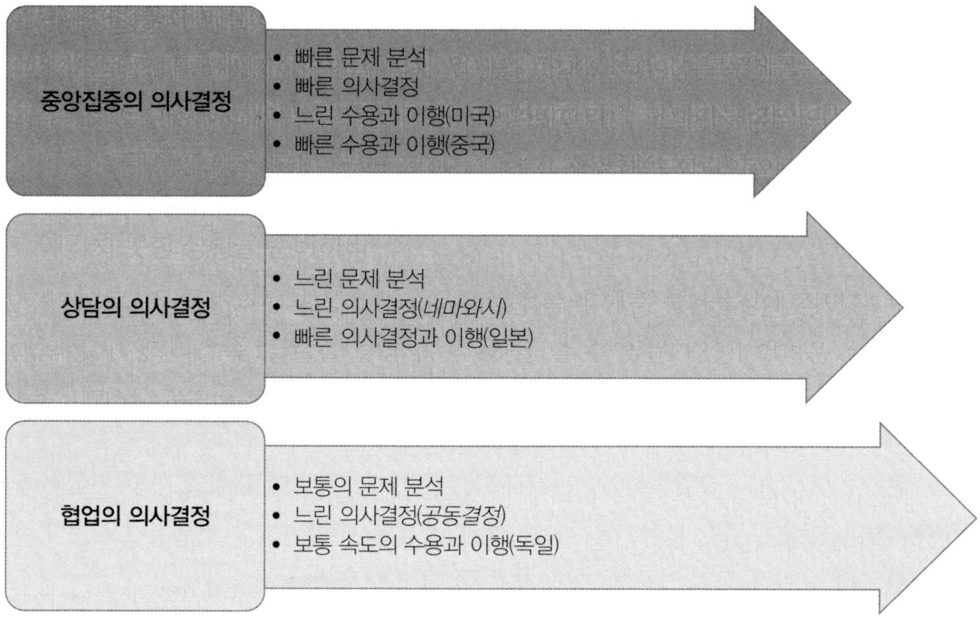


**그림 4.9** 결정 분석과 이행의 속도
출처: Based on Richard M. Steers, Luciara Nardon, and Carlos Sanchez-Runde, "Culture and organization design: strategy, structure, and decision-making," in Rabi S. Bhagat and Richard M. Steers (eds.), *Cambridge Handbook of Culture, Organizations, and Work* (Cambridge University Press, 2009), pp. 107 – 15.

초기의 결과가 긍정적이면 종업원들은 조언과 가능한 지원을 요청하기 위해 관리자에게 접근한다. 전체적인 과정은 대개 *네마와시*(*nemawash*: 사전정지작업)라고 불린다. *네마와시*라는 단어는 나무를 심기 위해 뿌리를 준비하는 과정을 묘사하는 것에서 파생되었다.[25] 뿌리가 잘 준비되면, 나무는 살아남을 것이고 번식할 것이다. 마찬가지로, 제안이 제대로 준비된다면 이 제안은 살아남을 것이고 성공할 것이다.

그룹이 비공식적인 동의에 도달하면, 공식적인 제안을 명령계통의 상부에 제출하기 위한 초안을 작성한다. 공식적인 문서를 *린지*쇼라고 하는데 이것은 순차적으로 높은 레벨의 관리자한테 검토된다. 만약 관리자가 이 제안에 동의하면, 관리자는 그의 서명란에 도장을 찍고, 그렇지 않으면 그는 도장을 찍지 않거나 뒷면에 도장을 찍는다. 서류가 더 높은 경영진에 닿을 즈음이면 그 제안이 폭넓은 지지를 받을 수 있을지 아닐지가 확실해진다. 제안이 지지를 받는다면, 최고경영진들이 공식적으로 그 제안을 수용하는 경향이 있다. 이런 방법에서는, 높은 자리의 경영진들이 대개 의사결정 과정에 거의 투입되지 않는다. 명령계통의 상부까지 지지를 받는다면, 고위 간부들은 제안을 거절하기 어려워진다.

행동이 실행되거나 특정 결론에 대해서 논의하는 도중에 종종 두 가지의 외견상의 모순된 과정이 일어나서 많은 서양사람들을 혼란스럽게 하는 경향이 있다. 일본에서는 그 사람이 실제로 선호하는 것을 행하거나 말하는 것(아마 어려울 것이다)을 *혼네*라고 하고, 수반되는 개념이나 사회적인 관습에 의해서 바른 것을 행하거나 말하는 것을 *타테마에*라고 한다.[26] 이는 대화나 회의에서 몇몇 서양사람들이 일본인 경영자에게 모순으로 다가올 수 있거나 진실되지 않게 다가올 수 있다. 실제로 경영자는 이 메시지의 수신인에게 그 또는 그녀의 진실된 의도나 욕구에 대한 미묘한 신호를 바라면서 단순하게 그 또는 그녀가 말하라고 강요당하는 것을 믿고 말할지도 모른다. 이는 많은 서양사람들을 혼란스럽게 하고, 공식적인 발언뿐 아니라 바디랭귀지도 주의 깊게 관찰하고 듣게 만든다(예: 얼굴을 읽는 것). 결국, 서양과 달리 일본은 고도의 맥락적인 사회이다(5장 참조).

여기서 기억해야 할 핵심 포인트는 *린지세이* 과정은 느릿한 경향이 있다는 것이다. 이는 빠르고 경쟁적인 글로벌 비즈니스 환경에서는 종종 단점이 될 수 있다. 이 과정은 그 제안이 수용되었을 때 상당한 지지와 수많은 새로운 해결책들의 헌신으로 나타난다. 대조적으로, 많은 서양의 결정들은 대개 높은 경영층의 일방적인 방법으로 만들어진다. 하지만 그 제안이 결정되기까지 그들은 종종 그 제안을 실질적으로 수행해야 하는 관리자들이나 종업원들의 상당한 반대와 냉담에 직면한다. 결과적으로 전략 계획은 종종 서양에서 더 빠르게 달성되기도 하지만, 전략의 수행은 종종 일본에서 더 빠르게 달성된다.

## 협업하는 의사결정(독일, 네덜란드, 스칸디나비아 반도의 나라들)

마지막으로 독일, 네덜란드, 스칸디나비아 반도 나라들에서 찾아볼 수 있는 의사결정 과정은 앵글로 나라들이나 아시아 나라들에 비해서 더욱 참여적이다. 이것은 큰 비중을 차지하고 있는 공동결정 및 직장평의회 때문이다.

협업하는 의사결정은 다양한 이해관계자들의 지식과 힘에 의해서 상당히 복잡할 수 있다. 이 과정에서 문제들은 종종 감독자들과 종업원들의 경험과 복잡한 생산 통제 과정에서 식별된다. 섹션이나 부서에 있는 낮은 레벨의 종업원들은 감독자들을 도와서 문제의 원인과 해결책을 찾는 것을 돕기 시작한다. 그 후, 부서의 장이나 섹션의 총책임자, 감독자들은 상황의 해결책에 대한 제안을 논의하고 발전시키기 위해서 만난다. 기술 전문가들은 직장평의회 구성원들과 만나고 상담하면서 최선의 문제해결책을 찾으려고 한다. 그 후 문제와 가능한 해결책이 경영진 계층으로 올라간다. 경영진들은 이 문제와 가능한 해결책에 대해 폭넓게 논의하고 공식적인 결정을 내린다. 종종 이 결정은 지역의 산업 조합 위원회와 직장평의회 구성원들과의 상담과 협상에 의해서 이루어진다.

전형적인 절차에 따라 내린 의사결정은 평사원들에 의해 폭넓게 수용된다. 모든 계층의 종업원들은 과정에서 의견을 제시한다. 구조적인 문제와 계약 이슈로 인하여 조합의 반대에 부딪힐 수 있지만, 결과적으로 결정과 수행은 보통 속도로 진행된다. 대표자들이 의견을 제시하고, 의사결정이 직업보장을 위협하지 않기 때문에, 결정을 수행하는 종업원들의 내부 동기는 대체적으로 높다.

조직의 의사결정에 대해서 논의한 것을 요약하자면, 많은 것에서 종업원들의 참여와 개입이 큰 역할을 한다. 몇몇 나라에서는, 종업원의 참여가 귀하게 여겨진다. 어떤 나라들에서는, 종업원들은 참여에 대한 기대가 없다. 게다가 그들은 종종 관리자들을 그들의 의견을 약화시키는 사람이라고 본다. 미국과 캐나다와 같은 이런 나라들에서는, 참여는 종종 실제적인 적용보다는 수사학적으로만 대접을 받는다. 즉, 많은 회사들이 종업원들의 의견이 중요하다고 선언했더라도, 그들은 과정보다 결과에 더 관심을 가진다. 생각해 보자: 어떻게 관리자들이 종업원들에게 얼마나 많은 참여를 동기부여하고 허용하는 것을 결정할 것인가? 그리고 만약 동료들이나 종업원들로부터 제시된 조언들이 이기적이고 극도로 비싸고 비현실적이면 그들은 무엇을 해야 하는가?

## 기업 문화 Corporate culture

조직 설계의 행동적인 징후들은 일반적으로 회사의 **기업 문화(corporate culture)**를 통해 생동감을 얻는다(조직 문화라고도 하지만 혼란을 피하기 위해서 기업이라는 단어를 선호한다). 관리 구조가 조직의 지문이라면, 기업 문화는 그들의 성격이다. 조직은 관리자에게 표준 운영 절차 및 조직의 문화적인 규범의 형태로 행위를 안내하는 일련의 규칙, 절차, 규범을 제공한다. 기업 문화는 조직 내의 특정 회사, 부서, 또는 그 부서의 규범, 가치 및 승인된(그리고 금지된) 행동을 반영한다. 이는 개인과 종업원들의 그룹에 영향을 미치는 것으로 인식되는(perceived) 조직의 현실을 보여 준다.

기업 문화는 국가의 문화적 가치와 규범을 복제하거나 거부할 수 있으며 국가의 표준이 강화되거나 적용되지 않는 미시적 환경을 조성한다. 예를 들어, 한 나라가 다중시간 성향을 받아들인다고 하더라도, 그 조직은 이런 문화적 규범을 거부하고 활동에 대한 시간 엄수를 고집할 수 있다. 실제로 많은 글로벌 조직들이 전사적으로 명확한 행동 지침을 작성하여 여러 국가 문화가 제기하는 문제점을 해결한다. 조직 내 상호작용을 통하여 조직의 규범과 규칙은 여러 제도적 환경의 영향을 줄이는 역할을 한다. 조직 간의 관계에서 조직 환경은 차이를 악화시킬 수 있다. 행동 규범의 개발과 강화를 통해 조직은 관리자에게 기대되는 바를 정의한다.

관리자가 직면하는 근본적인 도전과제는 그들이 다루는 문화의 유형을 신속하게 파악하는 것이다. 기업 문화 전문가인 에드거 샤인(Edgar Schien)은 세 가지 방법을 제안한다(그림 4.10 참조).[27]

1. **기호와 행동.** 유물과 행동 패턴을 통해서 문화의 발현을 관찰한다. 조직은 서로 다른 모양과 느낌을 가진다. 새로운 조직에 도착하면 중요한 정보를 제공해 줄 수 있는 상징이나 물리적 특성을 관찰할 수 있다. 예를 들어, 사무실이 있는가? 오픈 플로어 형식인가? 문이 열려 있는가 아니면 닫혀 있는가? 환경은 공식적인가 비공식적인가? 사람들의 옷차림은 어떤가? 등. 우리는 또한 행동 양식을 관찰할 수 있다. 많은 사람들이 행동하는 특별한 방법과 다른 사람들이 이 행동을 정상적으로 취급하는 것(예: 회의 중단, 늦게 도착하는 것, 전화 응답)이 있는가?
2. **권력 배분.** 조직의 권력 구조를 연구하고 한 사람이 어떻게 권력을 얻거나, 유지하거나, 잃을 수 있는지 이해하려고 노력한다. 이것은 이 조직에서 실제로 가치 있는 것

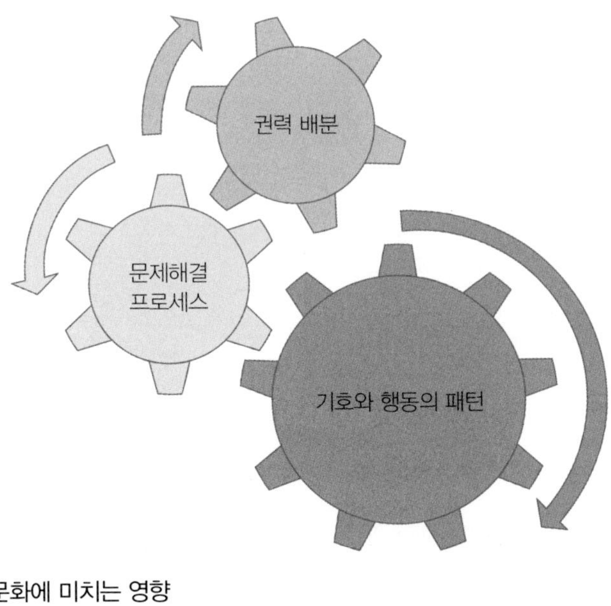


**그림 4.10** 기업 문화에 미치는 영향

을 알려 줄 것이다. 여기서 또 다른 단서는 조직의 보상과 처벌 시스템이다. 다시 말해서, 누가 보상과 처벌을 하고, 보상과 처벌은 어떤 것인가? 그 이유는 무엇인가?

3. **문제해결 프로세스.** 조직이 문제에 어떻게 대응하는지 분석한다. 그들은 어떻게 반응하는가? 그들은 주로 사전 예방적인가 아니면 사후 대응적인가? 그들은 당황하는가 아니면 변화나 도전에 대비할 준비가 되어 있는가?

이것이 어떻게 작동하는지 알기 위해, 세상의 얼마나 많은 회사들이 적당한 위험 감수와 신체적인 고난을 통해서 적극적이고 창조적인 기업 문화를 구축하려고 시도하고 있는지 살펴보라. 주니어 경영자에게 신체적인 도전을 안겨 주는 것이 새로운 것은 아니지만, 기업이 추구하는 활기는 증가하는 듯하다. 일본과 중국을 여행하면서 글로벌 기업 문화의 두 가지 사례를 살펴본다.

## 응용 4.3 덴츠의 기업 문화

직원 오리엔테이션이 진행될 무렵이면 광고대행사 그룹 덴츠(Dentsu)에는 가장 독창적인 것이 하나 있다.[28] 그리고 정말 가장 힘든 것이기도 하다. Carat, Isobar, McGarry Bowen을 비롯하여 거대한 글로벌 대행사를 소유한 일본 본사는 1925년부터 매년 7월에 신입사원들과 새로 승진한 임원들이 12,388피트 높이의 후지산을 오른다. 신입사원에게 보내는 메시지: "우리 회사에 오신 것을 환영합니다. 지금 이 산을 오릅시다."

후지산은 특별히 위험한 곳은 없지만, 매년 몇몇 등산객은 강풍, 노출, 낙상으로 인해 사망한다. 정상의 산소는 해수면의 3분의 2밖에 안되며 밧줄과 등산용 아이젠이 필요한 매우 어려운 일이다. 덴츠 직원 수백 명이 오후에 이 화산 트래킹을 시작하여 일출시간인 오전 4시 30분경에 정상에 도달한다. 고위 간부부터 대학을 졸업하고 막 취업한 주니어 스태프까지 육체적으로 가능한 모든 사람들은 이 등산에 참여해야 한다.

마침내 정상에 도착하면, 지친 팀원들은 고객에게 엽서를 써서 정상에 안성맞춤으로 위치한 우체국에서 엽서를 부친다. 등산객들은 회사의 미래의 성장을 위해서 신사 앞에서 기도도 한다.

일본 덴츠에서 13년 동안 일했던 크리스토퍼(Christopher Demetrakos)는 등반 뒤에 든 생각을 설명했다. "메시지는, 우리는 무엇보다 일본을 대표하는 하나의 상징을 정복하려고 한다. 그리고 일단 우리가 그렇게 한다면, 이는 우리가 무엇이든 할 수 있다는 것을 의미한다."

또한 도쿄 도심에 위치한 덴츠의 본사는 야망을 상징한다. 6,200명의 직원은 여러 광고 프로젝트에서 일하는 작업 팀을 격리해서 다른 팀과의 상호작용을 막기 위해 빌딩 48개 층 중 45개 층으로 분산되어 있다. 엘리베이터의 사용은 권장되지 않는다.

다음에 대해 생각해 보자.

(1) 덴츠의 기업 문화를 어떻게 표현할 수 있는가?
(2) 이 문화가 덴츠의 장기적인 기업 목표를 보여 준다고 생각하는가? 설명하라.

(3) 어떻게 덴츠와 같은 회사가 오랫동안 기업 문화를 유지하는 것이 가능한가?
(4) 이 회사에서 일하고 싶은가? 그 이유는 무엇인가?

덴츠가 육체적인 도전을 통해서 성취 지향적인 기업 문화를 만들고자 했다면, 조직에서 종종 발견되는 또 다른 방법은 열정이다. 즉, 일이 게임이 될 정도로 종업원들을 직장생활에 참여시켜라. 중국의 알리바바는 이러한 접근방식의 좋은 예이다.

### 응용 4.4 알리바바의 기업 문화

이 장의 앞부분에서 논의했듯이, 계층, 집단주의 및 기타 유교 원칙은 중국의 전통적 기업을 특성화하는 경향이 있다. 그러나 많은 사람들이 깨닫지 못하는 것은 중국의 새로운 하이테크 신생 기업이 날로 증가함에 따라 전과는 매우 다른 기업 문화를 창출하기 시작했다는 것이다. 그것은 서양도 아니고, 전통적인 중국도 아닌, 제3의 방법이다.

전자상거래 대기업 알리바바 본부 4층에는 수백 명의 판매원으로 가득 찬 방대한 작업공간이 있다. 이곳은 알리바바의 차가운 전화 군대이다. 그들은 웹상의 온라인 상점을 가진 고객에게 전화를 걸어 키워드 광고를 구매하거나 온라인 순위를 높이기 위해 비용을 지불할 것을 제안한다. 판매원들은 책상, 플라스틱 해바라기, 거울이 구비된 칸막이에서 일한다. 마지막의 것은 미소를 상기시키는 것으로, 고객이 전화를 통해 미소를 들을 수 있다는 알리바바의 믿음의 신조이기 때문이다. "*리우치앤* !"한 여자가 칸막이에서 튀어나오며 "6,000!"이라고 외쳤다. 그녀는 방금 고객을 설득해서 6,000위안의 키워드 광고를 사게 했다. 그 신호에 그녀의 모든 동료들은 할당된 기념장치를 들어 올렸는데, 그것은 끝에 세 개의 플라스틱 손을 가진 긴 플라스틱 스틱이다. 좋은 날에는 세 손으로 박수 치는 소리가 끊임없이 클릭–클릭–클릭 한다. 이 이상한 소음 또한 중국의 변화하는 조직 문화이다.

1980년대의 경제 자유화 과정에서 기업들이 중국에 진출하기 시작한 이후로 중국의 직장 문화는 "만리장성" 모델로 불리는 가진 자(간부)와 없는 자(근로자)로 나누는 것으로 정의되었다. 오늘날에는 오래된 방식이 공격받고 있다. 공산당 당국이 국가의 사회적 분열과 잠재적인 안정에 대해서 점차 인식하고 있기 때문에, 중국은 다른 문화권의 영향을 받게 되었고, 특히 인터넷 분야에서 이는 기업 생활에 빠르게 침투했다.

알리바바의 창립자이자 CEO인 마윈(Jack Ma)과 같은 지도자들은 실리콘밸리의 테크 타이탄의 사례에서 영감을 받았다.[29] 마윈과 마찬가지로 다른 나라에서 교육을 받은 전문적으로 노련한 중국의 경영인들은 최전선 전투 정신, 모험에 대한 강한 욕구, 혁신에 대한 다양한 이해를 포함하여 경영 및 업무에 대한 새로운 생각으로 귀환한다. 이 간부들은 "*하이귀*"라는 별명으로 잘 알려져 있는데, 이는 해구 또는 바다거북이라는 의미로, 중국에서 해외로 나가서 중국으로 귀국하는 사람이라는 말과 조화를 이룬다.

마윈은 항저우 사범대에서 공부했다. 그는 바다거북은 아니지만 알리바바의 그의 직원들은 중국 이외의 주요 대학의 많은 동창들이 포함된다. 그는 미국을 방문한 후 알리바바에 대한 아이디어를 얻었다. 회사를 시작한 후, 그와 임원들은 세계여행을 떠났고, GE(General Electric)와 HSBC를 포함하여 오래되고 성공적인 기업의 사장들을 만났다. 그는 그들 모두가 강한 기업가치뿐 아니라 목적의 통일된 의미를 가지고 있다는 결론을 내렸다. 단기 및 장기 성공의 차이점은 뚜렷한 조직 문화였다. 그래서 그는 6가지 핵심 가치에 기반하여 알리바바를 조직했다. 그 6가지는 변화의 포용, 청렴, 열정, 직업에 대한 헌신, 팀워크, 협력이다. 결과물은 그의 독창적인 중국 렌즈를 통해 굴절된 "실리콘 밸리 기업"이다 – 마치 알리바바에서 판매하는 서양 제품의 중국 버전과 마찬가지이다.

마윈의 기발한 관리 스타일의 신호는 세 손의 축하 장치에서 중앙 안뜰에 있는 커다란 벌거벗은 남자의 동상, 축제와 휴가철 동안 접대원의 매일의 의상 변경에 이르기까지 알리바바 항저우 사내 전역에 있다. 직원들은 생일에 케이크도 받는다.

자격이 되는 직원이 처음 주택을 구입할 때는 알리바바에의 충성도를 높이기 위해 무이자 대출도 제공된다. 카페테리아에는 임산부를 위한 특별 메뉴도 있다. 고용 및 승진에서 문화적 적합성은 기술 전문 지식만큼 우선순위이다. 분기별 평가에서 직원은 알리바바 6점값 시스템으로 판단된다. 목표는 마윈에 따르면 이익을 창출할 팀 정신을 고양시키고, "국영 기업을 잠 못 들게 하자"는 것이다. 그러나 이 중 어느 것도 지원자가 취업 면접에서 물구나무서기를 하라고 요청받았는지 설명할 수 없었다!

다음에 대해 생각해 보자.

(1) 알리바바의 6가지 핵심 가치에 대한 평가는 무엇인가? 이 가치들에 대해 특별히 중국적인 것이 있는가?
(2) 기업 문화는 해당 산업(예: 하이테크 스타트업, 자동차, 제약) 또는 자국 문화(예: 중국, 프랑스)와 더 밀접하게 관련이 있다고 생각하는가? 그 이유는 무엇인가?
(3) 알리바바는 여러 면에서 조직화를 위해 중국 전통 패밀리 구조를 사용하지만 이 방법은 업계의 하이테크 회사와 조화를 이룬 것으로 보인다. 어떻게 이것이 가능하다고 보는가?
(4) 알리바바의 기업 문화는 팀정신(예: *리우치앤*), 가부장적인 복리후생(예: 주거 보조), 기발한 것(예: 세 손 축하 장치)의 조화이다. 5년이 지난 후 회사로 돌아왔다면 회사 문화가 동일하다고 생각하는가, 다르다고 생각하는가. 그 이유는 무엇인가?
(5) 알리바바의 사례는 다른 문화권의 다른 첨단 스타트업을 위한 모델을 제공하는가? 그 이유는 무엇인가? 이 모델 채택을 제한하기 위해 어떤 문화적 제한이 적용될 수 있는가?

## 경영자 노트:
## 글로벌 조직과 일을 하는 것

여기서의 교훈은 무엇인가? 우선, 조직은 복잡한 실체이며, 자주, 쉽게 이해할 수 없다. 조직은 단지 사람들을 박스나 칸막이에 집어넣는 방법에 관한 것이 아니다. 대신, 가치 있는 업무 수행에 필요한 인력, 재정, 물리적 자원을 집중시키는 주요 명령 및 통제 시스템으로 사용된다. 조직 설계는 관리자가 책임을 수행할 수 있도록 도와준다. 세계화는 조직과 경영에 대한 모든 접근방식이 아니라 다양한 답변을 요구한다. 여기에는 글로벌 비전과 전략이 포함되지만 현지의 조건과 사용 가능한 자원에 모두 맞춰 조직 설계를 조정하는 것도 의미한다.

적절한 조직 설계의 선택은 일반적으로 기업이 글로벌 활동에 대한 참여를 증가시키면서 시간이 지남에 따라 진화한다. 이 진화 과정은 종종 국내 활동의 중심적인 부분에 국제 비즈니스를 배치하는 통합된 글로벌 조직 설계로, 국제 활동이 중심적인 국내 활동의 부속물이 되는 형태의 국내 조직 설계로 시작된다.

또한 회사의 향후 방향에 대한 적절하고 현명한 결정을 내리는 것은 분명 경영의 주요한 기능이다. 이 과정의 핵심은 최적의 결과를 얻기 위해 언제, 어디서, 어떻게 정보가 제공되는지이다. 다시 말해, 누가 더 나은 의사결정을 내릴 수 있는 유용하고 중요한 정보나 견해를 가지고 있는가, 그리고 기밀유지 혹은 효율성을 이유로 누구를 무시할 수 있는가? 이러한 불일치의 핵심은 의사결정에서 직원의 개입과 참여의 문제이다.

기업 문화(또는 조직 문화라고도 함)는 특정 회사, 부서 또는 조직 내의 과의 규범, 가치 및 승인된 행동을 반영한다. 국가 문화 가치와 규범을 모방하거나 거부함으로써 국가 규범이 강화되거나 적용되지 않는 미시적 환경을 조성할 수 있다. 조직 내 상호작용으로 규범과 규칙은 여러 제도적 환경의 영향을 줄이는 역할을 한다. 조직 간의 관계에서 조직 환경은 행동 규범의 발전과 강화를 통해 차이를 악화시킬 수 있다. 조직은 매니저에게 기대하는 것을 정의한다.

관리자들의 도전과제는, 매니저와 함께 일할 수 있는 특정 조직의 운영방식에 관한 학습방법이다. 이 노력에서 우리는 3가지 일반적인 경영 전략을 제시할 수 있다(그림 4.11 참조).

### 1. 이해관계자, 전략, 구조 간의 관계를 이해한다.

이 책 전체에서 관계를 찾는 것이 훌륭한 학습 도구라는 것을 제안했다. 이해관계자, 전략 및 구조와 관련하여 몇 가지 교훈이 중요하다.

우리는 이 장에서 문화가 기업이 전략적 결정에 접근하는 방식에 어떤 영향을 미칠 수 있는지를 보았다. 예를 들어, 독일에서는 정책을 결정할 때 사회적 압박과 법적 환경 모두가 기업이 투자자 및 주주의 독점적인 이해관계를 넘어서는 것을 요구한다. 공

**1. 이해관계자, 전략, 구조 간의 관계를 이해한다.**

- 전략 수립 과정에서 이해관계자의 힘과 영향력을 이해한다.
- 전략적 목표와 조직 체계에 관해서 조직이 다른 조직과 어떻게 다른지 이해한다.
- 전략적 결정과 구조 간의 상호작용을 찾는다.
- 전략과 구조는 시간이 지남에 따라 발전할 수 있음을 기억한다.
- 전략－구조적 관계에서의 문화적 차이의 역할을 고려한다.

**2. 현지 작업 환경의 특성을 이해한다.**

- 직원 개입의 역할을 포함하여 조직 전반에서 의사결정이 이루어지는 방식을 이해한다.
- 조직의 의사결정에 대한 제약을 이해한다.
- 자신의 조직 문화를 이해한다.
- 조형물, 행동, 권력 배분 및 문제해결 방식을 포함하여 기업 간 조직 문화 차이를 이해한다.
- 외부인으로서 다른 조직 문화의 사람들과 어떻게 일할 수 있는지 알아본다.

**3. 자신의 능력을 더 잘 이해함으로써 다른 조직에 대해 배운다.**

- 자신의 문화와 지역 조직 체제 간의 관계에 대해 자세히 알아본다.
- 이것을 토대로 다른 문화권의 조직 환경에서 더 많은 것을 배운다.
- 서로 다른 환경에 대비하기 위해 계속해서 다문화적인 기술을 개발한다.
- 마지막으로 당신이 일하는 위치에 관계없이 게임의 규칙을 배운다.

그림 4.11 글로벌 조직의 전략

동 의사결정의 원칙이 이것을 요구한다. 또한 환경 문제와 높은 윤리적 기준뿐 아니라 직원 및 지역사회도 고려해야 한다. 일본에서 긴밀한 기업－정부 관계가 기업의 전략적 선택에 미치는 영향과 특히 수출 분야에서 정부 정책이 기업 전략을 어떻게 지원하는지를 우리는 보았다. 동시에 다른 나라들(예: 영국, 미국)은 기업과 정부 간에 적대관계를 가지고 있으며, 때로는 법적으로 회사들이 다른 모든 이해관계자보다 투자자와 주주를 우선적으로 기업 행동의 수혜 대상으로 삼고 있다. 여기서 요점은 간단하다. 어느 나라의 경영자든 전 세계의 조직이 동일한 방식으로, 기본적이며 전략적인 의사결정에 접근한다고 가정하는 것은 순진한 생각이다. 각 회사는 각각 다른 경험을 하지만, 매우 현실적이며, 단기 및 장기적으로 어떻게 전략에 접근할 것인가에 대한 제약이 있으며, 이러한 제약은 국가마다 매우 다양하다.

전략과 구조는 서로 자주 상호작용하고, 각각은 서로에게 영향을 미친다. 이 주장의 이면에 있는 논리는 문화적 차이가 조직 설계 및 경영관행에 영향을 미치기 때문이다. 그러나 이것 이상이다. 현지 문화적 다양성에 관계없이 조직과 관리자는 조직의 구조와 관리 전략 및 관행을 모두 바꿀 수 있는 방식으로 과거 경험과 미래 기대치를 기반으로 하는 학습 시스템으로 구성된다.

전략과 구조 모두 글로벌 및 현지 변화에 대응하여 다양한 방식으로 지속적으로 변화한다는 것을 기억하라. 또 다른 영향은 정보와 컴퓨터 매개 기술의 급속한 진화에서 발견할 수 있다. 이 기술은 기업과 그 파트너와의 기본적인 커뮤니케이션 방식을 바꿀 수 있는 힘을 가지고 있다.

다른 조직의 사업 파트너나 유망한 파트너를 상대할 때, 그들의 전략이 무엇인지, 조직 구성 방법 및 의사결정 방법을 이해하는 것이 중요하다. 예를 들어, 그의 조직구조에서 위치를 인식하면 그 사람이 가진 힘의 정도와 결정을 내릴 때 그가 지닌 재량권에 대한 중요한 정보를 얻을 수 있다. 그의 의사결정 스타일을 이해하는 것은 똑같이 중요하다. 왜냐하면 당신이 신속한 합의에 도달하기를 압박당할지라도, 상대방이 직면한 조직적인 제약을 고려할 때 상대방이 압박을 강요할 수 없기 때문이다. 가능한 한 참을성을 가지고 임해야 한다.

여기서 논의된 네 가지 구성 틀은 본국의 문화적 특성과 높은 상관관계가 있다. 일본은 포함과 그룹 멤버십을 촉진하는 집단주의적 사회이다. 당연한 일이지만, 일본의 *케이레츠*는 (물론 소규모 기업들도) 기업을 구조화하고 그들의 인력을 관리하는 데 그룹 정신 및 가부장주의를 이용한다. 모든 사람은 회사에 "속한다" – 그리고 회사는 그들에게 속한다. 대조적으로, 독일은 더 개인주의적인 국가지만, 본질적으로 평등주의 나라이다. 따라서 독일 기업은 다소 더 관료적이지만 여전히 모든 수준에서 종업원들의 참여와 개입을 위한 강력한 기반을 제공한다. 따라서 일본 기업과 독일 기업 모두 직원의 참여를 촉진하지만, 포함의 근거는 매우 다르다. 일본 기업에서 참여는 사회적 규범에 기반하고, 독일 기업의 참여는 지배적인 법률 시스템을 기반으로 한다. 한편, 중국 공쓰의 비가족 종업원은 거의 참여하지 못할 것으로 예상된다. 마지막으로 미국이나 캐나다에서 "직원 참여"나 "개입" 같은 용어는 복도나 공장에서 자주 듣게 된다. 하지만 그러한 단어는 종종 수사학 외의 실제적인 의미는 거의 없다. 여기서의 교훈은 간단하다. 전 세계의 조직을 이해하거나 관리하려고 할 때 문화가 중요하다는 것이다.

## 2. 현지 작업 환경의 특성을 이해한다.

위에 논의에서 나온 두 번째 경영 전략은 현지 작업 환경의 고유한 특성을 이해하는 것과 관련이 있다. 이 장에서는 의사결정 과정과 조직 문화같이 광범위한 차이를 종종 발견할 수 있는 작업 환경의 두 가지 측면에 중점을 두었다.

관리자가 수행하는 가장 중요한 작업 중 하나는 회사의 제한된 자원의 사용 및 응용에 관한 결정을 내리는 것이다. 결과적으로, 다른 조직과 다른 국가에서 의사결정이 이루어지는 방식을 이해하는 것이 일을 하는 데 있어 중요한 부분이다. 특히 관리자는 의사결정 과정의 주요 제약사항과 종업원 개입의 역할을 이해할 필요가 있다. 누가(예: 특정 인물 또는 단위) 주요 결정을 내리는 데 관여하고 실제로 어느 정도의 재량권을 가지고 있는가? 의사결정을 내리기 위해 사람들은 타인들로부터 어떤 수준의 정보를 원하는가? 어떤 사람들은 모든 것을 알고 싶어 하지만, 다른 사람들은 단순히 그들이 상대방을 신뢰하는지 알고 싶어 한다. 결정이 좋은지 나쁜지 사람들이 판단하는 기준은 무엇인가?

관리자가 자신의 조직에서 새로운 위치에 배정되거나 다른 회사의 직원과 함께 일하는 경우 한 가지 중요한 질문은 성공에 있어서 중요한 요소로 돋보일 것이다. 즉, 현지 조직 문화를 이해하는 것이다. 조직 문화는 때로는 명백하게 때로는 은밀하게 규칙을 지정한다. 그들은 행동을 제한하고 격려하며, 이러한 의미에서는 성공에 적지 않은 영향을 미친다. 결과적으로 임무에 관계없이, 관리자는 지역 조형물이나 행동, 권력 분배 및 문제해결의 방법을 인식하고 이해하는 방법을 배우도록 조언을 받는다. 마지막으로, 관리자들은 외부인으로서의 그들이 어떻게 적응할 수 있는지 또는 이것이 불가능한 일이 될 것인지를 배우는 것이 좋을 것이다. 전반적으로, 최선의 조언은 당신에게 유리하게 작용하는 방식으로 주위의 환경을 아는 것이다.

### 3. 자신의 능력을 더 잘 이해함으로써 다른 조직에 대해 배운다.

마지막으로, 관리자들이 그들 자신의 회사 운영에 대해 잘 알고 있을지라도 다양한 현지 기업들의 전반적인 추세와 특이성을 이해하는 것은 보이는 것보다 훨씬 어려울 수 있다. 이것이 정확하다면, 다른 나라의 조직 모델을 이해하려고 할 때 시도할 수 있는 준거기준은 무엇인가? 매니저 입장에서 볼 때, 매니저가 다른 문화권의 조직과 성공적으로 일하기 위해 이 분석으로부터 세 가지 행동지침이 나온다(그림 4.12 참조).

- 관리자는 자신의 국가에서 문화적 추세, 조직 패턴 및 관리 스타일에 대한 이해를 발전시켜야 한다. 이것은 종종 말하기는 쉬워도 행하기는 어렵다. 우리는 흔히 무언가를 이미 알고 있다고 잘못 추측하지만 더 깊이 들여다보면 배울 점이 있음을 알 수 있다.
- 현지의 이해를 바탕으로 책의 앞부분에서 설명한 바와 같이 관리자는 자신이나 회사가 사업을 수행하는(또는 수행하고자 하는) 다른 국가 및 문화에 대해 충분한 통찰력과 이해를 개발해야 한다.

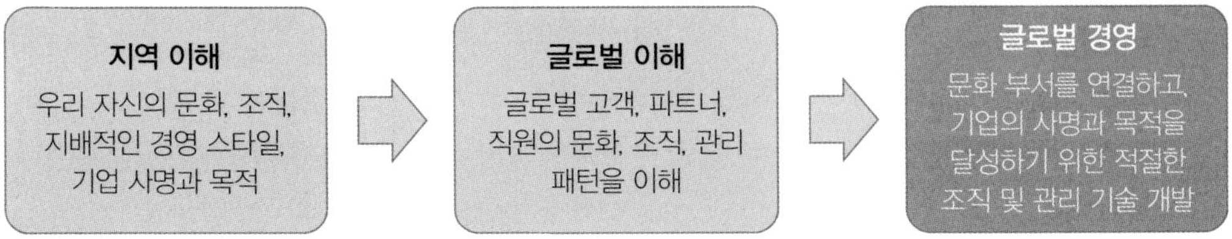


**그림 4.12** 다른 조직 모델로부터 배우기

- 관리자는 두 문화를 성공적으로 이어 주고 기업 목표를 달성할 수 있도록 관리 및 다문화 기술을 지속적으로 개발해야 한다.

이러한 노력을 통해 관리자는 조직 내에서의 미묘한 행동 규칙을 이해해야 한다. 국가 문화의 일반적인 행동 패턴을 이해하는 것으로는 충분하지 않으며, 관리자는 비즈니스를 수행하는 특정 조직 내에서의 행동 규칙을 이해할 필요가 있다. 이러한 다문화적인 비즈니스 환경에서 생존하기 위해서는 행동 패턴을 신속하게 관찰하고 기대에 대한 정보를 수집할 수 있는 기술을 개발해야 한다. 이것은 특히 다른 조직 문화를 이해하는 것과 관련해서 중요하다. 위와 같이 외형적으로 유사한 것으로 보이는 조직은 받아들일 수 있는 것과 예상되는 것의 중요한 차이점을 은폐할 수 있다. 관리자가 도착하기 전에 숙제를 함으로써 이것에 대한 통찰력을 얻을 수 있다면 규칙들을 유리하게 만들기 쉬워진다.

요약하자면, 여기에서 논의된 조직화 모델은 여러 국가에서 중심적인 경향을 보이지만 다양한 변형이 발견될 수 있음을 분명히 해야 한다. 결과적으로 이러한 틀은 문화 전반에 걸쳐 일반적으로 비교할 목적으로는 유용할 수 있지만, 보편적인 조직 패턴을 대표하지는 않는다.

## 핵심용어

공동결정(독일) • 유교주의(중국) • 기업 문화(조직 문화) • 국내 조직 설계 • 기업별 노조(일본) • 체면(중국) • 조직의 가족 모델 • 다섯 가지 기본 덕목(중국) • 글로벌 매트릭스 조직 • 글로벌 네트워크 설계 • 글로벌 조직 설계 • *공쓰*(중국어) • *꽌시*(중국어) • *혼네*(일본어) • 조직의 투자자 모델 • *카이샤*(일본어) • *케이레츠*(일본어) • *콘쩨른*(독일어) • 경영이사회(독일) • *마스터*(독일) • *미텔슈탄트* 기업(독일) • 조직의 상호이익 모델 • *네마와시*(일본어) • 네트워크 조직 모델 • 조직 • 조직 환경 • 지역 조직화 모델 • *린지세이*(일본어) • *린지쇼*(일본어) • *소고 쇼샤*(일본어) •

이해관계자 • 전략 경영 주기 • 감독이사회(독일) • *타테마에*(일본어) • *테크닉*(독일어) • 무역회사 • 웹기반 글로벌 네트워크 설계 • 직장평의회(독일)

## 토의용 질문

1. 홉스테드는 조직이 상징적 실체이며 조직원의 마음에 암묵적인 모델에 따라 기능하며 이들은 문화적으로 결정된다고 주장한다. 이 진술에 동의하는가, 동의하지 않는가? 그 이유는 무엇인가? 이 주장이 어떻게 올바른지에 대한 예시를 제공하라.
2. 조직 환경에 대한 더 나은 이해(그림 4.1 참조)는 어떤 면에서 관리자에게 외국의 과제를 준비시킬 수 있는가? 당신의 요점을 설명하기 위해 두 가지 구체적인 예를 제공하라.
3. 글로벌 조직에서 전략과 구조 간의 관계에 영향을 미치는 요인은 무엇인가? 이 분야에 대한 지식이 현장에서 일하는 글로벌 관리자에게 중요할 수 있는 이유는 무엇인가? 설명하라.
4. 우리는 우버의 웹기반 글로벌 네트워크 조직 설계 사례를 보았다. 어떠한 상황에서 그러한 설계가 국경을 넘어 장기적인 조직의 성공에 가장 유용하고, 또 어떠한 상황에서 잠재적으로 해로운가?
5. 회사 고유의 경영 구조가 자체 지문과 같은 이유는 무엇인가? 이 진술이 옳은 경우, 그것이 경영 개발과 행동에 어떻게 영향을 미칠 수 있는가?
6. 여기서 논의된 네 가지 지역 조직 모델(투자자, 가족, 네트워크, 상호이익) 각각의 전략적 및 관리적 이점과 잠재적인 단점은 무엇인가? 어떤 유형의 조직에서 일하기를 선호하는가? 그 이유는 무엇인가?
7. 많은 전통 중국(및 기타 아시아) 기업의 조직 설계 및 관리 실무는 유교주의의 영향을 크게 받는다. 세계가 계속 글로벌화되고 경쟁력이 중요해짐에 따라 이러한 원칙들이 장기적인 조직 번영에 도움이 되는가, 아니면 해로운가? 그 이유는 무엇인가?
8. 외부 관계자들은 일본의 *케이레츠* 구조가 너무 서로 얽혀 있어 외국 기업에 대한 불공정 경쟁을 대표한다고 주장했다. 즉, 네트워크에 침투하여 사업을 시작하는 것인데, 이는 공정한 비판인가? 외국 회사가 이러한 밀접하게 연결된 네트워크에 침투하기 위해 무엇을 할 수 있는가?
9. 전 세계 조직에서 직원 참여 또는 어떤 형태의 공동결정의 역할에 대한 당신의 의견은 어떠한가? 직원 참여가 양도 불가능한 (또는 인간의) 권리인가? 아니면 단순히 성과 개선을 위해서 일부 국가에서 사용되는 관리 기법인가? 설명하라.

**10.** 기업 문화는 국경 내외로 상당히 다양하다. 함께 일해야 하는 회사 내의 특정 개인을 알고 있다면 왜 글로벌 매니저는 그런 다양성에 신경을 써야 하는가?

**11.** 문화 전반에 걸쳐 조직과 협력할 수 있고 관리자의 역량을 향상시킬 수 있는 방법에 관한 세 가지 전략이 제시되었다(그림 4.11 참조). 관리자에게 이러한 전략을 알리고 해당 전략을 적용할 수 있는 방법을 보여 주기 위해서 어떻게 워크숍을 구성할 수 있을까? 어떤 주제가 포함되고 그 이유는 무엇인가?

## 사례: 폭스바겐의 공동결정

독일 볼프스부르크에 본사를 두고 있는 폭스바겐은 세계 자동차 업계의 판매 리더이자 직원들에게 노동자들의 낙원을 건설하고 유지하는 두 가지 겉보기에 모순되어 보이는 목표를 달성하려고 일관되게 노력해 왔다. 시간이 지남에 따라 폭스바겐의 노력의 성공 또는 실패는 독일의 공동결정 시스템의 도전과제를 상징한다.

그러나 과거 여러 차례에 걸쳐 세계 자동차 판매가 감소함에 따라 회사 전망은 좋지 않았다. 이러한 위기상황에서 1년 만에 매출이 20% 감소하여 직원들의 근무시간의 단축이 필요했다. 사실 회사는 독일에만 필요한 노동자의 수보다 3만 명이나 많은 노동자가 있다고 결정했다. 감독이사회는 빈곤한 경제상황이 몇 년 간 지속될 것이며, 회사의 생존을 위해서는 판매 감소에 맞게 영업비를 20% 줄이는 방법을 찾아야 한다고 결론 내렸다.

폭스바겐이 이 도전에 직면했을 때, 주요 결정이 내려지는 경영 및 사회적 환경은 미국에서 회사가 직면하게 될 경영 및 사회적 환경과 크게 달랐다. 우선, 폭스바겐 주식의 20%는 회사의 주요 제조시설이 있는 니더작센 주에서 소유한다. 또한 직원의 90%는 노동조합원이다. 회사의 노조 계약은 모든 중요한 결정에 대해 주주의 80% 이상의 승인을 요구했기 때문에 대규모 해고와 관련하여 비용 삭감 계획은 큰 문제에 직면하게 되었다. 니더작센 주정부와 금속노조도 비용 절감 전략에 대해 공개적으로 논의할 회사 감독이사회에 상당한 의석을 차지하고 있었다. 그 결과 해고는 실행 가능한 선택지가 아니었다.

폭스바겐은 지배구조 외에도 수십 년 동안 모든 직원들에게 협력과 포용의 문화를 개발해 왔다. 이 문화의 주요 특징은 다음과 같다. (1) 회사의 상태에 대한 상세한 정보를 직원, 금속노조, 직장평의회에 제공한다. (2) 노동조합에 대한 수용적인 분위기. (3)

정식 결정에 앞서 비공식적인 공동결정을 내릴 것. (4) 의사결정에서의 합의에 중점을 둘 것. (5) 결정이 내려지면 이를 이행하는 규범.

이 문화를 만들고 지원할 때 폭스바겐은 결코 수익성과 주주가치라는 목표를 포기하지 않았다. 대신, (많은 독일 회사와 마찬가지로) 직원을 포함한 회사의 모든 주요 이해관계자가 중요한 기업 결정을 내릴 때 보호되어야 한다고 생각했다. 즉, 자본과 노동이 회사의 공동 책임으로 간주되었다. 최고경영진의 입장에서 폭스바겐은 양측이 수용할 수 있는 해결책을 찾아야 했다. 한편에서는 제품의 수요 감소에 직면하여 운영 효율성과 경쟁력을 높이기 위해 인건비 절감을 필요로 했다. 반면에 비용 절감 방법에 대해서는 일반 직원들이 수용할 수 있어야 했다.

## 사례 질문

1. 폭스바겐에서 행해지는 공동결정 시스템의 이점과 한계는 무엇인가?
2. 경영 관행 및 과정에 대한 공동결정 시스템의 함의는 무엇인가?
3. 직원 선택, 교육 및 보상에 대한 공동결정 시스템의 함의는 무엇인가?
4. *마스터* 감독의 개념은 다른 감독 모델과 다른가? 그렇다면 어떻게 다른가? 이 모델이 언제 어디서 조직에 유리한가?
5. 독일 기업들은 종종 글로벌 경쟁자들보다 전략적 의사결정을 더 천천히 하기 때문에 비판을 받아 왔다. 동시에 대부분의 독일 대기업과 *미텔슈탄트*는 시간이 지날수록 경쟁력을 유지한다. 이것을 어떻게 설명하겠는가?
6. 독일(및 다른 북유럽 국가들)에서의 공동결정 시스템의 성공을 고려해 봤을 때 왜 폭스바겐은 글로벌 운영 전반에 걸쳐 이와 유사한 시스템을 적용하지 않았는가?
7. **(선택 연구 질문)** 전 세계 많은 국가들에서 공동결정을 핵심 관리 시스템으로 사용하고 있는가? 이 나라들은 공통점을 가지고 있는가? 공동결정은 글로벌 경영에서의 미래의 물결일까 아닐까?

## ❖ NOTES

1. Anne-Marie Slaughter, "Yes, you can," *New York Times*, March 7, 2013.
2. Geert Hofstede, *Culture's Consequences: International Differences in Work-Related Values*. Thousand Oaks, CA: Sage, 2001, p. 373.
3. *Mittelstand*라는 말은 일반적으로 독일, 오스트리아, 또는 스위스의 중소기업이나 중견기업

을 의미한다. 그러나 *Mittlestand* 기업을 구성하는 요소를 정확하게 정의하는 것은 어렵다. 왜냐하면 이 단어가 실제로 "중산층"으로 직접 번역되기 때문이다. 중소기업은 일반적으로 가족이 소유하지만, 외부 경영팀이 운영을 하거나, 소유권의 일부는 가족에게 일부는 외부 주주에게 있는 경우도 있다. Institut für Mittelstandsforschung에 따르면 독일 Mittelstand 기업은 사기업의 전 직원 중 70%를 고용하고 있다.

4. Sam Schneider, "Two Uber executives indicted in France," *Wall Street Journal*, July 1, 2015, p. B-1.
5. Richard M. Steers, Luciara Nardon, and Carlos Sanchez-Runde, "Culture and organization design: strategy, structure, and decision-making," in Rabi S. Bhagat and Richard M. Steers (eds.), *Cambridge Handbook of Culture, Organizations, and Work*. Cambridge University Press, 2009, pp. 71-106.
6. 문화인류학자나 사회심리학자들은 1970년대와 1980년대 이 집단을 묘사하기 위해서 "앵글로"라는 용어를 광범위하게 사용하였고, 그 사이에 많은 변화가 있었음을 알아야 한다.
7. Nancy Adler, *International Dimensions of Organizational Behavior*, 3rd edn. Cincinatti, OH: Southwestern Publishing, 1997.
8. Ming-Jer Chen, *Inside Chinese Business: A Guide For Managers Worldwide*. Boston, MA: Harvard Business School Press, 2001.
9. 공자(551 BCE-479 CE)는 중국의 사상가이자 사회철학자로서 중국과 한국, 일본, 대만, 베트남 사람들의 생각과 삶에 깊은 영향을 미쳤다. 그의 철학은 개인 및 정부의 도덕성, 사회적 관계의 정확성, 정의와 성실함을 강조했다. 이러한 가치는 한 왕조(206 BCE-220 CE)에서 법 이론이나 도교와 같은 다른 교리에 비해서 두드러지게 나타났다. 공자의 생각은 유교로 알려진 철학체계로 발전해 왔다. 그것은 예수회 마테오 리치(Matteo Ricci)에 의해 "공자"라는 이름으로 최초로 라틴어로 번역되어 유럽에 소개되었다. 그의 가르침은 논어에서 발견되는데 그것은 그의 사후의 몇 년 동안 편집된 "간단한 경구용 단편" 모음집이다. 현대 사학자들은 특정 문서가 공자에 의해 쓰여졌다고 말할 수는 없지만 2000여 년 동안 그는 편집자 또는 저자로 여겨졌다.
10. Wenzhong Hu and Cornelius Grove, *Encountering the Chinese: A Guide for Americans*, 2nd edn. Yarmouth, ME: Intercultural Press, 1999.
11. *꽌시*는 개인화된 영향력의 네트워크와 사회적 관계의 복합적인 본질에서 기본 동력을 묘사하는 중국 사회의 중심 개념이다. 서양 언론에서 이 단어의 의미를 "연결" 또는 "관계"로 단순화하는 경향이 있다. 하지만 이 용어들 어느 것도 *꽌시*가 묘사하는 광범위한 문화적 함의를 충분히 반영하지 못한다. 그것은 가장 기본적인 것에서, *꽌시*는 사람이 호의적인 서비스를 수행하기 위해 다른 사람을 압도할 수 있는 두 사람 사이의 개인적인 관계를 설명한다. 두 사람은 또한 개인이 해야 할 일이 있을 때 전화할 수 있는 접촉 네트워크를 설명하는 데 이를 사용할 수 있다. 이 네트워크를 통해 다른 사람을 대신하여 영향력을 행사할 수 있다. 또한 *꽌시*는 두 사람의 일반적인 이해 상태를 보여 주기도 한다. 두 사람은 상대방이 필요하고 원하고 있는 것을 인식하고, 이를 고려해서 의사결정 또는 조치를 취한다. 이 용어는 일반적으로 가족 내의 관계를 묘사하는 데는 사용되지 않지만 대가족 측면에서는 기술할 수

있다. 이 용어는 일반적으로 잘 정의된 사회 규범(예: 상사와 노동자, 선생님과 학생)에 속하는 관계를 설명하는 데도 사용되지 않는다. *꽌시*에 의해 형성된 관계는 개인적이고 양도할 수 없다. 이 네트워크가 관료주의적 규범을 위반하면 부패로 이어질 수 있고, 후원자와 고객의 관계 기반이 될 수도 있다.

12. Christopher Earley, *Face, Harmony, and Social Structure: An Analysis of Organizational Behavior across Cultures*. New York: Oxford University Press, 1997.
13. Sameena Ahmad, "Behind the mask: a survey of business in China," *The Economist*, March 20, 2004, pp. 3–19.
14. Chen, *Inside Chinese Business*.
15. S. Gordon Redding, *The Spirit of Chinese Capitalism*. Berlin: Walter de Gruyter, 1995.
16. Toyohiro Kono and Stewart Clegg, *Trends in Japanese Management: Continuing Strengths, Current Problems, and Changing Priorities*. London: Palgrave Macmillan, 2001; Masahiko Aoki and Ronald Dore (eds.), *The Japanese Firm: Sources of Competitive Strength*. Oxford University Press, 1994.
17. James Abbeglen and George Stalk, *Kaisha: The Japanese Corporation*. New York: Harper & Row, 1985.
18. Hofstede, *Culture's Consequences*.
19. Edward T. Hall and Mildred Reed Hall, *Understanding Cultural Differences: Germans, French and Americans*. Yarmouth, ME: Intercultural Press, 2000.
20. Richard Hill, *We Europeans*. Brussels: Europublications, 1997.
21. Ingrid Brunstein (ed.), *Human Resource Management in Western Europe*. Berlin: Walter de Gruyter, 1995.
22. Victor Vroom and Philip Yetton, *Leadership and Decision-Making*. New York: Wiley, 1973.
23. 우리는 Vroom과 Yetton의 원래의 "독재"와 "집단" 대신에 "중앙화된"과 "협동적"이라는 용어를 원래의 용어와 관련된 애매한 의미와 규범적인 귀속을 고려하여 사용한다.
24. Hiroki Kato and Joan Kato, *Understanding and Working with the Japanese Business World*. Englewood Cliffs, NJ: Prentice-Hall, 1992.
25. *네마와시*는 제안된 변경이나 프로젝트의 기초를 세우는 비공식적인 과정으로 관련된 사람들과 이야기하고 지원과 피드백 등을 모으는 일을 의미한다. 공식적인 조치가 취해지기 전에 모든 변화가 중요한 요소로 간주되며 성공적인 *네마와시*는 모든 면의 동의하에 변경을 수행할 수 있다. *네마와시*를 문자 그대로 해석하면 "뿌리(네)"와 "~를 돌아다니다(마와스)"이다. 그것의 본래의 의미는 문자 그대로이다. 즉, 나무를 옮겨 심기 위해 뿌리 주변을 파낸다.
26. *혼네*와 *타테마에*는 인식된 사회현상을 설명하는 데 사용되는 일본어 단어이다. *혼네*는 한 사람의 진정한 감정과 욕구를 말한다. 이것들은 사회가 기대하는 것과 반대되거나 자신의 위치와 상황에 따라 요구되는 것에 반할 수 있으며, 가장 친한 친구를 제외하고는 종종 숨겨져 있다. 말 그대로 정면을 의미하는 *타테마에*는 공개적으로 나타나는 행동과 의견이다. 이는 사회에 의해 기대되는 것이며 사람의 위치와 상황에 따라 요구되어 사람의 마음과 일치

하거나 그렇지 않을 수 있다. *혼네*와 *타테마에*의 격차는 일본 문화에서 가장 중요한 것으로 간주된다. 일본인이 이 개념들에 대해 한마디로 쓰인 그 사실은 몇몇 전문가들의 에티켓과 문화의 복잡성과 강건성에 대한 증거를 보여 준다. *혼네*와 *타테마에*는 문화적으로, 필연적으로 상대적으로 작은 섬나라에 살고 있는 많은 사람들에게 필요하다. 오늘날의 농업 기술에도 불구하고 일본은 현재 국내 사람들에게 필요한 39%의 식량만을 생산하므로 긴밀한 협조와 갈등의 회피는 여전히 중요하다. 오늘날, 고대 시대에 그랬듯이 이런 이유로 일본인들은 갈등을 피하기 위해서 특히 큰 그룹의 맥락으로 많은 일을 처리하는 경향이 있다. *혼네*와 기리(사회적 의무) 사이의 갈등은 여러 시대에 걸쳐 일본 드라마의 주요 주제 중 하나이다. 그러한 드라마에서 주인공은 일반적으로 가족이나 봉건 영주에게 의무를 이행하고, 금단의 연애 또는 기타 개인적인 관심을 추구하는 것을 선택해야 한다. 결국, 종종 죽음이 그 딜레마의 유일한 해법인 셈이다.

27. Edgar H. Schein, *Organizational Culture and Leadership*. San Francisco: Jossey-Bass, 1988.
28. "This company makes all its new employees climb Mount Fuji," *Business Insider*, Laura O'Reilly, May 5, 2015.
29. April Rabkin, "What is the sound of three hands clapping?," *Fast Company*, February 2012, pp. 79–98.

# 5 문화 간의 소통

## Communicating across cultures

### 경영 과제

이전 두 장은 글로벌 관리자가 활동하는 문화 및 조직 환경을 이해하는 데 중점을 두었다. 이 장과 이어지는 내용은 이 지식을 바탕으로 1장의 그림 1.3에 제시된 바와 같이 *다문화 역량* 개발의 3단계를 소개한다. 우리는 여러 문화가 섞인 커뮤니케이션으로 논의를 시작한다. 언어, 의사소통 및 공유된 의미는 훌륭한 관리의 핵심이고, 효과적인 조직의 핵심이다. 이러한 관점에서 다른 사람들과, 특히나 문화 전반에서 의사소통이 얼마나 어려운지는 놀랍다. 우리의 의도가 무엇이든 때때로 우리는 다른 사람들에게 참을성이 없고, 잘난 체하며, 때로는 무례한 것처럼 보인다. 경영의 관점에서 보았을 때, 이러한 행동은 조직의 성공을 가로막는 장벽으로 작용한다. 문화를 넘어 효과적으로 의사소통을 하기 위해서 관리자는 효율적이고 비효율적인 의사소통의 상황에 근본적인 영향뿐 아니라 사람들 간의 상호 이해 수준을 높이기 위한 전략을 이해해야 한다.

### 차례



### 응용

*나마스떼*는 인도 아대륙에서 자주 사용되는 인사말이다. 그것은 "나는 너에게 꿇었다"라는 의미로 힌두교, 자이나교, 불교도들에 의해 인도와 네팔에서 깊은 존경심의 표명으로 사용된다. 이 문화에서는 고대 산스크리트어의 이 단어는 대화를 시작할 때 손으로 합장을 하고 손가락을 위로 향하게 해서 가슴 앞에서 몸을 앞으로 살짝 굽히며 말하기 시작한다. 이 조용한 제스처는 말문 없이 수행될 수 있으며 대화가 끝날 때도 같은 의미로 종종 수행된다. 이처럼 *나마스떼*는 언어적이고 비언어적인 의사소통의 한 형태이다. 이것이 적절하게 사용될 때, 참여한 사람들이 지배적인 사회적 규범과 가치에 대해 이해할 것이라는 점을 대화 당사자들에게 알린다. 그들은 "우리" 중 하나이며, 쉽게 유대감이 형성된다. 단지 한 단어이지만 이것은 중요한 상징을 지니고 있다.

의사소통은 다른 사람들에게 의미를 전달하는 것에 관한 모든 것이다. 그것은 아이디어와 필수품을 교환하고, 관계를 개발하고 해체하며 사업을 수행하기 위해 다른 사람들에게 손을 내미는 주요한 방법이다. 같은 문화나 언어 그룹 내에서의 의사소통은 특히나 연령대, 지역, 성별에 따라 문제가 될 수 있다. 하지만 이런 문제는 문화 간 의사소통의 과제와 비교했을 때 중요하지 않다. 주요 커뮤니케이터들은 다양한 문화적 배경을 가지고 있을 뿐 아니라 다른 조직으로부터 올 수도 있으며, 또한 다른 배경과 기대를 지닌 고용주의 다른 팀원들과 함께 일을 해야 한다. 대화의 제3자(예: 통역사)도 명확성을 제공하기 위해 노력할 때 혼란을 더할 수 있다.

간단하고 종종 의도하지 않은 단어, 행동, 기호와 부호는 오해, 당혹감, 갈등 및 심지어 비즈니스의 기회 손실로 이어질 수 있다. 글로벌 관리자는 이를 이해한다. **관리자가 현장에서 가장 심각한 도전과제가 무엇인지에 대한 질문을 받으면 응답은 거의 비슷하다: 문화 간 효과적인 소통.**

그러나 우리는 종종 듣고 싶은 것만을 듣는다. 우리는 준거기준과 개인적인 경험, 심지어 우리의 세계관조차도 우리가 처리할 가능성이 있는 것을 선별하고 메시지가 해석되고 다루어지는 방법에 의미를 부여함으로써 메시지의 전송과 수신을 걸러낼 수 있다. 재무분석가는 돈과 관련된 대화를 듣는 경향이 있으며 영업관리자는 시장 기회를 포착한다. 서로 다른 지역 관리자들 간의 이문화 교류에서 의사소통의 주요 목적은 이해를 구하는 것이다 – 아이디어, 정보, 고객 및 때로는 당사자 간의 파트너십을 찾아내는 것이다. 일반적으로 비즈니스와 특히 경영분야는 직원, 파트너, 공급업체, 투자자 및 고객들 간 의미를 전달하려는 사람들의 의지와 능력에 의존한다. 실제로 조직을 구성하거나 이해하려는 대부분의 노력은 기본적인 의사소통 및 교환 프로세스에 대한 이해로 시작한다고 주장할 수 있다.

## 대인관계 의사소통 Interpersonal communication

이문화 커뮤니케이션의 중요성과 어려움을 인식한 학자, 컨설턴트, 동료 관리자들은 오랫동안 글로벌 임무나 해외근무를 시작하는 사람들에게 자문을 제공하고자 노력해왔다. 이 조언의 대부분은 다른 문화권의 사람들을 상대할 때의 (길의) 규칙을 배우는 데 초점을 두고 있다. 관리자는 발신자와 수신자가 메시지를 매체로서 인코딩한 다음 소음이 많은 공기를 통해 수신자에게 전송하고, 수신자는 메시지를 해석하여 적절하게 응답하는 것을 대화형 프로세스라고 말한다. 이 과정에서 문화적 차이와 잠재적 문화 간의 오해는 일반적인 광범위한 **소음(noise)** 범주에 포함된다. 관리자가 이 잡음을 줄일 수 있게 되면 메시지의 선명도가 높아진다.

이 충고는 유용할지라도 효과적인 의사소통을 위한 두 가지 중요 장애물인 주의와 해석을 무시한다. 즉, 메시지는 수신자가 메시지에 주의를 기울이고 공통의미를 가능케 하는 방식으로 정보처리를 할 수 있을 때 메시지는 효과적이다. 일부 사람들은 이러한 문제를 "소음" 범주로 일반화하지만, 다문화 커뮤니케이션의 영역에서 포괄적인 범주는 관리자가 효과적인 메시지 구축, 전달, 이해 및 대응에 대한 두 가지 보다 중요한 영향을 간과하기 쉽다.

국경 간 의사소통 효과를 크게 향상시키려면 간단한 encode-noise-decode 모델의 기반이 되는 프로세스에 대해 더 깊이 이해해야 한다. 우리는 문화적으로 복잡한 블랙박스 내에서 이러한 과정이 일어나지 않는다고 주장한다. 실제로 관리자는 자신이 원하는 것을 알고 있는지 파악하고 이해하는 것이 상대적으로 쉽다.

이를 위해 문화와 문화의 차이점이 사람들이 메시지를 만들고, 보내고 받으며 해석하는 방식을 점검하는 방법부터 살펴본다. 출발점으로서 우리는 의사소통을 위해 관리자가 사용하는 기본적인 프로세스를 설명하기 위해 주의 해석 액션 모델 또는 **AIA 모델(AIA model)**을 사용한다(그림 5.1 참조).[1] 아래에서 더 자세하게 논의되는 것처럼 이 모델은 효과적인 대인관계 소통의 3가지 핵심 요소를 강조한다.

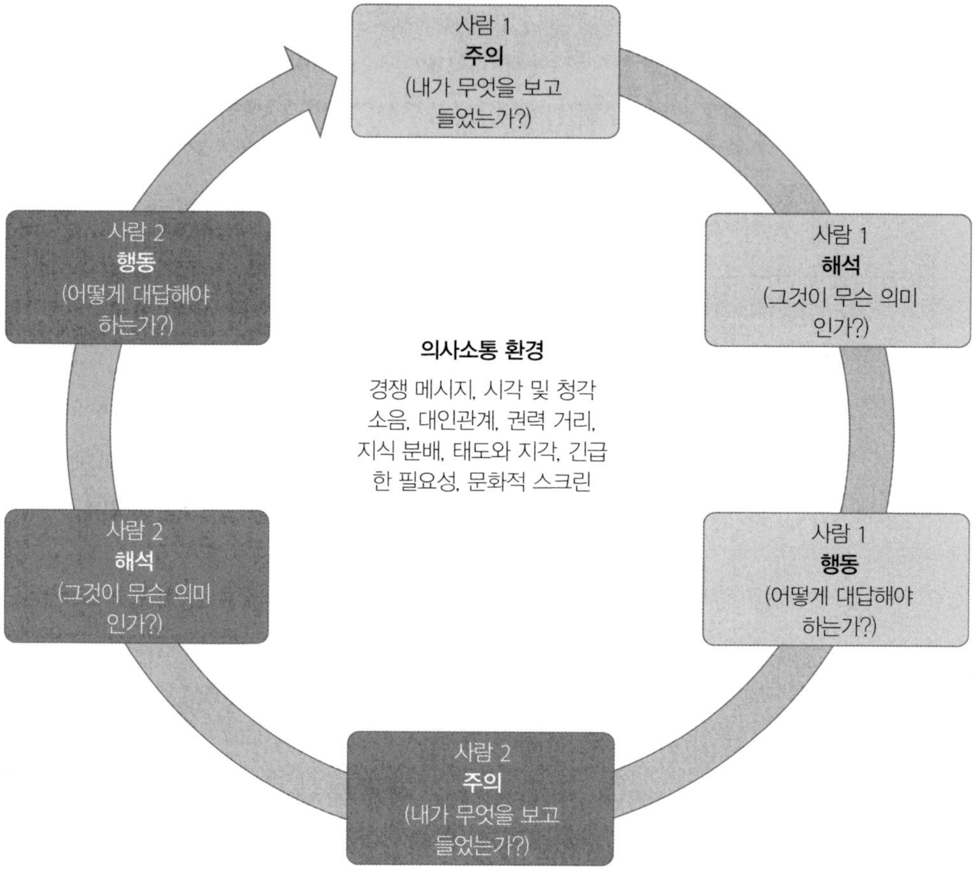


**그림 5.1** 대인관계 의사소통의 AIA 모델

출처: Adapted from Luciara Nardon, Richard M. Steers, and Carlos Sanchez-Runde, "Seeking common ground: strategies for enhancing multicultural communication," *Organizational Dynamics*, 40(2) (2011), pp. 85–95.

1. 주의(attention). 첫째, 메시지가 전송될 때, 수신인은 주의를 기울여야 한다. 즉, 그들은 특정한 주의를 위해 동시에 쏟아져 나오는 다양한 메시지에서 의도된 메시지를 선택해야 한다. 여기에서 기본적인 질문은: "나는 무엇을 보거나 들을 것인가?"이다. 그렇다면 글로벌 매니저의 도전은 먼저 상대방의 관심을 어떻게 끌어오느냐이다.
2. 해석(interpretation). 둘째, 메시지가 주의를 끌기 위해 선택되면 수신자는 이를 해석하거나 해독해야 한다. 여기서 질문은 다음과 같다: "이 메시지는 나에게 무엇을 의미하는가? 어떻게 이해할 수 있을까?" 다시 말하지만, 문화적 차이가 중요한 역할을 할 수 있다.
3. 행동(action). 마지막으로, 수신인은 응답 여부를 결정해야 하며, 응답을 한다면 응답을 구성하고 전송하는 방법을 결정해야 한다. 이 단계의 질문은: "적절한 답변은 무엇

일까?"가 된다.

이 과정에서 **의사소통 환경(communication environment)**의 수많은 요소는 다른 메시지를 희생시키면서 어떤 메시지를 향해 주의를 강화시키고 주의를 끌게 하고 또는 주의를 산만하게 한다. 이러한 요소에는 다른 경쟁 메시지, 사용 중인 특정 언어, 시각적 및 청각적 소음, 대인관계의 성격, 연사 간 권력 거리, 연사 간의 지식 공유 정도, 태도 및 인식, 그리고 양측 모두에 의해 경험되는 긴급한 필요성이 포함된다. 주의를 끌거나 빗나가는 것 외에도 이러한 요소는 메시지 해석 및 분석은 물론 메시지 생성 및 전달 메커니즘에도 영향을 미칠 수 있다.

따라서 기존의 encode-noise-decode 모델이 도움이 될 수 있지만 문화를 넘어서 일하는 관리자가 직면한 문제를 보다 잘 파악할 수 있는 수단으로 AIA 접근방식을 선호한다. 우리의 견해로 볼 때 이 접근법은 사람들이 하고 있는 일뿐 아니라 그들이 무엇을 생각하고 있는지에도 비중을 두고 있다. 또한 관리자의 관점에서 다른 사람들과 비교하여 "외국의" 상대방과 의사소통이 더 쉬운 이유를 더 깊이 조사할 수 있는 토대가 된다. 이러한 차이의 상당부분은 문화적 차이가 의사소통 과정에 처음부터 끝까지 영향을 주는 방식에 있다.

## 대인 커뮤니케이션의 문화적 스크린
Cultural screens on interpersonal communication

커뮤니케이션의 핵심은 단어를 전달하는 것뿐만 아니라 다른 사람들에게 의미를 전달하는 것이다. 일반 비즈니스와 특히 경영은 관리자, 직원, 파트너, 공급업체, 투자자 및 고객 간의 의미를 전달하는 사람들의 의지와 능력에 의존한다. 언어와 문화는 받아들일 수 있는 행동과 용납될 수 없는 것에 대한 지침을 제시한다. 그들은 교환의 다른 부분에 주의를 집중하고, 정보를 해석하기 위한 매개변수를 제공한다. 문화가 주의와 의미 창조를 유도하는 방법을 이해하는 것은 문화 전반에 걸쳐 이해를 창조하는 핵심 구성요소이다. 분명히, 또한, 이 이해가 커질수록 아이디어의 효과적인 교환과 후속 비즈니스의 성공을 위한 기회가 커진다.

우리는 위에서 언급한 두 가지 중요한 영향, 즉, 일반적으로 대인관계 상호작용과 다문화 커뮤니케이션 모두에 영향을 줄 수 있는 두 가지 상호 연관된 **문화적 스크린(cultural screen)** 또는 렌즈에 중점을 둔다.[2]

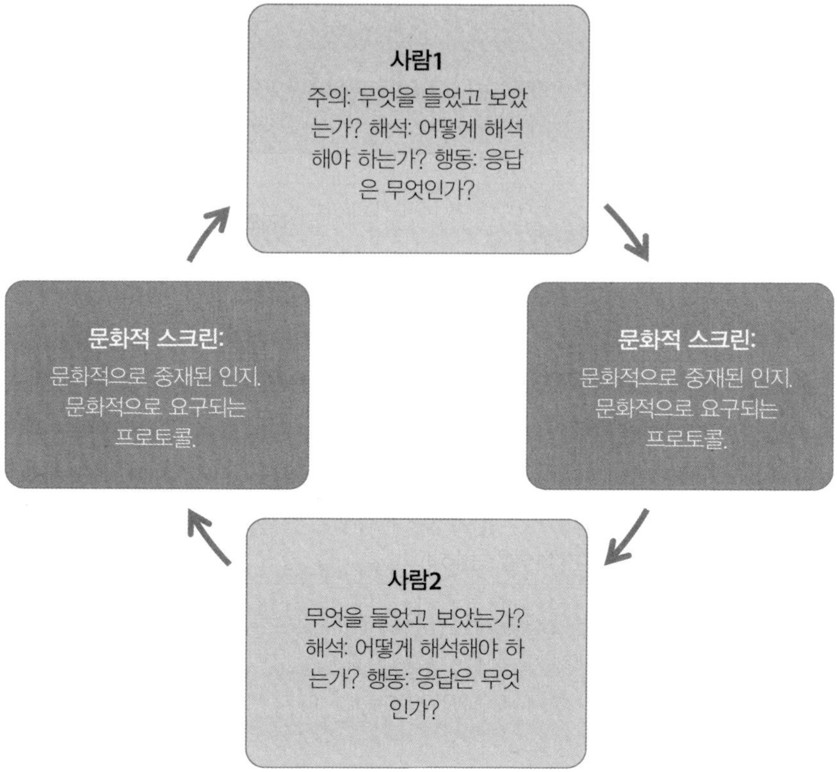


**그림 5.2** 대인관계 의사소통에 대한 문화적 스크린

출처: Adapted from Luciara Nardon, Richard M. Steers, and Carlos Sanchez-Runde, "Seeking common ground: strategies for enhancing multicultural communication," *Organizational Dynamics*, 40(2) (2011), pp. 85–95.

- **문화적으로 중재된 인지.** 첫 번째 스크린에는 커뮤니케이션 에피소드를 둘러싼 개인 인지에 대한 문화적 영향, 즉 발신자와 수신자의 마음속에서 사람과 메시지를 평가하고 처리하는 방식과 관련 있다.
- **문화적으로 요구되는 프로토콜.** 두 번째 스크린에는 의사소통 프로토콜에 대한 문화적 영향 또는 요구되는 행동, 즉 문화적으로 우리에게 일관성이 있지만 바라건대 우리의 의도된 수신자에게 문제가 되지 않는 방식으로 우리 메시지를 구성하거나 만드는 방식이 포함된다.

이 두 스크린은 발신자와 수신자 간의 문화적 차이의 결과로 종종 나타나며 대화에 참여한 당사자들이 메시지를 수신, 해석 및 응답하는 방법에 중요한 영향을 미칠 수 있다(그림 5.2). 문화적 스크린은 커뮤니케이션 환경의 일부로서 가장 잘 이해할 수 있다. 이들은 위에서 논의된 기본 AIA 모델에서 잠재적인 장애물이나 장벽을 나타낸다. 즉, 문화는 일상적으로 우리가 생각하는 것과 행동하는 방식 모두에 영향을 미치며, 의사소통 과정에서 이 영향은 더욱 분명하게 나타난다. 결과적으로 다문화 커뮤니케이션 개선에 헌신하는 관리자는 대인관계 커뮤니케이션에서의 기반이 되는 문화적 힘을 더 깊이 파고 더 잘 이해해야 한다.

## 문화, 인지, 그리고 커뮤니케이션 Culture, cognition, and communication

앞에서 언급했듯이 사람들이 다른 사람들로 메시지를 받으면 일상적으로 듣고 보는 내용을 검색하고 해석하여 대응방법을 결정한다. 때로는 소스를 기반으로 메시지를 분류한다("소스는 믿을 수 있습니까?"). 다른 때에는 메시지가 중요하다고 생각하는 정도로 메시지의 우선순위를 결정한다("즉시 응답해야 하는가? 아니면 기다릴 수 있는가?"). 이러한 프로세스는 보낸 사람과 받는 사람 모두가 의도한 메시지에 주의를 기울여야 한다; 그들은 **인지(cognition)**가 필요하다. 언어와 언어구조, 선택적 지각, 인지적 평가, 문화적 논리 등 일반적으로 문화적으로 중재된 4가지 인식을 확인할 수 있다(그림 5.3 참조).

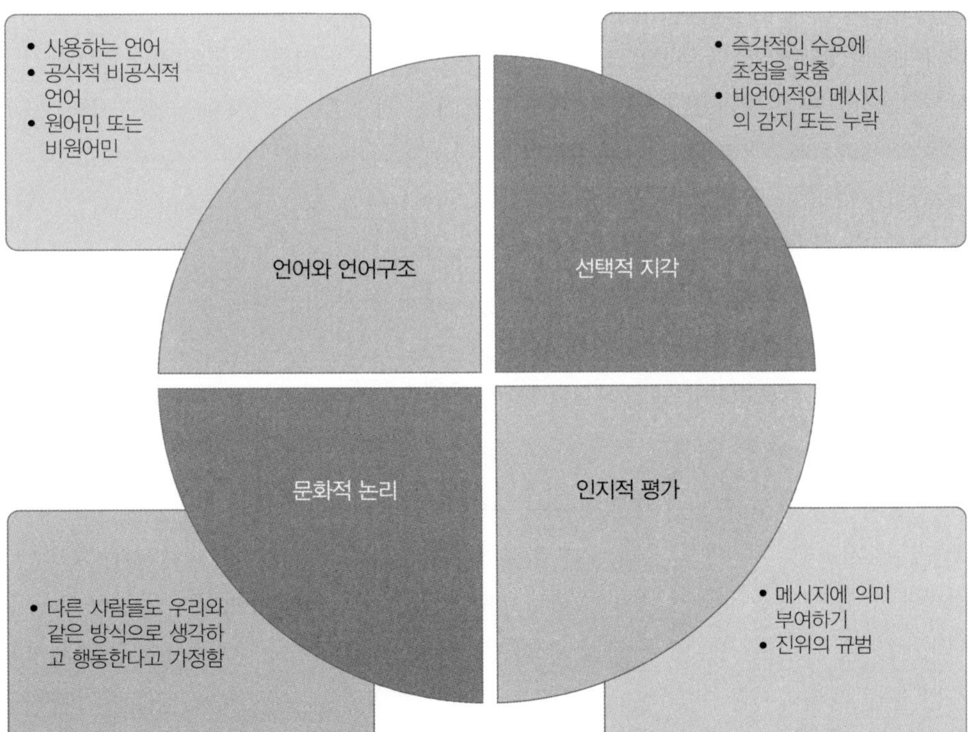


**그림 5.3** 문화적으로 중재된 의사소통의 인지

## 언어와 언어구조: 신중하게 단어를 선택하라.

언어의 차이와 언어능력에 따른 문제점을 고려해야 한다. 두 명의 미국인 관광객이 최근 슈투트가르트에서 버스를 타고 여행을 하다가 재채기를 했을 때, 한 독일 승객이 돌아서서 "*Gesundheit*"(역자 설명: 영어로 "*God bless*")를 외쳤다. 한 여행객이 다른 사람을 보더니 말했다. "영어로 말하면 얼마나 좋을까."[3]

언어가 정확하게 사용되었든 그렇지 않았든 언어는 인간의 의사소통의 핵심이다. 그것은 인간이 대화를 시작하고 대부분의 인간사를 수행하는 데 중요한 역할을 한다. 그것은 사회화, 조직 및 관리를 용이하게 한다. 언어는 우리의 감정을 표현하게 하고 조용히 때로는 소리내어 생각함으로써 문제해결을 가능케 한다. 우리가 다음 세대에 지식을 전달하면서 우리의 역사를 유지할 수 있는 것도 언어 덕분이다. 이와 관련하여 **언어와 언어구조(language and linguistic structure)**(단어, 문법, 구문, 및 단어의 의미가 체계화되어 사용되는 방식)는 문화와 밀접하게 관련되어 있다. 왜냐하면 문화는 존재의 근원이 되는 의미와 의미를 만드는 메커니즘을 제공하지만, 언어는 의미의 표현을 용이하게 하는 기호를 제공하기 때문이다.

언어는 효과적인 이문화 커뮤니케이션에 잠재적인 장애물이다. 이와 관련하여 주목할 두 가지 문제가 있다. 첫째, 커뮤니케이션에서 어떤 언어가 사용되어야 하는가? 일부는 영어가 점점 더 글로벌 비즈니스의 **공용어**가 되고 있다고 주장한다; 그래서 모두 영어를 해야 한다고 주장한다. 분명히 모든 사람이 이에 동의하지는 않는다. 실제로 중국어와 스페인어가 모국어인 사람이 영어가 모국어인 사람보다 훨씬 많다. 왜 모두가 중국어나 스페인어로 말하지 않는가? 다른 사람들은 "고객에게 봉사하라"라는 인용구를 들어 말하는 언어가 누가 돈을 가지고 있는지에 따라 결정되어야 한다고 제안했다. 프랑스인이 구매하는 경우, 판매자와 구매자 모두가 불어로 말하는 것이 논리적이다. 이 논쟁은 결코 해결되지 않을 것이다. 무엇보다도 외국어로의 대량 전환은 국가나 지역의 문화적 완전성을 위협할 수 있기 때문이다.

대부분 영어로 말하는 세계에서 살고 있는 관리자에게는 두 번째 도전과제가 있다. 우리는 어떤 영어로 말하고 있는가? 예를 들어, 노만 슈르(Norman Schur)는 한 영어 버전에서 다른 버전으로 번역되는 약 5,000개의 항목을 포함하는 영국영어와 미국영어의 사전을 작성했다.[5] "to table an item"은 영국영어로는 토론하기 위해 안건을 제출하는 것을 의미하지만, 미국영어에서는 토론에서 제외하는 것을 의미한다. 엘리베이터는 영국에서 "lift", 미국에서는 "elevator"라고 하고, 기업은 영국에서 "companies", 미국에서는 "corporations"라고 하며, 지방자치단체는 영국에서 "corporations", 미국에서는

"municipalities", 국내 독점사업은 영국에서는 "sheltered trades", 미국에서는 "domestic monopolies", 빌리다는 영국에서는 "to hire", 미국에서는 "to lease"라고 한다. 또한 주식은 영국에서는 "shares", 미국에서는 "stocks"라고 하며, 국채는 영국에서는 "stocks", 미국에서는 "government bonds"라고 한다. 미국의 사무원(clerk)은 영국에서 "클락(clark)"이라고 발음되며, 스케줄은 "쉐-줄"이라고 발음된다. 철자가 다를 수 있다. ("behavior(미)"와 "behaviour(영)": 행동). 또한 두 문화권의 많은 분야가 다르게 이야기하고 의사소통을 위해 매우 다른 단어를 사용한다는 것을 우리가 인식하기 전에 일어난 일이다. 이것이 충분하지 않다면, 우리는 캐나다, 뉴질랜드, 싱가포르 및 기타 지역의 사람들이 여전히 "영어" 단어를 선택하고 사용하는 데 있어 매우 다르다는 점을 기억해야 한다.

언어와 관련된 언어구조는 또한 매니저 및 종업원 행동에 영향을 주는 인지 프로세스와 복잡하게 얽혀 있다. 이탈리아 영화감독인 페데리코 펠리니는 "다른 언어는 단어, 소리 및 구문의 단순한 사전이 아니다. 그것은 현실을 해석하는 또 다른 방법이다."라고 했다.[6] 언어 또한 정확성 면에서 상당히 다를 수 있다. 영어와 중국어를 살펴보자. 다른 유럽 언어와 마찬가지로 영어도 100만 단어 이상으로 구성되어 있다. 각 단어는 상대적으로 일정하고 정확한 의미를 지닌다. 대조적으로 중국어는 약 4분의 1 정도의 단어 또는 정확하게 문자로 구성된 표의 언어이다. 결과적으로 각 문자는 "더 열심히" 작업을 해야 한다. 즉, 중국 문자는 사전(dictionary) 유형의 정의가 아닌 자극하는 이미지와 개념을 통해 의미를 창조해 낸다. 쓰여진 모든 것들은 여러 해석의 가능성을 둔다. 종종 1개의 중국 글자는 8개 또는 10개의 다른 의미를 포함한다. 결과적으로, 비언어적인 신호를 사용하여 언어적 메시지를 지원하는 것은 서구와 비교하여 공유된 의미를 창출한다는 점에서 중요한 의미를 지닌다.

### 응용 5.1 4층

직접적으로 명확한 단어의 번역조차도 여전히 다른 의미를 지니고 혼란을 가져올 수 있다. 미국인 그룹이 뉴욕 사무실 단지의 "4층" 회의 일정에 참석하면 미국인들은 일반적으로 "지상"과 "첫번째"라는 용어를 혼용해서 사용하기 때문에 실제 4층(또는 건물의 층)으로 이동한다. 하지만 영국인과 유럽인들은 그렇지 않다. 그들은 지상과 1층을 구분하고, 런던, 파리, 베를린의 5층 건물로 이동한다. 외국인들이 서울 회사 빌딩의 4층의 회의에 참석하면 경험이 많은 여행자조차도 당혹스러울 수 있다. 4라는 숫자가(중국어 한자를 사용하여 한국어로 발음하는 "사"라는 발음은) 그 자체로 불운한 것은 아니지만 죽음이라는 단어와 매우 유사하게 들리기 때문이다. 그런 이유로 많은 한국 건물에는 4층에 영어 문자 "F"를 사용하거나 4층이 없는 경우도 많다(미국의 매우 오래된 고층건물들에는 비슷한 이유로 13층이 없다).

다음에 대해 생각해 보자.

(1) 건물의 4층의 위치와 같이 단순한 것이 이문화 커뮤니케이션 프로세스에 대해 무엇을 말하는가?
(2) 특정 단어가 다른 곳에서 전혀 다른 의미를 지니고 있는 비슷한 예를 자신의 문화에서 찾을 수 있는가?
(3) 관리자는 대인관계의 의사소통에서 유사하지만 잠재적으로 더 심각한 오해를 피하기 위해서 무엇을 할 수 있는가?

언어는 또한 다른 사람들과의 거래에서 (존경, 사회적 거리 등) 고려해야 할 사항에 대해서 미묘하지만 강력한 단서를 제공한다. 예를 들어, 언어는 사람을 만날 때 사람들이 사용할 수 있는 호칭의 수 및 유형이 다양하다. 예를 들어, 영어의 경우 "you"라는 단어는 하나밖에 없다. 특정 언어를 모국어로 하는 사람은 나이, 성별, 연공서열 또는 지위에 관계없이 거의 모든 사람과 이야기할 때 동일한 단어를 사용한다. 반면에 스페인어와 프랑스어 같은 라틴어에서 발달한 언어들은 공식과 비공식 호칭을 구별한다(스페인어의 경우 *usted*/*tu*, 프랑스어의 경우 *vous*/*tu*). 일본어에서는 "you"에 해당되는 단어가 많은데, 이는 나이, 연공서열, 성별, 가족관계 및 직위에 따라 다르다. 이러한 언어적 차이의 함축적 의미는 말하는 언어에 따라 관리자가 서로 다른 단서에 주의를 기울여야 하고, 상황 및 메시지의 다른 측면에 집중해야 한다는 것이다.

이러한 차이를 의식하지 않는 사람들은 자신이 직면한 상황에 대한 핵심정보가 누락되어 더 많은 소통오류를 만들 수 있다. 말할 필요도 없이, 상대방의 언어에 대한 지식은 교환되는 메시지의 내용을 뛰어넘는 이해를 발전시키는 데 도움이 된다. 실제로 호스트 국가의 언어를 배우는 것은 다른 문화를 이해하기 위해서 젊은 관리자에게 전문가가 제공하는 가장 일반적인 권장사항 중 하나이다.

마지막으로, 이문화의 소통에서 언어를 선택하는 것은 팀 또는 조직의 모든 사람이 지배적인 언어로 말해야 할 때, 성공적인 직무를 완성하는 데 큰 장애물이 될 수 있다.

### 응용 5.2 모국어를 쓰는 사람과 그렇지 않은 사람

영어가 모국어인 감독자가 영어가 모국어가 아닌 사람들로 구성된 글로벌 팀 또는 작업 그룹을 만났을 때 어떤 일이 일어나는지 생각해 보자. 좀 더 구체적으로 말하면, 캘리포니아 출신 영국계 미국인 감독자가 루마니아, 슬로바키아, 및 크로아티아 출신의 동유럽의 제품개발팀을 만날 때 어떤 일이 일어나는지 생각해 보자(영어를 예를 들지만, 다른 언어도 비슷한 결과를 보일 것이다). 그림 5.4에서 볼 수 있듯이, 모국어를 사용하는 감독자는 동유럽 국가보다 교환하기에 더 쉬울 것이다. 이는 또한 감독자가 비모국어 사용자의 교육수준이 낮고, 지적 수준이 낮고, 헌신적인 태도가 낮으며 고집이 세다고 결론을 내릴 수 있다. 동시에 유럽에서 영어를 쓰지 않는 사람들은 듣고 이해하려고 노력하면서 여러 가지 좌절감에 시달릴 수 있다. 이는 잠재적으로 의도하지 않은 심각한 결과를 초래할 수 있다. 그들의 광범위한 어휘 부족은 복잡한 문제를 논의하기 위해 간단한 문장의 사용으로 이어질 수 있다. 이는 예측 가능한 결과이다. 또한 모국어가 아닌 두 사람이 제3국어(예: 영어)로 말하면 이 혼란 가능성은 더욱 가중된다.

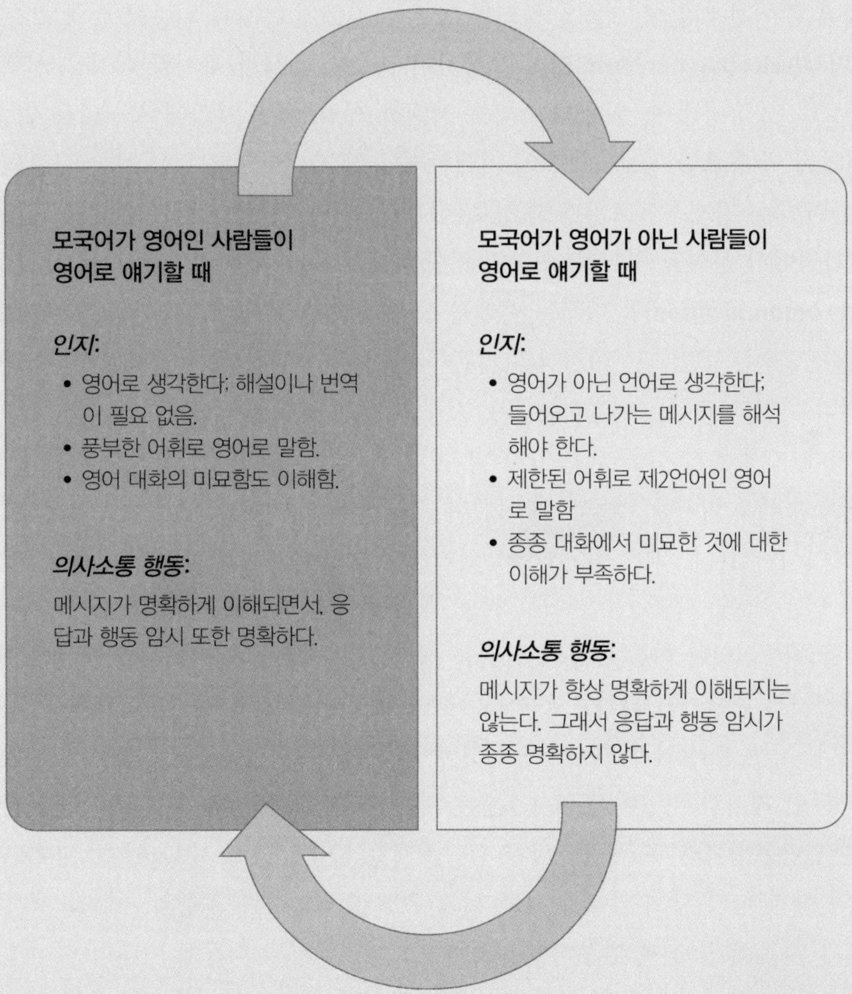


그림 5.4 모국어를 쓰는 사람과 그렇지 않은 사람

다음에 대해 생각해 보자.

(1) 모국어를 쓰는 사람과 그렇지 않은 사람이 만나서 계약을 협상할 때 개방적이고 정확한 아이디어를 교환하기 위해서 해야 할 각자의 노력은 무엇인가? 설명하라.
(2) 영어가 점차 비즈니스의 국제언어로 자리잡고 있는데 왜 독일어, 중국어, 또는 스페인어 같은 제2언어를 배워야 하는가?

## 선택적 지각: 관찰자의 눈

사람들은 주어진 시간에 그들을 둘러싼 모든 사건들에 동시에 집중할 수 없으므로 **선택적 지각(selective perception)**을 사용하여 집중할 대상과 무시할 대상을 선택한다. 즉, 중요하고, 유용하며, 위협적인 것을 선택하고, 이 특정 사안에 정신력을 집중시킨다. 이와 같이 중요한 정보 – 자신이 기대하거나 찾고 있던 정보 – 는 보는 사람의 눈에 띄는 반면 다른 잠재적으로 유용한 정보는 종종 방치된다.

이 과정에서 문화적 차이가 중요한 역할을 할 수 있다. **비언어적인 의사소통(non-verbal communication)**을 다루는 사례를 생각해 보자. 비언어적 의사소통은 미묘하게 정보를 전달하는 방법으로 아시아의 많은 국가에서 일반적으로 사용되지만(예: 체면을 잃어버리지 않고 요청을 거절하는 것), 서구의 많은 사람들은 단순하게 이를 알아차리지 못한다. 그들은 그것을 찾고 있지 않다. 실제로, 서구의 많은 관리자들은 분명하고 공개적으로 듣고 말하는 것을 더 좋아한다. "진실되게 말하고, 말한 것은 지켜라." 결과적으로 아시아인들은 메시지가 받아들여지지 않았을 때, 비언어적으로 메시지를 전달했다고 믿는 반면, 서구인들은 아무 말도 듣지 않았기 때문에 의사소통이 없다고 생각한다. 양측은 이러한 다름 때문에 좌절을 경험할 수 있다. 그런 문제를 극복하기 위해 커뮤니케이션 전문가인 리차드 루이스(Richard D. Lewis)는 우리에게 다음과 같이 상기시킨다. "침묵은 말의 한 형태이므로 방해하지 마세요."[7]

선택적인 지각과 비언어적 의사소통은 다양한 방법으로 보여질 수 있다. 어떤 사람에게는 편안함을 줄 수도 있고, 다른 사람에게는 불쾌감을 줄 수도 있다. 카이로에 있는 아인 샴 대학의 시 수업에서 시를 읽고 있던 영국인 방문교수의 처지를 생각해 보자. 그가 읽고 있던 것에 반추하며 교수는 너무 편안하게 의자에 기대어 다리를 꼬고 앉아, 그의 신발 한쪽 바닥을 학생들을 향해 보이게 했다. 분명히, 많은 무슬림 세계에서 이것은 심각한 모욕이다. 다음날 아침 카이로 신문은 뒤이은 학생들의 데모를 1면톱 제목으로 뽑았다. 그들은 영국인의 교만을 비난하고, 교수가 즉시 본국으로 귀국할 것을 요구했다.

## 인지적 평가: 말과 행동의 해석

사람들이 무언가를 보거나 들을 때 진위, 정확성 및 유용성에 대한 판단을 내릴 수 있도록 정보를 분류하는 경향이 있다. 다른 사건 및 행동과 관련을 지을 수 있으므로 이해할 수 있고 어떻게 응답해야 할지 알 수 있다. 이 과정을 **인지적 평가(cognitive evaluation)**라고 하며, 문화가 중요한 역할을 할 수 있다. 예를 들어, 한 연구는 개인주의 사회에서 자라난 미국인은 의미를 부여하거나 이해를 높이기 위해 그들이 조사하는 사람이나 물건의 분리속성에 의존한다고 한다. 결과적으로 개개인을 보았을 때, 정신적으로 남성이나 여성, 흑인 또는 백인, 전문직 또는 블루칼라 등으로 분류하는 경향이 있다. 대조적으로, 더 집단주의적 환경에서 자라난 중국인은 관계와 맥락을 강조하는 기준을 바탕으로 사람들을 분류하는 경향이 있다. 결과적으로 그들은 자신의 개인적인 특성에 초점을 두기보다는 특정 그룹, 일족 또는 조직의 구성원으로 먼저 사람을 보는 경향이 있다.

동시에 사람들은 자신의 문화적 지식과 가치가 일치할 때 정보를 더 잘 기억하는 경향이 있다. 예를 들어, 지배 지향 문화에서 나온 많은 관리자들은 부하직원의 성공을 상기시키는 경향이 있다. 판매 또는 재정적 성과는 포함되지만 대인관계 또는 팀 구축 성공은 포함되지 않는다. 보다 조화 지향적인 문화에서는 관리자가 매출이나 재정적 성공 여부에 관계없이 자신의 부하직원의 대인관계 또는 팀 구축 성공을 더 많이 기억하는 경향이 있다.

연구에 따르면 다른 사람들의 정신상태를 추론할 때 북미와 서유럽의 여러 문화에서 **진위의 규범(norm of authenticity)**(즉, 외부 행동과 감정적 표시가 일반적으로 내부상태와 일치한다는 믿음)을 강조하는 반면, 동아시아와 동남아시아 사회는 그러한 신념을 미성숙하고 무례하며 때로는 기괴한 것으로 간주한다. 예를 들어, "자기의 마음을 말하거나" 또는 "있는 그대로 말하는 것"은 많은 서구인들에게는 긍정적으로 보이지만, 많은 동양인에게는 그렇지 않다. 아시아의 많은 사람들은 의사소통 과정에서 개방적이고 직접적인 방식으로 말하는 것 대신 알려지지 않은 것을 중요하게 여기는 반면, 반대는 많은 서구사회에서 적용되는 경향이 있다. 이와 관련하여 서구의 많은 결혼 예식에는 "지금 말해라, 아니면 영원히 침묵을 지키라"는 하객에 대한 훈계가 포함되어 있다. 즉, 다른 말로 "할말이 있으면 지금 해라"라는 것이다. 아시아에서의 대부분의 의식은 그런 언급이 없다.

마지막으로, 추론과정은 문화 간 커뮤니케이션에서 다르게 진행된다. 다시 말해, 사람들이 특정 사건(예: 작업 팀의 성공)에 대한 대안적인 해석가능성에 직면할 때, 그들은 거의 항상 자신의 문화적 관점과 가장 일치하는 해석을 선택할 것이다. 예를 들어, 매우 개인주의적인 문화의 관리자는 일반적으로 팀의 성공을 팀장의 기술과 노력으로 간주하지만, 집단주의적 문화의 관리자는 일반적으로 팀 전체의 기술과 노력으로 돌린다. 마찬가지로 개인주의 문화의 관리자는 종종 팀 구성원을 실패에 기여했다고 보고하는 반면, 집단주의적 문화를 가진 관리자는 실패에 대한 책임을 수용한다. 이 예는 말하는 것과 말하지 않은 것에 대해 평가의 힘을 설명하고, 어떻게 해석되는지를 설명한다.

## 문화적 논리: 공유된 의미에 대한 가정

대인관계 의사소통은 상호작용 과정이므로 두 명 이상의 사람들의 공통점을 찾기 위해 생각, 아이디어, 감정, 질문, 제안 등을 교환해야 한다. 그것은 우리가 사업 수행, 계약 협상, 그룹 지휘, 팀원들과 함께 일함, 종업원들에게 동기부여를 하는 방법의 핵심이다. 이와 관련하여 다른 나라의 사람들과 소통하는 측면 중 하나는 메시지의 기초가 되는 **문화적 논리(cultural logic)**이다. (일부는 이것을 "문화적 논리들(logics)"이라고 부르며, 이 과정은 반드시 통일된 전체를 대표하지 않는 일련의 논리적 가정으로 구성된다는 사실을 강조한다. 즉, 문화는 사회적 상호작용의 다양한 측면의 논리를 가진다.) 사람들이 서로 이야기를 할 때, 그들은 대화를 용이하게 하기 위해서 문화에 근거한 논리적 가정에 의존한다.

문화적 논리는 다른 사람들의 메시지와 행동을 해석하기 위해 규범적 행동에 대한 자신의 가정을 사용함으로써 자신의 동기와 의도에 대하여 가설을 세우는 과정이다. 그것은 사람들이 자신의 문화 속에 내포된 지역의 의미에 기초하여 타인의 말과 행동에 의미를 부여하는 과정이다. 문화적 논리는 사람들에게 상호 간에 알려지고 이해되는 것(공통점)에 대한 가정을 제공한다. 사람들은 종종 의사소통을 원활하게 하고 관리 가능한 수준까지 말할 필요가 있는 것을 줄이기 위해 이 논리에 의존한다. 왜냐하면 사람들이 말하는 모든 것의 이면에 있는 생각과 가정을 표현하는 것은 너무 어렵고 시간을 많이 소요하기 때문이다. 공유 문화적 논리는 사람들이 말하지 않고 남겨진 틈을 채우도록 도와줌으로써 공유된 의미를 만드는 과정을 용이하게 한다. 또한 간단하고 신속한 소통이 가능하다. 하지만 문화를 넘어서 움직일 때, 공통적인 지식의 가정은 유효하지 않다.

### 응용 5.3 브라질과 캐나다의 문화적 논리

문화적 논리가 어떻게 작용하는지를 설명하기 위해 캐나다 영업담당자와 잠재적인 브라질 고객 간의 최근 교류를 생각해 보자. 세르지오와 약속을 잡기 위해, 세라는 다음주 월요일 오전 9시에 그녀의 사무실에서 회의를 제안하기 위해 세르지오에게 연락했다. 그러면서, 그녀는 자신의 문화적인 논리를 사용하여 전달하려는 메시지에 대한 정신적 이미지를 창출했다(이 경우, 캐나다는 시간엄수에 중점을 둔다). 그러나 그렇게 하기 위해서 그녀는 구두의 일부 형식을 요구했다. 즉, 그녀는 세르지오의 마음에 무엇이 있었는지에 대해서 약간의 가정을 해야 했다. 그렇지 않으면, 그녀의 메시지가 지나치게 길어지고 무시당할 위험이 있었기 때문이다. 이를 위해 그녀는 세르지오가 자신이 만든 단어의 사용에 대해서 동일한 가정을 할 것이라고 생각했다. 예를 들어, 그녀에게 9시는 오전 9시를 의미한다고 생각한다. 다른 약속이 있을 때가 아니라 아침 9시이다. 그녀는 또한 세르지오가 자신의 메시지를 이해할 것이라고 생각하고 회의에 대한 동의는 그가 9시 정각에 도착할 것이라고 가정했다.

세라가 그녀의 가정을 하고 있는 동안, 세르지오도 마찬가지로 그의 가정을 하고 있었는데, 메시지에 대한 그의 가정은 상당히 달랐다. 자신의 문화적 논리(특히 브라질의 시간에 대한 인식)에 따르면 세르지오의 "9시" 약속은 대략적인 시간일 뿐이며 시간 계획 상의 불이행은 같은 시간에 다른 약속이 있었기 때문에 완벽하게 받아들일 수 있었다. 그는 또한 세라가 유연하고 회의가 시작될 때의 느슨한 해석에 동의할 것이라고 추측했다. 결국, 그녀가 그를 초대했기 때문에, 그녀가 자신의 문화를 이해해야 한다고 생각했다.

이 에피소드의 최종 결과는 예측가능하다. 세라와 세르지오는 매우 다른 문화적 논리를 사용하여, 그들이 만났을 때 실망하거나 좌절할 위험에 처했다. 두 당사자 또는 심지어 한 당사자라도 문화적 논리의 다양성을 이해했다면 아마도 그 결과는 다르게 나타났을 것이다. 대신, 회의가 실제로 일어나야 하는 시간에 관한 잘못된 의사소통으로 인하여 세라는 회의를 마치고 나오면서 세르지오가 신뢰할 수 없다고 생각할 위험에 처했다. 세르지오는 세라가 파트너십을 맺기에는 너무 엄격하다고 결론을 내렸고, 그 결과는 아마 사업 기회 손실이 될 것이다.

다음에 대해 생각해 보자.

(1) 이 상황에서 세라 또는 세르지오가 맞는가? 그 이유는 무엇인가?
(2) 시간에 관한 오해가 어떻게 다르게 처리될 수 있었는가?
(3) 문화적 논리의 차이가 갈등이나 혼란을 가져오는 사건을 경험한 적이 있는가?

언어와 언어구조, 선택적 지각, 인지적 평가, 문화적 논리와 같은 인식에 관한 이 네 가지의 문화적 스크린이 의사소통 과정에 영향을 줄 수 있다. 앞서 논의된 AIA 모델을 다시 참조하면 언어는 의도된 메시지의 기본 구조와 의미를 결정하는 데 도움이 된다. 선택적인 지각은 의도된 메시지의 특정부분에 사람들의 주의를 유도한다. 인지적 평가는 수신된 메시지에 의미를 부여하는 과정을 안내한다. 문화적 논리는 보낸 사람이 전달해야 할 것을 선택하고, 메시지에 대한 수신자의 해석을 안내한다. 이러한 문화적 스크린이 주의 – 해석 – 메시지 창출이라는 과정의 중재방법을 이해하는 매니저는 효과적인 의사소통 및 생산적인 교환에 필요한 공통성을 찾는 기회를 향상시킬 수 있다.

## 문화 및 소통 프로토콜 Culture and communication protocols

모든 문화와 그 하위 문화는 구성원의 생각과 행동을 안내하는 사회 규범적 신념과 가치를 조장한다. 이 신념에는 구성원이 할 수 있는 것과 할 수 없는 것, 그리고 해야 할 것과 하지 말아야 할 것들이 포함된다. 이것은 문화의 대인관계를 형성하는 의무, 책임, 특권의 세계이다. 놀랍지 않게도, 이러한 규범과 가치는 우리 자신의 문화 구성원뿐 아니라 다른 문화의 구성원과도 대화하는 방식에 영향을 준다. 토론에 적합한 주제, 메시지 형식, 대화 형식 및 수용 가능한 행동과 같은 다양한 기대되는 소통 프로토콜 또는 행동이 여기에 포함된다(그림 5.5 참조).[10] 이들 각각은 사람들이 메시지에서 무엇에 주의를 기울이는지, 어떻게 해석하고, 어떻게 반응하는지에 영향을 미칠 수 있다.

### 토론을 위한 적절한 주제: 말하고 싶은 걸 참아라

사람들이 이야기할 수 있고 없고는 문화에 따라 다르다. 최근 저자 중 한 사람에게 일어난 예를 생각해 보자. 가족이 어떻게 지내고 있는지 한국의 친구가 물었을 때, 그의 동생이 최근에 죽었다고 대답했고, 한국인 친구의 당황하고 어색한 침묵의 순간이 흘렀다. 그런 다음 그는 "어젯밤 야구경기를 보았니?"라고 대답했다. 이것은 분명히 그가 논하고자 했던 주제가 아니다.

어떤 문화권에서는 가족에 관해 물어보는 것이 허용된다. 사실, 보통은 묻지 않는 것이 무례한 것으로 간주된다. 하지만 다른 문화권에서는 이 주제가 금지되어 있다. 마찬가지로 일부 문화권에서는 질병이나 불행에 대해 이야기하는 것을 좋아하지 않는다. 아마도 뭔가에 대해 이야기하지 않으면 일어날 확률이 낮을 것이라는 믿음으로 말이다. 다른 곳에서는 때로는 심각한 질병 또는 죽음의 주제를 포함하는 건강관리에 관한 이야기를 다룬다. 다른 사람들은 방금 언급한 것처럼 그런 주제를 다루는 것을 싫어한다. 어떤 문화권 사람들은 자신들이 얼마나 많은 돈을 벌었는지, 판매를 위해 어떤 의

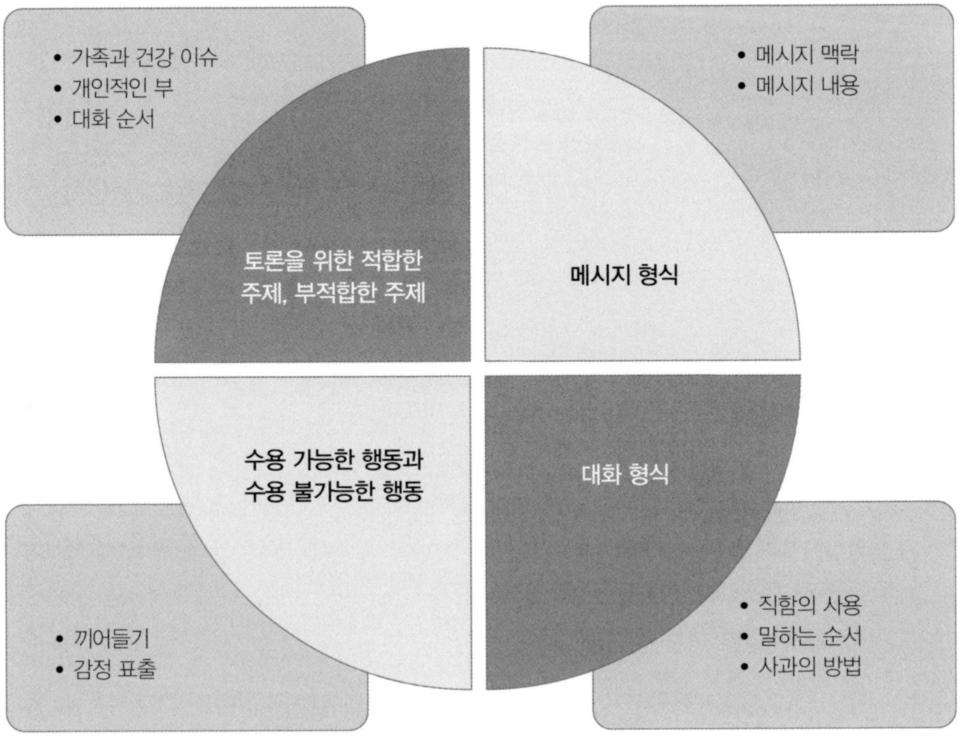


그림 5.5 문화적으로 요구되는 소통 프로토콜

심스러운 전략을 사용했는지에 대해 들어줄 사람에게는 자랑할 수도 있다. 다른 문화권에서는 사실이라 할지라도 이것을 논하는 것을 좋아하지 않는다. 일반적으로 프랑스에서는 돈, 영국에서는 개인문제를 상의하는 것은 적절하지 않다. 남아시아와 라틴아메리카에서는 자신에 대해서 얘기하는 것을 좋아하고, 독일과 네덜란드에서는 그렇지 않을 것이다.

여기서도 중요한 것은 대화 주제의 순서나 배열이다. 많은 서양의 경영인들이 "잡담"을 피하고 사업얘기를 바로 시작해야 한다고 믿는 반면("시간은 돈이다!"), 남미와 동아시아, 동남아시아의 경영자들은 일반적인 대화가 비즈니스 이외의 주제로 먼저 광범위하고 일반적인 토론으로 예열되어야 한다고 생각한다. 그러고 나서 사업에 관한 진지한 대화가 시작된다.

### 응용 5.4 에콰도르에서의 여름 인턴십

인도 출신이고 유럽에서 자란 IESE의 MBA 학생 파텔(Shipa Patel)은 에콰도르 민도에 있는 비영리 생태 재단에서 여름 동안 인턴 생활을 했다.[11] 그녀가 민도에 도착한 첫날, 그녀는 조직, 일, 사람들, 맥락에 대해서 아무것도 알지 못한다는 것을 깨달았다. 그녀는 완전히 낯선 사람처럼 느껴졌고, 동시에 이 문제를 탐구할 시간이 많지 않다고 생각했다. 그래서 그녀는 재단의 대표에게 재단에서 일하는 약 40명의 에콰도르 사람들을 소개해 줄 것을 요청했다. 그녀는 자신의 업무계획을 설명하고, 새로운 동료들에게 그들의 업무에 대한 주요 도전과제에 대해 질문할 수 있을 것이라고 생각했다. 대표는 이에 동의했으며 대부분의 직원이 회의에 참석했다. 그러나 회의에서 그녀가 느낀 첫 반응은 동료들이 그녀에게 무언가를 숨기고 있다는 것이었다. 그들은 그녀의 질문에 호의적이지 않았다. 상황을 분명하게 설명하지도 않았고 아무도 적극적인 태도를 보이지 않았다. 그녀가 대부분 말을 해야 한다는 것을 알았지만, 다른 사람들은 기본적으로 동정하는 얼굴로 고개를 끄덕일 뿐이었다. 시간의 압박을 받으면서 파텔이 효율적인 의사소통의 방법이라고 생각했던 것이 실제로 작동하지 않았다.

회의가 끝난 후, 그녀는 무엇이 잘못되었는지 궁금했다. 우연히 그녀는 일하러 가거나 돌아오는 길에서, 또 저녁시간에 카페에서 회원들과 이야기하기 시작했다. 그녀는 회의에서 상대적으로 침묵을 지킨 후 사람들이 자신의 의견에 대해 기꺼이 말하고 목소리를 높인다는 사실에 놀라움을 금치 못했다. 그녀는 곧 그들이 비공식적인 환경에서의 일대일 의사소통을 훨씬 더 편하게 느낀다는 것을 알았다. 청중 앞에서 말하는 것은 대부분의 회원들에게 생경한 의사소통 방식이었다. 그리고 자신의 동료를 다른 사람들 앞에서 우려를 표명하도록 요구함으로써 그들을 매우 불편한 입장에 처하게 했다는 사실을 깨달았다. 그녀는 또한 메모를 통해서 그들을 겁주었던 것 같다. 이것은 인상과 아이디어를 기록하는 방법으로는 매우 효율적일 수 있지만, 그들은 이것에 의해 위협을 느꼈고, 말하는 것을 보류했다.

그래서 파텔은 전술을 바꾸었고, 사무실 밖에서의 일대일 대화는 매우 유익했으며, 조직과 조직 문제에 대한 견해를 발전시킬 수 있음을 깨달았다. 그렇다, 시간과 업무 효율성 측면에서 대가를 지불했지만, 마침내 그녀는 필요한 것을 얻었다. 사람들이 일할 다른 장소로 여행할 때, 일을 진행시키기 위해 성취에 대한 기대를 바꿀 필요가 있다는 사실을 그녀가 일찍이 깨달았으면 하는 것이 그녀의 유일한 바람이다.

돌아보면, 다른 문화적 요소들이 첫 번째 미팅에서도 발현되었다. 사람들은 보통 상급자의 의견에 무조건 따르고, 아무도 실제로 다른 회원이 기여한 것에 대해 반대한다고 주장하지 않았다. 사실 멤버들은 대표가 회의에 참여하라고 요청했기 때문에 처음으로 모임에 참여했다.

파텔은 자신의 경험에 대해 다음과 같은 결론을 내렸다.

이 경험은 다양한 의사소통의 역학에 대한 나의 이해를 향상시켰고, 정보 수집 및 공유에 대한 나의 선입견에 도전했다. 새로운 환경에 적응하고 필요에 따라 자신의 행동을 변경하는 것이 중요하다. 둘 혹은 소그룹과의 개인적인 교류는 종종 외부인의 많은 시간과 인내심을 필요로 하지만, 밀접하게 결속된 공동체를 만드는 데 있어서 없어서는 안될 부분이다. 일부 문화권에서는 관계 구축 의식의 정상적인 부분이며, 결국 이는 효과적인 의사소통에 중요한 전조가 된다.

다음에 대해 생각해 보자.

(1) 당신의 관점에서, 파텔의 에콰도르 동료들이 그녀에게 마음을 열지 않은 주된 이유는 무엇이라고 생각하는가?
(2) 외국인과 낯선 사람으로서, 파텔은 어떻게 상황을 더 잘 파악할 수 있었을까?
(3) 외국인이나 낯선 사람들과 새로운 글로벌 관리자들이 새로운 곳으로 여행하면서 얻을 수 있는 교훈은 무엇인가?

## 메시지의 형식: 내용 및 맥락

의사소통은 일상생활에서 너무 보편적이며 문화와 얽혀 있어서 어떤 연구자들은 문화와 의사소통을 분리하는 것이 불가능하다고 주장한다. 그들에게 문화는 의사소통이다. 예를 들어 유명한 인류학자 에드워드 홀은 사람들이 말이 아니라 행동을 통해서 서로 의사소통한다는 점을 지적하면서, 문화적 가정은 일반적으로 말없이 의미를 전달하는 데 사용되는 **침묵의 언어(silent language)**의 일부분이라고 제안한다. 침묵의 의사소통은 발신자 또는 수신자에게 메시지를 전달하기 위해 비언어적 또는 시각적 소통(예: 표정, 제스처, 개인 공간의 사용, 부유한 환경 등)을 사용하는 것이다. 이러한 메시지는 일반적으로 본질적으로 미묘하기 때문에 메시지를 찾아내지 않으면 알아내기 어렵다. 그러나 일반적으로 보낸 사람은 이러한 메시지를 다른 사람이 받거나 발견하길 원한다. 실제로, 침묵의 메시지를 읽을 수 있는 누군가에게, 그들은 때때로 아주 큰 소리로 비명을 지를 수 있다. 영국의 의사소통 컨설턴트인 리차드 루이스는 "문화가 무엇이든 우리 머리에는 혀가 있다. 어떤 사람은 그것을 사용하고, 어떤 사람은 그것을 잡고, 어떤 사람은 그것을 물려 든다. 프랑스인에게 그것은 공격에 뛰어드는 양날의 칼이며, 영국 사람들은 그것을 방어적으로 사용하며, 중얼거리듯 모호하고 혼란스럽게 대답한다. 이탈리아와 스페인 사람들에게는 웅변의 도구가 되고, 핀란드 사람들과 동아시아 사람들은 건설적인 침묵으로 당신을 대할 것이다."[12]

침묵의 또는 비언어적인 의사소통의 중요성은 양방향의 대화에서 의도적 의미의 35% 이하가 전형적으로 수행되는 언어적인 의사소통에서 발견된다는 것이다. 일부 문화권에서는 이 비율이 심지어 더 낮다. 이것은 비언어적 특성이 문화를 초월하여 의사소통할 때 매우 중요하다는 것을 의미한다. 설상가상으로, 언어적 메시지와 비언어적인 메시지가 서로 모순되면, 우리는 후자를 믿을 가능성이 더 높다.[13] 메시지의 의미는 내용에 명시

되어 있지 않으며 찾아내야 한다.[14]

3장에서 논의했듯이 홀의 문화적 차이 모델은 이 차이가 **메시지 내용(message content)**을 둘러싸는 **메시지 맥락(message context)**의 정도에 달려 있다고 제안한다.[15] 그림 5.6에서 볼 수 있듯이 홀은 고맥락 문화와 저맥락 문화를 구별한다. 독일, 스칸디나비아, 미국 등 **저맥락 문화(low-context culture)**에서 메시지를 둘러싼 맥락은 메시지 자체보다 훨씬 덜 중요하다. 맥락은 청취자에게 의도된 메시지와 관련된 정보를 거의 제공하지 않는다. 결과적으로, 강연자는 서면 문서 및 정보가 풍부한 광고와 같이 메시지의 명확성을 높이는 데 더 많이 의존해야 한다. 언어의 정확도는 중요하며, 이해한 것으로 추정, 풍자, 바디랭귀지 등은 상대적으로 덜 중요하다.

반대로 아시아와 중동 여러 지역에서 발견되는 **고맥락 문화(high-context culture)**에서는 메시지가 전달되는 맥락, 즉 메시지를 둘러싼 사회적 신호가 종종 메시지 자체만큼이나 중요하다. 사실 말하는 방식이 실제 사용된 단어보다 메시지를 소통하는 데 훨씬 더 중요할 수 있다. 여기에서 의사소통은 장기간의 대인관계, 상호신뢰 및 개인 평판에 기반한다. 사람들은 자신들이 말하는 사람들을 알고 있으며, 누군가의 표정을 읽는 것이 중요하고 필요한 기술이 된다. 결과적으로 말하거나 적어둘 필요가 적다. 모든 단어를 주의 깊게 경청하는 많은 외부인들은 의사소통의 이러한 미묘함을 눈치채지 못해서 실제 메시지를 놓치고 만다.

예를 들어, 인종적으로 다양한 나이지리아에서는 의사소통 스타일이 지역마다 상당히 다르다. 사람들이 주로 요루바(Yoruba) 부족 출신인 남서부에서 그들의 의사소통은 속담과 말과 노래를 사용하여 그들이 말하는 내용의 의미를 풍부하게 한다. 특히 영어를 모국어로 사용하는 경우에 그렇다. 요루바어는 오랫동안 회의 또는 심각한 토론의 지루함을 막기 위해 종종 유머를 사용한다. 그들은 자신의 메시지에 유머를 삽입하면 그들이 말한 것을 쉽게 잊어버리지 않을 것이라고 확신한다. 반대로 이보(Igbo)와 화사(Hausa)를 포함하는 다른 지역에 살고는 나이지리아인들은 더 직접적으로 말하는 경향이 있다. 나이지리아인은 또한 비언어적 행동(예: 표정)을 광범위하게 사용하여 자신의 견해를 전달한다. 토론에서 나이지리아인은 종종 우회적인 접근법을 사용하여 일반적인 생각으로 시작한 다음 천천히 특정한 목표로 이동한다. 그들의 논리는 종종 맥락적이다. 즉, 그들은 행동의 근거를 찾고, 맥락을 이해하려는 경향이 있다. 따라서 단순히 목격된 것이 아니라 주변 환경의 관점에서 행동을 본다. 결과적으로 말하지 않은 것이 종종 더 중요해진다.

경험이 많은 관리자는 메시지 작성방법이 메시지 수신방법에 중대한 영향을 미칠 수

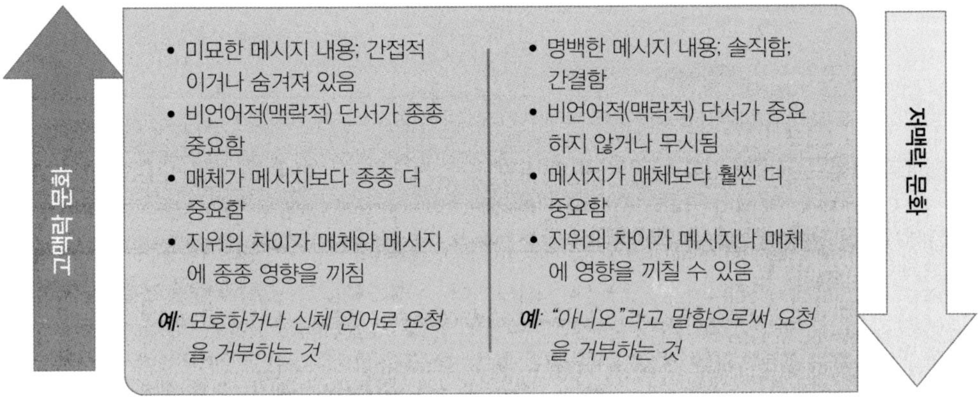


**그림 5.6** 저맥락 문화와 고맥락 문화에서의 의사소통

있음을 잘 알고 있다. 메시지가 명확하고 직접적이어야 하는가? 아니면 미묘하거나 두루뭉술해야 하는가? 언어적 또는 비언어적 메커니즘을 통해서 메시지를 어느 정도 전달해야 하는가? 메시지의 내용이 맥락보다 어느 정도 중요한가? 어떤 문화권은 엄격한 서면 의사소통을 강조하지만 다른 문화권에서는 보다 유연한 구두 의사소통을 선호한다. 일부 문화권에서는 외부인의 메시지가 정식 채널(예: 공식적인 명령 체인)을 통해서 전달되는 반면, 다른 문화권은 비공식 채널(예: 친한 친구)의 이용을 선호한다.

여기서 관리자의 주요 도전과제는 상대방이 불쾌감을 갖지 않고 이해할 수 있는 명확하고 의미 있는 메시지를 보내는 것이다. 그러나 똑같이 중요한 도전과제는 발신자에게 익숙하지 않은 문화적으로 적절한 방식으로 메시지를 전달하는 것이다. 예를 들어, 비언어적인 의사소통 기술을 사용하는 경험이 거의 없는 전형적인 서구의 관리자는 문화적으로 민감해지려고 할 때 도움보다 해가 될 위험을 감수해야 한다. 비언어적 의사소통은 침묵하거나 어색한 표정을 짓는 것 이상을 의미한다. 이것은 공부하고 연습해야 하는 예술행위와 같으며, 지속적인 학습과 반사적 경험의 중요성을 다시 한 번 시사한다.

## 대화의 형식: 에티켓을 이해한다

대화 형식은 수용 가능한 또는 선호되는 공식적 대화 에티켓을 구성하는 것을 관장하는 공식적 또는 암묵적 지침 및 규칙을 포함한다. 모든 문화는 우리가 어떻게, 언제, 어디서 다른 사람들과 이야기할 것인가에 제약을 가하고, 유능한 관리자는 이들을 이해함으로써 이익을 얻을 수 있다. 이러한 형식에는 직함의 사용, 아이디어나 제안이 제시되는 방식, 사과의 역할이 포함된다.

어떤 문화가 다른 문화보다 형식적이라고 말하는 것은 쉽지만, 이것이 의미하는 바가 무엇인지를 묻는 것이 필요하다. 일반적으로 형식의 사용에는 기본적인 목적이 있다. 예를 들어, 직함의 사용은 존경이나 권력의 표시가 될 수 있다. 하지만 반드시 똑같은 것은 아니다. 마찬가지로, 직함이 없는 것은 인위적인 지위 기반 경계 또는 당사자 간의 긴밀한 관계를 피하는 평등주의적 문화를 나타낼 수 있다. 분명히, 정보를 가진 매니저는 이러한 차이점을 이해해야 한다.

대화 형식에는 사과가 필요한 때와 장소를 아는 것도 포함된다. 불쾌한 사건이나 위기 이후 조화를 회복하기 위해 동아시아와 동남아시아 전역에서는 정식 사과가 사용된다. 그들은 공감과 책임감을 보여 준다. 대조적으로, 많은 서방 국가에서 사과는 종종 유죄를 인정하는 데 사용되며, 결과적으로 아주 가끔 사용된다.

### 응용 5.5 사과하기: 도요타와 BP

이것이 어떻게 작동하는지를 이해하기 위해서 도요타 CEO인 아키오 도요타가 자동차 관련 안전 문제에 대한 미국 의회 조사단 앞에서 행한 공개적인 사과를 생각해 보자. 사람들은 서구 CEO들이 그런 일을 한 것을 거의 기억하지 못하기 때문에, 도요타는 큰 주목을 받았다. 그는 고객들뿐 아니라 회사의 이익이 감소한 것에 대해서 주주들에게도 사과하고 최근 정리해고에 대해 직원들에게도 사과했다. 그는 "지난 몇 개월 동안 고객들이 도요타 차량의 안전성에 대해 불확실한 느낌을 갖기 시작했다. 나는 모든 책임을 져야 한다. 오늘은 미국인들과 전 세계에 걸쳐서 고객들에게 도요타가 차량의 품질과 안전성을 얼마나 심각하게 받아들이는지 설명하고 싶다"라고 강조했다. 일본의 *아사히신문*은 이 증언이 "도요타의 운명을 결정할 뿐 아니라 일본의 모든 회사에 대한 소비자 신뢰도에 영향을 미칠 수 있다"고 사설을 통해 밝혔다. "도요타의 회장은 어깨에 무거운 짐을 지고 있다".

서양에서 CEO의 그러한 행동은 종종 약점 또는 신뢰 결여의 표시로 해석되거나 더 나아가 법적 책임의 수락으로 해석된다. 멕시코만 기름유출 사건에 이어서 미국 의회의 조사단 앞에서 BP의 CEO인 토니 헤이워드(Tony Hayward)의 최근 행동을 보자. 헤이워드는 성의 없는 사과를 했고, 장기적인 환경의 영향을 무시했다. 그의 증언 중 일부는 다음과 같았다. "나는 이 재앙에서 환경의 영향이 매우 적었을 것으로 보인다." "내가 원하는 것 이상으로 이것을 원하는 사람은 아무도 없다. 나는 내 인생을 되찾고 싶다." "도대체 우리가 이런 대접을 받을 만큼 잘못한 게 뭐가 있는가?" 그는 BP뿐 아니라 다른 많은 회사들도 석유 누출에 관련되어 있다고 강조했다. 두 가지 위기와 두 가지 매우 다른 대중의 반응.

다음에 대해 생각해 보자.

(1) 왜 두 회사의 사과에 내재된 상징성은 다른가?
(2) 도요타나 BP가 이 상황을 다르게 처리해야 하는가? 그 이유는 무엇인가?
(3) 문화를 넘어서 일할 때, 사과의 적절한 역할에 대한 당신의 견해는 무엇인가? 언제 사과가 적절하고 언제 사과가 부적절한가? 이유는?

## 수용 가능한 행동: 스스로 행동하라

마지막으로 문화는 대인관계 상호작용에 수반되는 수용 가능한 행동에 대해 종종 제약과 기대를 제기한다. 예를 들어 연구조사에 따르면 북미지역의 관리자는 종종 독단적인 태도로 대화에서 주도권을 잡을 것으로 기대하거나 권장된다. 이와는 대조적으로 아시아의 많은 지역에서 관리자들은 침묵을 유지하고 발언기회를 기다릴 것으로 예상된다. 북미지역의 관리자들은 주요 주제가 끝나면 대화를 그만둘 수 있다. 스페인의 관리자는 일반적으로 잠시 머물러 떠나기 전에 다른 일에 대해 이야기할 것으로 예상된다. 많은 북미 관리자들은 주제와 아이디어 간의 명확한 연계를 통해 의사소통에 대한 계획된 접근방식을 선호하여 선형적으로 의사소통을 하려는 경향이 있다. 아시아의 많은 관리자들은 원형 패턴을 따라 비선형적 접근방식을 선호한다. 지중해 지역의 많은 관리자들은 지그재그식 접근방식을 선호하는 경향이 있다. 이 접근법에서는 주제로 돌아가기 전에 주제와 별로 관계가 없는 아이디어들이 논의된다.

또한 유럽 전역에서 두 명 이상의 관리자가 동시에 이야기하는 것은 흔한 일이지만 북유럽의 매니저는 다른 연사가 말을 끝낼 때까지 기다릴 가능성이 더 크다. 라틴아메리카에서 대화는 침묵의 시간을 거의 찾아보기 힘들다. 실제로, 침묵 또는 "죽은 공기"는 사람들을 불편하게 만들고 다시 말하게 한다. 대조적으로, 침묵의 순간은 동남아시아에서 매우 일반적이며, 불편함을 느끼는 사람은 거의 없다.

마지막으로, 아시아 전역의 의견 불일치는 종종 침묵으로 전달된다. 스페인에서의 불일치는 종종 감정적인 폭발로 전달된다. 북유럽에서의 불일치는 명확하고 침착하며 직접적으로 언급되고 논의되는 경향이 있다. 마찬가지로 칭찬은 북미지역의 많은 감독자에게 공통된 동기부여 전략이지만, 일반적으로 러시아에서는 특별한 성취를 이룬 경우에만 칭찬을 한다. 반대로 프랑스와 인도네시아에서는 칭찬이 때로는 직원들에게 불쾌감을 주는 것으로 간주된다. 왜냐하면 칭찬은 종업원의 우수한 성과에 대해 감독자의 놀라움을 암시하기 때문이다.

### 응용 5.6 감정의 표시: 독일과 스페인

또한 차이점은 수용 가능한 감정의 표시로 간주되는 것이다. 독일에서 일하는 스페인 관리자의 최근 사례를 생각해 보자. 독일에 도착한 다음날 그녀는 가까운 친척이 갑자기 사망했다는 뉴스를 받았다. 그녀는 감정적으로 속상해서 눈물을 터뜨렸다. 그녀는 무슨 일이 있는지 묻지 않고, 감정적인 도움을 주지 않는 독일인 동료들에 대해 경악했다. 반면에 그녀의 독일인 동료들은 그녀의 반응에 놀랐고 미성숙하며 전문적이지 않다고 생각했다. 따라서 스페인에서는 감정을 바깥으로 드러내는 것이 종종 용인되고, 심지어 때때로 당연한 반면, 독일에서는 동료의 개인적인 일에 관심을 갖는 것은 무례하고 전문가적이지 않다고 여겨질 수 있다.

다음에 대해 생각해 보자.

(1) 누가 옳은가? 독일인들이 스페인 여성의 불행에 대해 민감하게 반응하고 이해했어야 했는가? 아니면 그녀가 독일의 현지 문화를 더 존중해야 했는가?
(2) 자신의 문화에서 부적절한 특정한 감정적인 표시를 식별할 수 있는가? 부적절한 이유는 무엇인가?

따라서 문화 프로토콜은 문화 내에서 그리고 문화 간 의사소통을 원활하게 하는 데 매우 유용한 도구로 사용된다. 이 프로토콜을 통해 사람들은 메시지의 어떤 부분이 중요하고 어떻게 해석되어야 하는지 알려 준다. 또한 상황에 따라 수용 가능한 응답의 목록을 제공하여 메시지 발신자를 안내한다. 이문화 간 소음 및 의사소통 오류의 대부분은 이러한 단순한 메커니즘의 무지에서 발생한다. 이와 관련하여 이러한 요구되는 행동을 이해하는 관리자는 중요한 의견 및 사건에 보다 더 집중할 수 있고, 받는 메시지를 보다 잘 이해할 수 있으며 글로벌 의사소통에서 보다 효과적인 응답을 이끌어 낼 수 있다.

## 경영자 노트:
## 문화 간의 의사소통

이 장에서 우리는 무엇을 배웠는가? 서로 다른 지역의 관리자 간의 이문화 교류에서 의사소통의 주요 목적은 아이디어, 정보, 고객 및 경우에 따라 당사자 간의 파트너십을 맺는 공통점을 찾는 것이다. 그러나 수신자가 메시지에 주의를 기울이고, 공통된 의미를 용이하게 하는 방식으로 정보를 처리할 수 있으면 의사소통은 효과적이다.

이를 더 잘 이해하기 위해서 효율적인 대인 의사소통에서 세 가지 핵심 요소를 강조하는 주의 – 해석 – 행동(AIA) 모델이 도입되었다: 주의, 해석 및 메시지(또는 응답). 문화적 스크린은 기본적인 AIA과정에서 장애물이나 장벽이 될 수 있다. 특히 대인관계 상호작용과 다문화 의사소통에 영향을 미치는 두 가지 문화적 스크린이 논의되었다. 이러한 스크린은 발신자와 수신자 간의 문화적 차이로 인해 종종 발생하며 대화의 다양한 당사자가 메시지를 수신, 해석, 응답하는 방법에 중요한 영향을 미친다. 첫 번째 스크린에는 의사소통 에피소드를 둘러싼 개인 인식에 대한 문화적인 영향, 즉 발신자와 수신자의 마음속에서 메시지를 평가하고 처리하는 방식이 포함된다. 두 번째 스크린은 의사소통 프로토콜에 대한 문화적 영향 또는 우리가 문화적으로 일관성 있지만 바라건대 우리의 의도된 수신자에게 문제가 되지 않는 방식으로 메시지를 구성하거나 모양을 짓는 것과 같이 필요한 행동을 포함한다.

다음과 같은 딜레마를 생각해 보자. 당신은 주로 서유럽과 동아시아에서 사업을 하는 작지만 세계적인 전자회사의 파트너이다. 당신은 IT서비스를 스페인과 한국에 있는 두 개의 소규모 회사에 판매하려고 한다. 그런데 두 회사의 사장에게 전화를 걸어 보았지만, 그 누구도 답을 하지 않았다. 질문: 특정 시간에 전화할 것임을 알리는 메시지를 남겨두어야 하는가? 정답은 그렇다와 그렇지 않다이다. 왜인가? 스페인에서는 주어진 시간에 다시 전화할 것이라고 다른 사람들(상급자 포함)에게 메시지를 남기는 것이 좋다. 당신이 다시 전화를 걸 때 당신이 통화하고자 하는 사람이 거기에 있을 의무는 없지만 적어도 당신의 의도를 기록할 수 있다. 당신은 미래에 연계할 책임이 있다고 말하면서 예의 바른 행동이다. 반대로, 한국에 있는 누군가의 전화에 그러한 메시지를 남기는 것은(특히 상대방이 나이가 많은 경우), 특정 시간에 그 사람이 전화를 기다려야 한다는 이유로 종종 무례하고 사려 깊지 못한 것으로 간주된다. 많은 한국인들은 상사의 행동을 제한하는 것은 사회적 규범을 위반하는 것으로 여긴다. 메시지를 남기지 않거나 콜백 시간에 대한 언급 없이 전화했음을 알리는 간단한 메시지를 남겨 두는 것이 예의이다.

이와 같은 일상적인 행동은 전 세계 사회 활동의 성공 또는 실패에 큰 영향을 미칠 수 있으며, 이것에 대한 이해 부족은 인정되거나 용서될 수 있지만, 긍정적인 결과로 이어질 수는 없다. 다시 한 번 우리는 글로벌 관리자로 성공하기를 원한다면 새로운 상황과 접촉에 대비해야 한다는 불가피한 결론으로 돌아간다. 이러한 준비의 중심 단계는 언제, 어떻게 말할 것인지, 무엇을 말할 것인지 아는 것이다.

세계화와 서로 다른 문화 사람들과의 의사소통의 필요성 때문에 문화적 경계를 넘어 효과적으로 의사소통할 수 있는 능력과 기술을 개발하는 것이 모든 관리자에게 기본적인 덕목이다. 관리자는(또는 그 문제와 관련한 어떤 누구이든) 최선의 노력에도 불구하고 메시지가 멍한 눈, 찡그린 표정, 무대책 또는 이해 부족을 보여 주는 행동으로 나타났다는 것을 깨닫는 것은 고통스러운 일이다. 그러나 이 관리자가 메시지 전달을 실패한 이유 또는 향후 의사소통을 개선하는 방법을 이해하지 못한다면 좌절감은 절망으로 변할 수 있다.

2장에서 설명한 글로벌 경영 모델에 따라 국경 간 의사소통을 향상시키기 위한 노력을 시작하는 가장 좋은 방법은 효과적인 대인관계 의사소통 기회를 방해하거나 개방할 수 있는 외부의 환경 요소를 확인하는 것이다. 각 상호작용은 관련 당사자들이 직면한 상황에 따라 고유하기 때문에, 이것이 논리의 출발점처럼 보인다. 문화 간 의사소통에 대한 일반적인 접근법에 주의해야 하고, 그러한 노력에서 많은 에너지가 낭비될 수 있다.

다양한 문화적, 조직적, 상황적 요인들이 매니저의 옵션과 선택을 제한하려고 나타날 것이다. 예를 들어, 고맥락 문화에서의 의사소통은 말하는 것만큼 말하지 않는 것(예: 비언어적 의사소통)에 중점을 둘 것이다. 마찬가지로 회사의 절차나 지위 시스템은 회의 중 적절한 행동에 대한 힌트를 제공할 수 있다. 마지막으로, 회의 장소(현장이나 밖)나 사용하는 언어는 말하는 내용이나 방식을 제한하는 데 도움이 될 수 있다. 이는 효과적인 의사소통의 가능한 장애물 중의 일부만을 보여 준다. 요점은 매우 간단하다. 관리자가 의사소통 노력을 둘러싼 한계를 더 많이 이해하면 할수록, 적절하고 효과적인 의사소통 채널을 선택할 가능성이 커진다.

위의 논의에서 알 수 있듯이, 환경적 요소가 무시된다면 문화 간 의사소통에서 많은 문제가 발생할 수 있다. 이것은 새로운 결론이 아니다. 2000년 전, 로마 시인 호라스(Horace)는 "한번 날아간 단어는, 돌이킬 수 없게 날아간다"라고 말했다.[16] 메시지의 내용, 상황 및 소통 프로토콜에 관한 언어, 문화적 논리, 기대 및 해석의 차이는 모두 의미를 왜곡시키고 의사소통을 위태롭게 할 수 있다. 이를 염두에 두고 우리는 글로벌 관리자가 이러한 장애를 줄이거나 최소화하여 의사소통을 명확하게 하려면 어떻게 해야 하는가에 대한 문제에 직면한다. 위에서 언급했듯이 문화적 과정은 다각적이고 복잡하며 때로는 비밀스럽지만, 그럼에도 불구하고 관리자가 다른 사람들과의 상호작용을 통해서 차이에 적응하도록 시작할 수 있는 구체적인 전략을 가지고 있다. 이와 관련하여 관리자는 다른 당사자와 공통점을 찾을 가능성을 높이기 위해서 적어도 세 가지 선택사항을 추구해야 한다(그림 5.7참조). 그들은 학습과 기술 습득에 헌신적인 매니저가 "할 수 있는" 것들이다.

### 1. 문화 역학에 대한 지식과 이해를 넓혀라.

관리자가 글로벌 의사소통 기술 향상에 대해서 진지하게 생각하고 있다면 이 책 전체적

**(1) 문화 역학에 대한 지식과 이해를 넓힌다.**

- 자신의 문화와 공통적인 의사소통 패턴에 대한 이해를 증진한다.
- 다른 주요 문화의 신념, 가치 및 행동 기대에 대한 심층적인 지식을 개발한다.
- 이해와 커뮤니케이션 향상을 위해 관련 외국어 기술을 확장한다.
- 가능하다면 현지 문화 전문가의 자문을 구한다.

**(2) 인지 및 비판적 분석 기술을 재조정한다.**

- 자신의 추론뿐 아니라 다른 사람들의 추론을 검사한다.
- 다른 사람들에 대해 만든 가정을 탐구해 본다.
- 확장된 문화 지식을 사용하여 다른 사람들의 시선을 통해 상황을 본다.
- 다른 사람들이 생각하는 것을 설명하는 대인관계 상호작용의 미묘함과 뉘앙스를 찾는다.
- "왜?"를 이해하려고 노력한다. 다른 사람들의 의견과 행동에 "무엇?"만이 답은 아니다.

**(3) 적용된 의사소통의 행동 레퍼토리를 향상시킨다.**

- 비언어적 의사소통 기술을 포함하여 메시지 형식 기술을 확장한다.
- 적절한 주제, 형식, 행동에 대한 국가별 지식을 개발한다.
- 문화 전반에 걸친 공통적인 의사소통의 실패 및 가능한 해결전략에 특히 주의를 기울여 적극적인 청취 기술을 개발한다.

**그림 5.7** 문화 간 의사소통의 전략

으로 논의되는 중요한 단계는 이문화에서 일의 세계의 차이와 그런 차이가 경영에 주는 시사점을 학습하는 데 필요한 시간과 에너지를 투자하는 것이다. 실제로 이것은 처음 보기보다 어렵지는 않다. 다른 문화를 탐구하는 것은 컴퓨터 게임을 배우는 것과 다르지 않다. 어떤 시점에서는 직관적이 되어, 이전에는 생소하게 보였던 설정에서 관리자가 거의 원활하게 작업할 수 있다. 여기서 중요한 것은 지역의 신념, 가치, 행동의 기대치가 문화에 따라 어떻게 다른지, 그리고 관리자가 그러한 차이점을 어떻게 대비할 수 있는지에 대한 지식이다. 이 학습의 대부분은 독자적인 독서, 연구, 문화 간 문제에 대한 후원 프로그램, 외국인과의 토론 및 다른 사람들이 하고 있는 것에 대한 집중적인 관찰을 통해 수행될 수 있다. 이 중 어느 것도 달성하기 어렵지 않다.

다문화 학습은 언어 학습을 통해서 쉽게 이루어질 수 있다. 상대방의 언어를 이해하면 문화적 차이의 본질을 파악하는 데 많은 도움이 되기 때문이다. 국경을 넘어서 성공적인 작업을 위해 중요한 요소이다. "모든 사람이"이 영어로 말할 수 있다고 종종 말을 하지만, 위에서 본 것처럼 사람들이 생소한 언어 사용을 강요당할 때, 오해와 잘못된 단서 여지가 많다.

마지막으로, 문화 지식을 확대할 때 자신의 문화를 잊지 않는 것도 중요하다. 종종 관리자는 자신의 문화를 당연하게 여기며 자신의 사회적 환경이 의사소통에 영향을 미치는 자체 스크린을 생성한다는 것을 깨닫지 못한다. 자기 문화에 대한 자기인식은 다른 사람들을 더 잘 이해할 수 있는 유용한 출발점이 될 수 있다. 또한 다른 사람들이 어떻게 보는지에 대한 이해도 향상시킬 수 있다.

## 2. 인지 및 비판적 분석 기술을 재조정하라.

확장된 지식과 문화적 차이에 대한 이해를 바탕으로 다른 사람들의 의견과 행동을 뒷받침하는 인지과정에 대한 더 나은 이해를 추구하는 두 번째 의사소통 전략이 있다. 이것은 말처럼 극단적이지 않다. 우리는 기본적인 인지과정을 바꾸는 것을 제안하지 않는다. 오히려, 그들을 재교정하는 것이 좋다. 다른 말로 하면, 새로 획득한 다문화 인식과 이해를 바탕으로, 관리자는 다른 문화적 배경을 가진 사람들의 행동 또는 말을 이해하려고 할 때, 다소 변형된 인지 템플릿 또는 준거틀을 사용해야 한다. 최근의 연구에 따르면, 경험이 많은 글로벌 관리자는 종종 외모나 행동의 이면을 볼 수 있는 능력을 보여 주고, "무엇?"이 아닌 "왜?"를 이해하려고 노력한다. 그들은 다른 사람들의 눈과 귀를 통해서 대인관계의 상호작용을 이해한다. 그들은 다른 사람들이 생각하고 있는 것을 설명하는 데 도움이 될 수 있는 사회적 상호작용에서의 미묘함과 뉘앙스를 찾는다. 그들은 그들이 판단하는 것 이상을 관찰한다. 대체로 이들은 동기부여된 매니저가 실무적으로 개발할 수 있는 학습된 행동이다.

1장에서 구글이 새로운 관리자를 위해 교육 프로그램을 개발했음을 기억할 것이다. 이 프로그램에서는 참가자가 소규모 그룹으로 인도, 중국, 일본에 파견되어 사업방법을 직접 학습한다. 참가자는 지역에 살며 지역의 관리자, 상점 주인 및 농부와 만나 다양한 세계관을 탐구한다. 구글의 이러한 노력의 기본 가정은 직접적으로 경험한 것이 이문화적 상호작용에서 종업원의 중요한 사고능력을 향상시킬 것이라는 것이다.

동시에 성공적인 글로벌 경영자는 자신의 신념과 가치, 가정, 편견, 인식을 이해하려고 노력한다. 자신의 안락한 영역에서 벗어나는 관리자는 그가 직면한 상황을 새로 볼 수 있다. 그들의 특정 상황에 대한 가정이 정확한가, 아니면 똑같이 유효한 다른 가정이 있는지? 공유된 의미를 개발하기 위해서는 이전의 판단과 이해를 버리고 새로운 이해가 생길 때까지 불확실성을 용인해야 한다. 관리자가 이해해야 할 점은 그들이 뭔가에 관해서는 옳을 수 있지만, 타문화권 환경에서 옳은 것은 상대적이다. 공통된 의미에 도달하는 것은 상대방이 말하거나 행동하는 것을 더 깊이 이해하기 위해서 불확실성과 모호함을 견딜 수 있는 능력이 필요하다.

### 3. 당신의 의사소통 기술을 향상시켜라.

마지막으로 매우 실용적인 수준에서 관리자는 다양한 의사소통 프로토콜에 대한 지식을 향상시킬 수 있다. 다양한 의사소통 프로토콜은 문화마다 다를 수 있다. 특정 언어가 언제 또는 어디서 선호되거나 요구되는 것과(위에서 논의된), 메시지 형식 기술을 개발하는 것이 성공적인 의사소통에 중요하다. 특히 표정 및 신체 언어의 형식을 읽는 것과 같은 비언어적 의사소통 기술의 사용이 관련되어 있다. 수많은 문화권에서는 핵심 의사소통 전략으로서 그런 기술을 사용하지만 이를 잘못 읽거나 완전히 무시함으로써 신호를 놓치거나 기회를 놓칠 수 있다.

이와 관련하여 관리자는 특정 대화 또는 메시지(예: 돈, 질병, 가족에 대한 이야기)에서 어떤 주제가 요구되거나 금지되는지, 다양한 의사소통 영역에서 어떤 형식이 필요하거나 선호되는지에 대한 지식을 넓힐 필요가 있다(예: 직함 사용, 인사, 복장 규정, 좌석 배치). 그리고 어떤 행동이 용납되고 용납되지 않는지를 결정해야 한다(예: 목소리 높이기, 끼어들기, 말로 거절하기, 터치하기). 이와 관련하여 많은 기업들이 직원들에게 현지 업무관행 및 사회적 에티켓에 대한 광범위한 교육 프로그램을 제공하여 해외 업무에 파견한다. 일부 기업은 글로벌 경영자를 대상으로 한 광범위한 경영 및 문화 기술 개발을 목표로 전체 기업 "대학"을 후원한다.

마지막으로, 모호한 상황에 직면한 관리자에게 능동적인 청취기술을 개발하는 것이 오랫동안 권장되어 왔다. 이것은 특히 의사소통의 장애가 일상적인 경우인 이문화에서 중요하다. 이러한 실패를 인식하는 것은 항상 쉬운 일은 아니지만, 구제 수단을 찾는 것이 대화와 가능한 비즈니스의 거래를 성사시키는 열쇠가 될 수 있다. 다시 말하면 기업 교육 프로그램이 큰 도움이 될 수 있다.

끝으로, 이전에 언급했듯이 아무도 관리자의 직무가 쉽다고 말한 적이 없다. 이 때문에 관리자는 자신의 목표를 달성하는 데 도움이 되는 도구와 기술을 논리적으로 찾는다. 이를 위해 향상된 다문화 의사소통 기술은 원하는 특성의 관리자 목록의 최상위 순위로 매겨져야 한다. 여기서 논의된 세 가지 의사소통 전략 중 어느 것도 쉽게 달성할 수 없지만, 강화된 다문화 의사소통을 달성하려면 이 전략 모두가 필요하다. 이러한 기술을 향상시키려면 노력과 헌신이 필요하다. 그것은 경험, 반영, 분석, 가장 중요한 학습으로 특징지어지는 지속적인 개발과정으로서 관리자의 역할을 보는 사고방식을 필요로 한다.

우리는 다문화 의사소통이 글로벌 관리자가 직면한 가장 심각한 도전 중 하나라고 지적하면서 이 장을 시작했다. 이제 이문화 커뮤니케이션이 비즈니스 기회의 가장 중요한 근원 중 하나라고 주장하면서 이 장을 마무리한다. 의사소통을 통해서 관계가 형성되고 갈등이 해결되며, 혁신적인 아이디어가 창출되고 공유된다. 언뜻 보기에 부족한 이문화 의사소통의 위험이 커 보이지만, 문화적 차이가 대화의 상호작용에서 의미 구성 방식에 대해 높아진 인식은 의사소통을 향상시키는 중요한 첫 걸음이 될 것이다. 우리는 또한 성공하기 위해서는 관리자가 기꺼이 노력을 기울여야 하며 초기의 실수와 당혹감을 감수해야 한다고 생각한다. 결국, 효과적인 다문화 의사소통은 개인적인 헌신과 배우려는 의지의 문제이다. 무엇보다 그것은 듣고자 하는 의지이다. 베네치아 탐험가인 마르코 폴로(Marco Polo)는 오래전에 "이야기를 만드는 것은 목소리가 아니다, 귀이다"라고 말했다.[17]

## 핵심용어

AIA 모델 • 인지 • 인지적 평가 • 의사소통 환경 • 문화적 논리 • 문화적 스크린 • 문화적으로 요구되는 프로토콜 • 문화적으로 중재된 인지 • 고맥락 문화 • 언어와 언어구조 • 저맥락 문화 • 메시지 내용 • 메시지 맥락 • *나마스떼*(산스크리트어, 힌디어) • 소음 • 비언어적인 의사소통 • 진위의 규범 • 선택적 지각 • 침묵의 언어

## 토의용 질문

1. 어떻게 관리자가 잠재적인 글로벌 파트너와의 일련의 협상 세션을 준비할 때 AIA 모델(그림 5.1)을 적용할 수 있는가?
2. 이 장에서는 문화적으로 중재된 인지와 문화적으로 요구되는 프로토콜이라는 두 가지 유형의 문화적 스크린에 대해서 논의했다. 언어장벽 이외에 문화 간에 명확한 의사소통이 어려운 이유는 무엇인가? 스크린이 많은 이유는 무엇인가?
3. 다양한 문화적 스크린(문제 2 참조)을 고려할 때 어떤 스크린이 다른 스크린보다 쉽게 수용되며, 관리자가 이를 수행하기 위해 할 수 있는 것은 무엇인가?
4. 어떻게 문자메시지나 스카이프와 같은 가상통신기술을 통해서 기업이 글로벌 비즈니스 의사소통을 수행하는 방식이 바뀌었는가? 여기서 얻은 것과 잃은 것은 무엇인가?
5. 글로벌 팀에서 모국어를 사용하지 않는 구성원들과 의사소통 과정을 개선하기 위해 관리자가 할 수 있는 일은 무엇인가?
6. 글로벌 매니저로서 성공하려면 여러 언어를 구사할 줄 알아야 한다고 생각하는가?

그 이유는 무엇인가?

7. 응용 5.3은 문화적 논리가 어떻게 작동하는지에 대한 예를 보여 준다. 글로벌 관리자에게 이 문제의 중요성을 설명하기 위해서 두 가지 추가 예제를 제공할 수 있는가?
8. 연구에 따르면 일반적으로 언어적 의사소통은 쌍방향의 대화에서 35% 미만의 의미를 차지한다. 이 비율은 왜 이렇게 낮은가? 이 비율을 높이기 위해서 무엇을 할 수 있는가?
9. 왜 일부 문화는 고맥락 의사소통을 강조하는 것처럼 보이고 다른 문화는 저맥락 의사소통을 강조하는 것처럼 보이는가?
10. 비언어적인 의사소통 기술이 증가하는 주제에 관한 워크숍이 있다면 이를 어떻게 구성할 것인가?
11. 대부분의 사람들이 이 장의 경영자 노트 섹션에서 설명한 대로 인지 및 비판적 분석 기술을 재조정하는 것이 가능하다고 생각하는가? 이것이 어떻게 성취될 수 있는지에 대한 예를 제공하라.

## 사례: 루스 데커, 글로벌 헬스케어

루스 데커(Roos Dekker)는 네덜란드의 로테르담에서 가정 및 비즈니스 의료 전자제품 분야의 글로벌 리더인 글로벌 헬스케어(Global Healthcare)에서 일한다.[18] 그녀는 소모품 및 제품 납품을 포함하여 회사의 의료제품에 대한 글로벌 물류 조정과 같은 일을 한다. 이와 관련하여 그녀는 남아메리카 전역의 글로벌 헬스케어의 제조, 수입, 수출 및 유통 업무를 대표하는 부에노스아이레스에 있는 GHA(Global Healthcare Argentina)의 하비어 게티레즈(Javier Gutierrez)를 포함하여 전 세계의 다른 물류관리자와 협력해야 한다. 브라질, 아르헨티나 지역의 약 12개 공장을 운영하는 GHA는 가전제품, 소형 가전기기, 조명장비 및 전자의료장비를 전문으로 하는 부품 및 제품을 제조하여 글로벌 헬스케어의 브랜드로 배포 및 판매한다.

데커와 게티레즈는 둘 다 물류 코디네이터지만, 글로벌 헬스케어와 GHA의 다른 부서의 다른 상급자에게 보고한다. 그들은 조직적으로는 회사 계층에서 같은 위치에 있다. 하지만, 기업을 위해서 최대한의 결과를 얻기 위해 노력하고 조율하고 협력해야 한다. 그 둘은 둘 다 유창한 영어를 구사하며 몇 번이나 함께 일해 왔지만 한 번도 개인적으로 만난 적이 없으며 서로에 대해서 거의 알지 못한다.

최근 데커는 남아메리카에서 유럽연합의 나라들로 주요 제품을 인도하는 임무를 맡았다. 그녀가 모르는 이유들로 배달은 예정보다 느린 속도로 유럽에 도착했고, 그녀는 그것을 따라잡아야 하는 상당한 압력을 받고 있었다. 이 문제에 대해서 그녀가 연락해야 할 사람은 게티레즈였다. 데커는 이메일을 통해 게티레즈에게 연락을 취하기 위해서 여러 번 노력했지만 늦은 배송에 대해서는 확실한 답변을 얻지 못했다.

마침내 절박함 때문에 데커는 게티레즈에게 좌절감을 표현하며 이메일을 한 통 더 작성했다. 이메일 작성을 마치고 나니, 그녀는 그 메시지를 보내기 전에 좀 가라앉혀야 한다는 것을 깨달았고, 한 시간 동안 이 메시지를 치워 두었다. 그녀는 돌아와서, 그것이 사실일 수 있도록 메시지를 편집해야겠다고 결정했다. 그러나 그녀는 긴박함을 표현해야 했다. 그녀는 메시지를 다음과 같이 수정하여 게티레즈에게 보냈다.

수신: 하비어 게티레즈, GHA, 아르헨티나
발신: 루스, 글로벌 헬스케어, 네덜란드
답장: 글로벌 헬스케어의 최근 유럽 배송

하비어에게.
저는 최근에 내 상사인 반 덴 버그(Van Den Berg)와 함께 아르헨티나에서 브라질로의 늦은 배송에 대해서 얘기를 나누었습니다. 그는 이 지연이 우리 부서의 판매 매출에 큰 영향을 미칠까 걱정하고 있습니다. 그는 이 사안에 대해서 우리를 비난하고, 이 지연을 정당화하는 리포트를 작성하라고 요구하였습니다. 그래서 저는 오늘 당신에게 이러한 정보가 필요합니다.

- 배송 지연에 대한 충분한 설명
- 배송이 언제 될 건지에 대한 예상 날짜가 들어간 상세한 시간표
- GHA의 배송이 언제 정상화될 것인가와 이러한 지연을 막을 특정한 행동 계획

이제부터 저는 브라질과 아르헨티나에서 오는 모든 배송문서를 받아 보고 싶습니다.

루스 데커.

다음날, 게티레즈로부터 답장이 왔다.

수신: 루스 데커, 글로벌 헬스케어, 네덜란드
발신: 하비어 게티레즈, 글로벌 헬스케어, 아르헨티나
참조: 안토니오 로드리게즈, 글로벌 헬스케어, 아르헨티나

답장: 글로벌 헬스케어의 최근 유럽 배송

데커 씨에게.

저는 당신의 상사가 화가 났다는 것에 대해서 놀랍지 않습니다. 저는 당신이 이 상황에 대해서 오해하고 있는 것 같습니다. 예의 없게 행동하는 것은 아니지만 저에게 솔직하게 설명하는 것 말고는 방법이 없습니다. 저는 이 곳의 물류 코디네이터지 사장이 아닙니다. GHA의 생산과 배달 일정에 대한 관리에는 노조를 비롯한 많은 사람들이 이 과정에 관련되어 있습니다. 우리가 그들을 너무 압박한다면 그들은 전체 공장문을 닫을 것이고, 이것은 아무에게도 도움이 되지 않습니다. 저는 당신이 이것에 대해서 동의하리라고 생각합니다.

또한 GHA는 글로벌 헬스케어 내에서 당신의 부서만이 아닌 여러 수취인을 가지고 있기 때문에 이는 문제를 더욱 복잡하게 만듭니다. 아시아 시장이 유럽연합에 비해서 빠르게 성장하고 있기 때문에, 그들은 더 많은 상품을 요구합니다. 그리고 당신도 알다시피 지난 몇 주간 새로운 의료장비에 대한 규제와 서류 작업은 우리를 더욱 압박했습니다. 그리고 이 특정한 주문은 우리가 원래 예상했던 측정치를 벗어난 특별한 주문이며, 특별한 상황임을 알려드리고 싶군요.

저는 왜 당신이 지연 때문에 저를 비난하는지 이해할 수 없습니다. 이러한 이메일이 상황을 더욱 악화시키는 것을 모르시나요? 그리고 제가 가지고 있지 않은 서류를 요구하시면 어떡합니까? 저는 생산부서와 법률부서에서 상황을 듣기 전까지 요구하신 정보를 제공해 드릴 수 없습니다. 우리는 우리 회사를 위해 일을 하고 문제를 같이 해결하기 위해서 노력하지, 단순히 우리의 문제로 다른 사람을 비난하지 않습니다. 그것이 제가 믿는 것입니다.

저는 이 이메일의 복사본을 사태의 심각성을 알리기 위해서 제 상사인 안토니오 로드리게즈(Antonio Rodriguez) 씨에게 첨부합니다. 그리고 저는 당신의 상사에게도 인내심을 가지고 다른 나라의 동료와 파트너들을 존중하는 법을 배우라고 알려 주길 제안합니다.

하비어 게티레즈.

## 사례 질문

**1.** 이 사례에서 주요한 문화적, 조직적, 상황적 맥락 변수는 무엇인가?

**2.** 대인관계 AIA 모델을 사용하여(본문 참조), 루스 데커와 하비어 게티레즈의 의사

소통 에피소드 도표(혹은 원으로)를 그려라.

3. 당신의 관점에서, 루스 데커의 원래 메시지의 주요 목적은 무엇인가?
4. 그녀의 메시지를 통해서 그녀가 게티레즈나 남아메리카에 대해 세운 문화적 가정은 무엇인가? 그것은 적절했는가?
5. 데커나 게티레즈의 문화적 배경은 메시지 교환의 투명성을 어떻게 저하시킬 수 있는가?
6. 어느 쪽이든 이 메모의 교환이 의사소통 프로토콜을 위반하였는가? 그렇다면 왜인가?
7. 게티레즈의 답변을 보고, 데커는 무엇을 할 수 있었을까? 당신이 데커라면 무엇을 할 것인가?
8. (선택 연구 질문) 관리자를 위해 (온라인이나 현장에서) 사용할 수 있는 다양한 유형의 이문화 커뮤니케이션 교육 프로그램을 살펴보자. 이 프로그램의 핵심은 무엇이고, 그것은 어떻게 작동하는가? 이 프로그램 중 어느 것이 외국 환경에서 의사소통 능력을 향상시키는 데 가장 좋은 방법이라고 생각하는가? 이유는 무엇인가?

## ❖ NOTES

1. Luciara Nardon, Richard M. Steers, and Carlos Sanchez-Runde, "Seeking common ground: strategies for enhancing multicultural communication," *Organizational Dynamics*, 40(2) (2011), pp. 85–95.
2. Nardon, Steers, and Sanchez-Runde, "Seeking common ground," p. 86.
3. Larry A. Samovar, Richard E. Porter, and Edwin R. McDaniel, *Communication between Cultures*. Belmont, CA: Thomson/Wadsworth, 2007, pp. 165–7.
4. 국제어(*Lingua Franca*: 이탈리아어로부터 옴, 의미는 "프랑크족의 언어")는 모국어를 공유하지 않은 사람, 특히 쌍방의 모국어와 구별되는 제3언어인 경우 의사소통을 하는 데 체계적으로 사용되는 언어이다. "국제어"는 기능적으로 정의된 용어로서, 언어의 역사 또는 구조와 무관하다. 또한 다소 전문화된 분야에서 사실상 언어를 나타낼 수도 있다. 동의어는 "매개어(*vehicular* language)"이다. 자국어(*vernacular* language)가 단일 스피커 커뮤니티에서 모국어로 사용되는 반면, 매개어는 원래 커뮤니티의 경계를 넘어 커뮤니티 간의 의사소통을 위한 제2언어로 사용된다. 예를 들어, 영어는 영국에서 자국어지만 필리핀에서는 매개어(즉, 국제어)로 사용된다.
5. Norman Schur, *British English: A to Zed*. New York: HarperCollins, 1991.
6. 우리는 자신의 경험을 공유해 준 IESE MBA 학생인 Shipa Patel에게 감사합니다.

7. Richard D. Lewis, *When Cultures Collide*. London: Nicholas Brealey, 2006, p. 63.
8. "Authenticity," *Stanford Encyclopedia of Philosophy*. Stanford University Press, 2014.
9. Nick Enfield, "The theory of cultural logic," *Cultural Dynamics* (March 2000), pp. 35 – 64.
10. Nardon, Steers, and Sanchez-Runde, "Seeking common ground."
11. 우리는 자신의 경험을 공유해 준 IESE MBA 학생인 Shipa Patel에게 감사합니다.
12. Lewis, *When Cultures Collide*, p. 94.
13. Samovar et al., *Communication between Cultures*, pp. 165 – 7.
14. Gary P. Ferraro, *The Cultural Dimension of International Business*, 5th edn. Upper Saddle River, NJ: Pearson/Prentice-Hall, 2005, p. 80.
15. Edward T. Hall, *The Silent Language*. New York: Anchor Books, 1981.
16. Horace, *The Satires, Epistles, and Art of Poetry* (trans. John Conington). Oxford University Press, 2010.
17. Marco Polo, cited in Laurence Bergreen, *Marco Polo: From Venice to Xanadu*. New York: Vintage Books, 2007, p. 1.
18. 이 사례의 회사와 종업원들의 이름은 변경되었다.

# 6 글로벌 조직의 선도

## Leading global organizations

### 경영 과제

리더십에 관한 많은 책들이 출판되어 있음에도 불구하고, 우리는 리더십에 대한 노력이 성공 또는 실패하는 방법이나 이유에 관해서 거의 알지 못한다. 또한 우리는 방대한 교육 프로그램을 사용할 수 있음에도 불구하고, 세계적으로나 지역적으로 리더를 훈련시키는 방법은 잘 모른다. 그러나 한 가지 분명한 것은 리더십은 전 세계에 쉽게 복제될 수 있는 기술이 아니다. 예를 들어, 싱가포르의 리더십은 네덜란드 사람들과 근본적으로 다른 전통과 가정에 기초하고 있으며 이러한 차이점을 무시할 수 없다. 결과적으로 글로벌 매니저의 도전은 이문화에서 리더십 노력이 어떻게 나타나는지, 책임있는 자리에 있을 때 행동양식에 대한 이해를 증진시키는 것이다. 이 장에서는 이 주제를 개진하고 다양한 각도에서 살펴본다. 또한 글로벌 리더십에 대한 가장 포괄적인 연구가 무엇인지에 대해서도 논의한다(GLOBE). 전반적으로 사례는 이문화와 조직 간 리더십의 다양한 면모를 보여 주기 위해서 사용된다.

### 차례



### 응용

최근 스위스 다보스에서 개최된 세계 경제 포럼에서 1,000명의 기업 임원과 50명의 국가원수, 300명의 장관이 모여 적자, 경쟁력, 치명적인 질병까지 세계의 여러 가지 문제를 논의했다. 회의가 끝난 후 *이코노미스트지*의 참관인은 이 회의에서 기업, 국가 및 비정부기구에서 글로벌 리더를 개발하는 것이 가장 중요한 주제라고 말했다. "오늘날 가장 인기 있는 두 단어는 '글로벌'과 '리더십'이다. 그 단어를 합쳐 보자. 정장을 입은 사람들이 침을 흘릴 것이다".[1] 사실 글로벌 리더십은 우리가 생각하는 것보다 훨씬 더 중요한 주제이다.

경영 관련 서적 중 다른 주제보다 리더십에 관한 책이 훨씬 많다. 이 책들 중 상당수는 리더십의 다양한 이론을 검토하여 각각의 상대적 장단점을 비교한다. 다른 책들은 실제 지도자 행동에 관한 진지한 경험적 연구를 보여 준다. 또 다른 주제로는 평범한 관리자를 비범한 지도자로 전환시키도록 고안된 비밀을 제공하는 것 등이 있다. 그러나 이러한 책의 대부분이 간과하고 있는 것은 리더십 프로세스가 지역에 따라서 크게 다를 수 있다는 것을 인식하는 것이다. 다시 말해서, 리더십 관점에 관해서 쓰여진 것의 대부분은 주로 서양의 신념, 가치, 문화에 기초한 서구적 측면이며, 이 모델을 관리 및 조직의 효율성에 대한 전조로 세계에 제공한다. 이 관점은 세계적으로 일을 처리해야 하는 관리자에게는 도움이 되지 않는다.

중국과 미국의 리더십에 대해 상반된 흥미로운 관찰을 고려해 보자. 리더십 전문가인 워렌 베니스(Warren Bennis)는 "리더십은 아름다움과 같이 정의하기 어렵지만, 당신이 그것을 보았을 때 알게 된다"라고 말했다.[2] 하지만 중국 철학자 노자는 "거의 말이 없어 사람들이 그의 존재를 잘 알지 못하고, 일이 끝나 목표가 성취되었을 때 사람들이 우리가 스스로 해냈다고 말할 때의 리더가 최고다"라고 했다.[3] 이 두 가지 관찰은 우리에게 무엇을 말해 주는가? 어떤 문화(프랑스, 러시아, 미국 등)는 책임지고 눈에 띄고 독단적인 리더를 선호하는 반면, 다른 문화(중국과 일본 등)는 일을 완수함에 있어 뒤에서 움직이는 듯 눈에 잘 띄지 않는 리더를 선호한다는 연구결과가 지속적으로 발표되었다. 일부 문화권(멕시코, 스페인 등)은 군중 위에 군림하며 존경을 요구하는 지도자를 선호

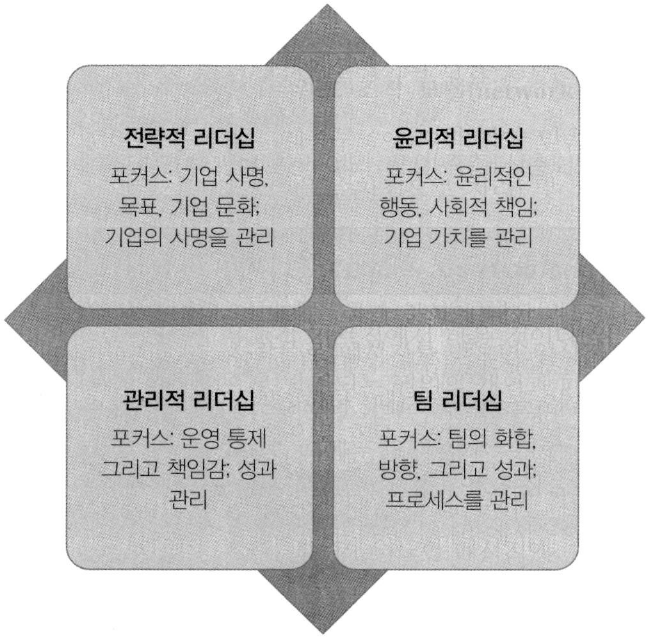


그림 6.1 조직 리더십의 차원

하지만, 다른 문화권 사람들(말레이시아, 라오스 등)은 겸손하며 군중의 일원으로 남아 있는 지도자를 선호한다. 어떤 문화는 그들이 무엇을 원하는지 확신하지 못한다.

## 조직 리더십의 차원 Dimensions of organizational leadership

관리 공동체에서의 오래된 논쟁은 조직의 효율성을 결정하는 핵심적인 개념으로서 경영과 리더십의 차이를 포함한다. 일부에서는 리더십과 경영의 차이가 있으며, 다른 사람들은 이러한 차이점을 무시할 수 있다고 본다. 그 이유는 무엇인가? 어떤 사람들은 경영은 사람을 통해 일을 처리하는 것과 관련된 운영상의 문제(예: 계획, 의사결정, 통제, 조정 등)에 초점을 둔다고 생각하는 반면, 리더십은 관리자가 이것을 달성하는 영향 프로세스(즉, 리드)를 포함한다. 하나는 평범한 것이고, 다른 것은 매혹적인 것이다. 다른 사람들은 관리와 리더십이 너무 밀접하게 얽혀 있어 두 가지를 분리하는 것이 거의 불가능하다고 본다. 훌륭한 관리자는 훌륭한 리더이다.

이 논의를 보는 방법은 두 가지가 있다. 첫 번째 견해(학문적인 접근)는 두 구조 사이의 구조 및 행동적 차이를 알아내는 시도를 포함한다. 즉, 관리자와 비교했을 때 지도자가 하는 일은 무엇인가? 각각이 조직의 성공 또는 실패에 어떻게 기여하는가? 지도자를 훈련시키는 방법은 무엇인가? 두 번째 관점(경영 접근법)은 글로벌 관리자들에게 이 두 가지 쟁점의 통합이 차별보다 더 중요하다는 것을 인식하는 것이다. 다시 말하면, 거리와 직장에서 관리자가 실제로 성공하기 위해서는 사실 두 개가 다 필요하다. 그리고 실패한다면 그것은 고려할 가치가 없다. 따라서 중요한 질문은 이것이다. 리더십 역량을 비롯한 관리자 교육을 어떻게 할 것인가?

우리의 접근방식은 후자의 견해를 가정한다. 우리는 리더십이 훌륭한 경영에 필수불가결한 부분이라고 생각한다. 우리는 **리더십(leadership)**을 조직 내 다른 사람들이 기업의 효과성과 성공에 기여할 수 있도록 영향을 미치고 동기부여를 하는 매니저의 능력으로 정의한다. 일부 관리자들은 카리스마가 있을 수도 있고 그렇지 않을 수도 있다. 일부 상황이나 장소는 참여 관리자를 제안할 수도 있고 아닐 수도 있다. 일부 문화권은 팀 지향적인 관리자를 중요하게 생각하고, 다른 문화권은 아닐 수 있다. 결국 가장 중요한 것은 개별 관리자가 현장 상황 및 문화적 현실을 보고 이해하며 업무를 수행하기 위해 다른 문화적 배경을 가진 사람들을 통해 자신의 고유한 개인 기술 및 능력(리더십 접근법을 포함)을 활용할 수 있는 방법이다.

우리는 그림 6.1에 보이는 조직 리더십의 세 가지 측면 즉 **전략적 리더십(strategic leadership)**, **관리적 리더십(managerial leadership)** 그리고 **팀 리더십(team leadership)**을 인식한다. 이 구별이 중요한 이유는 우리가 나중에 볼 것처럼, 특정 리더십의 노력은 종종 리더십의 대상에 달려 있기 때문이다. 즉, 소규모 작업팀을 이끌어 나가는 데는 회사의 장기 목표가 동일하더라도 대기업(아마도 전략적 기술)을 이끌어 내는 것보다 다른 전략과 접근법(대인관계 구축기술)이 필요할 수 있기 때문이다. 리더십은 모든 규모나 경우에 맞는 장갑이 아니다. 그것은 반드시 맞춤화되어야 하며 사용된 맥락이 수용되어야 한다.

또한 조직 계층 전체에 통합되거나 통합되어야 하는 리더십의 네 번째 차원을 인식한다. 이것은 **윤리적 리더십(ethical leadership)**이며, 특히 신뢰, 윤리 및 사회적 책임이 매우 중요한 글로벌 무대에서 비즈니스를 수행할 때 중요하다. 이 장은 주로 전략적 및 관리적 리더십에 중점을 둔다. 윤리적 리더십은 8장에서 논의되고 팀 리더십은 10장에서 논의된다. 따라서 이 책의 나머지 부분에서 상당부분은 글로벌 경영자들이 성공하는 데 있어서 이러한 프로세스가 중요하다는 믿음에서 리더십 과정에 중점을 둔다.

도전과제는 여기에 있다. 태국이나 모로코, 호주, 코스타리카에 있건, 계층에 상관없이 글로벌 리더는 같은 문제에 직면한다. 기업 목표를 달성하기 위해서 현지 상황에 맞게 어떻게 리더십을 조정하는가이다. 그러나 관리자가 리더십을 주제로 작성된 무수한 자료에 의지하게 되면, 종종 의미 있는 지원을 찾기가 어려워진다. 전 세계의 관리자들이 계층, 권력 및 대인관계에 대한 다양한 기대를 지닌 다양한 문화적 배경을 가진 직원을 이끌어 가는 어려움에 직면함에 따라 문화 역학이 어떻게 효과적인 리더십에 영향을 미칠 수 있는지 이해하는 것이 중요해지고 있다. 이를 염두에 두고 이 장에서 우리는 글로벌 리더십 프로세스와 조직 및 관리 현실에 대비하기 위해 관리자가 할 수 있는 것을 탐색한다.

## 이문화 리더십에 대한 현대적인 접근방식
Contemporary approaches to cross-cultural leadership

우리는 간단한 질문부터 시작한다. 단순한 정의를 넘어 리더십이란 정확히 무엇인가? 그것은 보편적이거나 특정한 상황에 대한 것인가? 보이거나 보이지 않는 것인가? 타고나는 것인가 아니면 개발될 수 있는 것인가? 그것은 사람이나 문화에 따라 다르게 나타나는가? 우리가 보게 될 것처럼, 이 질문에 대한 대답은 매우 복잡할 수 있다. 각국의 리더십 프로세스에 대한 우리의 이해를 제한하는 많은 혼란은 주제에 대한 초기 가정에 기인할 수 있다. 이 과정은 우리가 초점을 맞추기로 선택한 것으로 안내한다. 선택적인 지각에 대한 연구에서 알 수 있듯이 사람들은 일반적으로 찾고 있는 것을 기반으로 사물을 발견한다. 그러므로 가장 좋은 출발점은 일반적으로 글로벌 리더십의 본질에 대한 탐색에 영향을 미치는 가정에 있다. 경험상 관리자는 일반적으로 세 가지 방법 중 하나로 이 문제에 접근한다(그림 6.2 참조).[4]

### 보편적 접근: 리더로서의 리더

일부 관리자와 조직학자는 리더십을 리더십이 행사되는 곳과 관계없이 일반화되거나 보편적인 행동으로 간주한다. 즉, 리더십은 리더십이다. 이것은 **보편적 접근(universal approach)**이다. 리더십의 특성과 프로세스가 문화의 전반에 걸쳐 상대적으로 일정하다는 믿음이 접근법에 깔려 있다. 이것이 옳은 한도 내에서 관리자의 목표는 카리스마 넘치는 리더십과 같은 리더십 모델을 입지와 상관없이 보편적이라는 가정 하에 채택하

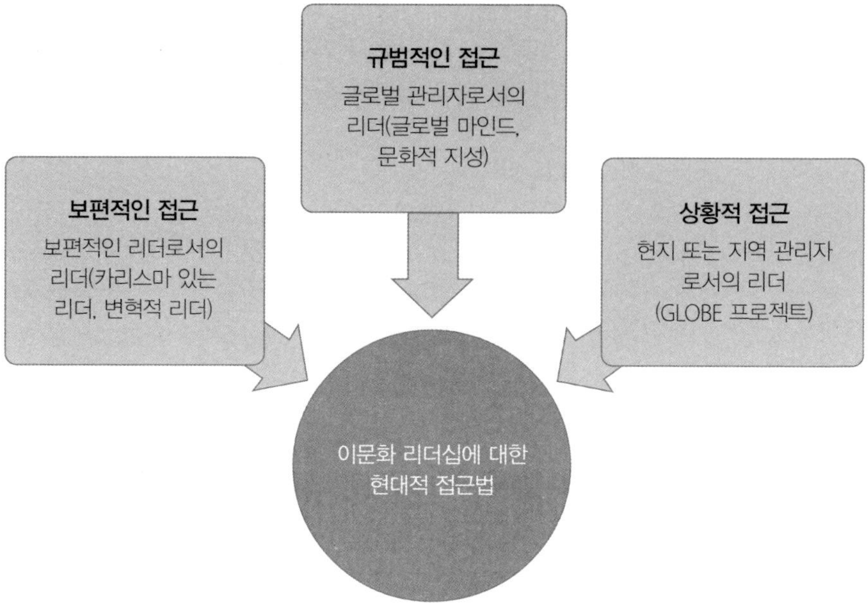


**그림 6.2** 이문화 리더십에 대한 현대적 접근법
출처: Adapted from Richard M. Steers, Carlos Sanchez-Runde, and Luciara Nardon, "Leadership in a global context: new directions in research and theory development," *Journal of World Business*, 47(4) (2012), pp. 479–82.

는 것이다. 대부분의 서구의 리더십 이론은 이러한 전제 하에 구축되었다.

이것에 대한 좋은 예는 변혁적 리더십과 거래적 리더십의 상대적인 장점에 관해 서양에서 이루어지고 있는 논쟁에서 살펴볼 수 있다. 관리자가 그룹이나 조직이 나아가는 방향에 대한 보편적인 비전을 창안하고 이러한 사명을 강화하기 위해 도덕적인 설득을 사용하는 **변혁적 리더십(transformational leadership)**(**카리스마 리더십(charismatic leadership)**이라도 함)의 지지자는 이러한 접근방식이 **거래적 리더십(transactional leadership)** 모델보다 우수하다고 주장한다. 거래적 리더십은 주로 결과를 결정하는 직원들과의 구체적인 교류 관계이다. 여기서 문제는 릿쿄 대학의 이시카와 준 교수가 최근에 일본에서 실시한 연구에서 이 두 접근법이 일본에서 효과가 없다는 점을 발견했다는 것이다.[5] 변혁적 지도자들은 종종 너무 추상적으로 여겨지는 반면, 거래적 지도자는 때때로 너무 돈버는 데에만 관심이 있으며, 둘 다 너무 조작적이라는 이유로 비난을 받는다. 대신 성공적인 일본의 관리자는 **게이트 키핑 리더십(gate-keeping leadership)**이라는 것을 선호하는 경향이 있다. 이 리더십에서는 부하직원의 성과에 대한 장벽을 줄이기 위해 노력한다. 문제는 서구 이론이 일본에서 성공하지 못한다면 다른 곳(예: 브라질, 러시아, 이집트, 인도 등)에서 성공할 수 있을지 의문이 든다.

이와 관련하여, 리더십 효과에 대한 상황적 접근방식을 뒷받침하는 수십년간의 연구에도 불구하고, 회사는 여전히 성공적인 리더십을 위한 몇 가지 핵심적인 요소를 강조하고 현지 환경의 중요한 차이를 무시하는 리더십 교육 프로그램을 일상적으로 후원하고 있다는 것은 불행한 일이다. 많은 이들 프로그램은 처음부터 실패할 것으로 예상된다. 진정으로 보편적인 리더가 있는가, 즉 어디를 가나 리더가 될 수 있는 사람이 있는가는 여전히 의문이다. 그 중 한 예시는 카를로스 곤(Carlos Ghosn)이다.

### 응용 6.1 카를로스 곤, 닛산

한 문화권의 경영진이 다른 문화권의 회사 운영을 위해 보내질 때 어떠한 일이 발생할 수 있는가? 미국에서 직장 경력이 있고 프랑스 여권 소지자인 레바논계 브라질 출신 사람이 병든 회사를 돌보기 위해서 일본에 파견되었다면 어떠한 일이 발생할 수 있는가? 이것이 정확하게 카를로스 곤에게 일어난 일이다. 닛산이 전략적 파트너를 찾고 있었고 프랑스의 르노로 결정되었다. 르노는 그들의 관리자 중 한 명을 닛산의 새 CEO로 파견하기로 결정했다. 외부인, 그리고 닛산 자체의 많은 사람들은 그가 1년 이내에 그만둘 것이라고 예측했다. 전통적인 일본 문화가 그를 그만두게 할 것이라고 생각했다.

곤은 몇 달 걸려 닛산의 운영체계를 검토한 후 일본 공장 5곳을 폐쇄하고 16,000명의 직원을 해고하는 등 가혹한 처리계획을 발표했다. 이 계획은 운영비용을 100억 달러 이상 줄였다. 1년 뒤 곤은 닛산의 전통적 내향적인 기업문화에 대해서 언급했다. 그는 이익 개선 및 고객만족 향상에 대한 노력을 재집중함으로써 회사 관리자의 관심을 불러일으키기 위해서 신속하게 움직였다. 그는 각 회사의 핵심 활동을 재검토하고 활성화하기 위해서 서구 스타일의 다국적 교차 기능 팀 네트워크를 설립했다. 그는 심지어 일본 직장문화에 깊이 뿌리내린 기존의 연공서열 시스템을 대체하기 위해서 관리직과 비관리직 종업원을 위한 서구식 성과 보상 시스템에 대해서 공개적으로 논의하기 시작했다. 또한 닛산이 일본뿐 아니라 국제적으로 운영되는 진정한 글로벌 기업이 될 것이라는 것을 알리기 위해서 곤은 앞으로 회사 공식 언어는 일본어가 아닌 영어가 되어야 한다고 제안했다.

이 모든 일이 진행되는 동안 엄청나게 바쁜 일정에도 불구하고 곤은 일본어를 공부하기 시작했다. 능숙해지지는 않았지만 간단하게 대화하고 직원들에게 회사와 일본문화에 대한 헌신을 보여주기에는 충분했다. 또한 지역의 관습과 관행을 이해하려는 노력도 보여 주었다. 곤의 노력은 조직 및 관리에 대한 일본의 전통적인 접근방식에 단기적이고 지엽적으로 도전하는 것보다는 세계적인 새로운 관리 시스템을 구축하면서 모든 수준의 직원들이 서구화가 아닌 세계화가 될 수 있기를 요구하였다. 그 결과 새로운 방식의 관리가 가능해졌고, 궁극적으로 회사는 수익을 내고 명성을 높일 수 있었다.

다음에 대해 생각해 보자.

(1) 카를로스 곤이 이 포지션에 적합한 후보자가 된 이유가 무엇인가?

(2) 곤은 닛산에서 어떠한 행동을 시작했는가? 이는 적어도 개성으로 설명될 수 있는데, 어떠한 행동이 경영에 대한 접근방식의 결과인가? 이것에 관계가 있는가?
(3) 곤이 닛산을 글로벌 경쟁업체로 변화시키는 데 성공한 이유는 무엇인가?
(4) 일반적으로 외부(즉, 외국) 임원이 현지 경영진보다 닛산과 같은 글로벌 기업에서 주요 조직 및 경영 변화를 실행하는 것이 더 쉬운가? 그렇다면 그 이유는 무엇이고, 어떤 경우에 이것이 사실이 아닌가?
(5) 곤이 닛산을 떠난다면, 회사는 다음 CEO로 외국인을 아니면 일본인을 지명해야 한다고 생각하는가? 그 이유는 무엇인가?

## 규범적인 접근: 글로벌 리더로서의 리더

글로벌 맥락에서 리더십에 대해서 생각하는 두 번째 접근법은 효과적인 "글로벌" 관리자를 특성화하는 것으로, 지속적인 개인의 기술과 능력에 초점을 맞추는 것이다. 이 모델은 본질적으로 규범적이며 관리자가 글로벌 환경에서 리더십에 어떻게 접근해야 하는지 제안한다. 우리는 이것을 **규범적 접근(normative approach)**이라고 부른다. 초점은 글로벌 관리자로서의 리더에 있다. 공통적인 지도자의 특성과 능력이 그들이 일하는 곳과 상관없이 모든 관리자에게 적용된다고 가정한다.

글로벌 마인드, 문화적 지성 및 글로벌 리더십에 관한 최근 연구 결과는 이러한 접근법을 보여 준다. 이 일반적인 현상에 대한 많은 정의가 있지만 대부분은 공통된 주제를 중심으로 정의를 내린다. **글로벌 마인드(global mindset)**는 공식적으로 "전 세계적 및 지역 차원에서 다양한 문화적 및 전략적 현실에 대한 개방성과 조율성, 그리고 다양성을 매개로 중재하고 통합할 수 있는 인지능력을 특징으로 하는 고도로 복잡한 인지 구조"라고 정의할 수 있다.[6] 단순화된 이 정의는 세 가지 기술을 통합한다. (1) 행동과 의미의 여러 영역에 대한 개방성과 주의력 (2) 문화적 및 전략적 역동성의 복잡한 표현과 조율 (3) 전 세계와 지역을 아우르는 이상과 행동의 중재 및 통합.

예를 들어 성공적인 글로벌 리더는 세계시민주의, 인지 복잡성, 정신적인 호기심, 정직, 겸손 및 개인의 유연성을 나타내는 것으로 생각된다(그림 6.3 참조). 이러한 기술과 능력을 가진 리더는 세계 곳곳에서 효과적으로 관리할 준비가 되어 있다고 생각된다. 결과적으로 경영 개발 문제는 매우 다양한 문화적 배경에서 전 세계에서 성공적으로 일해야 하는 사람들에게 이러한 특성과 능력을 주입시키는 방법이다. 그러나 이러한 특성이 전 세계 다른 지역의 성공적인 관리자들 사이에서 실제로 보편적인지 여부는 아직 입증되지 않았다.

**그림 6.3 효과적인 리더의 글로벌 마인드**

| 글로벌 마인드의 차원 | 글로벌 마인드의 특징들 |
|---|---|
| 개인적인 일하는 스타일 | 높은 "문화 지수"<br>유연함과 열린 마음<br>효과적인 글로벌 커뮤니케이터, 협업인<br>글로벌 팀 플레이어가 되기 위한 기술들<br>세계적이고 지역적인 목표, 행동, 그리고 경영관행을 균형시킬 수 있는 능력 |
| 일반적인 관점 | 폭넓고 장기적인 시스템 관점<br>감정적인 회복력과 인간적인 자율성<br>변화를 포용하고 뒷받침해 주는 능력<br>조직의 경계를 넘어 일할 수 있는 능력<br>문화 간 그리고 기능적 환경 간 균일하게 일할 수 있는 능력<br>직업적 성장을 위한 세계적인 배움에 대한 갈증 |

출처: Based on Mansour Javidan, Richard M. Steers, and Michael A. Hitt, *The Global Mindset* (Amsterdam: Elsevier, 2007)

## 응용 6.2 레이캬비크의 히로인

글로벌 관리자로서, 글로벌 마인드를 실제로 실천하는 것은 말처럼 쉽지 않다. 특히 세상이 무너지고 있는 것처럼 느껴질 때 그렇다. 그리고 이러한 추구에 있어서 리더십의 글로벌 마인드 개념은 성 중립적인가? 아니면 남성과 여성은 이 도전에 다르게 접근하는가? 최근의 세계 경제 붕괴는 좋은 사례를 제시한다.

총인구가 3십만 명 조금 넘는 아이슬란드라는 이 작은 나라는 최근의 세계적 경제위기에 압도당했다.[7] 위기상황에 대해 할라 토마스도티르(Halla Tómasdóttir)가 말했다. "많은 것들이 잘못되었고, 어떤 것들은 이해할 수 없었고 그런 식으로 계속될 수 없었다. 그런 일이 일어날 거라고 경고했었다." 토마스도티르는 상공회의소의 총책임자로서 그러한 경고를 발표했지만 그 누구도 그 말에 귀 기울이지 않았다. 그녀는 위기를 맞았던 아이슬란드 은행 카우프싱(Kaupthing)의 영국 자회사의 전 매니저인 은행가 크리스틴 페투르도티르(Kristen Petursdottir)와 함께 투자회사 어더 캐피탈(Audur Capital)을 설립했다. 오늘날 어더 캐피탈은 실제로 수익을 내고 있는 아이슬란드 금융분야의 소수의 기업 중 하나이다.

어더에는 성공을 위한 간단한 방법이 있다. 토마스도티르가 **정서적인 자본(emotional capital)**이라고 부르는 것과 결합된 글로벌 사고방식이다. "우리는 더 큰 여성 가치를 금융세계로 가져왔다"라고 토마스도티르가 말했다. 회사는 높은 수익률을 빠르게 창출하는 투자에 관심이 없다. 그 대신 그들은 투자자 자신을 위해서 하는 것과 마찬가지로 사회적, 환경적으로 타당한 프로젝트의 지속 가능한 투자에 중점을 둔다. 여성들은 그들의 비즈니스 격언을 "정서적 자본" 또는 "원칙이 있는 수익"이라고 부른다. 이어진 그녀의 말:

"우리는 다섯 가지 핵심적인 여성 가치관을 가지고 있다. 첫 번째는 위험 인식이다. 우리는 이해하지 못하는 것에 투자하지 않을 것이다. 두 번째, 원칙이 있는 수익이다. 더 넓게 정의를 내려 경제적 이익뿐만 아니라 긍정적인 사회적, 환경적 영향도 고려한다. 세 번째는 정서적인 자본이다. 우리는 투자할 때 기업에 대한 감정적인 실사를 한다. 우리는 사람을 보며, 기업문화가 자산인지 부채인지 본다. 네 번째는 직접적인 의견 제시이다. 우리는 금융 언어가 접근 가능해야 하며 소외가 은행 문화 성격의 일부가 아니라고 생각한다. 다섯 째는 독립. 우리는 여성이 더욱 경제적으로 독립하는 것을 보고 싶다. 그 이유는 당신이 원하는 사람이 될 수 있는 가장 큰 자유이기 때문이며, 또한 편견 없는 조언이기 때문이다."

어더에는 남성이 소수지만, 토마스도티르는 남성들을 더 고용하고 싶어한다. "남자들이 적지만, 그들은 토큰이 아니다. 우리는 능력을 보고 그들을 채용했다. 이제 두 명의 똑같이 능력 있는 사람이 있다면, 균형을 위해 남성에게 유리하게 차별할 것이다"라고 망설임 없이 그녀는 말했다.

다음에 대해 생각해 보자.

(1) 정서적인 자본의 개념은 글로벌 마인드의 개념과 일치하는가? 그 이유는 무엇인가?
(2) 어더 캐피탈에서 논의된 것과 같이 남성과 여성이 사업에서 일반적으로 다른 가치를 가지고 있다고 생각하는가? 그렇다면 아이슬란드에서 다른 은행들이 보여 주는 동일한 남성의 가치는 무엇인가?
(3) 어더의 여성 가치가 경쟁이 치열한 글로벌 금융 및 투자 업계에서 남성 가치보다 큰 성공을 거둘 수 있었던 이유는 무엇인가?
(4) 성차별이 있는 국가에서 이 성공사례가 발생할 수 있다고 생각하는가? 그 이유는 무엇인가?
(5) 다른 국가의 글로벌 관리자를 위한 리더십 교훈은 무엇인가?

## 상황적 접근법: 현지 매니저로서의 리더

세 번째 접근법은 **상황적 접근법(contingency approach)**으로, 보편적으로 효과적인 리더십이 존재하지 않는다는 가정에서 시작된다. 즉, 뉴욕의 성공적인 리더가 도쿄나 파리에서는 지역적인 특성에 맞게 변화하지 않는다면 실패할 수 있다는 것이다. 이 접근 방식은 리더십을 문화적으로 체화된 프로세스로 보지만 관리자나 추종자들의 일련의 개인적인 특성이 아니다. 여기서 초점은 글로벌 관리자가 아닌 현지 관리자로서의 리더에 있으며, 성공을 위한 특성은 상황에 따라 다를 것이라고 가정한다.

이 접근법의 좋은 예를 최근의 **GLOBE 리더십 프로젝트(GLOBE leadership project)**에서 찾아볼 수 있는데 이는 62개국의 문화에 관한 다국적 연구이다. GLOBE 연구의 주요한 발견은 문화적으로 리더십이 상황적이라는 것이다. 즉, 효과적인 리더의 자질은 종종 문화에 따라 다를 수 있다는 것이다. 예를 들어 성공한 미국의 관리자들은 주장, 성과 지향성, 개인주의와 같은 특성에 대해 중국의 리더보다 더 높은 점수를 받는 경향이 있지만, 중국의 관리자들은 권력 거리와 불확실성 회피성향에서 미국인 관리자보다 더 높은 점수를 받는 경향이 있다. 여기서 중요한 점은 GLOBE가 여러 문화에 걸쳐 리더십 특성의 체계적인 추세를 추적할 수 있었다는 것이다. GLOBE 프로젝트는 아래에서 더 자세하게 논의된다.

문화가 리더십에 어떻게 영향을 줄 수 있는지에 대한 또 다른 좋은 예는 **상징적인 리더십(symbolic leadership)**이다. 상징적인 리더십은 사람들이 보통 고위간부 또는 CEO가 전체 조직을 대신하여 좌절이나 위기에 대한 완전한 책임을 수락할 때 발생한다. 이것은 예를 들면 아시아의 여러 지역에서 흔히 볼 수 있는 일이며, 간부가 잘못하지 않은 경우에도 제공되는 경우가 있는데, 이는 자발적인 사임을 통해서 조화가 회복되고 조직이 발전할 수 있다는 믿음이 담겨 있다. 당연한 일이지만, 서구사회에서 상징적인 리더십은 사실 약점의 징후로 볼 수 있다.

### 응용 6.3 마사타카 시미즈, 도쿄전력

회사가 성공할 경우 관리자에게 – 그리고 잘하면 다른 직원에게도 – 보상하는 것이 일반적이다. 하지만 기업이 실패하면 어떻게 되는가? 관리의 책임은 누구에게 있는가? 일부 국가에서는 주가가 하락하거나 다른 차질이 생기면 불만이 있는 주주들에 의해 CEO의 몰락을 가져올 수 있다. 다른 경우, CEO에게 실패의 직접적인 책임이 있다고 하더라도 거의 책임을 지지 않는다. 그러나 회사가 책임지지 않는 자연재해가 발생하면 어떻게 되는가? CEO에게 책임을 물어야 하는가?

일본에서 발생한 최악의 자연재해로 2011년 도쿄전력(TEPCO)에서 일어난 일이다.[8] 지진과 쓰나미로 2만 명이 사망하고 백만 명이 넘는 사람들이 집을 잃고 노숙자가 되었다. 후쿠시마의 핵 붕괴는 많은 사람들을 화나게 만들었다. 도쿄전력은 위기를 예방하거나 해결하기 위해서 더 많은 일을 하지 않았다. 그들의 재산과 미래가 사라짐에 따라 사람들이 무기력하게 지켜보는 가운데 분노가 터졌다. 상황을 개선하고 조화를 회복하려는 노력으로 도쿄전력의 경영진은 문제에 대해서 공개적으로 책임을 인정하고 임원의 임금을 50% 삭감하였고, 이 돈을 자연재해 피해자를 돕는 데 쓸 것이라고 밝혔다. 직원들은 25%의 임금을 삭감하는 데 동의했다. 전력회사는 연간 6억 6천만 달러를 절약해 자연재해 피해를 보상하는 데 사용될 것이다.

상징적인 리더십을 발휘한 도쿄전력의 사장 마사타카 시미즈는 얼마 지나지 않아 회사 역사상 최대의 재정적인 손실을 입힌 후 "사임"했다. 여기서 핵심은 서방에서 일어났을 "해지(termination)"가 아닌 "사임(resignation)"이다. 다른 나라들의 임원 중에 비슷한 조치를 취한 사람이 얼마나 될지 궁금하다.

다음에 대해서 생각해 보자.

(1) 마사타카 시미즈는 위기에 대해 CEO직을 사임해야 했는가? 그 이유는 무엇인가?

(2) 이 예에서 볼 수 있듯이 상징적인 리더십은 일부 국가에서는 일반적이지만, 다른 국가에서는 그렇지 않다. 그 이유는 무엇인가?
(3) 서구의 기업 임원 및 CEO가 직접적으로 실패에 책임이 없다고 하더라도 회사의 실패에 대해서 더 많은 책임을 져야 하는가? 그 이유는 무엇인가?

## 현대적 접근법의 한계 Limitations on contemporary approaches

여기서 논의된 현대의 세 가지 리더십 모델 모두가 글로벌 맥락에서 리더십을 이해하려는 우리의 노력에 가치를 더해 주지만, 글로벌 다양성과 관련하여 리더십 구조를 충분히 설명하는 데는 한계가 있다는 의견이 있다. 결과적으로, 글로벌 관리자가 해외의 임무를 준비하는 데 도움을 주는 우리의 능력은 다소 제한적이다. 우리는 두 가지 이슈에 대해서 초점을 맞추면 리더십 프로세스에 대한 이해를 높일 수 있다고 제안한다. (1) 문화적 구성으로서의 리더십의 의미, (2) 지도자 행동에 관한 현지 기대치의 차이. 간단히 말해서 우리는 전통적인 서구의 리더십 모델을 넘어 주제에 대해 보다 세계적인 접근방식을 취해야 한다.

### 문화적 현상으로서의 리더십

무엇보다 먼저 리더십은 문화적 구성물임을 인식하는 것이 중요하다. 그 의미는 리더십은 그것이 행사되는 다양한 문화에 내포되어 있으며 이에 따라 변화한다는 것이다. 여기서 가장 중요한 것은 글로벌 차원으로 쉽게 확장되는 서구의 구조가 아니라는 것이다.

이것을 이해하려면 이 질문을 다시 한 번 생각해 봐야 한다. 즉, 리더십이란 무엇인가? 이 질문에 답하기 어려운 이유는 다른 문화권에서의 구조 자체가 다르기 때문이다. 즉, 리더십이란 사람마다 다르다는 것을 의미한다. 대부분의 앵글로색슨 국가(예: 영국, 미국, 호주)에서의 리더십은 일반적으로 긍정적인 의미가 있다. 정치권이나 경제계에서 지도자는 존경받는 경향이 있다, 이것은 보편적인 진리가 아니다. 이의 반대 견해를 권력에 대한 광범위한 불신과 공포, 또는 특권에 대한 혐오가 우세한 많은 국가(예: 멕시코, 이집트, 루마니아)에서 볼 수 있다.

더구나 "leader"라는 단어를 다른 언어로의 직접적 번역은 독재자, 부모, 전문가 등 다양한 이미지를 불러올 수 있다. 이 용어들 중 일부는 많은 사람들이 거부하는 리더십의 강한 지시나 권위주의 스타일의 의미를 가지고 있다. 리더를 반드시 신뢰할 필요는 없다. 우리는 그들의 동기와 진정한 목표 또는 잠재적으로 바람직하지 않은 행동 및 특성에 관해서 궁금해 한다. 동시에 많은 평등주의 사회에서의 “추종자” 또는 “부하”와 같은 용어는 부적절한 것으로 간주된다. 예를 들어, 네덜란드에서 부하직원은 부하직원 대신 **동료직원**(*medewerker*)이라고 일컬어지며, 지도자들은 거들먹거리지 않도록 주의해야 한다.

실효성 있는 지도자의 특성에 관한 다양한 의견이 있는데, 어떻게 리더십의 단순한 정의에 대한 합의에 도달할 수 있는가? 더욱이 이 다양성의 견해는 서구 중심의 리더십 이론을 국경을 넘어 적용하는 우리의 능력에 대해서 무엇을 암시하는가? 전 세계의 여러 지역에서 효과적으로 활용할 수 있는 리더십 개발 프로그램을 구축하거나 실행하는 능력에 대해서 무엇을 말하고 있는가? 패키지화된 리더십 프로그램을 가지고 세계를 여행하는 이른바 리더십 “학자”에 대해서 무엇이라고 말하는가?

사안을 더욱 복잡하게 만드는 것은 “리더”라는 용어가 다양한 문화그룹에서 다르게 번역될 뿐 아니라 이러한 번역으로 해석되는 의미 또한 크게 다를 수 있다. 예를 들어 호주, 캐나다, 영국 등 개인주의 사회는 일반적으로 리더십은 다른 사람들의 행동을 안내하고 지시하는 한 사람을 가리킨다. 그러나 보다 집단주의 사회(예: 한국, 일본, 중국)에서는 리더십이 개인과 관련이 적고 집단활동과 더 밀접하게 연결되어 있다. 사우디아라비아, 멕시코, 인도네시아와 같이 계층적 사회에서 종종 지도자들이 추종자들과는 분리되어 있는 것으로 보인 반면, 평등주의 사회(예: 스웨덴, 덴마크)에서는 더욱 쉽게 접근할 수 있고, 덜 위협적인 것으로 보인다. 실제로 여러 지도자들의 업적에 대한 흔히 있는 앵글로 아메리칸의 찬양은 위에서 언급한 노자의 주장과 대비된다. 그에 의하면 효과적인 리더는 조용히 일하며 종업원에게 공을 돌린다.

## 문화와 리더의 기대

기존의 리더십 접근방식에 대한 두 번째 관심은 이러한 기대의 문화적 토대를 포함한 성공적인 리더의 행동을 둘러싼 기대에 초점을 맞추는 것이다. 이러한 기대는 지역사회 현지 상황, 부하들, 동료들, 지도자 자신으로부터 발생한다. 아래에서 더욱 자세히 논의되는 GLOBE 연구는 이러한 이해에 분명하게 기여하지만, 지도자의 행동의 근간이 되는 기본적인 규범적 신념 및 프로세스에 관해서 더 많이 요구된다. 즉 누구의, 무엇에 관한 것뿐 아니라 프로세스 저변에 있는 왜, 어떻게를 더 잘 이해해야 할 필요가 있다.

효과적인 지도자의 행동을 구성하는 체계적인 다양성에 대해서 의심이 있다면, 우리는 여러 나라의 관리자와 종업원의 관찰에 의존하는 수밖에 없다. 프랑스인들은 그들의 지도자가 예술과 수학 분야에서 고도로 교육받은 인재가 되기를 기대한다. 네덜란드인은 평등주의를 강조하며 지도자의 가치와 지위에 회의적이다. 리더와 매니저 같은 용어는 일부 조직에서는 오명을 나타낼 수도 있다. 미국인들은 종종 리더의 선택에 있어서 각양각색이다. 일부는 부하직원에게 권한을 부여하고 격려하는 지도자를 좋아하고, 다른 일부는 과감하고 강하며 자신감이 있는 위험 지향적인 리더를 선호한다.

대조적으로 동양의 중국 지도자들은 개인적인 관계를 수립하고 육성하며, 부하직원들에게 자비를 베푸는, 위엄있고 냉담하지만, 동정심이 강하고 직원들의 이익을 그들 자신과 같이 대할 것으로 예상된다. 말레이시아 사람들은 지도자들이 겸손하고 품위 있는 태도로 행동할 것을 기대한다. 일본의 지도자들은 직원과 관리자가 같은 운명을 공유함에 따라 직원들과 건강한 관계를 유지하는 데 집중한다. 요컨대 적절한 지도자의 행동에 대한 기대는 문화에 따라서 상당히 다르다. 이것은 경험 많은 주재원 및 항공편 상용 고객들이 명심해야 할 점이다.

### 응용 6.4 말레이시아의 후원과 *포크차우*

후원은 말레이시아를 구성하는 모든 종족집단에서 매우 일반적이다. 이 제도하에서 개별 근로자는 자신과 후원자 간에 상호이익이 되는 유대관계를 맺는다. 후원자는 충성심과 서비스에 대한 대가로 그들의 생계를 지원한다. 중국계의 가난한 말레이시아 계층들에서 이러한 관행은 갱단의 계약으로 해석되는 *포크차우(pok chow)*의 전통에서 볼 수 있다.

이 시스템 아래 개별 직원들은 대원을 위해 일자리를 찾고 대원 활동을 조직하고 보상을 분배하는 지도자 밑에서 단결한다. 포크차우의 대원은 말레이시아의 건설업계에서 특히 인기가 있는데, 고용주는 대원의 지도자만 상대하고, 다른 복잡한 조직절차 또는 요구사항을 없앨 수 있기 때문이다.

강력한 집단주의적 규범은 대원들을 좋은 시간과 나쁜 시간을 함께 보내며 대원 멤버십에 거의 변화가 없으며 가족구성원처럼 유대감을 갖는다. 이와 같은 후원제도는 세계의 여러 지역, 특히 동남아시아, 라틴아메리카, 사하라사막 이남 아프리카에서 흔히 볼 수 있다. 모든 문화는 높은 수준의 집단주의와 계층적 가치로 특징지어진다.

다음에 대해 생각해 보자.

(1) 다른 나라 또는 지역에서 이와 비슷한 형태를 보았는가? 그들은 일하는 팀과 동일하거나 다른 특징을 공유하는가?
(2) 이러한 팀을 함께 유지하는 요인은 무엇인가?
(3) 포크차우의 팀 지도자에게 어떤 리더십이나 감독의 기술이 필요한가?

## GLOBE 리더십 연구 GLOBE leadership study

우리가 이것들을 통해서 문화 전반에서 리더십의 의미와 적용에 관해 결론지을 수 있는 것은 무엇인가? 시작하기 위해서 우리는 성공적인 리더의 널리 적용할 수 있게 만든 설명에 대해 신중해야 한다. 훌륭한 리더가 항상 사전적인 의미의 리더를 의미하는 것은 아니다. 최근의 연구가 이를 뒷받침하는데, GLOBE 프로젝트를 주도한 다문화 연구자 팀이 국경을 초월한 리더십 행동에 대한 보다 흥미로운 현대 연구 중 하나를 수행했다.[9] 이 프로젝트는 전 세계 62개국의 문화와 성공적인 리더십 및 관리 패턴 간의 관계를 조사했다. 프로젝트 초기의 연구는 권력 거리, 불확실성 회피성향, 인간 지향주의, 제도적 집단주의, 조직내 집단주의, 단호함, 남녀 평등주의, 미래 지향주의, 성과 지향주의라는 9가지 GLOBE 문화적 차원을 제안했다. 이러한 차원에 대해서는 3장에서 자세히 설명한다.

이를 바탕으로 연구자들은 자신들의 견해를 통해 문화 전반에 보편적으로 적용 가능한 22가지의 리더십 속성(예: 격려, 동기부여, 역동적, 결정력, 예지력)과 보편적으로 바람직하지 않은 8가지 리더십의 특성(예: 비협조적, 무자비한, 독재적인, 짜증스러운)을 확인했다. 문화적으로 상황적인 것으로 여겨지는 몇몇 다른 속성들이 발견되었는데, 그들의 바람직함이나 바람직하지 않음은 문화적 차이와 연계되어 있다(그림 6.4 참조). 여기에는 야심차고 엘리트주의 같은 특성이 포함된다. 여기서 어떤 문화권의 사람들은 다른 문화권의 사람들이 거부하는 지도자 특성을 좋아한다는 것을 발견했다. 예를 들어 어떤 문화(예: 영국, 독일, 프랑스, 미국 등)는 종종 그들의 지도자를 낭만적으로

**그림 6.4 리더십의 효과에 대한 GLOBE 문화적 관점**

| 효과적인 리더십을 용이하게 하는 보편적으로 고려되는 행동이나 특성 | 효과적인 리더십에 보편적으로 악영향을 주는 행동이나 특성 | 효과적인 리더십을 용이하게 하는 문화의존적인 신념 |
|---|---|---|
| 신뢰성, 진실성<br>예지력, 카리스마<br>영감을 주는, 자극을 주는<br>대화가 잘 통하는, 팀을 만드는 사람 | 비사회적인, 자기방어적인, 외로운 사람<br>협동적이지 않은, 악의를 가진<br>독재적인, 군림하는 | 개인적인, 자주적인<br>지위를 의식하는<br>위험을 감수하는 |

출처: Based on Mansour Javidan, Peter W. Dorfman, Mary Sully de Luque, and Robert J. House, "In the eye of the beholder: cross-cultural lessons in leadership from Project GLOBE," *Academy of Management Perspectives*, 20(1) (2006), pp. 67–90 (pp. 73–6).

만들고 그들에게 특별한 특권과 명성을 부여한다. 이들 문화에서 지도자는 매우 존경받는다. 그러나 동시에, 다른 문화권(예: 네덜란드, 스위스)에서는 리더십이라는 개념을 싫어하고 종종 권위에 있는 사람들을 의심한다. 그들은 권력 남용과 커지는 불평등에 대해서 걱정한다.

GLOBE 연구자들은 자신들의 연구결과를 자율적, 카리스마/가치중심적, 인간적, 참여적, 자기방어적, 팀 지향적의 6가지 상대적 리더십 차원으로 추출했다(그림 6.5 참조). 두 가지 스타일(카리스마/가치중심적 리더십과 팀 지향적 리더십)의 리더십은 연구에 사용된 모든 지역 클러스터에서 강력하게 지지를 얻었다. 그럼에도 불구하고 이 승인의 규모는 지역적인 국가의 클러스터에 따라 다양하다. 예를 들면 두 리더십 스타일은 앵글로, 아시아 및 라틴아메리카의 클러스터에서 가장 널리 받아들여졌다. 그들은 세계의 다른 지역에서도 받아들여졌지만 그 강도는 낮았다.

한편 다른 리더십 스타일은 문화에 따라 다른 것으로 나타났다. 인간적인 리더십은 아시아, 앵글로 및 사하라사막 이남 아프리카 집단에서 강력한 지지를 받았지만, 중남

**그림 6.5 GLOBE 리더십의 차원**

| GLOBE 리더십 차원 | 차원의 특징 | 리더십의 차원이 지지되는 지역 |
|---|---|---|
| 자율적 리더십 | 개인주의적인, 독립적인, 독특한 | 지지: 동유럽과 독일 지역<br>약한 지지: 라틴아메리카 |
| 카리스마/가치중심적 리더십 | 예견의, 영감을 불러일으키는, 자신을 희생하는, 결정적인, 성취중심적인 | 지지: 모든 지역, 특히 앵글로 지역이나 라틴아메리카 지역<br>약한 지지: 아랍 지역 |
| 인간적 리더십 | 겸손한, 관대한, 예민한, 인간애에 대한 관심 | 지지: 앵글로, 아시아, 사하라 이남 아프리카 지역<br>다른 지역은 상대적으로 약한 지지 |
| 참여적 리더십 | 적극적으로 듣는, 독재적이지 않은, 유연한 | 모든 지역에서 지지의 큰 차이가 있지만, 아랍과 라틴아메리카 지역은 약한 지지 |
| 자기방어적 리더십 | 자기중심의, 절차의, 지위를 의식하는, 체면을 세우는 | 모든 지역에서 지지의 큰 차이 |
| 팀 지향적 리더십 | 협동적인, 통합하는, 사교적인 | 모든 지역에서 지지를 받으며 특히 앵글로, 아시아, 라틴아메리카에서 지지<br>아랍 지역은 약한 지지 |

출처: Adapted from Robert J. House, Paul J. Hanges, Mansour Javidan, Peter W. Dorfman, and Vipin Gupta, *Culture, Leadership, and Organizations: The GLOBE Study of 62 Societies* (Thousand Oaks, CA: Sage, 2004); Peter Dorfman, Mansour Javidan, Paule Hanges, Ali
Dashmalchian, and Robert J. House, "GLOBE: a twenty year journey into the intriguing world of culture and leadership," *Journal of World Business*, 47(4) (2012), pp. 504–18.

미 및 북유럽 클러스터에서는 강력한 지지를 받지 못했다. 자율적인 리더십은 일반적으로 지도자의 효율을 촉진하거나 방해하지 않는 것으로 보였다. 그러나 동유럽과 게르만 집단에서는 이 리더십 스타일이 다른 문화집단보다 뛰어난 리더십으로, 보다 긍정적으로 관련되어 있다고 간주되었다. 마지막으로 자기방어적 리더십과 참여적 리더십

**그림 6.6 리더십 스타일에 대한 문화적인 믿음**

| 국가 | 자율적 리더십 | 카리스마 리더십 | 인간적 리더십 | 참여적 리더십 | 자기방어적 리더십 | 팀중심적 리더십 |
|---|---|---|---|---|---|---|
| 호주 | 3.95 | 6.09 | 5.09 | 5.71 | 3.05 | 5.81 |
| 브라질 | 2.27 | 6.01 | 4.84 | 6.06 | 3.50 | 6.17 |
| 캐나다* | 3.65 | 6.16 | 5.20 | 6.09 | 2.96 | 5.84 |
| 중국 | 4.07 | 5.57 | 5.18 | 5.05 | 3.80 | 5.57 |
| 덴마크 | 3.79 | 6.01 | 4.23 | 5.80 | 2.82 | 5.70 |
| 이집트 | 4.49 | 5.57 | 5.14 | 4.69 | 4.21 | 5.55 |
| 그리스 | 3.98 | 6.02 | 5.16 | 5.81 | 3.49 | 6.12 |
| 인도 | 3.85 | 5.85 | 5.26 | 4.99 | 3.78 | 5.72 |
| 아일랜드 | 3.95 | 6.08 | 5.06 | 5.64 | 3.01 | 5.82 |
| 이스라엘 | 4.26 | 6.23 | 4.68 | 4.96 | 3.64 | 5.91 |
| 일본 | 3.67 | 5.49 | 4.68 | 4.96 | 3.64 | 5.91 |
| 멕시코 | 3.86 | 5.66 | 4.71 | 4.64 | 3.86 | 5.75 |
| 나이지리아 | 3.62 | 5.77 | 5.48 | 5.19 | 3.90 | 5.65 |
| 필리핀 | 3.75 | 6.33 | 5.53 | 5.40 | 3.33 | 6.06 |
| 폴란드 | 4.34 | 5.67 | 4.56 | 5.05 | 3.53 | 5.98 |
| 러시아 | 4.63 | 5.66 | 4.08 | 4.67 | 3.69 | 5.63 |
| 싱가포르 | 3.87 | 5.95 | 5.24 | 5.30 | 3.32 | 5.77 |
| 대한민국 | 4.21 | 5.53 | 4.87 | 4.93 | 3.68 | 5.53 |
| 스페인 | 3.54 | 5.90 | 4.66 | 5.11 | 3.39 | 5.93 |
| 스웨덴 | 3.97 | 5.84 | 4.73 | 5.54 | 2.82 | 5.57 |
| 태국 | 4.28 | 5.78 | 5.09 | 5.30 | 3.91 | 5.76 |
| 터키 | 3.83 | 5.96 | 4.90 | 5.09 | 3.58 | 6.01 |
| 영국 | 3.92 | 6.01 | 4.90 | 5.57 | 3.04 | 5.71 |
| 미국 | 3.75 | 6.12 | 5.21 | 5.93 | 3.16 | 5.80 |

*영어 사용 인구

출처: Robert J. House, Paul J. Hanges, Mansour Javidan, Peter W. Dorfman, and Vipin Gupta, *Culture, Leadership, and Organizations: The GLOBE Study of 62 Societies* (Thousand Oaks, CA: Sage, 2004); Peter Dorfman, Mansour Javidan, Paule Hanges, Ali Dashmalchian, and Robert J. House, "GLOBE: a twenty year journey into the intriguing world of culture and leadership," *Journal of World Business*, 47(4) (2012), pp. 504–18.

은 다른 국가의 클러스터 내에서 승인된 정도에 대해서 상당한 변동성을 가지고 있다. GLOBE 방법론을 사용한 세부사항 및 국가별 분석은 그림 6.6에서 확인할 수 있다.

이 그림에서 리더십의 효율성을 위한 여섯 가지 측면에 대해 1.0에서 7.0의 범위 내에서 점수가 매겨져 있다. 1.0은 중요하지 않으며 7.0은 매우 중요하다. 여기서 두 가지를 기억해야 한다. 첫째, 이들은 평균점수이며, 이 안에서 편차는 발견될 수 있다. 둘째, 이 숫자를 숫자가 아닌 상대적인 차이로 보는 것이 더 유용하다. 어쨌든 이러한 결과와 GLOBE 연구는 일반적으로 수용 가능한 경영 행동(지도자의 행동 포함)이 어느정도 문화의존적이라는 증거를 제시한다. 실제로 이것이 어떻게 작동하는지 알기 위해 브라질의 사례를 살펴보자.

### 응용 6.5 *조고 데 신투라(Jogo de cintura)*, 브라질

GLOBE의 조사 결과에 따르면 브라질 관리자는 카리스마가 있고, 참여적이며, 팀 지향적인 경향이 있다. 브라질에서는 관리자의 개인 스타일이 큰 의미를 지니며 자신의 비전이나 태도가 기술적인 능력과 동등하게 중요하다고 간주된다. 관계는 남미 문화에서는 핵심적으로 중요하다. 보스와 부하직원은 개인의 존엄성에 대한 신뢰와 존중에 기반한 관계를 조성하기 위해서 열심히 노력한다. 그러나 맨 먼저 관리자가 나서서 관리할 것으로 예상한다. 상사가 직접 지시하고, 이 지시사항은 토의 없이 수행될 것으로 예상된다. 논쟁이 일어날 경우 그 계층 관계에 대한 공개적인 망신을 피하기 위해서 사적으로 행해야 한다.

운영 수준에서는 여러 국가의 관리자(예: 일본, 캐나다, 덴마크)가 사전 계획을 중요하게 생각하는 것에 반해 브라질 관리자는 종종 행운과 즉흥성에 의존한다. 브라질 사람들은 *jeitinho*라고 불리는 관행에 의존한다. 이 관행은 규칙 위반, 호의 요청 또는 창의적인 수정 등 문제의 해결방법을 찾는 막판의 방법이다. 브라질 지도자들은 *jogo de cintura*를 가질 것으로 예상된다. 즉, 문제를 다루는 창조적이고 즉흥적인 해결책을 찾는 것이다. 장애물에 대해서 걱정할 필요가 없다는 일반적인 믿음이 있다. 모든 것은 결국 해답을 찾을 수 있으며, 이러한 "일처리 방식"은 특정 규칙에 대한 면제와 호의 사용과 관련이 있다. 이러한 의미에서 개인적인 접촉이 중요한 역할을 한다. 예를 들어 관리자가 마감 기한을 지키지 못한 경우, 문서를 인사부에 보냈지만 이 부서에서 일하는 지인이 있었기 때문에 관리자는 마감일을 놓쳤을지라도 문서를 제출하도록 요청할 수 있었고, 일은 잘 해결될 것이다. 이러한 접근방식은 다른 나라의 관리자들을 미치게 만들지만 브라질에서는 잘 작동한다. 그것이 일을 되게 한다.

다음에 대해 생각해 보자.

(1) 많은 사람들에게 문제를 해결하기 위해서 마지막 순간까지 기다린 다음 이를 달성하는 데 도움이 되도록 규칙을 바꾸는 것은 리더십이라기보다는 혼란을 야기하고 무책임한 것처럼 보일 수 있다. 이 모순에 대해서 어떻게 생각하는가?

(2) 이 접근법을 관리 업무에 적용할 때 개인적 관계의 독특한 역할은 무엇인가?
(3) 이 리더십 스타일을 다른 문화나 국가로 어떻게 쉽게 옮길 수 있는가? 이 접근법이 다른 나라에서 작동할 수 있다고 생각하는가? 그 이유는 무엇인가? 그리고 어떤 상황에서 이는 작동하지 않을 것인가?

## 여성 리더들: 도전과 기회 Women leaders: challenges and opportunities

국제노동기구의 최근 조사에 따르면 여전히 기업 사다리의 꼭대기에 여성 비율이 적기는 하지만, 그 어느 때보다 경영자와 사업주들이 많다고 한다. 108개 국가 중 80개국에서 여성 경영자의 비율이 지난 20년간 증가했다. 하지만 세계 대기업의 CEO 중 단 5%만이 여성이다.[10] 그리고 회사의 규모가 클수록 여성이 최고 위치에 갈 가능성은 적다.

전 세계적으로 보면, 45개국의 손튼 국제 비즈니스 리포트가 실시한 최근 연구에 따르면 크고 작은 공공 및 민간 기업 모두에서 여성 리더의 비율은 높게는 러시아의 43%부터 일본의 9%에 이른다(그림 6.7 참조). 손튼의 다양성과 포용성 MP인 에리카 오말리(Erica O'Malley)는 특히 "선진국 및 신흥시장을 포함한 많은 나라들이 다양한 선임 리더십의 혜택을 신속하게 누리고 있는 이때, 여성을 고위 경영진으로 승진시키는 문제에 있어서 방관자적 정책을 취하는 것은 더 이상 글로벌 경영에 적합하지 않다"고 말했다. 그러나 손튼은 또한 전 세계적으로 대다수의 조직이 여성 리더를 배출하기 위한 리더십 교육을 할 시간을 제공하지 않는다고 보고하고 있다. 세계적으로 11%의 기업만이 여성을 위한 지원 및 멘토 프로그램을 운영하고 있다. 기업들의 70%는 그러한 프로그램을 시작하는 것조차 고려하지 않았다.

이와 동시에, ILO는 44개국의 이사회 의석을 다루는 카탈리스트 보고서(Catalyst report)를 인용하여, 핀란드, 스웨덴, 노르웨이, 영국 등 4개국에서만 여성이 이사회 구성원의 20% 이상을 대표한다고 한다(그림 6.8 참조).[11] 그러나 이 연구는 또한 이사회의 의장이 여성인 경우 비율이 급격히 감소한다고 지적했다. 서로 다른 출처의 다양한 데이터를 바탕으로 하지만 일반적으로 여성이 이사회를 이끌고 있는 비율은 일반적으로 0%에서 몇 % 범위에 불과하다고 보고서는 전했다.

오늘날 여성들은 자영업, 중소기업, 대기업에 이르기까지 모든 비즈니스의 30% 이상을 소유하고 관리한다. 구체적으로 말하면 중동과 북아프리카를 제외한 모든 지역에

**그림 6.7 여성의 고위급 간부 비율(순위별)**

| 국가(순위) | 여성 리더(%) | 국가(순위) | 여성 리더(%) | 국가(순위) | 여성 리더(%) |
|---|---|---|---|---|---|
| 1. 러시아 | 43 | 16. 칠레 | 30 | 31. 아일랜드 | 23 |
| 2. 인도네시아 | 41 | 17. 이탈리아 | 30 | 32. 싱가포르 | 23 |
| 3. 라트비아 | 41 | 18. 핀란드 | 29 | 33. 호주 | 22 |
| 4. 필리핀 | 40 | 19. 그리스 | 29 | 34. 브라질 | 22 |
| 5. 리투아니아 | 39 | 20. 멕시코 | 28 | 35. 스페인 | 22 |
| 6. 중국 | 38 | 21. 남아프리카공화국 | 26 | 36. 미국 | 22 |
| 7. 태국 | 38 | 22. 스웨덴 | 26 | 37. 영국 | 20 |
| 8. 에스토니아 | 37 | 23. 대만 | 26 | 38. 덴마크 | 14 |
| 9. 아르메니아 | 35 | 24. 베트남 | 26 | 39. 독일 | 14 |
| 10. 조지아 | 35 | 25. 아르헨티나 | 25 | 40. 인도 | 14 |
| 11. 페루 | 35 | 26. 말레이시아 | 25 | 41. 아랍에미리트 | 14 |
| 12. 폴란드 | 34 | 27. 터키 | 25 | 42. 스위스 | 13 |
| 13. 보츠와나 | 32 | 28. 프랑스 | 24 | 43. 네덜란드 | 10 |
| 14. 뉴질랜드 | 31 | 29. 노르웨이 | 24 | 44. 일본 | 9 |
| 15. 벨기에 | 30 | 30. 캐나다 | 23 | | |

출처: Chad Brooks, Thornton International Business Report, cited in *Business News Daily* (March 11, 2014), p. 2.

서 전체 고용주의 약 24%를 차지하는데, 이 지역은 약 6%이다. 그러나 여성은 소기업이나 중소기업에 더 집중되는 경향이 있다. 그리고 여성들이 점점 더 많이 고위 경영진으로 올라가고 있지만, 특정 관리 기능에 밀집되어 있는 경향이 있다. 이들은 최고경영자 역할의 경로가 아닌 영역에 있는 경우가 많다. 이 연구결과는 다음과 같이 결론을 내렸다. "여성들은 인사팀, 홍보팀, 커뮤니케이션팀, 재무팀 및 총무팀과 같은 관리 기능에 갇혀 있기 때문에 조직계층에서 올라가는 데 한계가 있다."

여기에서 아이러니한 점은, 국제노동기구의 연구에 따르면, 맨 위에 여성이 많을수록 수익에 도움이 될 수 있다는 것이다. 인과관계가 직접적으로 연관되어 있지 않을 수도 있으며, 여성을 최고위직으로 승진시키는 기업은 종종 연구, 혁신 및 기술에 투자하는 기업이라는 주장에 주목한다. 그러나 국제노동기구의 여러 연구결과에 따르면 여성의 의사결정 참여가 사업결과에 긍정적이라는 결론이다. 예를 들어, 맥킨지 컴퍼니는 최고경영진에 여성을 더 많이 두고 있는 유럽 기업의 주식 가격 상승률이 17% 높았으며 평균 영업이익은 업계 평균의 두 배에 달하는 것으로 나타났다고 한다. 그리고 MSCI 선진국 지수(MSCI World Index)를 구성하는 2,360개 기업의 이사회에 앉아 있는 여성 수의 데이터베이스를 기반으로 한 크레디트 스위스(Credit Suisse)의 최근 연구

**그림 6.8 여성의 이사회 의석수 비율**

| 여성의 이사회 의석수 | | | |
|---|---|---|---|
| >20% | 10~20% | 5~10% | <5% |
| 핀란드 | 호주 | 벨기에 | 바레인 |
| 노르웨이 | 오스트리아 | 브라질 | 칠레 |
| 스웨덴 | 캐나다 | 중국 | 인도 |
| 영국 | 덴마크 | 그리스 | 일본 |
| | 프랑스 | 인도네시아 | 쿠웨이트 |
| | 독일 | 아일랜드 | 오만 |
| | 이스라엘 | 이탈리아 | 포르투갈 |
| | 네덜란드 | 말레이시아 | 카타르 |
| | 폴란드 | 멕시코 | 대한민국 |
| | 남아프리카공화국 | 뉴질랜드 | 러시아 |
| | 터키 | 싱가포르 | 사우디아라비아 |
| | 스위스 | 스페인 | 대만 |
| | 미국 | 태국 | 아랍에미리트 |

출처: Catalyst, "Quick take: women on boards."

에 따르면, 지난 6년 동안 적어도 한 명의 여성 이사회 멤버를 보유한 회사는 주가 실적 면에서 여성 임원이 없는 회사보다 26% 더 높은 실적을 보였다.

그러나 이러한 연구는 답을 찾을 수 없는 세 가지 주요 질문을 남긴다. 첫째, 숫자가 정확하다면 왜 여성 리더가 글로벌 기업의 수익을 바꿀 수 있는가? 성공을 촉진하는 여성 리더만의 독특한 스타일이 있는가? 둘째, 여성들이 세계 곳곳의 기업들에서 리더로서 일할 기회를 얻게 될 것인가? 셋째, 세계 여성 지도자가 증가 추세라면 성차별을 설명하는 리더십 이론을 발전시키는 데 어떠한 영향을 줄 것인가?

**응용 6.6 인도의 여성 지도자들**

인도는 전통이 강한 땅이지만 역동적인 변화의 땅이기도 하다.[12] 가장 주목할 만한 변화는 현지 기업에서 리더십 직책을 맡거나 자신이 기업을 시작하는 여성의 수가 증가하고 있다는 것이다. 지난 수십 년 동안 소수의 여성들이 정상에 올라 집과 직장에서 사회적 순응의 장벽을 조용히 깨부수고 성공적인 기업가와 전문가가 되었다. 그러나 최근 몇 년 동안 이 흐름은 홍수가 되었다. 사설 방송국인 베넷콜만(Bennett Coleman)의 인두 자인(Indu Jain)은 인도에서 가장 큰 미디어회사의 CEO이다. 그녀는 억만장자 반열에 올랐다고 *포브스*가 전했다.

키란 마줌다르 쇼(Kiran Mazumdar-Shaw)는 인도 최초의 생명공학 회사 중 하나인 바이오콘(Biocon)을 설립했다. 라리타 굽트(Lalita Gupte)와 칼파나 모파리아(Kalpana Morparia)는 인도에서 두 번째로 큰 은행인 ICICI은행을 운영한다. 시몬 타타(Simone Tata)는 최초의 토종 화장품 브랜드인 라크메(Lakme, 힌두스탄 유니레버 소유)를 만들었다. 아누 아가(Anu Aga)는 적자에 허덕이는 엔지니어링 회사인 써맥스 그룹(Thermax Group)을 수익성 높은 벤처기업으로 전환시켰다. 프리야 폴(Priya Paul)은 아버지가 사망했던 24살의 나이에 아피제이 수렌드라 그룹(Appejay Surrendra Group)의 사장이 되었다. 키네틱 모터(Kinetic Motor)의 사장 술라자 피로디아 못와니(Sulajja Firodia Motwani)는 한국, 이탈리아 및 대만의 회사와 협력하여 틈새 오토바이 제조업체에서 이륜차 및 자동차 부품 전 분야의 제조업체로 회사를 키웠다. 마지막으로 니람 다완(Neelam Dhawan)은 마이크로소프트 인도지사의 사장으로서 지난 5년간 35%의 성장을 이룩했다.

왜 인도에서 여성들이 그렇게 잘하고 있는가? 한 가지 이유는 교육을 중요시하는 오랜 전통의 나라이기 때문에 학업 성취도가 높은 여성은 현명하고 요령이 있는 것으로 간주된다. 또 다른 이유로, 뭄바이 외곽의 푸네에 있는 푸네 경영교육 재단의 인디라 파리크(Indira Parikh) 사장은 실제로 성공을 거둔 이유는 유리천장을 깨겠다는 순수한 의지라고 말한다. 성공을 위한 그들의 공식은 남성들과 같다. 기술, 동기 및 기회. 마지막으로 인도의 여성 지도자들이 남성과 다르게 행동한다는 증거는 거의 없다. GLOBE의 조사 결과와 일치하여 여성 지도자들의 행동은 남녀 차이라기 보다는 훨씬 인도인에 가깝다. 이 결과가 전 세계적으로 통용되는지는 알 수 없다. 부하직원과 함께 일하면서 그들은 격려, 동기부여, 역동적이고, 결정적인 것으로 묘사되며 이는 GLOBE 연구의 효과적인 지도자에 대한 전반적인 견해와 일치한다.

다음에 대해 생각해 보자.

(1) 일반적으로 성별이나 국가의 문화가 전 세계의 리더십 스타일과 효과에 큰 영향을 미친다고 생각하는가? 그 이유는 무엇인가?
(2) 일부 국가 및 문화는 다른 국가보다 여성들에게 리더십 기회를 제공한다. 이것은 지역적으로 또는 글로벌하게 해결되어야 할 문제인가? 그 이유는?

## 중국과 서구의 리더십 Leadership in China and the West

서양인이 중국인 경영자 및 지도자와 상호작용할 때 종종 혼란과 좌절을 경험한다. 일반적인 서양의 반응으로는 중국의 지도자들이 결정적으로 행동하기를 거절하고, 솔직하게 대응하지 못하며, 목표에 대해 모호하고, 지도자처럼 행동하지 않는다는 인식을 포함한다. 서구의 많은 임원들에게는 이것이 효과적이지 않거나 기만적으로 보여 좋은 협력관계를 구축하기 어렵게 한다. 그러나 이문화 렌즈를 통해 리더십을 검토하면 그림이 상당히 다르게 보일 수 있다.

프랑스 철학자 프랑수아 줄리앙(François Jullien)에 따르면, 동양과 서양 전통에서 리더십의 다양한 토대는 고대 중국과 그리스의 사상에서 찾을 수 있다. 이 토대는 인간의 행동에서 타당한 그들의 노력에서 이 두 문명이 따랐던 분리된 경로에 기초한다(그림 6.9 참조). 일반적으로 서구문명이라고 하는 것은 고대 그리스의 문화, 신념, 전통에 기원을 두고 있다. 그리스인들은 인간이 열망하고 목표(*télos*)로서 달성해야 하는 이상적인 형태로서 이상적(*eîdos*) 개념을 개발했다. 이 계획에서, 리더의 일은 이상적인 상태로서 *télos*와 완성을 달성하는 목표를 지닌 현실 사이의 격차를 메우는 것이다.

대조적으로 행동을 위한 모델 및 바람직한 일의 최종상태로 작용할 수 있는 이상형이나 원형의 개념은 고대 중국에서 결코 발전하지 않았다. 대신에 중국에서 현실은 반대세력과 보완세력, 음과 양의 상호작용으로부터 발생하는 과정으로 여겨졌다. 질서는 성취되어야 할 이상으로부터 나온 것이 아니라 이미 움직이고 있는 자연스러운 성향에 기인한 것이다. 지금 여기서 진행되고 있는 과정에 중점을 두고 있기 때문에, 중국의 사고는 이상적인 형태의 본질을 추상화하기 보다는 일상생활의 매우 구체적인 상황에 집중했다. 중국의 사고는 궁극적인 *eîdos*를 추구하기 위해 추상화, 일반화하지 않았기 때문에 전통 중국어에는 본질, 하느님, 존재, 윤리 같은 단어가 포함되지 않았다. 사실 오늘날의 현대 중국 언어조차도 그런 개념을 서구 언어에서 번역할 필요가 있는 경우에만 이러한 개념을 포함한다.

이 차이점을 이해하면 세계의 다른 두 지역에서 사회적 사상과 실천의 개별 경로를 설명하는 데 도움이 된다. 여러 면에서 서구의 사상은 "이상적(the ideal)"과 같은 개념을 언급하지 않고는 이해하거나 해석하기가 어렵다. 세계의 많은 지역에서 가르쳐지고

**그림 6.9 중국과 서양의 리더십 패턴**

| 리더십 특징 | 서양 전통 | 중국 전통 |
|---|---|---|
| 믿음 | 이상적인 마지막 상태 달성 추구(*eîdos* & *télos*) | 상쇄하는 힘의 균형 추구(음과 양) |
| 목표 | 염원하는 목표를 만들고 추구하는 것; 결과를 관리함 | 성공에 도움이 되는 조건 만듦; 과정을 관리함 |
| 논리 | 적용의 논리; 목표를 표현하고 이상적인 목표를 위해서 합리적인 수단을 결정한다. | 활용의 논리; 활용할 자리에 자신을 위치시킴 |
| 선호도 | 행동을 선호; 주도권 장악 | 인내를 선호; 사건이 오기를 기다림 |

출처: Adapted from Carlos Sanchez-Runde, Luciara Nardon, and Richard M. Steers, "Looking beyond Western leadership models: implications for global managers," *Organizational Dynamics*, 40(3) (2011), pp. 207 – 13.

있는 현재의 경영학은 의도적인 행동의 이상에 대한 그리스의 개념에 기반을 두고 있다. 전략은 원하는 최종 상태를 향한 수단을 마련하는 기술로 나타난다. 기업의 비전과 사명은 조직의 이상을 구체적으로 정의한다. 경영진은 목표별로 관리하고, 리더는 신중하고 공개적으로 정의되고 구현된 비즈니스 목표 및 이상을 달성하는 쪽으로 회사를 유도하기 위해 적극적으로 노력한다.

다른 한편으로는 중국 전통은 보다 수동적인 방법으로 현실의 흐름 속에서 자신의 위치를 강조함으로써 그 일관성을 발견하고 자연적 진화의 혜택을 누릴 수 있다. 행동의 목표를 수립하는 대신에 각 상황의 잠재력과 그 상황이 주는 역학관계를 따라간다. 전통 중국 텍스트에서 볼 수 있는 일반적인 은유는 특정 영웅주의나 용감성으로 행동하는 것이 아니라 주어진 사건의 진화로부터 이익을 얻는 장군과 병사에 대해서 알려 준다. 따라서 지도자들은 사건이 원하는 경로가 유일하게 실행 가능한 대안이 될 수 있는 위치에 있어야 한다. 이는 군사적으로나 상업적으로나 적을 용감하게 행동하는 유일한 상황으로 그들을 몰지 않는 것과 같은 방식이다.

서양 전통에서 성과는 목표와 성취, 계획과 달성의 격차를 최소화함으로써 발생한다. 서구에서의 행동은 사물의 자연 질서에 대한 외부적 충격, 별도의 실체로 간주된다. 대조적으로 중국에서는 행동 자체를 최소화함으로써 성과를 창출하고 조직에 이익이 되게 잠재력을 최대한 발휘할 수 있게 상황을 둔다. 따라서 중국의 지도자들은 방해받지 않고 내부의 역학에 따라 끊임없이 진행되는 프로세스에 중점을 둔다. 서양의 행동은 중국의 관점에서 즉각적이고 빠르고 직접적이며 값비싼 것으로 보인 반면, 중국의 "노력하지 않는 행동"은 느리고 간접적이며 진보적이고 자연스럽다. 서양 지도자들은 행동하고 중국의 지도자들은 변모한다. 행동과 달리 변화는 마치 시작과 끝이 없는 것처럼 자연스러운 방식으로 나타나며, 시간이 지나면서 확장된다. 변화는 상황의 내부에서 오는 것이기 때문에, 그것은 저항 없이 부드럽게 나타난다. 변화는 거의 알려지지 않은 연속적인 진행의 일부이기 때문에, 영웅적인 노력과 결단력을 필요로 하지 않는다.

이것은 행동의 개념이 중국의 전통사상에 존재하지 않는다는 의미는 아니다. 그것은 천천히, 미묘하고, 예상되며, 자연스럽게 사건의 흐름 속에 삽입된 차분한 행동 유형이다. 갑작스러운 행동보다는 자연스럽게 나타날 결과를 준비하면서 사건이 예견된다. 결과적으로 중국의 지도자들은 종종 서구에서 보거나 상상하는 영웅적인 의사결정자의 웅장한 장치와 외양에 마주하여 조용하고 거의 익명으로 겸손한 방법으로 목표를 추구한다. 행동은 행동주의에서 벗어나 신중하고 미묘해지며, 사건의 과정에 파묻혀, 특정 주인공을 무시한다.

## 경영자 노트:
## 글로벌 조직의 선도

이 장에서는 리더십의 중요하지만 복잡한 요소에 대해서 살펴보았다. 기본적인 발견은 무엇인가? 리더십은 훌륭한 경영의 핵심부분으로 간주될 수 있다. 일부 관리자는 카리스마가 있을 수도 있다. 일부 상황이나 장소는 참여적인 관리자를 제안할 수 있다. 어떤 문화권에서는 팀 지향적인 관리자를 소중하게 생각한다. 결국 중요한 것은 개개 관리자의 상황 및 문화적 현실을 고려하고 리더십에 대한 접근방식을 비롯한 개인의 기술과 능력을 활용하여 업무를 완료하는 것이다.

리더십이 문화적인 구성물임을 인식하는 것이 중요하다. 그 의미는 그것이 행사되는 다양한 문화에 내포되어 있으며, 이에 따라 변화한다. 여기서 가장 중요한 것은 리더십이 글로벌 차원으로 쉽게 확장되는 서구의 구조가 아니라는 것이다. 이와 관련하여 GLOBE 연구자들은 문화 간 보편적으로 적용 가능한(바람직한) 22가지 리더십 특성(예: 격려, 동기부여, 역동적, 결정력, 예지력 등)과 보편적으로 바람직하지 않은 8가지 리더십 특성(예: 비협조적, 무자비한, 독재적인, 짜증스러운 등)을 찾아냈다. 하지만 문화에 따라 몇 가지 다른 속성이 발견되었다. 즉, 그들의 바람직함과 바람직하지 않음은 문화적 차이와 관련이 있다.

동양과 서양에서의 리더십 차이의 토대는 고대 중국과 그리스의 사상에서 찾을 수 있다. 이 토대는 이 두 문명이 인간 행동에서 타당한 그들의 노력에서 따랐던 분리된 경로를 기반으로 한다. 일반적으로 서구문명이라고 불리는 것은 고대 그리스의 문화, 신념 및 전통에 기원을 두고 있다. 이 계획에서 리더의 작업은 이상 실현을 목표로 이상의 상태와 현실(또는 실제 관행) 사이의 격차를 해소하는 것으로 구성된다. 대조적으로, 행동을 위한 모델과 바람직한 최종 상황으로 작용하는 이상형 또는 원형의 개념은 고대 중국에서 결코 발전하지 못했다. 대신 중국의 현실은 반대세력과 보완세력, 또는 음과 양의 상호작용으로부터 발생하는 과정으로 여겨졌다. 질서는 성취되어야 할 이상으로부터 나온 것이 아닌 이미 움직이고 있는 자연스러운 성향으로부터 비롯된 것이다. 현재와 진행되고 있는 과정에 중점을 두고 있기 때문에, 중국의 사고는 이상적인 형태의 본질을 추상화하기보다는 일상생활의 매우 구체적인 상황에 집중했다.

글로벌 기업에서 많은 노력을 기울이고 있는 글로벌 매니저와 현지 매니저에 대한 이러한 발견에 대한 리더십의 의미는 무엇인가? 글로벌 무대에서 비즈니스의 성공은 경쟁우위를 달성하고 유지하는 것을 전제로 한다. 이 노력에서 관리자는 사용 가능한 수단을 사용하여 경쟁자를 능가할 책임을 지게 된다. 간단히 말해, 그 수단이 좋을수록 성공확률이 높아진다. 특히 관리자가 자신이 일하는 환경과 잠재력 있는 리더로서의 자신을 이해할수록 성공확률은 높아진다.

리더십의 효과는 리더십에 대한 지역문화의 의미에 따라서 큰 영향을 받을 수 있다. 그들은 미묘한 지도자를 원하는가? 명확한 지도자를 원하는가? 그들은 규칙이나 관계에 대한 리더십을 기반으로 하는가? 지도자들은 어떤 식으로 선출되는가? 마찬가지로 조직의 소유권 패턴에 따라 누가 리더가 될 것인지뿐 아니라 리더로부터 기대되는 것을 결정할 수 있다. 예를 들어, 소유자－관리자가 정의에 따라서 리더가 되는 경우도 있지만, 투자회사의 리더는 리더십을 쟁취하기 위해 싸우거나 관심과 지원을 얻기 위해서 카리스마를 이용해야 할 수도 있다. 리더십의 패턴은 그룹이나 팀이 현장에 있는지 또는 가상인지에 따라 다르다. 여기서 각 위치는 아주 다른 행동을 요구할 수 있다. 마지막으로, 리더와 팀원들 사이의 신뢰 수준은 중요하며 종종 다른 방식으로 얻게 된다. 여기에서 리더를 위한 교훈은 사용되거나 허용된 리더십 스타일로 처리해야 하는 다양한 긴급 상황의 원천으로서 환경을 고려해야 한다.

사건마다 다를 수 있는 제약 내에서 관리자는 리더십의 노력에서 여러 가지 선택을 할 수 있다. 여기서 적어도 세 가지 요인이 작용한다. 즉, 지도자와 추종자의 개인적 특성; 이러한 기대가 일치하는 정도를 포함하는 지도자와 추종자 모두의 기대; 현장에서의 실제적인 관리자의 행동. 이러한 요소들은 리더십 역할을 맡은 관리자가 잠재적인 리더(수행하는 것보다 쉽다고 말할 수 있다)와 추종자의 특성 및 자신이 처한 상황을 확실히 이해하여 이익이 되는 방향으로 시작할 수 있다고 제안한다.

### 1. 리더로서의 자신을 이해하기.

첫째, 글로벌 과제에 직면한 관리자들이 리더십을 어떻게 개념화하고 사람을 관리하는지 생각해 보는 것이 매우 유익할 수 있다(그림 6.10 참조). 리더십이라는 개념이 관리자로서 그들에게 의미하는 것은 무엇인가? 리더십에 대한 한 가지 방법이나 지역적 차이를 인정하는 맞춤식 접근방식을 믿고 있는가? 그들은 보편적, 규범적, 상황적 접근방식 중 어떠한 방식을 취하고 있는가? 문제가 되는 분야에서 접근방식의 한계는 무엇인가? 마지막으로 , 이것을 수행하는 더 나은 방법이 있는가? 리더십이 무엇을 의미하는지 고려하는 데 얼마간 시간을 할애한다면 관리자는 다가올 글로벌 과제를 성공시킬 수 있는 준비를 하는 데 도움이 될 것이다. 이 장의 끝에서 에머슨 일렉트릭(Emerson Electric)의 사례를 살펴볼 것이다. 이 사례에서 중국 전통의 리더십 패턴과 서구의 전

| 1. 리더로서의 자신을 이해하기 | 2. 리더십의 기대치를 명확히 한다 | 3. 지도자의 행동을 관리한다 |
|---|---|---|
| • 다른 사람과 일할 때 어떻게 일을 완수했는지 이해할 것<br>• 당신이 소유하고 있는 특이한 리더십 스타일을 이해할 것<br>• 당신이 효율적인 리더가 되기 위해 추가적으로 익혀야 할 기량이 무엇인지 이해할 것 | • 당신 자신이 리더로서의 기대를 명확히 할 것<br>• 당신이 추종자로서 다른 사람들에 대해 가지는 기대를 명확히 할 것<br>• 다른 사람들이 리더로서 당신에 대해 가지는 기대를 명확히 할 것 | • 진정성을 갖되 지역적인 제약을 명심할 것<br>• 추종에 대한 적절한 보상<br>• 당신의 리더십에 대한 노력에 대해서 진실되고 투명하게 보여 줄 것<br>• 당신의 리더 행동에 대한 피드백을 지속적으로 들을 것 |

**그림 6.10** 글로벌 조직의 선도 전략

통적 리더십 패턴을 비교해 볼 것이다. 그러나 동일한 결론을 내는 더 많은 예제가 존재한다.

관련된 고려사항은 개별 관리자가 전반적인 관리방법의 일부로 개발해야 하는 특별한 리더십 기술이다. 통신 또는 협상 기술은 얼마나 완전한가? 그들이 얼마나 이해할 수 있는가, 또는 그들이 일하는 환경에 대해서 배울 수 있는가? 관리자가 리더십에 접근하는 방법을 더 많이 이해하고, 직무수행능력이 커질수록 성공 가능성도 커진다는 것은 말할 필요가 없다.

## 2. 리더십의 기대치를 명확히 한다.

이러한 이해와 함께 – 그들의 안테나를 통해 – 글로벌 임무를 수행하는 관리자는 지역 환경의 독창성을 이해하고 문화적인 차이를 수용하기 위해 노력해야 한다. 문화적, 조직적, 상황적 환경을 이해하는 것은 다문화 그룹이나 조직을 이끌 준비를 하는 첫 번째 단계이다. 사실, 특정 문화에 관한 책을 읽거나 다양한 문화에 익숙한 사람들과 이야기를 나누거나 새로운 장소로 여행할 때 조심하는 등 다양한 방법으로 이를 수행할 수 있다. 그러나 그것이 성취된 후 글로벌 매니저는 리더십 프로세스가 어떻게 작동하는지 빨리 알게 되거나 나쁜 결과를 겪을 위험을 감수한다.

이 과제의 주요 부분은 기대치를 다루는 것이다. 구체적으로, 관리자는 자신의 리더십 역량에 대해 어떠한 기대를 가지고 있는가? 그들은 다른 사람들로부터 무엇을 기대하며, 똑같이 중요하게도 다른 사람들은 그들에게서 무엇을 기대하고 있는가? 기대는 규칙과 역할을 명확하게 하고 보스의 회사 운영에 대한 종업원의 불안감을 줄이는 데 기여할 수 있다. 따라서 이러한 기대의 힘은 물론 기대를 명확하게 하는 노력을 무시해서는 안 된다.

### 3. 지도자의 행동을 관리한다.

글로벌 관리자는 현지 상황이 허용되는 한도 내에서 진정성을 유지할 것을 충고 받는다. "현지인이 되는 것"은 종종 관리자로서 진실함을 잃을 위험이 따르므로 혼란이 생길 수 있으며 심지어 부하직원과 불신이 생길 수도 있다. 사실, 현지 방식이 아닌 근본적으로 다른 방식으로 일을 처리하기 때문에 선택되는 많은 외국 지도자들이 있다. 글로벌 관리자가 직면한 도전과제는 현지 행동을 어설프게 모방하려고 하는 것이 아니다 – 이는 위험하고 실패하기 쉬운 일이다. 오히려 지역의 조건을 이해하고 그와 동일하지는 않지만 현지의 기대와 양립하는 진정한 방식으로 행동하려고 노력한다. 독특한 것은 다른 사람들이 지역의 목표와 그 목표를 지지하고 문화적 가치와 기대에 모순되지 않는 이상 성공적인 행동전략으로 판단될 수 있다. 이와 관련하여, 과제를 잘 수행할 준비가 된 글로벌 관리자는 리더십을 행사할 때 그들이 상상하는 것보다 더 많은 여유를 가질 수 있다. 그러나 이런 일이 일어나기 위해서는 지역 상황에 대한 확실한 이해가 최우선이 되어야 한다.

마지막으로, 다른 문화적 배경을 가진 사람들과 일하는 것이 매우 어려울 수 있다는 단순한 사실을 기억하는 것이 중요하다. 하지만 잠재적으로 이는 매우 보람있는 일일 수 있다. 그럼에도 많은 매니저에게 쉽게 발생하지는 않는다. 장래의 성공을 위해 관리자는 스스로 준비해야 할 책임이 있다. 다른 문화권의 사람들을 선도하고, 다른 문화권의 사람들에 의해 선도되는 것은, 우리 자신에 대해 더 많이 배우고, 새로운 업무 방식을 발견하고, 신구의 문제에 창의적인 해결책을 찾을 기회를 열어 준다. 그것은 분명 관리자를 위한 성장과정의 일부이다. 이 과정에서, 지속적인 학습은 중요한 (종종 과소평가된) 역할을 한다.

## 핵심용어

카리스마 리더십 • 리더십에 대한 상황적 접근 • 정서적인 자본 • 윤리적 리더십 • 게이트 키핑 리더십 • 글로벌 마인드 • GLOBE 리더십 프로젝트 • *jeitinho*(브라질어) • *jogo de cintura*(브라질어) • 리더십 • 관리적 리더십 • *medewerker*(네덜란드어) • 규범적 접근 • *포크차우*(말레이시아어) • 전략적 리더십 • 상징적인 리더십 • 팀 리더십 • 거래적 리더십 • 변혁적 리더십 • 보편적 접근 • *음과 양*

## 토의용 질문

1. 리더는 앞에서 이끌어야 한다 아니면 뒤에서 받쳐 주는 역할을 해야 한다라는 오래된 논쟁이 있다. 두 개의 인용구가 이 상반된 의견을 설명해 준다. "리더십은 아름다움과 같다; 정의하기는 어렵지만 보면 안다"와 "사람들이 그가 존재하는 걸 거의 모를 때, 그리고 거의 말이 없고, 일이 잘 해결되고 목표가 완수될 때, 그럴 때 사람들은 우리가 해냈다고 말할 때, 리더는 최고다". 어떤 상황에서 리더는 눈에 띄어야 하고, 눈에 띄지 말아야 하는가?
2. 경영과 리더십 간 상호관계는 혼란스러울 수 있다. 특히나 글로벌 무대에서 이 문제의 일부는 매우 의미론적이지만 매우 현실적이다. 어떠한 상황에서 관리자가 지도자가 되어야 하며, 관리자는 단순히 관리자가 되는 때는 언제인가?
3. 이 장에서는 전략적, 관리적, 팀중심적 및 윤리적인 조직 리더십의 네 가지 차원에 대해서 논의했다. 이러한 네 가지 차원이 글로벌 리더에게 어떤 면에서 중요한지를 설명하라.
4. 이 장에서 다차원적 리더십에 대한 세 가지 현대적 접근법이 소개되었다. 즉, 보편적, 규범적, 상황적 접근. 이 세가지 접근법은 각각 어떻게 문화권의 리더십 프로세스를 이해하는 데 도움을 주는가?
5. "글로벌 마인드"의 개념은 전 세계적으로 일하는 관리자의 기본적인 리더십 특성과 능력을 특성화하기 위해서 제안되었다. 그러한 사고방식이 전 세계에 보편적으로 적용된다는 것에 동의하는가? 설명하라.
6. 전 세계에 널리 적용되는 리더십 이론을 세울 수 있는가? 그렇다면 그 이론에 어떠한 요소가 필요할 것인가?
7. 왜 GLOBE 리더십 연구가 연구자와 관리자들 모두에게 많은 관심을 받았는가? 당신의 관점에서 관리자를 대상으로 한 이 연구의 주요한 교훈은 무엇인가?
8. 당신의 견해로는 남녀가 근본적으로 다른 방법으로 리더십에 접근하는가? 그렇다면 문화나 성별이 리더의 스타일을 결정하는 데 더욱 중요한 요소인가?
9. 이 장에서 중국(그리고 동아시아와 동남아시아 대부분)의 리더십 과정은 고대 중국의 전통에서 비롯된 반면, 서구(특히 유럽과 북미)의 리더십은 고대 그리스의 전통에서 비롯되었다. 최근 글로벌화 활동뿐 아니라 이 두 지역 간의 수백 년에 걸친 세계 무역 및 기타 상호작용 이후, 왜 리더십 관행에서 이 두 가지 추세가 합병되는 방향으로 나아가는 움직임을 발견하지 못했는가?

**10.** 그림 6.10에 요약된 글로벌 조직을 이끌기 위한 세 가지 전략에서는 성공적인 리더십은 리더와 따르는 사람들 모두에게 행동과 신뢰를 요구함을 시사한다. 관리자가 국경을 넘어서 일할 때 지도자로서 자신과 자신의 기대를 더 잘 이해하기 위해 노력할 수 있는 방법은 무엇인가? 관리자는 어떻게 부하직원의 기대치를 보다 잘 이해하고 충족시킬 수 있을까?

## 사례: 에머슨 일렉트릭 – 쑤저우

에머슨 일렉트릭이 상하이 근처의 쑤저우에 새로운 제조공장을 열었을 때 시설의 초기 목표는 동남아시아 전역의 회사 중 모범적인 운영이었다.[13] 개장 당시 소규모의 중국 거주 미국인 그룹이 지원하는, 미국 교육을 받은 대만인 관리자가 초기 관리팀을 이끌었다. 초기에 이 작업이 생산 할당량을 충족시키는 데 성공을 거두었지만, 문화 간 갈등과 리더십 문제가 대두되었다. 이러한 이슈는 팀 역학의 성격, 리더십의 주도권에 대한 초점, 시간에 대한 다양한 견해의 세 가지 주요 영역에 집중되었다.

팀 역학에 대한 미국의 견해는 복잡한 문제에 대한 다양한 해결책을 도출하기 위해 팀 미팅에서 다양한 견해를 장려하는 팀 다양성을 선호했다. 의견의 다양성과 함께 예측 가능한 대인관계 간 갈등이 발생했다. 회원들은 보다 창의적이고 혁신적인 솔루션으로 이끌어 갈 수 있도록 이러한 갈등에 정면으로 대처해야 한다. 개인적인 상호작용의 질보다는 더 나은 결과는 업무 성공의 표시였다. 하지만 중국인들에게는 익숙하지 않은 불편한 작업환경이 조성되었다. 많은 중국인들에게 팀은 리더가 확립한 단일 목소리를 통해 전달되는 하나의 명확하고 통일된 비전을 가지고 움직이는 것이다. 갈등은 상황에 대한 잘못된 이해와 리더십을 보여 주었다. 이 상황은 방향의 부재를 알리고 어떤 사람이 체면을 잃을 수도 있기 때문에 피해야 할 상황이었다.

또한 이러한 지배적인 팀 역학은 동양보다 서양의 리더십에 대한 특별한 접근방식에 달려 있다. 많은 미국인들은 리더십 역량이 성공을 위한 수단으로 여겨지는 업무의 성취 관점에서 보인 관리 및 대인관계에 대한 기능주의적 접근방식을 따랐다. 대조적으로, 중국의 리더십 접근방식은 대체로 "인격주의(personalist)" 성향이었다. 즉, 새로운 공장의 성공에 도움이 되는 것은 각 관리자의 개인적 진실성이었다. 중국인들은 자신의 부하직원들의 신뢰와 존경을 얻기 위해서 개인의 정직함을 중시했다. 미국인들은 직무능력을 중요시했고, 부하직원들이 당면 과제를 잘 수행할 것을 기대했다. 중국 관리자는 종종 개인적인 헌신에 의지하지만, 미국인들은 전문적인 능력을 중요시했다.

이러한 팀 리더십 접근방식의 차이는 관리자가 대결 및 오해를 다루는 방식에도 영향을 미쳤다. 보다 사적인 중국의 접근방식에 따라, 참가자들 간의 대인관계의 교환은 상호관계를 발전시키는 기초를 제공했다(*꽌시*). 이는 문제를 해결하는 데 유효했다. 대조적으로, 미국인들은 종종 대결적인 재판 스타일 대안을 선호했다. 그들은 개인적인 상호작용보다는 회사 정책과 규칙을 강조했다. 그들은 공식적인 행동을 전문성의 신호로 보았다. 중국인들은 이러한 접근법이 유치하다고 생각했는데, 그 이유는 복잡한 이슈와 문제를 실제로 해결하는 데 필요한 복잡성을 규범과 규제가 고려하지 못하기 때문이다.

마지막으로 시간의 관점 또한 중국인과 미국인 간의 상호작용의 질에 영향을 미쳤다. 특히 미국인 경영자들은 경력개발을 위한 디딤돌로 자신들의 위치를 보는 주재원들이기 때문에 상대적으로 단기간으로 이루어지는 업무를 선호했다. 반대로 중국이나 에머슨을 떠날 이유가 없는 중국인들은 장기적인 관점을 선호했다. 그들은 사건의 적합한 경로를 따라 움직임으로부터 결과가 나타난다고 믿었다. 결과는 자연스럽게 일어났고, 강제할 필요가 없었다.

이러한 차이로 인해서 에머슨이 개입할 때까지 갈등과 오해가 계속되어 미국 관리팀이 현지 상황에 보다 잘 조화를 이루는 중국인 지도자들로 대체되었다. 오늘날 쑤저우 공장은 에머슨 일렉트릭 네트워크의 스타 플레이어다. 이는 현지 운영환경에 맞고 지원 가능한 리더십 및 관리 실천을 개발하는 데 있어 회사의 지혜에 기인한다. 이 사례에서 배울 교훈이 있다면 그것은 리더십 스타일이 보편적이지 않다는 것이다. 지역 문화와 조건은 글로벌 벤처기업의 성공에 지대한 영향을 미칠 수 있다.

## 사례 질문

**1.** 이 사례는 쑤저우 공장 경영 리더십의 한 사례이다. 그러나 이러한 리더십은 전체 회사의 전반적인 전략 목표 및 목적에 부합해야 한다(전략적 리더십). 에머슨의 전반적인 전략 목표와 일치하는 방식으로 경영 리더십 문제를 해결하는 것이 가능한가?

**2.** 에머슨은 리더십에 대한 세 가지 현대적 접근방식 중 하나를 채택하거나 시도했다(그림 6.2 참고). 그렇다면 이는 성공적인 접근방식이었는가?

**3.** 이 경우 문화가 중요한 역할을 한다. 이 사건이 두 가지 주요 선수들의 문화 간 전쟁인가? 아니면 다른 관점의 일인가?

4. 이 사례를 이해하기 위해서 어떻게 GLOBE 연구를 적용할 수 있는지 설명하라.
5. 이 사례는 우리에게 문화 간 글로벌 팀을 창설하는 데 따르는 한계에 관해서 무엇을 가르쳐 주는가? 관리자를 위한 교훈은 무엇인가?
6. 이 사건에 관여한 중국인과 미국인은 각각 어떻게 리더십과 리더십의 효과성을 보았는가? 이 문제에 대해 타협할 수 있는가? 그 이유는 무엇인가?
7. 이 사례에서 시간적 관점의 차이점 또한 문제였다. 중국인들에게 미국인들은 단기 성과에 사로잡혀 지속성과 장기적인 성과를 저해했다. 미국인들에게 중국인들은 일정에 대해 너무 느긋한 태도를 보였고, 단기 결과가 예상되는 고위 임원들의 입장을 위태롭게 만들었다. 이 두 압력은 에머슨에 있는 사람들의 통제 범위를 넘었다. 이 상태에서 모든 사람들을 만족시킬 수 있는 타협에 도달할 수 있는가?
8. 이 갈등의 해결책은 적절했는가? 아니면 에머슨 일렉트릭이 앞으로 나아갈 수 있는 더 좋은 방법이 있었는가?
9. 글로벌 관리자에게 이 사건의 주요 교훈은 무엇인가?
10. (선택 연구 질문) 이 사례와 글로벌 조직 선도의 세 가지 전략(그림 6.10 참조)을 바탕으로, 중국과 미국의 파트너가 글로벌 자회사를 선도하는 것에 대해서 배우는 단기 코스 훈련 프로그램을 어떻게 개발할 것인가?

## ❖ NOTES

1. "Davos man and his defects," *The Economist*, January 26, 2013.
2. Warren G. Bennis, *On Becoming a Leader*. Reading, MA: Addison-Wesley, 1989, p. 1.
3. William G. Boltz, "Lao Tzu Tao Te Ching," in Michael Loewe (ed.), *Early Chinese Texts: A Bibliographical Guide*. Berkeley, CA: Institute of East Asian Studies, 1993, pp. 269–92.
4. Richard M. Steers, Carlos Sanchez-Runde, and Luciara Nardon, "Leadership across cultures: new directions in research and theory development," *Journal of World Business*, 47(4) (2012), pp. 479–82.
5. Jun Ishikawa, "Transformational leadership and gatekeeping leadership: the role of norms for maintaining consensus and shared leadership in team performance," *Asia Pacific Journal of Management*, 29(2) (2012), pp. 265–83; Jun Ishikawa, "Leadership and performance in Japanese R&D teams," *Asia Pacific Business Review*, 18(2) (2012), pp. 241–58.
6. Orly Levy, Sully Taylor, Nakiye Boyacigiller, and Schon Beechler, "Global mindset: a review and proposed extensions," in Mansour Javidan, Richard M. Steers, and Michael A. Hitt (eds.), *The Global Mindset*. Amsterdam: Elsevier, 2007, pp. 11–48 (p. 29).

7. Manfred Ertel, "Cleaning up men's messes: Iceland's women reach for power," *Spiegel*, April 22, 2009, pp. 23–6.
8. "Tokyo Electric Power pay cuts all around," *Bloomberg Business Week*, May 2, 2011, p. 20.
9. Robert J .House, Paul J. Hanges, Mansour Javidan, Peter W. Dorfman, and Vipin Gupta, *Culture, Leadership, and Organizations: The GLOBE Study of 62 Societies*. Thousand Oaks, CA: Sage, 2004; Peter Dorfman, Mansour Javidan, Paule Hanges, Ali Dashmalchian, and Robert J. House, "GLOBE: a twenty year journey into the intriguing world of culture and leadership," *Journal of World Business*, 47(4) (2012), pp. 504–18.
10. Chad Brooks, Thornton International Business Report, cited in *Business News Daily*, March 11, 2014, p. 2.
11. Catalyst, "Quick take: women on boards: 2014" (www.catalyst.org).
12. Megha Bahree, "India's most powerful businesswomen," *Forbes*, September 1, 2006.
13. Juan Antonio Fernandez and Liu Shengjun, *China CEO: A Case Guide for Business Leaders in China*. Hoboken, NJ: Wiley, 2007.

# 7 글로벌 파트너와의 협상

## Negotiating global partnerships

### 경영 과제

카를로스 슬림(Carlos Slim Helú)은 멕시코의 그루포 카르소(Grupo Carso)의 회장이고 세계 최고 부자 중 한 사람으로 언급되는 사람이다. 성공에 대한 그의 조언은 명료하다. "자기 자신이 전부가 되거나 자기 자신이 모든 것을 하려고 하지 마라. 대신에 다른 사람들과 연합하고 파트너십을 만들어라."[1] 격변하는 환경 속에서 경쟁력 강화에 글로벌 파트너십을 형성하는 것이 중요하다고 할 때, 경영자와 그의 기업은 과연 제휴 중인 기업들과 어떻게 협상을 해야 할까? 어떤 중요한 기술이 필요할까? 그러한 기술들은 개발될 수 있는 것일까? 아니면 타고 나는 것일까? 최근까지 알려진 바로는, 협상은 예술이고 과학이 아니라는 것이다. 만약 그렇다면, 이러한 문제의 핵심은 어떻게 이런 예술에 가까운 협상능력을 개발하는가 하는 것이다. 기본적인 협상절차를 이해하는 것은 좋은 출발점이다. 특정 협상전략과 전술을 익히는 것은 또 다른 문제이다. 일단 합의가 이루어졌다면, 합의를 이행하는 것 역시 중요하다. 결론적으로 말하면, 장기적으로 서로에게 도움이 되는 관계를 형성하는 것이 가장 중요한 요소이다.

### 차례

## 응용



합의를 도출하기 위해서 협상을 하고 글로벌 파트너십을 구축한다는 것은 아주 어려운 일이다. 왜냐하면, 자주 해당 기업과 협상 대상 모두에게 이해관계가 첨예하게 대립되기 때문이다. 실제로 협상이 시작되자마자 각 주체가 서로의 이익을 챙기기 위해서 문제(예: 단가 절감, 로열티 문제, 소유권이 있는 기술, 시장 접근 등)가 발생하곤 한다. 계약이 체결되었다고 하더라도, 이런 문제는 확대될 뿐이다. 그렇다면 우리는 파트너십 관련 문제를 어떻게 관리해야 할까? 누구에게 책임을 물어야 할까? 어떻게 상호신뢰를 만들어 나갈까? 어떻게 장기적 이해관계를 조율해 나갈까? 정말로 파트너십이 뒷받침된 계약의 의미는 무엇일까? 나아가, 협상 과정 내내, 협상 주체와 그들의 팀 및 조직이 다른 목표, 다른 요구, 그리고 다른 제한사항을 가질 수 있고, 이는 협상의 성공 또는 실패에 결정적 역할을 할 수 있다. 미래에 닥칠 문제를 해결하기 위해서는 유사한 사례를 남들의 경험을 통해서 배우는 것이 최선의 방법이다.

독자는 혹시 화이자(Pfizer)가 어떻게 성공적인 글로벌 제약회사를 구축할 수 있었는가에 대해서 궁금해 한 적이 있는가? 이는 일정 부분 화이자가 파마시아(Pharmacia)와 업존(Upjohn)같이 기술과 특허는 가지고 있지만 성공에 필요한 글로벌 경영 노하우가 없었던 기업을 인수합병 하였기 때문이다. 몇 년 전, 스웨덴의 파마시아와 미국의 업존이 합병작업을 시작하였다. 당시 목표는 두 기업의 강점을 엮어서 제약산업에서 글로벌 경쟁력을 높이는 것이었다. 하지만 최초의 합병이 제안되었을 때 이미 두 기업 간에는 어디에 합병된 회사의 본사를 두어야 하는지를 두고 불화가 일어났다.[2] 업존의 본사는 오랫동안 미국 미시간 주 캘러머주 시에 있었고, 합병된 회사도 이곳에 세워지길 희망하였다. 스웨덴의 파마시아는 스톡홀름에 본사가 있었고, 마찬가지로 그곳에 본사가 위치하기를 희망하였다. 상당히 긴 협상을 거쳤음에도 어느 쪽도 상대방의 의견을 수용하려고 하지 않았고, 결국 영국 런던으로 본사를 옮기는 것으로 결론지었다. 이렇게 만들어진 회사가 파마시아이다. 3만 명의 종업원이 일하는 제조의 거점을 캘러머주, 스톡홀름, 그리고 밀라노(제약의 허브)에 각각 두었기 때문에 각 제조 거점의 관리자들은 런던까지 다녀야 했다. 이렇듯 시작부터 불길해 보였다.

양측의 또 다른 충돌은 사업 시작과 동시에 일어났다. 강하게 밀어붙이는 업존의 미국식 스타일과 합의를 강조하는 파마시아의 스타일은 반복적으로 충돌하였다. 미국 사람들은 원가절감과 책임에 중점을 둔 반면, 스웨덴 사람들은 직원들에게 회사가 어떻게 돌아가는지 지속적으로 알려주는 데 중점을 두었다. 미국 경영자들은 8월 한달 내내 회의를 잡았는데, 8월은 스웨덴 사람들에게 일반적으로 휴가철이다. 그와 동시에, 외국 경험이 많은 스웨덴 사람들은 미국인들의 자국 중심적 사고와 교양이 없어 보이는 모습에 많이 놀랐다. 스웨덴 경영자들은 오랜 기간 동안 유럽 전역에 걸쳐서 많은 외국인들과 일해 본 경험이 있어서 미국 사람들에 비해서 수용성과 유연성이 높았다. 업존의 문화에서는 사내에서 직원들의 흡연과 음주가 금지되었지만, 파마시아의 문화에서는 사내에서 흡연과 음주가 허용되었다. 마지막으로 업존 문화에 익숙한 CEO는 조직 구성원을 지속적으로 통제하려는 경향을 보여서, 지속적으로 각종 보고서, 예산계획, 인력현황 등을 보고하도록 요구하였다. 스웨덴 구성원들은 이런 관행이 시간낭비라고 보았고, CEO가 사임한 이후에야 이 방식을 그만둘 수 있었다. 그러는 동안, 스웨덴 사람들은 이 파트너십을 인수하려고 한다고 결론지었고, 협력 요청을 거절하기 시작하였다. 결국, 어느 누구도 행복하지 않았다.

스웨덴 임원들은 이상의 문제에 대해서 이렇게 평가하였다. "나는 미국 사람들에게서 'can do' 접근법을 많이 볼 수 있어요. 그들은 문제가 일어나면 문제를 극복하려고 노력해요. 반면, 스웨덴 사람들은 시작 단계에서는 반응이 느려 보입니다. 어느 기간 동안 시간을 두고 문제들에 대해서 전반적으로 생각해 보고, 이성적으로 확신이 서는 순간, 시작하는 것이죠."[3] 또 다른 스웨덴 임원은 이렇게 말을 보태었다. "스웨덴 방식은 공학적 접근에 더 가깝습니다. 즉, '이런 일이 왜 일어나고 어떻게 진행되는지 말해 보세요'라는 식이죠. 반면, 미국 방식은 아주 직설적입니다. 그들의 태도는 '나보고 전문가가 되도록 가르치지 말고, 내가 알고 싶은 것만 말해 주세요'라고 할 수 있습니다."[4]

두 회사가 합병했던 이유는 두 회사의 생산라인을 합쳐서 시너지를 내기 위함이었다. 새롭게 탄생한 회사는 경쟁이 치열한 제약산업에서 제품 범위를 넓혀서 글로벌 시장 영역에서 포지셔닝을 잘 하였다. 하지만, 국가 문화가 다른 두 경영진 간의 충돌은 지속적으로 일어났고, 이로 인해, 각종 기회를 놓치고, 매출과 이익 감소로 이어졌다. 최종적으로 뉴욕 거점의 화이자가 파마시아를 인수하였고, 런던의 본사를 폐쇄하고, 대부분의 최고경영진을 해고하였다.

## 협상과 글로벌 파트너십 Negotiations and global partnerships

여기서 의문사항은 무엇이 잘못되었고, 그 이유가 무엇이냐는 것이다. 서로 다른 목표, 자기 이익 중심적 태도, 업무수행 방식에 대한 다른 인식 등이 해결하기 힘든 갈등을 유발하면서 파트너십을 위기로 내몰았다. 복합적 문제를 간단히 표현해 보면, '우리 대 그들' 간은 대립적 분위기가 형성되었다는 것이다.

그리고 관리방식과 문제해결 방식이 극단적으로 달랐다. 다음 문제에 대해서 생각해 보자. 잘만 되었다면 양자에게 모두 도움이 될 수 있었던 파트너십을 붕괴시킨 것이 어느 한쪽의 책임일까? 아니면 양쪽 모두의 책임일까? 그들은 자신의 잘못을 잘못이라고 인식하고 있을까? 아니면 이러한 파트너십은 달성되기 힘들고 어느 쪽도 어떻게 할 수 없는 아이디어에 불과했던 것일까?

사실, 이와 같은 문제는 실제로 흔히 있는 일이다. 양측에게 도움이 될 만한 파트너십도 협상 과정 동안 생기는 갈등과 오해로 인해 자리 잡지 못하는 경우가 많다. 계약이 성사되었다고 하더라도 역시나 갈등, 오해, 계약 미이행 등의 문제로 양측이 시달리는 경우도 많다. 그래서 핵심사항은 '어떻게 개선하느냐'이고 이것이 이 장의 주제이다.

### 글로벌 파트너십의 혜택

최근 사업환경과 기술환경이 급변하고 있는 가운데, 세계 도처의 글로벌 기업들은 장기적으로 생존하려고 끊임없이 국제 조인트벤처를 설립하거나 전략적 제휴를 맺기 위해서 노력하고 있다. 이렇게 기업들이 노력하는 이유는 다양하지만, 대부분의 경우, 글로벌 사업 환경의 위기와 기회에 대응하기 위해서이다.[5] 이 중에서 대표적인 혜택을 정리해 보면 그림 7.1과 같다.

글로벌 파트너십의 다양한 혜택들의 공통점은 무엇인가? 전체적으로 말하면, 성장의 기회 제공, 운영 효율성, 외부 위협으로부터의 보호, 그리고 수익과 이익 증대를 통해서 파트너 기업들에게 장기적 혜택을 제공한다. 경영학의 대가인 피터 드러커(Peter Drucker)는 이렇게 주장하였다. "제휴, 조인트벤처, 소수지분, 노하우 공유, 그리고 계약 등은 기업 성공에 있어서 더욱더 중요한 요소가 될 것이다."[6]

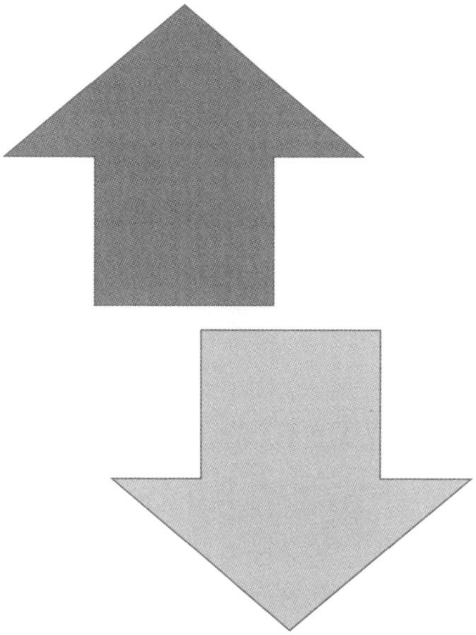

**글로벌 파트너십의 혜택:**

성장 촉진
신기술 획득
정부 압력에 대한 반응
환율상의 이득
경제환경변화에 대한 반응
운영비 절감
고객 접근성 강화
운영과 시장의 다양화
수직적 통합 가능성

**글로벌 파트너십의 문제점:**

장기 목표를 간과할 수 있음
장기 몰입의 결여
핵심 인력과 기술 공유에 대한 저항
혜택 분배상의 갈등
지역 통제력 감소
사업환경변화에 따라 파트너십 형성의 이유가 퇴색함

그림 7.1 글로벌 파트너십의 혜택과 문제점

## 응용 7.1 쿠바의 에어비앤비

만약 독자가 쿠바에 대해 잘 모른다면, 숙소예약 사업을 시작한 에어비앤비(Airbnb)의 결정이 별로 대수롭지 않게 들릴 수 있다. 어쨌거나 에어비앤비는 190개국 이상의 나라에서 운영되고 있고, 제공하는 서비스도 풍부하고 다양하다. 쿠바에서는 정부의 통제를 받지 않는 인터넷 접속 비율이 5% 정도에 불과하고, 모든 거래는 현금으로 이뤄진다. 에어비앤비 사업 아이디어의 핵심은 휴가지 숙소 거래를 디지털 결제로 할 수 있게 온라인 시장을 제공해 준다는 것이다. 이러한 인터넷기반 벤처기업이 어떻게 인터넷 접속도 어렵고, 은행계좌도 거의 없고, 숙소를 제공할 업자도 1,000개에 불과한 쿠바에서 사업을 펼칠 수 있었을까? 그것은 바로 쿠바의 아름다운 풍경을 즐길 수 있는 숙소를 렌트하는 필요한 각종 기술과 인터넷 접속과 관련된 사항에 대해서 쿠바의 파트너에게 도움을 제공했기 때문이다.

쿠바에서는 대부분 집에서 인터넷 접속이 어려웠으므로, 인터넷 접속이 가능한 중개상들이 미래의 고객과 소통하기 위해서 현지 시장으로 뛰어들었다. 하지만 인터넷 시스템은 원시적이었고 특정 지역에서만 접속이 가능했다. 그래서 중개상들에게 에어비앤비에 접속하게 하여, 웹사이트 사용법과 정보 탑재 방법을 가르쳤다. "아마도 그들 자신에게 고품질의 사진이 없었을 겁니다." 에어비앤비의 몰리 터너(Molly Turner)는 말하였다. "아마도 그들에게 가능한 것은 종이에 글로 적는 것뿐이고 온라인으로 보관하는 것은 불가능하였습니다. 우리 팀은 호스트와 소통하고 그 정보가 최신으로 업데이트된 정보인지 확인하는 등 이면에서 많은 작업을 하였습니다." 대부분의 경우, 에어비앤비가 지역 B&B들을 조직화하고, 발굴하고, 알렸다. 이런 일은 쉽지 않은 일이었다.

중개상을 활용하고, 현금기반 결제방식을 활용하는 것은 잠깐 동안만 필요했고 머지않아 바뀌게 되었다. 에어비앤비가 쿠바에서 합법적으로 운영될 수 있게 해 주는 정책적 변화 덕분에 마스터카드나 아메리칸 엑스프레스 카드도 쿠바에서 통용될 수 있게 되었다. 최근에는 쿠바도 무료 와이파이를 제공하고 있다. 오랜 기간의 노력 끝에 에어비앤비는 수익성이 높은 관광명소에서 사업을 펼칠 수 있게 되었다. 매우 보수적인 쿠바가 주요 호텔 체인에게 기회를 주기 전에 굉장히 드문 기회를 창업기업에게 준 것이다.

에어비앤비는 서로에게 도움이 되는 파트너십을 개발하여 자신의 사업을 발전시켰다.

다음에 대해 생각해 보자.

(1) 에어비앤비는 성장하기 위해서 합당한 위험을 감내하는 공격적이고 혁신적인 회사이다. 쿠바로 진출함에 있어서 어떤 위험을 감수하였는가?
(2) 만약 독자에게 기회가 있다면 에어비앤비에 투자하겠는가? 긍정 혹은 부정의 이유는?
(3) 새롭게 글로벌 파트너십 개발에 빨리 뛰어들 때 위험이 있겠는가? 어떻게 이런 종류의 위험을 줄이고 관리할 수 있겠는가?

## 글로벌 파트너십의 문제점

글로벌 파트너십에는 많은 장점들이 있지만, 동시에 잠재적인 문제점도 있다는 것을 상기해야 한다.[8]

글로벌 파트너십을 만드는 과정에서 너무 서두르면, 장기 목표를 잘못 정의할 수 있고, 그 결과로 각자의 목표가 서로 상충될 수 있다. 앞의 화이자의 사례가 이런 가능성을 보여 준다.

파트너십은 양쪽 모두든 혹은 어느 한쪽이든 장기적 몰입이 없는 경우 무너지기 쉽다. 여기서 핵심사항은 파트너들이 얼마만큼 시간과 자원을 투자해야 한다는 것이다. 와튼 스쿨(Wharton School)의 교수인 하워드 펄머터(Howard Perlmutter)는 다음과 같이 말했다. "만약 (미국 기업가인) 당신이 일본 기업과 조인트벤처를 한다고 했을 때, 일본 기업가들은 당신이 아는 모든 것을 배우기 위해서 24명의 사람을 보낼 것이고, 당신은 본인이 아는 모든 것을 일본 기업에 말하기 위해서 달랑 1명만 보낼 것이다."[9] 이것은 전략적으로 볼 때, 성공적이라고 보기 어렵다.

협상을 통해서 파트너십을 형성하려고 할 때, 파트너 당사자들은 벤처 운영에 핵심적인 정보를 내놓지 않으려고 하다가 난항에 빠지기 쉽다. 이런 점은 포드(Ford)와 마쓰다(Mazda)의 사례에서 확인할 수 있다. 포드가 분명히 마쓰다의 지분 33%를 보유하고 있었음에도 불구하고, 마쓰다가 자신의 연구소를 포드에게 개방하는 것을 거부하다가 포드와 포드가 설립하려고 했던 조인트벤처가 난항에 빠졌던 적이 있다. 마쓰다 측이 포드 측 엔지니어가 마쓰다 연구소에 출입할 수 있도록 허용해 주어서 갈등은 해소되었지만, 연구소 출입 허용은 잠깐 동안에 불과하였다.

갈등은 수익분배 방식에 따라서 생길 수 있다. 어떤 파트너는 발생한 수익을 미래를 위해서 재투자하기를 원하고, 어떤 파트너는 바로 이익을 분배하기를 원한다. 이러한 일이 실제로 미국계 회사인 러버메이드(Rubbermaid)와 네덜란드계 회사인 DSM 그룹에서 일어났다. 이들 두 회사는 서로 전략적 제휴를 하여, 그들의 제품을 유럽, 아프리카, 중앙아시아로 판매하려고 하였지만, 발생된 수익을 분배할 것인가 아니면 R&D에 재투자할 것인가에 대해서 의견차이가 발생하여 전략적 제휴가 깨져 버렸다.

성공적인 파트너십에서 생길 수 있는 중요한 함정 중의 하나는 상대방 파트너 때문에 자신의 사업에 대한 통제력이 감소된다는 점이다. 실제로 어떤 파트너십에서도 자율성의 제약이 따르기 마련이고, 이런 사실을 인지하였을 때에는 너무 늦은 경우가 많다. 한쪽 파트너는 가능하면 신제품을 판매하려고 하고, 다른 한쪽에서는 기존 제품을 가능하면 오랫동안 판매하려고 한다. 다른 경우를 예로 들면, 한쪽이 다른 한쪽을 완전 인수하려고 하는 경우도 있다. 어떤 연구에 의하면, 일본 기업이 관여된 150여 개의 조인트벤처 중에서 3/4은 일본 기업이 파트너 기업을 인수하여 종료되었다고 한다.[10]

마지막으로 어떤 파트너십은 경제 환경의 변화로 인해서 새로운 파트너십 정립이 필요하여 붕괴되기도 한다. 경제상황과 고객의 취향 변화로 인해서 기업들은 기존 기업관행을 재정비할 필요가 있고, 그런 과정에서 기존의 협력관계가 적합하지 않아서 바꾸게 된다.

### 응용 7.2 애플 아이폰

글로벌 파트너십의 문제점의 예를 애플, 삼성, 에릭슨 간 대립적 관계에서 찾을 수 있다. 애플의 아이폰은 전세계적으로 인기가 높은 제품이다. 하지만, 애플이 직접 아이폰을 다 만드는 것은 아니다. 부품은 전 세계에서 공급받고, 조립은 중국 심천에 있는 대만계 회사 폭스콘(Foxconn)에서 이루어진다. 한국계 회사인 삼성은 휴대폰 시장에서 애플과 경쟁관계에 있으면서도 애플의 주요 부품 공급사이다. 삼성은 앱, 음악 및 운영소프트웨어를 저장하는 플래시메모리와 전체를 작동시키는 응용프로세서에 이르기까지 스마트폰의 중요 부품을 공급한다. 아이폰의 제조원가 중에서 삼성 부품이 차지하는 비중이 다 합쳐서 1/4이나 된다. 이렇게 삼성전자는 휴대폰 제조업체이면서 가장 강력한 경쟁자에게 가장 핵심적인 부품을 공급하는 것과 같이 전략적으로 매우 특이한 위치에 있다.

애플에 부품을 공급하는 것은 삼성의 실제 사업 모델 중의 하나이다. 구체적으로 말하면, 스마트폰 부품을 경쟁자에게 공급하면 부품 생산 규모를 늘리고, 이렇게 가격을 낮춘 부품으로 자사의 스마트폰을 제조하여 스마트폰 가격을 낮추게 된다. 애플 입장에서도 부품 생산과 조립을 다른 회사에 맡김으로써 몇 가지 중요한 이득을 누릴 수 있게 되는데, 대표적인 것이 바로 핵심 역량에 집중할 수 있게 된다는 것이다. 애플 제품의 핵심 역량은 디자인이 우아하고, 사용자에게 편리하게 소프트웨어, 하드웨어, 서비스가 통합되어 있다는 점인데, 부품과 조립을 아웃소싱 함으로써 이런 핵심 역량에 집중할 수 있게 된다. 그런데 여전히 이상한 점은 애플이 삼성전자가 자신의 제품을 모방했다고 자주 소송을 건다는 점이다. 이에 대해서 삼성전자도 맞소송으로 대응하였다.

또 하나의 라이벌이자 파트너인 스웨덴의 에릭슨이 애플과 삼성이 특허를 침해했다고 하여 특허 침해 대가로 거액의 배상을 요구하는 소송을 걸었다.[11] 그러면서도 이 세 회사는 서로에게 도움이 되는 전략적 제휴를 유지하고 있다. 왜 그럴까?

다음에 대해 생각해 보자.

(1) 이 세 기업들이 시장에서 경쟁자일 뿐만 아니라 실제 소송까지 걸고 있는 상황에서 어떻게 해서 글로벌 전략적 제휴를 유지할 수 있는가?
(2) 이 사례는 전자산업처럼 역동적인 사업에서의 글로벌 전략과 경쟁력 강화에 대해서 어떤 시사점을 제공해 주는가?
(3) 애플, 삼성, 에릭슨은 서로 장기적 관계를 유지함에 있어서 어떤 어려움을 겪고 있을까?
(4) 이 사례는 글로벌 파트너십을 맺으려는 글로벌 기업에게 어떤 교훈을 제공하는가?

## 문화 간 협상 준비하기 Preparing for cross-cultural negotiations

그럼 성공적인 글로벌 파트너십에 대해서 무엇을 배웠는가? 관계형성과 글로벌 파트너와 일을 하는 것과 관련하여 무엇을 배웠는가? 영국인 경영 컨설턴트인 찰스 핸디(Charles Handy)는 미래의 조직에서 필요한 가장 중요한 기술은 친구를 사귀고 사람들에게 영향력을 발휘하는 능력, 파트너십을 구조화시키는 능력, 협상하고 타협점을 찾아내는 능력이라고 주장하였다. 비즈니스라는 것은 대체로 적절한 자리에 적당한 사람을 배치하고 적절하게 협상하는 것이다.[12] 만약 이 말이 맞다면, 경영자는 어떤 준비를 해야 할까?

국내든 국제든 간에 성공적인 협상은 충분한 준비에서 시작된다. 이런 측면에서 중요한 협상을 진행할 때 밟아야 할 세 단계에 대해서 알아보자(그림 7.2 참조).

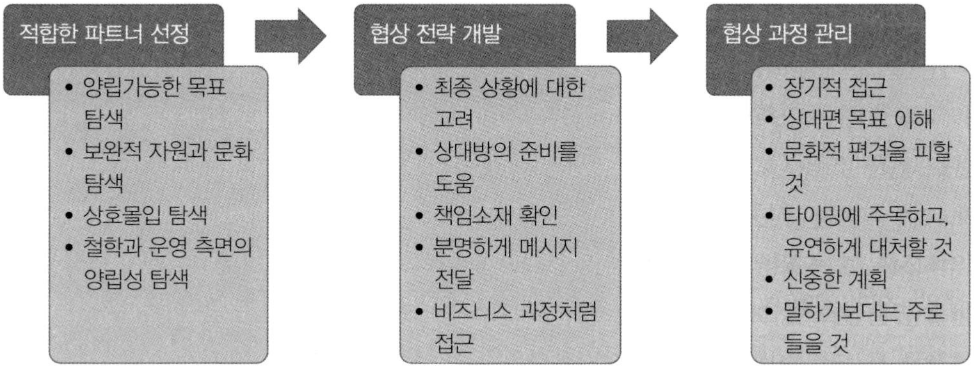


**그림 7.2** 문화 간 협상의 준비

## 적합한 파트너 선정

글로벌 조인트벤처나 전략적 제휴에서 높은 파기율을 감안할 때, 핵심적 사항은 어디에서 그리고 어떻게 적합한 대상을 찾고 협상을 진행하는가이다. 최근 들어 많은 글로벌 파트너십이 이러한 도전에 직면한다. 이런 측면에서 양측에 도움이 되게 사업을 확장할 수 있도록 하기 위해서 무엇이 가장 중요한지 고려해 봐야 한다. 다음은 5가지 핵심 성공요인이다(그림 7.3 참조).

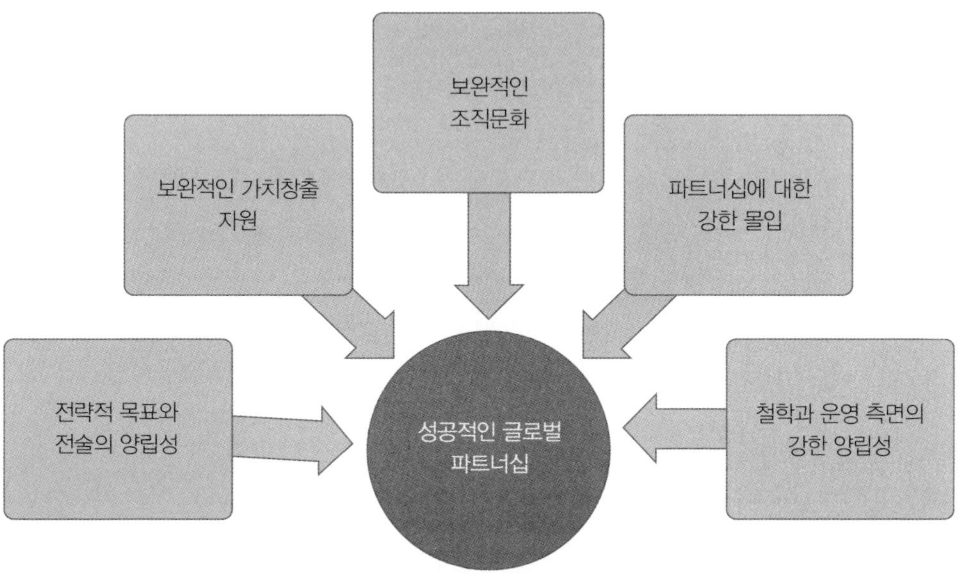


**그림 7.3** 문화 간 파트너십에서 핵심 성공요인

1. 전략적 목표와 전술의 강력한 양립성. 가장 우선적이고 중요한 요소는 당사자들이 서로의 장기 목표와 단기 전술을 강화시킬 수 있는 목표를 가지고 있다는 것을 확신시키는 것이다. 서로 간에 목표가 맞지 않으면, 각자의 노력이 쓸모없어지고 시간과 자원을 낭비하는 꼴이 된다. 이렇게 잘못된 예를 GE와 지멘스(Siemens) 간 제휴와 러버메이드 – DSM 제휴 사례를 통해 알 수 있다.
2. 보완적인 가치창출 자원. 파트너 기업의 사업방법, 시스템, 투입요소, 분배채널이 서로 비슷해야, 서로가 이해도 빠르고 받아들이기도 쉽다. 여기서, 한쪽에서 부족한 자원을 다른 한쪽이 채워 줄 수 있다면 가장 이상적일 것이다. 삼성전자와 코닝 글래스(Corning Glass)의 장기 제휴가 여기에 부합되는 사례이다. 삼성이 TV 시장에 진출하려고 했을 때, TV 생산에서 매우 중요한 유리 가공 기술이 부족하였다. 당시, 코닝은 일본을 거쳐서 아시아로 시장을 넓히고 싶어 했다. 양측이 모두 서로를 필요로 했다. 그렇게 만들어진 파트너십에 따라서, 삼성은 고학력의 우수한 인적 자원과 자본을 제공하였고 코닝은 유리 가공 관련 고급 기술을 제공하였다. 이렇게 사업에 도움이 되는 자원을 공유함으로써 서로가 서로에게서 배우고 보완할 수 있었다.
3. 보완적인 조직문화. 파트너십이 성공적이기 위해서는 조직문화가 서로에게 보완적이어야 한다. 개방적 문화를 가진 기업과 폐쇄적 문화를 가진 기업 간의 파트너십은 그리 오래 갈 것이라고 보기 어렵다. 앞에서 본 바와 같이, 포드와 마쓰다는 제휴 초반에 이런 문제를 겪었다. 그렇다고 해서, 제휴를 맺으려는 기업의 조직문화가 반드시 개방적이거나 협력적이어야 한다는 것은 아니다. 조직문화가 어떻다는 것보다 두 기업의 조직문화가 서로 보완적이어야 한다는 것이다.
4. 파트너십에 대한 강한 몰입. 파트너 선정에서 고려해야 할 중요한 요소 중의 하나가 바로 당사자들이 얼마나 파트너십에 관심이 있고 몰입하고 있느냐이다. 이런 예로 GE와 지멘스의 실패 사례를 들 수 있는데, 그들은 애초부터 서로에 대해서 미온적이었고, 그래서 그 결과도 뻔하게 결론지어졌다.
5. 강한 철학적 그리고 운영적 양립성. 파트너십이 성공하기 위한 마지막 조건으로 운영 측면과 철학적 관점 측면의 공유이다. 파트너 기업들은 마치 하나의 기업처럼 다양한 것을 공유한다. 그러면서, 사업 운영과 인적자원 관리 측면에 대한 철학 역시 공유해야 한다. 미국 기업인 데이비슨(Davidson)이 영국 파트너(Marley)를 찾으려고 할 때, 사업 성공에 중요한 특성이 비슷한 파트너를 찾았다.[13] 양자는 합의 중심의 경영방식을 사용하였다. 양자가 모두 고도로 분권화된 거대 조직의 하위 조직이었다. 양측이 모두 제조설비를 가지고 대륙으로 가고 싶어 했다. 양측이 사업 육성 방

식에 대해서 유사한 관점을 가지고 있었다. 사업 운영과 인적자원 관리에서도 비슷한 철학을 가지고 있었다. 양자가 개방적이고 공정한 관계를 추구하였다. 결과적으로 성공적으로 시작할 수 있었고 이상적인 학습곡선을 따라서 사업을 발전시켰다.

### 응용 7.3 GM – 상하이자동차(SAIC) 파트너십

파트너를 성공적으로 선정한 예로 GM과 SAIC(Shanghai Automotive Industrial Corporation) 간 자동차 제조를 위한 전략적 파트너십을 들 수 있다.[14] 이 두 회사의 합작회사는 10년 전 창업한 이래 꾸준히 성장해 왔다. 양측의 목표가 분명하였는데, 이는 성공적 파트너십의 중요한 조건이다. 아시아 시장에서 GM의 확장에 대하여 GM의 이사인 스티브 거스키(Steve Girsky)는 다음과 같이 말했다. "간단하죠. 정교하게 계산을 하면 됩니다." GM의 조인트벤처회사는 작년 중국 시장에서 2백만 대 이상의 자동차를 팔았는데, 이는 작년 미국 판매량보다 많은 숫자이다. 그리고 향후 5년 정도면 2배가 될 것이라고 전망하였다. SAIC는 중국에서는 가장 큰 자동차회사이고, 기술역량, 생산라인, 해외시장 진출에 열의를 보이고 있어서 GM의 전문성과 노하우에 더욱 의존하려고 하고 있다. 이 회사들은 다양한 벤처를 통해서 실로 다양한 분야에서 협력해 오고 있다. 중국 자동차 매출의 폭증으로 인해 몇몇 흥미로운 가능성이 제기되고 있다. 10년 정도면 중국 시장이 1270만 대 정도(미국 시장 규모에 육박함)까지 성장할 것으로 GM은 예상하고 있고, 이에 따라서 GM의 시장점유율도 올라갈 것이다. 이 두 기업은 서로를 이해하고 파트너십이 제대로 작동하도록 노력해 오고 있다. SAIC는 자동차 기술과 제조 기술을 받았고, GM은 새로운 시장과 가격 경쟁력을 확보하게 되었다.

다음에 대해 생각해 보자.

(1) 이 제휴에서 GM과 SAIC의 장기 전략 목표는 무엇인가?
(2) 양측의 목표 중에서 어떤 점이 서로 겹치고, 어떤 점이 다른가?
(3) 지금과 같은 성공적 파트너십을 유지하려면 양측이 각각 어떤 기술과 경쟁력을 확보해야 하는가?

## 협상 전략의 개발

얼핏 생각해 봐도 적절한 파트너를 찾아내는 것은 쉬운 일이 아니다. 그래서 결혼이라는 비유를 여기에 적용해 보는 것이 의미가 있을 것이다. 하지만, 일단 잠정적 파트너가 결정되었다면, 성공적인 파트너십을 발전시켜 나가기 위해서 협상 절차에 대해서 관심을 돌려야 한다. 협상 절차는 관계 형성에서 첫 번째 단계이고, 이 단계에서 양측이 파트너십의 속성, 범위, 기본 규칙을 결정한다. 앞에서 언급했던 바대로, 글로벌 파트너십에서는 혜택도 있지만 동시에 문제점도 있으므로, 당사자들이 확실하게 노력해야 하고 성사되도록 최선을 다해야 한다. 협상 과정 동안 각 파트너들은 상대의 조직문화, 국가문화, 관심사, 몰입도, 가치창출의 잠재적 기회 등을 배우게 된다.

불행히도, 파트너십에 대해 협상할 때, 협상 담당자들은 계약만 성사되면 모든 것이 순조롭게 진행될 것이라고 가정하고 오로지 계약체결에만 집중하는 실수를 자주 저지른다. 하지만 현실에서는 계약체결은 파트너십의 첫 발걸음에 불과하다. 글로벌 파트너십에서 높은 실패 확률을 놓고 생각해 볼 때, 핵심 문제는 계약체결 그 자체가 아니라 계약을 실행에 옮기는 것이다. 자신의 미래 파트너를 알아 가기 위해서 협상 절차를 잘 활용할 수 있는 기업은 미래의 문제와 곤란스러운 상황을 예측하고 잘 피해 갈 수 있다. 이런 상황에 대해 협상 전문가인 대니 에르텔(Danny Ertel)은 협상가는 협상 자체에만 집중하는 것이 아니라 실행에 초점을 맞춘 **실행 마인드(implementation mindset)**에 집중해야 한다고 제안하였다.[15] 그는 협상의 결과물이 그냥 단순히 서류가 아니라고 강조한다. 협상 담당자는 "상대방은 무엇을 기꺼이 받아들일까?"에 대해서 물어보지 말고, "우리 함께 어떤 가치를 창출해 낼까요?"에 대해서 물어봐야 한다. 협상 담당들은 가치창출이 계약체결 자체만으로 만들어지는 것이 아니라 계약 당시 잉크가 마르고 난 한참 뒤에 실제 업무가 추진된 정도에 의해서 이루어진다는 것을 인식하고 협상에 임해야 한다. 이런 측면에서 그는 실행 마인드 형성을 위해서 다음과 같이 다섯 가지 접근법을 제시하였다.

1. 마지막이 어떻게 될지 생각하면서 시작하라. 계약 체결 12개월 후에 계약이 어떻게 진행될 것인가에 대해서 생각하라. 성공적이라 할 수 있는 시점을 어떻게 알 수 있을까? 무엇이 잘못될 수 있을까? 이런 질문들은 계약 체결 후 파트너십을 실행 단계에 초점을 맞추는 협상 관련 질문들이다.
2. 상대방이 준비할 수 있도록 도와라. 양보를 받아내기 위해서 상대방을 당황스럽게 하면 도리어 역효과가 나기 쉽다. 왜냐하면 상대방이 약속을 지킬 수 없게 되고 결국 양자가 손해를 보게 되기 때문이다.
3. 양자 간 조율을 공동의 책임으로 받아들여라. 당신의 이익이 적절하게 조율되지 않았다면, 미래의 어느 때에 문제가 생기기 마련이다. 따라서 해당 계약에 관여되어 있고 미래에 계약 이행을 해야 하는 사람이 모두 동의할 수 있게 충분히 시간을 투자하라.
4. 분명하게 메시지를 전달하라. 계약에 관계된 모든 사람과 정보를 공유하라. 정보를 감추면 초반에 유리할지 몰라도, 상대방이 속았다고 생각하면 미래에 실행단계에서

문제가 생길 것이다.

5. 비즈니스 절차처럼 협상을 관리하라. 계약 체결은 그냥 첫 단계일 뿐이다. 계약의 이행에 더욱더 중요한 비용이 소요된다. 계약 이행을 보다 매끄럽게 하려면, 협상 담당자는 보다 더 신중하게 준비하고 협상 후의 꼼꼼한 점검이 필요하다.

## 협상 과정 관리

성공적인 국제 협상가는 다문화 환경에서도 편안하게 협상을 진행할 수 있고 능수능란하게 대인관계를 맺을 수 있다. 반면, 약한 사람에게 이 분야 일은 매우 괴롭고 어려운 일이라고 할 수 있다. 왜냐하면 이 분야 일을 하려면, 엄청난 갈등과 스트레스를 극복할 수 있어야 하고 다양한 기술도 갖추어야 하기 때문이다. 성공은 느리게 오지만 실패는 매우 흔하다. 그렇지만 성공적인 협상가와 실패하는 협상가 간 차이가 드러나는 개인적 요소들을 파악해 낼 수 있다. 이들 요소를 구체적으로 살펴보면, 불확실성에 대한 인내, 참고 참고 또 참는 것, 유연성과 창의성, 유머감각, 육체적 그리고 정신적 스태미나, 문화적 공감능력, 호기심과 새로운 것을 배우려는 의향, 외국어 지식 등이 있다.

이들 성공요소 중에서 가장 중요한 것은 바로 외국어 지식이라는 주장에 대해서 많은 논쟁이 있다. 구체적으로 살펴보면, 둘 이상의 언어를 구사할 수 있다는 것이 얼마나 중요한가? 나아가, 외국인과 협상할 때, 어떤 언어를 사용해야 하고, 언제 사용되어야 하는가?

### 응용 7.4 테오티우아칸에서의 협상

누군가 1개국어만 할 수 있고 협상에서 통역을 사용할 경우의 위험에 대해서 생각해 보자. 영국인 경영자가 멕시코시티로 출장을 갔고 멕시코 카운터파트가 그녀를 멕시코의 유명한 피라미드인 테오티우아칸(Teotihuacán)으로 데려갔다.[16] 그들은 태양의 피라미드 근처에서 은공예품을 파는 농부 앞을 지나고 있었다. 멕시코인 경영자는 영국인 경영자가 공예품을 사고 싶어 하는 것을 알아차리고, 멕시코 농부와의 협상에 도움을 주겠다고 나섰다. 멕시코 농부는 첫 번째 가격을 제시하였고, 멕시코 경영자는 영국인 경영자에게 통역하였고, 가격을 깎으라고 제안하였다. "우리가 이 가격을 받아치면, 저 농부도 받아칠 것입니다"라고 멕시코 경영자가 말했다.

예상처럼 농부는 이쪽에서 제시한 가격을 거절하고 대신 약간 낮춘 가격을 다시 제시하였다. 그러자 멕시코 경영자는 앞에 제시한 가격보다 조금 높이라고 하면서, 그 이유를 설명하였다. 이렇게 가격흥정은 수분 동안 진행되었다. 결과적으로 가격흥정에서 별 진전을 보지 못한 영국인 경영자는 포기하고 원래 가격에 가까운 수준에서 흥정을 마쳤다.

그러자 가난해 보였던 그 멕시코 농부가 영국인 경영자에게 거의 완벽한 영어로 물었다. "결제는 비자카드로 하실래요?" 여기서 교훈은 간단하다. 만약 현지 언어를 모른다면, 최소한 누구랑 협상을 하고 있는지를 알고, 누가 번역하는지도 알아라.

다음에 대해 생각해 보자.

(1) 다른 언어로 협상할 때, 통역을 사용할 때 생길 수 있는 문제는 무엇인가? 어떻게 하면 그 문제를 최소화시킬 수 있는가?
(2) 당신의 말을 잘 못 알아듣는 사람과 이야기를 나눠 본 경험이 있는가? 왜 그런 일이 발생하였는가?

전문가들은 성공적 협상에 도움이 되는 요소로 개인적 특질 이외에 전략도 제시하였는데, 자세한 내용은 다음과 같다.

1. **파트너와의 관계에서 단기 계약보다는 장기적 관계 형성에 집중하라.** 장기적 파트너십에서 양측에 더 큰 도움이 되는 결과가 도출된다.
2. **명시적으로 밝힌 전략적 협상 내용보다 그 뒤에 숨어 있는 조직과 개인의 이익과 목적을 이해하려고 노력하라.** 협상을 통해서 다양한 협상 당사자들이 얻기를 희망하는 것이 무엇인가?
3. **해당 국가 문화를 지나치게 일반화하여 적용시키지 말라.** 국가마다 독특한 문화가 있기는 하지만, 그 나라의 문화가 하나만 있는 것도 아니고 나아가 개인 특성에 따라서 또 달라진다. 이런 관점에서 낸시 애들러(Nancy Adler)와 존 그레이엄(John Graham)은 국내 협상과 국제 협상을 비교하여 연구하였는데, 사람들은 다른 국가 사람들과 협상할 때보다 자국 사람들과 협상할 때 더 다르게 행동하는 것으로 조사되었다.[18]
4. **타이밍을 잘 잡아라.** 나라에 따라서 합의까지 충분히 기다려 주는 경우도 있고 그렇지 않은 경우도 있다. 어떤 국가의 문화에서는 즉각적인 합의가 이루어지지 않으면 바로 다른 협상대상을 찾아가기도 한다.
5. **협상 과정 내내 유연하게 대처하라.** 환경, 가능한 정보, 기회 등은 자주 바뀐다. 그래서 협상의 성공 여부는 준비가 되어 있고 기민하게 대처하는 것에 달려 있다.
6. **주의 깊게 계획을 수립하라.** 국제협상에서만큼 "아는 것이 힘이다"라는 금언이 적용되는 곳이 없다. 확실하게 준비하는 것이 가장 확실한 방법이다.
7. **말하는 법이 아니라 듣는 법을 배워라.** 메시지의 내용과 맥락을 이해할 수 있도록 듣는 기술을 익혀라. 상대의 비공식적 정보나 미묘한 단서를 포착하기 위해서 바디랭귀지와 표정을 적절히 이용하라.

## 협상 전략과 과정 Negotiating strategies and processes

많은 수의 문화권에서 사업은 개인의 장기적 관계에 기반을 두고 발전해 간다. 이는 중국과 인도에서도 그렇고 벨기에와 칠레에서도 그렇다. 사람들은 그들이 알고 신뢰할 수 있는 사람과 비즈니스를 한다. 이처럼 국제 협상에서는 많은 경우 양측이 모두 개인적 친분을 형성하려고 노력한다. 하지만 그들이 이를 통해서 평생 친구가 되려는 것은 아니다. 그것보다는 상대방이 계약 체결과 계약 이행에 관해 충분히 신뢰할 만한지 살펴보기 위해서이다. 많은 국가에서 개인적 유대가 형성되기 전에 비즈니스에 대해서 말하는 것이 무례한 것(그래서 비생산적인 것)으로 비칠 수 있다. 이런 나라에서는 심각한 협상에 들어가기 전에 충분히 관계가 "예열"되어 있어야 한다. 이것은 반드시 기억해 두어야 하는 원칙이다.

아이러니하게 미국에서는 그런 개인적 유대관계가 그렇게 중요하지 않다. 왜냐하면 법적 계약이 개인 유대관계를 대신하기 때문이다(아래 참조). 결과적으로 미국 협상가들은 곧바로 사업 이야기를 꺼내는 것으로 악명 높고, 이런 미국 관행은 자주 좌절과 실패로 이어진다. 미국 협상가 중에서 성급하게 들이대지 않고 미묘함과 인내의 중요성을 잘 아는 사람들이 많이 성공한다. 마찬가지로 자신의 국적에 상관없이 성공하는 협상가들은 파트너가 될 가능성이 있는 상대를 알기 위해서 많은 시간과 노력을 투자한다. 이런 투자로는 다양한 사회활동(저녁식사, 골프 등)이 포함되고, 이런 자리에서 사업 이야기를 하는 것은 적절하지 않다. 이 단계는 세팅하는 단계일 뿐이다.

### 경쟁적 전략 vs. 문제해결 전략

일반적으로 협상의 기본 전략은 '경쟁적 전략'과 '문제해결 전략'으로 구분된다. 경쟁적 접근법에서는 협상을 '이기고 지는 게임(win-lose game)'으로 본다. 반면에 문제해결 접근법에서는 양자 모두에게 도움이 되는 '윈-윈 솔루션(win-win solution)'을 찾으려고 노력한다. 그림 7.4에 협상 과정에서 양자가 어떻게 다른가가 잘 나타나 있다.

**경쟁적 협상(competitive negotiation)**에서는 양측이 최대한 적게 주려고 노력한다. 많은 비현실적으로 높은 수준의 요구를 하고 마지못해서 양보를 하곤 한다. 경쟁적 협상에서는 이기기 위해서 가끔씩 더러운 술수를 쓰기도 한다. 파트너 간의 장기적 관계에 대해서 거의 생각하지 않는다. 유연하지 않은 전략적 포지션으로 시작하여 어느 쪽도 만족스러운 결과에 이르지 못하면, 서로에 대해서 부정적 태도를 갖게 된다. 그 결과, 손해를 본 쪽에서는 계약 위반 혹은 품질 저하 등의 방법으로 복수할 방법을 찾게 된다.

이에 대조적으로 **문제해결 협상(problem-solving negotiation)**에서는 각자의 관심사와 전략적 포지션을 분리해서 생각하는 원칙에서 시작한다. 협상 과정에서 자신의 전략적 포지션을 지키려고 노력하기보다는 양자에게 혜택이 돌아갈 수 있는 호혜적 조건을 찾으려고 노력한다(그림 7.5 참조). 지저분한 술수는 향후 장기의 유익한 관계 형성에 해악이 되므로 하지 말아야 한다. 객관적 정보는 토론과 문제해결 노력의 기초가 되므로 언제나 선호된다. 문제해결 협상은 그들이 원하는 것을 찾아 나가는 새로운 창의적 방안을 찾는 데 도움이 된다. 나아가 서로에게 모두 도움이 되는 방안을 못 찾았다고 하더라도, 서로 진심으로 최선을 다했다는 믿음을 가지게 된다. 이렇게 형성된 믿음은 향후 협상에서도 좋게 작용하게 된다.

경쟁적 협상전략을 사용할 것인가 문제해결 협상전략을 사용할 것인가의 선택에서 세 가지 중요한 포인트를 짚어 낼 수 있다. 첫째, 국제 협상에서는 상대의 의도를 잘못 읽기 쉽다는 것이다. 그래서 상대방이 유연하게 협상에 임하는지 혹은 하나의 주장을

**그림 7.4 경쟁적 협상전략과 문제해결 협상전략**

| 협상 단계 | 경쟁적 협상 | 문제해결 협상 |
|---|---|---|
| (1) 준비 | 계약을 통해서 취할 수 있는 경제 혹은 비경제적 혜택을 파악함. 자기 기업의 전략적 위치를 방어하기 위해 준비함. | 우리 기업의 장기의 전략적 이익을 정의함. 상호이익을 정의하기 위해서 문화적 장벽을 극복하려고 노력함 |
| (2) 관계 형성 | 상대방의 전략적 취약점을 찾으려고 함. 상대방을 파악하려고 노력하지만, 자신을 드러내지 않음. | 상대방 문화에 적응하려고 함. 협상 관여된 사람과 해결해야 할 문제 및 목표를 구분함. |
| (3) 정보교환과 첫 제안 | 가능한 한 상대방에게 정보를 적게 제공함. 자신의 전략적 위치를 명시함. 자신의 회사가 기대할 수 있는 것보다 더 나은 조건의 제안을 강력하게 주장함. | 서로의 이익을 명확하게 하기 위해서 객관적 정보를 주고 받음. 반응 속도와 요구되는 정보에 대한 문화적 차이를 받아들임, 강하지만 합리적인 첫 제안. |
| (4) 설득 | 이기기 위해서 지저분한 술수를 부림. | 양측이 모두 혜택을 볼 수 있는 창의적 대안을 모색함. |
| (5) 양보 | 높은 수준의 요구를 하면서 시작함. 양보는 되도록 천천히 그리고 마지못해서 하는 척해야 함. | 합의에 필요한 수용 가능한 기준을 모색함. 초기 전략적 위치와 양보 시점에 대한 문화적 차이를 받아들임. |
| (6) 합의 | 협상에 이겼을 때에 계약을 체결하고, 계약 파기가 어렵게 마무리 지음. | 양측의 이해가 충족되면 계약을 체결함. 필요한 경우 계약 과정에서 문화적 차이에 서로 맞춤. |

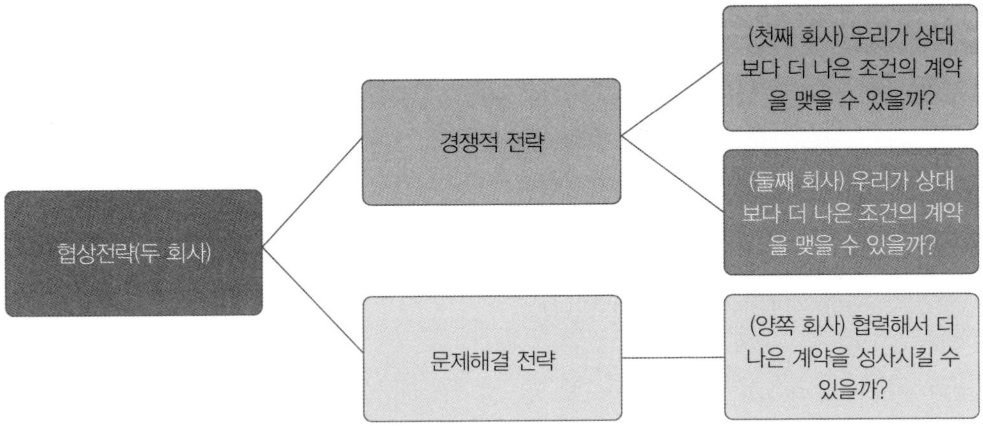


**그림 7.5** 경쟁적 협상전략과 문제해결 협상전략의 예

고집하는지를 파악하고자 할 때, 상대방의 문화적 배경을 세부적으로 이해하는 것이 매우 중요하다. 그래서 성공적인 국제 협상에서는 상대편 문화와 전통에 익숙한 사람이 도와주어야 한다. 둘째, 몇몇 경우 문화 속성 때문에 특정 접근법을 선택하게 된다. 연구에 따르면, 미국 경영자들은 협상에서 승자와 패자가 있어야 된다고 믿는 반면, 일본 경영자들은 문제해결 접근법을 선호한다. 현명한 협상가는 이런 점을 숙지하고 이에 맞추어서 전략을 선택해야 한다. 마지막으로, 대부분의 국제 협상 전문가들은 문제해결 접근법을 추천한다. 왜냐하면 장기적 해결방안과 관계 측면에서 낫기 때문이다. 글로벌 파트너십을 위한 협상에서는 더더욱 그렇다. 지금 협상에서 이겼다고 하더라도 미래에 더 크게 질 수 있다. 협상 과정에서 조금 양보해서 보는 손해보다 파트너십이 무너져서 입는 손해가 더 크다는 것을 명심해야 한다.

## 협상과 양보

협상의 궁극적 목적은 양국의 기업을 법적으로 묶는 합의된 계약에 도달하는 것이다. 여기까지 도달하기 위해서는 양보도 필요하다. 여기서 재밌는 점은 국가 문화가 양보가 어떻게 이루어지는가에 영향을 미친다는 것이다. 예를 들어 북미에서는 양보를 결정할 때에 **순차적 접근(sequential approach)**이라는 것을 사용한다(그림 7.6 참조). 달리 말하면 그들은 아이템별로 계약을 검토하고 합의해 나가는 것을 선호한다는 것이다.

이와 반대로, 아시아 같은 곳에서 선호되는 것으로 **일괄타결 접근(holistic approach)**이 있다. 여기에서는 양자가 전체를 놓고 합의를 이뤄 나가고, 전체에 대한 합의가 이뤄

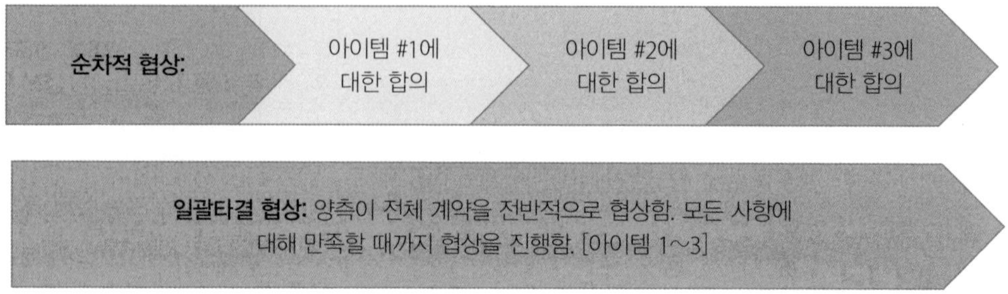


그림 7.6 순차적 협상전략과 일괄타결 협상전략

지기 전에는 어떤 합의도 하지 않는다. 그들은 전체적으로 계약에 대해서 논의하고, 최종 합의를 도출하기 위해서 최종 제안과 역제안을 한다. 일괄타결 접근법을 접한 초보 북미 협상가들은 다음과 같은 상황 때문에 자주 당황하게 된다. 그 상황이란 이미 검토가 끝났다고 생각하는 사안이 아시아의 카운터파트와의 협상에서는 재차 표면화되는 상황이다.

## 갈등 관리와 타협 Managing conflicts and compromise

매끄러운 협상 절차와 갈등 억제를 위해 아무리 노력해도, 갈등은 협상의 어떤 순간에도 불거져 나오기 마련이다. 이러한 갈등은 완전하게 회피할 수도 없을 뿐만 아니라, 도리어 상대방을 더욱 깊이 있게 알 수 있는 기회를 제공하여 협상에 도움이 되기도 한다. 이와 관련하여 중요한 이슈는 다음과 같다. 언제 협상 당사자 간 갈등이 불거져 나오는가? 만약 갈등이 표출되었을 때, 경영자는 무엇을 해야 하는가? 오랜 기간 수행된 갈등 연구를 통해서 갈등 관리 방법이 많이 알려져 있다.[19]

### 갈등 해결을 위한 과정 전략

우선, 갈등 해결을 위한 5가지 **과정 전략(process strategy)**에 대해서 살펴보자(그림 7.7 참조). 5가지 전략에는 수용, 협력, 경쟁, 회피, 타협이 있다. 이 5가지 전략 중 하나를 선택함에 있어서 두 가지 요인이 영향을 미친다. 첫째는 **관계**가 얼마나 중요한가이다. 진정으로 (아마도 가장 바탕이 될 정도로) 중요한가? 아니면 편의 정도의 수준인가? 만약 관계가 깨졌을 때 어떤 일이 벌어질까? 둘째는 **결과**의 중요성이다. 이 계약 혹은 파트너십이 조직의 목표에 필수적인가? 아니면 여러 대안 중 하나인가?

각 상황별로 생각해 보자. 첫째, 갈등 관련 문제로 야기되는 결과보다 관계의 발전

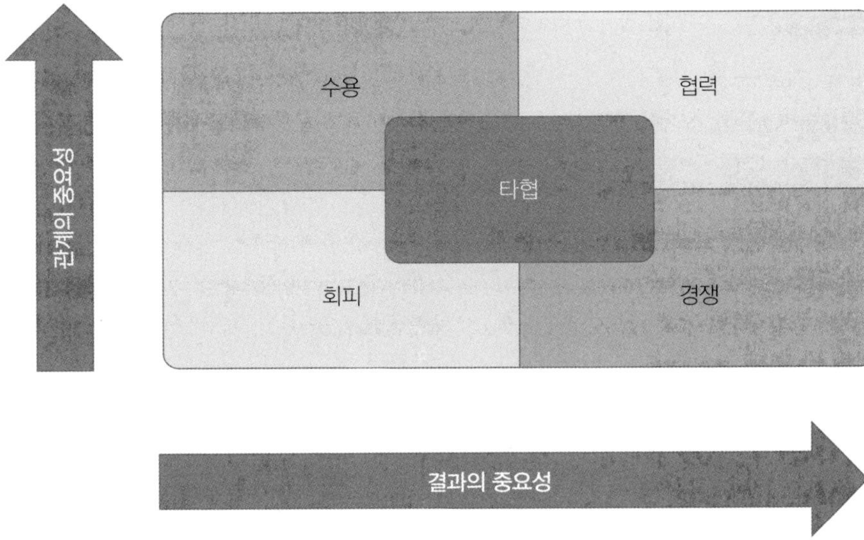


그림 7.7 갈등 해결 전략

이 더 중요한 경우이다. 이런 경우 자신의 주장을 강하게 밀어붙이는 것은 비생산적이고, 상대방을 **수용(accommodating)**하는 것이 최선의 전략이다. 성공에 핵심적인 관계를 강화할 수 있으므로, 지금 약간 손해 보더라도 나중에 큰 이익을 볼 수 있다. 둘째, 관계도 중요하지만 현안도 매우 중요한 경우이다. 이런 경우 가장 성공적인 전략은 **협력(collaborating)**하는 방안을 찾는 것이다. 즉, 윈윈 게임이 되도록 협력하여 해결책을 찾는 것이다. 셋째, 관계는 중요하지 않지만, 결과가 중요한 경우이다. 이런 경우에는 **경쟁(competition)**이 가장 적당하다. 넷째, 어느 것도 중요하지 않은 경우이다. "쓸데없는 것에 속 태우지 마라"라는 말이 딱 들어맞는 경우로서, 갈등을 **회피(avoid)**해 버리는 것이 최선이다. 마지막으로 관계와 결과가 모두 적정 수준으로 중요한 경우이다. 하지만 협상가에게는 충분한 시간이 없기 때문에 **타협(compromise)**하려고 들 것이다.

이 다섯 가지 전략이 얼핏 보이는 것처럼 항상 분명하게 구분되지는 않고, 보다 효과적으로 처리하기 위해서는 전략을 다양하게 섞는 것이 나을 것이다. 나아가, 보다 더 다양한 상황적 요인을 적용해서 갈등 해결 전략을 선택할 수 있다. 다음은 고려해 볼 수 있는 상황적 요인들이다.

1. 특정 솔루션이 팀 구성원에게 얼마나 중요한가? 단기적 실행이냐 장기에 걸친 교육에 대한 투자이냐의 문제는 회피, 협상, 수용 이상의 의미가 있어 보인다. 물론, 경험 많은 글로벌 경영자라면 일방적으로 솔루션을 시행하는 것과 같은 행동이 예상과

반대의 결과를 초래할 수 있다는 것을 이해할 필요가 있다. 예로, 아시아 국가에서 누군가의 체면을 깎는 일이 벌어진다면 장기적으로 팀의 성장에 심각한 문제가 생길 수 있다.

2. 구성원들이 다른 구성원들에게 어느 정도 파워를 갖고 있는가? 예로 강한 구성원은 상대적으로 약한 구성원에게 경쟁적 전략을 구사할 여력이 있고, 반면에 파워가 비슷한 구성원끼리는 협력적으로 나갈 필요가 있다.
3. 기존 전략의 성패는 타이밍에 달려 있다. 긴급한 행동은 회피 혹은 수용 전략과 잘 부합되고, 협력과 타협은 시간이 많이 소요되므로 잘 부합되지 않는다.
4. 편법을 찾던 협상가에 의해 만들어진 선례에 대해서 깊이 있게 생각할 필요가 있다. 계약 혹은 파트너십을 빨리 지키고 싶어서 협상가가 수용을 선택하였다면 이것을 미래에도 적용하는 것이 어렵게 된다. 왜냐하면, 수정하기 어려운 기대가 형성되어 있을 것이기 때문이다.

## 갈등 해결을 위한 인적 전략

보다 응용된 관점을 도입하여, 갈등 해결 전문가인 닉 카스타펀(Nick Carstarphen)은 협상 과정에서 갈등과 관련하여 고려해 볼 수 있는 **인적 전략(people strategy)**을 제시하였다.[20]

1. 사람을 준비하라. 대화에서 긍정적이고 개방적인 태도를 강화하고, 공통점에 주목하는 등 준비가 된 협상가를 미리 육성하라. 사람들이 갈등의 중심에 있고, 당사자들이 "우리"라고 생각하게 하기 위해서는 "우리 대 상대방" 식의 태도를 없애야 한다.
2. 상황을 진단하라. 협상 과정을 준비한다는 것은 상황을 충분히 진단하고, 누가 협상에 나와 있어야 하고, 갈등 해결을 위해 적절한 개입은 무엇인지 파악하는 것이다. 예를 들자면, 협상 테이블 상의 갈등 해결을 위해 외부인의 도움을 요청할 필요가 있는가? 그 갈등이 특정 대상에 집중되어 있는가 아니면 넓게 퍼져 있는가? 등이다.
3. 과거와 현재를 탐색하라. 과거와 현재를 탐색하면, 구체적으로 갈등의 원천과 현재 진행 상황을 탐색하면, 협력을 막고 있는 문화적 가정과 의미를 밝히는 데 도움이 된다. 지난 미팅에서 일이 어떻게 돌아갔고 현재 일을 망치고 있는 것을 협상가가 잘 살펴보면, 갈등을 일으키는 진짜 이슈가 무엇인지 알 수 있게 된다.
4. 미래의 비전을 밝혀라. 협상가들에게 공유된 미래를 상상하게 요청하여, 창의성과 상상으로 갈등 해결 솔루션을 찾을 수 있다. 함께 미래의 비전을 밝혀 봄으로써, 공유

된 가치와 필요성이 더욱 뚜렷해지고, 공동의 해결방안이 나타나게 된다.

5. **솔루션을 창조하라.** 갈등 해결은 가능성 제시만을 의미하는 것이 아니고, 행동을 취하는 것이다. 그래서 협상가들은 갈등을 줄여 주는 필요한 행동을 잘 파악하고 있어야 하고, 그 행동의 효과를 평가하고 적절히 조절하면서 행동을 취해야 한다.
6. **에너지 회복과 회상.** 갈등을 다룬다는 것은 집중이 요구되고 에너지 소모가 많은 일이다. 그래서 다시 과정이 계속되기 전에 가끔씩 멈추고, 지난 일을 회상하고, 에너지를 회복하는 것이 중요하다. 성공을 자축하고 사기를 부추기는 시간을 갖는 것도 중요하다.
7. **관계를 잊지 말 것.** 갈등은 개인 간 혹은 집단 간 관계에 관한 것이다. 갈등이 생길 수 있는 것은 사람들이 서로 상호의존적이기 때문이므로, 이 상호의존성을 인정하지 않으면 아무런 해결방안을 찾을 수 없게 된다.

## 합의와 계약 관리 Managing agreements and contracts

만약에 국가마다 협상전략을 매우 다르게 접근한다면, 파트너십의 형성과 관리에 대한 관점이 다를 것이다. 계약에 대해서 살펴보자. 서구에서는 (주로 서면으로 작성된) 계약이 불확실성과 위험에 대한 가장 효과적인 수단이라고 받아들여진다. 이것은 이러한 사회의 단조적 접근법 관점에서는 이상할 것이 없다. 왜냐하면 이런 사회에서는 메시지의 맥락보다 메시지의 내용이 훨씬 더 중요하기 때문이다. 모든 사전에는 **계약(contract)**에 대해서 "그들의 비즈니스 거래를 지배하는 규칙을 결정하는 양자 간의 합의"와 같이 비슷하게 정의되어 있다.[21] 계약서에는 일반적으로 투자 수준, 책임 소재와 범위, 원가 자료, 기술에 대한 통제권, 이익분배 방식 등이 명시되어 있다. 그래서 대부분의 국가에서 단순한 악수보다는 명문화된 계약이 훨씬 나은 것으로 본다. MGM 공동 창업자인 루이스 메이어(Louis B. Mayer)가 영화배우와 협상을 통해 살펴본 바를 바탕으로 다음과 같이 말했다. "악수는 계약 내용이 담겨진 종이 정도이다."[22]

### 상호신뢰와 계약 해석

세계의 많은 지역에서 중국의 *꽌시*처럼 인적 관계와 상호신뢰의 바탕 위에서 비즈니스가 이뤄지고 있다. 이런 지역에서는 문서화된 계약서를 도리어 불신의 증거로 본다. 그래서 신뢰하는 친구 사이에서는 계약을 불필요하다고 본다. 문서화된 계약이 일반적이지 않은 나라에서 긴밀한 비즈니스 관계를 발전시키기 위해서는 무엇을 해야 할까? 다시 돌아가서, 당신은 악수를 얼마나 신뢰할 수 있는가?

이론적으로 계약은 계약 당사자들에게 계약에 따라서 무엇이 언제 발생할지(예: 제품의 가격, 제품이 배송되는 시점, 기술 이전 가격 등)를 법적으로 보장해 주는 도구이다. 또한 이론적으로 계약 불이행에 대한 패널티도 명시되어 있다(결제 지연에 따른 금전적 배상, 사기와 절도에 대한 사법적 패널티 등). 뛰어난 협상가는 계약 내용 중에서 세부적 요소뿐만 아니라 필수 요소를 포착하는 데 뛰어나다. 그리고 경험 많은 협상가는 계약의 내적 일관성을 확보하기 위해서(예: 계약 내용 중에 모호하거나 상충되는 절이 없는지 살핀다) 그리고 해당 지역법과 국제법에 부합하는지 확인하기 위해서 해당 분야 전문 변호사를 활용한다. 그들은 계약 내용을 당사자들의 모든 언어로 번역하여 세부항목과 조항이 모두에게 분명하도록 해 둔다.

불행히도 경험 많은 경영자들은 계약에 적힌 내용과 계약의 실제 의미상 큰 차이가 있을 수 있다는 것을 안다. 가끔씩 각 지역의 정부는 다양한 이유 때문에 계약의 실행을 거부하거나 자기 지역의 파트너를 도우려고 한다. 결과적으로 모든 파트너가 서로가 원칙을 준수할 것과 상대 기업의 의도에 대해서 신뢰하는 것이 매우 중요하다. 그래서 *꽌시*와 같이 문화적으로 기반을 둔 관행이 운영되는 것이다. 이방인 간의 문서화된 계약은 향후 발생할 갈등을 내포하고 있는 셈이 된다. 그래서 성공하는 글로벌 협상가들이 계약이 체결되고 이행되고 있음에도 불구하고 상대를 더 잘 알기 위해서 노력하고 관계를 더욱더 돈독하게 만들려고 노력한다. 결론적으로 말하면, 장기적이고 신뢰할 수 있는 파트너와 사업을 하는 것은 매우 중요하다는 것이다.

## 사정 변경의 원칙

전 세계적으로 계약 분쟁의 주된 이유 중의 하나가 계약 내용 해석에 대한 문화적 다양성 때문이다. 서구인들(예: 영국인, 호주인, 독일인, 캐나다인, 미국인)에게 계약이란 양측의 의무가 명시된 법적 문서이다. 성공적인 협상 과정의 정점에 해당된다. 내적 통제 성향(예: 스스로 자신의 운명을 통제할 수 있다고 믿는 성향)이 강한 서구에서는 계약은 말 그대로 계약이다. 계약이 종료되면 다시 협상을 할 수 있지만, 제반 사항이 미리 정해지지 않으면 그렇지 않다. 결과적으로 서구의 협상가들은 생각할 수 있는 모든 미래의 문제를 예측하고 준비해야 하고 그래서 계약서의 내용이 길게 된다.

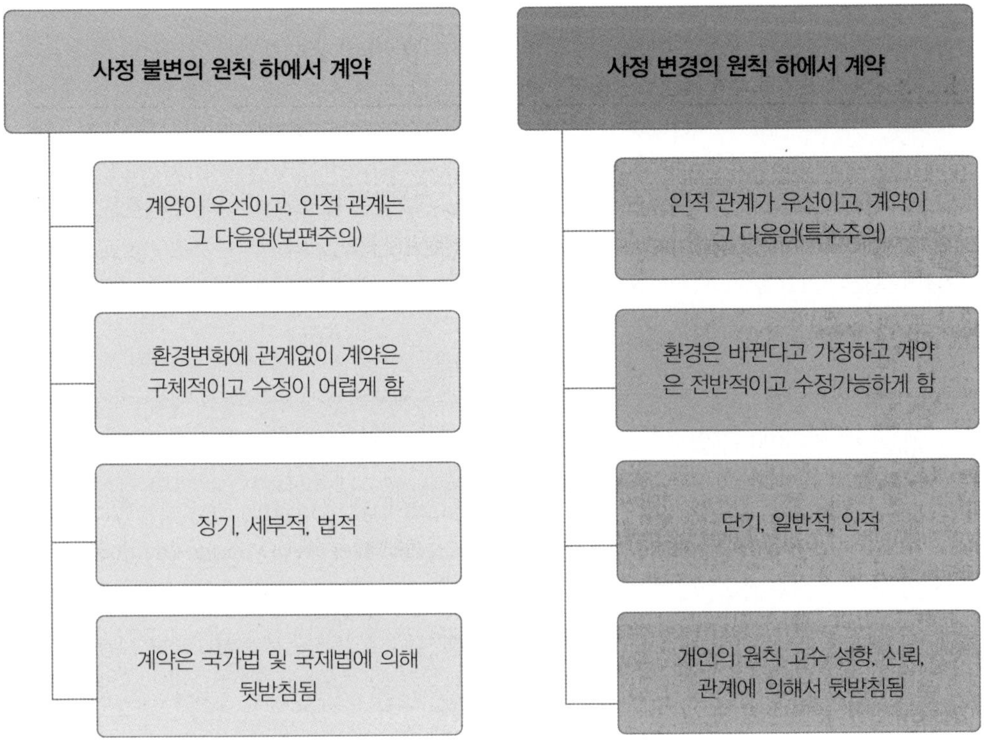


그림 7.8 계약과 사정 변경의 원칙

서구 이외의 지역에서는 외적 통제 성향(예: 자신의 미래가 운명이나 숙명에 의해서 결정된다고 믿는 성향)이 강하고, 이런 곳에서는 소위 **사정 변경의 원칙(doctrine of changed circumstances)** 같은 것을 받아들인다(그림 7.8 참조). 사정 변경의 원칙에는 비즈니스 파트너의 통제범위 밖인 환경의 변화(예: 태풍으로 인한 재해, 정부의 정책 변화, 원재료의 가격 상승)가 생기면, 어느 측도 손해를 보지 않게 협상을 다시 해야 하는 내용이 담겨 있다. 아시아, 아프리카, 남미 등의 나라에서 자주 볼 수 있는 이런 정책 아래서는 계약은 두 파트너 간의 인적 관계를 문서로 재확인한 것 정도로 받아들인다. 그래서 계약 체결이 끝이 아니라 공동의 노력을 통해서 서로의 이익을 증진시키는 과정의 첫 걸음이다.

### 응용 7.5 Cosco의 변화된 환경

회사가 임대한 화물선의 사용료를 지불하지 못해서 화물선 소유주가 화물선과 선적된 화물을 압류하는 것은 흔히 볼 수 있는 일이다. 하지만 이런 일의 원인은 회사가 재무적으로 문제가 있거나 혹은 비용 지불이 지체된 것에 대한 논쟁 때문일 것이다. 드물겠지만, 용선회사 입장에서는 화물선 계약 직후 화물 운임이 급격히 떨어져서 지불할 수 없었다고 주장할 수 있다. 그런데 Cosco가 실제로 이렇게 주장하였다.[23] 중국의 최대 해운회사인 Cosco는 중국에 기초 원자재를 실어 나르는 벌크선의 용선회사이면서 소유주이기도 하다. 최근 전 세계로 상품을 운송하는 계약을 체결하였다. 그런데 운송료가 하락하자, 이 회사는 계약을 새로 해야 한다고 공문을 보냈다. 파트너 업체가 머뭇거리자 Cosco는 대금 지불을 미루기 시작했고, 이를 시장에 기반한 기업의 정상적 접근이라고 주장하였다. 중국 정부가 소유하고 있는 이 기업은 분명히 대금 지불 능력이 있었다. 하지만 자신의 시장 위치를 이용하여, 자신에게 유리하게 계약을 바꾸기 위해서 원래 계약을 이행하는 것을 거부하였다. 서구의 관점에서 이런 행위는 불법 혹은 비윤리적인 것으로 볼 수 있다. 이 사례에서는 분명하게 정상적인 비즈니스 관행이라고 볼 수 있다. 그 이유는 간단하다. 왜냐하면, 조건이 바뀌었고, 그래서 다시 협상을 해야 하기 때문이다.

다음에 대해 생각해 보자.

(1) Cosco의 행동은 불법인가? 비윤리적인가? 요즈음 행해지는 비즈니스 관행인가?
(2) 이러한 분쟁에서 Cosco의 파트너들은 어떤 청구권을 가지고 있는가?
(3) Cosco의 행동은 장기적으로 어떤 결과를 초래할까?

노련한 외교관이 중국에서의 협상 경험을 바탕으로 다음과 같이 말하였다. "중국 사람들은 정점이 없는 과정 관점에서 생각합니다. 서구인들은 특정 문제에 분명한 답이 있다고 생각하고 접근하지요."[24] 실제로 아시아, 아프리카, 남미 기업들은 계약에 영향을 미칠 수 있는 미래는 구체적으로 예측하기 힘들기 때문에 전반적이고 간략한 계약(대략 2~3페이지 정도)을 선호한다. 환경이 바뀌면, 바뀐 상황에 맞게 계약도 조정해야 한다고 생각한다. 결국, 호의적인 사람들은 파트너 당사자가 어찌할 수 없는 변화로 인해 자신이 이득을 취할 수 있어도 그렇게 하려고 하지 않는다. 호의적인 사람들은 상대방의 이익까지도 배려해 준다.

동양에서는 사정 변경의 원칙이 파트너와의 조화를 유지하기 위해서 설계되어 있다. 반면, 서구에서 이것은 환경을 극복하려는 욕구를 위반한다. 계약 협상과 계약 이행 사이의 근본적 차이점은 장기적 글로벌 파트너십에서 무엇이 위협이 될 수 있는가를 잘 나타낸다. 다음의 문제에 대해서 생각해 보자. 만약 계약 내용을 상대편과 다르게 의미를 받아들인다면, 어떻게 양쪽이 모두 확신을 가지고, 미래를 예측하고, 합의사항에 대해서 신뢰할 수 있겠는가? 만약 이런 점을 이해하지 못하고 있는 초보 경영자라면 어떤 일이 벌어질까?

## 경영자 노트:
## 글로벌 파트너와 협상하기

이 장에서 무엇을 배웠는가? 어떤 전문가는 미래 조직에서 가장 중요한 기술은 친구를 사귀고, 상대에게 개인적으로 영향을 미치고, 파트너십을 구조화하고, 협상하고 타협안을 찾아 나가는 능력이라고 주장하였다. 앞으로 비즈니스에서 더욱 적절한 자리에 적당한 사람을 찾고 적절하게 협상하는 것의 중요성이 더욱 커질 것이다. 만약 그렇다면, 협상 기술과 장기적이고 서로에게 도움이 되는 관계를 만들어 가는 능력은 경영자에게 요구되는 가장 중요한 기술이 될 것이다.

사람들은 자기가 잘 알고 신뢰하는 파트너와 사업을 한다. 이와 마찬가지로 국제 협상도 양측이 인적 유대감을 형성하려는 노력에서부터 시작된다. 그렇다고 평생 친구를 만들라는 것은 아니다. 합의에 도달하고 합의한 내용을 고수할 것이라고 믿을 수 있는 상대인지를 파악할 수 있을 정도의 관계면 충분하다.

성공적인 협상가는 다양한 문화적 배경에서도 긴장하지 않고 인적 관계를 만들고 유지할 수 있다. 성공은 천천히 오지만 실패는 한순간에 올 수 있다. 그럼에도 불구하고, 성공적인 협상가와 실패한 협상가 간 차이를 뚜렷이 구분할 수 있다. 세부적으로 알아보면, 모호성에 대한 수용성, 참고 참고 또 참는 것, 유연성과 창의성, 유머감각, 정신적 육체적 건강, 문화적 공감능력, 새로운 것을 배우고자 하는 호기심과 의향, 외국어 능력.

서구에서는 문서화된 계약이 불확실성과 위험에 대한 가장 효과적인 대처 수단이다. 메시지 주변 맥락보다 메시지 자체 내용이 훨씬 더 중요한 서방 세계에서는 당연한 일이다. 그리고 또한 많은 나라에서 중국의 *꽌시*처럼 인적 관계와 상호신뢰에 기반하여 비즈니스가 이루어진다. 이런 지역에서는 문서화된 계약을 도리어 불신의 증표로 보기도 한다. 즉, 신뢰하는 사람들 사이에서는 문서화된 계약이 필요 없다고 보기 때문이다.

협상 과정 동안, 다양한 환경적 제약 때문에 경영자가 활용할 수 있는 선택이 바뀌게 된다. 문화적, 조직적, 그리고 상황적 맥락에서 발견된 요소들이 모두 관리적 선택에 영향을 미칠 수 있다. 예로, 화합을 강조하는 문화냐 규칙을 강조하는 문화냐에 따라서 양보에 대한 접근방식이 달라진다. 마찬가지로 조직의 집권화 정도에 따라서 현장에서의 관리행위가 영향을 받을 수 있다. 그리고 경영자가 위험회피적이냐 혹은 위험선호적이냐도 영향을 미친다. 파트너끼리 공유된 목표를 가지느냐 혹은 경쟁적 목표를 가지느냐의 정도와 시간적 압박(예: 협상가가 인적 관계를 형성할 충분한 시간이 있는가 여

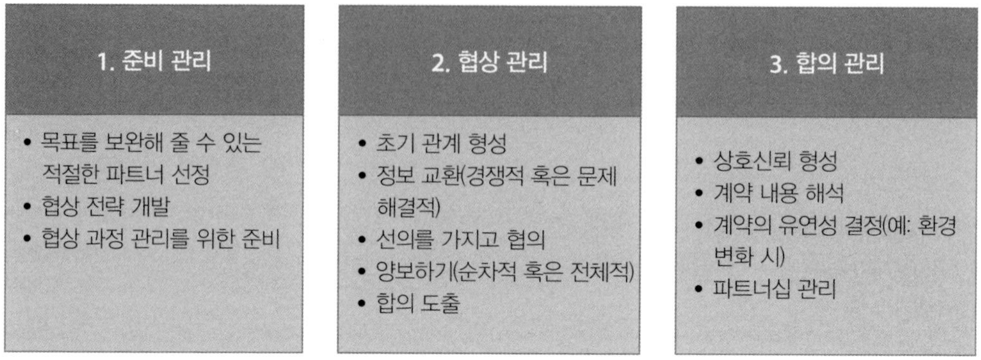


그림 7.9 글로벌 파트너와 협상하기 위한 전략

부)과 같은 상황적 요소도 역시 관리적 행동에 영향을 미친다.

이런 요구와 제약을 숙지하고 경영자는 협상 시에 준비, 협상, 합의라는 세 가지 이슈에 직면하게 된다(그림 7.9 참조). 이들은 실행을 위한 세 가지 전략이라고 받아들여진다. 협상이 일어나는 환경을 잘 이해하고, 실제 협상 테이블에서 준비된 행동을 잘 해야지만, 각 경영자가 무엇을 해야 하고 어떻게 자신의 역할을 수행해야 하는지가 명확해진다.

## 1. 준비 관리하기

파트너 선정, 협상전략 개발, 협상 과정 준비 등을 포함하여, 협상 준비와 관련된 사항들에 대해서 논의하였다. 이 중에서 마지막 사항은 경영자는 실제로 협상에 들어가기 전에 다양한 대안과 협상 시나리오를 준비해 두어야 하고, 그래야만 환경변화에도 빠르게 조정할 수 있게 된다. 협상은 속성 자체가 매우 역동적이므로, 경험 많은 관리자는 협상을 체스게임처럼 받아들인다. 미리 수를 확보해 놓으면 유리하다. 미래의 행동을 예측하는 데 도움이 되는 미묘한 행보를 찾아보는 것도 현명한 방법이다(5장 참조).

## 2. 협상 관리하기

두 번째 이슈는 협상 과정 자체이다. 이 장에서는 이미 협상 과정에 대해서 다양하게 다루었다. 여기서는 두 가지 포인트에 대해서 말해 보겠다. 첫째는 본격적인 협상 이전에 관계 형성이 중요하다는 것이다. 파트너에 대해서 잘 알게 되면 협상이 진행된 이후 혹은 합의가 이루어진 이후 발생할 수 있는 다양한 문제를 피할 수 있다. 두 번째는 윤리적 행동이다. 수용 가능한 윤리적 행동이란 문화마다 다르다. 문제는 많은 경영자들이 이에 대해서 잘 모르고 자신의 기준을 남에게 강조하려고 한다는 것이다. 이런 점에 대해서 어떤 사람은 순진하다고 평가할 수 있고, 더 나쁘게 보면, 이를 위험하다고 볼 수 있다. 왜냐하면 그런 경영자는 나중에 문제가 될 수 있는 행동이나 제안에 대해서 전혀 관심을 보이지 않기 때문이다. 이런 현실 때문에 경영자는 자신의 윤리적 기준에 문제를 일으킬 수 있는 방식으로 말하거나 행동하는 사람을 피하도록 해야 한다. 그런 종류의 사람들과 일하는 것은 마치 불장난하는 것과 같다. 자신의 명성과 조직의 명성에 먹칠할 수 있는 위험을 감수해야 할 필요가 거의 없다.

### 3. 합의 관리하기

사람들은 대부분 무시하지만 세 번째이자 마지막 이슈가 남아 있다. 공식적 계약 혹은 합의가 이루어졌다고 해도, 모든 과정이 마쳐진 것은 아니다. 실제로는 이제부터 시작이다. 계약은 살아 있는 문서이다. 앞에서 강조한 것처럼 어떤 문화권에서는 문서화된 계약을 영원한 서류로 받아들이지만, 어떤 문화권에서 매우 유동적인 것으로 받아들인다. 이러한 점을 미리 이해하는 것이 중요하다. 이에 앞서, 앞에서 언급한 것처럼 관계도 계속 변할 뿐더러 국제 합의도 예외가 아니다. 성공하기 위해서는 시간과 공을 들여야 한다.

이 모든 것은 상당한 시간을 필요로 하고, 다음과 같이 명쾌한 결론을 제시해 준다. 즉, 글로벌 파트너십은 당사자 모두에게 이득이 되어야 성사될 수 있다는 것이다. 만약 기업 목표가 서로 보완될 수 있고 신뢰를 정착시킬 수 있다면, 파트너십은 양측 모두에게 바람직한 결실을 맺어 줄 것이다. 이런 점이 부족하면, 기업이 피해야 하는 위험한 전략적 포지션에 위치하게 된다.

## 핵심용어

수용(갈등 해결) • *아이사츠*(일본어) • 회피(갈등 해결) • 협력(갈등 해결) • 경쟁(갈등 해결) • 경쟁적 협상 • 타협(갈등 해결) • 계약 • 사정 변경의 원칙 • (협상에 대한) 일괄타결 접근 • 실행 마인드 • 인적 전략(갈등 해결) • 문제해결 협상 • 과정 전략(갈등 해결) • (협상에 대한) 순차적 접근

## 토의용 질문

1. 카를로스 슬림은 어느 형식으로든지 사업을 펼칠 수 있는 충분한 자금을 가지고 있다. 그런데 그는 자신의 사업에 대한 통제권을 잃을 수도 있는 전략적 제휴나 파트너십에 대한 강한 믿음을 갖고 있는데, 그 이유가 무엇이라고 생각하는가?

2. 본 장의 앞부분의 화이자의 파트너십 사례와 마지막의 GE – 미쓰비시 사례에서 매우 빈약한 파트너십에 대한 이야기가 나온다. 이러한 사건에 대한 이유가 무엇이라고 생각하는가? 생산적인 파트너십 형성을 위해 노력하는 관리자에게 제공할 수 있는 교훈이 있는가? 설명하라.
3. 글로벌 제휴나 파트너십을 잘 활용해야 하는 기업에 요구되는 특별한 관리기술이 있는가? 만약 있다면, 어떠한 기술인가?
4. 경영 컨설턴트인 찰스 핸디는 미래 조직에서 가장 중요하게 요구될 기술은 개인 수준에서 친구를 사귀고 영향력을 행사하는 기술이고, 이를 바탕으로 파트너십을 구조화시키고, 기업과 협상하고 대안을 찾아 나가는 능력이라고 주장하였다. 오늘날과 같이 경쟁 수준이 높고 쉽게 사업이 무너지는 여건 속에서 이 사람의 주장에 동의하는가? 동의하거나 동의하지 않은 경우, 각각에 대해서 이유를 설명하라.
5. 그림 7.2에는 다문화 협상의 준비 과정이 그려져 있다. 이 과정에서는 많은 시간과 노력이 필요하다. 요즈음과 같이 빠르게 변화하는 경영환경 속에서 이 절차를 생략하는 것도 가능할까? 가능하다면 그 이유를 설명하라.
6. 이 장에서 소개된 실행 마인드를 따른다고 할 때, 당신은 회사의 하위 관리자들을 어떻게 훈련시킬 것인가? 설명하라.
7. 대부분의 조인트벤처가 5년 이내에 망하고 사업과 기술이 매우 빠르게 바뀐다고 할 때, 협상 절차를 매우 엄격하게 하는 것이 왜 중요한가?
8. 문제해결 협상전략은 항상 경쟁적 전략보다 나은가? 아니면 반대의 경우도 있는가? 설명하라.
9. 정보 교환은 협상 절차에서 매우 중요한 부분이다. 만약 상대편이 정보 교환에서 다른 기준을 적용하고 있다는 것을 깨달았을 때 경영자는 무엇을 할 수 있는가? 서로 도움이 되는 파트너십을 형성함에 있어서 이것이 장기적으로 미칠 영향은 무엇인가?
10. 협상이 양자에게 동등하다는 것을 서로가 믿도록 하는 것이 항상 필요한가? 양자에게 동등하지 않은 협약도 양자에게 모두 최상의 해법이 되는 경우도 있는가?
11. 만약 협상 당사자가 각각 다른 종류의 협상전략이나 다른 종류의 개념을 적용한다고 하자. 이런 경우 협상이 지속될 수 있을까? 그런 상황이 일어났을 때, 적합한 관리전략은 무엇인가?

## 사례: 신참 관리자의 위기

GE가 오랫동안 전력공급 시장에서 우월한 지위를 누리는 동안, 최근에 증가된 아시아와 유럽에서의 경쟁 때문에 시장이 잠식되었고 이에 따라 돈이 되는 글로벌 시장에서 재도약하기로 결정하였다.[25] 아시아 시장에서 GE는 후지 일렉트릭(Fuji Electric Corporation)과 오랜 기간 동안 파트너십을 맺어 왔지만, 이는 GE가 새롭게 추구하는 바와 맞지 않았다. 아마도 당시는 새로운 파트너를 찾아야 할 때였을 것이고, 열정이 넘치는 신참 관리자인 제프 데퓨(Jeff Depew)에게 이러한 업무를 추진하게 할 바탕작업이 맡겨졌다. 일본의 주된 전기회사이면서 GE의 새로운 파트너로 주목받는 미쓰비시 전기(Mitsubishi Electric)와 새로운 관계를 튼다는 임무를 부여받은 채, 일본어에 정통했던 그는 바로 일본으로 보내졌다. 누구나 예외 없이 그가 이 일을 잘 성사시킬 것으로 예상하였고, 향후 자신의 경력관리에도 큰 도움이 될 것이라고 예상하였다.

데퓨가 말한 것처럼, 도쿄에 도착하자마자 미쓰비시 전기와 관계를 돈독하게 하기 위해서 각종 노력을 조율하였고 약간 시간이 지나자 그들로부터 존경과 신뢰를 얻게 되었다. 그의 비전은 이를 통해서 놀라울 정도의 도약을 이뤄 내서 당시 CEO였던 잭 웰치(Jack Welch)의 주목을 받는 것이었다. 웰치는 총대를 메고 계약을 성사시키는 관리자를 좋아하였다. 그는 협상 과정 상의 미묘한 것에 거의 시간을 들이지 않고 자신처럼 크게 크게 생각하는 사람들과 일하는 것을 좋아하였다. 데퓨는 GE와 미쓰비시 전기 간에 가능한 연계방법은 벤처 형태라고 보았다. 그러한 파트너십은 연매출 35억 달러에 달할 정도로 시장 위치를 급격히 상승시키는 것이다. 데퓨가 보았던 것처럼, 이러한 파트너십은 전략적으로나 경제적으로나 양측에 모두 설득력 있는 파트너십이었다. 그러한 형태의 파트너십은 글로벌 리더십 기업으로 성장하게끔 하고 동시에 GE 입장에서는 일본 재벌기업과 관계를 맺게 되는 계기가 될 수 있었다.

미쓰비시 전기와 장기의 희망찬 협의를 마치고, 데퓨는 마침내 GE의 CEO인 웰치를 일본으로 초청하여 일본 카운터파트인 모리야 쉬키(Moriya Shiki)와 미팅을 가질 수 있게 준비가 되어 있었다. 그러한 방문(*아이사츠*라고 하고, 공식적 기념 인사에 해당함)은 해당 프로젝트에 대해 GE의 몰입 정도를 입증하는 미팅이고 양측의 CEO가 업무를 추진할 수 있는 관계를 만들어 줄 것이라고 예상하였다.[26] 그리고 미팅 날짜가 잡혔다.

웰치가 도착했을 때, 데퓨는 진행 경과와 향후 추진할 업무에 대해서 브리핑을 하였다. 아직 협상해야 하는 세부사항은 남아 있었지만, 데퓨는 모든 것이 순조롭다고 보았고 앞으로 기껏해야 5달 정도 지나면 계약이 성사될 것이라고 생각하였다. 웰치는 확실하게 만족하였고 전망에 대해서도 매우 고무적이었다. 그 미쓰비시 전기와의 미팅은 그 다음날 오전으로 예정되어 있었다.

두 기업 간 공식적 미팅은 중요한 협약 전에 행해지는 의례적 행사, 즉 짝짓기춤 같은 것이었다. 웰치는 이것을 이해하지도 못하였고, 과거에 유사한 미팅에 참석해 본 경험도 없었다. 이러한 초기 미팅에서 구체적으로 사업내용을 언급하는 것은 신중하게 생각해서 피한다. 그런 세부적 내용보다는 미국 전기산업과 일본 경쟁 수준과 같이 일반적인 사안들만 논의되어야 한다. 구체적인 파트너십에 대한 논의는 이후 사적 미팅에서 논의되어야 한다. 웰치와 쉬키 간 미팅도 비슷한 방식으로 진행되어야 했다. 두 CEO는 의례적인 인사만 나누고, 상호존중 의사를 표현하고 물러나야 했다. 구체적 사업 현안에 대해 논의하기에는 너무 이른 때였다. 이런 의례적 과정을 거친 다음 구체적 논의는 실무자들이 맡아서 진행해야 했다.

잭 웰치가 예정된 일정에 따라서 미쓰비시 빌딩에 도착했을 때, 그는 너무 많이 준비되어 있기도 하였고 너무 열정적이기도 하였다. 그는 회의실로 안내받았고 공식적으로 쉬키 일행에게 소개되었다. 데퓨에게 두 CEO는 모두 인상 깊었다. 쉬키는 일본 경영자의 전형이었다. 위엄에 차 있고, 도도하고, 부드럽고, 스스로 자제를 잘 하는 것처럼 보였다. 명함 교환 후, 두 CEO는 서로가 존경의 마음을 담아서 감사를 주고받았다.

그런데 아무런 예고도 없이, 웰치는 의례적인 인사를 그만두고 바로 계약내용에 대해서 구체적으로 논의하기 시작하였다. 향후 만들어질 조인트벤처는 시장에서 엄청난 영향력을 행사할 것이고, 시장에서 경쟁사를 쉽게 무너뜨릴 것이라고 주장하였다. 웰치가 주제를 바꿔서 과거 다른 일본 기업들과 이런 방식으로 업무를 추진하려고 할 때 항상 문제가 있었지만 이번에는 다르다고 말하는 동안 쉬키는 조용히 고개를 끄덕였다. 그는 두 기업 모두에게 관료주의가 있기는 하지만 이것이 방해가 되지 않을 것이라고 강조하였다. 그런 다음, 그는 바로 그 시간 그리고 그 자리에서 협상에 동의해야 한다고 주장하여, 모두를 놀라게 하였다.

데퓨는 놀랐지만 그 자리에서 자신의 감정을 드러낼 수 없었다. 그는 불안해하면서 조용히 앉아 있었다. GE는 그 자리의 의미를 이미 넘어버린 셈이었다. 아마도 미국에서라면 그럴 수도 있었지만, 일본에서는 그렇지 않다. 일본인과의 협상에서 즉각적으로 협상에 몰입하라고 요구하는 것은 매우 부정적이다. 더군다나 미쓰비시는 협상 마감까지 다섯 달의 말미를 약속한 상태였다. 쉬키는 데퓨에게 "도대체 어떻게 돌아가는 것이냐?"라고 묻는 것처럼 데퓨를 보았지만, 데퓨는 전혀 알아차리지 못하였다. 한참 동안 침묵이 흐른 다음, 쉬키는 이 계획이 실행되는 것에 대한 자신의 바람을 재차 강조하였다. 그렇다고 해도 그가 그 자리에서 최종 합의를 맺으려고 한 것은 아니었다.

비록 양측이 합의한 것은 아니지만, 미쓰비시 전기가 GE의 라이벌인 웨스팅하우스(Westinghouse)와 장기 합의에서 비롯된 문제에서 벗어나기 위해서 노력 중이라는 것에 대해서 양측이 잘 알고 있었다. 미쓰비시 전기는 웨스팅하우스가 일본에서 사업을 철수하기 위해서 조용히 준비하고 있다는 것을 알고 있었고, 쉬키는 미래를 위해 새로운 파트너가 필요하였다. GE는 그의 목표에 가장 적합한 대상이었다. 하지만, 일본식 예절에 따르면, 미쓰비시 전기는 웨스팅하우스에 파트너를 바꾸는 것을 알려 주어야 했다. 그런데 쉬키가 웰치에게 이런 의무에 대해서 언급하자, 웰치는 굳이 그렇게 해야 할 이유가 있느냐고 반문하였다. 쉬키는 관계의 본질에 대해서 설명하였지만 소용없었고, 웰치는 미쓰비시 전기가 보다 유리한 입장을 선점하기 위해서 이런 시도를 하는 것으로 받아들였다. 그는 미쓰비시 전기가 명백하게 파트너십에 몰입하지 않으면 더 이상의 진전을 바라지 않는다고 재차 강조하였다. 이에 쉬키는 합의는 정해진 날짜에 이루어질 것이라고 재차 강조하였다.

이런 가운데, 미팅은 비교적 평화롭게 끝이 났고 웰치는 호텔로 돌아왔다. 그날 저녁, 웰치는 조속히 합의에 도달하지 않으면 아무것도 성취하지 못할 것 같아서 쉬키를 압박하였다고 말했다. 그는 쉬키가 합의에 머뭇거리는 이유가 미쓰비시 전기가 제안을 진지하게 받아들이지 않았기 때문이라고 확신하였다. 다음날 아침, 웰치가 무역산업부에 정중하게 전화하였고, 데퓨는 미쓰비시 전기로 돌아갔다. 이 미팅은 이전에 비해서 빠르게 진행되었고, 협상방법과 합의내용의 구조에 대해서 빠르게 합의가 이루어졌다. 계약은 정상궤도로 돌아갔다. 웰치는 뉴욕으로 돌아갔고 데퓨도 해당 업무로 배치되었다.

하지만 몇 주 뒤, 데퓨는 상사로부터 웰치가 합의에 대해서 반대 입장을 보인다고 연락을 받았다. 그는 매우 당황하였다. 게다가 그는 이 계약을 성사시키려면 다음과 같은 조건이 충족되어야 한다는 전화를 받았다. 그 내용은 일본의 저명한 경제계 인사인 쉬키가 웰치와의 미팅에서 합의에 대해서 모호하게 선언한 것에 대해서 사과하는 편지를 웰치에게 보내라는 것이었다. 데퓨는 웰치의 명령에 따라서 의무를 다해서 미쓰비시 전기에 연락을 취하였다. 어느 정도 협상을 거친 다음, 미쓰비시 전기가 웰치의 요구사항을 받아들이려고 했는데, 이때 데퓨는 자신의 상사로부터 미쓰비시 전기와의 협상을 중단하라는 명령을 받았다. 대신에 데퓨는 이전 파트너였던 후지 일렉트릭(Fuji Electric)으로 돌아가서 조인트벤처를 시도할 수 있도록 관계를 개선하라는 명령을 받았다.

두 달 후, 제프 데퓨는 뉴욕 본사로 소환되었다. GE는 아시아지역에 대한 전략을 수정하여, 사업개발보다는 매출증대 쪽으로 방향을 바꾸었다. 이러한 변화의 결과로 GE 내에서 데퓨의 자리는 사라졌다.

얼마 가지 않아 후지 일렉트릭과 GE 간 파트너십도 사라졌다. 이에 따라서 후지 일렉트릭은 미주지역에 자사의 브랜드로 진출하였다. 이와 더불어, 미쓰비시와 웨스팅하우스와의 파트너십은 더욱 공고히 되었고 여전히 유지되고 있다. 제프 데퓨는 실리콘밸리에서 활약을 펼치고 있다.

## 사례 질문

1. 이 사례에는 세 명의 주인공(두 명의 CEO와 한 명의 신참 관리자)이 등장한다. 이 세 사람 각각이 자신에게 닥친 상황을 어떻게 보고 있는가? 이들의 관점 차이에서 가장 핵심적인 차이는 무엇인가?
2. 양측이 모두 협상 절차(그림 7.2 참조)에 대해 충분히 준비한 것으로 보이는가? 그렇게 생각하는 이유는 무엇인가? 양측이 최고의 실행 마인드를 가지고 있었는가? 개선의 여지는 없었는가?
3. 양측의 협상전략에 대해서는 어떻게 평가하겠는가?
4. 양측이 갈등 해결을 무난하게 하였는가? 독자의 관점에서 볼 때, 더 나은 해결방안이 있어 보이는가?
5. 제프 데퓨는 양국의 파트너십 형성에서 보다 나은 결과를 위해서 달리 할 수 있었던 일이 없었는가?
6. 데퓨는 자신의 자리를 지키기 위해서 달리 취할 방도가 없었는가?
7. 이 이야기는 제프 데퓨 측에서 나온 이야기이다. 모든 이야기는 입장에 따라서 달라지기 마련이고, 그래서 진실이라는 것도 다양한 버전이 있을 수 있다. 이 이야기를 통해서 전체 이야기를 복원해 본다고 할 때, 미심쩍은 부분은 무엇인가?
8. 데퓨의 말을 따르면, 미국 CEO는 자의적이거나 자기 내키는 대로 행동하는 경향이 있다. 이 사례에서 본다면, 상대방의 명성이나 배경과 일치하지 않는 자신의 판단을 밀어붙이는 경향이 있다는 것이다. 이 사례에서 만들어진 CEO의 이미지를 어떻게 설명할 수 있을까?
9. 이 사례에서 언급된 내용을 바탕으로 신참 관리자에게 해 줄 수 있는 교훈은?
10. (선택 연구 질문) 국가나 조직 간 전략적 제휴를 맺기 위해서 시도되었던 또 다른 사례를 찾아보자. 어떤 일이 있었고, 성공과 실패의 핵심요인은 무엇이었는가? 특히 어떠한 상황적 요인이 그들의 노력에 성공 혹은 방해 요소가 되었는가?

## ❖ NOTES


1. Dolia Estevez, "Mexican billionaire Carlos Slim's top 10 business principles," *Forbes*, April 29, 2014.
2. Based on Randall Schuler, Susan Jackson, and Yadong Lou, *Managing Human Resources in Cross-Border Alliances*. London: Routledge, 2004, pp. 92–3.
3. Schuler et al., *Managing Human Resources*, p. 93.
4. Schuler et al., *Managing Human Resources*, p. 93.
5. Schuler et al.'s, *Managing Human Resources is* an excellent resource for people interested in the human resource management implications of global partnerships.
6. Peter Drucker, "The next society," *The Economist*, November 3, 2001, p. 5.
7. Sarah Kessler, "No Internet, no credit cards, no problem: how Airbnb launched in Cuba," Fast Company.com, April 13, 2015.
8. Schuler et al., *Managing Human Resources*.
9. Andrew Kupfer, "How to be a global manager," *Fortune*, March 14, 1988, pp. 52–8.
10. Jeremy Main, "Making a global alliance work," *Fortune*, December 17, 1990, pp. 121–6.
11. Adam Ewing, "Ericsson sues Apple in Europe over phone patent royalties," Bloomberg.com, May 7, 2015.
12. Charles Handy, *Business: The Ultimate Resource*. London: Bloomsbury, 2002, p. 75.
13. Schuler et al., *Managing Human Resources*, p. 44.
14. John Stoll, "GM, SAIC set to plan to share design," *Wall Street Journal*, July 28, 2015, p. B2.
15. Danny Ertel, "Getting past yes: negotiating as if implementation mattered," *Harvard Business Review*, 82(11) (2004), pp. 60–8.
16. 사적인 대화.
17. Gary Ferraro, *Cultural Dimensions of International Business*, 4th edn. Upper Saddle River, NJ: Prentice-Hall, 2002.
18. Nancy J. Adler and John L. Graham, "Cross-cultural interaction: the international comparison fallacy?," *Journal of International Business Studies*, 20(3) (1989), pp. 515–37.
19. We rely here on the work of Paul F. Buller, John J. Kohls, and Kenneth S. Anderson, "When ethics collide: managing conflict across cultures," *Organizational Dynamics*, 28 (4) (2000), pp. 52–66.
20. Nick Carstarphen, "A map through rough terrain: a guide for intercultural conflict resolution," in Michelle LeBaron and Venashri Pillay (eds.), *Conflict across Cultures: A Unique Experience of Bridging Differences*. Yarmouth, ME: Intercultural Press, 2006, pp. 137–201.
21. Helen Deresky, *International Management: Managing across Borders and Cultures*, 2nd edn. Upper Saddle River, NJ: Pearson/Prentice-Hall, 2008.
22. Gerardo Ungson, Richard M. Steers, and Seung-ho Park, *Korean Enterprise: The Quest for*

*Globalization*. Cambridge, MA: Harvard Business School Press, 1997.

23. "Can pay, won't," *The Economist*, August 27, 2011, p. 57.
24. Wendu.baidu.com, March 12, 2012.
25. Thomas O'Boyle, *At any Cost: Jack Welch, General Electric, and the Pursuit of Profit*. New York: Alfred Knopf, 1998.
26. *아이사츠*는 인사말이나 간단한 연설을 뜻하는 일본어이다. 이것은 두 개의 일본식 한자로 구성되어 있으며, 둘 다 '누구에게 가까이 다가가다'라는 동일한 의미를 지니고 있다. 다른 곳과 마찬가지로 일본에서 인사말은 정중해야 하지만, 서구보다 훨씬 의식화되어 있다.

# 8 윤리적 갈등 관리

## Managing ethical conflicts

### 경영 과제

17세기 프랑스 철학자인 파스칼(Blaise Pascal)은 "피레네 산맥의 이쪽에서는 진실인 것이 저쪽에서는 거짓일 수도 있다"라고 주장하였다.[1] 파스칼은 이 문장을 통해서 피레네 산맥으로 나눠진 프랑스 사람들과 이탈리아 사람들이 똑같은 대상을 보면서 진실과 거짓에 대해 다른 결론을 내릴 수 있다는 점을 지적하였다. 이런 점은 4백 년 전과 마찬가지로 현재에도 유효하다. 국제적 사업을 영위하는 경영자들이 마주치는 중요한 갈등의 원천 중 하나가 바로 옳냐 그르냐, 합법이냐 불법이냐, 윤리적이냐 비윤리적이냐 등에 대한 인식 차이를 다루는 방식이다. 생각해 보자. 만약 윤리적 기준이 한쪽에서는 엄격한데 다른 쪽에서는 유연하다면? 모든 사람이 하나의 윤리적 기준만 따라야 하는 경우도 있고, 유연하게 다양한 기준을 적용하는 경우도 있다면? 완벽하지 않은 세상에서 경영을 하는 과정에는 뇌물, 부패, 공정한 고용 관행, 대리인의 의무 준수 등과 같은 많은 종류의 도전에 직면하게 된다. 비즈니스에서 본인의 윤리적 믿음과 제도적 혹은 법적 요구사항을 모두 충족시키는 방안을 찾아낸다는 것이 그리 쉬운 일은 아니다.

### 차례

## 응용



윤리적 갈등이란 무엇인가? 다른 사람과 윤리적 관점이 다를 때 무슨 일이 생기는가? 다음의 간단한 예를 살펴보자.

- 멕시코시티에 미국에서 항공편으로 발송된 조그만 화물이 도착하였고 통관 절차에 들어갔다. 아무 일도 없었다. 최종 배송을 여러 번 시도하였으나 실패하게 되자, 세관 직원에게 뇌물을 주면 문제가 해결될 것이라고 화물 수신자에게 눈치를 주었다. 그녀는 거절하고 화물을 발송자에게 되돌려 줄 것을 요구했다. 그렇게 해도 아무런 일이 일어나지 않았다. 화물을 원래의 발송자에게 반송하기 위해 세관이 화물을 풀어 주는 데 뇌물이 필요하다고 눈치를 주었다.[2] 이것은 과연 비윤리적 행위의 예가 맞는가? 그 이유에 대해서 생각해 보자.
- 영국에서 UBS와 씨티그룹의 은행거래자는 주택담보대출에서 대기업대출에 이르기까지 모든 것의 근간이 되는 글로벌 기준 금리를 조작한 혐의로 기소되었다.[3] 상당수의 은행이 비슷한 건으로 유죄로 인정받았지만 어느 임원도 감옥에 간 적이 없었고, 이번에 이 사람이 처음으로 기소된 것이다. 그는 법정에서 자신의 행동은 업계의 표준 관행이고, 그의 상사는 그의 행동을 알고 있었고 묵인하였으며, 그런 행동이 부적절하다고 생각해 본 적이 없었다고 항변하였다. 최종적으로 그에게 14년형 판결이 났다. 이것은 과연 비윤리적 행위의 예가 맞는가? 그 이유에 대해서 생각해 보자.
- 30년 전에 미국 거대 기업의 CEO 평균 연봉은 일반노동자 연봉의 38배 정도였다. 최근에는 224배 정도이다. 다른 관점에서 살펴보면, 지난 30년 동안 노동자 임금은 3배 오른 반면, CEO 연봉은 17배까지 올랐다.[4] 이것은 과연 비윤리적 행위의 예가 맞는가? 그 이유에 대해서 생각해 보자.

이 예들 중에서 비윤리적 행위가 있는가? 아니면 우리의 동의 여부에 상관없이 그냥 일상적인 관행인가? 만약 그렇지도 않다면 다른 사람에게 책임이 있는 것인가? 어떤 것이 맞는가를 선택함에 있어서 독자는 어떤 방법으로 선택할 것인가?

윤리적 기준은 사람에게 존재하지 조직에 존재하는 것은 아니다. 조직에는 실질적으로 윤리적 기준이라는 것이 없다. 대신 임원, 관리자, 평사원 같은 조직구성원이 특정 기업의 특정 시점에 윤리적인 행동 및 책임성 있는 행동 여부를 결정한다. 심지어 이러한 결정은 관찰자의 눈에 달려 있다. 윤리적 기준은 많은 경우 모호하고, 서로 상충되고, 시간이 지나면 바뀌지만, 해당 지역에서 영향력은 막강하다. 불행히도, 윤리적 문제는 개인 경험과 소수의 예를 통해서 탐색된다. 예로 특정 국가가 더 부패했다든가 혹은 특정 국가가 훨씬 더 투명하게 사업을 한다는 등의 말을 자주 듣는다. 이런 종류의 말이 일반화의 기준이 되어 이후 행동에 영향을 미치게 된다. 하지만 비교 자체가 피상적이고 문서화되어 있지도 않으며, 체계적이고 분석적인 노력은 대체로 없다.

대체적으로 이 장에서 가장 두드러지는 함의점은 비즈니스에서 윤리적 기준은 나라마다 적용되는 정도가 다르다는 점이다. 이와 같이 단순한 사례는 흔히 있는 일이고, 모든 사람들은 윤리적 비행에 대해 각자 선호하는 이야기가 있는 것 같다. 그런데 이런 점이 국가 간 비즈니스 윤리 문제에 대한 경각심을 일깨워 주기는 하지만 본질적 이해를 높여 주지는 못한다. 즉, **비즈니스에 있어서의 윤리적 행동에 대한 설명은 "왜"보다는 "무엇"에 초점이 맞춰져 있다.** 이런 관행이 지름길을 찾는 사람들에게는 도움이 될 수 있겠지만, 이문화 간 윤리적 과정에 대한 장기적 이해를 높이는 데에는 도움이 되지 않는다. 장기적으로 볼 때 이런 접근은 이문화 관리에 대한 보다 정교한 방안을 개발하는 데 전혀 도움이 되지 않는다.

## 믿음과 가치에 대한 갈등 Conflicts over beliefs and values

앞에서 본 것처럼 사람들은 "명명백백한 사실"도 사람에 따라서 아주 다르게 본다. 우리는 옳고 그르다는 관점에서 이를 갈등으로 받아들일 수 있고, 좀 더 깊이 들어가서 서로의 관점을 이해하려고 노력할 수 있다. 간단명료하게 말해서, 이것은 대부분의 문화 간 갈등에 깔려 있는 주된 긴장 요소이다. 즉, 대상을 받아들이려고 할 때, 실체를 끌어내서 진실을 찾아내는 방법에 관한 것이다. 갈등에 대해서 말할 때, 국경을 넘는 갈등은 다음 두 가지의 근본적 이슈가 발생한다. (1) 다른 믿음과 가치 간의 갈등, (2) 윤리적 의무와 제도적 요구 간의 갈등(그림 8.1 참조). 이 두 가지에 대해서 주의를 기울일 필요가 있는데, 그 이유는 이 둘이 비단 적절한 관리 행동과 관련이 있을 뿐 아니라 적어도 이 둘 때문에 경영자와 기업이 아주 심각한 문제에 봉착할 수 있기 때문이다.

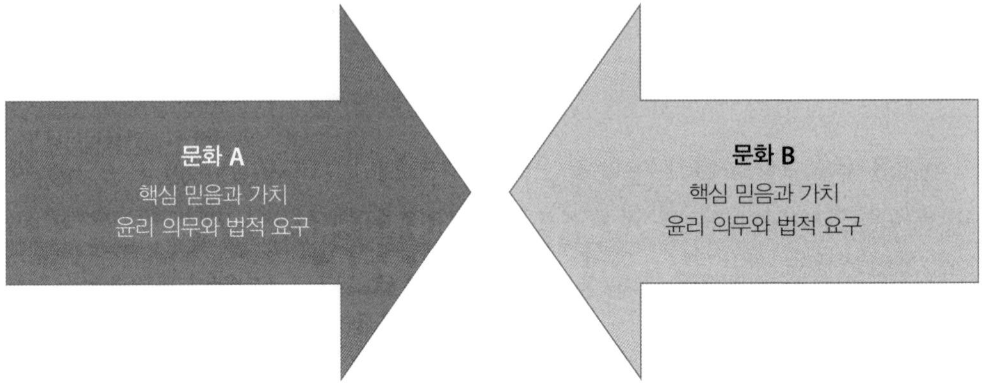


그림 8.1 문화 간 윤리적 갈등의 원인

많은 관리자들은 **핵심 믿음과 가치** 간 갈등은 이문화 간 관계에서 피할 수 없고 자연스러운 것이라고 본다. 하지만 사람들마다 그것이 어떻게 제기되는가에 대해서 다 동의하는 것은 아니다. 그런 갈등의 핵심을 짚는 방법 중의 하나가 다음의 간단한 질문에 답하는 것이다. 즉, **무엇이 진실인가?** 이 세상에서 도대체 무엇을 사람들이 올바르고 진실이라고 믿는가? 특정 문화권 내에서 이 질문에 대한 다양한 답변을 쉽게 목격할 수 있지만, 문화 간 이 질문에 대한 답변이 얼마나 다양할지를 상상해 보라. 매일같이 관리자들은 개인과 사회 간의 믿음과 가치의 충돌과 관련된 도덕적 혹은 윤리적 딜레마에 노출되어 있다. 이 영역에는 대체로 옳고 그름에 대한 사회적 규범과 사람이 해야 할 혹은 하지 말아야 할 종교적 믿음이 포함되어 있다.

이 문제를 더욱 복잡하게 만드는 것은 사람마다 진리를 보편적 사실로 보느냐 아니면 상황적인 것으로 보느냐의 정도 차이가 다르기 때문이다. 이것은 3장에서 다루었던 **보편주의(universalism)**와 **특수주의(particularism)** 간 차이이다. 어떤 사람들은 그들이 진리라고 주장하는 것이 보편적으로 옳다고 믿고, 자신들의 믿음에 동의하지 않는 사람을 잘못됐다거나, 잘못 이해하고 있다거나, 혹은 이단아라고 생각한다. 다른 한편의 사람들은 진리란 보는 사람의 눈에 있는 것이라고 믿고, 다른 문화에 속한 사람들은 자신이 진리라고 믿는 것에 대해서 다른 믿음을 가질 수 있다고(그림 8.2 참조) 생각한다.

커뮤니케이션 컨설턴트인 리처드 루이스(Richard Lewis)는 농담을 약간 섞어서 이렇게 말했다. "독일 사람과 핀란드 사람에게 진리는 진리이다. 일본과 영국에서는 평지풍파를 일으키지만 않으면 진리를 말하는 것이 문제없다. 중국에서는 절대적 진리가 없다. 그리고 이탈리아에서 진리는 협상에 좌지우지될 수 있다."[5] 그리고 영국 배우인 피

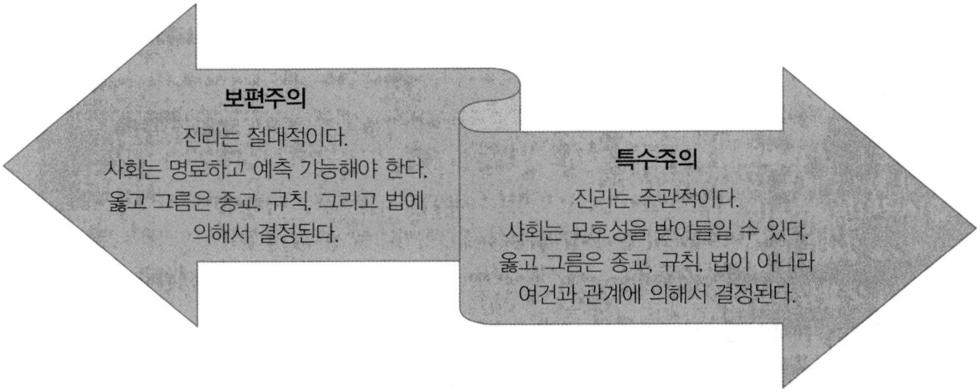


**그림 8.2** 보편주의, 특수주의, 그리고 윤리적 믿음

터 유스티노프(Peter Ustinov)도 농담 섞어 다음과 같이 주장하였다. "진리에 도달하기 위해서, 독일인은 추가하고, 프랑스인은 빼고, 영국인은 주제를 바꿔 버린다. 여기서 내가 미국인을 포함시키지 않았는데, 왜냐하면 그들은 이미 진리에 도달한 듯한 인상을 자주 풍기기 때문이다."[6] 이런 주장들이 말이 되려면, 진리는 분명히 관찰자의 눈에 달려 있다. 즉, 진리가 반드시 진리가 아니라는 것이다.

보편론자는 규범, 가치, 예측가능성을 강조하는 반면, 특수주의자는 관계, 유연성, 그리고 가끔씩 모호성을 선호하는 경향이 있다. 이런 관점들이 다른 관점의 사람에게 상충하는 행동을 유발하기는 하지만 본질적으로 윤리적 혹은 비윤리적이라고 할 수 없다. 예로 조직에서 성과 평가는 객관적이고 모든 직원에게 공통적으로 적용되는 기준을 설정하고 이에 따라서 실행된다. 우연이 아니게, 이것은 대부분의 HRM 책에서와 같이 보편적 체계에 가까운 서구 국가에서 선호되는 방법이다. 다른 특수주의적 국가에서는 성과나 행위 평가에서 개별 조직구성원에 관한 여건을 더 많이 고려한다. 결과적으로 우리는 이러한 질문에 도달하게 된다. 즉, 능력이 더 뛰어난 동료만큼 성과를 내기 위해서 더 노력한 직원에게 더 많이 인정하고 보상을 주는 것이 근본적으로 왜 잘못이라는 것인가? 그럼, 이 문제는 누가 옳고 그르다는 문제보다는 평가에서 어떤 비교대상을 잡아야 하는가와 같은 준거 기준에 관한 문제이다. 그래서 순수하고 객관적인 관점에서 볼 때, (보편적 접근처럼) 누구인가를 가리지 않고 "균등하게" 대우하는 것 혹은 (개별적 관점처럼) 소속된 집단에 기반하여 "차별적"으로 대우하는 것은 엄격하게 말해서 윤리적으로 중립적이다라고 말할 수 있다. 우리가 우리의 가치 시스템을 대입하면 옳고 그름의 문제가 된다.

### 응용 8.1 사우디아라비아의 이케아

심플하면서도 깨끗한 제품라인과 아방가르드한 광고방식을 가진 스웨덴의 글로벌 가구업체 이케아(IKEA)는 이와 같은 스칸디나비아식 제품 구성과 광고에 자부심이 컸다. 그런데 최근 이케아는 보수적인 이슬람 국가인 사우디에 진출하면서 새로운 시장 현실에 부닥치게 되었다. 여성들이 전통적인 검은색 의상을 입는 이 나라에서 이케아는 지역 주민들과 충돌하는 일을 피하고자 노력하였고, 사우디에서의 광고에서는 여자의 이미지를 지웠다.[7] 그래서 사우디 시장에서는 성공했지만, 자국인 스웨덴 정부로부터 비판을 듣게 되었는데, 이유는 스웨덴의 전통인 남녀평등사상을 빼먹었다는 것이다. 이케아의 강한 평등주의 기업문화에 의문이 제기되었다.

다음에 대해 생각해 보자.

(1) 이케아는 두 종류의 제도적 환경에 처해 있는 것으로 보인다. 사우디 시장을 지키면서 스웨덴 정부의 비판을 감소시키는 방법으로 무엇이 있을까?
(2) 이케아에게 무엇을 권고하고 싶은가? 당신이 하고 싶은 권고를 통해서 어떤 결과를 예상할 수 있는가?
(3) 기업이 뚜렷하게 다른 두 가지 제도적 환경에 처해서 곤란을 겪는 또 다른 예를 찾을 수 있겠는가? 이 상황을 개선하기 위해서 무엇을 할 수 있을까? 설명해 보라.

## 믿음과 제도적 요구 간 갈등
**Conflicts between beliefs and institutional requirements**

사람들이 **윤리적**이라고 생각하는 것과 **합법적**이라고 생각하는 것의 차이에서도 갈등이 생길 수 있다. 자신의 양심을 따라야 할지 아니면 일반적 법과 규제를 따라야 할지 결정해야 한다. 전자가 정신적 도덕적 이유라면, 후자는 강제와 처벌이라는 이유이다.

**윤리적 갈등(ethical conflict)**이란 사람들이 도덕적, 철학적, 윤리적으로 옳은 것에 대해 합의되지 않을 때 발생하는 의견충돌을 말한다. 이런 의견충돌은 옳고 그름, 도덕과 비도덕 같은 형태로 제기되고, 양측이 상반된 의견을 선택함으로써 시작된다. 이런 의미에서 윤리, 갈등, 문화는 영어에서 가장 다루기 힘든 단어이다. 각각의 개념이 동시에 명료하면서도 모호하고, 동적이면서도 정적이고, 감정적이면서도 객관적이다. 합쳐지면 혼란과 의견충돌이 지배적이게 된다. 한 균질적인 사회에서도 윤리적 문제는 복잡한데, 이것이 다문화 간 문제로 확장되면 어떻게 될지 상상해 보라.

이와 대조적으로 **제도적 갈등(institutional conflict)**은 무엇이 적법하고, 합법적으로

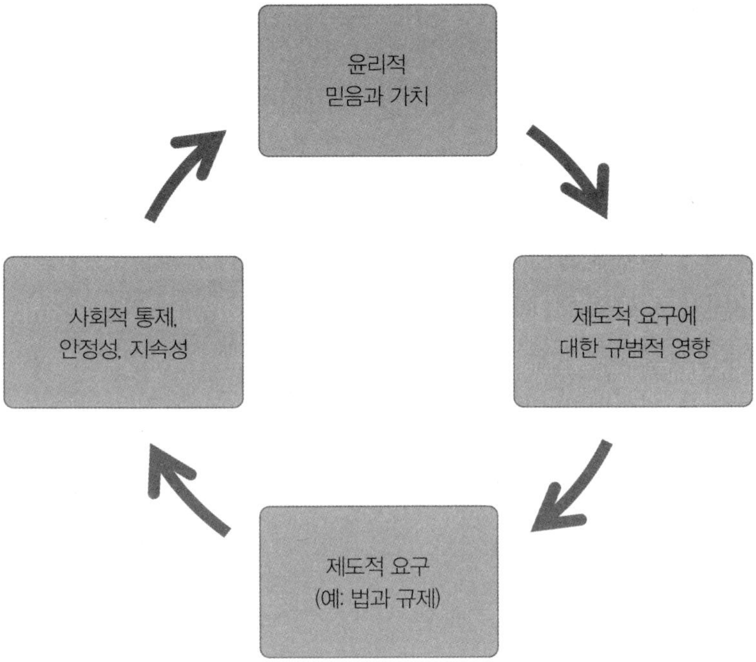


**그림 8.3** 윤리적 믿음, 제도적 요구, 그리고 사회적 통제

결정된 공공정책과 일관되는지에 대한 차이를 의미한다. 근본적 차이점을 말하자면, 윤리적 갈등이 도덕에 초점을 맞추고 있다면, 제도적 갈등은 법에 초점을 맞추고 있다. 예로, 많은 정부들이 소비자들이 불량제품에 시달리지 않도록 강력한 소비자보호법을 도입하고 있다. 한편 다른 부류의 정부들은 자유방임적 접근법을 취하고 있어, 법전에 관련 법령이 있기는 하지만 강제하지는 않는다. 법뿐만 아니라 정부와 공공기관도 공공의 이익에 반하는 것에 대해 응징을 가한다. 예로, 많은 정부조직들이 사회적 정책 관련 칙령과 권고(예: 자동차 배기가스, 온실가스, 지속적 성장 관련 내용)를 제안한다. 이들 중 일부는 사회적 압력으로만 작용하기도 하고, 일부는 실제 강제수단으로 사용되기도 한다.

여기서 흥미로운 점은 많은 제도적 요구(법, 규제)가 사회의 규범적 믿음을 강화하는 수단으로 작용한다는 것이다(그림 8.3 참조). 예를 들어 사회적 규범이나 종교적 믿음이 절도를 금지한다고 하더라도, 법이 그것을 불법이라고 억제할 때 실제로 효력이 발생한다. 결과적으로, 규범적 믿음과 제도적 규제는 대부분의 사회에서 서로 높은 관계성을 가지고, 특히 상대적으로 동질적인 사회에서 그 관계가 강화된다. 나아가 어떤 문화권에서는 법적 요구가 종교적 믿음과 직결되기도 한다(예: 믿음과 관행을 지배하는 신성한 법적 시스템으로 정의되는 이슬람의 율법[8]). 그렇다고 하더라도, 어느 사회에서 도덕적이거나 적법한 것이 다른 사회에서도 꼭 그렇다고는 할 수 없다. 예를 들어 서구 국가에서는 내부거래(공개적으로 정보가 공개되기 전에 경영진이나 친지가 공개가 금지된 정보를 이용하여 거래를 하는 것)가 비윤리적이고 불법이라고 생각하는 반면, 다른 곳에서는 이것을 어쩔 수 없는 행동이라고 보고 금지시키려는 노력도 하지 않는다.

윤리적인 것과 법적인 것을 구분함으로써 얻을 수 있는 주된 함의점은 대부분의 불법적 행동(즉, 사회에 해가 되는 행동)은 법에 의해서 강제되고 대부분의 경우 처벌을 받게 되는 데 비해 윤리적으로 잘못된 행동은 본인 혹은 집단에 의해서 자율적으로 규제되고 정부에 의한 제재는 없다는 것이다.

이제 흥미로운 문제를 다뤄 보자. 만약에 현지에서 관리자를 포함하여 사람들이 윤리적 믿음과 현지법과의 충돌 상황에 직면하고 있다면 도대체 어떻게 해야 할까? 이런 종류의 충돌을 줄여 주는 모든 노력이 수포로 돌아갔을 경우, 연구결과에 의하면, 모든 문화권에서 법보다는 윤리적 측면에 우선권을 준다고 한다. 즉, 사람들은 법보다는 자신의 양심을 더 따를 것이라는 것이다. 많은 경우, 자신의 양심을 따르게 되면 법을 어기게 되어 처벌을 받을 위험이 따른다. 그렇더라도 대부분의 문화권에서는 합법적인 것보다 옳은 것이 더 중요하게 받아들여진다. 실제로 이렇게 해서 많은 현지 영웅이 탄생한다. 나아가, 많은 기업들은 자기 직원들이 이런 원칙을 지킬 것을 장려한다.

예로 들면, 모토롤라는 사내훈련 프로그램에서 자사 글로벌 관리자가 여러 나라에서 법을 지킨 결과가 인권을 침해하거나 환경을 파괴하게 되는지를 사전에 체크하도록 권고한다. 모토롤라의 이런 관행은 많은 사람들에게 설득력 있게 보이지만, 그것은 윤리적 측면과 법적 측면 간의 갈등이 미국 내부가 아닌 외국에서만 일어날 것이라고 암묵적으로 가정하고 있다. 미국내 관리자에게는 현지보다 훨씬 더 낮은 수준으로 이런 훈련을 시킨다.

그래서 사람들은 문제가 되는 것이 외국법보다 자국의 법일 때 훨씬 더 두려워 한다. 예를 들어 사업차 이란을 방문할 때 이스라엘을 방문한 사실이 있으면 입국이 취소되기 때문에 이란 당국에 이스라엘 방문 사실을 숨기곤 한다. 하지만 같은 사람에게 자국의 출입국 관련 법을 어겼을 때의 느낌을 묻는다면, 그들의 대답은 매우 미묘해지고 법을 어기는 것에 대해서 분명하게 반대 의사를 보일 것이다. 그래서 문제는 언제, 어느 경우에 법보다 자신의 확신을 우선시해야 하느냐는 것인데, 이는 쉽지 않은 질문이다.

### 응용 8.2 러시아식 비즈니스(*biznez*)

윤리경영학자인 아일린 모건(Eileen Morgan)은 윤리와 부패에 대해 토론할 때 가장 기본적인 문제 중의 하나가 관련용어가 국가에 따라서 가끔씩 다른 의미로 해석된다는 것이다.[9] 다음 질문에 대해 생각해 보자. 뇌물(bribe), 사례금(gratuity), 커미션(commission) 간의 차이가 무엇이라고 생각하는가? 윤리적으로 차이점이 있는가?

예로, 러시아에서 "비즈니스"란 단어는 러시아어 자체에서 자연스럽게 감이 오는 개념이 아니다. 그에 해당하는 러시아어 단어는 없다. ***biznez***라는 단어는 외래어에서 흡수된 단어라서 공산주의 시절의 문화적 배경이 깔려 있어서 여전히 그 단어에는 부패와 착취라는 어감이 깔려 있다. 서구 국가와 달리 러시아는 윤리와 부패를 구분한다. **부패(corruption)**는 제도화된 것으로 보고, 개인의 통제에서 벗어난 위계적 행동으로 간주한다. 반면, **윤리(ethics)**는 개인 간 관계를 안내하는 원칙 같은 것으로 본다. 그래서 부패는 개인들이 따라야 할 제도적 환경과 더 가까운 용어이다. 그것은 좋은 것도 아니고 나쁜 것도 아니고 그냥 필요한 것이어서, 개인의 행동이 부패의 여부와 별로 결부되지 않는다. 만약 어떤 사람이 다른 상대를 대상으로 절도를 했다고 할 때, 이것이 윤리적으로는 문제가 될 수 있지만, 부패의 문제는 아니라는 것이다.

이것의 시사점은 매우 크다. 만약 사회제도가 체계적으로 부패가 가득하게 움직인다면, 개인이 선택할 수 있는 대안은 지극히 제한적이게 된다. 만약 부패가 비즈니스 환경의 한 요소라면, 부패 행위에 대한 개인의 자유의지가 완전히 사라질 것이므로 죄책감이나 부끄러움 같은 개념은 특별히 느껴지지 않을 것이다. 부패가 사회제도의 일부라면 그것은 사회에서의 일반적 생활로 받아들여질 것이다. 여기에서의 유일한 문제는 모든 거래 당사자들이 이러한 작동 방식을 이해해야 하며, 놀랍지 않게도 러시아에 대한 경험이 별로 없는 많은 글로벌 매니저들이 쉽게 속을 수 있다는 것이다.

다음에 대해 생각해 보자.

(1) 당신의 관점에서, 윤리적 행동은 원래 바람직한 것이 있다고 보는가 아니면 상황에 따라서 결정된다는 보는가? 다른 말로 하면, 당신은 근본적으로 윤리적 행동의 근거로 보편주의를 믿는가 아니면 특수주의를 믿는가?

(2) "윤리"와 "부패"에 대한 러시아식 개념은 당신의 나라의 보편적인 관점과 다른가? 만약 그렇다면, 어떤 식으로 다른가?

(3) 마지막으로, 당신의 관점에서 볼 때, 뇌물, 사례금, 커미션 간의 차이는 무엇인가?

## 윤리적 글로벌 리더 The ethical global leader

3장과 6장에서 다뤘던 GLOBE 프로젝트에 참여했던 연구자들은 윤리적 행동의 특성을 결정지어 주는 핵심 특성을 찾으려고 다양한 연구를 진행하면서 여러 나라에 걸쳐 윤리적 리더의 특성을 살펴보았다.[10] 이들 특성에는 기개와 성실성, 윤리적 의식, 소속감과 인간 지향성, 동기부여, 격려, 권한 위임, 윤리적 책임성 같은 것이 포함된다. GLOBE 데이터를 사용하여 연구자들은 문헌에서 도출한 여섯 가지 속성 중에서 밀접하게 매치되는 네 가지 속성을 식별하였다. 이 네 가지 속성은 기개와 성실성, 이타주의, 집합적 동기부여, 격려이다(그림 8.4 참조).

연구결과에 의하면, 이론상의 윤리적 리더의 네 가지 차원이 나라별로 유의미하게 달랐다고 한다. 각 속성의 평균값은 모든 차원의 중간값보다 높았으나, 연구진은 대체로 윤리적 행동의 요소에 대해서 어느 정도 합의가 있다고 결론지었다. 윤리적 리더십의 네 차원은 전 세계적으로 통용되는 것으로 보인다고 주장하였고, 그러면서도 실행에 있어서는 유의미하게 차이가 있다는 점도 인정하였다. 다른 말로 하면, GLOBE 연구진은 보편주의와 특수주의 간 균형을 맞추려고 하였다.

이런 상황에 대한 예로, GLOBE 연구에서 "기개와 성실성" 요소를 들 수 있다. 이 차원은 북유럽권에서 가장 높은 점수를 받았고, 중동권에서 가장 낮았다. 북유럽과 중동의 나라들 모두 리더의 "기개와 성실성"에 가치를 높게 두지만, 국제 부패 지수에서는 일관성 있게 다르게 순위가 정해졌다(아래 참조). 동일한 북유럽 국가도 이타주의

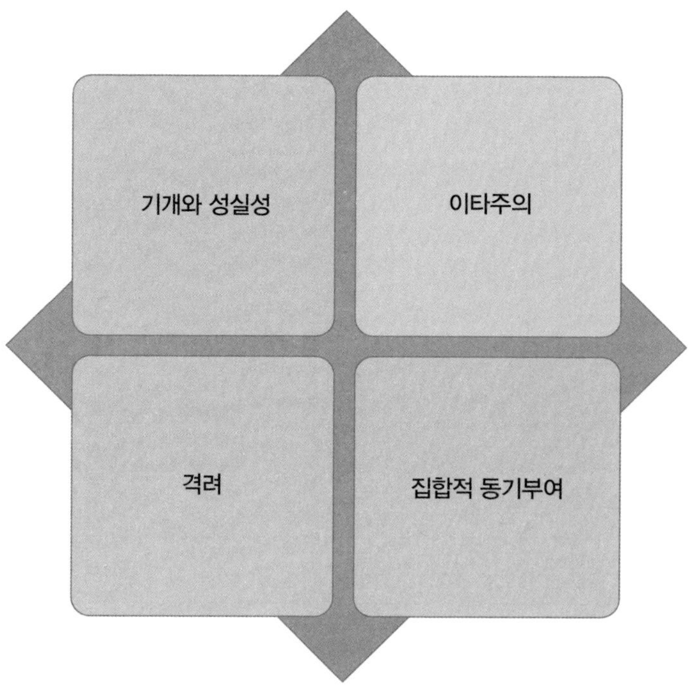


그림 8.4 윤리적 리더의 GLOBE 특성

차원이 가장 낮았지만, 동남아시아 국가에서 가장 높게 조사되었다. 이를 두고 혹자는 자기 집단에 대한 자부심, 충성도, 인간 지향성에 대해 동남아시아인들이 북유럽국가 사람들보다 높은 값을 보인다는 사실과 관련되어 있을 것이라고 주장할 수 있다. 하지만 그 이유가 무엇이든 간에 논리적으로 결론을 내자면, 윤리적 가치와 수용 가능한 경영자 역할은 나라와 지역별로 다르다는 것이다.

### 응용 8.3 당신이라면 무엇을 할 것인가?

경영은 우리 주변 어디에도 있다. 모두에게 일을 마무리 짓기 위해서 직접 지시를 내리거나 관리자의 지시를 받아야 했던 경험이 있다. 아마도 이런 경험은 직장에서도, 대학 프로젝트 수행에서도, 혹은 클럽에서도 있었을 것이다. 누군가에게는 이런 경험이 긍정적이었을 것이고, 다른 누군가에게는 그렇지 않았을 것이다. 어떤 경우에는 관리자가 그 집단을 위해서 노력을 했을 것이고, 어떤 경우에는 집단의 이익보다 자신의 이익을 먼저 챙기기도 하였을 것이다. 이런 경험 속에서 윤리적 이슈는 해당 집단의 옳고 그름의 인식에 큰 영향을 미쳤을 것이다. 그런데 문제는 옳고 그름의 인식을 확연하게 구분하는 경계선이 거의 없다는 것이다. 관리자라면 그런 결정을 반드시 내려야만 하지만, 선택의 경계가 매우 모호하다.

다음에 대해 생각해 보자.

(1) 컨트롤 데이터 코퍼레이션의 회장인 윌리엄 노리스(William Norris)가 처했던 곤란한 상황을 생각해 보자. "컴퓨터는 부두에 있고, 비가 내리고 있었어요. 꺼내 오려면 뇌물을 줘야 하는 상황이었어요." 당신이라면 뇌물을 줄 것인가? 당신의 대답과 그에 대한 이유는?
(2) 씨티그룹 전직 CEO의 말이다. "우리가 외국에 나갔을 때에는 우리는 손님이고 그에 맞추어야 한다는 점을 절대 잊으면 안 됩니다. 해당 정부는 어떤 종류의 법도 제정할 수 있고, 우리가 좋건 싫건 간에 그에 맞추어야 합니다." 글로벌 매니저는 특정 국가가 비윤리적이거나 환경에 대한 책임감이 없는 경우에 해당 국가의 법을 따라야 할 것인가? 당신의 대답과 그에 대한 이유는?
(3) 최근 원유 유출, 대기와 수질 오염, 방사능 유출 등의 환경문제가 대두되고 있다. 현실적으로 이에 대한 기업의 책임은 무엇인가? 그 이유는?

## 글로벌 매니저를 위한 윤리적 가이드라인
Ethical guidelines for global managers

프랑스 실존주의 작가 카뮈(Albert Camus)는 말했다. "성실성(integrity)이 받쳐 준다면, 규칙이란 필요 없다."[11] 이 말이 추상의 수준에서는 말이 되겠지만, 현실에서는 무엇인가 추가되어야 한다. 사실, 뇌물수수와 각종 부패는 전 세계적으로 판을 치고 있고 많은 조직들이 이를 줄이려고 노력 중이다. 이 조직 중 하나가 바로 파리에 근거를 두고 있는 **OECD(Organizational for Economic Co-operation and Development)**이다. OECD의 목표는 시장 지향적 경제성장이다.[12] 34개국이 회원국으로 가입되어 있고, 55개국이 준회원으로 등록되어 있다. 이 조직은 기업이 윤리적 활동을 하고 사회적 책임을 다하도록 장려하고 있다. OECD가 경영자의 윤리적 행위를 지지하고 있다는 것은 이 조직이 **다국적기업을 위한 OECD 가이드라인(OECD Guidelines for Multinational Enterprises)**을 제정하고 지원하고 있다는 점에서 알 수 있다. 이 가이드라인은 글로벌 매니저와 그 회사에게 제공하는 규범적이고 자발적인 가이드라인인데, 선진국에 속한 기업들로부터 후진국 혹은 개발도상국이 덜 착취당하면서 경제개발을 도모할 수 있도록 하는 내용이다. 이 가이드라인은 매우 보편주의적 입장을 취한다. 이 가이드라인은 글로벌 기업의 행위가 해당 국가의 정책과 잘 조화를 이루어서, 글로벌 기업과 해당 지역 국가 간의 상호신뢰의 기반을 강화하고, 이의 결과로 해외투자 문화를 개선하고 글로벌 기업에 의한 지속적 경제성장을 향상시키는 것을 목표로 한다.[13]

OECD 가이드라인은 5개 카테고리로 구분된다. (1) 뇌물수수와 부패, (2) 고용관계, (3) 환경에 대한 의무, (4) 기술 이전, (5) 일반 비즈니스 관행(그림 8.5 참조). 여기서, 앞의 3개 카테고리에 대해 알아보자. 이 세 가지 카테고리는 글로벌 매니저가 매일 겪는 문제들을 다루고 있다. 여기서 그 문제들이란 다음과 같다. 대부분의 도덕 철학자, 기업윤리 연구자, 경영학 강사, 그리고 기업윤리 관련 작가들은 OECD 가이드라인에 포함된 윤리적 기준과 정당한 관행을 위반하는 것이 변명의 여지가 없는 도덕적 성실성을 위반하는 것이라고 분명히 밝히고 있다. 즉, 윤리적 원칙은 반드시 준수되어야 한다. 하지만 20세기 영국 철학자 화이트헤드(Alfred North Whitehead)가 말한 것처럼, "사람은 일반론에 입각해서 생각하지만, 실제 사는 것은 개별론을 기반으로 살아간다."[15] 즉, 기업윤리 관련 학자나 작가들은 윤리적 딜레마를 겪어 본 적이 거의 없다. 대신, 그런 문제들을 실제 접하는 것은 고립된 지역과 문화권에 있는, 요구, 수요, 기대, 법 간 갈등에 처해 있는 현장의 관리자들이다. 이런 문제는 그들에게 추상적이거나 이론적인 것이 아니다. 매우 현실적인 것이고, 성과도 그런 문제에 달려 있다.

게다가 앞에서 말한 것처럼, 경험 많은 여행가들은 윤리적 기준은 문화권별로 다르다고 한다. 이런 점은 재밌는 문제를 제기한다. 즉, 누가 윤리적인가를 결정할 것이냐이다. OECD 가이드라인이 주로 선진국에서 승인되었다는 사실이 이 점에 대해서 해답을 제공한다. 나이지리아는 동의를 통해서 얻는 것보다 잃는 것이 많기 때문에 OECD

**그림 8.5 윤리적 관리 행동을 위한 OECD 가이드라인**

| OECD 가이드라인 | 강조사항 |
| --- | --- |
| 뇌물수수와 부패 | 기업들이 뇌물수수와 부패에 대해 반대한다는 공식적 입장을 취하도록 장려하고, 실제 사업을 하는 기업들은 그런 행위를 하지 않도록 억제한다. |
| 고용 관행 | 현지에 지배적인 조건과 일관되게 모든 현지 고용인들이 공정하게 처우되도록 장려한다. |
| 환경 의무 | 안전하지 않은 제품과 관행으로부터 현지 환경을 보호할 것을 장려하고, 만약 그런 사태가 일어났을 경우 피해를 최소화하도록 돕는다. |
| 기술 이전 | 기술 전파, 기술 프로세스 및 기술기반 생산과 서비스의 현지 라이센싱을 장려한다. |
| 일반적 비즈니스 관행 | |
| 경쟁 | 공개적이고 공정한 경쟁을 장려한다. 특히, 현지 기업과의 경쟁에서는 이 점이 더욱 강조된다. 해당 지역 정부가 시장을 개방하는 것을 돕는다. |
| 소비자 보호 | 공정한 비즈니스, 마케팅, 광고 관행을 장려한다. 제품의 안전성과 품질을 증진한다. |

가이드라인 연서자가 아니다. 간단히 말해서, 이러한 가이드라인의 준수는 생각보다 어렵다. 이 가이드라인을 준수하거나 반대하는 것에 대해서 엄청난 압력이 있다. 그래서 글로벌 매니저들은 어느 쪽에 서질 못한다. 가이드라인 그 자체가 국제무역과 국제경영의 진보의 징표가 아니라고 말하는 것은 아니다. 차라리 이런 가이드라인이 있다는 것이 여러 국가와 문화권에 걸쳐서 사업을 영위하는 것이 정말로 어렵다는 것을 반증하는 것이다.

마지막으로 집행의 문제가 있다. 느슨하게 가이드라인을 집행한다면 도리어 경영자의 딜레마를 가중시키는 결과를 초래한다. 처벌도 거의 없고 성과에 대한 압력이 상존하는 상태에서, 직권남용과 부패가 만연하는 것이 크게 이상하지 않다. 이런 이슈를 기억하면서 뇌물수수와 부패를 보도록 하자.

## 뇌물수수와 부패

앞에서 언급한 것처럼 우리가 완벽한 세상에 사는 것도 아니어서 뇌물수수와 부패 같은 윤리적 문제점이 조직생활의 실제 단면일 수 있다. 최근에 다수의 국가들이 부패가 국제 비즈니스에서 주된 문제가 된 정도에 따라서 국가들을 구분하는 노력을 해 오고 있다. 이 지표를 통해 핀란드, 덴마크, 뉴질랜드(8.6 정도 지역)보다 나이지리아, 아제르바이잔, 베네수엘라 지역(2.5 이하 지역)에서 부패가 심할 것이라는 것을 알 수 있다. 하지만 부패의 순위라는 것이 애매할 수 있어서, 투자 전에 좀 더 신경을 써야 한다는

**그림 8.6 국제 부패 지수**

| 국가 | 부패 지수 | 국가 | 부패 지수 | 국가 | 부패 지수 |
|---|---|---|---|---|---|
| 아르헨티나 | 2.8 | 헝가리 | 4.9 | 포르투갈 | 6.3 |
| 오스트레일리아 | 8.6 | 인도 | 2.7 | 러시아 | 2.7 |
| 오스트리아 | 7.8 | 인도네시아 | 3.1 | 싱가포르 | 9.3 |
| 아제르바이잔 | 1.4 | 아일랜드 | 7.1 | 슬로바키아 | 3.7 |
| 벨기에 | 7.1 | 이스라엘 | 7.3 | 남아프리카공화국 | 4.8 |
| 브라질 | 4.0 | 이탈리아 | 5.2 | 한국 | 4.5 |
| 캐나다 | 9.0 | 일번 | 7.1 | 스페인 | 7.1 |
| 칠레 | 7.5 | 룩셈부르크 | 9.0 | 스웨덴 | 9.3 |
| 중국 | 3.5 | 말레이시아 | 4.9 | 스위스 | 8.5 |
| 콜롬비아 | 3.6 | 멕시코 | 3.6 | 타이완 | 5.6 |
| 체코 공화국 | 3.7 | 네덜란드 | 9.0 | 태국 | 3.2 |
| 덴마크 | 9.5 | 뉴질랜드 | 9.5 | 터키 | 3.2 |
| 핀란드 | 9.7 | 나이지리아 | 1.2 | 영국 | 8.7 |
| 프랑스 | 6.3 | 노르웨이 | 8.5 | 미국 | 7.7 |
| 독일 | 7.3 | 필리핀 | 2.6 | 베네수엘라 | 2.5 |
| 그리스 | 4.2 | 폴란드 | 4.0 | | |

Note: 수치의 범위는 1.0에서 10.0임. 10.0에 가까울수록 부패 수준이 낮고 윤리 수준이 높음.
출처: Data compiled from The Economist, *The Economist Pocket World in Figures* (London: Profile Books, 2014).

정도의 의미가 있다고 보면 된다. 나아가, 그런 순위를 보고 종종 놀라는 경우가 있을 수 있다. 예로 많은 사람들이 미국과 캐나다는 유사성이 높다고 생각하는데, 위 지표를 보면 확연히 다른 것을 알 수 있다.

지하경제까지 고려하면 문제는 더욱 복잡해진다. **지하경제(underground economy)**란 장부나 기록에 누락되어 거래된 것을 의미한다. 공식적 기록도 없고, 세금도 내지 않고, 적용해야 할 법도 무시해 버린다. 지하경제 활동은 보모나 잔디 깎는 사람에게 대금을 비공식적으로 지불하는 것부터 정부의 규제를 벗어나 제품을 공급받는 것에 이르기까지 매우 다양하다. 지하경제는 세계 어디에도 존재하지만, 특정 국가에 더 만연한 경우가 많다. *이코노미스트*에 따르면, 미국의 지하경제 규모는 GDP의 10%보다 약간 작은 수준이라고 한다.[16] 반면, 브라질에서는 총인구 1억 7천만 명 중에서 4천만 명 정도가 지하경제에서 일하고 있는 것으로 추정된다. 이런 차이점은 사업수행에서 매우 분명한 함의점을 제공한다.

OECD는 협상, 계약, 관련 비즈니스 업무에서 윤리적 행동에 대해서 매우 적극적이었다. 그래서 OECD 가이드라인은 협상과정과 다국적 파트너십에서 부패나 뇌물수수에 맞서 싸울 것을 매우 강조하였다. 이런 측면에서 가이드라인은 다음 사항을 금지하고 있다.

- **뇌물.** 경영자는 계약금의 일부를 공무원이나 비즈니스 파트너사 직원에게 주어서도 안 되고 요구에 응해서도 안 된다. 마찬가지로 공무원, 비즈니스 파트너의 종업원, 또는 그들의 친척에게 뇌물 전달 수단으로 하도급, 구매주문서, 컨설팅 계약서를 사용하지 말아야 한다.
- **사례.** 경영자는 에이전트에 대한 사례가 적당하고 적절한지를 분명히 밝혀야 한다. 가능하면 해당 비즈니스에 관련된 에이전트 리스트를 보관하고, 필요한 경우 정부기관에 제출할 수 있어야 한다.
- **투명성.** 경영자는 뇌물수수나 갈취에 저항하는 각종 활동에 대한 **투명성(transparency)**을 높여야 한다. 뇌물수수와 갈취를 막기 위해 공개적으로 노력을 기울여야 하고, 이러한 노력을 존중하기 위해 기업이 채택한 관리 시스템을 공개한다. 경영자는 뇌물수수와 갈취에 대응하기 위한 인식과 협력을 증진하도록 소통하고 개방해야 한다.
- **지지.** 교육훈련을 통해서 뇌물수수와 갈취에 대한 기업의 입장을 직원들에게 지속적으로 전파하여, 경영자는 기업이 뇌물수수와 갈취에 대해 반대하고 있는 정책을 지속적으로 인식하고 따르도록 해야 한다.
- **통제.** 경영자는 뇌물수수와 갈취를 막는 통제 시스템과 각종 부정을 막는 회계 및 재무 시스템을 도입해야 한다.
- **기부.** 경영자는 정치인 혹은 정치단체에 불법적인 기부를 해서는 안 된다. 기부는 적법한 절차를 따라야 하고 상위 관리자에게 보고되어야 한다.

만약 이런 가이드라인이 지켜진다면, 많은 사람들이 인류가 보다 더 완벽한 세상으로 나아간다고 믿을 것이다. 하지만 불행히도 많은 경우, 관리자들은 명확한 미래의 비전을 흩트리는 반대의 힘에 직면하게 된다. 즉, 가끔씩 윤리적 행동에 대한 질문이 잠재적 딜레마를 둘러싸고 있는 환경에 대한 이해에 의해 결정된다. 이를 이해하기 위한 방법 중 하나가 가치, 믿음, 태도, 행동에 정으로 혹은 반으로 작용하는 힘을 식별하는 메커니즘인 **역장 분석(force field analysis)**이다.[17] 이런 분석은 뇌물수수와 부패에 관여된 글로벌 매니저가 자주 직면하는 딜레마를 분석하는 데 이용된다. 그림 8.7의 내용처럼, 윤리적인 상태로 남으려는 결정은 가끔씩 윤리적이지 않은 다수의 이유로 도전을 받게 된다. 이것이 글로벌 매니저에게 닥친 주된 문제 중의 하나이다.

일이 어떻게 돌아가는지 알아보기 위해, 당신이 매우 빠르게 소비시장이 성장하는 국가에서 강력한 비즈니스를 구축하기를 원하는 기업에서 일하고 있다고 가정해 보자.

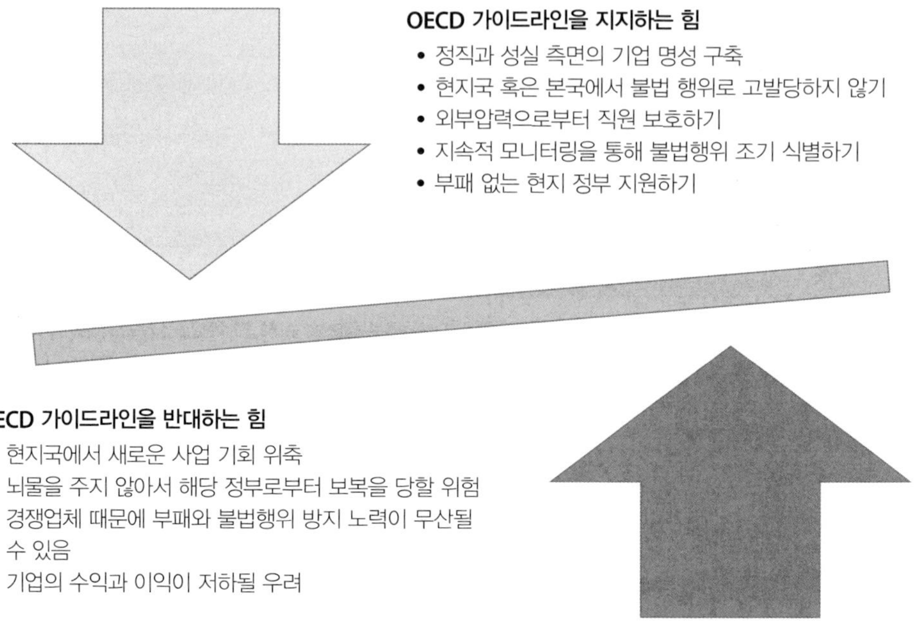


그림 8.7 뇌물수수와 부패에 대한 OECD 가이드라인을 지지하는 힘과 반대하는 힘

그리고 당신의 승진과 미래의 경력이 이 거래를 지키는 데에 달려 있다고 가정하자. 나아가, 해당 국가는 규제를 느슨하게 적용하고, 검사도 별로 하지 않고, 제품과 생산과 판매에서 최소의 강제만 하고 있다고 가정해 보자. 그리고 마지막으로, 당신의 모국이 중요한 교역상대인 해당 국가를 놓치고 싶지 않아서 소비자 문제에 대해서 지속적으로 눈감아 주고 있다고 가정하자. 여기서 문제. 당신의 회사의 목적 즉 새로운 비즈니스 계약을 지키기 위해서 어떻게 접근할 것인가? 어떻게 윤곽을 잡을 것인가? 여기서 수용 가능한 위험은 무엇인가? 당신은 당신 자리를 위험하게 하면서 그런 협상을 반대할 의사가 있는가?

마지막 분석에서 관리자는 윤리적 도전에 관한 두 가지 사항을 기억해야 한다. 첫째, 다른 이름과 형식으로 뇌물수수와 부패는 모든 정치 시스템과 비즈니스 환경에 존재한다. 후진국의 전유물이 아니다. 둘째, 관리자는 부패에 대응하는 방식을 선택할 수 있다는 것이다. 어떤 경우에는 정부가 그런 관행을 최소화하려고 한다. 경영자나 정부가 아니라면, 기업이 그런 행위를 억제하고 기업의 입장을 고수하거나 다른 곳으로 사업처를 옮길 수 있다. 이것은 단기적 손실을 초래할 수 있지만, 일반적으로 장기적인 이득이 된다. 관리자와 기업의 선택하는 기준은 자신이 지지하는 것을 이해하고 단기 이익을 위해서 원칙을 희생하지 않는다는 것이다.

### 응용 8.4 FIFA의 뇌물과 부패

국제 축구경기는 흔히 "아름다운 게임"이라고 불리지만, 축구의 국제기구인 FIFA는 추한 모습이 가득하다.[18] 미국과 스위스 정부가 현재와 과거의 FIFA 부정을 고발하기 전에도 이미 전 세계는 스위스에 기반을 둔 FIFA가 독점적으로 운영되고 있다는 것을 알고 있었다.

14명이 47항목으로 기소된 가운데, 미 법무부는 FIFA가 스포츠 마케팅과 중계권 관련 뇌물및 리베이트로 1억 5천 달러라는 엄청난 규모의 돈을 모았다고 발표하였다. 2010년 남아프리카 월드컵 개최지 선정과 관련해서 돈이 건네어졌고(FIFA 개최지 선정 위원회의 3명의 위원에게 건네진 천만 달러를 포함하여), 2011년 FIFA 회장 선거에서도 돈이 오갔다고 한다. FIFA의 지회인 CONCACAF(북중미 카리브 축구연맹)의 담당자도 월드컵 예선전, 골드컵 토너먼트, 북중미 카리브 축구연맹 챔피언십 리그에 대한 이권으로 뇌물을 받은 것으로 추정된다. 기소 내용은 지난 20년 전의 일까지 거슬러 올라간다.

FIFA 내에 만연한 부정적 문화를 시정하려는 많은 노력들은 FIFA의 끈질긴 저항 때문에 모두 실패하였다. 하지만 2015년부터 법정에서 뇌물수수와 부패 문제가 다뤄지면서 강제적인 변화가 시작되었다. 핵심적인 스폰서 기업들이 빠지고, 그에 따라서 국가대표 축구팀이 FIFA에서 탈퇴하려 하고 있다.

다음에 대해 생각해 보자.

(1) 제조 혹은 서비스 산업에서와 다르게 국제 스포츠의 뇌물수수와 부패 문제를 볼 이유가 있는가? 만약 그렇다면 그 이유는?
(2) FIFA의 부정적 환경을 강화하거나 억제하는 힘에 대한 역장 분석(force field analysis)을 간략히 해 보라. 분석 결과는?
(3) 당신이 FIFA 부패 문제를 다루는 컨설턴트라고 할 때, 어떤 변화를 제안하겠는가?

## 공정한 고용관행

기업이 해외로 진출하는 주된 이유는 운영비를 절약하기 위해서이다. 그래서 일반적으로 저임금을 선택하게 된다. 그런데 글로벌 기업은 해외 현지 채용자에게 본사와 비슷한 임금과 복지를 제공해야 할까? 만약에 제공한다면, 문화권과 지역에 따라서 결정되는 것과 그렇지 않는 것을 어떻게 구분할까? 이러한 질문들은 채용관계에 대한 OECD 가이드라인에 있다.

이러한 HR 가이드라인은 현지 종업원에 대한 회사의 책임에 중점을 두고 있다. 이런 목적 때문에 그들은 법, 규제, 노동관행, 노사관계, 고용관행의 프레임 내에서 글로벌 기업은 다음 사항을 준수해야 한다고 제시한다.

- **종업원 대표제.** 종업원이 노조 대표로 선임되고, 고용조건에 대한 합의에 도달하도

록 고용주와 건설적으로 협상하는 권리를 존중하라. 여기서 고용조건은 합의내용 해석에서 나타나는 분쟁을 처리하는 규정 및 서로의 권리와 책임을 확인해 주는 규정을 포한한다. 종업원 대표들에게 효과적인 단체 협약을 체결하는 데 필요한 편의 시설을 제공하라. 고용조건에 관한 의미있는 협상에 필요한 정보를 종업원 대표들에게 제공하라. 고용조건이 현지법과 관행에 어긋나지 않는 곳에서 종업원 대표들이 기업의 성과에 대한 공정한 평가를 할 수 있도록 정보를 제공하라.

- 고용 기준. 현지국의 고용주들이 지키는 기준보다 불리하지 않게 고용 및 노사관계 기준을 준수하라.
- 종업원 훈련과 개발. 가능한 범위 내에서 노동자 대표와 지역 정부와 협력하여 현지 종업원의 역량 개발을 위해서 노력하라.
- 정리해고. 종업원의 생계에 중요한 영향을 미치는 작업장에 변화를 고려할 때, 그리고 특히 대규모 정리해고를 해야 하는 상황에서는 노동자 대표와 필요하다면 관련 정부 당국에게 그런 변화를 알려주어야 하고, 부작용을 최소화하기 위하여 종업원 대표와 관련 정부 당국과 협력하라.
- 동등한 고용기회. 차별 없는 채용, 해고, 보상, 승진, 훈련 등의 고용정책을 실행하게 하는 것은 이미 정착된 차별 없는 고용관련 정부정책을 강화하는 것이다.
- 강압으로부터의 자유. 고용조건에 대해 노동자 대표와의 진정성 있는 협상을 할 때, 예로 노조 설립의 권리를 행사하려고 할 때, 회사에 유리하도록 특정 국가에서 생산 공정을 빼서 옮겨 버리거나 노동자를 다른 나라로 옮겨 버리는 것 등을 하지 말아야 한다.
- 단체협상 권리. 정당한 노동자 대표는 단체협상이나 노사관계 이슈에 대해 사용자 대표와 협상할 수 있게 해 주어야 한다.

뇌물수수와 부패와 같이, 이런 가이드라인에 찬성하는 세력과 반대하는 힘이 있다. 마찬가지로 경영 일선에서 겪게 되는 것들에 대해서 알아보자. 이런 가이드라인을 준수하게 만드는 압력과 무시하게 만드는 압력이 있는데, 경영진과 기업은 불확실하고 경쟁적인 환경 안에서 요동치는 소용돌이와 직면하게 된다. 예를 들면, 우리 회사는 가이드라인은 준수하는데 경쟁사는 무시한다면 어떻게 될까? 어떻게 경쟁을 할 수 있을까? 그런데 여기서 흥미로운 점은 인사정책이 결정되는 의사결정의 지점이다. 이러한 정책이 베를린, 샌디에이고, 싱가포르 등에서 본사의 경영진에 의해 결정될까 아니면 현지의 조건과 요구사항에 더욱 민감한 현지 관리자에 의해 결정될까?

이에 대한 좋은 예를 소니와 삼성의 태국 전자제품 조립공장의 인사정책에서 찾을 수 있다.[19] 소니의 경우는 인사정책은 도쿄에서 하달되고 현지 고용 노동자는 아웃소싱된 인력처럼 다뤄지는 반면, 삼성은 지역주의 인사정책을 받아들여 태국에서 채용된 인력들도 삼성그룹의 일원으로 받아들인다. 이에 따라서 삼성의 외국 현지 노동자들의 조직몰입도, 직무태도, 생산성이 높은 것으로 알려져 있다. 이를 통해서 일반적 결론을 내려는 것은 아니다. 왜냐하면 윤리적 기준을 따른다고 해서 성과를 높이는 것이 아니기 때문이다. 그것보다는 해외 현지 관리자들이 본사의 인사정책과 마찬가지로 해외 현지의 조건도 같이 살펴봐야 할 필요성을 강조하기 위함이다.

### 응용 8.5 방글라데시에서의 노동 착취

대부분의 사람들은 자신이 입고 있는 옷을 누가 만드는지 모른다.[20] 소매 유통업자 역시 마찬가지다. 최근 연구에 의하면, 소매 유통업자들이 자신들이 파는 옷이 어떤 공장에서 만들어졌는지에 대해서 전혀 모른다고 한다. 그 이유는 의류 생산자들이 의류 생산 공정의 일부를 무역 규제나 정부 통제가 약한 가난한 나라의 공장에 맡겨 버리기 때문이다. 그 결과, 많은 소매 유통업자들이 자신들이 파는 옷이 금방이라도 쓰러질 것 같은 공장에서 최저임금을 받는 노동자나 어린이 노동자가 만들고 있다는 사실을 모른다. 방글라데시의 라나 플라자 공장에서는 최근 건물이 무너져서 1,100명 이상의 사람이 사망했는데, 이렇게 열악한 조건에서 생산된 옷인지도 모르고 소매업자들은 판매하고 있다.

"우리는 숨기고 있어요"라고 세계에서 두 번째로 큰 기성복 수출업자이고, 방글라데시에서 무등록 공장을 소유하고 있는 업자가 말했다. "고객들은 내 공장을 보고 싶어 하지 않아요." 그와 그의 아내는 110명의 노동자를 고용하고 있는데, 그들은 천으로 둘러싸인 그들의 집 앞에 있는 작은 콘크리트 구조물에서 하루를 보낸다. 완성된 옷은 유럽 브랜드의 라벨을 달고 출고된다. 이 공장은 방글라데시에 있는 2,000개의 무등록 공장 중의 하나이다.

생산물류 경로를 식별하는 것이 왜 어려울까? 소매업자가 옷을 주문하면, 생산이 항상 매끄럽게 진행되는 것이 아니다. 공장들은 쥐어짜듯이 출고를 해야 하고, 그런 와중에도 언제 일자리를 잃게 될지 모른다는 걱정을 해야 한다. 생산라인을 늘리기보다는 잔업을 시킨다든가, 출고를 늦춘다든가, 다른 곳에서 생산된 제품을 받기로 하는 하도급계약을 맺기도 한다. 하도급에 의한 생산은 정부의 규제가 미치지 않는 지저분한 공장에서 이뤄진다. 하도급계약은 체계적인 계약보다는 주로 구두에 의해 이뤄지며, 이후 생산은 허가를 받지 않고 이뤄진다.

좀 더 깊숙이 들여다보자. *CBS*가 최근 1,400명의 노동자가 랭글러와 아식스에 납품되는 셔츠를 생산하는 다카 소재 몽드어패럴(Monde Apparels) 공장에 취재를 나갔다. 이 공장의 관리자 말로는 월마트로부터 생산허가를 받은 적이 없다고 한다. 하지만 백만 장의 월마트 남성용 사각팬티를 주문받았고, 다른 업체를 통해서 하청계약도 받았다고 한다.

방글라데시 의류산업의 공통된 문제점은 화재이다. 몽드어패럴 관리자가 기자에게 보여 준 화재 시 비상대피지도에는 13개의 소화기 위치가 표시되어 있었지만, 실제로는 거의 없었다. 공장의 각 층마다 수백 명의 노동자가 있었지만, 소화기라고는 고작 2개 있었다. 비상통로마저도 박스로 막혀 있었다.

그 관리자는 자신들은 어린이 노동자를 고용하지 않는다고 단호하게 말했다. "18세 이전의 노동자는 고용할 수 없습니다." 그러나 기자의 눈에 꽤 어려 보이는 노동자도 보였다. 기자가 몽드어패럴에서 일하는 엄마와 딸에게 질문을 했었을 때, 둘 다 몽드어패럴에 고용되어 있고 매달 50달러씩 번다고 대답하였다. 해고될까봐 은밀히 얘기하기를, 그녀의 딸은 12살이고, 여기에서 일하는 여러 자녀 중의 하나라고 했다. 그녀는 먹고 살기 위해서 법이 규정하는 18세를 증명하는 허위 출생증명서를 공장에 제출하였다. 그래도 공장 관리자가 증명서가 있음에도 불구하고 어린이라고 의심하면 어떻게 되느냐고 묻자 그녀는 공장 관리자는 이미 자신의 자녀가 어린이라는 것을 알고 있다고 대답했다.

그 엄마는 공장이 자신들에게 정확한 임금이 얼마인지 알려주는 임금 명세표를 주지 않는다고 한다. "지난달에는 20일 일했는데도 11일치 임금만 받았어요"라고 그녀는 말했다. "그런 문제에 대해 질문하면 나에게 소리를 지르고 그래요." 하지만 그녀는 일거리를 잡은 것만으로도 행운이라고 생각하고 조금씩 개선되고 있다고 말했다. "요즈음에는 그래도 잘못했을 때, 예전처럼 때리진 않아요." 랭글러는 식별되지 않는 독립적 노동자 집단이 몽드어패럴에 사용허가를 내준 것 같다고 기자에게 말했다. 하지만 *CBS 뉴스*가 그 회사를 접촉한 뒤, 자체 감사를 보내서 해당 감독자를 해고한 것으로 알려졌다. 월마트도 자체 조사를 벌인 뒤 승인되지 않은 생산이나 어린이 노동자 문제가 발견될 경우 몽드는 영원히 차단될 것이라고 입장을 밝혔다.

몇 해 동안, 글로벌 소매상들은 방글라데시의 여건을 개선하기 위해 노력해 오고 있다. 즉, 그들은 법을 준수하는 공장들과만 사업을 한다고 고객들에게 선언하였다. 하지만 이 중의 일부는 공염불에 불과하였다. 글로벌 소매상이 공장의 부패를 안다고 하더라도, 조사를 나갔을 때 해당 공장이 은폐해 버릴 수 있기 때문에 여전히 문제가 될 수 있다. 취재 후 기자는 조사 결과를 가지고 아식스, 랭글러, 월마트를 방문하였다. 아식스는 그들의 공급업체가 몽드어패럴과 사업을 한 적이 없었다고 통보를 받았고, 자사의 상표가 위조된 것이 아닌가를 조사하고 있는 중이라고 말했다.

다음에 대해 생각해 보자.

(1) 노동 착취는 국가와 국민이 자국의 경제발전을 위해서 감수해야 하는 비용 중의 하나인가? 찬성과 반대의 이유는?
(2) 현지 정부(예: 방글라데시)가 노동 착취나 불안전한 근로조건으로부터 자국의 노동자를 지키는 것이 왜 힘들까?
(3) 국제기구(예: 세계무역기구, 세계은행)가 노동 착취나 불안전한 근로조건을 강요하는 공장들을 엄중히 단속하지 못하는 이유가 무엇일까?
(4) 랭글러나 월마트 같은 글로벌 소매상이 자사 제품을 만드는 노동자에게 안전한 작업장 여건을 제공함에 있어서 어떤 책임을 져야 할까?
(5) 당신이 입고 있는 옷이 어디에서 생산된 것인지 알고 있는가?
(6) 열악한 근로조건에서 의류가 생산되었다는 이유로 해당 의류 구입을 거부한 적이 있는가? 만약 그랬다면, 그러한 생산현장의 근로조건을 어떻게 알게 되었는가?

## 환경에 대한 의무

글로벌 리더가 직면하고 있는 또 다른 이슈는 바로 **환경 의무(environmental stewardship)**에 대한 것이다. 구체적으로, 글로벌 기업이 사업을 영위하는 각 지역에 대해 어떤 책임을 져야 할까? 환경을 지키기 위해서는 어떤 책임을 져야 할까? **사회 정의(social justice)**를 실현하기 위해서 어떤 책임을 져야 할까? 이런 일반적 영역은 기업의 사회적 책임에 해당되고 다양한 방향으로 논의될 수 있다. 글로벌 기업이 어떻게 현지 국가의 경제발전에 도움이 되거나 해악을 끼칠 수 있는가부터 알아보자.

글로벌 기업은 환경적 요구에 별로 신경을 쓰지 않는다고 비판을 받고, 실제 환경관련 규제가 느슨한 국가에 공장을 짓는다. 그러나 같은 이유로 다른 기업들은 환경을 보존하고 개선하기 위해서 수백만 달러를 쓴다. 유니레버의 CEO 니알 피츠제럴드(Niall FitzGerald)는 이렇게 말했다. "기업의 사회적 책임은 현실에 입각해서 냉철하게 판단할 사항이다. 그것이 기업이 실행하기를 좋아해서 하는 것도 아니고 강요에 의해서 하는 것도 아니다. 진짜 이유는 우리의 비즈니스에 실제로 도움이 되기 때문이다."[21] 실제로 사람들이 생각하는 것 이상으로 환경에 책임을 다하는 기업들이 많다.

연구결과를 살펴보면, 친환경을 실천하기 위해서 실제 비용이 들지만, 그만큼 돈을 번다. 즉, 환경을 지키는 집사 역할을 하는 기업들은 경쟁사보다 실제로 수익률이 높다. 이러한 발견은 기업의 사회적 책임을 담당하는 관리자들은 지속가능성과 환경의 질을 기업 전략의 한 부분으로 받아들여야 한다는 주장과 환경적 관점과 지속가능성 관점을 비즈니스에 통합하려는 시도가 실제로 전반적 기업 성과를 높인다는 주장에 무게를 실어 준다.

이 점에 대한 OECD 가이드라인은, 발생할 수 있는 환경파괴를 막거나 줄이는 데에 생산 활동의 초점을 맞추고 있다. 글로벌 기업은 사업을 영위하는 국가의 법, 규제, 관리관행의 틀 속에서 환경을 보호하고 환경문제로 건강에 피해를 줄 수 있는 가능성을 예방하는 데 책임을 질 것을 요구 받는다. 국제 기업이든 국내 기업이든 특히 다음 사항을 잘 살펴야 한다.

- 공공의 건강관련 위험. 공장의 입지 선정을 포함한 기업의 활동의 결과로 환경이 사람의 건강에 미칠 수 있는 영향과 생산 활동 결과 지역 환경변화로 인해 사람의 건강에 미칠 수 있는 영향을 측정하고 의사결정에 반영한다.
- 환경적 영향. 기업 활동으로 인해 잠재적으로 영향을 받을 수 있는 환경 및 보건 관련 정보와 관련 전문가를 제공함으로써 정부와 협력한다.

- **사고 예방.** 보건과 환경 측면의 사건과 위험 가능성을 최소화하기 위한 적절한 수단을 강구해야 한다. 구체적으로는 다음과 같다. (1) 이런 목적에 부합하는 기술과 관행을 찾아서 도입하고, (2) 환경 감사 등을 동원하여 환경보호 시스템을 도입하고, (3) 적절한 지식과 지원을 제공하여 이런 준비가 제대로 갖춰지도록 하고, (4) 종업원에게는 교육훈련 기회를 제공하고, (5) 상황별 대비요령을 만들어 놓고, (6) 적절한 방법으로 대중적으로 프로그램을 알 수 있도록 하라.

환경적 민감도와 사회적 책임에 대한 이상은 기업 통제 밖의 힘에 의해서 가끔씩 위협을 받을 수 있다. 가장 기본적인 취약점은 강화된 규제와 보고에 의해서 증가된 비용에서 찾을 수 있다. 그래서 각 나라의 정부가 이렇게 환경과 보건을 지키려고 하는 가운데, 글로벌 기업들은 이런 분야에 대해 가장 규제가 약한 곳을 고르려고 한다. 그렇다고 그런 기업이 사회적 책임을 다하지 않는다는 것은 아니다. 그것보다는, 많은 기업들은 옳은 일(다시 강조하는데, 자기 문화권에서 옳다고 여기는 것)을 하려고 하지만, 그런 것을 수행함에 있어서 지나친 제약은 기업의 고유의 미션 실행을 가로막는 것으로 볼 수 있다는 것이다. 다르게 표현하면, 여기서 중요한 사항은 글로벌 기업과 현지 정부가 서로 도움이 되도록 활동의 균형을 맞춰야 한다는 것이다. 즉, 일자리 창출과 지속적 경제성장과 기업의 투자대비 수익 간 균형을 맞추어 한다. 만약 어느 쪽에도 이익이 보장되지 않는다면, 양자 간의 협력을 기대하기 어렵다.

### 응용 8.6 BMW의 환경에 대한 의무

독일 자동차 회사인 BMW는 탄소정보공개프로젝트(carbon disclosure project, CDP)에서 자동차산업에서 유례없는 힘든 고득점을 거두었다. 100점 만점에 96점을 획득하였는데, 탄소성과리더십지수와 탄소정보공개리더십지수(carbon disclosure leadership index, CDLI) 모두에서 기록을 세웠다. "우리 기업의 지속가능성 전략은 경제, 환경, 기업의 사회적 책임 이렇게 세 축에 기반을 두고 있습니다"라고 BMW 회장인 노르베르트 라이트호퍼(Norbert Reithofer)가 말했다. "기후 보호가 이 전략에서 아주 중요한 역할을 하고 있습니다. 기후 보호 노력의 일환으로 우리는 자동차와 제품에서의 배기가스를 지속적으로 줄이고 있습니다. 기후를 보호해서 사회 전체에 이익을 제공하고 이를 통해서 BMW라는 기업 이미지를 좋게 만드는 것입니다."

CDP 인정은 지속가능성 영역에서 가장 영광스러운 일이다. CDLI는 500개의 글로벌 기업을 분석해서 단지 10%만 리스트에 올려 준다. 나아가 BMW의 점수는 BMW가 전체 가치사슬을 통해서 기후 보호를 위해 지속적으로 노력하고 있다는 것을 보여 준다. 그리고 이런 성적은 BMW가 지속가능성을 전략에 포함시킨 의사결정을 더욱 강화시켜 준다.

또한 BMW는 CDP 리스트에 등재되기 직전에 다우존스 지속가능경영지수에서 산업별 리더로 선정되기도 하였다. 이 회사는 연료절감, 수송장치의 대안 개념 개발, 무공해 생산공정 개발, 친환경 재활용 관행 등을 개발한 결과, 이러한 수상과 인정을 받게 되었다. 그들은 기후관련 지속가능성을 뛰어넘는 지속가능성 개념을 받아들였다. BMW는 이와 함께 AIDS 예방, 교육 증진, 도로안전 증진 등의 사업도 벌이고 있다.

다음에 대해 생각해 보자.

(1) BMW는 왜 경쟁사보다 환경 의무와 지속가능성에 더 많은 투자를 할까?
(2) 당신의 관점에서 볼 때, BMW(혹은 석유회사 혹은 탄광회사) 같은 글로벌 기업이 비즈니스를 할 때 책임의 한계는 무엇일까?
(3) 기업이 환경을 개선하기 위해서 노력하고 책임을 졌을 때, 기업이 얻을 수 있는 이익은 무엇인가?
(4) BMW 같은 글로벌 기업은 전략적 파트너십이 있는 국가들 기반으로 사업을 영위한다. 그렇다면 어떻게 여러 국가가 관련되는 글로벌 이슈(지구온난화, 수질오염 등)에 공헌하는 활동을 할까?

## 경영자 노트:
## 윤리적 갈등 관리하기

우리가 하는 일과 말 중에서 많은 부분이 옳고 그른 것, 좋고 나쁜 것, 이기고 지는 것에 대한 생각과 관련되어 있다. 앞서 말한 것처럼 경영자 역시 예외가 아니다. 경영이라는 영역에서 정말로 나쁜 행동들이 발견되곤 한다. 그 결과, 윤리경영 전문가들은 글로벌 기업뿐만 아니라 모든 기업들이 윤리적 행동을 하고 있는지 인식할 수 있는 윤리적 잣대가 필요하다고 주장하였다. 하지만 다른 한편의 사람들은 반대의 주장도 한다. 절대적으로 옳고 그름은 없고, 그것은 보는 사람의 관점에 달린 문제로 본다.

이렇게 관점을 이분법적으로 나누면 둘 중 하나가 되는데, 하나는 모든 문화권에 걸쳐 통용되는 일반적 진실이 있다는 관점이고, 다른 하나는 문화권에 따라서 다르게 정의된다는 관점이다. 제대로 교육받은 글로벌 관리자라면 어디에 위치해 있을까? 아마도 그 가운데 어디쯤 자리 잡고 있을 것이다. 이러한 갈등은 국가적으로 좋은 경영자와 글로벌하게 좋은 경영자의 본질을 잡아내는 데 도움을 준다. 경영자들은 많은 경우 충분한 정보 없이 불확실성 아래 행동한다. 그럼에도 불구하고, 결과 중심으로 행동해야 하고, 결과 중심으로 판단될 것이다. 그런 식으로 윤리적 행위도 윤리적 잣대가 필요하다. 그런데 그 윤리적 잣대는 자국을 합리화하거나 타국을 이유 없이 혐오하는 것이 아니어야 한다.

이 장에서는 기업윤리에 대해서 제대로 다루지 않았다. 대신, 기업윤리 관련 특수한 예를 몇 가지 다루었다. 불행히도, 다룬 내용의 대부분은 부정적인 것이었다. 낙관적인 톤으로 다뤄지지 않았다. 너무나도 부정적인 면을 강조하여, 많은 관리자들이 그런 토론을 회피하려는 경향을 보인다. 그 이유는 그들이 정직하지 않아서가 아니라 그냥 나쁜 측면만 강조하기 때문이다. 즉, 많은 관리자에게 윤리적 행위는 제약하고 주저앉히는 것이 아니라, 평범하고 기를 세워 주는 것이다. 와튼 스쿨의 로버트 하우스 교수가 말한 바와 같이, 윤리적 행동은 인간의 영혼 중에서 최고의 측면을 나타내고 동시에 경영자가 긍정적 방식으로 인간의 상태를 개선하는 데에 기회를 주는 것이다.[23]

다양한 문화권 속에서 일하려면 관리자는 다양한 국가의 관점을 이해해야 하고, 자국의 관점에서만 보면 이해하기 어려운 관행과 행동도 이해해야 한다. 예로, 체코인 세일즈 담당들이 칠레를 여행하면서 비즈니스 거래가 자기 나라와 얼마나 다른가를 실감한 예를 들 수 있다. 자국 관점에서 볼 때, 이상한 정도를 넘어 불법적이거나 비윤리적인 것처럼 보였다. 하지만 그들이 보지 못하는 것을 그들의 칠레 카운터파트가 체코를 방문해서 보면, 이상하거나 비윤리적인 것을 볼 것이다. 그런데 체코와 칠레 모두 더 많이 더 폭넓게 다니다 보면, 어떤 것이 이상한 것이고 어떤 것이 진짜로 비윤리적인 것인지를 파악하는 능력이 향상될 것이다.

개인 취향과 선호의 구분, 윤리적 지시와 적법한 지시의 구분, 믿음과 가치의 구분, 그리고 종교와 세속의 구분은 국가별 맥락과 국제적 맥락을 이해하는 데에 있어서 중요하다. 그러나 국가별 맥락 안에서는 이런 구분이 문화권별 차이만큼 뚜렷하고 명료하게 보이지 않는다. 예를 들어 이슬람 문화는 법과 윤리의 통합을 강화하려고 한다. 종교적인 것과 세속적인 것이 통합되어 있다. 여기서 근무하는 관리자들은 이것을 비즈니스에 배경으로 사용하려고 한다. 그런데 동시에 많은 서구 관리자들은 종교와 세속이 구분된 문화권에서 일하고 있다. 결과적으로 서구 관리자들은 그렇게 구분되게 된 역사적 발전 과정을 잊어버리는 경우가 많다. 하지만 서구 관리자들이 사우디아라비아 혹은 이란을 방문하면 이런 종류의 차이를 부각시킨다. 이러한 현상은 사우디아라비아 혹은 이란 사람이 서구를 방문하면 비슷하게 이야기된다. 여기서 핵심은 이런 문화권에 따른 차이를 알고 싶다면 여행이 가장 좋은 교육수단이라는 것이다.

앞에서 언급한 개념들을 도입해 보면, 문화권 간 관리행위에서 이런 차이점은 쉽게 이해될 것이다. 예를 들면, 매니저 및 의사결정자가 동일한 문화권 사람들일 때(예: 폴란드 매니저 그룹 또는 태국 매니저 그룹) 보편주의와 특수주의의 의미와 역할은 큰 주목을 받지 못할 것이다. 하지만 무엇이 핵심(보편)이고 무엇이 지엽적(특수)인가를 이해하는 것은 공간 및 문화적 관점뿐만 아니라 시간 및 역사적 관점에서 윤리적 의사결정을 내리는 데 매우 중요하다.

### 1. 윤리적 그리고 도덕적 제약 하의 관리

여기서 언급한 윤리적 그리고 제도적 관점을 통해 얻을 수 있는 관리 측면의 교훈을 살펴보고 마무리 짓겠다. 구체적으로, 이 장에서 일의 세계에서 책임감있게 행동할 수 있는 능력을 향상시키기 위해 글로벌 매니저가 배울 수 있는 것은 무엇인가? 우리의 관점에서 볼 때, 다른 사람들의 믿음을 받아들이면서 자신의 믿음에 기반하여, 글로벌 매니저들과 그들의 고용주들은 여러 국가와 문화권에 걸쳐 윤리적 행동의 정의에 대한 합의점을 찾으려고 노력해야 한다. 이런 목적에서 다음 사항은 관련되어 있다(그림 8.8 참조).

- **기업의 핵심 가치 이해하기.** 다른 취향, 관행, 가치를 여러 국가에서 사업을 운영하는 회사들은 다음 두 가지를 위해 노력해야 한다. 첫째는 일체감과 공유감을 높이는 핵심적 가치 묶음을 지키는 것이고, 둘째는 다양한 국가에서 사업을 영위할 때 요구되는 변화의 영역, 다원주의, 다양성을 명확하게 정교화시키는 것이다. 국경을 넘어 사업을 하기 위해서는 유연성의 한계와 정도를 알아야 한다.
- **보편주의의 한계 이해하기.** 국경을 넘어 비즈니스 파트너와 일체감과 공유감을 가질 수 있느냐의 여부는 다른 시간과 장소에서 보편주의의 개념을 어떻게 보고 어떻게 이해하느냐에 달려 있다. 어떤 믿음과 가치가 정말로 보편주의인가라는 질문에 합의점이 있는가? 보편주의에 대해서 명확하고 엄격한 정의 없이 단지 뉘앙스 수준으로 이야기되고 있을 뿐이다. 그와 반대로 일반적으로 보편적이라고 보이는 것도 시간과 장소에 따라서 바뀌고, 관리자들은 보편적 원칙도 꾸준히 개선해야 한다. 이런 점이 관리자에게 의미하는 바는 유연성과 수용성이 국제 간 문제에서 성공의 열쇠라는 것이다. 일반적 원칙에서 볼 때 절도에 대해서 반대하겠지만, 절도라고 규정짓게 하는 요소에 대한 생각은 바뀔 수 있다는 것을 관리자는 잘 이해해야 한다. 일례로 사무실 문구를 가져가는 것을 절도라고 볼 수 있을까? 여기서 문제는 수용 가능 여부이고, 더 중요한 것은 수용가능성의 정도이다.
- **합의의 이면에 깔려 있는 문화적 맥락 이해하기.** 보편주의 입장은 자체적으로 지탱하기가 어렵다. 존립 근거가 옅은 공기막 정도에 불과해서, 다양한 관점에서 시간과 장소

**윤리적 그리고 도덕적 제약 하에서 관리하기**

- 기업의 핵심 가치 이해하기
- 문화 갈등의 다양한 종류 이해하기
- 보편주의의 한계 이해하기
- 합의의 이면에 깔려 있는 문화적 맥락 이해하기
- 분쟁 당사자의 역할과 배경 이해하기
- 갈등의 맥락과 근거 이해하기
- 문화 간 갈등의 종류 이해하기

**법적 그리고 제도적 제약 하에서 관리하기**

- 제도적 가이드라인의 적절한 역할 이해하기
- 제도적 가이드라인의 한계점 이해하기
- 제도적 가이드라인 이면의 논쟁 이해하기
- "옳은 일을 한다는 것"에 대해 찬성하는 힘과 반대하는 힘에 의해 만들어지는 긴장 이해하기
- 갈등이 조정되는 지점에 대해 이해하기
- 관리자 교육에서 제도적 가이드라인에 대한 교육 및 이해 부족 이해하기

그림 8.8 윤리적 갈등 관리를 위한 전략

에 따라 지속적으로 강화를 해야 한다. 그래서 보편주의는 주어진 문화에 기반을 둘 필요가 있다. 보편주의는 그들의 문화적 맥락과 분리하여 이해하기 어렵다. 보편주의적 기준들에 대한 합의점을 찾으려고 하면 우선 그 합의와 관련된 문화를 이해해야 한다. 이러한 이해 없이 만들어진 합의는 머지않아 사라지게 된다.

- **분쟁 당사자의 역할과 배경 이해하기.** 분쟁 당사자를 식별하는 것만으로 갈등을 해결할 수 있다고 생각하는 것은 무리다. 나아가, 상대방 입장의 역할과 배경에 대해서 이해할 필요가 있다. 그들로부터 회사와 사회는 무엇을 기대할 수 있을까? 그들은 협상에서 어느 정도의 재량권을 가지고 있는가? 어떤 종류의 갈등해결 전략이 기대되고 유효할까? 이렇게 생각하여 얻은 지식을 통해서 효과적으로 그들을 대응하는 방법을 알 수 있게 되고, 분쟁 상대방의 위치를 분명하게 알게 된다. 이러한 접근은 보편주의적 환경이 아니라 특수주의적 환경에서 관리자에게 요구되는 능력이다.
- **갈등의 맥락과 근거 이해하기.** 사람들이 무엇이 옳고 그른지를 밝혀내려고 할 때 첫 단계부터 문화적 차이를 설명해 볼 필요가 있다. 갈등의 근거가 정확하게 무엇인가? 그런 근거는 많은 경우 다른 이슈로 덮여 있다. 충분한 지식이 없다면, 그 뿌리에 해당하는 문제를 건드려 보지도 못한 채 전혀 중요하지 않은 문제에 시간을 허비해 버리고 만다.
- **문화 간 갈등의 종류 이해하기.** 마지막으로 관리자들은 문화 간 갈등의 종류들을 구분

할 수 있어야 한다. 취향과 관행, 법률 시스템, 믿음과 가치가 결부된 갈등은 하나의 범주로 욱여넣을 수 없다. 대신, 각 갈등 유형별로 다르게 접근해야 한다.

## 2. 법적 그리고 제도적 제약 하에서 관리하기

OECD 가이드라인이 출간된 이후, 많은 국가에서 이를 준용해 오고 있다. 강제사항이 아니지만, OECD 각국의 공동 권고사항이다. 국제법과 함께 OECD 가이드라인은 글로벌 기업의 책임 있는 행동을 증진하는 준법 인프라를 구축하였다. 이에 덧붙여, OECD 가이드라인의 문구는 국제노동기구(International Labour Organization, ILO)의 삼자선언(Tripartite Declaration)과 UN의 다국적기업에 대한 행동강령처럼 글로벌 기업의 행동강령에 영향을 미치고 있다. 하지만 그러한 가이드라인이 비중을 가질 수 있는 상황에 이르기 전에 글로버 매니저들이 먼저 알아야 할 다수의 이슈들이 있다.

- **제도적 가이드라인의 적절한 역할 이해하기.** 많은 종류의 가이드라인이 있고, 이들을 합쳐 보면 기업의 행위에 상당히 큰 제약을 가한다. 그래서 여러 문제가 있을 수 있다. 첫째, 국가의 정부가 나서서 가이드라인을 만드는 것이 적절한가 아니면 기업이 법적 테두리 안에서 자발적으로 만들게 놔두는 것이 옳은가의 문제이다. 둘째, OECD 가이드라인은 말 그대로 가이드라인일 뿐이고 법적 구속력이 없다. 만약 그것이 글로벌 비즈니스에서 정말로 중요하다면 어떤 형식으로든 강제를 해야 하지 않을까? 그렇다면 어떤 방식으로 강제할 것인가?
- **제도적 가이드라인의 한계점 이해하기.** 앞에서 글로벌 기업의 윤리적 그리고 사회적 책임을 다하는 행위를 증진하는 방법에 대해서 살펴보았다. OECD 회원국들이 승인하기는 하였지만, 완벽한 솔루션이라고 보기 어렵고, 다양하고 복잡한 국제 비즈니스 세계에서 한 발짝 정도 나아간 것이라고 볼 수 있다. 앞으로 두고 봐야 할 것은, OECD 국가들이 얼마나 이를 준수할 것이냐이다. 지금까지의 추이를 보면 유럽에서는 활발한 것처럼 보이지만 다른 국가에서는 그렇게 활발해 보이지는 않는다.
- **제도적 가이드라인 이면의 논쟁 이해하기.** 국제적 협상을 통해 만들어진 다른 도구와 마찬가지로 이들 가이드라인도 너무 일반적이라거나 혹은 너무 세부적이라는 비판을 받는다. 일례로, 어떤 글로벌 기업들은 다양한 나라의 법과 관행을 준수하도록 보장이 충분히 되지 않는다고 비판하고, 다른 한편에서는 가이드라인이 기준보다 훨씬 엄격하여 정당한 비즈니스 목표와 전략마저도 제약해 버린다고 비판하기도 한다. 이런 문제로 보완을 하는 과정에서도, 더 강화해야 한다는 필요성이 제기되기도 하고, 너무 법과 같이 강제적이라고 비판받기도 한다.

- **"옳은 일을 한다는 것"에 대해 찬성하는 힘과 반대하는 힘에 의해 만들어지는 긴장 이해하기.** 정말로 다양한 상황에서 우리는 어떻게 옳고 그름을 알아낼 수 있을까? 제도적 가이드라인은 누구에게나 적용할 수 있는 공통의 규칙을 제정하려고 시도한다. 하지만 규칙들을 조합하려고 하면 문화적 차이와 선호도를 다 수용하는 것이 어렵다. 나아가, 유연성이 요구될 때에는 가이드라인도 구체적으로 내용을 밝히는 경우가 있다. 마지막으로 단지 34개 국가만 OECD 가이드라인에 서명을 했는데, 가이드라인이 현지국의 규제나 행동에 영향을 주지 않기 때문에 왜 다른 국가들이 이 가이드라인에 신경을 쓰는가?
- **갈등이 조정되는 지점에 대해 이해하기.** 가이드라인이 문제가 될 때, 갈등 조정의 책임은 대체로 문제가 되는 기업의 본사가 있는 나라에 있다. 이와 같이 가이드라인의 효과성은 본국과 현지국이 얼마나 OECD, ILO, 그리고 기타 국제기구의 원칙에 몰입하느냐에 달려 있다. 즉, 효과성은 나라에 따라서 다르다.
- **관리자 교육에서 제도적 가이드라인에 대한 교육 및 이해 부족 이해하기.** 앞에서 언급한 바와 같이 OECD 가이드라인은 OECD 회원국 34개국만 받아들였다. 그래서 아직까지 이에 대해서 많은 나라의 경영대학에서 교육되고 있지 않다. 왜 그럴까? 그렇다면 다음 세대의 관리자들에게 글로벌 교류에서 무엇이 옳은 행동인지에 대해서 무엇을 가르치고 있는가?

## 핵심용어

*biznez*(러시아어) • chopping(나이지리아어) • 부패 • 환경 의무 • 윤리적 갈등 • 윤리 • 역장 분석 • 제도적 갈등 • 다국적기업을 위한 OECD 가이드라인 • OECD (Organization for Economics Co-operation and Development) • 특수주의 • 사회 정의 • 투명성 • 지하경제 • 보편주의

## 토의용 질문

**1.** 파스칼의 주장을 요약하면, 어느 문화권에서 옳다고 믿는 것이 다른 문화권에서는 잘못되었다고 믿을 수 있다는 것이다. 비즈니스 세계에서 이에 해당하는 예를 들 수 있겠는가?

**2.** 이 장을 시작할 때, 세 나라에서의 잠재적으로 비윤리적인 행동에 대한 예를 들었다. 당신의 관점에서 볼 때, 어느 예가 정말로 (불법이 아니라) 비윤리적 행동처럼

보이는가? 그리고 그 이유는 무엇인가?

3. 글로벌 비즈니스에서 윤리적 행동과 비윤리적 행동을 결정짓는 핵심 요인이 무엇이라고 생각하는가? "비윤리적"이란 용어를 어떻게 정의하겠는가?
4. 꼭 결정을 해야 한다면, 윤리적 기준을 설정할 때에 보편주의 관점을 받아들이겠는가 아니면 특수주의 관점을 받아들이겠는가? 즉, 윤리적 기준은 상황에 관계없이 변함이 없다고 보는가 아니면 상황에 따라서 달라진다고 보는가?
5. "윤리, 갈등, 문화" 이 세 단어는 영어에서 가장 다루기 힘든 단어라고 강조한 바 있다. 현장의 글로벌 매니저에게 이것이 어떤 의미를 가지는가?
6. GLOBE 연구결과에 의하면, 윤리적 글로벌 리더는 성실성(integrity)과 이타주의(altruism) 같은 공통된 특성을 가진다고 한다. 당신은 이 주장에 동의하는가? 그렇다면 그 이유는?
7. 영국 철학자 앨프리드 화이트헤드에 의하면, 사람들은 보통 생각은 보편적이고 일반적이게 하고, 실제 삶은 구체적으로 산다고 한다. 이 말을 여러 국가에 걸쳐서 일하는 관리자에게 적용해 보면 어떤 의미를 찾을 수 있는가?
8. 뇌물, 성과 보너스, 판매에 따른 커미션 간에는 무슨 차이가 있는가?
9. OECD 가이드라인에서는 (해외에서 고용된) 종업원이 (본국과 마찬가지로) 노조 설립의 권리, 강압으로부터 자유, 동등한 기회가 주어져야 한다고 한다. 그런데 해당 국가의 문화적 믿음이 이에 반할 경우에 OECD 가이드라인을 우선시해야 하는가? 설명하라.
10. 기업이 환경 측면의 의무를 다함에 있어서 경쟁사보다 선도해 가는 것에 대해 찬성하는 힘과 반대하는 압력으로 무엇이 있는가? 기업에는 환경에 대한 의무를 다해야 하는 윤리적 혹은 도덕적 책임이 있는가? 찬성과 반대 중 어떤 입장인지와 그 이유에 대해서 설명하라.
11. OECD 가이드라인의 목표는 글로벌 비즈니스 환경에서 윤리적이고 사회적 책임을 다하는 행동을 명확하게 판단하는 기준을 제공해 주는 것이다. 만약 이것이 맞다면, 무슨 이유로 소수의 국가만이 OECD 가이드라인을 받아들였을까?
12. OECD 가이드라인은 OECD 회원국 34개국만 승인하였다. 현실적으로 OECD 가이드라인은 많은 나라의 경영대학에서 언급도 되지 않고 있다. 이유가 무엇일까? 글로벌 교역을 담당할 다음 세대의 경영자와 관리자에게 사회적 책임을 다하는 것과 윤리적 행동에 대해서 무엇을 가르쳐야 하는가?

## 사례: 나이지리아에서의 에너지 계약

누구나 석유와 가스 산업을 비판하기 좋아한다. 그러면서도 대부분의 사람들은 차를 타고 날기 위해서 혹은 난방을 위해서 화석연료를 사용한다. 그리고 만약에 이 산업이 사라져 버린다면 매우 불편해질 것이다. 많은 사람들에게 이것은 소위 애증 관계이다. 에너지와 환경 정책에 당신의 생각에 상관없이, 당신 자신이 에너지 회사의 일원이라고 가정하고 어떻게 가스와 석유를 찾아내고 지킬 것인가에 대해서 상상해 보자. 더 범위를 좁혀 구체적으로, 나이지리아에서 원유와 가스 리스에 대해 어떻게 협상을 할 것인지에 대해 생각해 보자.

여기에는 기회와 문제 두 가지가 동시에 있다. 나이지리아는 아프리카에서 가장 큰 산유국이고 하루에 2백만 배럴 이상의 석유를 생산한다. 이는 나이지리아 수출의 98%에 해당하고, 연방정부 수입의 83%, GDP의 14%에 해당한다. 그리고 외화 수입의 95%, 정부 수입의 65%가 이를 통해서 이뤄진다.

나이지리아의 산업 측면에서 보면 이런 숫자는 환영받아 마땅하다. 하지만 석유 생산으로 인해 발생하는 이익은 나이지리아에 여러 가지 갈등을 초래하였다. 석유에서 발생되는 대부분의 이득은 나이지리아 정부 관료들에게 돌아가고, 일반 국민들에게는 거의 혜택이 없다. 많은 사람들이 외국계 석유회사들이 나이지리아 국민들도 고려해야 한다고 생각한다.

그런데 이 산업에는 또 다른 문제가 있는데, 바로 나이지라아 고위층까지 연결되는 극심한 부패이다. *이코노미스트*에 따르면, 세계정상급 부패국가이다. 뇌물수수가 워낙 흔해서 "**chopping**"이라는 자기들만의 용어도 있다. 나이지리아 중앙은행 총재가 나이지리아 정부가 500억 달러 이상을 횡령했다고 고발하면서, 추정되는 횡령액은 부패가 만연한 나이지리아에서도 전례가 없을 정도로 크다고 주장하였다. 정부를 상대로 고발한 당사자는 "무분별한 재무적 무모함과 중앙은행의 집권남용"의 이유로 정직처분 당했다. 많은 사람들은 이런 정직처분이 정치적 의사결정 때문이라고 보고 있다.

석유회사를 괴롭히는 것은 비단 공식적 부패 때문만은 아니다. 로열 더치 쉘은 나이지리아 정부의 산업관리 능력의 부실도 문제 삼았다. 그리고 공식적 직권남용과 더불어 사적인 절도도 있다. 나이지리아 최대 외국계 석유회사인 쉘이 작년에 발표한 자료에 의하면, 10억 달러 규모의 석유 및 천연가스가 도난당했다고 한다.

500억 달러의 정부관료의 절도와 10억 달러의 석유 절도에 대한 쌍둥이 기소는 정부 감사와 불법 정유에 대한 군의 단속을 이끌어 다섯 건의 체포가 있었지만 유죄는 없었다. 그러는 동안, 나이지리아 1억 3천만 국민에게 실제 도움이 되는 변화는 전혀 찾을 수 없었다.

동시에, 감독 부실은 환경 재앙을 초래하였다. 얼마 전 셰브론 가스는 3주 내리 화재에 휩싸였다. 정부가 나서서 해당 비디오의 전파를 막으려 했지만, 이미 널리 퍼진 상태였다. 석유 절도에 대한 쉘의 생각을 정리해 보면, 석유에서 이익을 보려는 나이지리아인들은 석유 절도 쪽으로 눈길을 돌렸고, 강한 독성물질을 내뿜는 불법 정유시설로 석유를 정제하여 브로커에게 팔고 있다는 것이다.

여기에 도전과제가 있다. 즉, 이런 상황에서, 당신과 당신의 고용주는 나이지리아의 광대한 석유에 대해 어떻게 지역 수요의 공급을 충족하도록 협상할 것인가? 이런 노력 속에서 석유 계약을 보장받는 데 필요한 뇌물을 거부한 회사는 막대한 이윤이 되는 시장으로부터 밀려나는 위험을 감수해야 한다. 하지만 동시에 돈 되는 시장을 지키기 위해서 뇌물을 주게 되면 자국의 법과 OECD 가이드라인을 어기게 된다. 당신은 당신의 경쟁자 대부분이 협상과정에서 이런 종류의 뇌물을 주고 있다는 것을 알고 있다(또는 알아야 한다). 질문: 당신은 어떻게 할 것인가?

## 사례 질문

1. 이 사례에서 갈등의 본질에 대해서 서술하라. 누가 개입되어 있고, 무엇이 충돌하고 있는가? 갈등 속에서 소위 “착한 사람”이 있는가?
2. *이코노미스트* 설문이 정확하고 나이지리아가 정말 부패국가라면, 나이지리아에서 사업을 하는 외국계 기업이 OECD 가이드라인을 준수하기 위해서 어떤 책임을 져야 하는가? 어떻게 운영해야 하는가?
3. 외국계 석유회사들이 나이지리아 환경에 대해서 도덕적 의무를 가져야 하는가? 그 이유는?
4. 만약 당신이 석유회사에서 일하고 있고 나이지리아 정부와 석유관련 협상을 해야 한다면, 어떻게 진행할 것인가? 회사에 어떤 조언을 하겠는가? 그 이유는?
5. 당신의 회사가 일반적 관행을 따라서 계약유지를 위해 뇌물을 주기로 결정했다면, 개인적으로는 어떻게 하겠는가? 그 이유는?
6. 첨단산업에 비해서 에너지와 건설 분야에서 뇌물수수와 부패가 많아 보이는데, 그 이유는 무엇일까?
7. (선택 연구 질문) 임직원이 보다 더 도덕적으로 행동하도록 교육시키는 데 있어 학계

가 제시하는 바는? 학계는 "윤리적"이라는 용어를 어떻게 정의하는가? 어떤 시도와 노력이 있었는가? 성공적이었는가? 당신은 어떻게 이런 훈련 기술을 향상시켰는가?

## ❖ NOTES


1. Blaise Pascal, *Pensées: Thoughts on Religion and other Subjects* (New York: Washington Square Press, 1965), p. 90. This popular version of Pascal's quotation is a modern interpretation of the original translation from French that reads, "Three degrees of latitude reverse all jurisprudence; a meridian decides the truth . . . A strange justice that is bounded by a river! Truth on this side of the Pyrenees, error on the other side."
2. 저자와의 사적인 대화.
3. David Enrich, "Trader guilty of rigging rates," *Wall Street Journal*, August 4, 2015, p. A1.
4. Robert Wilmers, "Why excessive pay is bad for the economy," *American Banker*, March 14, 2014.
5. Richard Lewis, *When Cultures Collide*. London: Nicholas Brealey Publishing, 1999, p. 8.
6. Peter Ustinov, quoted in Richard Hill, *EuroManagers*. Brussels: Europublications, 1998, p. 230.
7. Ben Quinn, "Ikea apologizes over removal of women from Saudi Arabia catalogue," *The Guardian*, October 10, 2012.
8. *샤리아* 법은 이슬람 법의 모체이다. 이 용어는 길을 의미하며, 이슬람에 기초한 법적 제도에 살고 있는 사람들을 위해 삶의 공적 및 사적 측면을 규제하는 법적 틀이다.
9. Eileen Morgan, *Navigating Cross-Cultural Ethics*. London: Routledge, 2011.
10. Robert J. House, Paul J. Hanges, Mansour Javidan, Peter W. Dorfman, and Vipin Gupta, *Culture, Leadership, and Organizations: The GLOBE Study of 62 Societies*. Thousand Oaks, CA: Sage, 2004.
11. Susan Ratcliff (ed.), *Oxford Essential Quotes*. Oxford University Press, online version, 2014.
12. OECD 회원국은 호주, 오스트리아, 벨기에, 캐나다, 체코, 덴마크, 핀란드, 프랑스, 독일, 그리스, 헝가리, 아이슬란드, 아일랜드, 이탈리아, 일본, 한국, 룩셈부르크, 멕시코, 네덜란드, 뉴질랜드, 노르웨이, 폴란드, 포르투갈, 슬로바키아, 스페인, 스웨덴, 스위스, 터키, 영국, 미국이다. 그리고 아르헨티나, 브라질, 칠레, 에스토니아, 이스라엘, 리투아니아. 슬로베니아는 OECD 활동을 지지하고 가이드라인 준수에 동의하는 국가들이다.
13. www.oecd.org/daf/investment/guidelines
14. www.oecd.org/daf/investment/guidelines
15. Alfred North Whitehead, *Process and Reality*. New York: Free Press, 1978.
16. "Blinded by the dark," *The Economist*, April 2, 1998, p. 15.

17. **역장 분석**(*force field analysis*)은 사회과학 분야의 개척자인 쿠르트 레윈(Kurt Lewin)에 의해 개발된 상황 진단용 경영기법이다. 이는 변화프로그램이나 변화에 저항하는 것을 극복하려고 할 때 팀 프로젝트의 계획 및 실행과 관련된 변수들을 고려할 때 유용하다. 어떤 상황에서나 변화에 영향을 주는 추동적인 힘과 억제하는 힘 둘 다 존재한다고 레윈은 주장한다. **추진력**은 특정 방향으로 미는 상황에 영향을 미치는 힘이다; 이 힘은 변화를 주도하고 계속 진행하게 한다. 작업집단의 생산성 향상의 관점에서 보면, 상사로부터 압박, 인센티브 소득, 그리고 경쟁이 추진력의 예가 될 수 있다. **억제력**은 추진력을 억제하거나 감소시키는 힘이다. 냉담, 적대감, 열악한 장비 유지관리가 생산성 증가에 대한 억제력의 한 예일 수 있다. 추진력의 합과 억제력의 합이 같을 때 균형이 이루어진다.
18. Steve Malanga, "Give FIFA the book," *City Journal*, May 28, 2015.
19. Won Shul Shim, Hanyang University, personal communication, 2008.
20. Kim Bhasin, "Nobody knows, cares whether your clothes are made in deadly factories," *Huffington Post*, June 4, 2014; Holly Williams, "CBS News goes undercover in Bangladesh clothing factory," *CBS News*, May 22, 2013.
21. Larry Elliott, "Interview: Niall FitzGerald, co-chairman and chief executive, Unilever," *The Guardian*, July 4, 2003.
22. Don Bain, "BMW's environmental stewardship lauded by carbon disclosure project," *Torque News*, September 15, 2011.
23. Robert J. House, "Introduction." In House et al., *Culture, Leadership, and Organizations*, p. 1.

# 9 일과 동기부여 관리

## Managing work and motivation

### 경영 과제

페이팔, 테슬라모터스, 스페이스엑스의 창업자인 세계적 기업가 엘론 머스크(Elon Musk)에 따르면, "사업을 시작하고 성장시키기 위해서는 판매하는 상품만큼이나 그것을 실행하는 사람의 혁신, 추진력, 의지가 중요하다"고 한다.[1] 사람을 관리하고 동기부여를 하는 것 – 그들의 일과 복지에 책임을 지는 것 – 은 세상에서 가장 스트레스가 많은 일 중 하나로 알려져 왔다. 그것은 마치 다른 성인들에게 부모가 되어 주는 일과도 같다. 실은 이것이 바로 경영의 효과성에 대한 훌륭한 시험대이다. 경영자가 다른 사람들을 성공적으로 관리할 수 없다면, 그 경영자의 조직에 대한 가치는 상당히 줄어든다. 그리고 바로 여기에 문제가 있다. 한 문화권에서도 직원들을 관리하고 동기부여를 시키는 일은 문제가 많은데, 서로 다른 문화의 직원들을 관리하는 것의 어려움은 어떨지 상상해 보라. 서로 다른 관습, 서로 다른 언어, 그리고 서로 다른 기대가 있다. 여기에서 어떻게 경영진들이 성공할 수 있을까? 본 장에서는 이러한 도전과제를 살펴본다. 종업원 행동에서 근로가치관의 역할뿐 아니라, 존재하지만 잘 보이지 않는, 특히 신규 경영진들에 의한 심리적 계약을 다룬다. 또한 한 문화권에서 효과적인 보상이나 인센티브가 다른 문화권에서는 실패할 수 있음을 살펴본다. 전체적인 초점은, 독특하거나 다른 환경에서 어떻게 경영자들이 사람을 관리하는 능력을 증진시킬 수 있을지에 있다.

### 차례

## 응용



전 세계 직장에서 직원들의 동기부여에 관한 조언은 늘 쉽게 접할 수 있다. 예를 들어 태국에서는 개인 성과급을 이용하면 집단 협력을 중시하는 사회적 관습에 반하고, 서로 공개적으로 경쟁하는 것을 꺼려하여 종업원의 생산성 증가가 아니라 사실상 하락을 초래한다. 네덜란드에서는 공식적으로 서로 경쟁하도록 할 수 없다. 멕시코에서는 모든 것이 개인적 문제인데 외국인 경영자들은 이를 잘 알지 못한다. 일이 잘 진척되려면 경영자는 상사이기 이전에 강사이자 선생님, 또는 부모의 역할마저 감당해야 한다.

또한 영국에서 경영진의 성과를 높이기 위해서는 경영자들이 직무 환경보다 직무 내용에 더 초점을 두어야 한다고 알려져 왔다. 영국과 캐나다 기업들은 그들의 직원들을 주로 금전적 인센티브를 통해서 동기부여를 한다. 반면 독일과 네덜란드 회사들은 고용안정성과 복리후생을 제공하는 데 더 초점을 둔다. 동시에 인도네시아와 한국 기업들은 엄격하고 독재적인, 모두의 위치를 알 수 있는 조직의 위계를 선호한다. 스웨덴과 노르웨이 회사들은 비공식성, 권력의 분배, 상호이익을 강조한다. 독일과 같은 나라들은 공식성과 엄격한 위계질서를 권력 분배 및 모든 종업원들을 위한 상호이익 보장과 결합한다.

불행히도, 종업원 동기부여에 관한 많은 모델이 있지만 국가 간의 차이에 대해 심도 있게 고려하는 모델은 거의 없다. 그러면 경영자들은 무엇을 해야 하는가? 우선 그들은 지역의 작업 환경에 대한 이해를 확장시킴으로써 준비할 수 있다. 이것은 지역의 직업 가치와 목표는 물론 지역 커뮤니티에서 보여진 심리적 계약을 이해하는 것을 포함한다. 게다가, 경영진들은 경영자 역할의 다양성을 이해해야 한다. 즉, 서로 다른 문화마다 인센티브와 보상시스템을 포함하여 경영자들이 해야 할 일 또는 하지 말아야 할 일들에 대한 사람들의 기대를 이해해야 한다는 것이다. 이러한 방식으로 경영자들은 "아웃사이더"가 되는 대신에 세계적 기업에서 성공할 수 있는 기회를 늘릴 수 있다. 다른 문화권에 직무를 배정받은 많은 경영자들이 결코 그곳에서 내부자가 될 수 없지만, 그 지역의 작업장이 어떻게 돌아가는지에 대한 단순한 지식이 있다면 그들의 직무가 보다 수월해지고 생산성이 높아질 것이다. 이에 대한 탐색을 개인적인 근로가치관과 목표를 살펴봄으로써 시작하도록 하겠다.

## 일의 세계 The world of work

전 세계 노동자들이 어떻게 구성되는지와 상관없이, 직장에서 사람들을 이해하는 것은 매우 큰 주제이다. 하지만 이것을 좀 더 작은 단위로 쪼개서 보면 좀 더 다루기가 쉬워진다. 아마도 그 지역의 우세한 가치와 신념을 이해하는 것부터 시작하는 것이 가장 좋을 것이다. 여기에 대한 이해를 늘리는 것이 외부자들이 내부자가 되기 위해 노력하는 가장 효과적인 방법 중 하나가 될 것이다. 따라서 본 절에서 두 가지 기본적인 질문을 할 것이다. 첫째, 근로가치관 측면에서 전 세계 직장 간의 사람들의 중요한 차이점은 무엇인가? 둘째, 이 사람들의 삶에서 일이 얼마큼 중요한 것인가? 같은 문화권 안의 사람들이 분명히 많은 측면에서 다를 수 있지만, 대부분의 문화는 그 지역 종업원들의 노동 생활에 대한 개념적 틀을 제공하는 핵심적인 문화 특성을 보여 준다.

### 근로가치관과 목표

기초적인 질문으로 시작하도록 하자. **사람들은 왜 일을 하는가?** 이 질문은 개인의 근로가치관에 대한 주제의 핵심이 된다. 일에 있어서 사람들이 진정으로 가치 있게 여기는 것이 있다면 그것은 무엇인가? 무엇이 사람들로 하여금 일하러 가도록 동기를 부여시키는가? **근로가치관(work values)**은 바람직한 최종 상태 또는 바람직한 최종 상태를 추구하기 위한 행동방식에 대한 개인의 신념을 반영한다. 따라서 근로가치관은 개인이 그들의 행동을 결정하고 다른 사람들의 행동을 평가할 수 있는 기준과 가이드라인을 제공해 주는 유용한 역할을 한다. 개인의 근로가치관은 개인과 종업원 그룹이 그들의 직무 노력에 있어서 무엇을 가장 중요하게 여기는지를 알려 주는 신호가 되기 때문에 중요하다. 또한 근로가치관은 종업원들 노력의 질과 초점, 그리고 다양한 종업원들이 직무 동기부여 전략에 반응하는 방식에 영향을 미친다(그림 9.1 참조). 전체적으로 여기에서의 초점은 어떻게 개인의 가치관이 조직목표 달성에 기여하려는 직원들의 의지와 준비성에 영향을 미치는지를 이해하는 것이다.

개인의 근로가치관은 오랜 시간 동안 비교문화 관점에서 체계적으로 연구되어 왔

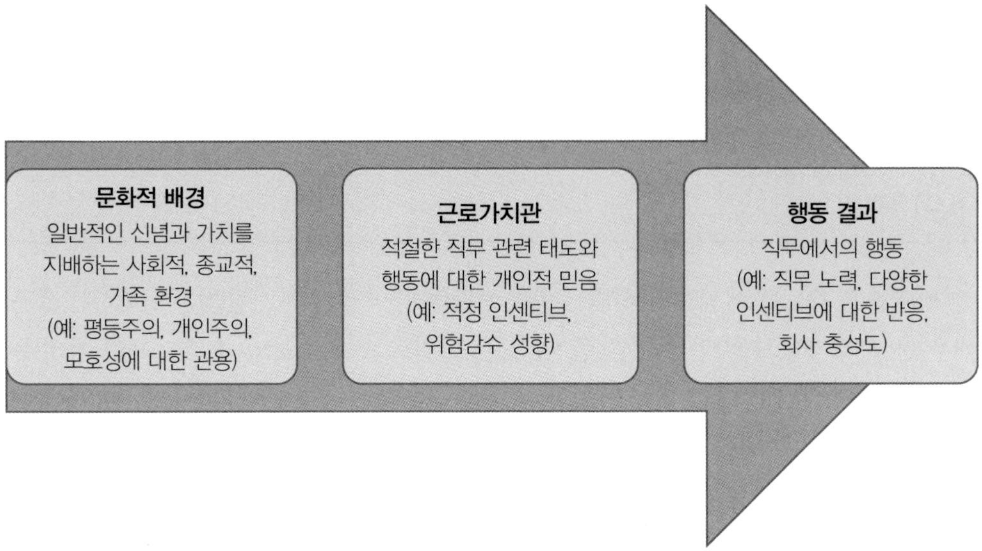


**그림 9.1** 문화, 근로가치관, 행동

다. 최초 연구 중 하나는 조지 잉글랜드(George England)에 의해 수행되었다.[2] 그와 그의 동료들은 그러한 가치관이 종업원 행동에 미치는 영향에 초점을 두었고, 그들이 연구한 다섯 국가의 경영진들 간의 유의미한 차이점을 발견하였다. 미국의 경영자들은 실용주의 및 성취 지향성과 요구된 역량에서 높은 경향이 나타났다. 그들은 이윤 극대화, 조직 효율성, 그리고 생산성에 높은 가치를 두었다. 일본과 한국 경영자들 또한 실용주의, 역량, 성취에 높은 가치를 두었으나 이윤 극대화보다는 조직의 성장을 더 강조하였다. 인도의 경영자들은 도덕적 지향성, 변화보다는 안정성 추구, 지위와 존엄성, 명성의 중요성, 그리고 조직 명령의 준수를 강조하였다. 마지막으로 호주 경영자들은 도덕주의적 및 인본주의적 지향성을 강조하는 경향이 있었고, 성장과 이윤 극대화 모두를 강조하였으며, 충성심과 신뢰에 높은 가치를 두었고, 개인의 성취와 성공, 역량, 위험에는 더 낮은 가치를 두었다.

이러한 잉글랜드와 그의 동료들의 초기 연구는 "일의 의미(the Meaning of Work)" 프로젝트라고 불린 경영의 가치에 대한 후속 국제 연구의 기초를 형성했다.[3] 이 연구는 벨기에, 독일, 이스라엘, 일본, 영국, 미국의 산업화된 여섯 국가에서 개인과 그룹이 일에 대해 부여하는 의미를 밝혀내기 위해 수행되었다. 이 연구에서 일본은 미국인과 독일인에 비해서 일이 그들 삶의 주요 관심사인 사람이 더 많았다, 미국과 독일 사람들은 여가와 사회적 교류에 더 높은 가치를 두었다. 높은 비율의 미국인들이 일을 의무사항으로 여겼다. 일본 근로자들은 유럽과 미국인 근로자들보다 일로부터 얻는 개인의 경제적 성과에 더 적은 관심을 보였다.

비록 개인의 근로가치관이 비교적 변하지 않는 속성으로 여겨지기는 하지만, 완전 불변의 것은 아니며 시간이 흐르면서 변화할 수 있다. 이것을 최근의 관찰에서 볼 수 있는데, 그것은 많은 나라의 젊은 근로자들(예: 캐나다, 일본, 프랑스, 미국 등)이 그들의 전통적인 직업윤리를 잃어 가고 있다는 것이다. 그 대신 그들은 일과 가정 사이에서 또는 일과 여가 사이에서 더 많은 균형을 추구하였다. 게다가 때때로 그들은 단지 더 적은 일을 추구한다. 고용주들에 대한 헌신은 감소한 반면 보상이나 책임 측면에서 직무에 대한 기대감은 증가하였다. 이러한 추세가 정확하고 보편적인지, 또는 그 반대인지는 논쟁의 여지가 있다. 단 여기서 중요한 것은 경영자들은 고정관념(예: "한국인들은 모두 열심히 일한다")을 피할 책임과, 필요할 때에는 변화하는 환경에 적응하는 것을 배워야 할 책임 모두를 가지고 있다는 것이다. 즉 유연성과 자각이 중요하다.

동시에, 작업 환경과 경영자의 기대는 모두 천천히 변하고 있다. 예를 들어, 어떤 국가에서는 종업원들이 그들과 그들의 동료들에게 영향을 주는 조직의 주요 결정사항들에 대해 더 많은 참여를 이전보다 더욱 많이 요구한다. 한국과 같은 일부 국가에서의 새로운 노동법은 이러한 경향을 강화시킨다. 그러나 동시에 프랑스나 미국과 같은 다른 정부에서는 종업원 복리후생, 직무 규칙, 안정성을 줄이려는 시도를 함으로써 반대방향으로 가는 경향을 보인다.

## 일과 여가

여기서 해야 할 두 번째 질문은 종업원들의 삶에서 일이 얼마나 중요한가이다. 보다 직설적으로 표현하면, **사람들은 일하기 위해 사는가 아니면 살기 위해 일하는가?** 이것의 사례로 저자들 중 한 명인 덴마크의 동료에 의하면 덴마크인과 독일인의 기본적인 차이점은 독일인들은 일하기 위해 살고 덴마크인들은 살기 위해 일한다는 점이다(이에 대한 독일인들의 반응이 궁금하다). 게다가 우리는 종종 미국인들이 유럽인들보다 열심히 일한다고 듣는데, 이러한 이야기는 런던이나 베를린보다 뉴욕에서 더 잘 들을 수 있는 말이다. 또한 그 누구보다도 일본과 한국 사람들이 열심히 일한다는 이야기를 많이 듣는데, 이것은 동서양 많은 곳에서 듣는 이야기이다. 사실상 모두 누가 가장 열심히 일하는지에 대한 의견을 갖고 있는 것 같다.

"사실"을 살펴보도록 하자. 한 연구에 의하면, 미국과 일본 종업원들은 연간 평균

**그림 9.2 일부 국가에서의 휴가 정책**

| 국가 | 전형적 연간 휴가 제도 |
|---|---|
| 프랑스 | 연간 각 한달 풀 근무당 2.5일 유급휴가. |
| 독일 | 6개월 근무에서 18일 근무일수당 유급휴가. |
| 홍콩(중국) | 같은 상사 하에서 12개월 연속 근무당 7일 유급휴가. |
| 인도네시아 | 12개월 풀 근무 후 12일 유급휴가. |
| 이탈리아 | 근무기간에 따라 다르지만, 대개 4~6주 유급휴가. |
| 일본 | 이 기간의 약 80퍼센트 이상 일했다는 전제 하에, 12개월 연속 근무당 10일 유급휴가. |
| 말레이시아 | 근무기간에 따라 다르지만, 보통 8~16일 유급휴가. |
| 멕시코 | 6일 유급휴가. |
| 필리핀 | 5일 유급휴가. |
| 사우디아라비아 | 같은 고용주 하에서 12개월 연속 근무 완료 후 15일 유급휴가. |
| 싱가포르 | 12개월 연속 근무당 7일 유급휴가. |
| 영국 | 법으로 명시된 바는 없음. 가장 많은 봉급을 받는 자는 5주의 유급휴가; 개인 노동 계약에 기반한 유급휴가. |
| 미국 | 법으로 명시된 바는 없음. 대체로 근무기간과 직무기능에 따라 다르다. 보통 연간 5~15일 유급휴가. |

출처: Based on Arvind Phatak, Rabi S. Bhagat, and Roger Kashlak, *International Management: Managing in a Diverse and Dynamic Global Environment* (New York: McGraw-Hill/Irwin, 2010), p.125.

1,800시간을 일한다. 이는 두 나라의 많은 종업원들이 자주 상당한 초과근무를 한다는 사실을 간과한 수치이다. 일본에서 이것은 "자유 초과근무"(필요로 하지만 보상이 주어지지는 않는)라고 불리어진다. 실제로 추정되기를 30세에서 40세 사이의 일본 직원들의 거의 절반이 주당 60시간을 넘게 일하고 단지 40시간치 보상을 받는다. 반면 동일 연구에 의하면 독일 종업원들은 연평균 1,440시간을 일한다. 또한 공식적인 휴가 정책에 있어서도 나라마다 차이를 보이는데, 아시아의 1~2주에서부터 유럽에서의 4~5주까지 다양하다(그림 9.2 참조). 그러나 이 논쟁에서 풀리지 않은 의문점은 다른 사람보다 열심히 일하는 것이 영예의 증표인지, 불가피한 것인지, 아니면 어떠한 심리적 기능부전 문제인가에 대한 것이다.

미국의 근로자들에 대한 2015년 여론조사에 의하면, 한 해에 추가 20,000달러를 받는 것과 추가 4주의 휴가를 더 받는 것 중에서 선택하라고 했을 때 응답자 중 66퍼센트가 추가 소득을 선호했다.[5] 또한 일이 종업원 복지에 미치는 영향을 생각해 보자. 많은 유럽인들이 휴가시간에 더 비중을 둔다면 많은 미국인들은 돈으로 살 수 있는 소비재에 더 가치를 두었다고 볼 수 있다. 일의 속도가 빨라짐에 따라, 증가하는 직무 스트레스로 인해 남녀 모두에게서 심장 관련 질환 등의 건강 관련 문제들이 늘어나고 있다. 성공에 대한 압박감과 경제와 고용안정에 대한 걱정들이 미국 근로자들을 흔히 반대의 방향, 즉 더 많은 일과 더 적은 여가의 방향으로 가게 한다.

비록 매우 단순해 보일지라도 일 대 여가의 수수께끼는, 특히 일의 세계와 관련 있을 때 문화적 차이를 잘 보여 줄 수 있다. 이것은 사람의 삶에서 일이 얼마나 중요한지를 나타내 준다. 그러나 일이냐 여가이냐에 대한 논쟁은, 세계화로 인한 사회적 경제적 결과라는 더욱 큰 범위의 논쟁의 일부분일 뿐이다. 앞에서 언급했듯이, 많은 사람들은 다음에 대해 옳게 또는 틀리게 믿는데, 가속화되는 세계화와 새로운 세계 경제의 경쟁 강도는 기존에는 상상할 수 없었던 방식으로 사람들의 삶을 변화시키고 있다. 여기에서 열린 질문으로 둘 수 있는 것은 이러한 변화들이 더 좋은지 나쁜지에 대한 것이다.

### 응용 9.1 필리핀의 콜센터

전자 아웃소싱은 20년간 성장하는 산업이었다.[6] 이 기간 동안 인도가 그 산업의 대부분을 통제하였지만 최근에 필리핀이 인도를 제치고 세계의 콜센터 중심지가 되었다. 전문가들은 필리핀 산업이 약 250억 달러의 수익을 창출하고, 필리핀 경제의 약 10퍼센트를 차지하며, 해외에서 일하는 1,100만 필리핀 간호사, 선원, 음악인, 그리고 다른 사람들에 의해 고국으로 보내질 만큼의 총액이라고 추정하였다.

대부분의 필리핀 사람들은 영어를 매우 잘하며 이것은 진정한 자산이다. 게다가 "우리의 문화는 서양인들과 매우 비슷하다"고, 마닐라에 살며 콜센터를 운영하는 프레드 추아(Fred Chua)는 말한다. 샌프란시스코에 있는 사촌이 회사를 위해 열심히 홍보하고 있다고 프레드는 말했다.

이 산업에서 직원들의 이직은 평균 60퍼센트 정도로 매우 높은데, 이는 일반적으로 1월에 근무를 시작하면 7월에는 떠난다는 의미이며, 이 직업이 얼마나 스트레스가 많고 힘든지를 말해 준다. 그러나 콜센터 직원은 마닐라 은행 텔러의 평균 연봉의 2배를 받기에, 상대적으로 좋은 임금 수준 때문에 시장으로 계속 사람들을 불러 모은다. 그리고 미국과 유럽 회사들은 전에는 주로 법률 비서, 신입 회계사, 의료 직원들이 했던 정교한 직무를 점점 더 필리핀 전문가에게 아웃소싱하고 있다.

이 모든 것에도 불구하고, 북미와 서구 유럽의 고객들은 지속적으로 해외 콜센터와 일하는 것에 대해 불만을 갖고 있다. 그들은 종종 커뮤니케이션의 어려움을 느끼고 문제를 해결하는 데 힘든 시간을 갖는다. 콜센터 직원들은 때때로 그들의 제품을 이해하지도, 빠르게 문제를 해결하거나 결정을 내리지도 못할 때가 있다.

다음에 대해 생각해 보자.

(1) 여기에서 알게 된 내용에 따르면, 콜센터에서 일하는 직원들은 착취당하는가? 만약 그렇다면 어떻게 그러한가?

(2) 저자 중 한 명의 최근 경험은 무언가를 깨우쳐 준다. 저자는 마이크로소프트 컴퓨터 소프트웨어와 다른 회사의 케이블 인터넷 문제 둘 다에 대해 기술적인 도움이 필요했다. 두 회사의 콜센터는 모두 마닐라에 있었다. 마이크로소프트 콜센터는 최상의 서비스를 제공했으나, 케이블 인터넷 제공자는 그렇지 못했다. 비슷한 문화권의 비슷한 직원들에게 그러한 차이는 왜 일어나는 것일까?

(3) 이들 콜센터의 임금 수준이 매우 좋은데, 왜 직원들의 이직률이 높은가? 경영자로서, 이러한 이직을 감소시키기 위해 무엇을 할 것인가?

(4) 당신이 콜센터의 경영자라면, 좋은 성과를 내기 위해 어떠한 경영 또는 동기부여 시스템을 채택할 것인가? 당신의 행동과 계획에 문화가 영향을 미칠 것인가? 설명하라.

## 문화와 일의 심리 Culture and the psychology of work

한 단계 더 깊이 들어가면, 개인과 개인의 특정 문화적 배경 안에 속한 사회 심리적 과정이 어떻게 태도와 직무 행동에 영향을 미칠 수 있는지 탐색할 수 있다. 이것은 매우 복잡한 주제가 될 수 있기 때문에, 여기에서는 소수의 몇 가지 인지적 과정에만 집중할 것이다. 심리적 계약, 기대 및 평등과 공정성, 인과 귀인, 그리고 위험과 불확실성에 대한 것이다.

### 심리적 계약

**심리적 계약(psychological contract)**은 교환 관계에서 사람들 간의 암묵적인 이해이다(그림 9.3 참조). 직장에서 이것은 상사와 직원 간 임금협상에 대해 인지된 합의에서 가장 흔하게 볼 수 있다. 즉, 직원들의 재능, 노력, 헌신, 성과에 대한 대가로 연봉, 복리후생, 고용안정성 등의 형태로 직원들에게 어떠한 이득이 제공되는가? 이러한 계약은 동료나 팀 구성원들 간의 상호합의에서도 볼 수 있다. 심리적 계약은 개인이나 그룹 간의 상호이해이지만 아무것도 문서화되지 않았다는 점에서 미약하고 명확하지 않을 수 있다. 인지와 신뢰가 상호이해에 중요한 역할을 한다.

다른 나라의 회사에 영업이나 마케팅 담당으로 계약한 외국인들의 도전을 상상해 보자. 조직이 그들에게 기대하는 것은 무엇인가? 그들의 동료 영업담당자들이 그들에게 기대하는 것은 무엇인가? 그들은 주중 업무에 대해서만 보상을 받으면서도 사업 안정

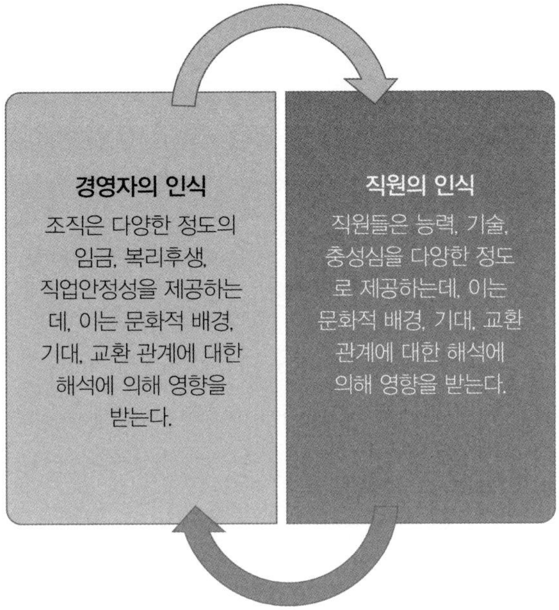


그림 9.3 문화와 심리적 계약

을 위해 야근과 주말 근무까지 하기를 기대 받는가? 그들이 판매 할당량을 달성하거나 초과하기를 기대 받는가? 그들은 그들의 승진 차례를 기다려야 하는가, 아니면 할 수 있다면 선배 동료들을 앞질러 가야 하는가? 간단히 말해서, 그들의 고용과 성과를 다스리는 문서화되지 않은 규칙은 무엇인가?

심리적 계약이 중요해진 이유는, 심리적 계약은 직무 성과에 영향을 미치면서도 신규 경영자가 보통 모르는 정보를 포함하고 있기 때문이다. 새로운 직무를 시작하기에 앞서 가능한 한 내부 지식을 많이 얻는 조언들이 도움이 된다. 이러한 계약들을 완전히 이해하는 것은 불가능하겠지만, 기본을 파악하고 있는 것만으로도 외부자에서 내부자로 가는 데 도움이 된다.

## 기대, 평등성, 공정성

개인의 인지와 기대에 대한 문화의 영향은 오늘날 조직 행동 연구에서 중요한 원동력이 된다.[7] 이 이론들은 주로 다음의 가정을 기반으로 하는데, 사람들은 그들의 기대와 그들의 문화가 기반이 된 세계관에 근거하여 그들의 행동에 대한 합리적인 선택을 하는 경향이 있다는 것이다. 이러한 선택들은 직무 관련 결과들과 직무 태도에 영향을 미친다.

대다수의 인지 이론들은, 그와 관련한 실증 연구들과 함께 북미에서 나오지만, 또 많은 연구들이 그 외의 다른 지역에서 이 모델의 외부 타당성을 실험하기 위해 수행되었다.

사람들의 문화적 환경이 종종 그들의 희망과 기대에 영향을 준다는 사실을 연구들이 증명해 왔다.[8] 이와 같이 사람들이 열심히 일한 것에 대한 보상으로 기대하거나 선호하는 것 또한 어느 정도는 문화적인 기반이 깔려 있는 것이다. 연구를 통해 많은 서양 국가들에서 **공정성 원칙(equity principle)**을 규명했는데, 그것을 통해 사람들은 그들과 그들이 자신과 비교하는 다른 사람들 간의 공정성을 달성하거나 회복하려는 동기부여가 된다. 공정성 원칙은 **평등 원칙(equality principle)**과는 다른데, 평등 원칙은 모든 사람이 노력이나 생산성과 상관없이 균등하게 보상을 받아야 한다는 논리이다. 두 가지 원리 모두 "공정성"에 초점을 두기는 하지만 매우 다른 방식으로 정의하고 있다.

어떤 연구자들은 공정성 원리는 문화와 관련이 있다고 주장해 왔다.[9] 특히 아시아와 중동에서는 개개인이 사회적 조화의 관점을 보존하기 위해 명백한 불공정성도 받아들이는 사례를 볼 수 있다. 예를 들어, 일본이나 한국에서는 같은 일을 해도 남녀 간에 종종 임금 차이가 있다.[10] 혹자는 공정성 이론에 따라 이런 불공정성 상태가 여성 종업원들에게 발생하여 앞서 언급한 것과 같은 불공정성 해결책이 도출된다고 생각할 수 있을 것이다. 그러나 많은 경우에 그러한 인지된 불공정한 상태는 발견되지 않았고, 따라서 이론에 의문을 가지게 된다. 여기에서 타당한 설명은 아마도 여성 직원들이 남성이 아닌 다른 여성을 그들의 비교대상으로 보았다고 할 수 있을 것이다. 따라서 모든 여성들이 동일하게 취급된다면 공정성 인식 상태가 존재할 수 있을 것이다. 이것은 이 여성들이 "동일하게" 느낀다는 것이 아니고, 그들의 여성 참조 그룹과 비교했을 때 다른 이들이 받는 것만큼 받는다는 것이다. 평등이 아닌 공정성의 상태가 존재하는 것이다.

이러한 문화적 독특성 때문에 경영자와 직원들의 용인되는 행동에 적어도 두 가지 문화적 한계가 발생된다. 첫 번째 한계는 문제 분석에 초점을 둔다. 다시 말해, 문화적 동력은 때때로 문제들이 경영자와 직원 모두에 의해 어떻게 발견되고 이해되는지에 많은 영향을 끼친다. 사실상 어떠한 것이 문제로 보이는지 여부를 결정하는 것을 돕기도 한다. 예를 들어 어떤 나라(예: 싱가포르)에서 경영자들이 직원의 잦은 결근 문제를 굉장히 심각한 것으로 본다면, 다른 나라(예: 스웨덴)에서는 이러한 행동을 좀 더 직원의 개인적인 문제로 보고 보다 넓어진 제한 속에서 받아들일 수 있는 것으로 본다. 이 두 문화에서의 쟁점은 잦은 결근이 좋은지 나쁜지에 대한 것이 아니고, 다른 행동에 비교했을 때 그 문제의 심각성 정도에 대한 것이다.

게다가 문화적 동력은 조직, 경영진, 직원들 편에서 받아들여질 만한 가능한 해결책이나 선호되는 결과의 다양성에 영향을 미칠 수 있다. 직원들의 결근에 대한 예시를 다시 보자면, 어떤 문화(예: 싱가포르)에서의 경영자들은 직원들이 결근했을 때 엄격한 처벌 행동(예: 재무적 불이익이나 계약 종결)을 합당한 것 또는 바람직한 것으로 볼 수 있다. 다른 문화(예: 스웨덴)에서는 이것을 결근의 이유에 대한 이해가 결여된 너무 가혹한 행위로 여길 것이다. 이런 문화에서는 계약 종결이 아닌 상담의 방법을 받아들일 것이다. 또 다른 문화(예: 이집트)에서는, 결근은 개인의 통제 밖에 있다고 믿기 때문에 경영진에게 합법적 사안이 되지 않아야 한다고 여겨서 아무런 행동도 취해지지 않을 것이다.

## 인과 귀인

경영과 동기부여에 관한 서양의 이론에서 한계가 있는 중요한 부분은, 개인의 판단의 과정에 있어서 **인과 귀인(causal attribution)**의 역할이다. 귀인이론은 영국계 미국인 대학생을 중심으로 한 실험 연구에 기반하여 주로 북미에서 발전되었다.[11] 이 이론은 어떻게 개개인이 그들 주위에서 일어나는 사건들을 해석하고 이해하려 하는지에 초점을 둔다. 미국 연구에서 반복적으로 실증된 이 이론의 한 측면은 **자기 고양적 편향(self-serving bias)**이라고 불리는데, 이것은 팀 상황에서 리더들은 팀의 성공 원인은 그들에게 돌리고 팀의 실패 원인은 다른 이들에게 돌릴 것이라고 주장하는 것이다. 따라서 경영자는 본인의 업무팀이 자신의 리더십 기술 때문에 성공했다고 결론짓는 것이다. 같은 경영자는 반대로 본인의 팀이 실패하면 본인이 최선을 다했지만 팀의 태만 때문에 그렇게 되었다고 결론 내릴 것이다.

그러나 한 연구에 의하면 이러한 과정은 문화적 차이에서 비롯된 것이다.[12] 한국인과 미국인들을 비교한 이 연구에서는 자기 고양적 편향이 미국인 표본에서만 지지되었고 한국인 표본에서는 지지되지 않았다. 유교적 전통에 따라 한국 리더들은 팀 집단의 실패에 책임감을 느꼈고 팀의 성공은 팀 구성원들의 능력으로 공을 돌렸다. 그런데 이것은 미국인들과는 반대된 것이었다. 따라서 동기부여 이론은 그 이론적 기초가 있다 할지라도, 국가 간의 외부타당성을 고려한 확증을 내리기 전에 문화적 다양성을 염두에 두어야 한다.

## 위험과 불확실성

위험과 불확실성과 관련된 문제들은 조직 모든 수준의 사람들이 불확실성을 피하거나 받아들이는지의 정도에 초점을 둔다. 3장에서 보았듯이 홉스테드는 불확실성 회피성향에 대해 명시했는데, 이것은 위험 감수 부족에 대한 그의 용어이고, 총체적으로 서로 다른 문화들 간 차별화시키는 주요 변수이다. 개인의 근로가치관과 마찬가지로 기대, 인과 귀인, 위험과 불확실성은 문화적 차이에 의해 어느 정도 영향을 받을 수 있다. 예를 들어, 문화적 차이는 기본급과 변동급에 대한 직원들의 선호 정도에 영향을 미치는 것으로 나타났다. 가령, 보다 위험 지향적인 미국인 경영자들은 흔히 그들의 급여의 100퍼센트를 변동급으로 전환할 의사가 있지만, 보다 위험 회피적인 유럽 경영자들은 전환 시 대개 10퍼센트를 넘기지 않을 것이다.[13]

마찬가지로 문화적 다양성은 금전적 또는 비금전적 인센티브에 대한 직원들의 선호도에 영향을 미칠 수 있다. 따라서 스웨덴 사람들은 보통 우수한 성과에 대해 추가 수입보다 추가 휴가를 선호하지만(부분적으로는 높은 세율 때문이기도 하다), 같은 선택이 주어지면 일본 사람들은 금전적인 인센티브, 특히 팀 기반 인센티브를 더 선호할 것이다. 일본 근로자들은 그들의 16일(프랑스와 독일은 35일) 휴가 중에서 약 절반만 쓰는 경향이 있다. 가능한 휴가를 모두 쓰면 팀에 대한 헌신이 부족한 것으로 보일 수 있기 때문이다. 일본 근로자들 중 휴가를 모두 사용하거나 초과근무를 거부하는 사람들은 흔히 *와가마마*(이기적인)로 낙인찍힌다.[14] 그 결과 *카로시*(과로사)는 일본에서 심각한 문제이며, 반면 덴마크, 스웨덴, 노르웨이 사람들은 휴가를 사용하는 것을 건강하고 행복한 삶을 위한 고유의 권한으로 여긴다.

### 응용 9.2 독일의 링컨 일렉트릭

링컨 일렉트릭이 미국에서 독일로 사업 확장을 시도했을 때의 사례를 생각해 보자. 링컨 일렉트릭은 오하이오 주 클리블랜드에 위치한 중견기업으로, 아크 용접 장비를 제조한다. 틀림없이 이것은 성공 사례이다.[15] 이 회사의 사업 전략은 단순하다. 그것은 가치 있는 고품질의 제품을 경쟁력 있는 가격으로 판매하고 뛰어난 고객 서비스를 제공하는 것이다. 링컨 일렉트릭 성공의 핵심은 안정적이고 근면하며 뛰어난 기술을 가진 노동력이다. 직원들로부터 최대의 생산성을 이끌어낼 수 있는 CEO와 다른 고위 경영자들에게 엄청나게 많은 보너스를 제공하는 나라에서 링컨이 설립되었다. 그리고 자기 결정권과 모든 직원의 동등한 대우라는 두 가지 원칙하에 계속 운영을 이어가고 있다. 무엇보다도 이곳은 성과급을 강조한다.

링컨 일렉트릭은 개인의 능력을 변함없이 존중하며, 동기부여가 잘 된다면 평범한 사람들도 비범한 결과를 달성할 수 있다고 믿는다. 또한 회사 차원에서 달성한 생산성은 고객들과는 저비용의 형태로, 직원들과는 고임금의 형태로, 주주들과는 더 높은 배당금의 형태로 나누어야 한다고 믿는다. 이 철학은 창업한 지 70년이 넘는 지금까지 불변이며 지속적인 인센티브 시스템의 형성에 의해 더욱 강화되었다. 링컨의 모든 직원들은 능률에 따른 임금제도(piece rate system)에 의해 임금을 받는데, 즉 그들이 생산하는 각 단위별로 임금을 받고 월급이나 시간별 임금을 받지 않는다. 그들은 유급휴가도, 유급병가도 없으며, 보너스나 상급자에 대한 직무안정성도 없다. 이 원칙은 관리자 직무의 특성상 작은 조정은 있지만 회사 사장을 포함한 모든 직원들에게 적용된다. 그러나 능률 임금을 받는 것에 더하여, 직원들은 그들의 개인적인 직무 성과와 회사 이익에 기반하여 많은 보너스를 받을 수 있다. 보너스는 성과에 따라 연2회 지급된다. 이 시스템 아래 직원 보너스는 1934년 이래로 매년 지급되었고, 회사 측에 따르면 이 회사의 직원들이 세계적으로 가장 높은 임금을 받는 블루칼라 노동자들이라고 한다. 사실상 직원들의 보너스는 연 임금을 초과하기도 하고, 따라서 그들 소득의 두 배가 넘기도 한다. 긴 회사 역사상 해고도 없었으며, 결근과 이직률 또한 업계에서 가장 낮은 수준이다. 실제로, 심한 폭설로 클리블랜드 공장이 멈췄을 때 링컨 직원들이 다시 가동시켰다고 전해진다. 게다가 높은 임금 수준에도 불구하고 링컨 일렉트릭의 직원들은 생산성이 높아서 이 회사는 다른 어떤 경쟁사들보다도 저비용의 구조를 가지고 있다.

최근에 링컨 일렉트릭은 사업을 국제적으로 확산시켜 신흥 세계 경제에서 더 큰 기업이 되고자 하였다. 링컨은 독일로 눈을 돌려 작은 독일의 아크 용접 장비 제조업체를 인수하였다. 그 인수 결정에 관여한 미국 경영진들은 아무도 국제 경험이 없었지만, 그들은 미국에서 그렇게 성공적이었기에 다른 곳에서도 마찬가지로 성공이 뒤따를 것이라고 믿었다. 그들의 첫 결정사항 중 하나는, 현지의 관습과 직무 제도를 가장 잘 이해할 수 있는 독일 현지의 관리자들을 보유하는 것이었다. 링컨 일렉트릭의 보상 시스템은 현지 상황에 적합하게 바뀌어 가고 개개인의 고양된 동기부여로 인해 생산성이 증가할 것으로 추정되었다. 그러나 현지의 독일 관리자들은 보다 집단주의 작업 문화에 익숙한 직원들에게 링컨 일렉트릭의 개인주의적인 인센티브 플랜을 도입하고 싶어 하지도 않고 할 수도 없음이 금세 명백해졌다. 결국은 미국의 본부에서 그것이 실행되도록 지시하였다. 직원들의 반응은 빠르고 결정적이었다. 새로운 시스템에 반하는 직원들의 불만과 함께 소송까지 일어나기도 했고, 새 시스템은 많은 사람들에게 착취적이고 비인간적으로까지 비쳐지기도 했다. 직원들은 그들의 삶의 질은 거의 보장받지 못한 채 더 열심히 일하도록 요구받았다. 많은 직원들은 능률 임금 개념을 거부하였고, 또 다른 이들은 높은 임금보다 추가의 여가 시간을 선호했으며 미국의 링컨 직원들만큼 열심히 일할 준비가 되어 있지 않았다.

독일 공장을 방문한 링컨 일렉트릭의 사장은 다음 사항을 관찰, 발견하였다.

독일 공장 근로자들이 좋은 기술을 가졌고 대부분 견실한 일꾼들임에도 불구하고, 그들은 우리 클리블랜드 공장 직원들만큼 열심히 일하지 않는다. 독일에서 공장 평균 주당 근로시간은 35시간이다. 반면 링컨 미국 공장에서는 43~58시간이며, 직원들에게 예고 없이 더 많은 시간을 근무하도록 요구할 수도 있다. 그리고 이러한 유연성이 우리 시스템을 작동시키는 데 매우 중요하다. 우리의 접근방식이 유럽에서 잘 통하지 않았던 이유 중 하나는 이러한 유연성의 부족 때문이다.[16]

독일에서의 불운을 돌아볼 때, 링컨 일렉트릭의 중역들은 그들로서는 놀라운 결론을 내렸다. "우리는 우리의 독특한 문화와 인센티브 시스템을 오랜 시간 자랑스럽게 여겼다. 회사가 수년간 쌓아온 헌신적이고 역량 있는 노동력과 함께, 이러한 문화와 인센티브 체계는 링컨의 경쟁우위의 주된 원천이었다. 우리는 이 인센티브 시스템과 문화가 해외에서도 적용되고 직원들도 빨리 적응하여 같은 효과를 낼 줄 알았다."[17]

다음에 대해 생각해 보자.

(1) 이 사례에서 심리적 계약을 어떻게 설명할 것인가?
(2) 직무와 보상 기대, 그리고 공정성 인식이 미국 회사와 독일 회사 직원들 간 어떻게 달랐는가?
(3) 미국의 (그리고 독일) 경영진들이 독일 회사의 동기부여 환경을 개선시키려면 무엇을 했어야만 했나? 그러한 시도가 얼마나 성공적일 것이라고 생각하는가?

## 인센티브와 보상 관리 Managing incentives and rewards

사람들은 일하는 노력의 결과로 무엇을 기대하는가? 성과 결과는 보상 구조와 마찬가지로 매우 다양할 수 있다. 일반적으로, 사람들이 인센티브를 제공받거나 좋은 성과에 대해 보상받을 때(안 좋은 성과에 대해서는 벌), 직원들은 이런 것들이 적절한지 적절하지 않은지, 받아들일 수 있는지 없는지 평가하고, 이에 상응하는 태도와 행동의 결과가 나온다. 이러한 긍정적이거나 부정적인 결과들이 경영자에게 중요하다면, 분명히 인센티브와 보상 시스템을 발전시키는 데 있어서 관심과 주의가 필요하다.

직원들이 조직을 대신하여 하는 노력의 대가로 그들에게 제공되는 결과와 보상의 다양성을 생각해 보자. 일반적으로 두 종류의 인센티브와 보상이 있다.

- **외재적 보상(extrinsic reward)**은 종업원들에게 좋은(혹은 나쁜) 성과에 대해 제공되는 보상(또는 처벌)이며, 대개 급여, 보너스, 복리후생, 직업안정성을 포함한다. 이것은 대부분 직원들의 성과의 결과에 따라, 종업원이 아닌 회사에 의해 "관리"된다.
- **내재적 보상(intrinsic reward)**은 본인의 직무를 만족스럽게 수행함으로써 나오는 보상이다. 이것은 대부분 본인에 의해 관리된다. 즉, 직원들은 직무를 잘 수행함으로써 자부심이나 만족감을 느끼게 되고, 열심히 일한 대가로 받는 휴가를 즐길 수 있다.

여러 문화를 살펴보면 보상 선호도는 어느 정도는 문화적 현상이라는 것이 명백해진다.

어떤 문화권에서는 고용 보장을 강조하는 반면, 다른 문화권에서는 조화와 사교적인 대인관계를 강조한다. 또 다른 문화에서는 개인의 사적인 부분과 존중을 강조한다. 예를 들어, 한 연구에서 전 세계 40개국에서 운영하는 다국적 전자기기 제조업체의 종업원들을 조사했는데, 종업원들이 좋은 성과에 대해 받기를 원하는 보상에 있어서 차이점은 물론 중요한 유사점을 발견했다.[18] 흥미롭게도 모든 나라에서 가장 중요하게 여겨진 보상은 인정과 성취를 수반하였다. 두 번째로 중요한 것은 임금과 근로시간과 같이 즉각적인 고용 환경과 직무 환경의 개선이었다.

그러나 선호하는 보상에 있어서 얼마간의 차이점도 나타났다. 영국과 미국과 같은 나라에서는 다른 나라의 근로자들에 비해 직무안정성에 낮은 가치를 두었다. 반면 프랑스와 이탈리아 근로자들은 안정성과 좋은 복리후생 혜택에 높은 가치를 두었고 힘든 일에는 낮은 가치를 두었다. 스칸디나비아의 근로자들은 "앞서가는 것"을 중요시하지 않고 대신 직무에서 다른 사람들에 대한 배려와 개인의 자유 및 자율성을 더욱 강조하였다. 독일 사람들은 안정성, 복리후생, 그리고 "앞서가는 것"에 높은 가치를 두었다. 일본 사람들은 개인의 성취에 대해서는 낮은 가치를, 좋은 작업 환경과 우호적인 직무 환경을 갖는 것에는 높은 가치를 두었다.

## 금전적 인센티브와 분배 공정성

전 세계에서, 특히 서양 쪽에서 사용되는 많은 성과급이나 인센티브 체계는 금전적 보상과 승진 기회를 개인, 팀, 심지어 조직의 성과에 직접적으로 연결시키려고 한다. 이러한 시스템을 택하는 경영자들은 그것을 평등이 아닌 공정성의 상태로 본다. 다시 말해 개인의 성과가 높을수록 보상이 더 커진다. 성과-보상 간의 단순 관계이다. 다른 문화에서는 보상이 팀 소속이나 팀의 노력에 기반해야 한다고 믿기 때문에, 평등을 강조한다. 모든 사람이 거의 같은 보상을 받아들인다. 특히 개인주의나 집단주의와 연관될 때, 이러한 차이가 있는 논리를 이해하기 위해서는 문화별로 **분배 공정성(distributive justice)**의 개념을 이해하는 것이 도움이 된다. 이것의 사례를 미국 다국적기업의 노력에서 볼 수 있는데, 덴마크 자회사의 영업담당자를 위한 개인 기반 보너스 체계를 만들기 위한 그들의 노력에서 볼 수 있다. 판매자들은 이 제안을 거절했는데 이는 다른 팀보다 특정 팀이 더 유리했다고 보았기 때문이다. 덴마크 직원들은 그들의 연봉에서의 퍼센트 계산으로 받는 것이 아니라 모든 직원이 동일한 보너스를 받아야 한다고 생각했고, 이것은 강한 평등주의를 반영하는 것이다.[19]

인도네시아 석유 노동자들에서도 비슷한 결과가 발견되었다. 개인 기반 인센티브 체계는 더 많은 논란을 야기했다. 한 경영자의 말이다. "인도네시아 사람들은 그들의 문화를 집단 프로세스로 관리하고, 모두가 팀으로 연결되어 있다. 팀 속에서 돈을 다르게 배분하는 것은 그다지 성공적이지 못했고, 따라서 성과급은 인도네시아에 적합하지 않다는 결론을 내렸다."[20] 미국인과 중국인, 러시아인, 인도인들을 비교한 연구에서도 비슷한 결과가 나왔다. 미국인들은 다른 세 나라 사람들보다 보상이 공평성이나 필요보다는 성과에 기반하는 것을 더욱 선호하였다.[21]

또한 일부 인센티브 제도의 기초가 시간이 흐르면서 정치적, 경제적 변화에 대응하여 변화했다는 것이 흥미롭다. 중국은 준자본주의 경제개혁을 안정적인 사회주의 정치적 상태와 혼합하려고 시도하는 나라의 사례로 자주 언급되곤 한다. 중국 경제는 사업가들이 정부 규제로부터 벗어나 창업하는 것을 허락받기 시작했을 때 상당한 발전을 보였다. 게다가 기존의 소유 사업 안에서, 인센티브와 동기부여의 개혁 모델이라고 불리는 것을 향한 움직임을 볼 수 있다. 따라서 중국의 전통적인 인센티브 모델과 새로운 개혁 모델 사이에 차이가 있는데, 전자는 평등주의가 강조되고 보상이 나이, 충성도, 성별에 기반하는 경향이 있는 반면, 후자는 실적이나 성과가 강조되어 보상이 자격, 훈련, 책임감 정도, 성과에 기반하여 이루어지는 경향이 있다. 그러나 일부 연구자들은 개혁 모델의 이상은 실제의 실행과는 조금 거리가 있다고 주장해 왔다.

일본에서는 서구 방식 성과급의 도입이 총 노동비용의 증가를 가져오곤 했다. 성과기반 보상제도를 도입한 회사들이, 위신을 잃고 팀의 조화를 해칠 것을 염려하여, 성과가 덜 나는 직원들의 급여를 갑자기 줄일 수 없었기 때문에 모두의 급여가 인상되는 경향이 있었다.

문화가 다른 인사제도뿐 아니라 보상제도에 영향을 미칠 수 있다는 것과 비슷한 결과들이 한국의 은행 직원들을 대상으로 한 연구에서도 나타났다.[22] 연구 대상인 한국의 두 은행은 일본과 미국의 은행들과 합작 투자로서 소유되고 운영되었다. 미국 합작 사업에서는, 미국의 인사정책이 한국 은행의 경영 관행을 지배한 반면, 일본 합작 사업에서는 일본식과 한국식 인사제도들이 혼합되어 나타났다. 일본 은행과의 합작 벤처에서의 종업원들은 미국 합작 벤처의 종업원들보다 좀 더 조직에 헌신적이었다. 게다가 일본 제휴 은행은 유의미하게 더 높은 재무적 성과를 달성하였다. 직원들은 직무 성과에 대해 항상 같은 보상이나 결과를 추구하지 않는다.

### 응용 9.3 멕시코의 링컨 일렉트릭

링컨 일렉트릭의 사례로 다시 돌아가 보자. 링컨 일렉트릭의 독일에서의 실망감은 곧 비슷한 시기에 일어난 멕시코의 자회사들과의 경험을 통해서 낙관론으로 대체되었다.[23] 회사는 멕시코시티에서 노조가 있는 제조공장을 샀다. 능률에 따른 임금제도(piece rate system)가 일반적으로 멕시코 근로자들에게 거부당함에도 불구하고(독일에서처럼), 링컨은 점진적으로 그 시스템을 도입하였고, 공장 근로자들과 다음의 논의만을 하였다. 처음에 직원들이 링컨 제도에 대해 의구심을 표했을 때, 경영진은 두 명의 멕시코인에게 자원하여 그 시스템을 시험운전 해 보도록 하였다. 시험하는 기간 동안 그 시스템하에서 돈을 잃지 않지만, 그들이 얻은 추가의 소득은 그들이 가져갈 수 있도록 보장해 주었다. 두 명의 직원들이 마지못해 시도하기로 했다. 곧, 두 직원이 그들의 동료들보다 더 많이 만들게 되자, 다른 직원들도 그 플랜에 동참하였다. 그 후 2년 동안 그 공장의 모든 사람이 점점 참여를 요청하였다. 오늘날 그 멕시코 시설은 링컨 인센티브 시스템하에서 지속해서 번영하고 있다.

링컨 일렉트릭은 독일과 멕시코에서의 경험을 통해 국가 간의 이동은 천천히 진행되어야 하고 반드시 현지 문화의 철저한 이해를 바탕으로 이루어져야 한다고 결론을 내렸다. 또한 다른 국가로 아이디어를 옮겨 심는 것은, 그것이 인센티브 시스템과 관련이 있건, 경영제도나 또 다른 것과 관련이 있건, 단지 직접적으로 관련된 직원들과의 완전한 의사소통 후에만 성공할 수 있다는 것도 배웠다. 이 사례를 돌아보면, 왜 그토록 미국에서 수십 년간 성공적이었던 링컨 일렉트릭의 인센티브 프로그램이 다른 두 나라에서 거부당했는지 놀라게 된다. 이 거절의 이유가 단지 문화적 차이에만 국한된 것인가, 아니면 다른 요인이 있는가? 만약 다른 원인이 있다면 그것은 무엇일까?

다음에 대해 생각해 보자.

(1) 왜 링컨 일렉트릭이 독일에서보다 멕시코에서 더 성공적이었는지 설명하라.
(2) 해외 회사에서 직원들을 동기부여 시키는 과제에 직면한 다른 기업과 경영자들이 여기에서 배워야 할 교훈은 무엇인가?

## 직원 복리후생

인사담당 간부들이 너무 잘 알듯이, 직원 복리후생은 어느 기업에서든 총 노동비용의 큰 부분을 차지한다. 이 비용은 일반적으로 급여의 33~50퍼센트를 차지한다. 이 간부들은 또한 이러한 복리후생이 문화에 따라서, 규모뿐 아니라 본질적으로 매우 다양할 수 있다는 것을 잘 안다. 주재원 파견이 줄어들고, 세계적 성장에 따라 전 세계적으로 현지 인재를 끌어들이려 함에 따라, 지역 특수성이나 관습을 무시하는 고용주들은 스스로 위험을 자초하는 것이다. 스톡옵션을 해외로 늘리는 기업들은 현지 세금 체계가 수입이나 동기부여의 이점을 크게 줄인다는 것을 종종 발견한다. 여기서 경영진의 묘책은 현지의 관습을 공부하고, 기업 이익을 현지의 상황과 연결시키며 일하는 것이다. 관습의 다양성 정도를 이해하기 위해, 다음의 예시를 고려해 보자.

- 전 세계 많은 지역에서, 과거 금융위기를 통해 종업원들은 401(k) 방식과 같은 이연보상에 큰 관심이 없다. 이연보상은 미국에서 노후 대책을 위해 흔히 사용되는 방식이다. 왜 폭락할 수 있는 주식이나 채권으로 보상을 받겠는가?
- 인도의 기업들은 종종 직원들의 고령 부모를 위해 비용을 지불한다.
- 중국에 있는 기업들은 직원들이 자가 주택을 구매할 수 있도록 주택 자금에도 도움을 주곤 한다.
- 인도와 러시아의 기업들도 그들의 직원들을 위해 주택 담보 대출을 해 주고 때로는 월 대출 비용의 일부를 지급해 주기도 한다.
- 일본과 필리핀 모두 종업원들은 전통적으로 임금 외에 월 가족 수당을 받는다[필리핀에서는 **쌀 수당**(rice allowance)으로, 일본에서는 *가조쿠 테아테*(가족 수당)라고 불린다].
- 많은 멕시코 기업들은 공해가 심한 멕시코시티와 다른 도시로부터 벗어나서 멕시코 해안지방의 태평양이나 걸프지역으로 여행할 수 있도록 **공해 탈출 여행**을 제공한다. 또한 멕시코에서는 어머니의 날이 주중에 있어서 대개 직원들은 하루 전체 휴가를 받아 어머니께 점심을 사드릴 수 있다.
- 브라질과 멕시코의 중역들에게는 납치되지 않고 보호받을 수 있도록 대개 방탄 창문을 지닌 기사가 운전하는 차량이 주어진다.
- 휴가 기간이 충분하지 않으면, 프랑스 고용주들은 명목상 요금으로 회사 소유의 스키 샬레와 해변 집들의 사용을 직원들에게 제공하기도 한다. 이러한 특전은 가끔 독일에서도 찾아볼 수 있다.
- 소송을 일삼는 미국 사회의 특성을 인지하여, 많은 미국 회사들은 직원 건강 보험을 하듯이 직원들의 법적 서비스 보험을 지급한다.

이것들은 중요한 – 그리고 때로는 돈이 많이 드는 – 복리후생 차이이다. 이것들을 받지 않는다면 현지 직원을 화나게 할 수 있고 더욱 극단적인 행동을 야기할 수도 있다. 이것은 세계적이기보다는 지역적 공정성의 문제이다.

### 응용 9.4 네덜란드 인텔의 회사 차량

네덜란드의 한 작은 첨단 기술 기업이 최근에 미국의 거대 전자 기업인 인텔에 매각되었다. 네덜란드의 전통과 일관되게 이 작은 회사는 개인 소득에 부과하는 네덜란드의 높은 세율을 상쇄시키기 위해 많은 중간관리자들에게 회사 차량을 오랫동안 제공해 왔다. 직원들의 눈에는, 이것이 그들 보상 패키지의 일부였다. 그러나 외부인들이 보기에는, 작은 신생 기업에서 새 BMW를 타고 다니는 경영자들이 늘어나는 것은 조금 과해 보였다. 인텔에 이 회사가 매각된 이후로는 인텔의 인사관리 중역들이 네덜란드 회사의 이 차량 관련 정책을 없애려고 하였다. 미국 모회사의 정책에 비해 너무 관대했기 때문이다. 그러나 많은 불만과 함께 몇몇 중요 인물들이 사임하자, 그 정책을 바꾸려는 시도가 무산되었다. 이 사례는 오늘날 글로벌 경영자들이 직면한 갈등과 과제를 보여 준다. 인텔 경영진들의 관점에서, 그들은 두 나라 간의 인사정책에 있어 공평함을 추구했다. 그러나 네덜란드의 관점에서는, 네덜란드에서 봉급의 수입 세율이 미국보다 훨씬 더 높기 때문에 회사 차량은 이 공평함의 일부였다.

다음에 대해 생각해 보자.

(1) 한 회사 내의 보상 시스템은 전 세계적으로 같아야 하는가, 아니면 각 나라별로 달라야 하는가? 이러한 각각의 접근법은 어떠한 문제를 일으킬 수 있는가?
(2) 인텔의 경우에서와 같이 국가 간 복리후생과 보상체계의 차이에 직면했을 때 글로벌 조직과 그 경영자들은 무엇을 할 수 있을까?
(3) 다국적기업에서 회사 본부에 앉아 있다면, 그 경영자는 세계 다른 지역에서 어떤 수준의 보상과 복리후생이 공평한 동시에 실용적인지 어떻게 알아낼 수 있을까? 당신이라면 어떻게 하겠는가?

마지막으로, 경영진들은 어떤 나라나 문화도 다른 것보다 절대적으로 선호하는 단일의 인센티브 체계가 있는 것이 아님을 기억하는 것이 중요하다. 다시 말해서, 거의 모든 문화권에서 내재적 보상과 외재적 보상의 조합을 사용한다. 다른 점이 있다면, 이 두 가지 간의 상대적인 균형의 차이이다. 어떤 문화권에서는 결국은 돈이 중요하다는 믿음으로, 구체적이고 주로 금전적인 것을 기반으로 하는 인센티브를 더욱 중시한다. 반면 다른 문화권에서는 물론 돈이 동기부여 수단으로 중요하다는 것을 인식하지만, 도전적이고 흥미로운 직무가 조직의 목표달성에 대한 개인과 집단의 기여를 극대화시킬 것이라는 믿음으로, 직무 설계와 종업원 참여와 같은 부분의 개발을 지원하고 강조한다. 어떠한 경우라도 경영진들은 문화적 차이에 영향을 받는 작업환경을 발견하고, 이해하고, 이에 반응해야 한다.

## 성별, 보상, 그리고 기회 Gender, compensation, and opportunities

많은 나라에서 남성과 여성 사이에 유의미한 임금 수준의 차이를 볼 수 있다. 이것은 문화적 차이와 상관없이 신념과 가치의 의견충돌 문제로 매우 빠르게 전환될 수 있기 때문에 어려운 주제가 될 수 있다. 다른 말로 하면, 이 논의가 나라별 기업들이 그들의 보상 정책에서 하고 있는 일에 초점을 두어야 하는가, 아니면 그들이 해야만 하는 일에 초점을 두어야 하는가? 또한 성별 간 임금을 비교할 때, 비슷한 직무(예: 조립라인 노동자, 마케팅 대표, 의료서비스 제공자 등)에서의 남녀 간 임금 차이를 논의하는 것인가, 아니면 스킬이나 자격요건이 비슷한 다른 직무(예: 선생님과 관리자)에서의 차이를 논하는 것인가? 남녀 동일임금 원칙의 쟁점인가?

여기에서 우리의 초점은 서로 다른 나라에서 직무 범주에 따라 남녀가 만들어 내는 기본적인 통계적 차이에 있다. 이를 위해 그림 9.4에 요약되어 있는 성별 임금 차이에 관한 OECD의 최근 연구를 보도록 하자. 여기에서 볼 수 있는 바와 같이, 성별에 따른 임금의 차이는 연구된 모든 나라에서 발견되었는데, 이는 뉴질랜드에서의 6퍼센트 임금 차이에서부터 한국에서의 40퍼센트 차이까지를 보인다. 이러한 차이의 일부는 일반적으로 정규직보다 임금이 적은 비정규직에 보다 많은 여성들이 있다는 사실로 설명될 수 있다. 또한 일부 국가에서는 성별 역할 기대와 규범 간의 차이로도 임금 차이가 설명될 수 있다. 일부는 단순한 직무 차별로도 설명될 수 있다. 이러한 점에서 그 어떤 나라도 평균적으로 남자가 여자보다 더 적게 벌지 않았다는 점이 주목할 만하다. 이는 이러한 임금 차이가 단지 우연에 불과하다는 인식을 반박하는 것이다.

**그림 9.4 국가별 성별 임금 차이**

| 국가 | 임금 차이(%) | 국가 | 임금 차이(%) | 국가 | 임금 차이(%) |
|---|---|---|---|---|---|
| 뉴질랜드 | 6 | 스웨덴 | 15 | 핀란드 | 20 |
| 벨기에 | 9 | 스페인 | 17 | 미국 | 21 |
| 폴란드 | 11 | OECD 평균 | 18 | 캐나다 | 22 |
| 그리스 | 12 | 체코 | 19 | 스위스 | 22 |
| 프랑스 | 12 | 포르투갈 | 19 | 독일 | 24 |
| 헝가리 | 12 | 아일랜드 | 20 | 일본 | 32 |
| 덴마크 | 14 | 영국 | 20 | 한국 | 40 |
| 호주 | 15 | | | | |

Note: 숫자는 국가별 남성과 여성 평균 임금의 차이 비율을 나타내고, 남성 임금 기준으로 나타냈다.
출처: OECD의 자료, *Women and Men in OECD Countries* (Paris: OECD, 2013), pp. 15–18.

경영이나 동기적 관점 둘 다에서 이러한 논쟁은 다음과 같은 이유로 다루기가 어렵다. 글로벌 경영자가 해외에 파견되면 보상 정책에 대한 그들의 철학이 무엇이며 무엇이 되어야 하는가? 그들은 기존 현지의 임금 패턴(예: 비슷한 직무에서 남성보다 여성에게 더 낮은 임금을 지급)을 따라야 하는가, 아니면 그들 고국에서 우세한 동일직무-동일임금의 원칙을 적용해야 하는가? 간략히 말해서, 글로벌 경영자들이 지역 문화에 의해 규정된 지역 규범을 따르기 위해 노력해야 하는가(특수주의), 아니면 본국의 신념과 가치를 따르는 변화의 동인이 되어야 하는가(보편주의)? 이 가치 갈등은 외국에서 일하는 경영자들이 직면한 또 하나의 시험대를 보여 준다.

### 응용 9.5 중국 여성근로자

중국 노동력의 46퍼센트를 여성이 차지하는데, 이는 대부분의 서양 국가들보다 높은 비율이다. 대체로 이것은 마오쩌둥이 말한 유명한 격언 "여성이 하늘의 절반을 떠받친다"라는 말로 더 많은 여성을 노동력으로 끌어 오려는 마오쩌둥의 노력으로 거슬러 올라갈 수 있다. 최근에 중국은 일반적으로 다른 동아시아 국가들보다 여성들에게 더 개방적이라고 인식되어 왔다. 베이징의 한 중국 여성 투자 은행가는, 여성이 진정한 대우를 받길 기대한다면 "너무 순종적으로 보여서는 안 된다"고 말한다.[24] 젊은 중국 여성들이 시골을 떠나 번창하는 해안 벨트에 있는 전자 공장으로 몰려들었고, 단조로운 삶을 살았던 그들의 부모가 꿈꿨던 많은 돈을 벌었다. 또 다른 이들은 국내 또는 해외의 대학으로 몰려들었고, 거의 남성과 동등한 수가 졸업하였다. 일단 중국의 치열하게 경쟁적인 교육 시스템을 잘 통과하자, 여성들은 경력을 잘 쌓아 올라가고 싶어 한다. 여기 두 가지 사례가 있다.

풀리 차우(Pully Chau)는 큰 글로벌 광고대행사의 중국 사무실에서 8년을 일했는데 임금 인상이 없었다. 그녀는 "내가 요구하지 않은 건 바보 같았다"라고 했다. "만약 내가 백인 남자였다면, 나는 더 잘할 수 있었을 것이다." 그녀가 계속 머물렀던 이유는 중국에서 유명한 옷 광고를 맡는다는 것이 좋았고, 무언가 배울 것을 기대했기 때문이다. 결국 그녀는 지쳐서 다른 서구 대행사인 Draftfcb에 취직했는데, 현재 그녀는 상하이에 있는 Greater China의 회장 겸 CEO이다. 넘치는 자신감과 끝없는 에너지를 가지고 오늘날 그녀는 어떠한 많은 직무들 가운데서도 선택할 수 있다. 그녀가 말하길 중국에는 여성들에게 많은 기회가 있지만, 비즈니스에 있어서 여전히 남성들에게 유리한 점이 있다고 한다.

두 번째 사례는 화이자에서 떠오르는 시장의 사업부 책임자인 아이리스 강(Iris Kang)이다. 그녀는 국영병원에서 의사가 되려고 했었지만, 곧 글로벌 제약사로 경력을 변경했다. 그녀는 중국 기업들보다는 다국적기업에서 성 차별이 적으며, 그녀의 회사에서는 고위층 여성의 수가 빠르게 증가하고 있다고 했다. 여기에 놀라운 자기개발의 이야기가 또 있다. 그녀는 민간부문에 들어간 후 곧 중국 상하이에 있는 유명 비즈니스 스쿨인 CEIBS에서 Executive MBA 과정을 이수했다. 작년에는 화이자에서 120명의 팀원들을 책임지고 일하면서 제약분야에서 석사학위까지 취득하였다.

다음에 대해 생각해 보자.

(1) 통계를 보면 다른 아시아 국가들보다 중국에서 여성들의 간부급 진출에 더 많은 기회가 있다. 이 차이는 무엇으로 설명될 수 있는가?
(2) 풀리 차우와 아이리스 강의 사례는 아주 성공적인 여성 간부들을 묘사한다. 추측해 본다면, 왜 이 두 여성들은 다른 이들은 못한 성공을 했다고 생각하는가?
(3) 일반적으로 당신은 많은 나라의 여성들이 남성들과 같은 요인에 의해 동기부여 된다고 생각하는가? 설명하라.

## 경영자 노트:
## 일과 동기부여 관리

지금까지 무엇을 배웠는가? 우선 경영자의 과제가 해외 기업에서 현지 직원들을 감독하는 것이든, 글로벌 파트너십을 형성하거나 관리하는 것이든, 또는 단지 팀 프로젝트의 진행상황을 체크하는 것이든, 도전과제는 기본적으로 같다. 그것은, 경영자는 해외 환경에 익숙하지 않거나 불편한 관습 속에 던져진 다음 성과를 낼 것을 요구받는다는 것이다. 게다가 많은 경우에 그것은 다수의 내부자들이 조정해야 할 일이 아니고 한 명의 외부인 즉 글로벌 경영자의 책임이다.

또한 우리는 개인의 직무 가치가 바람직한 최종 상태를 추구하기 위한 행위의 바람직한 상태에 대한 개인적 믿음을 반영한다는 것을 배웠다. 직무 가치는 개인에게 그들의 행동을 결정하고 다른 이들의 행동을 평가하는 가이드라인과 기준을 제공해 준다. 이것이 중요한 이유는 직원들 개인과 집단이 그들의 직무 노력에 대해 무엇을 가장 중요하게 여기는지에 대한 것을 나타내 주기 때문이다. 또한 직무 가치는 종업원 노력의 질과 초점에, 그리고 다양한 종업원들이 직무 동기부여 전략에 대응하는 방식에 영향을 미친다.

심리적 계약은 교환 관계와 관련한 사람들 간의 암묵적 이해를 나타낸다. 직장에서 상사와 직원 간의 임금협상 시의 인지된 합의에서 이것을 가장 잘 볼 수 있다. 직원들의 재능, 노력, 헌신, 그리고 성과에 대해 급여, 복리후생, 고용안정성의 형태로 어떠한 혜택이 그들에게 제공되는가? 이 계약들은 동료와 팀 구성원 간 상호합의에서도 볼 수 있다. 이것은 개인과 집단 사이의 상호 간 이해이지만 문서로 적어 놓지 않았다는 점에서 미약할 수 있다. 그 상호동의에서는 인식과 믿음이 주요 역할을 한다. 심리적 계약이 새로운 경영자들에게 중요해지는 이유는 심리적 계약이 경영진들이 일반적으로 모르는, 직무 성공에 영향을 미치는 정보를 담고 있기 때문이다.

또한 사람들의 문화적 환경이 그들의 희망과 기대에 영향을 미친다는 것을 배웠다. 이와 같이 직무의 보상에 대한 사람들의 기대와 선호 또한 어느 정도 문화적 기반이 바탕이 되어 있다. 많은 서구 국가들에서 공정성 원리를 연구를 통해 증명했는데, 사람들은 그들과 그들이 비교하는 다른 사람들 간에 공정성을 달성하기 위해 동기부여된다. 그러나 일부 연구자들은 공정성 원칙이 어느 정도는 문화적 현상이라고 주장했다. 주로 아시아나 중동에서 이러한 사례를 살펴볼 수 있는데, 이 나라에서 개개인은 사회적 조화의 관점을 유지하기 위해 명백히 드러나는 불공정의 상태를 받아들이기도 한다.

높이 동기부여 된 두뇌 사용이 필요한 지적 노동력이 없이는 경쟁우위가 매우 문제가 된다. 이것은 특히 기술과 지식이 승자와 패자를 결정짓는 시대로 들어갈수록 사실이 된다. 간략히 말해서, 경쟁력 있는 조직은 윗선에 있는 사람들뿐 아니라 조직의 목표를 위해 노력하는 그들의 모든 직원들이 필요하다. 글로벌 경영자들의 도전은, 행동이 종종 그들의 통제 밖에 있는 문화적 다양성에 의해 결정되는 직무 상황 안에서 이것을 달성하는 것이다.

마지막으로, 우리는 직무 수행을 위해 국가별로 서로 다른 동기부여와 경영전략을 사용한다는 것을 배웠다. 조직 목표는 비슷할 수 있지만, 심리와 수반되는 행동은 매우 다를 수 있다. 만약 직원의 행동이 조직 성공에 매우 중요하다면, 그리고 만약 문화가 그러한 행동에 영향을 미친다면, 그것은 회사의 궁극적 경쟁력에 미치는 주요 영향을 나타낸다. 여기에서 이 사실에 대한 지식과, 어떻게 문화가 직원의 행동과 성과에 영향을 미치는지 이해하는 것은, 지극히 경쟁적인 세계에서 글로벌 경영자들의 중대한 전략적 자산을 위해 매우 중요하다.

이러한 교훈을 기반으로 하여, 현지의 인센티브 및 보상 시스템을 형성하는 데 도움을 주기 위해 경영자들이 사용할 수 있는 많은 동기부여의 도구들이 있다. 이것들은 아래와 같다.

### 1. 현지의 직무 환경을 이해하라.

본 장에서 논의한 바와 같이, 직무 가치, 인센티브, 그리고 보상은 대개 문화에 따라 매우 다르다. 외국 문화권에서 일하거나 경영하도록 배정받은 사람들은 성공하기 위해서는 그 지역의 작업 환경을 이해해야 한다(그림 9.5 참조). 이를 위해 가능하다면 현지 문화권 사람들과의 토론과 공부를 포함한 심층 준비가 필요하다. 또한 분명하게 관찰

| 1. 현지의 직무 환경을 이해하라. | 2. 보상에 대한 기업의 제약을 이해하라. | 3. 직원들의 기대와 보상을 관리하라. |
|---|---|---|
| • 개인의 근로가치관과 심리적 계약을 포함한 현지의 작업 환경을 이해하라.<br>• 현지의 일-생활 균형을 이해하라.<br>• 부하직원들 및 다른 사람들과 생산적인 작업 관계를 형성하라. | • 성과 기대와 보상에 관련된 회사의 기대와 자원을 이해하라.<br>• 장기적인 인센티브 및 보상 프로그램을 개발하라.<br>• 현지 상황에 맞도록 경영의 유연성을 개발하라. | • 임금-노력 협상에 대해 현실적인 직원 기대를 형성하라.<br>• 상호 이해되고 받아들일 수 있는 심리적 계약을 개발하고 보강하라.<br>• 조직 차원이 아닌, 현지에서 보여지는 공정한 임금 분배를 관리하라. |

그림 9.5 일과 동기부여 관리를 위한 전략

하는 것이 필요하고, 바로 학습하고 적응하려는 의지가 필요하다. 즉, 경영자가 새로운 환경 도착 전에 그 지역에 대해 많이 알고 이해할수록 성공할 기회가 더욱 많아진다.

## 2. 보상에 대한 기업의 제약을 이해하라.

조직은 두 가지 측면에서 공정성의 압력을 받는다. 한편으로는 직원들이 그들이 일하는 나라에서 비슷한 직군에 있는 다른 종업원들과 자주 비교를 한다. 다른 한편으로는 서로 다른 나라에 있는 비슷한 직군의 직원들은 급여가 다르겠지만 가상 환경이나 현장에서 함께 일한다. 예를 들어, 많은 국제 항공 회사는 승무원들이 같은 항공기 안에서 바로 옆에서 근무하더라도 승무원들에게 현지 임금 수준에 따라 급여를 지급한다(즉, 그들이 고용되고 공식적으로 배치된 나라의 임금 환경에 따라). 여기서 어떤 것이 공정한가? 앞에서 논의된 회사 차량 사례를 고려해 보자. 직원들에게 같은 나라에서 비슷한 기업에서의 동료들과 같은 보상을 지급하는 것이 공정한가, 아니면 다른 나라에서 회사 내의 같은 직위에서 같은 보상을 받는 것이 공정한가? 한 국가에서 다른 국가로 이주하는 주재원들에게는 어떻게 해야 하나?

이러한 문제를 해결하기 위해, 조직은 종종 조직 정책에 현지 상황을 반영하기 위해 건강 프로그램의 질과 가용성과 같은 자유재량을 좀 남겨 둔다. 그러나 이와 동시에 지역별로 인센티브와 보상을 안내하는 가이드라인이나 한도를 설정해 둔다. 많은 경우에 개인 경영자는 보상을 얼마큼 제공할 수 있는지에 대해 제약된 재량권을 가지고 있다. 따라서 경영자들은 근로자들을 동기부여 시키기 위해 그들이 다루어야 할 나라별 제약사항이 무엇인지를 이해할 필요가 있다.

### 3. 직원들의 기대와 보상을 관리하라.

마지막으로, 경영자들은 현실적인 직무 기대를 창출하기 위해 노력할 수 있다. 여기에는 직무가 어떠한 것을 수반하고 현지 직원들에게 기대되는 것이 무엇인지에 대해 솔직해지는 것을 포함한다. 이것은 명확한 일처럼 보이지만, 사람들은 경영자들이 꽤 자주 특정 직무 요구사항에 대해 모호해지는(그리고 때로는 사실과 다르기도 한) 것에 대해 자주 놀란다. 또한 경영자들은 직원들의 직무 노력에 대해 어떠한 특정 보상이 현실적으로 가능한지에 대해서도 투명해질 수 있다. 즉 이것은 좋지 않은 성과에 대한 잠재적 결과뿐 아니라, 우수한 성과에 대한 가능한 보상에 대해 직원들과 솔직해지는 것이다.

이것의 유명한 일례로 몇 년 전에 한 자동차 회사에서 생산성 증진을 위해 직원들에게 다가오는 한 해 동안 두 배로 열심히 일할 것을 요구한 일이 있다. 일 년 뒤 회사 중역들은 생산성 증가 때문에, 더 이상 필요 없게 된 직원들 다수를 해고한다고 공표하였다. 다시 한 번, 경영자들이 이러한 근시안적 전략을 추구할 때에 신뢰의 문제가 두드러지게 된다.

요약하면, 경영자들은 장기적 기대사항을 결과 및 보상과 균형을 취하고 관리하는 일에 책임이 있다. 게임을 유리하게 이끄는 능력과 모호함이 보상 세계에서 흔한 전략일지는 몰라도, 대개 그것은 성공적인 전략이 아니다.

## 핵심용어

인과 귀인 • 분배적 공정성 • 평등 원칙 • 공정성 원칙 • 외재적 보상 • 내재적 보상 • *카로시*(일본어) • *마킬라도라*(스페인어) • *파트론*(스페인어) • 심리적 계약 • 자기 고양적 편향 • *심파티코*(스페인어) • *와가마마*(일본어) • 근로가치관

## 토의용 질문

**1.** 기업가 엘론 머스크는 특히 기술 분야 산업에서의 성공은 그 분야 제품뿐 아니라 회사 사람들의 동기와 혁신에 달려 있다고 주장한다. 만약 당신이 창업을 한다면, 사람들을 고용할 때 어떠한 기준을 가질 것인가? 만약 당신의 회사가 세계 각지에 있다면 이러한 기준이 바뀔 것인가?

**2.** 본 장에서 서두의 사례를 통해 여러 나라별 직무 동기부여는 매우 다양한 요인에 의해 영향을 받을 수 있다는 것을 알 수 있다. 다시 한 번, 만약 당신이 회사를 창업한다면, 인센티브와 보상 전략에 이러한 차이를 어떻게 반영할 것인가?

3. 어떤 나라(예: 프랑스, 스웨덴)에서는 다른 나라들(예: 한국, 일본)보다 일과 삶의 균형을 더욱 받아들이는 것처럼 보인다. 더욱 심화되는 경쟁적인 세계 비즈니스 환경 속에서, 이러한 문화권에서의 기업들이 어떻게 장기적으로 경쟁할 것인가?
4. 서로 다른 문화 간, 그리고 같은 문화 안에서의 개인차가 이 책에서 논의되었다. 만약 기업들이 직원들로 하여금 그들의 상사의 직무 가치를 따르거나 회사를 떠나도록 요구한다면 윤리적인 문제가 존재할 것인가?
5. 심리적 계약은 근본적으로 신뢰를 기반으로 한다. 새로이 외국 시장에 진입하려는 기업은 새로운 현지 직원들과 신뢰를 쌓기 위해 어떠한 단계를 밟아 가야 할까?
6. 직원들의 동기부여는 종종 외재적 보상과 내재적 보상의 조합에 의해 영향을 받는다. 회사와 경영자들이 외재적 인센티브에 많은 통제권을 가지고 있으면서 내재적 인센티브를 개발할 수 있는가? 국제적 기업들이 현지의 가치와 직무 제도를 수용하기 위해 지역에 따라 내재적 인센티브를 조정할 수 있는가? 그렇다면 어떻게 할 수 있나?
7. 경영자들이 다른 문화에서 일할 때 분배적 공정성의 지식을 이해하는 것이 왜 중요한가?
8. 인도네시아 석유기업 근로자들에 대한 연구에서는 개인 기반 인센티브 체계는 결과보다 더 많은 논란을 불러일으켰다는 것을 발견했다. "인도네시아 사람들은 집단 과정에 의해 그들의 문화를 관리하고, 모두 팀으로 연결되어 있다. 팀 안에서 돈을 서로 다르게 분배하는 것은 그리 효과적이지 못했다. 따라서 우리는 인도네시아에서는 성과급이 적절하지 않다는 결론을 내렸다." 경쟁적인 세계 경제 속에서, 성과급 보상 시스템을 거부하는 인도네시아와 다른 나라의 근로자들을 동기부여 시키기 위해 글로벌 경영자들이 무엇을 할 수 있는가?
9. 많은 사회는 여성들은 일을 그만두고 집에서 아이를 돌봐야 한다는 강한 신념을 가지고 있다. 아이들을 키우는 일이 추가 소득보다도 사회에 더 중요하다고 여겨졌다. 특히 탁아 서비스를 구하기 어려운 빈곤 국가에서라면, 당신은 이 신념에 동의하는가, 동의하지 않는가? 왜 그런가?
10. 글로벌 경영자들이 해외로 진출할 때, 보상 정책에 있어 그들의 철학은 무엇이 되어야 하는가? 예를 들어, 비슷한 직무를 수행하는 남성보다 여성에게 더 적은 봉급을 주는 현지의 임금 패턴을 따라야 하는가, 아니면 현지가 아닌 그들의 본국에서 우세한 동일직무–동일임금 원칙을 적용해야 하는가? 즉, 글로벌 경영자들이 현지 문화에 의해 규정된 현지 규칙을 따르도록 노력해야 하는가(특수주의), 아니면 고

국의 신념과 가치에 따른 변화 주도자가 되어야 하는가(즉, 보편주의)?

**11.** 그림 9.5에 제시된 일과 동기부여 관리를 위한 전략은 경영자들이 가진 갈등과 어려운 선택들을 제시한다. 경영자들을 위한 이러한 갈등이 무엇이며 그러한 잠재적 갈등에 직면했을 때 경영자로서 무엇을 할 것인가? 설명해 보라.

## 사례: 삼성의 마킬라도라 공장

문화인류학자들은 멕시코의 문화를 집단적, 위계적, 다중 시간형, 부계의, 집단 중심, 안정성 지향, 다소 공식적, 때때로 운명론적으로 묘사한다.[25] 이것은 물론 모든 멕시코인들에게 적용되지는 않고, 멕시코가 유럽인, 아시아인, 원주민들의 영향을 모두 받는 다중 문화적 사회라는 것도 널리 인식되지 못했다. 그럼에도 불구하고, 외국인 방문객들은 멕시코인들이 때로 그들의 위엄을 지키고, 명예를 지키고, 명성을 유지하기 위해 노력한다는 것을 자주 발견한다. 멕시코에서 개인의 독창성은 명예롭게 여겨지고, 사람들은 그들의 개인적 성취와 행실, 신용, 성격으로 판단된다. 개인적 존중은 어떠한 관계에서도 매우 중요한 요소이다. 상대적으로 중요하지 않은 말이나 행동조차도 부정적인 방식으로 해석될 수 있고 두 사람 간의 신뢰를 깨뜨릴 수 있다.

외국인 관찰자들은 멕시코에서의 경영이 독재적인 경향이 있다고 주장한다. 그러나 멕시코의 경영자들이 그들의 부하직원들에 의해 존경을 받아야 함과 동시에 경영자들은 *심파티코(simpatico)*, 즉 이해하는 사람으로 보여져야 한다. 멕시코의 경영자들은 강한 가부장적 성향을 가지고 있어서, 직원들의 개인적 측면을 돌보는데, 이는 미국에서는 보기 드문 일이다. 그들은 마치 *파트론(patron*, **후원자**)처럼 행동해야 하고 그들의 부하직원들을 확장된 가족처럼 다루어야 한다. 또한 경영자들은 그들의 직원을 존경심을 담고 대해야 하며 개인적 모욕은 강한 적대감을 일으키기도 한다. 멕시코 근로자들은 대개 다른 "서양" 국가들보다 더 많은 커뮤니케이션이 필요하고, 관계 개발, 확신이 필요하다.

삼성전자를 들어가 보자. 1938년에 세워진 삼성그룹은 한국에서 가장 큰 기업체이다. 3000억 달러의 수익을 보유하고 전 세계에 315,000명의 종업원들을 지니고 있다. 삼성전자의 대표적 주력 제품은 반도체, 휴대전화, TV, LCD패널로 알려져 있으며, 삼성그룹의 고도로 분화된 사업들이 재무 서비스, 정보기술 서비스, 기계, 조선, 화학 등을 포함한 폭넓은 분야의 사업에 걸쳐 있다. 이건희가 아버지로부터 물려받아 회사 역사상 두 번째 회장이 되었을 때, 삼성은 한국에서 대부분 시장에서 선두에 있었다. 그러나 해외 시장에서 저비용 생산자의 입지는 유지하기 어려워졌는데, 세계 각지에 생산 공장을 세운 일본 전자회사들과의 심화된 경쟁에 직면하였고, 한국의 새로운 자유경제 체제에서 임금이 인상되었기 때문이다.

그러나 이 회장은 일본 기업이 개발하기 꺼려하는 전자기술에서 기회를 발견했는데, 카메라와 오디오 장치, 그리고 다른 전자제품에 소비자들이 몰렸다. 이것이 삼성에게 새로운 디지털 시장에서 성공하기 위한 민첩성, 혁신성, 창의성을 개발한다면 경쟁자들을 능가할 수 있는 기회를 제공했다. 삼성은 신속하게 움직였고 시장점유율을 높이기 시작했다. 그들의 글로벌 전략의 핵심은 세계적 기술 선두에 필요한 최우수성의 기준을 가진 저비용 제품 생산을 위한 해외 공장 설립이었다. 이 전략의 일부로 삼성전자는 멕시코에 *마킬라도라* 생산 공장을 설립했다. 이것은 자유무역 지역에서 운영하고, 공장이 면세와 무관세로 조립, 프로세싱, 생산을 위해 자재와 장비를 수입하고, 때로는 원자재 원산지 국가로 조립되고 생산된 제품을 수출하는 공장이었다.

삼성 공장에서는 멕시코의 조립라인 근로자들이 한국 경영자들의 감독을 받았다. 공장을 열자마자 가치 갈등이 발생했고 시간이 지남에 따라 더욱 심해졌다. 한국 경영자들은 멕시코인들이 한국인들처럼 일을 신성한 의무로 여기지 않고 단지 목적을 위한 수단 또는 필요악으로 여긴다고 믿게 되었다. 그들의 관점에 따르면, 멕시코 부하직원들은 지속할 의도가 없이, 단지 관례대로만 헌신했다. 그들은 또한 일과 여가를 구분하지 못했다. 그들은 일하는 동안에도 음악을 크게 틀고 과도한 수다를 떨며 시간을 낭비했다. 한국인 경영자들은 그들의 그러한 헌신의 부족으로 너무 크게 놀랐다.

당연히 멕시코 근로자들은 다른 관점을 가지고 있었다. 그들에게는 한국 경영자들이 모든 사람들과 직무 상황을 자기들만의 "유교적" 가치와 기준으로 평가한다고 생각되었다. 근로자들은 국가 간 직무 윤리를 비교할 때 경영진들이 한국의 문화적 가치를 기준으로 삼지 않아야 한다고 종종 느꼈다. 멕시코인들에게 그들의 경영자들은 비현실적인 목표를 제공했고 그 목표가 성취되지 않으면 근로자들의 게으름을 탓했다. 게다가, 한국 경영자들이 하루에 15시간을 일하려는 의지가 있다 해도, 그곳은 멕시코이지 한국이 아니었다. 결국 이 공장의 멕시코인 일선 감독자들이 공장의 저성과의 이유는 직무 윤리와는 관련이 적고 오히려 한국 경영자들이 생산-계획 과정에 멕시코인들의 참여를 허락하지 않는 것과 더 많은 관련이 있다고 주장하였다. 이 논쟁에서 누가 옳으냐의 문제는 당신이 믿는 것보다 당신이 어디에 사는지에 더 달려 있을 것이다.

## 사례 질문

1. 본 사례의 갈등에서 한국 경영자들의 관점을 간략히 요약해 보라. 그들은 무엇을 원했는가? 또한 이 갈등에서 멕시코 근로자들의 관점을 간략히 요약해 보라. 그들은 무엇을 원했는가?
2. 이 갈등을 이해하는 데 심리적 계약의 개념이 도움이 되는가? 그렇다면 어떠한 점에서 그런가?
3. 각 집단의 동기의 기반은 무엇인가? 즉, 성과를 내는 데 있어 어떠한 요인이 양자를 동기부여 시키는가?
4. 이 논쟁을 해결하는 데 있어 경영자와 근로자 모두가 가진 제약은 무엇인가?
5. 만약 당신이 외부 컨설턴트라면, 당신은 이 문제를 해결하기 위해, 또는 적어도 이 갈등을 줄이기 위해 어떠한 조언을 제시할 것인가? 당신의 조언이 효과적일 것이라고 생각하는 이유는?
6. 양자에게 당신의 해결책을 제시하는 데 있어 어떠한 도전이 있을지 설명해 보라.
7. (선택 연구 문제) 멕시코 대신, 우간다에서 현지 의사와 건강관리 전문가들과 백신을 개발하는 작은 제약회사를 관리하게 되었다고 가정하자. 이 지역 기업은 NGO이다. 봉급은 낮고 직무 환경은 대체적으로 좋지 않다. 당신의 직무는 현지 관리자들 및 직원들과 일하여 제품의 질을 떨어뜨리지 않고 필요한 백신의 생산을 늘리는 것이다. 이 새로운 과제를 위해 당신은 어떻게 준비할 것인가? 현지 직원들에게 동기를 부여하기 위해 무엇을 시도하고 배울 것인가?

## ❖ NOTES

1. John Brandon, "Elon Musk on how to innovate," *Inc Magazine*, July 14, 2015.
2. George England, *The Manager and His Values: An International Perspective from the United States, Japan, Korea, India, and Australia*. Cambridge, MA: Ballinger, 1975.
3. George England, *National Work Meanings and Patterns: Constraints on Management Action*. Norman, OK: Center for Economic and Management Research, 1986; David Thomas, *International Management: A Cross-Cultural Perspective*. Thousand Oaks, CA: Sage, 2002, pp. 210–12.
4. "Jobs for life," *The Economist*, December 22, 2007, pp. 68–9.
5. "Poll watch," *This Week*, July 24, 2015, p. 15.
6. Don Lee, "The Philippines has become the call center capital of the world," *Los Angeles*

*Times*, February 1, 2015, p. 1.

7. Terrence R. Mitchell and Denise Daniels, "Motivation," in Walter C. Borman, Daniel R. Ilgen, and Richard J. Klimoski (eds.), *Comprehensive Handbook of Psychology, vol. 12: Industrial and Organizational Psychology*, 5th edn. New York: Wiley, 2002, pp. 225–54; Wendelien Van Eerde and Henk Thierry, "VIE functions, self-set goals, and performance: an experiment," in Miriam Erez, Uwe Kleinbeck, and Henk Thierry (eds.), *Work Motivation in the Context of a Globalizing Economy*. Mahwah, NJ: Lawrence Erlbaum, 2001, pp. 131–47; Lyman W. Porter, Gregory A. Bigley, and Richard M. Steers, *Motivation and Work Behavior*. New York: McGraw-Hill, 2003.
8. Porter, Bigley, and Steers, *Motivation and Work Behavior*.
9. Geert Hofstede, *Culture's Consequences: International Differences in Work-Related Values*. Beverly Hills, CA: Sage, 2001; Carl F. Fey, "Opening the black box of motivation: a cross-cultural comparison of Sweden and Russia," *International Business Journal*, 14(3) (2005), pp. 345–67.
10. James Abegglen and George Stalk, *Kaisha: The Japanese Corporation*. New York: Basic Books, 1985; Kae H. Chung, Hak Chong Lee, and Ku Hyun Jung, *Korean Management: Global Strategy and Cultural Transformation*. Berlin: Walter de Gruyter, 1997.
11. H. Kelley, "The process of causal attributions," *American Psychologist*, 28 (1973), pp. 107–29; Barnard Weiner, Human Motivation. New York: Holt, Rinehart & Winston, 1980.
12. Sang Nam, "Culture, control, and commitment in an international joint venture," *International Journal of Human Resource Management*, 6 (1995), pp. 553–67.
13. Richard M. Steers and Carlos Sanchez-Runde, "Culture, motivation, and work behavior," in Martin J. Gannon and Karen L. Newman (eds.), *The Blackwell Handbook of Cross-Cultural Management*. Oxford: Blackwell, 2002, pp. 190–216.
14. "Jobs for life," *The Economist*, December 22, 2007, pp. 68–9.
15. Donald F. Hastings, "Lincoln Electric's harsh lessons from international expansion," *Harvard Business Review*, 77(3) (1999), pp. 163–78 (p. 164).
16. Hastings, "Lincoln Electric's harsh lessons," p. 174.
17. Hastings, "Lincoln Electric's harsh lessons," p. 178.
18. Steers and Sanchez-Runde, "Culture, motivation, and work behavior."
19. Steers and Sanchez-Runde, "Culture, motivation, and work behavior."
20. Steers and Sanchez-Runde, "Culture, motivation, and work behavior."
21. Steers and Sanchez-Runde, "Culture, motivation, and work behavior."
22. Nam, "Culture, control, and commitment."
23. Hastings, "Lincoln Electric's harsh lessons."
24. "Women in China: the sky's the limit," *The Economist*, November 28, 2011, pp. 14–16.
25. Christopher Engholm and Scott Grimes, *Doing Business in Mexico*. Upper Saddle River,

NJ: Prentice-Hall, 1997; Eva Kras, *Management in Two Cultures: Bridging the Gap between U.S. and Mexican Managers*. Yarmouth, ME: Intercultural Press, 1989.

26. Yongsun Paik and Yong Suhk Pak, "The changing face of Korean management of overseas affiliates," in Chris Rowley and Yongsun Paik (eds.), *The Changing Face of Korean Management*. London: Routledge, 2009, pp. 165 – 88; Yongsun Paik, Praveen Parboteeach, and Won Shul Shim, "The relationship between perceived compensation, organizational commitment, and job satisfaction: the case of Mexican workers in the Korean maquiladoras," *Journal of Human Resources Management*, 18(10) (2007), pp. 1768 – 81.

# 10 글로벌 팀 관리

## Managing global teams

### 경영 과제

지금까지 글로벌 경영 기법을 향상시키기 위해 고안된 다섯 가지 역량으로 커뮤니케이션, 리더십, 협상, 윤리적 경영 그리고 직무 동기부여를 살펴보았다. 이제 여섯 번째 역량인 글로벌 팀 관리를 다룰 것이다. 일대일 관계도 복잡하고 쉽지 않은데, 세계 곳곳에서 온 사람들로 구성된 팀을 결속력 있고 협력적인 팀으로 만들어 일하게 하는 것은 얼마나 더 어렵겠는지 상상해 보라. 여기서의 도전과제는, 다양한 유형의 업무팀들의 강점과 약점을 이해하는 것을 포함하여, 글로벌 팀을 구축하고 이끄는 방법과 팀 구성원들 사이에 신뢰를 쌓는 방법을 이해하는 것이다. 이것은 분명 쉽지 않은 일이지만, 오늘날의 치열한 경쟁 환경에서 경영자들은 주변에 있는 사람들로부터 최선을 이끌어 내는 것을 배우는 수밖에 선택의 여지가 없다. 고대 아프리카의 격언에 "빨리 가고 싶다면 혼자서 가고, 멀리 가고 싶다면 함께 가라"는 말이 있다.[1] 글로벌 경영자의 – 또한 기업의 – 과제는 두 가지 다를 반드시 해내야 하는 중요하고도 어려운 의사결정이라는 점이다.

### 차례

## 응용



글로벌 팀에 대한 산업 환경에서의 실험으로서 최초의 기록 중 하나는 1990년대에 일어난 것으로, 지멘스, 도시바, IBM이 관련되어 있다. 세 회사는 차세대 컴퓨팅을 위한 새로운 최첨단 칩을 공동개발 하기 위해 제휴를 맺었다. 목표 달성을 위해 세 회사 모두는 그들이 가진 최고의 인재를 모으고, 경쟁을 뛰어넘어 지식을 공유하도록 결정했다. 세 회사는 최신 시설을 갖춘 뉴욕의 연구실에 과학자들을 데려다 놓았다. 불행하게도, 각 그룹의 과학자들은 그 합작투자가 가진 문제점들을 재빨리 파악하게 되었다. 지멘스에서 온 독일계 과학자들은 도시바의 동료가 회의시간에 눈 감고 자는 것처럼 보여 경악했다. 그들은 듣고 있는 말에 집중하기 위해 그렇게 하는 것이 일본에서는 일반적인 행동이라는 것을 이해하지 못했다. 동시에, 집단으로 일하는 것에 익숙한 도시바에서 온 일본계 과학자들은, 조그만 개인 사무실에서 하루 종일 들어앉아서 영어로 말하는 것을 불편해 했다. 그리고 IBM의 미국계 과학자들은, 독일인들은 너무 계획을 많이 하고, 일본인들은 분명하고 단호한 결정을 하는 법이 없다며 불평했다. 일부 연구자들이 그들이 가진 최고의 지식을 꺼내 놓지 않는다는 의심이 감돌기 시작하면서 그룹 내 신뢰는 증발하고 말았다. 얼마 뒤, 의도는 좋았던 그 제휴는 녹은 듯 사라지고 말았다.[2]

이제 시계를 앞으로 빠르게 돌려 현재로 와 보면, 바로 그 세 회사는 자신들 간의 협력을 포함한 글로벌 전략적 제휴에서 가장 앞선 기업들이다. 세 회사 모두 R&D와 마케팅에서 글로벌 팀의 전략적 중요성을 학습했을 뿐만 아니라, 그들의 글로벌 팀이 이제는 과거보다 덜 고립적이고 더욱 다문화적으로 설계되는 것을 목격하고 있다. 현재 세 회사 모두 경영자들의 이문화 간 커뮤니케이션뿐만 아니라 이문화 간 분쟁해결까지 포함된 이문화 간 업무능력을 향상시키기 위한 광범위한 훈련 프로그램을 보유하고 있다. 이에 더해, 그들의 기업 간 업무의 다수는 면대면이 아닌 가상현실에서 이루어지고 있다. 각 기업들은 과거의 실수로부터 교훈을 얻었고, 이제는 가능한 한 글로벌 경제를 경쟁자가 아닌 파트너로서 대하고 일한다. 글로벌 팀은 많은 길을 걸어왔지만, 수많은 걸림돌은 여전히 남아 있다.

한때, 국제적 성공은 상파울루에서 싱가포르로, 슈투트가르트로 공장들을 세우고 직원들을 보유하는 것이었고, 그들의 활동을 조정하는 것은 본부에서 관리하는 정교하게 계획된 노력이었다. 오늘날 도전과제는 매우 달라졌다. 거대하고 전 세계에 분산된 인력들을 초급속도로 효율적인 조직으로 구축하는 것도 포함된다. 글로벌 직원들의 상충되는 니즈와 인터넷으로부터 비롯된 빠르게 변화하는 경쟁 속성을 생각하면, 누군가는 이것이 거의 불가능한 과업이 되어 버린 것으로 생각할 것이다. 반면에, 글로벌 종업원들이 즉각적으로 – 내일이나 다음 주가 아닌 바로 지금 – 협업할 수 있도록 하는 것은 경영 혁명과도 같은 것을 필요로 한다. 사실 복잡하게 만드는 일은 더 있다. 기업이라는 개념이 오직 정규직 종업원들과 확고한 계층구조를 가진 하나의 대상을 일컫던 것으로부터, 끊임없이 변화하면서 일부는 단 하나의 프로젝트기간 동안만 팀에 참여하는 공급사 및 외주사들의 네트워크 한 가운데에 전통적인 기업이 존재하는, 보다 유연한 형태로 진화되었다.

적응을 위해 기업들은 사회학자들을 고용하여 한 번도 만나본 적 없는 동료들 사이에서 생겨나는 팀워크의 비밀을 풀게 하고 있다. 그들은 직원들을 언제든 서로 연결되어 있도록 하는 첨단기술로 무장시킨다. 거기에는, 엔지니어들이 가상세계에서 3차원 프로토타입을 공동개발 하도록 지원하는 소프트웨어와 직무수행에 필요한 스킬을 가진 종업원과 외부인을 찾아내는 데 활용될 소셜네트워킹을 증진시키는 서비스가 포함된다. GPS(Global Positioning System) 위치표시기의 사용이 일반화되었다. 리더십 교육센터를 설치하고 재능을 키워 줄 수천 개의 온라인 강좌를 제공할 화려한 캠퍼스를 구축하는 데에 기업들은 아낌없이 투자하고 있다.

지멘스, 도시바, IBM의 실험은 기업들의 학습곡선보다 이전의 일이지만, 이제 대부분의 기업들은 그들의 글로벌 사업의 다양한 양상을 관리하고 운영하기 위해 한 곳에 모이거나 분산된 팀을 일정 정도 활용한다. 경쟁하려면 그럴 수밖에 없다. 이러한 팀들은 때로는 지역적이거나 글로벌 속성의 이슈(예: 발틱 지역의 사업 전략, 동남아시아 지역의 신제품/서비스 출시 등)를 풀기 위해 하나의 국가나 문화에서 온 종업원 그룹으로 구성되기도 한다. 다른 경우에는, 세계 각지에서 온 개인들로 팀이 구성되어 공동의 목표를 위해 함께 일한다. 이번 장에서는 후자 – 다시 말해, 서로 다른 국가와 문화에서 온 매우 다양한 사람들로 구성되어 한 곳에서 또는 가상세계에서 함께 일하는 팀 – 에 초점을 맞춘다.

## 글로벌 팀 Global teams

글로벌 팀이라는 용어는 여러 의미로 사용되기 때문에, 앞부분에서 그 정의를 다루는 것이 중요하다. 우리는 **글로벌 팀(global team)**을, 2개 국가 이상, 때로는 2개 기업 이상에서 온 이질적인 사람들이 기업의 글로벌 운영을 조정하고, 개발하고, 관리하기 위해 함께 일하는 그룹으로 정의한다.[3]

기업들은 대개 사업의 일정 측면에서 특별히 이문화 간 전문성이 요구될 때(예: 특정 지역에서의 신제품 마케팅 전략 개발) 또는 외국 기업과 협력할 때(예: 전략적 제휴나 국제합작투자) 글로벌 팀을 찾는다. 많은 기업들이 이것을 선호하는 이유는 본국인이나 또는 현지국인으로만 구성된 배타적 동질집단보다 종종 더 나은 성과를 내기 때문이다. 글로벌 팀은 아래와 같이, 광범위하게 다른 사회적, 문화적, 사업적 관점들을 국제적인 운영에 영향을 미치는 핵심 의사결정에 포용할 수 있는 기회를 갖는다.

이름과는 달리 대부분의 다국적기업들에서는, 글로벌 팀보다 자국인(또는 단일 국적의) 팀들이 더 많다. 여러 방면에서 다국적기업은, 다수의 지역 사업을 가진 다수의 기업들의 집합이므로, 이것은 놀랍지 않은 일이다. 예를 들어, 태양광 온수 히터를 제조하는 덴마크 기업의 지사 중 하나인 벨룩스 아메리카(Velux America)의 마케팅팀들을 살펴보면, 대부분의 팀들이 오직 미국인들로만 구성되었다는 것이 놀랍지 않다. 영국과 아일랜드를 담당하는 지사인 벨룩스(Velux Company Ltd.) 또한 마찬가지이다. 팀원들은 거의 전적으로 영국인, 아일랜드인, 스코틀랜드인, 웨일스인이다. 사실 아일랜드에 위치한 지구상의 모든 마케팅팀은 특히 아일랜드인으로 구성되어 있다. 이것은 현지 시장을 이해하고 서비스하는 측면에서 합리적인 방식이다. 그러나 더 큰 규모의 벨룩스의 사업을 관장하는 덴마크 소재의 본사에서는, 다양한 현지사업을 아우르는 글로벌 마케팅 전략과 조정을 위해 회사의 마케팅 지역 전체에 걸쳐진 사람들로 구성된 팀이 필요하다.

### 글로벌 팀의 장점과 단점

글로벌 팀의 모양과 형태, 크기는 매우 다양하다. 어떤 기업들은 다수의 국제시장을 겨냥한 제품을 개발하고 다듬는 것을 지원하기 위해 다문화 또는 초국적(transnational)의 개발팀 또는 제품 출시팀을 활용한다. 또 다른 기업들은 국제마케팅이나 핵심 R&D 기술 개발 부문에서 다문화의 기능별 사업팀을 활용한다. 글로벌 팀은 특별한 과제를 해

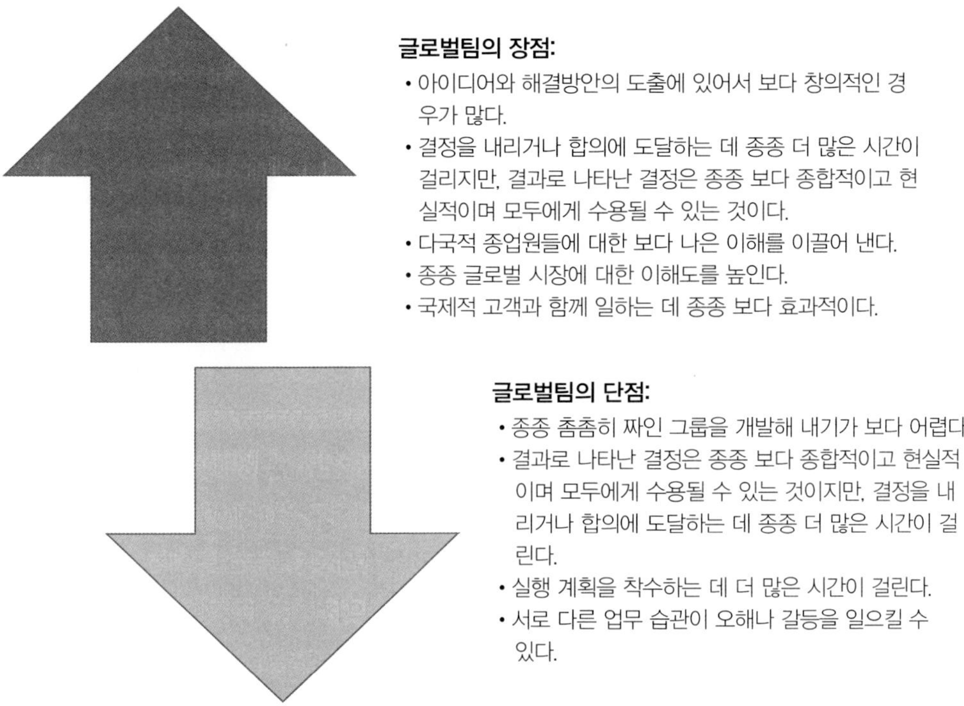


**그림 10.1** 글로벌 팀의 장점과 단점

결하는 데 대해 문화적 다양성을 제공하며, 당연하게도 다수의 다문화 기업들의 지역 본부나 본사의 양쪽 모두에 존재하고, 다양한 국제 전략적 제휴나 국제합작투자에서도 존재한다. 글로벌 팀은 보다 덜 다양한 팀에서 부족할 수 있는 의사결정이나 관리행위에 있어서의 국제적 전문성을 제공하기도 한다. 이러한 장점(그리고 일부 단점)은 그림 10.1에 정리되어 있다.

### 응용 10.1 문화와 글로벌 팀

INSEAD 교수인 에린 메이어(Erin Meyer)에 의하면, 팀이 기능하는 방식에 문화가 중요한 역할을 한다. 예를 들어, 스웨덴에서 팀은 오랜 동안의 합의도출 과정을 통해 의사결정 방법을 학습한다. 합의도출과정은 많은 회의를 거치지만, 결국은 강력한 수용과 빠른 실행을 낳게 된다.[4] 프랑스에서는, 데카르트의 영감을 받은 교육 시스템이 토론과 논쟁이 어떠한 의사결정 프로세스에서든 필수적인 요소라고 가르친다. 미국에서는, 경영자가 팀으로부터 의견을 구하도록 훈련되며, 신속하게 방향을 정하고, 프로젝트가 진행되는 동안 조정을 가한다. 그리고 일본에서는, 의사결정이 공식적인 회의 이전에 비공식적인 일대일 논의에서 만들어지는 경향이 있다.

이제 이러한 그룹들을 다문화 팀으로 한데 모아 놓으면 어떤 일이 벌어질까? 파나소닉에서 미국인들과 일본인들을 관리해 본 경험을 바탕으로 아츠시 카가야마(Atsushi Kagayama)는 "미국인들과 일본인들을 함께 일하게 하는 것은 마치 햄버거와 스시를 섞어 놓는 것과 같다"라고 말한다.[5] 스위스에 거점을 둔 ABB의 전 CEO인 퍼시 바네빅(Percy Barnevik)은 "우리가 살아가고, 일하고, 여러 곳을 여행하면서 독일인, 스위스인, 미국인, 스웨덴인 들과 함께 앉아 얘기할 수 있다면 많은 통찰을 얻을 수 있다. 하지만 먼저 사람들이 이런 상황에 놓이도록 강제로 만들어야 한다"라고 언급했다.[6]

다음에 대해 생각해 보자.

(1) 이들의 말이 정확하다면, 글로벌 경영자들에게 어떤 시사점이 있을까?
(2) 이들의 말이 정확하다면, 글로벌 부하직원 – 즉, 위와 같은 경영자 휘하에서 일하는 – 들에게 어떤 시사점이 있을까?
(3) 퍼시 바네빅이 언급한 바에 의하면, 사람들은 그들 자신의 문화에 속하는 사람들과 함께 앉아 얘기하길 선호하며, 이문화적 상호작용을 위해서는 사람들을 "강제"해야만 한다. 팀 리더로서 당신은 어떤 전략을 써서 사람들이 문화적 경계를 넘어 함께 일하도록 할 것인가?
(4) 여기에서의 말들이 개인적으로 당신이 다문화 팀에서 일하기 위한 접근방법을 어떻게 변화시켰는가?

## 글로벌 팀 시너지

알리바바의 설립자이자 CEO인 마윈(Jack Ma)은 "우리가 좋은 팀이고 무엇을 원하는지 알고만 있다면 1명이 10명을 당해 낼 수 있다"고 말했다.[7] 글로벌 팀과 함께 일하는 것은 중요한 장점을 가져올 수 있다. 그들은 덜 다양한 팀보다 창의적이고 헌신적이며, 구성원들이 다양한 지역 및 다양한 이해관계자들과의 관계를 이해하기 때문에 다양한 정보의 원천에 의지할 수 있다. 그런 팀을 효과적으로 일하게 하는 것은 쉬운 일이 아니다. 팀 구성원들의 배경이 다양할수록 그룹의 결속력을 높이는 것은 종종 더 어렵고 더 많은 시간이 걸린다. 또한, 의사결정 프로세스를 바라보는 관점이 다르기 때문에, 결론에 이르고 실행하는 데 종종 더 오래 걸린다. 마지막으로, 사람들의 업무 습관에서 – 아주 간단한 업무 과제에 대한 접근방법일지라도 – 문화 간 차이가 현저할 수 있을 뿐만 아니라, 이것이 상당한 오해와 갈등, 불신으로 이어질 수도 있다.

맥길대학교의 교수인 낸시 애들러는 구성원들이 혁신을 요구하는 어렵고도 임의적인 과제를 수행할 때, 업무팀의 문화적 다양성이 가장 큰 자산이라고 주장하였다.[8] 그러한 환경에서는 서로 다른 문화로부터 온 사람들을 한 자리에 모이게 함으로써 제공되는 서로 다른 관점이 종종 보다 넓은 통찰력과 폭넓은 해결방안으로 이끈다. 그러나 애들러에 의하면, 창의적이거나 전략적인 문제와는 반대로 팀이 단순한 과제나 실행 관련 문제를 풀어가려 할 때는 글로벌 팀의 가치가 떨어진다. 사실 그들은 프로세스를 느려지게 한다. 따라서 글로벌 팀의 가장 큰 장점은 실행이나 행동 단계가 아닌, 계획이나 개발 – 또는 분석 – 단계에서 나타난다.

미시간대학 교수인 폴라 카프로니(Paula Caproni)는, 일반적으로 팀이 목적, 성과척도, 사람, 프로세스, 수행의 다섯 가지 기초 또는 기반을 구축함으로써 **글로벌 팀 시너지(global team synergy)**를 얻을 수 있다고 제시하였다.[9] 그림 10.2에 제시된 바와 같이 이러한 기반은 매우 다양한 글로벌 팀에게 적용된다. 이러한 기법을 통해 과제와 프로세스를 모두 관리하려 하는 글로벌 팀은 그들에게 주어진 책임을 창의적이고 생산적

**그림 10.2 글로벌 팀 시너지에 대한 영향력**

| 목표 | 글로벌 팀 시너지에 대한 영향력 |
|---|---|
| 분명한 참여 목적 | 팀 구성원들에게 방향을 제시하고, 영감을 불어넣으며, 동기부여 시킨다. 분명한 목적은 어려운 상황일 때 팀을 뭉치게 한다.<br>강력한 목적은, 조직 가치 및 미션과 합치하는 것으로서, 긴장감을 조성하고, 긍정적이고 고무적이며, 쉽게 이해되고 기억되며, 성과기반으로서, 유연하고, 획득 가능하지만 도전적인 것이어야 한다. |
| 성과 목표 및 척도 | 구체적이고 측정 가능한 성과목표를 제시하여 팀의 진척도를 평가하며, 팀의 노력이 결과에 집중되게 하며, 구성원들이 어떻게 팀 목표에 기여할 수 있는지를 알게 하고, 팀의 몰입과 확신, 경쟁력을 구축하게 하는 이정표를 세운다. |
| 사람 | 팀 구성원들은 상호보완적인 기술과 함께 과제를 수행하는 데 필요한 모든 기술을 갖추어야 한다.<br>팀 구성원들은 팀의 목적에 몰입해야 하며, 팀에 공헌할 수 있는 구체적인 전문성이나 기량, 그리고 문제해결능력, 의사결정능력, 실행 스킬을 가져야 한다. 또한, 신뢰를 쌓고, 갈등을 해결하며, 효과적 커뮤니케이션을 하고, 적응적이며, 자신의 강점과 약점을 잘 아는 것을 포함하는 관계 스킬을 가져야 한다. |
| 결과지향 프로세스 | 복잡한 과제를 해결하기 위해 팀은, 문제와 기회를 포착하고, 해결방안을 도출하며, 취사선택하고, 결정에 합의하며, 해결방안을 실행하고, 그 결과를 평가하며, 모두의 노력을 조정하기 위한 프로세스가 적절히 마련되어야 한다.<br>팀은 갈등을 해결하고, 신뢰와 일체감, 몰입감을 개발하는 데 도움이 될 관계 프로세스 역시 필요로 한다.<br>이러한 프로세스는 행동규범에 담긴 것으로 팀 문화에 잘 동화된 암묵적인 것이거나, 팀 계약서에 문서화되어 명시된 외연적인 것이다. |
| 준비와 수행 | 팀의 성공에 가장 결정적인 것 중 하나이면서도 쉽게 간과되는 것은 준비와 훈련된 수행이다.<br>성과가 높은 팀은 일상적으로 그들의 성과를 돌아보고, 성공하기 위해 필요한 스킬을 파악하며, 그것을 얻기 위해 노력한다. |

인 방식으로 완수하기가 더욱 용이하다. 그룹의 목표, 맡은 바 책임, 기본 규칙이 구성원들에게 분명하게 이해되기 때문이다. 이와는 반대로, 이러한 활동들을 관리하는 데 실패한 팀들은 성과가 좋지 못한 경향이 있는데, 이는 행동을 가이드할 구조와 프로세스가 명확하게 마련되었다면 보다 용이하게 다뤄졌을 반복적인 문제에 대해 해결방안을 계속해서 창조해 내거나, 그룹의 목표와 목적을 평가하고 또 재평가하는 데 불필요한 시간을 쏟기 때문이다.

## 한데 모인 그리고 분산된 글로벌 팀
### Co-located and dispersed global teams

팀은 이질적 구성이나 과제의 측면에서 다양할 뿐만 아니라, 팀 구성원의 위치에 있어서도 다양하다. 한쪽 극단으로서, **한데 모인 팀(co-located team)**은 구성원들이 동일 장소에 모여 있고 대부분의 과제를 수행하기 위해 면대면 회의를 수행한다. 다른 쪽 극단으로서, **분산된 팀(dispersed team)**의 구성원들은 전 세계에 분산되어 있고, 거의 또는 전혀 대면하지 않는다. 그 대신, 화상회의나 스카이프, 문자메시지, 이메일과 같은 정보통신기술을 보다 많이 활용하여 대체로 가상현실에서 과제가 이루어진다. 각각은 고유한 장점과 해결과제를 지니고 있다.

그러나 실제에 있어서는 팀들이 이러한 틀에 항상 꼭 들어맞는 것은 아니다. 예를 들어, 한데 모인 팀이 비록 같은 건물에서 함께 일하고 주기적으로 면대면 회의를 하더라도, 상당한 양의 업무를 독립적으로 수행하며, 주로 이메일이나 전화로 소통하는 경우도 있다. 마찬가지로, 대부분의 분산된 팀은 조정과 관계 형성을 위해 다양하게 면대면 회의를 한다. 그래도 여전히 일반적인 차이는 드러나며, 이는 두 그룹을 관리하는 방식에서의 차이로 이어진다(그림 10.3 참조).

**응용 10.2 다우케미칼의 분산된 팀**

새로운 세계로의 항해를 준비하는 다우케미칼의 사례를 살펴보자.[10] 다우는 총 2만 명의 종업원 가운데 30퍼센트가 향후 5년 동안 퇴직할 것으로 보고 있다. 반면에, 미국의 화학공학 전공 학생 수는 줄어드는 추세여서 희귀한 인재를 얻기 위해 다우는 주머니가 두둑한 석유 및 가스 회사와 경쟁을 벌여야 하는 상황으로 몰리고 있다. 그래도 채용은 도전과제의 시작일 뿐이다. 어려운 부분은 사람들이 함께 일을 잘 해내도록 하는 것이며, 특히 전 세계에 걸쳐 밤낮으로 협업하는 일들이 점점 많아지는 속에서 말이다. 지난 10년간 많은 기업들은 제품개발과 같은 핵심기능들을 앞다투어 지구에서 먼 구석까지 흩어 놓았다. 시간과 돈을 아끼기 위해서였다. 그러나 이제 기업들은 이 새로운 사업장을 운영하는 것이 단순히 직원들을 전화나 이메일로 연결시키는 것 이상의 노력을 필요로 한다는 것을 발견하고 있다. "업무를 분산시켜 놓는 것의 문제점 중 하나는 동네 카페에서 얘기를 나누는 친밀감을 잃는다는 것이다"라고 포레스터 리서치의 네트워크 혁신 전문가인 나비 라드주(Navi Radjou)는 말한다. 그녀가 보기에 분산된 글로벌 팀은 진정한 고난이다.

다음에 대해 생각해 보자.

(1) 다우케미칼과 같이 전통적으로 한데 모인 글로벌 팀을 효과적으로 운영해 온 기업들은 분산된 글로벌 팀을 활용하려면 어떻게 해야 할까? 다시 말해, 그들이 분산된 팀을 발족하기 이전에 준비해야 할 것이 있을까? 만일 그렇다면, 그 준비에는 어떤 것들이 있는가?
(2) 많은 분산된 글로벌 팀이 투명성이 부족한 것을 생각하면, 그 팀이 효과적으로 일하고 있는지 아니면 좀 더 생산적이게 될 수 있는지를 관리자가 어떻게 알아볼 수 있을까?

## 분산된 글로벌 팀의 특별한 도전과제
**Special challenges of dispersed global teams**

오늘날 글로벌 팀에서 점차 높은 인기를 얻고 있는 방식은 분산된 글로벌 팀이다. 이들 팀들은 직원들의 재배치 없이 조직의 다른 곳이나 지리적으로 떨어진 곳에서 지식과 자원을 얻기 위해 기술을 활용한다. 분산된 글로벌 팀은 공간적, 시간적, 문화적, 조직적 경계에 걸쳐서 흩어져 있는 사람들의 협업 네트워크와 공동의 목표를 위해 함께 일한다는 전형적인 특징을 갖는다. 다시 말해, 한데 모인 팀은 시간을 강조하는 데 반해, 분산된 팀은 공간을 강조한다.

기술과 업무 배치를 수용하고 활용하는 데에 문화가 분명 영향을 미치지만, 기술 또한 상호작용의 모습으로 문화나 행위 규범에 영향을 미친다. 기술을 그들의 삶으로 받아들이면서 사람들은, 업무와 사람들을 연결하고 다루는 새로운 방식들을 개발해 낸다. 예를 들어, 몇 년 전 새로운 정보가 필요할 때 사람들은 가까운 도서관으로 갔다. 오늘날 대부분의 사람들은 가장 먼저 구글이나 다른 검색엔진을 찾는다. 우리가 정보를 얻는 방식과 횟수가 완전히 달라져 버렸다. 이와 유사하게, 지속적으로 사용되는 기술은 문화가 상호작용하는 방식을 바꾸면서 개인들이 일하고 관계를 갖는 새로운 방식을 형성한다.

**그림 10.3 한데 모인 팀과 분산된 팀의 특징**

| 글로벌 팀의 특징 | 한데 모인 글로벌 팀 | 분산된 글로벌 팀 |
|---|---|---|
| 팀의 위치와 업무 패턴 | 팀 구성원들이 근접하여 정규적으로 일함; 면대면 상호작용에 상당히 의존. | 팀 구성원들이 다양한 지역에서 제각기 일함; 가상 커뮤니케이션에 상당히 의존. |
| 주용도 | 면대면 토의가 중요하고 가능할 때, 신뢰와 관계 형성이 중요할 때, 의사결정 기한이 변화될 수 있을 때. | 핵심 인사가 한데 모일 수 없을 때, 서로 다른 지역에서의 맥락 정보가 중요할 때, 과제가 잘 정의되어 있고, 독립적으로 성취될 수 있을 때, 모호함이 낮을 때. |
| 주요 도전과제 | 의사소통과 의사결정, 실행이 대체로 면대면 환경에서 이루어지며, 이때 대인관계 스타일이 상당히 다를 수 있음(예: 비언어적 의사소통, 언어적 미묘함, 체면 유지 또는 깎임). | 의사소통과 의사결정, 실행이 대체로 분산되고 종종 컴퓨터 매개 환경에서 이루어지며, 이때 대인관계 스타일이나 의사소통, 몸짓 언어 등은 대체로 보여지지 않음.<br>이문화에 대한 이해 및 원거리 감수성을 개발해야 함.<br>원거리에서의 생산적인 업무관계를 개발해야 함.<br>대체로 컴퓨터 매개 환경에서의 소통과 의사결정을 이해해야 함. |
| 상호작용을 위해 필요한 스킬 | 대인관계 및 이문화 능력 강조. | 대인관계, 이문화, 그리고 기술적 능력 강조. |
| 주요 리더십 과제 | 문화 간 차이에 대한 감수성. 서로 다른 관점에 대한 수용. 사람들 간의 그룹 역학을 조정하고 구성원들의 업무 집중을 유지. 내용 속에 숨은 맥락이 전달하는 바에 귀를 기울여 이문화 간 커뮤니케이션을 완벽히 이해. 그룹의 노력을 목표한 성과를 달성하는 방향으로 이끎. | 문화 간 차이에 대한 감수성. 서로 다른 관점에 대한 수용. 컴퓨터가 매개하는 그룹 역학을 조정하고 구성원들의 업무 집중을 유지. 문장이나 화상회의에서 행간의 의미를 읽어 이문화 간 커뮤니케이션을 완벽히 이해. 그룹의 노력을 목표한 성과를 달성하는 방향으로 이끎. |

경영자들에게 이것은 좋은 기회이자 도전과제이다. 업무가 엮어지는 방식이 기술에 의해 바뀔 때, 경영자들은 구성원들이 새로운 방식으로 일하고 조직과 연계하는 법을 이해하도록 도와야 한다. 기술과 우리의 관계가 변할 뿐만 아니라, 업무나 사람들 간의 관계 또한 수정되어야만 할 것이다. 경영자들은 이곳저곳에서부터 온 압력들이 조직을 찢어 버리지 않도록 막아서 구성원들이 함께 일할 수 있도록 지켜야 할 책임을 지게 될 것이며, 효과적인 커뮤니케이션과 분명한 목표, 공유된 취지를 분명하게 표현함으로써 조직을 결속시킨다.

성공적인 글로벌 경영자들은 기술이 혼자서 모든 것을 해내지 못한다는 것을 알고 있다. 기술이 얼마나 뛰어난지 또는 얼마나 효과적으로 과제가 수행되는지는 문제가 되지 않는다. 컴퓨터 너머에 사람이 있다는 것을 기억하는 것이 중요하다. 이와 같이, 가까이 닥쳐온 기술이나 과제 관련 이슈만큼이나 – 또는 그보다 더 – 인간의 역학이나 관계 이슈가 중요하다.[11] 다시 말해, 분산된 팀의 리더는 사회적 문제의 해결사이어야 하며, 분산된 환경에서 업무자들이 성공적으로 일할 수 있는 조건을 만들어 낼 필요가 있다.

아마도 분산된 팀에서의 가장 큰 도전과제는 구성원들이 여러 다른 나라로 분산되어 있기 때문에 사회적 상호작용에 있어서 오랫동안 인간이 선호해 온 것을 넘어서서 완전히 다른 방식의 상호작용을 익혀야 한다는 것이다. 이러한 변화들의 다수는 커뮤니케이션이나 팀 성과에 유익할 수 있지만, 부정적인 결과도 몇몇 존재한다. 다음과 같이 이해의 공유를 부족하게 만드는 세 가지 한계점이 파악되었다.[12]

## 상호지식과 맥락에 대한 이해 부족

첫째로, 상호지식(mutual knowledge)의 부족을 살펴보자. 팀 구성원들이 멀리 분산되어 있다면, 그들은 전형적으로 서로 다른 맥락과 시간대에서 일하며, 정보를 얻는 원천도 서로 다르다.[13] 지리적으로 분산된 팀은 다양한 맥락으로부터 지식을 얻고 활용함으로써 이 차이를 이용할 수도 있다. 한데 모인 팀이 중요한 시장, 문화 그리고 맥락 정보를 힘들여 찾아야 하고 놓칠 수도 있음에 반해, 더 넓은 지리적 범위를 가진 팀은 다양한 지식에 대한 접근을 자체적으로 보유하고 있다. 지리적 범위가 넓을수록 보다 다양한 정보에의 접근이 가능하지만, 분산된 팀은 상호지식이 부족하여 정보의 흐름에 장애가 될 수 있다. "공통기반(common ground)"으로도 알려진 상호지식은 개인들이 공통적으로 가지고 있으며 이것을 공유하고 있음을 그들이 알고 있는 지식을 말한다. 다시 말해, 상호지식은 정보의 공통기반으로서 커뮤니케이션에서 반복할 필요가 없는 것을 일컫는다.

관련하여, 사람들은 원거리 의사소통 시 그들의 메시지나 토론에서 맥락이나 맥락적 정보를 생략하는 경향이 있는데, 지역 간 유사성을 가진 것으로 잘못 가정하기 때문이다. 예를 들어, 다른 나라에 있는 팀 구성원과 동일한 프로젝트에서 일하던 어떤 사람은, 문서 사본을 본사로 보내 줄 것을 수차례나 요청했지만 아무런 대답도 듣지 못했는데, 한참이 지난 후에야 그 외국인 구성원에게는 쉽게 활용할 수 있는 복사기가 없다는 사실을 알게 되었다고 한다.

설상가상으로, 맥락적 정보가 커뮤니케이션될 때, 종종 무시되거나 잊히는 일들이 일어난다. 먼 곳에 있는 파트너의 맥락을 상상하는 것이 어려운 일인 데다, 그들의 맥락에 대한 우리의 마음속 그림을 상황이 변해 감에 따라 업데이트하는 것은 훨씬 더 어렵다. 상대방의 상황을 이해하기 어렵다는 점은 또한 우리의 상황을 설명해야 할 때 무엇을 말해야 하는지를 파악하기 어렵게 한다. 이러한 상호지식의 부족은, 멀리 떨어진 곳에 있는 파트너가 왜 마감시간을 지키지 못하는지, 왜 특정 부분에 집착하거나 또는 아무 경고 없이 커뮤니케이션을 끊어 버리는지를 종종 이해하지 못하게 함으로써 갈등을 불러일으킨다. 예를 들어, 특별히 날씨가 매우 안 좋은 날 오전 8시 현장 회의에 동료가 늦어지는 경우, 우리는 당장 그 동료가 나쁜 날씨 탓에 도로가 막혀 있거나 도착하는 데 어려움을 겪고 있을 것으로 생각한다. 그러나 온라인 동료가 약속시간에 접속하지 않고 달리 연락할 방법이 없는 경우 우리는 그의 부재를 설명해 줄 아무런 맥락적 정보를 갖고 있지 못하며, 그가 나타나지 않는 것을 그가 관심이 없거나 무책임하기 때문이라고 생각해 버릴 수 있다. 이와 유사하게, 우리는 중요한 공휴일에 업무적 응답을 기대하지 않지만, 다른 나라의 공휴일에 대해서는 무지하거나 상대방의 무응답을 오해하기도 한다.

분산된 글로벌 팀은 또한 중요한 문화적 차이를 마주할 가능성이 높다. 해외에서 일하거나 다른 문화의 사람들과 일하는 것의 어려움을 지적하고 토의하는 수많은 학문적, 실무적 연구들이 존재하지만(3장 참조), 해외에서 어떻게 다른지를 "목격"하지 않고서 다른 문화의 대처법에 대해 알려진 것이 매우 적다. 면대면의 이문화 상황에서 경영자는 커뮤니케이션을 이해하기 위해 맥락적 정보를 활용하도록 조언을 받는다. 그러나 분산된 커뮤니케이션에서는 그러한 맥락적 정보를 얻기가 불가능하거나, 그것이 있음에도 불구하고 알아보지 못할 수 있다.

예를 들어, 우리가 비행기를 타고 남아프리카에 도착하면, 거기가 고향이 아니라는 것을 금방 알아볼 수 있다. 건축양식이나 냄새, 사람들이 입고 말하는 방식, 억양과 제스처 등 모든 것이 우리가 지금 외국에 와 있으며, 이에 따라 판단을 보류하고, 주의를 기울이며, 아무런 가정을 하지 말아야 한다는 것을 상기시킨다. 그러나 우리가 남아프리카에 있는 사람에게서 이메일을 받을 때는, 아마도 우리 스스로의 편안한 환경 속에 있을 가능성이 높고, 어떠한 억양도 듣지 못하며, 어떤 다른 것도 눈으로 확인할 수 없어서 이문화적인 상황을 인식하지 못할지도 모른다. 남아프리카의 상대방이 이메일을 쓰면서 행간에 내포한 의미는 그 자신의 문화에 영향을 받아 온 것이기에 우리 눈에는 전혀 드러나지 않을 수 있다.

## 기술에 대한 과잉의존

둘째로, 기술에 대한 의존이 지나치면 종종 문제를 불러일으킬 수 있다. 분산된 팀에게 기술은 긍정적 영향과 부정적 영향을 모두 가져온다. 정보기술은 지리적 위치와 상관없이 즉각적인 정보의 교환이 이루어지도록 하여 분산된 팀이 가능하게 하였다. 정보를 전자적으로 발신하는 팀에게는 발신 전에 정보가 저장되며, 수발신 기록이 남는다는 것도 이점이 된다. 이에 더하여, 시간대가 다른 곳에 있는 팀원에게 업무를 넘겨줄 수 있으므로, 24시간 업무 수행이 가능하다. 그러나 커뮤니케이션을 기술에 의존하는 것은 몇 가지 문제를 발생시키며, 이로 인해 이해와 실험, 창의적 문제해결이 줄어드는 단점이 있다.

불행하게도, 전자 메시지는 가끔 최종 목적지에 다다르지 못하는 경우가 있으며, 첨부파일이 전달되지 않거나, 다른 버전의 문서가 잘못 돌아다니기도 한다. 때로는 팀원 한 사람에게 정보를 보내면서 다른 모든 팀원들이 그 정보에 접근했을 것으로 가정하기도 한다. 끝내 메시지가 전달되었더라도, 구성원들은 다른 사람들이 그것을 읽고, 해석하는 데 대해 통제할 수 없다.

면대면 커뮤니케이션에서 우리는 목소리를 높이거나, 표정, 비언어적 제스처를 통해 우리가 중요하다고 여기는 부분을 표현한다. 마찬가지로 듣는 사람들도 고개를 끄덕이거나, 몸짓을 하거나, "예", "음"과 같은 짧은 말을 통해 그들이 이해하였다는 신호를 보낸다. 이러한 신호 행위는 컴퓨터가 매개하는 커뮤니케이션에서는 시간과 노력이 더 소모되는 일이며, 때로는 이모티콘이 아무런 도움이 되지 못한다. 대부분의 경우 사람들은 "보내 주신 글을 읽었습니다. 내가 이해한 바는 이러한데 이것이 맞나요?"라고 메시지의 맥락에 대한 그들의 이해를 점검하기 위한 이메일을 작성하지 않는다.[14]

## 유용한 세부사항의 누락

셋째로, 분산된 팀은 종종 유용한 세부사항의 누락을 겪는다. 이메일이나 전자채팅, 문자메시지와 같은 문자를 매개로 하는 커뮤니케이션은 전달되는 정보가 덜 풍부할 뿐만 아니라(예: 몸짓 언어나 표정이 없음), 설명되는 것도 더 적다. 세부사항을 적는 것은 힘겨운 일거리가 되는 경향이 있어서, 사람들은 말로 할 수 있을 만큼 글로 적지는 않으며, 이 때문에 커뮤니케이션의 과잉 단순화와 중요 정보의 누락이 발생한다. 예를 들어, 중요한 회의를 놓친 동료가, 직접 찾아오거나, 전화로, 문자메시지로 요청할 경우 각각에 대해 당신이 얼마나 많은 정보를 제공할 것인지 생각해 보라. 그리고 누군가 시간을 들여서 관련 이메일이나 메시지에 모든 세부사항을 적어 놓았다 하더라도, 수신자가 메시지를 모두 지워 버리거나 중요한 맥락만 골라 보는 이유로 많은 세부정보들이 유실될 가능성이 있다.

예를 들어, 어떤 연구에 의하면, 유사한 환경에서, 문자기반의 이메일 기술을 이용하여 커뮤니케이션하는 사람들이 평균 약 740개의 단어를 서로 나누는 반면, 말로 커뮤니케이션하는 사람들은 평균 약 1,702개의 단어를 나누었다.[15] 문자메시지나 페이스북은 훨씬 더 짧은 메시지로 이어질 것임이 분명하다. 물론 이것은, 우리의 분산된 팀 구성원들에게 어떤 부분이 연관될지를 모르는 상황에서 무엇이 중요한 정보인지 알기 매우 어렵고, 일상의 현실을 세부적으로 적는 것이 매우 고된 일이기에 충분히 이해할 만한 일이다.

### 응용 10.3 함께 일하기, 떨어져서 일하기

때로는 상황에 따라, 글로벌 프로젝트팀이 한데 모여 일하다가 분산된 팀으로 진화하는 경우가 있다. 미국 사람 한 명과, 캐나다에 사는 브라질 사람 한 명, 스페인 사람 한 명으로 이루어진 이 책의 저자 3인이 그러한 예에 속한다. 이 "글로벌 팀"은 한데 모인 프로젝트팀에서 시작하여 필요에 의해 분산된 팀으로 성장하였다. 프로젝트가 시작될 당시, 두 명의 구성원은 각각 세 번째 구성원을 알고 있었지만, 서로간은 알지 못했다. 세 명의 팀 구성원이 함께 모이는 데는 전자 커뮤니케이션이 활용되었다. 곧 세 사람은 서로 다른 세 나라에 떨어져 살게 되었고, 전자기기에 대한 의존은 더욱 커졌다. 우리가 보기에 이러한 분산은 실제 비즈니스 세계에서의 경우와 다르지 않게 더 나은 결과를 가져다주었다. 그것은 다양한 주제에 대해 반드시 일치할 필요가 없는 다수의 관점을 얻을 수 있는 많은 기회를 열어 주었다.

많은 교훈이 있었다. 가장 중요한 첫 번째는, 사실과 현실은 종종 일시적인 의미를 가지며, 시간과 국경을 넘어 달라질 수 있다는 것이다. 개인주의나 집단주의는 그 어느 것도 본질적으로 좋은 것이 아니며, 때로는 업무에 있어서 지배와 조화가 동시에 일어나기도 했고, 게다가 시간이 다수의 서로 다른 정의와 응용을 가지기도 했다. 일정표와 스톱워치가 반드시 유의미한 진전을 가져오는 것은 아니다. 목표지향적 행동들은 종종 무질서하고 동시다발적인 행위들로 보완–대체가 아니라–되었다. 우리는 규칙과 관계가 둘 다 유연성과 목표지향의 기치 아래 긴밀하게 함께 일하는 활동적이고 헌신적인 글로벌 팀을 만들 수 있다는 것을 배웠다. 우리는 비선형적인 시스템이 질과 완전성에 있어서 선형적인 것보다 종종 우위에 있을 수 있음을 배웠다. 우리는 파트너들 사이의 문화적 충돌이 종종 피해야만 하는 것이 아니라 바람직한 질적 요소가 될 수 있음을 배웠다. 우리에게 있어서 그것은 보다 위대한 창의성과 일의 세계에 대한 보다 현실적인 생각으로 이어졌다. 우리는, 목소리 크고 주장이 강하거나 조용하고 미묘한 리더십 역할이 모두 가능할 수 있지만, 두 접근방법이 각각의 이견과 논쟁을 담고 있음을 배웠다. 마지막으로 우리는, 글로벌 팀으로 일하는 것이 매우 즐거운 일이며, 많은 것들을 배우고 공유할 수 있는 환경을 만든다는 것을 배웠다.

다음에 대해 생각해 보자.

(1) 이 책을 쓰는 프로젝트팀은 세 나라에서 온 사람들로 되어 있다. 이러한 학술적인 팀은 비즈니스 프로젝트팀과 어떻게 다를까? 이러한 차이가 팀 관리나 팀 성공이라는 목적에서 얼마나 중요한 것일까? 설명해 보라.
(2) 당신이 회사에서 글로벌 팀의 구성원을 모집하는 책임을 맡았다면, 어떻게 가능한 최고의 팀 구성원을 찾아내고 확보할 것인가?
(3) 당신이 글로벌 팀을 관리하는 책임을 맡았다면, 첫 번째 회의에서 어떤 소개의 말을 전할 것인가?
(4) 글로벌 팀을 관리하는 것과 관련하여 당신의 개인적인 장점은 무엇이라고 생각하는가? 무엇을 능숙하게 잘할 수 있는가? 동시에, 그런 책임에서 당신의 약점은 무엇인가?

## 분산된 글로벌 팀의 관리 Managing dispersed global teams

구성원들이 전 세계에 흩어져 있는 글로벌 팀에서 함께 일하기 – 사실, 관리하기 – 위해서는 매우 복잡하고 종종 모호한 환경 속에서 일하는 데 알맞은 스킬과 능력, 동기를 갖춘 사람들을 신중하게 선택할 필요가 있다. 또한, 이들 각각에게 기술적 활용법과 가상 커뮤니케이션, 가상 업무, 문화 감수성에 대한 광범위한 교육훈련을 제공하는 것이 필요하다. 이에 더하여, 기대/보상 시스템이 가상 또는 분산된 업무의 목표나 속성과 반드시 일치되는 것이어야 한다. 관리자들이 분산된 팀 구성원의 행동을 통제할 수 없으며, 업무 중에 구성원을 볼 수 없기 때문에, 명확한 기대와 측정 가능한 목표가 직원들의 성과를 평가하고 보상을 부여하는 데 보다 나은 방법이 된다.

모든 과제가 반드시 가상으로 이루어지는 것은 아니며, 분산된 팀의 성공적인 관리자는 이 사실을 잘 이해하고 있다. 어떤 과제는 전통적인 미디어의 사용으로는 매우 어려울 수 있으며, 적어도 초기 단계에서는 서로를 알아 가고 상호교류 방식을 이해하기 위해 구성원들의 면대면 만남이 요구되기도 한다. 대체로, 의사결정 프로세스의 수준이 높고 메시지가 복잡할수록, 보다 풍부한 커뮤니케이션 미디어가 요구된다.[16] 다시 말해, 보다 단순한 과제는 간단한 미디어를 통해 쉽게 완수될 수 있지만, 어떤 과제는 한데 모인 팀이 수행하도록 남겨 두는 것이 더 낫다는 것이다. 여러 지역으로부터 혜안이 요구되는 경우, 글로벌 팀을 일시적으로 한 장소에 모이게 하여 과제에 임할 수 있게 하기도 한다.

일단 적합한 과제, 적합한 사람, 적합한 기술, 적합한 보상 시스템을 파악하고 나면 관리자들은, 조정과 이해의 공유, 신뢰할 수 있는 프로세스를 구축하는 데 힘써야 한다. 공통 맥락의 부족으로부터 오는 도전과제의 어려움들은 관리자들이 정보의 전파에 적극적으로 나섬으로써 완화될 수 있다. 예를 들어, 가능한 한 면대면 회의를 주기적으로 갖도록 하되, 모든 구성원들이 서로 만나도록 하는 것이 지나치게 비용이 많이 들거나 불가능한 경우, 각 지역에서 한 사람이 다른 먼 곳을 방문하고 정보를 공유하도록 하는 것이다. 더불어, 각 구성원들이 자신이 하고 있는 일들을 설명하도록 초대되어 화상회의나 원격회의들을 이용하여 정보를 공유하도록 해야 할 것이다. 이것은 구성원들이 프로젝트나 당면한 압박과 같이 자신의 실제 업무에서 중요한 부분을 차지하는 것들에 대해 언급할 수 있는 기회를 제공함으로써 맥락 정보가 도출될 수 있는 조건을 만들어 낼 것이다.[17]

관리자들은 또한 구성원 서로간의 커뮤니케이션을 촉진시켜야 한다. 그들은 커뮤니케이션 규범을 명백하게 하거나, 문화 간 커뮤니케이션 교육훈련을 제공하거나, 참가자들로 하여금 커뮤니케이션 규칙을 만들고 상호이해를 쌓아 가도록 돕는 팀 구축 기법을 개발하여 구성원들의 커뮤니케이션을 도울 수 있다.[18] 관리자들은 또한 각각의 구성원들이 외딴 곳에 고립되어 있다고 느끼지 않게 해야 한다. 여기서의 핵심어는 소통하는 것이다. 짧은 메시지를 자주 보내는 것은 구성원들이 가치를 인정받고 팀에 소속되어 있음을 느끼게 한다. 그림 10.4는 분산된 팀을 관리할 때 관리자들이 반드시 고려해야 할 핵심 이슈들을 요약한 것이다.

가상업무는 연계와 상호작용의 새로운 방식을 학습하게 한다. 관리자나 협력자로서 가상업무에서 성공하기 위해서는, 면대면 상호작용에서는 커뮤니케이션이 되지 않았을 정보를 커뮤니케이션하는 방법을 익혀야 한다. 구성원들은 과업 관련 정보(무엇이 수행되어야만 하는지의 세부사항), 사회적 정보(과업에 직간접적으로 관여된 사람들의 개성, 스타일, 평판), 그리고 맥락 정보(가능한 지원의 유형, 장비, 상응하는 책임, 문화적 규범, 공휴일 일정, 사무실 배치, 현지 규칙, 기대 수준, 법규)에 대해 반드시 커뮤니케이션해야 한다.

분산된 팀이 마주하는 수수께끼는, 그들이 한데 모인 팀보다 종종 더 많은 정보를 필요로 하는 반면, 대체로 더 적게 공유한다는 것인데, 그 이유는 구성원들이 어떤 정보가 중요한 것인지를 알아차리지 못하거나, 그들의 맥락이 당연한 것으로 받아들여 다른 지역에서도 유사할 것으로 가정함에 따라 다른 구성원들에게 무엇이 다르게 보이는지를 상상하기 어렵거나, 모든 것을 적어 내거나 커뮤니케이션하는 것이 많은 시간과 노력을 요구

**그림 10.4 분산된 글로벌 팀을 관리하는 전략**

| 팀 구성요소 | 관리 전략 |
|---|---|
| 구성원 | 알맞은 기술, 능력, 동기를 가진 구성원 선발<br>기술적 활용법과 가상 커뮤니케이션, 문화 감수성에 대한 교육훈련 제공<br>분산된 업무 속성과 보상 시스템을 일치시킴<br>성과 평가를 위해 명확한 기대와 측정 가능한 목표를 수립 |
| 과업 | 가상 업무에 적합한 과업 선택<br>복잡한 문제일수록 보다 풍부한 미디어 활용 |
| 프로세스 | 구성원들 사이에 정보를 전파<br>가능하면 주기적으로 면대면 회의를 실시<br>화상회의나 원격회의에서 정보교환을 위한 시간을 할애<br>커뮤니케이션 규범을 분명히 공지<br>문화 간 커뮤니케이션 교육훈련 제공<br>팀 구축 기법 개발<br>개개인이 고립되어 있다고 느끼지 않도록 함<br>모든 구성원과 자주 커뮤니케이션함 |

출처: Based on Martha L. Maznevski and Nicholas Athanassiou, "Designing the knowledge management infrastructure for virtual teams," in Cristina B. Gibson and Susan G. Cohen (eds.), *Virtual Teams that Work: Creating Conditions for Virtual Team Effectiveness* (San Francisco, CA: Jossey-Bass, 2003), pp. 196–213.

하기 때문이다. 그럼에도 불구하고, 맥락은 예기치 못한 많은 방식으로 사람들의 행동에 영향을 미친다. 예를 들자면, 어떤 구성원은 닥쳐온 또 다른 과제에 대응하기 위해 지금의 과제를 빨리 끝내야 한다는 압박을 느끼고 있지만, 또 다른 구성원은 자신의 발목을 잡는 기술적인 문제로 인해 업무처리가 늦어지고 있을 수 있다. 요약하면, 가상환경에서 성공하기 위해서는, 업무와 업무 환경에 영향을 미칠 수 있는 모든 요소들에 대해 시간을 들여 다양한 방식으로 커뮤니케이션해야 한다는 것이다. 여기에는 업무의 진척에 관한 세부사항이나, 당신과 다른 구성원들이 어떻게 일하고 있는지, 다가오는 공휴일, 당신의 건물에 예정된 공사일정 또는 서버의 셧다운 등이 포함된다. 간단히 말해, 당신의 업무에 도움이 될 당신이 알고 있는 모든 것이 상대방의 업무에도 역시 도움이 될 것이라는 것이다.

기술이 진화하고, 글로벌화 압력이 증가하면서, 전 세계의 조직들은 서로 다른 지역에서의 자원을 이용하는 새로운 방법을 찾아서 새로운 업무여건에서의 실험을 계속해 나갈 것이다. 글로벌 관리자들의 도전과제는 이러한 변화에 발맞추어 그들의 관리 스타일을 변화시켜 나가는 것이다.

## 과업과 팀 프로세스의 관리 Managing tasks and team processes

글로벌 팀에 관한 논의에서 먼저 거론되는 중요한 이슈는 어떻게 조직되고 관리될 것인가이다. 여기서는 두 가지 요소가 중요하다. 첫째로, 관리자들은 과제와 프로세스의 관리방법을 포함하여 그 팀의 중요 도전과제를 인식해야 한다. 둘째로, 관리자들은 팀의 성과를 촉진하기 위해 그들이 무엇을 할 수 있는지, 다시 말해 무엇이 핵심 성공요인인지 이해하고 있어야 한다. 이러한 노력에서 글로벌 팀이 순조롭게 출발할 수 있게 하는 것이 중요하다.

글로벌 팀을 선발하고 인원을 배치하는 것은 글로벌 기업의 첫 번째 도전과제일 뿐

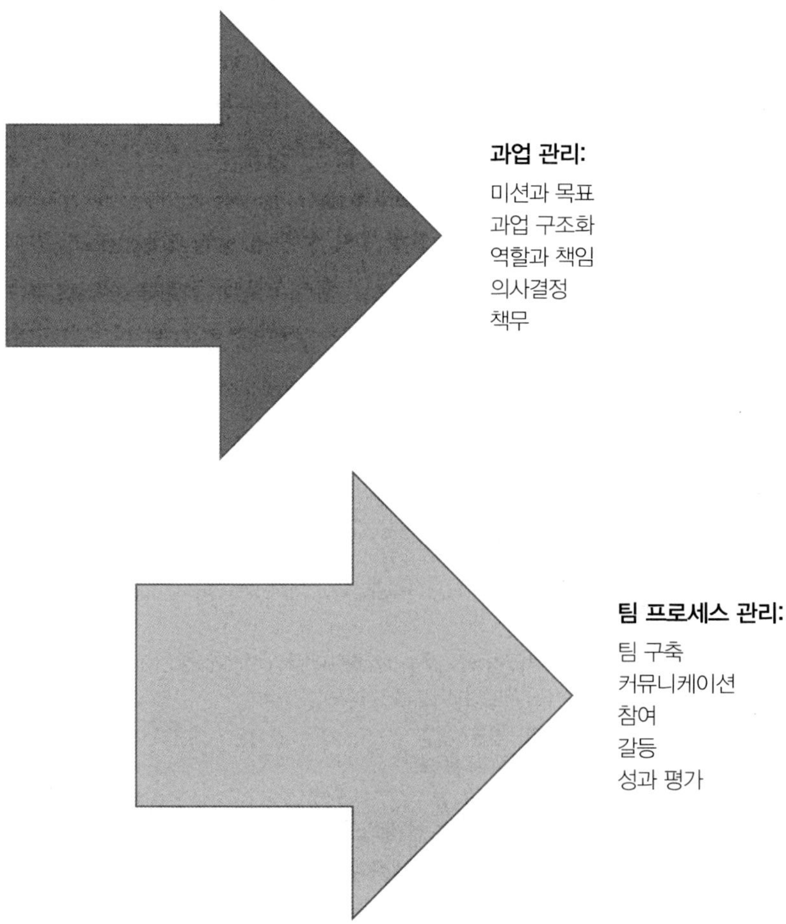


그림 10.5 과업과 팀 프로세스의 관리

이다. 그 다음에, 서로 다른 문화에서 온 구성원들이 실제로 팀으로서 함께 일하는 – 진정으로 효과적인 업무팀을 만들기 위한 전략과 메커니즘이 개발되어야 한다. 글로벌 팀은 그들의 미션을 달성하기 위해 과업 관리와 프로세스 관리라는 두 가지 근본적인 도전과제에 직면한다(그림 10.5 참조).

## 팀 과업 관리

첫째로, 글로벌 팀은 그들의 책임 영역을 파악하고 구성원들을 조직해야 한다. 과업 관리는 모든 팀 구성원들의 팀 구성 이유에 대한 이해를 포함한다. 또한 이것은, 미션과 목표를 명확히 하는 것과, 팀 관리를 위한 명확한 어젠다와 운영규칙을 수립하는 것, 개인의 역할과 책임을 명확히 하는 것, 어떻게 의사결정이 이루어지는지 명확히 하는 것, 그리고 과업 달성의 책임이 누구에게 있는지 밝히는 것을 포함한다.

- **미션과 목표 수립.** 팀의 미션과 목표, 목적을 밝힘; 성과의 기대수준을 파악함.
- **과업 구조화.** 어젠다 수립; 운영 규칙과 절차를 수립; 시간/일정 관리 절차.
- **역할과 책임.** 분업, 책임 도표, 팀 상호의존성, 리더 역할.
- **의사결정.** 권한 위임, 리더의 선발과 역할, 의사결정이 이루어지는 방법.
- **책무.** 과업 달성의 책임이 누구에게 있는지 밝힘.

## 팀 프로세스 관리

둘째로, 글로벌 팀은 목표달성을 위한 집합적인 노력을 촉진하기 위해 생산적인 그룹 프로세스를 개발해야 한다. 그룹 프로세스의 관리는, 팀 구축 활동을 개발하여 완수하는 것, 그룹 구성원들 간의 커뮤니케이션 흐름과 패턴을 이해하는 것, 팀 구성원 서로 간의 참여를 촉진하는 것, 갈등해소 방법을 구체화하는 것, 그리고 성과 평가가 언제 어떻게 이루어지는지를 명확히 하는 것을 포함한다.[19]

- **팀 구축.** 팀 구축 활동; 신뢰 구축; 이문화 이해; 사회적 상호작용 기회.
- **커뮤니케이션 패턴.** 통용 언어의 선택; 언어 구사 능력; 정보기술의 적절한 활용.
- **참여.** 모든 사람에게 목소리를 낼 기회 보장; 조용한 사람과 목소리 큰 사람의 균형; 모든 사람을 최대한 활용하기.
- **갈등 해소.** 타당한 의견차이를 수용하기; 건설적인 갈등관리; 파괴적인 갈등의 제거; 타협 전략.

- **성과평가.** 성과 평가 시기와 방법; 일방향 대 양방향 평가; 피드백의 역할; 누가 성과 평가자인지.

## 응용 10.4 분산된 팀의 대면시간

점점 더 많은 관리자들로 하여금, 더 멀리 분산된 팀을 감독하는 동시에 더 많은 시간을 멀리 떨어진 고객과 보내게 되면서, 대면시간은 사치스러운 일이자 업무적 스트레스의 원천이 되었다.[20] 화상회의나 기업 내부 소셜네트워크 같은 기술은 먼 거리에 있는 당사자들을 연결시킬 수 있지만, 현실은 종종 완벽함과는 거리가 멀다. 이에 대해 많은 임원들은, 직속 상사나 고위급 보스와 같은 방에 자리하는 것을 대체할 수 있는 것은 아직껏 없다고 말한다.

그러나 효과적인 관리를 위해 얼마나 많은 대면시간이 필요한지에 대해서는 합의된 것이 없다. 쌤소나이트 인터내셔널의 CEO인 라메시 타인왈라(Ramesh Tainwala)는 10월에 최고지위에 오르자마자 라틴아메리카 담당자를 교체했는데, 그 이유는 미국에서 담당업무를 하면서 라틴아메리카에는 연간 40일밖에 머물지 않았기 때문이라고 한다. "당신이 사람들과 같은 곳에 있지 않으면, 그들을 관리하기 어렵다"라고 그는 덧붙였다.

새로운 라틴아메리카 담당자는 칠레에 본거지를 두고 있지만, 거의 항상 이동 중이다. 타인왈라는 그에게, "당신의 새로운 역할은 한 달에 20일에서 25일을 여행하는 것입니다"라고 말했다.

타인왈라 자신도 쌤소나이트를 위해 본거지인 홍콩을 벗어나 한 달에 25일을 여행하고 있다. 지난 가을 CEO가 된 이래 그는 전 세계 4개 지역에 자리한 고위 경영진과 네 번의 면대면 회의를 진행했다. "원격회의가 면대면 상호작용을 대체할 순 없습니다. 직접 만나야, 각자의 생각을 듣게 됩니다."

하지만 멀리 떨어진 곳의 상사가 갑작스럽게 대면시간을 갖고 싶다고 하면 부하직원들의 저항에 직면할 수도 있다. 이런 일이 한 환경 컨설팅 기업의 고위 관리자에게도 일어났다. 그 관리자는 자신이 팀에 대해 너무나 손을 놓고 있었으며, 고객 요구에 대응하느라 회의에 여러 번 불참했었다는 것을 알아차렸다. 그녀는 각각의 팀 구성원들과 30분의 면담시간을 준비하기 시작했다. 그러한 갑작스런 시도에 몇몇 직원들이 화가 났고, 그녀가 지나치게 간섭한다고 불평했다. 그러자 그녀는 그녀의 증가된 개입이 어떤 도움이 되는지를 설명하는 회의를 소집하여, "제가 여러분들을 돕도록 저를 도와주기 바랍니다"라고 말했다. 그녀의 팀이 적응하는 데는 시간이 걸렸다.

다음에 대해 생각해 보자.

(1) 분산된 팀의 리더가, 팀의 노력을 통제하고 조정할 필요와 팀 구성원에게 그들의 업무를 수행하기 위해 충분한 자율성을 제공할 필요의 균형을 어떻게 이룰 수 있을까?
(2) 관리자와 분산된 팀이 서로 떨어진 거리를 고려하면, 관리자는 그가 팀 구성원들의 주변을 지나치게 가까이 배회하고 있음을 어떻게 알 수 있을까?
(3) 한데 모인 팀의 성공적인 리더가 되는 것과 대비하여, 분산된 팀의 성공적인 리더가 되기 위해 특별한 스킬이 필요한가? 설명해 보라.

(4) 분산된 글로벌 팀 구성원들이 "우리가 업무를 수행하게 내버려 두라"고 원한다면, 팀 리더는 그들에게 보다 가까운 면대면 조정의 필요성을 확신시키기 위해 무엇을 할 수 있을까?
(5) 면대면 회의가 불가능한 경우, 관리자가 분산된 팀 구성원과 접촉을 유지하기 위해 손쉽게 취할 수 있는 몇 가지 구체적인 활동을 찾아보라.

## 리더십과 글로벌 팀 구축 Leadership and global team-building

글로벌 팀을 – 또는 어떤 팀이든 – 성공적으로 이끄는 것은 팀을 어떻게 구축하는지를 아는 것을 포함한다. 견고한 결과와 궁극적인 성공이 중요하다면, 이것은 결코 쉬운 일이 아니다. 조직이나 부서에서 바쁘지 않거나 언제나 차출이 가능한 사람들로는 성공적인 팀을 만들 수 없다. 또한, 대표된 모든 국가로부터 한두 명씩 선발하는 전형적인 "노아의 방주"와 같은 접근방법을 통해서도 성공적인 팀을 만들 수 없다. 그보다는, 효과적인 팀을 구성하기 위해서는 상당한 고민과 세부사항에 대한 주의, 그리고 무엇보다도 목적에 대한 이해가 요구된다. 이 팀의 주요 목표는 무엇인가? 누가 이 목표의 달성을 가장 잘 추진할 것인가? 목표의 달성을 위해 이 팀을 구성하고 감독하는 데 적임자는 누구인가? 이러한 질문들은 결코 단순하지 않으며, 임시방편으로 해결될 수 있는 것도 아니다.

### 팀 리더의 책임

글로벌 팀이 높은 그룹 결속력과 업무 성과를 위한 기반을 개발하는데 팀 리더 또는 조정자의 역할이 중요하다. 기대하는 바와 같이 관리자는, 그룹 행동에 간섭하고 관리하려 하기보다는, 팀이 성공하기 위해 적합한 맥락을 조성할 필요가 있다. 이를 위해서는, 관리자와 조정자는 다음과 같은 영역에 그들의 노력을 생산적으로 집중시켜야 한다(그림 10.6 참조).

- 스킬을 기반으로 구성원을 선발. 구성원들을 스킬에 의해 선발하고 글로벌 팀 구성원의 발전에 투자하라: 팀은 그들의 과업을 수행하고 함께 일하기 위한 스킬이 필요하다. 모든 필요한 스킬을 갖추었거나, 개발될 여지가 있는 팀 구성원을 신중하게 선발한다.

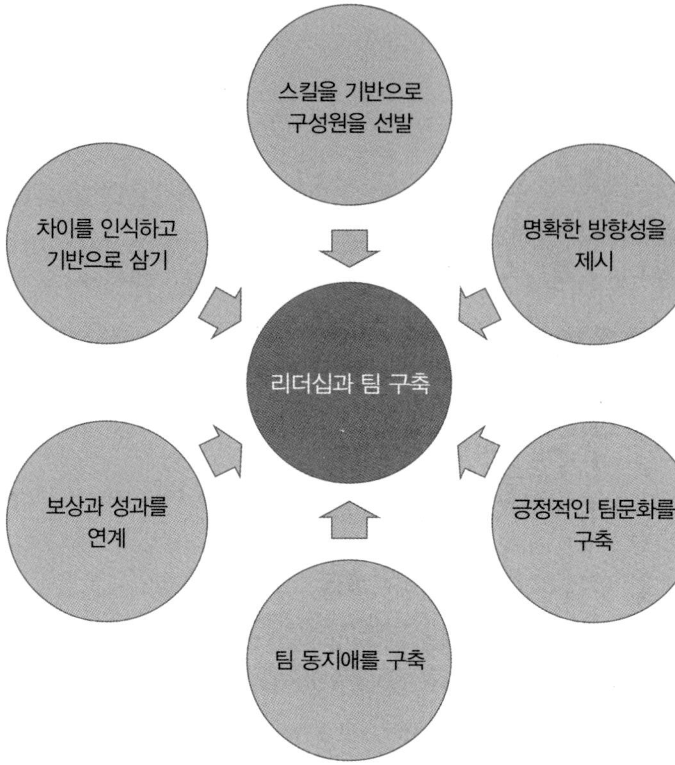


그림 10.6 리더십과 글로벌 팀 구축 전략

- **명확한 방향성을 제시.** 글로벌 팀에게 방향성과 목적, 명확한 성과목표를 제시하라: 팀 구성원들은 그들이 성취할 가치가 있는 목적이 있음을 믿으며, 성과목표에 대해 공통된 기대를 가져야 한다.
- **긍정적인 팀문화를 구축.** 긍정적인 팀문화가 자라나도록 도와라. 앞에서 논의한 바와 같이, 그룹은 그들이 마주한 최초의 경험과 그들이 찾은 해결방법을 기반으로 문화를 발전시킨다. 이런 이유로 인해, 글로벌 팀을 만드는 것은 매우 신중하게 관리되어야 한다. 구성원들은 다른 사람과 리더의 행동을 조심스럽게 살펴서 미래의 행동에 대한 정보를 알려 줄 원칙을 유추해 내려 하기 때문에, 팀 형성 초기단계에서 팀의 목적을 명심하고, 명확한 행동 원칙이 개발될 필요가 있다.
- **팀 동지애를 구축.** 글로벌 팀에게 그들이 서로를 알아 갈 시간을 갖도록 장려하라: 팀은 창의적인 상호교환을 촉진하기 위한 신뢰와 동지애를 개발해 나가야 한다. 팀은 업무를 위해서만이 아니라, 서로를 알아 가고 관계를 구축하기 위해서도 함께 시간을 보내야 한다.

- **보상과 성과를 연계.** 이정표를 개발하고, 프로젝트 종료시점만이 아닌 프로젝트 기간 내내 피드백과 보상을 제공하라. 이것은 글로벌 팀으로 하여금 성과를 성찰하고, 작은 승리를 축하하며, 결점을 극복하는 조치를 취하는 데 도움을 준다.
- **차이를 인식하고 기반으로 삼기.** 문화와 관점의 이질성은 적절히 활용되면 장점(더 많은 지식과 다양한 관점, 보다 나은 문제해결)의 근본적인 원천이 되지만, 적절히 관리되지 못하면 중요한 도전과제(갈등과 오해)가 된다. 차이를 인식하고 그 차이를 잘 이용하는 팀은 동질적인 팀보다 나은 성과를 낸다.[21]

### 응용 10.5 액센추어에서의 협력적 스킬 개발

리더십과 팀 구축 스킬을 파악하는 것보다는 그것을 실제로 개발하는 것이 훨씬 어렵다. 상당한 리더십 교육훈련이 필요하기 때문이다. 액센추어는 이러한 유형의 교육훈련을 많이 하는 기업 중 하나이다. 액센추어는 120개 이상의 국가에서 고객들에게 글로벌 경영 컨설팅, 기술 서비스, 그리고 아웃소싱을 제공하는 236,000명을 보유한 기업이다. 액센추어는 글로벌 기업으로서 직원들이 글로벌 마인드를 가지도록 하기 위해 매년 수백만 달러를 직원 교육에 지출하는데, 그 대부분은 해외의 동료들과 협력적인 스킬을 개발하는 데 초점이 맞춰져 있다. 게다가 액센추어는 매년 400명의 가장 유망한 관리자들을 특별한 리더십 개발 프로그램에 참여시킨다. 그들은 아일랜드인, 중국인, 벨기에인, 필리핀인과 금융, 마케팅, 기술 분야의 전문가들이 포함된 그룹으로 할당되고, 10개월 이상 동안 세계 각지에서 팀의 만남이 이루어진다. 그 프로그램의 한 부분으로서, 그들은 새로운 프로젝트를 선정하고, 이를 완수하기 위해 전 세계에 걸친 인재 풀을 활용하는 방법을 배운다.

다음에 대해 생각해 보자.

(1) 액센추어는 그들의 관리자와 컨설턴트들이 문화를 아우르는 업무를 수행할 수 있도록 훈련시키는 데 상당한 노력과 비용을 투입하고 있다. 이와 같은 기업은 그 지출에 대해 어떤 방식으로 비용-효과 분석을 수행하고 있을까?
(2) 팀 구축 전략은 구성원들을 스킬에 기반하여 선발하고, 긍정적인 팀 문화를 구축하며, 팀 동지애를 쌓도록 하는 것을 포함한다. 이러한 전략이 글로벌 팀에서 효과적으로 실행될 수 있도록 하기 위해 관리자가 할 수 있는 일은 무엇인가?

## 상호신뢰의 구축

글로벌 팀 구성원들 간의 신뢰는 중요하면서도 어려운 것이다. 구성원들 간에 신뢰가 없다면 장기적 관점에서 팀 성공 가능성이 심각하게 줄어든다는 것을 우리는 경험으로 알고 있다. 사실 성공적인 팀들에 대한 연구를 검토한 결과, 신뢰가 핵심 성공요인 가운데 하나라는 것이 분명히 드러났다.[22] 그림 10.7은 신뢰의 수준을 국가별로 비교한 것이다. 보이는 바와 같이, 사람들을 신뢰하는지에 대한 믿음은 지역에 따라 다소 다르다. 이 연구에서 라틴아메리카 국가들은 최저 7퍼센트의 브라질에서 최고 34퍼센트의 멕시코에 이르기까지 분포하고 있는데, 대부분의 – 전부는 아니다 – 유럽 국가들은 이를 상회하는 것으로 나타난다(23~68퍼센트). 이것은 신뢰의 수준이 58에서 68퍼센트에 이르는 스칸디나비아 국가들에 있어서 특히 그러하다. 캐나다와 미국은 삼사분위에 속하며, 상당히 신뢰받지만 조심스럽기도 하다.

이제 신뢰 수준에 대한 또 다른 비교로서 유럽연합 내에서의 결과를 살펴보자. 이 연구는 유럽연합 내에서 자국 출신 사람들에 대해서 신뢰하는 사람들이 거의 절반에 이르는 반면, 다른 유럽연합 국가 출신 사람들에 대해 신뢰하는 사람들은 단지 20퍼센트에 지나지 않음을 발견하였다.[23] 이것의 한 예로, 독일의 농부들과 정치가들은 스페인 농부들이 병든 오이를 팔았다고 즉각 비난하였는데, 이후 그 문제가 독일 내에서 비롯된 것임을 알고 난 뒤에도 마찬가지였다. 또 다른 예는, 계속되는 경제위기의 진정한 책임이 누구에게 있는지에 대해 최근 EU국가들 간 벌어지는 손가락질에서도 살펴볼 수 있다.

일반적인 신뢰 수준에 대한 국가들 간의 차이를 고려하면, 글로벌 팀에서의 신뢰 이슈에는 두 가지 질문이 제기된다. 첫째, 팀 구성원들 사이에서 신뢰가 개발되는 프로세스는 무엇인가? 둘째, 시간이 지나는 동안 이러한 신뢰를 북돋고 향상시키기 위해 팀

**그림 10.7 사람들을 신뢰할 만한가?**

| 국가 | 동의(%) | 국가 | 동의(%) | 국가 | 동의(%) |
|---|---|---|---|---|---|
| 브라질 | 7 | 오스트리아 | 32 | 영국 | 44 |
| 터키 | 10 | 멕시코 | 34 | 아일랜드 | 44 |
| 루마니아 | 16 | 한국 | 35 | 미국 | 47 |
| 슬로베니아 | 17 | 스페인 | 35 | 캐나다 | 52 |
| 라트비아 | 18 | 인도 | 35 | 네덜란드 | 54 |
| 포르투갈 | 23 | 러시아 | 37 | 덴마크 | 58 |
| 칠레 | 24 | 독일 | 38 | 중국 | 60 |
| 나이지리아 | 24 | 일본 | 42 | 핀란드 | 64 |
| 아르헨티나 | 24 | 스위스 | 43 | 노르웨이 | 67 |
| 프랑스 | 24 | 아이슬랜드 | 44 | 스웨덴 | 68 |

출처: World Values Survey, University of Michigan, Institute for Social Research, reported in Nancy R. Buchan, "The complexity of trust: understanding the influence of cultural environment on the nature of trust and trust development," in Rabi S. Bhagat and Richard M. Steers (eds.), *Cambridge Handbook of Culture, Organizations, and Work* (Cambridge University Press, 2009), pp. 373–417.

구성원들은 무엇을 할 수 있는가? 첫 번째 질문에 답하기 위해 그림 10.8에 제시된 신뢰 개발의 단순화된 모형을 살펴보자. 여기에서 보이는 바와 같이, 신뢰 개발에 있어서의 주요 요소 중 하나는 그것이 무엇에 기반한 것인가이다. 이에 따라, 다음의 세 가지 **신뢰 기대(trust expectation)**가 나타날 수 있다. (1) 역량기반 신뢰 – 다른 사람들이 약속을 지킨다는 구성원들의 믿음 정도, (2) 유인기반 신뢰 – 다른 사람들이 약속을 지키도록 충분히 동기부여 되었다고 구성원들이 믿는 정도, (3) 선의기반 신뢰 – 다른 사람들이 약속을 지키기 위한 선의의 노력을 기울일 것으로 구성원들이 믿는 정도.[24]

이 모델에 따르면, 팀 구성원들은 세 가지 기대에 대해 각각 평가한 다음 전체적인 기대를 산출하여 다른 구성원들이 얼마나 신뢰할 만한지를 판단한다. 이러한 **신뢰 판정(trust judgment)**은 **신뢰 행동(trust behaviors)**(예: 구성원들의 개방성 증대, 고비

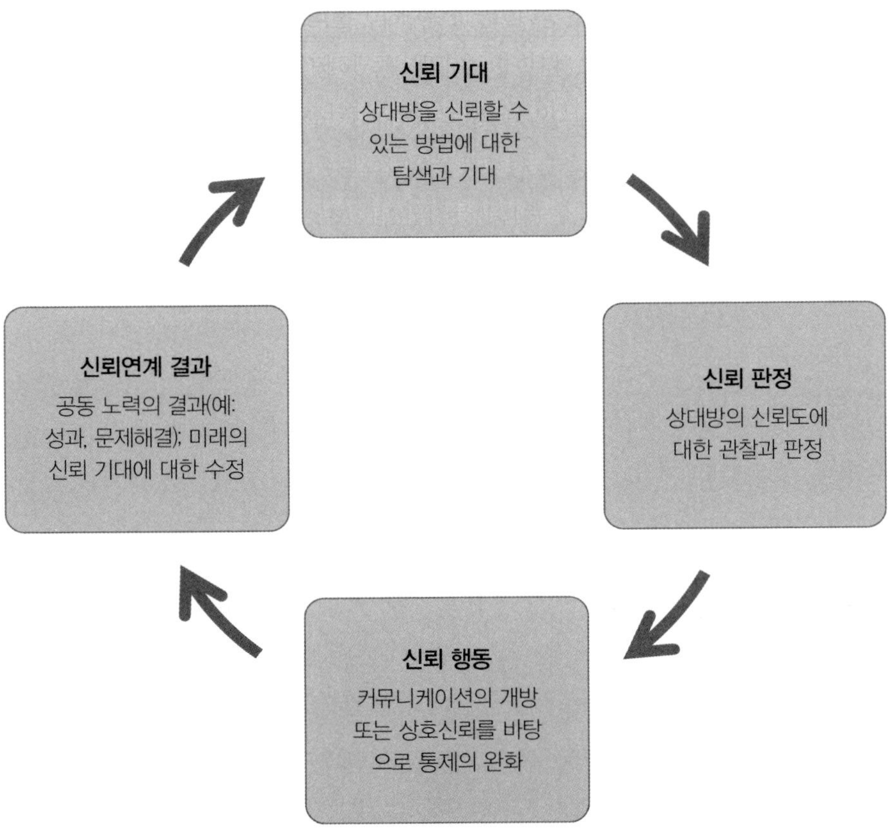


**그림 10.8** 상호신뢰의 개발

출처: Based on Nancy R. Buchan, "The complexity of trust: understanding the influence of cultural environment on the nature of trust and trust development," in Rabi S. Bhagat and Richard M. Steers (eds.), *Cambridge Handbook of Culture, Organizations, and Work* (Cambridge University Press, 2009), pp. 373–417.

용의 통제 시스템이나 감독 필요성 감소 등)으로 이어지고 결과적으로 **신뢰연계 결과(trust-related outcomes)**(예: 효율성 증대, 비용 절감, 목표 달성 등)가 일어난다. 신뢰 개발과 같은 복잡한 프로세스 전체를 파악하는 모델은 없지만, 이 모델은 그 프로세스의 몇 가지 핵심요소를 강조한다.

예상했을 수도 있겠지만, 서로 매우 다른 국가나 문화에서 온 팀 구성원들 간에 신뢰 개발이 일어나야 할 때, 신뢰 구축의 어려움은 기하급수적으로 증가한다. 여러 가지의 전략들이 발견되는데, 단순하지만 효과적인 것들이다. 우선 팀 구성원이 다른 구성원과의 커뮤니케이션에서 개방적이고 솔직해야 한다. 단 한 가지 사실의 허위진술이 수개월 동안의 안정과 성공을 무너뜨릴 수 있다. 이것은 모든 독점적 정보(예: 영업 비밀)가 공유되어야 한다고 말하는 것이 아니다. 오히려 다른 구성원들이 그 정보가 언제 왜 기밀사항이어야 하는지를 알아야 한다는 것이다. 만약 그 정보가 팀 프로젝트의 목표와 무관한 것이라면, 정직한 구성원들이 비밀사항에 궁금해 할 이유가 없다. 반면에, 팀의 운영과 성공에 관련된 비밀정보를 혼자만 알고 감춘다면, 다른 구성원들의 기여는 점차 줄어들 수밖에 없다.

마지막으로, 성공적인 팀은 보편적으로 다양한 개별 구성원들에게 상호이익을 가져다주는 특징이 있다. 불공평한 관계를 좋아하는 사람은 없다. 다른 사람들이 자신의 사적인 목표만을 위한 것이 아니라 전체의 이익을 위해 열심히 일하는 것을 구성원들이 보게 된다면, 개방과 신뢰는 자연적으로 따라오기 마련이다.

## 경영자 노트:
## 글로벌 팀 관리

최근 수년간 두 가지 압력의 결과로 "한데 모인 팀"과 "분산된 팀" 둘 다를 활용하는 것이 상당히 증가했다. 첫째로, 글로벌화의 증대로 기업들과 관리자들은 그들의 목표나 목적의 달성을 위해서는 다른 지역이나 세계에서 온 사람들과 더욱 긴밀하게 일하게 되었다. 둘째로, 커뮤니케이션과 컴퓨터 기술의 중요한 변화가 글로벌 팀이 운영될 수 있는 새로운 환경과 그들이 활용할 새로운 도구를 창조하였다. 이러한 두 가지 변화는 앞으로도 계속될 것으로 보인다. 그러므로 글로벌 팀이 어떻게 일하는지에 대한 이해와 성공적으로 그들을 관리할 수 있는 방법에 대한 이해가 관리자들이 갖추어야 할 스킬 가운데 가장 중요한 것이 될 것이다.

요약하자면, 여기에서 글로벌 팀은 둘 이상의 국가에서 선발되어 회사의 글로벌 운영에서의 일부분을 조정하고, 개발하거나 관리하기 위해 함께 일하게 된 직원 그룹으로 정의되었다. 특정한 이문화 전문성이 필요하거나 외국 기업과 협력할 때 기업들은 이런 팀을 활용하게 된다. 많은 기업들은 글로벌 팀 활용을 선호하는데 그 이유는 본국이나 현지국 출신의 직원들로만 구성된 동질적 팀보다 종종 더 좋은 성과를 내기 때문이다.

효과적이기 위해 먼저 글로벌 팀은 그들이 책임질 영역을 명확히 파악하고 구성원들을 조직해야 한다. 모든 팀 구성원들이 그 그룹이 조직된 이유를 확실히 이해하도록 하는 것이 관리자의 업무에 포함된다. 여기에는 팀의 미션과 목표를 명확히 하는 것과 팀 관리를 위한 명확한 어젠다와 운영 원칙을 설정하는 것, 개인의 역할과 책임을 명확히 하는 것, 의사결정이 어떻게 만들어지는지를 명확히 하는 것, 과제 달성의 책임이 누구에게 있는지를 밝히는 것을 포함한다. 둘째로, 글로벌 팀은 목표달성을 위해 공동의 노력을 촉진시키기 위해 생산적인 그룹 프로세스를 개발해야 한다. 그룹 프로세스의 관리는 팀 구축 활동을 개발하고 실행하는 것과 그룹 구성원들 간의 커뮤니케이션의 흐름과 패턴을 이해하는 것, 팀 구성원들의 상호참여를 촉진하는 것, 구체적인 갈등해결 방법을 수립하는 것, 언제 어떤 방식으로 성과가 평가되는지를 밝히는 것을 포함한다.

기술의 활용과 업무의 조정을 수용하는 데 문화적 차이가 역할을 할 수 있는 한편, 기술도 문화와 행동 규범에 영향을 미친다. 사람들은 기술을 그들의 삶 속으로 받아들이면서, 과제와 사람들을 다루고 연계시키는 새로운 방식을 개발한다. 우리가 정보를 얻는 방식과 빈도수가 변했다. 이와 유사하게, 기술의 꾸준한 활용은 문화가 상호작용하는 방식을 변화시키면서 개인이 일하고 관계를 맺는 방법을 형성한다. 관리자들에게는, 이것은 큰 기회임과 동시에 도전과제를 의미한다. 가상으로 일하는 것은 새로운 방식의 연계와 상호작용에 대한 학습을 요구한다. 성공적인 관리자나 팀 구성원이 되기 위해서는 면대면 상호작용에서는 소통하지 않았을 정보를 이제는 커뮤니케이션하도록 학습할 필요가 있다. 구성원들은 과제 관련 정보, 사회적 정보, 그리고 맥락 정보를 커뮤니케이션해야만 한다.

글로벌 팀 구성원들 사이의 신뢰는 중요하고도 어렵다. 구성원들 사이에 신뢰가 없다면, 팀의 장기적인 성공 가능성은 크게 줄어든다. 사실, 성공적인 팀들에 대한 연구를 검토한 결과, 신뢰가 핵심 성공요인 가운데 하나라는 것이 분명히 드러났다. 몇 가지의 신뢰 구축 전략들은 단순하지만 그럼에도 불구하고 효과적일 수 있다. 우선 팀 구성원이 다른 구성원과의 커뮤니케이션에서 개방적이고 솔직해야 한다. 단 한 가지의 허위진술이 수개월 동안의 안정과 성공을 무너뜨릴 수 있다. 이것은 모든 독점적 정보가 공유되어야 한다고 말하는 것이 아니다. 오히려 다른 구성원들이 그 정보가 언제 왜 기밀사항이어야 하는지를 알아야 한다는 것이다. 만약 그 정보가 팀 프로젝트의 목표와 무관한 것이라면, 정직한 구성원들이 비밀스러운 정보를 궁금해 할 이유가 없다. 반면에, 팀의 운영과 성공에 관련된 비밀정보를 구성원이 혼자 알고 감춘다면, 다른 구성원들의 기여는 점차 줄어들 수밖에 없다.

다시 말하지만, 팀의 운영 환경을 참작하지 않고 팀을 살펴보는 것은 – 또는 구축하려 하는 것은 – 최적화되지 못한 관리 전략임이 명백하다. 시간과 업무에 대한 접근에 있어서 개인주의 또는 집단주의, 다중시간 또는 단일시간 등과 같은 현지 문화의 차이는 종종 팀 구성원들의 업무 습관에 영향을 끼친다. 구성원들이 매우 다양한 문화에서 온 사람들이라면, 이러한 차이는 더욱 심해질 뿐이다. 마찬가지로, 관리 스타일이나 조직 문화와 같은 조직 환경의 차이는 팀이 그들의 일을 바라보는 관점과 함께 그들이 구성원 간 – 또는 다른 팀과 개방적으로 기꺼이 협업해야 하는 범위를 형성하는 데 도움을 준다. 마지막으로, 개인 성격의 다양성, 팀의 위치, 개인이나 하부단위 목표의 차이, 또는 가용한 기술과 같은 상황적 차이는 종종 관리 행위에 중요한 제한이 될 수 있다.

이러한 제한 조건 하에서, 관리자들은 상당한 수준의 운신의 폭을 가지는 것이 분명하다. 그러나 그들의 선택은 신중하게 고려되어야 한다. 이번 장에 걸쳐서 많은 관리 행위들이 제시되었지만, 다음의 세 가지 핵심 요소로 압축할 수 있다(그림 10.9 참조).

### 1. 글로벌 팀을 창조하고 개발하라.

위에서 리더십과 팀 구축이 논의되었다. 요약하자면, IMD 교수인 마즈네브스키(Martha Maznevski)는 팀 노력으로부터 최대한의 성과를 얻어 내기 위한 세 가지의 매우 유용한 전략을 제시하였다.[25] 구상, 연결, 그리고 통합이 그것이다.

**구상(mapping)**은 사람들 간의 차이를 반영하는 것이다. 그것은 문자 그대로 팀 내의 유사성과 차이점에 대해 그림을 그리는 것이며, 그런 다음 이러한 차이들이 갖는 시사점이 무엇인지 이해하는 일을 말한다. 여기에는 관리자나 팀 구성원들에 따라서 몇 가지 서로 다른 차원이 그려질 수 있다. 예를 들어, 서로 다른 팀 구성원들에 따른 문화적 차이를 그려 볼 수 있다. 개인별, 기능별, 사업단위별로 사람들이 팀으로 가져와 팀 내에서 활용될 수 있는 모든 서로 다른 관점들에 대해 그 차이를 그려 볼 수도 있다. 팀이 모여 앉아 글자 그대로 종이에 그들의 이름, 강점, 약점을 적어 내는 것이 다소 이상하게 보일 수도 있지만, 연구결과에 의하면 그들이 결국은 팀의 모든 측면을 다루게 되고 모든 팀 구성원을 팀으로 끌어들여 그 전체를 성과를 위해 활용할 수 있게 되었기 때문에 실제로 이를 행한 팀의 성과가 더 나았다.

**1. 다문화 팀을 구축하고 개발하라.**

- 구상: 팀 구성원 간 차이를 반영하라. 그리고 그 시사점을 이해하라.
- 연결: 효과적인 문화 간 커뮤니케이션을 구축하라.
- 통합: 새로운 아이디어를 창출하고, 협력을 구축하라. 그리고 갈등을 해소하기 위해 문화적 차이를 활용하라.

**2. 현장에서 다문화 팀을 관리하라.**

- 팀의 목표와 과제, 팀의 발전을 관리하는 것이 중요함을 인식하라.
- 글로벌 팀과 일하는 리더십 스킬을 구축하라.
- 팀 구성원 사이의 신뢰를 구축하라.
- 갈등해소 전략을 이해하고 활용하라.

**3. 가상의 다문화 팀을 관리하라.**

- 현장의 팀에 비교하여 가상의 팀이 갖는 장점과 단점을 인식하라.
- 가상의 팀이 운영되는 특수한 환경(예: 서로 다른 시간대)을 관리하라.
- 커뮤니케이션 스타일을 가상의 팀 환경에 맞춰라.

**그림 10.9** 글로벌 팀 관리를 위한 전략

두 번째 전략은 **연결(bridging)**이다. 본질적으로 연결은 효과적으로 커뮤니케이션하고, 차이를 고려하며, 상대방의 관점에서 말하고 듣는 것을 의미한다. 연결에는 세 가지 단계가 있다. 첫 번째 단계는 접근(approaching)으로, 상대방의 관점에서 다른 사람을 이해하기를 실제로 원하고 동기부여 되도록 준비하는 것이다. 두 번째 단계는 이탈(decentering)로서, 우리 자신을 상대방의 입장이 되도록 하고 그들의 관점에서 말하고 듣도록 하는 것이다. 세 번째 단계는 재진입(recentering)으로, 공통점을 찾아내고, 공동의 규범과 현 상황에 대한 정의 그리고 공동의 목적을 개발하는 것이다.

마즈네브스키가 제시하는 세 번째 전략은 **통합(integrating)**이다. 이것은 새로운 아이디어를 창조하고, 협력을 구축하며, 갈등을 해소하고, 그리고 보다 혁신적인 업무환경을 만들어 내는 데 구성원들 사이의 차이를 활용하는 것을 포함한다. 종합적으로 이 세 가지 전략은 팀의 단결과 성과를 지향하는 잘 통합된 팀을 구축하는 데 도움을 주는 것들이다.

## 2. 한데 모인 글로벌 팀을 관리하라.

위에서 언급한 바와 같이, 한데 모인 글로벌 팀과 일하는 것은 기업의 목적에 대해 잠재적으로 가치를 더해 줄 수 있다. 그러한 팀은 덜 다양한 팀에 비해 종종 보다 창의적이고 혁신적이며, 종종 보다 넓은 범위의 원천으로부터 의견과 정보를 이끌어 낼 수 있다. 한데 모여 일하는 것은 신뢰를 촉진하고 정보를 나누는 데 도움을 준다. 그러나 그런 팀을 구축하는 것은 단일 문화의 팀을 구축하는 것보다 더 어려울 수 있으며, 그룹의 단결성을 개발하는 데 더 많은 시간을 필요로 한다. 이에 더하여, 의사결정 프로세스가 다양함에 따라, 결론에 다다르고 그를 실행하는 데 더 많은 시간이 걸릴 수 있다. 마지막으로, 사람들의 업무 습관이 – 단순한 과제에 대한 접근방법에서조차 – 문화에 따라 크게 다를 뿐만 아니라, 상당한 오해, 갈등, 그리고 불신으로 이어질 수 있다. 결과적으로 관리자들은 발생하는 갈등과 함께 팀의 신뢰 수준의 변화에 대해서도 민감해야 한다.

이에 대해 관리자들이 시도할 수 있는 몇 가지 구체적인 행동 전략들이 있다. 첫째로, 그들은 팀의 목표와 과제뿐만 아니라 팀의 발전도 모두 관리하는 것이 중요함을 인식할 필요가 있다. 추가적으로, 그들은 글로벌 팀과 함께 일하는 리더십 스킬을 구축하기 위해 힘써야 한다. 또한 그들은 팀 구성원 사이의 신뢰 구축에 힘써야 한다. 마지막으로, 관리자들은 필요한 갈등해소 전략들을 이해하고 활용하는 스킬을 개발해야 한다.

### 3. 분산된 글로벌 팀을 관리하라.

전자기술의 발전은 분산된 팀을 포함하여 가상 업무를 폭발적으로 증가시켜 왔다. 그러한 팀들이 향상된 생산성을 약속하기는 하지만, 그 팀들이 잘 관리되고 이끌어지는 경우에만 가능한 일이다. 문제발생의 가능성은 도처에서 나타난다. 면대면 상호작용이 없는 가운데 분산된 팀의 단결성을 구축하는 것은 골칫거리이다. 과로(24/7 근무)와 마찬가지로 사회적 태만도 문제가 된다. 관리자들의 도전과제는 생산적이고 지속 가능한 매체를 찾는 것이다. 관리자의 역할은 한데 모인 팀에 비해 언제 어떤 환경 하에서 분산된 팀이 유리한지 – 또는, 잠재적으로 불리한지 – 이해하는 것이다. 많은 경우에, 우리 팀을 위해 우리가 원하는 사람이 다른 지역에 위치하고 있다면 어쩔 수 없다.

이외에도, 위에 논의된 바와 같이, 관리자들은 지리적 위치나 기술에 상관없이 효과적인 관리를 위해 충분한 도구를 확보해야 한다. 여기에는 한데 모인 팀과 비교하여 분산된 팀이 갖는 장점과 단점을 인식하는 것도 포함된다. 또한, 분산된 팀이 운영되는 특수한 환경(예: 다양한 시간대)에 대한 관리도 필요하다. 마지막으로, 커뮤니케이션 기술을 분산된 팀의 환경에 맞추어 관리해야 한다. 이것은 결코 쉬운 일이 아니지만, 우리가 빠르고 확실하게 더 많은 전자기술 기반의 업무환경으로 나아가고 있음에 따라 점차 중요해지고 있다.

## 핵심용어

연결(모형) • 한데 모인 팀 • 분산된 팀 • 글로벌 팀 • 글로벌 팀 시너지 • 혁신 포털 • 통합(모형) • 과업 관리(특징) • 팀 프로세스 관리(특징) • 구상(모형) • 팀 구축 전략 • 신뢰 행동 • 신뢰 기대 • 신뢰 판정 • 신뢰연계 결과

## 토의용 질문

1. 관리자는 그의 글로벌 팀이 효과적인지 어떻게 알까? 그것을 표시하는 것은 무엇일까?
2. 알리바바의 CEO인 마윈은 “우리가 좋은 팀이고 무엇을 원하는지 알고만 있다면 1명이 10명을 당해 낼 수 있다”라고 말한다. 당신은 이에 동의하는가 동의하지 않는가? 그 이유는?
3. 연구결과에 의하면 글로벌 팀의 가장 큰 자산은 실행이나 행동 단계가 아니라 전형적으로 기획 및 개발 단계에 있다. 전 세계에 다양한 상품을 광고, 마케팅, 그리고 유통시키기 위한 글로벌 마케팅팀을 만들려고 하는 기업에게 어떤 시사점이 있을까? 설명해 보라.
4. 글로벌 팀 시너지는 어떤 방식으로 개발되고 장기간 지속될 수 있을까?
5. 가장 효과적이기 위해 글로벌 팀이 한데 모여야 할지 분산될지에 영향을 미치는 기준은 무엇인가?
6. 이 장에서는 분산된 글로벌 팀이 갖는 세 가지 특별한 도전과제가 논의되었다(상호지식과 맥락의 부족, 기술에 대한 과잉의존, 유용한 세부사항의 누락). 이들을 완화시키기 위해 팀 리더나 고위 관리자는 무엇을 할 수 있을까?
7. “분산된 팀이 마주하는 난제는 그들이 종종 한데 모인 팀보다 더 많은 정보를 필요로 하지만, 대체로 덜 공유한다는 것이다.” 이 장에서 제시된 이 주장이 정확하다고 생각되는 예시를 두 가지 들어 보라.
8. 당신의 상사가 새로운 몇 개의 분산된 글로벌 팀의 구성원들을 위한 2일짜리 팀 구축 워크숍을 개발하라고 한다면 어떻게 프로그램을 구성하겠는가? 무엇을 포함시킬 것이며, 그 이유는?
9. 당신이 보기에, 글로벌 팀 리더의 중요한 자질은 무엇인가? 이 리더십 자질은 한데 모인 팀과 분산된 팀에 대해 동일한가 아니면 다른가? 그 이유는?
10. 가령, 당신이 작은 분산된 글로벌 팀을 만들고 리더가 되도록 임명받았다고 하자. 이 팀의 새로운 구성원들 사이에 신뢰를 구축하기 위해 어떤 구체적인 행동을 할 것인가? 당신의 전략은 당신이 한데 모인 글로벌 팀을 만들고 리더가 되는 경우와 어떻게 다른가?
11. 높은 성과를 내는 글로벌 팀을 구축하기 위한 구상(mapping) – 연결(bridging) – 통합(integrating) 접근방법의 장점과 단점은 무엇인가?

## 사례: IBM Cloud Labs

어느 이른 저녁, 캘리포니아 팰로앨토 외곽의 세븐일레븐에 주차하던 윌리 츄(Willy Chiu)는 문자메시지가 도착했다는 알림을 들었다.[26] 그것은 도쿄에 있는 IBM 아시아 본부로부터 온 긴급 뉴스로, IBM이 추진해 온 중추적인 프로젝트에서 중요한 경쟁자가 나타났다는 것이었다. 한국의 어느 은행을 위해 새로운 IT 시스템을 개발하는 그 프로젝트는 최대 1억 달러의 가치가 있는 것이었다. IBM의 뛰어난 Cloud Lab의 전 세계 네트워크를 이끌고 있는 츄는 파일럿 제품을 개발하는 것을 돕도록 요청되었다. 그 문자로 인해 4개 대륙에 걸쳐 온라인과 갤럭시폰, 아이폰을 넘나드는 대화가 혼란스럽게 요동치기 시작했다. 몇 분 만에 츄의 노트북에는 18개의 채팅창이 동시에 열리게 되었다(그림 10.10 참조). "전 세계에 있는 자원을 어떻게 동원하죠?" 그가 새너제이에 있는 세계영업본부장에게 메시지를 보냈다. 서울에 있는 IBM의 관리자가 응답했다. "제가 리더를 맡겠습니다." 츄는 서둘러 베이징에 있는 팀에게 스태프를 확보하도록 요청하는 메모를 보냈고, 그들이 진행 중이라고 확인해 주었다. 그 다음에는 영국에 있는 은행 전문가가 "우리 팀이 스페인에서 작성한 참조 사례를 제공할 수 있습니다."라고 알려 왔다. 츄는 행정지원 담당에게 "스텔라, 오늘밤 비행 편을 더 늦은 시간으로 변경해 줘요. 그리고 몇 주 내로 한국으로 다시 가야 할 것 같아요."라고 했고, 그의 아내에게는 "야근할 것 같아."라고 했다.

츄에 의하면, IBM은 웹기반 서비스를 통하여 36만 명의 스태프들이 "분산된 팀으로 하나 되어 일하기"가 더욱 쉽게 이루어지도록 만들어 기업 자체는 분산되는 것을 지향한다고 한다. 회사는 소위 **혁신 포털(innovation portal)**을 출범시켜 제품 아이디어를 가진 어떤 직원이든지 온라인 채팅 박스를 통해 팀을 조직하고, 자원을 확보하며, 시장 조사 정보에 접근할 수 있도록 만들었다. 이로써 전 세계 IBM Cloud Lab의 개발자들은 프로토타입과 테스팅에 대한 공동작업이 가능하다. 이러한 방식으로, 적극적인 스태프는 반시간도 안 되어 글로벌 팀을 구축할 수 있게 되었고, 적어도 6개월이 걸리던 사업 시작 시간이 30일 정도로 줄어들었다.

이것이 어떻게 가능한지를 보자면, 휴대전화를 위한 비디오 스트리밍과 같은 새로운 서비스를 도입하기 위해 웹기반의 도구를 필요로 하는 미국의 대형 통신사 고객을 위해 IBM은 일본, 브라질, 그리고 영국에서 온 스태프를 포함하는 20명 규모의 그룹을 조직했다. IBM 스태프 전문가들은 2주 만에 작동 가능한 프로토타입을 만들어 냈고, 2개월 만에 최종 제품을 인도했다.

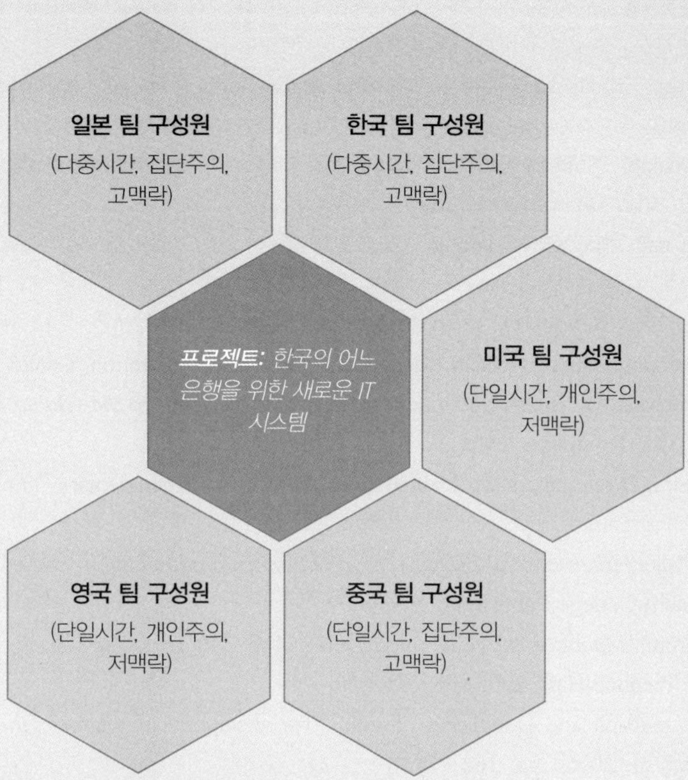


그림 10.10 한국의 어느 은행을 위한 IBM의 분산된 글로벌 개발팀

## 사례 질문

1. IBM Cloud Labs 사례에서 분산된 팀은 사람들을 한데 모으는 것에 비해 장점인가 단점인가? 그 이유는?
2. 윌리 츄와 같은 사람들은 관리자로서 그들의 책임을 수행하기 위해 어떤 특별한 자질을 가져야 할까?
3. 당신의 회사가 윌리 츄와 같은 기술적으로 뛰어난 사람들을 보유하고 있다면, 그들의 성공을 위해 필요한 글로벌 관리자 역량을 개발하도록 그들을 돕는 방법은 무엇이 있겠는가? 설명해 보라.
4. 글로벌 팀의 생산성을 장려하고 지지하는 도구로서의 IBM의 혁신 포털에 대해 당신의 의견은 무엇인가?
5. (선택 연구 과제) 어떤 기업들이 효과적인 글로벌 팀을 구축하고, 개발하고, 관리하고 있는지 탐색하라. 이를 달성하기 위한 글로벌 기업들의 모범 사례는 무엇인가?

## ❖ NOTES

1. Rajesh Kurup, "Ratan says 'tata' to Mumbai shareholders," *The Hindu Business Line*, August 29, 2012.
2. E. S. Browning, "Side by side: computer chip project brings rivals together, but the cultures clash," *Wall Street Journal*, May 3, 1994, p. A1.
3. Anil Gupta and Vijay Govindarajan, *Global Strategy and Organization*. New York: Wiley, 2004.
4. Erin Meyer, *The Culture Map*. New York: Public Affairs, 2014.
5. Personal communication, Atsushi Kagayama, Panasonic Corporation, Osaka.
6. Cited in Richard M. Steers and Luciara Nardon, *Managing in the Global Economy*. Armonk, NY: M. E. Sharpe, 2006.
7. Preetisha Sen, "Four things we learned from the Alibaba documentary," *Fortune*, August 13, 2014.
8. Nancy J. Adler, *International Dimensions of Organizational Behavior*, 3rd edn. Cincinnati: South-Western College Publishing, 1997.
9. Paula Caproni, *Management Skills for Everyday Life: The Practical Coach*. Upper Saddle River, NJ: Prentice-Hall, 2005, pp. 316–20.
10. Jon R. Katzenbach and Douglas K. Smith, "The discipline of teams," *Harvard Business Review*, 83(7/8) (2005), pp. 162–71.
11. Martha L. Maznevski and Nicholas Athanassiou, "Designing the knowledge-management infrastructure for virtual teams," in Cristina B. Gibson and Susan G. Cohen (eds.), *Virtual Teams that Work: Creating Conditions for Virtual Team Effectiveness*. San Francisco, CA: Jossey-Bass, 2003, pp. 196–213.
12. Pamela J. Hinds and Suzanne P. Weisband, "Knowledge sharing and shared understanding in virtual teams," in Gibson and Cohen, *Virtual Teams that Work*, pp. 21–36.
13. Catherine D. Cramton, "The mutual knowledge problem and its consequences for dispersed collaboration," *Organization Science*, 12(3) (2001), pp. 346–71.
14. Cramton, "The mutual knowledge problem."
15. Susan G. Strauss, "Getting a clue: the effects of communication media and information distribution on participation and performance in computer mediated and face-to-face groups," *Small Group Research*, 27(1) (1996), pp. 115–42.
16. Martha L. Maznevski and Katherine M. Chudoba, "Bridging space over time: global virtual team dynamics and effectiveness," *Organization Science*, 11(5) (2000), pp. 473–92.
17. Catherine D. Cramton and Kara L. Orvis, "Overcoming barriers to information sharing in virtual teams," in Gibson and Cohen, *Virtual Teams that Work*, pp. 214–30 (p. 229).
18. Cramton and Orvis, "Overcoming barriers to information sharing."
19. Susan Schneider and Jean-Louis Barsoux, *Managing across Cultures*, 2nd edn. London:

Prentice-Hall, 2003.

20. Joann Lublin, "Managers need to make time for face time," *Wall Street Journal*, March 17, 2015.
21. Martha L. Maznevski, *IMD: Leading Diverse Teams*, Financial Times video, available at http://video.ft.com/v/62063401001/IMD-Leading-diverse-teams (accessed October 7, 2011).
22. Nancy R. Buchan, "The complexity of trust: understanding the influence of cultural environment on the nature of trust and trust development," in Rabi S. Bhagat and Richard M. Steers (eds.), *Cambridge Handbook of Culture, Organizations, and Work*. Cambridge University Press, 2009, pp. 373–417.
23. Pankaj Ghemawat, "Why can't Europeans get along?," *Fortune*, December 26, 2011, p. 22.
24. Ghemawat, "Why can't Europeans get along?," p. 32; Mark E. Mendenhall, Joyce S. Osland, Allan Bird, Gary R. Oddou, and Martha L. Maznevski, *Global Leadership: Research, Practice and Development*. London: Routledge, 2008.
25. Martha L. Maznevski, *IMD: Leading Diverse Teams*, Financial Times video, available at http://video.ft.com/v/62063401001/IMD-Leading-diverse-teams (accessed October 7, 2011).
26. Charles Babcock, "IBM talks up cloud computing," *Information Week*, June 26, 2009.

# 11 글로벌 임무 관리

## Managing global assignments

### 경영 과제

영국작가 로버트 루이스 스티븐슨(Robert Louis Stevenson)은 다음과 같이 말했다. "외국 땅이란 없다. 외국적인 것은 여행자 자신뿐이다."[1] 글로벌하게 살고 일하는 것은 신나는 일임과 동시에 지루한 일이기도 하다. 쉬운 일이면서도 어렵다. 왜일까? 그것은 어떤 사람들은 글로벌 임무에 대해 처음부터 다른 사람들보다 더 많은 스킬을 가지고 오기 때문 – 다시 말해, 어떤 사람들은 배워야 할 것이 더 적기 때문 – 이며, 또한, 어떤 외국은 다른 곳보다 더 편안하거나 익숙하게 느껴지기 때문이다. 예를 들어, 싱가포르에서는 스페인어보다는 영어를 쓰는 사람이 더 많으므로 싱가포르의 관리자는 에콰도르나 페루로 이동하기보다는 캐나다나 영국으로 이동하면서 더욱 편하게 생각할 것이다. 이것은 그들이 남아메리카로 가지 말아야 한다는 것이 아니다. 그 지역이 덜 익숙하기 때문에 그들이 더 많이 일해야 한다는 것뿐이다. 해외에서 근무하는 것은 심리적이고 사회문화적인 적응을 포함하여 많은 도전과제를 함께 가져온다. 게다가 개인적, 시간적 문제와 가족 그리고 커리어를 고려해야 하는 문제도 있다. 임무를 마치고 본국으로 돌아올 때의 문제도 있다. 물론 이 모든 것들은 어떻게든 해낼 수 있지만, 관리자들이 다문화적 역량을 개발하고 향상시킬수록 더욱 쉽게 해결될 수 있다.

### 차례

## 응용



역사상 최대의 크루즈선 가운데 하나인 얼루어호(Allure of the Seas)를 타고 카리브해를 가로지르는 최근의 여행에서, 두 탑승객은 그들이 그 여행을 얼마나 즐기고 있는지 대화를 나누었다. 배의 거대한 11층짜리 아트리움의 꼭대기로 가는 유리 엘리베이터에 오르면서 둘 중 한 사람이 말했다. "난 이틀째 이 배를 타고 있는데 아직 바다를 본 적이 없어요."[2] 이 대화를 살펴보면 한 가지 재미있는 질문이 떠오른다. 그 크루즈의 목적이 무엇인가? 휴식? 모험? 회사에서 글로벌 임무를 추진하며 특히, 해외에서 살고 일하려는 관리자에게도 비슷한 질문이 가능하다. 그들의 동기가 무엇인가? 그들은 경험을 통해 무엇을 얻고자 하는가? 임무가 결과로 그들이 실제로 보고 배우게 되는 것은 무엇일까? "인생 경험"의 하나로서의 탐험 여행인가, 아니면 중요한 커리어 이동인가? 그에 따르는 비용과 경험으로부터 회사가 얻게 되는 것은 무엇인가? 그런 다음에는 매우 중요한 질문이 남아 있다. 그 해외 임무가 당신이 아니라 회사의 아이디어라면 어쩔 것인가? 이를 어떻게 평가해야 하는가? 그리고 "예스"라고 말해야만 하는가?

많은 관리자들은 해외 파견을 커다란 기회로 바라본다. 커리어를 향상시켜 더 많은 돈을 벌 수 있거나, 또는 새로운 무언가를 배우는 기회가 될지도 모른다. 그것은 보다 흥미로운 삶을 위한 개인적인 도전이나 방법을 의미할 수도 있다. 그러한 글로벌 임무를 받아들이는 관리자들은, 불확실성에 대한 인내심을 키우고, 사물을 바라보는 새로운 방법을 배우고, 다른 사람들과 함께 일하는 능력을 향상시키는 새로운 관리 스킬을 배워야 한다.[3] 해외에서 살고 일한다는 것은 신나는 일이 될 수도 있지만, 동시에 도전적이기도 해서 많은 사람들이 실패한다. 대부분의 경우 그것은 다른 환경에 빠져, 새로운 문화 규범과 제도를 배우고, 새로운 스킬과 행동을 개발하고, 예기치 못한 상황에 적응해야 하는 것이다. 해외 파견이 얼마나 도전적인지는 분명히 경우마다 서로 다르고 다양하다. 어떤 경우에는, 현지국과 본국이 많은 유사점을 공유하여 그 차이점이 미묘해서 주의 깊은 관찰과 경험을 통해서만 드러나기도 한다. 다른 경우에는 그 차이점이 압도적이어서 한눈에 알아볼 수 있기도 하다(일례로 아일랜드의 관리자가 루마니아나 칠레로 이동할 때의 경험이 어떻게 다른지 비교해 보라). 어느 쪽이든 외국 문화 속에 산다는 것은 새로운 문화 시스템에의 적응을 요구한다.

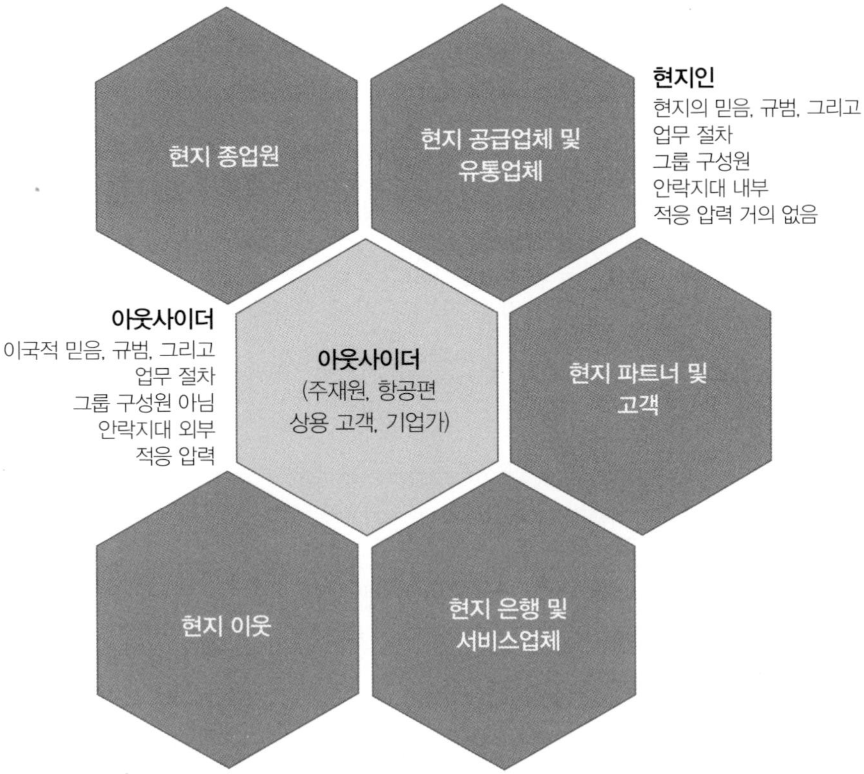


**그림 11.1** 글로벌하게 살고 일하기 위한 핵심 관계

글로벌 사업장에서 일하기 위해 정기적으로 여행하는 주재원이나 항공편 상용 고객은 종종 동일한 좌절감을 호소한다. 즉, 해외 임무에 있어서, 종종 어쩔 수 없는 아웃사이더인 것처럼 느끼지만, 오로지 그들의 일을 해내기 위해 어떻게든 현지 문화 속으로 "파고 들어갈" 방법을 찾아야 한다는 것이다. 현지 환경이 매우 다양하고, 종종 비밀스러우며, 가끔 적대적이기도 하므로 이것은 분명히 쉬운 일이 아니다. 그들은 문자 그대로 포위되어 있다(그림 11.1 참조). 아웃사이더는 종종 "이국적" 믿음, 규범, 그리고 가치를 가진 것으로 여겨진다. 그들은 현지 사회, 또는 많은 경우, 현지 조직의 구성원이 아니다. 게다가, 그들의 관점에서는 아웃사이더들은 종종 그들의 안락지대 밖에 있다. 그럼에도 불구하고, 그들은 적응해야만 한다. 그들의 임무가 해외 사업장의 현지 종업원들을 감독하는 것이든, 글로벌 파트너십을 구축하고 관리하는 것이든, 또는 단지 팀 프로젝트의 진척도를 점검하기 위해 날아간 것이든 도전과제는 그 깊이가 다를 뿐 기본적으로 동일하다. 즉, 그들은 낯설고 불편한 규범을 가진 외국의 환경에 파묻혀 있고, 성과를 내도록 기대되고 있다. 이에 더하여, 적응을 해내야 할 책임은 대부분의 경우에

서 다수의 인사이더들이 아니라 아웃사이더 혼자에게 지워진다. 따라서 **"인사이더들에게 포위된 상황에서 어떻게 아웃사이더가 살고 일하고 번영할 수 있을까?"**라는 질문은 주재원의 기본적인 도전과제이다.

이 장에서는 새로운 문화적 환경에 적응하는 프로세스를 살펴보고, 해외 파견을 준비하는 전략을 논의한다. 이전의 장들이 현장 경영의 실제 – 커뮤니케이션 및 계약의 협상 – 를 다루었다면, 이번 장은 보다 인간적이다. 확실히 관리자들은 외국의 환경에서 성공하기 위해 사회적, 기술적 스킬을 갖추는 것이 필요하다. 그러나 그들은 **감정적** 스킬도 역시 필요하다. 이러한 균형 – 감정적이고 기술적인 – 이 이 장의 주제이다.

## 글로벌 임무 Global assignments

시작하기 전에, 글로벌 관리자가 애초에 어떻게 "글로벌"하게 되었는지에 대해 간략히 이야기해 보자. 다시 말해, 그들은 어떻게 새로운 "해외" 임무나 업무에 뛰어들게 되었는가? 이 사람들의 다양성은 너무 커서 어떤 공통요소나 중점적인 경향을 찾아보기 어려울 것이다. 그들은 단지 너무나 다를 뿐이다. 어떤 사람들은 회사로부터 특별한 업무 수행을 위해 해외로 이동하도록 배정(또는 요청)된다. 또 어떤 사람들은 그들에게 기회를 주는 해외기업의 고용의사를 받아들임으로써 자발적으로 이동한다. 그리고 또 다른 사람들은 직업이 없는 채로 또는 어떻게 먹고살지에 대한 구체적인 생각 없이 해외로 이동한다. 어떤 사람들은 이미 설립된 기업에 참여하려 하고, 또 어떤 사람들은 그들 자신의 비즈니스를 시작하려 한다. 어떤 사람들은 한 달 동안 해외에 나가 있고, 또 어떤 사람들은 수년을 나가 있다. 그리고 또 다른 사람들은 이민을 선택하여 영구히 머무른다. 장소와 이동의 이유, 파견 기간, 그리고 다른 개별적인 특성들이 이루는 각각의 독특한 조합에 따라 그를 고용하는 현지 조직뿐만 아니라 개별 근로자와 그 가족들에게도 제약조건과 기회를 제공한다.

### 회사–주도형 및 자기–주도형 글로벌 임무

어떻게 시작된 것인가는 해외 임무와 관련한 논의에서 종종 간과되는 주제이다. 우리는 임무에 있어서 회사로부터 촉발된 것과 스스로 시작한 것에서 중요한 차이가 있다는 것을 가끔 알아보지 못한다. 오랜 기간 동안 본국의 문화와 떨어져 있고자 하는 의지뿐

**그림 11.2 회사–주도형과 자기–주도형 글로벌 임무의 시사점**

| 회사–주도형 글로벌 임무 | 자기–주도형 글로벌 임무 |
|---|---|
| 개인(관리자, 기업가, 글로벌 노동자)을 위한 시사점 | |
| 직원이 그 임무를 원하지 않지만, 미래의 커리어 승진이 저해되지 않기 위해서는 받아들여야 한다는 압력을 느낄 수 있음.<br>직원이 새로운 임무 지역을 선택하지 못할 수 있음.<br>해외에 있는 동안 직원은 직업 안정성이 상대적으로 확보되어야 함.<br>직원은 본국으로 오는 여행휴가 및 외국 생활비, 배우자 및 가족에 대한 지원을 포함하는 해외 파견자 패키지의 재무적 지원조건을 협상할 수 있음.<br>직원은 귀국 조건을 협상할 수 있음.<br>회사에 따라 그들이 제공하는 지원의 양과 해외 파견 프로세스 관리의 수준이 크게 다름.<br>비자나 면허와 같은 법적 요건들의 관리 책임은 전형적으로 회사에게 있음. | 언제 어디로 재배치되는지 개인적으로 선택할 수 있음.<br>직업을 구하고 가족을 이주시키는 책임을 개인이 지게 됨.<br>현지의 관계 형성 및 신용 구축에 오랜 시간이 소요될 수 있음.<br>본국에서 익숙했던 일보다 낮은 수준의 직업을 가져야 할 수도 있음.<br>많은 경우, 제한적인 해외 파견자 지원이 제공됨.<br>조직이 현지에서 적임자를 찾지 못할 때 가끔 개인이 보다 유리한 패키지를 협상하게 될 수도 있으나, 대부분의 경우 현지 수준 또는 그보다 더 적은 것도 받아들여야 함.<br>취업비자 및 다른 법적 요건을 개인이 직접 챙겨야 함. |
| 회사(기업, NGO)를 위한 시사점 | |
| 해외 파견 및 귀국을 회사가 관리해야 함.<br>회사에게는 비용이 많이 들고 잠재적 위험이 높음.<br>기업관련 지식과 기술적 스킬을 갖춘 직원을 회사가 선택할 수 있음. | 외국인의 신용을 회사가 평가하기 어려울 수 있음.<br>다문화 인력의 관리를 회사가 수행해야 함.<br>근로자가 외국인 신분이어서 겪게 되는 어려움(예: 비자 제한, 현지 지식 및 가족 지원 부족)들이 있음을 회사가 수용해야 함. |

만 아니라, 사람들의 동기부여와 기대수준이 다를 수 있다(그림 11.2 참조). 기업 조직들은 전 세계의 서로 다른 지역과 국가에 있는 조직, 사업부, 그리고 해외지사들을 개발하고 관리하며, 해외지사 간 지식과 스킬을 전수하고, 그리고 글로벌 경험을 쌓은 경영자를 개발하기 위해 오랫동안 **회사–주도형 글로벌 임무(employer-initiated global assignment)**에 의존해 왔다. 이러한 임무는 그 난이도, 복잡성, 기회, 기간의 측면에서 다양한 모습을 가진다.

최근, 다수의 사람들이 본국 조직이나 회사의 지원 없이 국제적인 커리어를 추구하고 해외로 이동하는 **자기–주도형 글로벌 임무(self-initiated global assignment)**를 선택하고 있다. 그들은 새로운 커리어 기회를 찾아서 또는 보다 만족스런 삶을 찾아서 해외로 이동한다. 이들은 국제 노동자(international workers)라는 새로운 부류로서, 이국적인 나라에서 낮은 수준의 직무를 수행하는 모험가적 여행자로부터, 개도국에서 보다 나은 커리어 기회를 찾아서 오는 전문직 종사자에 이르기까지 그들의 스킬과 동기는 다양하다. 그들 중 다수는 고도로 훈련되고 경험을 갖추었으나, 그렇지 않은 사람들도 많다. 그들 대부분은 현지국에 있는 크고 작은 조직에서 일하면서, 조직에 많은 우위와 도전과제를 제공한다.

본질적으로, 자기-주도형 임무는 개인과 상황에 따라 독특하며, 각각에서 그 임무의 이유와 임무 기간도 크게 다르다. 회사-주도형 임무도 매우 다양하게 나타나지만 이들은 몇 가지 중요한 공통점을 지니고 있다. 이 장의 나머지 부분에서 우리는 조직-주도형 임무에 초점을 맞추게 되겠지만, 여기서 드러나는 도전과제들은 많은 경우 자기-주도형 임무에서도 적용되는 것이다.

## 장기적 및 단기적 글로벌 임무

전 세계의 다른 지역과 국가에 있는 조직, 부서, 그리고 해외 자회사들을 개발하고 통제하며, 자회사 간 지식과 스킬을 이전하고, 글로벌 경험을 갖춘 관리자를 개발하기 위해 비즈니스 조직들은 일상적으로 글로벌 임무에 의존한다. 그러한 임무는 난이도, 복잡성, 기회, 그리고 기간에 있어서 다양한 형태로 나타난다. 그러나 일반적인 수준에서 그들은, 비교적 영구적이거나 장기적인 임무에 의해 해외에서 살게 되는 관리자와, 단기적인 임무에 의해 해외를 여행하게 되는 관리자의 두 그룹으로 나누어질 수 있다. 그림 11.3에 나타난 바와 같이, 이러한 두 그룹의 관리자들의 특성(그리고 개발 목표)들은 다르다. 장기적인 임무는 특정 국가나 지역에 대한 심층적인 지식을 요구하는 반면, 단기적인 임무는 전형적으로 문화적 다양성과 유연성에 대한 광범위한 지식을 요구한다. 전자는 스페셜리스트가 되어야 하고, 후자는 제너럴리스트가 되어야 한다. 전자는 비록 외국이지만 다소 안정적인 삶을 영위하는 반면, 후자는 매우 이동성이 높은 삶을 산다. 이것은 한 방법이 다른 한 방법에 비해 우월하다고 말하려는 것이 아니다. 그들이

그림 11.3 장기적 및 단기적 글로벌 임무

**그림 11.4 장기적 글로벌 임무**

| 주 역할 | 장점 | 단점 |
|---|---|---|
| 현지 운영을 모기업의 글로벌 전략에 통합시킴. | 현지 운영에 대해 가까이에서 철저히 살피고 통제하는 지속적인 기회를 제공. | 모기업의 입장에서 주재원과 그 가족들에 대한 고비용 지출. |
| 모기업의 현지 운영에 대한 관리와 통제를 향상시킴. | 모기업의 기업가치와 경영철학을 현지 운영에 주입시키는 것이 보다 용이함. | 주재원과 모기업 간의 문화적 유사성, 친분관계, 그리고 연계점들이 모기업의 현지(외국인) 관리자들의 신뢰와 확신을 줄이는 역할을 할 수 있음(예: 현지의 목소리를 무시). |
| 현지 적임자의 부족으로 인한 스킬과 지위의 공백을 메움(예: 기술 이전). | 현지의 문제점들이 보다 쉽게 파악되고 해결을 위한 본사로의 보고가 보다 쉬움. | 현지인 관리자의 역량 개발이 주재원이 원하는 수준에서 그침으로써 현지의 훈련과 개발 노력을 저해할 수 있음. |
| 보다 도전적인 해외 임무나 모기업 본사로의 승진을 위해 숙련된 모기업 관리자를 개발함. | 본사와의 커뮤니케이션에서 보다 직접적인 커뮤니케이션과 보고를 촉진할 수 있음(동일한 언어와 관습에 의해). | 모기업에서의 주재원 파견이 비효율적인 관리자들을 본사에서 쫓아내기 위한 방법으로 이용될 수 있음. |
| 보다 도전적인 글로벌 임무나 모기업 본사로의 승진을 위해 숙련된 현지 관리자를 개발함. | 유능한 현지 인력의 공급이 부족할 때 유용함.<br>주재원에게 미래에 모기업 본사 임원으로 승진하기 위한 좋은 훈련 기반을 제공함.<br>미래의 임원 역할로서 현지 직원과 관리자들에게 즉각적인 멘토링을 제공하는 것을 촉진할 수 있음. | 글로벌 임무가 그 가족과 배우자(예: 커리어 갈등), 자녀들에게 상당한 스트레스를 유발할 수 있음.<br>일부 지역에서는 근로 허가 및 세금 문제가 생길 수 있음.<br>주재원과 그 가족들에 대한 귀국이 문제가 될 수 있음. |

단지 서로 다를 뿐이며, 글로벌 상거래에서 각각 중요한 역할을 한다는 것이다.

**장기적 글로벌 임무(long-term global assignment)**. 전통적으로 해외 임무의 가장 보편적인 형태는, 회사가 사업을 수행하고 있거나 수행하고 싶은 다양한 나라로 본사의 관리자를 장기적으로 파견하는 것이다. 기업들은 종종 여러 가지 이유로 주재원들의 활용을 선호하는데, 특히 먼 곳에서 모기업을 대표할 필요가 있거나, 본사 관리자들에게 경력개발 기회를 제공하고 싶을 때, 그리고 현지인들이 그들의 업무를 수행하는 데 필요한 스킬을 보유하지 못하여 그 역량의 갭을 메워야 할 때 그러하다(그림 11.4 참조).[4]

주재원 임무의 장점 중 일부는 상당히 명백할 수 있지만, 실제로 그 임무를 성공적으로 수행할 수 있는 사람을 찾는 것은 문제가 될 수 있다. 해외여행(아마도 휴가 또는 출장)은 사람들에게 즐거운 경험일 수 있지만, 실제로 해외에 사는 것은 실망스럽고 스트레스 받고 때로는 매우 불쾌할 수 있다. 많은 사람들에게, 4성급 호텔에 머무르고, 고급 레스토랑에서 식사하고, 새로운 볼거리를 보고 곧 자신의 침대로 돌아가리라는 것을 아는 것은, 자신의 언어를 말하는 사람이 없는 이상한 동네에서 가정을 꾸리고, 아이들을 위해 새로운 학교를 찾고, 식별할 수 없는 식품으로 가득 찬 현지 시장에서 쇼핑하고, 대중교통을 이용하는 것보다 훨씬 낫다. 다른 사람들에게 이와 같은 경험은 모험심과 학습기회를 제공한다. 관리자와 회사의 과제는 항공기에 탑승하기 전에 그들이 어떤 유형인지 파악하는 것이다.

많은 사람들이 해외 파견을 좋은 기회로 생각한다. 그것은 경력을 쌓거나 더 많은 돈을 벌거나 새로운 것을 배우는 기회일 수 있다. 그것은 개인적인 도전이나 더 흥미로운 삶의 방식일 수 있다. 글로벌 임무를 수행하는 관리자들은 새로운 경영기술을 습득하고, 모호성에 대한 참을성을 높이며, 사물을 보는 새로운 방식을 학습하고, 다른 사람들과 함께 일하는 능력을 향상시킬 수 있다.[5] 그러나 앞에서 언급한 것처럼, 해외에서 생활하고 일하는 것은 쉽지 않다. 장기간의 글로벌 임무는 특히 가족과 함께하는 경영자의 경우 배우자가 본국에서 직업을 포기해야 하고 현지 국가에서 적절한 취업 자리를 찾지 못할 때나 자녀가 국제학교와 같이 특별한 관심을 필요로 할 때 특히 어려움이 있다. 최근 설문조사에 따르면 해외 파견을 거부한 근로자의 81%가 가족 문제를 언급했다.[6]

### 응용 11.1 로열 더치 쉘의 글로벌 임무

로열 더치 쉘은 런던과 헤이그에 공동 본부가 있는 글로벌 석유기업이다. 쉘은 10만 명이 넘는 직원들을 고용하고 있으며, 어느 시점에든 그들 중 약 5,500명이 해외에 살며 일하고 있다. 쉘의 주재원들은 매우 다양한 그룹으로, 70개가 넘는 국적의 사람들이 100개가 넘는 나라에서 일한다. 쉘이 이것을 지원하는 이유는, 글로벌 기업으로서의 성공을 위해 직원들의 국제적 이동성이 필요하다는 것을 알기 때문이다.

그러나 시간이 흐르면서 쉘은 해외로 파견할 핵심 인재를 찾는 것이 점차 어려워지는 것을 발견했다. 문제를 파악하기 위해 쉘은 200명의 주재원들과 그들의 배우자들을 인터뷰하여 그들이 가장 우려하는 것이 무엇인지를 알아보았다. 그런 다음 이 데이터를 17,000명의 현직 또는 전직 주재원과 그들의 배우자, 그리고 해외 파견을 거절했던 직원들에게 보내는 설문조사에 활용하였다. 놀랍게도 설문 응답률이 70%에 달했고 이는 많은 직원들이 이것이 중요한 이슈라고 생각하고 있음을 분명히 제시하였다. 설문 결과에 의하면, 직원들이 해외 파견을 기꺼이 받아들이는 데에 다섯 가지 핵심 이슈가 가장 크게 영향을 미치는 것으로 나타났다. 이를 중요도 순으로 나열하면 다음과 같다. (1) 중등 교육 시기의 아이들과 떨어져 있게 되는 것(부모와 떨어져 있는 동안 아이들은 종종 본국의 기숙학교로 보내진다), (2) 배우자의 커리어와 고용에 해를 끼치는 것, (3) 이주 결정에 배우자를 고려하거나 참여시키지 못한 것, (4) 이주와 관련하여 적절한 정보와 지원이 제공되지 못한 것, (5) 좋은 병원을 찾기 어렵거나 가족 중 환자가 있는 등 건강관련 이슈들.

이러한 발견의 결과로 쉘은 직원들이 해외로 더욱 쉽게 나가도록 고안된 몇 가지 프로그램을 도입했다. 아이들의 교육을 지원하기 위해 쉘은 해외 파견자들이 밀집한 지역에 직원들을 위한 초등학교를 설립했다. 중등 교육을 위해 현지 학교들과 협력하고, 시설과 교육 프로그램을 업그레이드하도록 지원금을 제공하기도 하였다. 쉘은 또한 아이들을 현지국의 사립학교로 보내고 싶어 하는 직원들을 위해 교육비 지원도 제공하였다. 배우자가 적절한 일자리를 찾도록 돕는 일은 더욱 까다로운 문제임이 드러났다. 설문에 의하면, 해외 파견이 이루어진 시기에 절반가량의 배우자가 고용되어 있었지만, 새로운 곳에 도착한 후에는 단 12%만이 적합한 일자리를 찾을 수 있었다. 쉘은 이 문제를 다루기 위해 배우자 취업센터를 설립했다. 이 센터는 해외 파견 직후부터 기간 내내 배우자들이 고용 기회를 찾도록 커리어 상담과 지원을 제공한다. 회사는 또한 직업훈련이나 재활과 관련한 비용의 최대 80%까지를 환급해 주는 데 동의하였다.

마지막으로, 쉘은 해외 파견을 고민하고 있는 가족들에 대한 지원을 제공하기 위해 "Outpost"로 알려진 글로벌 정보 및 조언 네트워크를 설립했다. Outpost는 헤이그에 본사를 두고 있으며, 현재 30개가 넘는 국가에서 40개의 정보센터를 운영하고 있다. 배우자들이 직원이 되고 쉘로부터 완전히 지원을 받는 이 글로벌 네트워크는 해외 파견을 준비하는 데 있어서 지금까지 1,000가족이 넘게 도움을 주었다. 이 센터는 학교와 의료시설을 추천하고, 집을 구하는 데 조언하며, 취업과 유학, 개인사업과 자원봉사에 대한 최신 정보를 제공한다. 쉘이 글로벌 직원들을 지원하는 업무환경을 제공하기 위해 열심히 노력하는 것이 다른 한편으로는 회사의 장기적 목표달성을 촉진하는 방법이기도 하다는 것은 분명하다.

다음에 대해 생각해 보자.

(1) 주재원과 그들의 가족들이 더욱 쉽게 생활하도록 쉘이 추진하는 활동들에 대해 당신은 어떻게 평가하는가?
(2) 직원들을 위한 해외 환경 개선에 있어서 쉘이 추진해야 할 다른 활동은 무엇이 있겠는가?

**단기적 글로벌 임무(short-term global assignment)**. 과거에 해외 임무에서 가장 흔한 방법은 해외 파견으로서 개인을 보통 1~5년에 이르는 상당한 기간 동안 본국에서 외국으로 이주시키는 것이었다. 오늘날은 현지국에서 현지 인재의 활용가능성이 증가된 점, 비용 압력이 증대된 점, 부부 둘 다 직업을 갖는 경우가 많아진 점, 국경을 넘는 이동과 커뮤니케이션이 용이해진 점 등에 의해 단기적 해외 임무를 포함하여 다양한 형태의 대안적인 국제적인 업무 방식이 흔해지고 있다.

짧은 기간 동안의 글로벌 임무는 보통 구체적인 과업이나 프로젝트, 이에 따라 결과를 측정하기가 비교적 쉬운 경우에 집중되어 있다(그림 11.5 참조).[7] 이에 더하여, 가족

**그림 11.5 단기적 글로벌 임무**

| 주 역할 | 장점 | 단점 |
|---|---|---|
| 다양한 지역에서 새로운 프로젝트를 시작하거나 점검하고, 또는 완성시킴. | 특정한 글로벌 계획이나 문제에 대해 특정한 관리자를 대응시키는 데 있어서 모기업에게 더 큰 유연성을 제공. | 짧은 일정에 의해 단기적 방문자가 현지 관리자와 업무관계를 개발하는 것이 어려운 경우가 나타남. |
| 다수의 지역에 걸쳐 지속적으로 운영 및 계획 현황을 조정함. | 유연성: 해외 여러 지역으로의 여행은 종종 사전 계획이 거의 필요 없음. | 모기업이 장기적인 현장 관찰 및 연계를 통해 얻을 수 있는 전략적 이점을 상실할 수 있음. |
| 다양한 지역에 필요한 문제 해결사를 보냄. | "영구적인" 해외 직원을 지원하는 것에 비해 보다 비용효과적인 경우가 많음. | 단기 방문자는 주재원보다 현지 언어 능력이 떨어짐. |
| 본국에 남고자 하는 숙련된 인재(라이프스타일, 맞벌이를 위해)를 보유함. | 관리자가 모기업에서의 연계와 친분을 유지하는 것이 보다 용이함. | 지속적으로 업무를 수행해 온 현지 관리자와 겹치는 일정. |
| 다양한 글로벌 임무를 위해 인재 풀을 확대함. | 광범위한 모기업 관리자들에게 글로벌 개발 경험을 제공할 수 있음. | 계속된 여행으로 인해 관리자 및 그 가족들의 피로감이 누적됨. |

을 뿌리째 흔드는 장기적 해외 파견은 전혀 고려하지 않지만 짧은 기간의 국제적인 기회에는 관심을 보이는 근로자들이 많다. 해외 임무에 있어서는 인재의 공급에 비해 수요가 훨씬 많은 상태이므로 이것은 그러한 일자리에 활용 가능한 인재 풀을 증대시키는 중요한 플러스 요인이 된다.[8] 또한, 단기적 임무는 직원의 입장에서도 본국과 커리어 기회에 대한 연계를 유지하기 쉽다고 느껴져서 보다 쉽게 받아들인다.

단기적 임무자의 주요 도전과제는 그들이 가족이나 친구들이 없는 낯선 나라에 와 있다는 것과, 관계를 개발하고 적응하기까지 매우 짧은 시간밖에 없다는 사실을 발견하게 되는 것이다.[9] 임무자는 보통 특정한 문제를 해결하거나 특정한 과업을 수행하기 위해 짧은 기간 동안 해외로 파견되기 때문에, 전통적인 주재원 임무의 경우에 필요한 요령이나 새로운 지역에 적응할 시간이 없다. 오히려 단기적 임무자는 출발하자마자 성과를 내도록 기대되며, 이것이 임무자를 더욱 힘들게 한다. 제한적인 사회적, 가족적 삶과 (빠른) 성과에 대한 강한 압력이 결합되어 종종 임무자들은 오랜 시간 일하고 높은 스트레스를 견딘다. 그 결과, 불만족스러운 일과 삶의 균형(work-life balance) 그리고 높은 스트레스는 알코올 중독이나 다른 파괴적인 행동과 같은 달갑지 않은 부작용으로 이어질 수 있다.

# 전 세계적으로 살고 일하기의 도전과제
Challenges of living and working globally

해외에서 일하는 것은 개인적 그리고 조직적 환경에 따라 매우 다른 방식으로 사람들에게 영향을 끼치는 다수의 도전과제를 만들어 낸다. 이러한 도전과제는 출발 이전부터 나타날 뿐만 아니라(예: 임무에 대한 적합성, 가족에 대한 고려), 이후에도 나타난다(예: 임무 기간, 또다시 가족에 대한 고려). 이들 도전과제의 몇 가지는 본질적으로 시간이 흐르면서 개선되지만, 다른 것들은 언제나 존재하는 것들이다. 우리는 이들 중 세 가지 도전과제 – 개인적 고려, 가족에 대한 고려, 그리고 커리어에 대한 고려 – 를 탐구할 것이다(그림 11.6 참조).

## 개인적 고려

글로벌 임무에 대해 누구를 선발할 것인가는 모든 기업에 해당하는 중요한 문제이다. 비록 많은 사람들이 그러한 임무에 관심을 가지지만, 자격을 갖춘 사람은 일반적으로 훨씬 적다. 이에 따라 성공적인 기업들은 해외 임무에 대해, 직원 선발부터 시작하여 그 가족들을 위한 문화적 적응 프로그램까지 체계적인 접근방법을 활용한다. 여기서 다

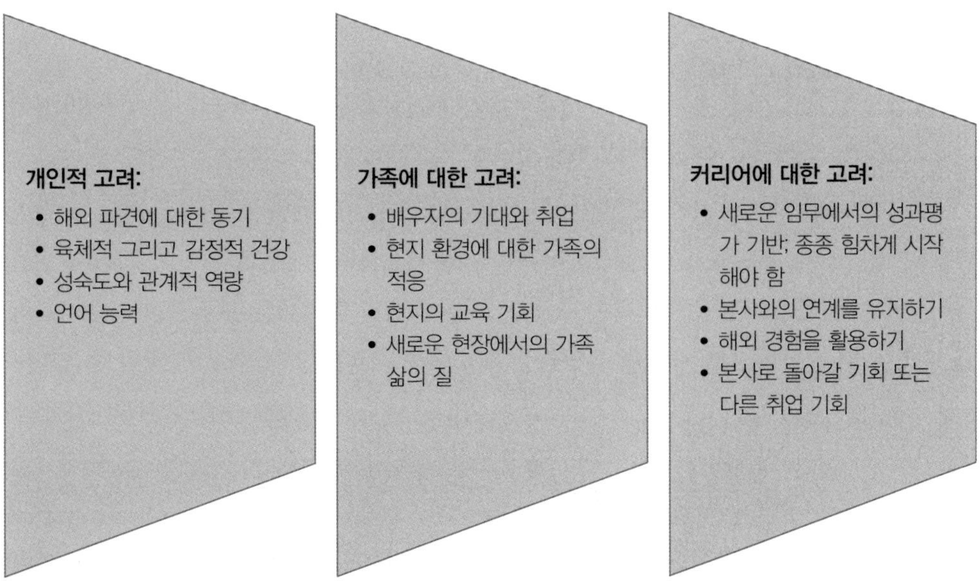


그림 11.6 전 세계적으로 살고 일하기의 도전과제

루어야 할 첫 번째 이슈는 해외 임무에 대한 후보자가 어떤 자질을 지녀야 하는가이다. 선발된 사람이 합리적인 성공가능성을 갖고 있는지 확인하기 위해 기업들은 업무 지원자들로부터 일정한 특성을 찾아보려 한다.[10] 비록 대부분의 해외 임무에서 직업적이고 기술적인 역량이 우선조건이지만, 이와 다른 핵심 성공요인으로서 다음과 같은 것들이 반드시 고려되어야 한다.

1. **해외 임무에 대한 동기.** 그 관리자가 해외로 가는 것에 진정으로 관심을 갖는가? 아니면 설득된 것인가? 왜 가려고 하는가? 그에게 동기를 부여한 것이 커리어에 대한 고려인가, 아니면 회사의 성과에 대한 고려인가, 또는 개인적 목표인가?
2. **육체적 그리고 감정적 건강.** 많은 해외 임무는 낮에는 비즈니스 회의를 하고 밤에는 사회적 의무를 해야 해서 심신을 지치게 하는 것일 수 있다. 그러한 임무는 몸과 마음이 약한 사람에게는 적합하지 않다. 기업들은 해외로 파견된 관리자가 육체적으로 도전에 맞설 수 있는지 확인해야 한다. 그들은 또한 관리자가 스트레스가 심한 해외 환경에서 통제할 수 없이 증폭될 수 있는 부당한 감정적 부하에 짓눌려 있지는 않은지 확인해야 한다.
3. **성숙도와 관계적 역량.** 그 관리자가 좌절을 담대하게 받아들이며, 새롭고 낯선 환경에 적응하며, 독립적으로 일할 수 있는가? 우수한 대인관계 및 이문화 스킬을 보유하고 있는가? 다른 사람들을 있는 그대로 받아들이는가 아니면 선입견에 맞추어 재단하려 하는가?
4. **언어 능력.** 현지 언어를 익히는 것은 현지 문화를 습득하는 것을 촉진한다. 또한, 해외에서 친밀한 개인 및 비즈니스 관계를 개발하는 데 도움이 된다. 그 관리자가 현지 언어를 구사하는가? 기꺼이 배우려 하는가?

해외 임무에서 이와 같은 핵심요인 성공을 보장하지 않지만 성공가능성을 높인다. 주재원 매니저가 성공하기 위해서는 이러한 기술에 더하여 가족과 기업의 지원이 필요하다. 이들 세 가지의 상호지원적인 요소를 갖춘 주재원 매니저는 모든 이해관계자들에게 이익이 되는 방향으로 사업을 운영하는 데 그들의 에너지와 능력을 발휘할 수 있다.

### 응용 11.2 씨티 벤처스의 웨이 호프먼

중국계 미국인이 상하이에 있는 미국 금융서비스 회사에서 일한다는 것은 어떤 것일까? 씨티그룹 사업부의 하나인 씨티 벤처스(Citi Ventures)의 웨이 호프먼(Wei Hopeman)에게 물어보자. 씨티 벤처스 상하이 지사의 전무이사인 호프먼의 삶은 바쁘다. 낮에는 아시아 전역의 기업가들과 함께 그들의 사업적, 재무적 니즈를 파악하기 위해 일하고, 밤에는 전혀 다른 세계로 눈을 돌려 그녀의 미국인 동료와 함께 신생 기업들을 씨티 기업담당 부서와 연결시키는 데 전력을 다한다. 중국을 가로질러 인도, 홍콩, 싱가포르, 그리고 미국의 팰로앨토까지 가는 수많은 여행은 말할 것도 없고, 상하이와 뉴욕 간의 13시간의 시차와 15시간의 비행을 8년 동안 겪은 후 마침내 그녀는 적응하는 법을 배웠다.

그동안, 호프먼은 현직 글로벌 임원의 삶과 관련한 몇 가지 요령을 얻게 되었다. 그녀는 그것을 "생존 스킬"이라 부른다. 첫째로, 그녀의 업무 시간이 길고 시차 문제가 자주 일어나므로 그저 시계를 무시하기로 했다. 그녀는 3시간 단위로 잠드는 법을 배웠다. 둘째로, 그녀는 집에서 출퇴근하기보다는 현재 진행하는 프로젝트에서 가까운 호텔에 머무는 것을 선호한다. 그렇게 하는 것이 고객들과 가까이 있기에 보다 용이하다. 셋째로, 그녀는 업무와 사생활을 뒤섞었다. 아시아의 많은 곳에서 직업적 공간과 개인적 공간의 경계가 모호하므로 그녀는 요일과 무관하게 24시간 업무에 대응할 수 있어야 했다. "난 언제든 가능해요. 그것이 일이 돌아가는 방식이죠."[12] 넷째로, 그녀는 업무상 저녁식사에서 무엇을 먹게 될지 묻지 않는다. 무례하게 비쳐질 수 있기 때문이다. 마지막으로, 그녀는 장거리비행을 휴식시간으로 활용한다. 그것은 일과 관련된 끊임없는 업무적 요구와 멀리 떨어진 그녀만의 성역이 되었다.

다음에 대해 생각해 보자.

(1) 당신은 웨이 호프먼의 직업이 마음에 드는가 아닌가? 그 이유는 무엇인가?
(2) 그녀의 "생존 스킬"에 대한 당신의 의견은? 이 스킬들이 당신에게도 가능할까?
(3) 글로벌 관리자들이 잘 활용할 수 있는 다른 생존 스킬들은 어떤 것이 있을까?

## 가족에 대한 고려

글로벌 임무를 받아들일지 말지 결정할 때 가족에 대한 고려는 개인적 고려만큼이나 중요하다. 장기적 그리고 단기적 임무는, 비록 종종 서로 질적으로 다르지만, 모두 위험과 도전과제를 안고 있다. 장기적 임무에 대해서는, 일반적으로 배우자가 주재원과 함께 이주하며, 부부가 모두 직업을 갖는 것이 어려워질 수 있다. 배우자는 넓은 범위의 가족, 친구, 그리고 그를 지지하는 그룹과의 접촉이 단절될지도 모른다. 가족이 함께 살게 되더라도 낯선 환경에서 아이들을 양육하는 데서 비롯되는 상당한 스트레스를 여전히 받을 수 있다. 아이들은 일반적으로 부모 혹은 부모 중 한 명과 함께 이주한다. 그들이 다른 문화를 배우고, 새 친구들을 사귀고, 새 언어를 배우고, 새 요리를 경험하는 등의 기회는 많을 수 있겠지만, 그들 역시 새로운 장소와 변화된 환경으로 인해 상당한 적응을 요구하는 문화충격(예: 옛 친구에 대한 그리움, 입에 안 맞는 현지 음식 등)을 경험한다. 그들 자신의 부모를 챙겨야 하는 부모들 – 점차 일반화되는 현상으로 – 또한 도전과제에 직면한다. 이와 같이 가족의 모든 구성원이 영향을 받는다. 대인관계의 복잡성 측면에서 (단 한 가족이라도) 해외로 이동하는 의사결정은 가볍게 다뤄져선 안 된다.

가족과 관련한 도전과제는 단기적 임무에서도 마찬가지로 존재한다. 가족과 떨어져 있는 것은 가정생활에 부담이 된다. 한편으로는, 글로벌 관리자는 낯선 지역에서의 상황에 빠져 있으면서 그의 가족들에게는 익숙하지 않은 상황을 겪게 되지만 그들은 그것을 이해하기 어려워할지도 모른다. 위에서 논의된 바와 같이, 그 관리자는 압력을 받으며 오랜 시간 일할 가능성이 높고, 높은 수준의 스트레스와 긴장된 커뮤니케이션으로 고통 받을 수도 있다. 그 관리자는 퇴근 후에도 자주 몇 가지 의무를 수행해야 한다. 긴 하루 일과를 끝낸 후, 다른 시간대에 있는 본국과의 이메일과 전화에 응답하느라 텅 빈 호텔이나 아파트에서 몇 시간을 보내야 할지도 모른다. 또 다른 한편으로, 집에 남겨진 배우자는 혼자서 집안일과 가족을 책임져야 하며, 파트너의 부재로 인해 생긴 새로운 역할을 수행해야 한다. 가족들의 새로운 일상이 정착되면 그것을 되돌리는 것은 어려울 수 있고, 양측에서 분노를 만들어 낼 수도 있다. 이 모든 것들이 가족의 결속력을 약화시킬 수 있고, 이러한 유형의 임무는 높은 이혼율과 관련되어 있다. 물론 그 관리자의 개인적 삶이 무너지면 그 임무의 성공도 위기에 처할지 모른다(그림 11.7 참조). 그 둘은 일반적으로 매우 높은 연관을 가진다.

단기적 임무에서 임무자와 기업이 함께 겪는 또 하나의 문제는, 종종 원래의 임무가 짧은 기간과 특정한 프로젝트에 대한 것이었으나, 프로젝트가 개발되고, 확대되거나 예기치 못한 문제가 발생하면서 그 임무가 연장되는 것이다. 절반이 넘는 단기적 임무가 18개월 또는 그 이상으로 연장된 것으로 추정되며,[13] 일단 그 직원이 그 프로젝트에 속해 있으면서 해외에 있다면 집으로 돌아가는 것은 어려울 수 있다. 이것은 그 관리자가 해외에 갇혀 있다는 느낌을 받게 될 수 있으며, 가족 문제가 발생할 수도 있는 곤란한 상황을 만든다. 기업 입장에서는 그러한 임무의 비용이 빠르게 상승할 수 있으므로 그것이 반드시 더 나은 것이 아닐지도 모른다. 이와 관련하여 세금, 사회보장급여, 취업허가는, 종종 임무 연장을 결정하는 관리자가 간과하는 이슈들이지만, 임무자와 기업 양측이 반드시 진지하게 고려해야 할 공통적인 고민거리이다.

**그림 11.7 글로벌 임무에서 가족에 대한 고려**

| | 장기적 임무 | 단기적 임무 |
|---|---|---|
| 관리자 | 몇몇 기업들은 승진 대상에서 해외 경험을 가진 관리자를 선호함.<br>관리자는 본사와 지역사회에서 친구와 연계를 상실할 수 있음. | 집과 해외에서 비롯된 압력으로 높은 수준의 스트레스 그리고 해외에 있는 동안의 제한적인 사회적지지. |
| 배우자 | 배우자는 일반적으로 주재원과 함께 이주함. 배우자의 직업 문제가 큰 도전과제임.<br>배우자는 넓은 범위의 가족, 친구, 그리고 지지 그룹과의 접촉이 상실될 수 있음.<br>가족이 함께 살더라도, 낯선 환경에서 아이들을 양육하는 데서 비롯되는 상당한 스트레스는 여전히 존재함. | 일반적으로 배우자는 집에 남고, 관리자는 계속 옮겨 다님.<br>떨어져 지내는 상황이 계속됨에 따라 파트너 간 스트레스가 지속됨. |
| 자녀 | 아이들은 흔히 부모와 함께 이주, 가족이 함께 지냄.<br>아이들은 다른 문화를 배우고, 새 친구를 사귀고, 다른 언어를 배우고, 새로운 요리를 경험하는 등의 많은 기회를 가짐.<br>부모와 마찬가지로, 아이들도 새로운 장소와 변화된 환경에 대한 상당한 적응을 요구하는 문화충격을 겪음(예: 옛 친구에 대한 그리움, 입에 안 맞는 현지 음식 등).<br>역시 부모와 마찬가지로, 아이들도 종종 귀국 스트레스를 겪음(예: 옛 학교 및 옛 친구에 재적응 등). | 아이들은 해외에서 근무하는 부모와는 떨어지지만, 다른 한 부모와 친구, 친지들과 함께 국내에 남음.<br>아이들에게는 변화와 잠재적 혼란이 더 적음.<br>아이들에게는 문화충격이나 귀국 문제 없음.<br>반복되는 부재로 인해 아이들과의 관계나 영향력에 손상을 입을 수 있음. |

## 커리어에 대한 고려

마지막으로, 커리어에 대한 글로벌 임무의 시사점이 – 장기적이든 단기적이든 – 고려되어야 한다. 그림 11.8에서 제시된 바와 같이, 장기적 임무는 관리자로 하여금 종종 본사나 본국의 연계와 단절되도록 만든다. 간단히 말해 그들은 잊혀질 수도 있다. 이것은 글로벌 기업에서 일하든 자신의 사업을 하든 사실이다. 그렇다 하더라도, 그러한 임무는 본국으로 돌아왔을 때 귀중한 자산이 되는 학습과 스킬의 발전으로 이어질 수 있다.

동시에, 단기적 임무도 역시 장점과 단점이 있다. 이미 언급한 바와 같이, 단기적 임무로 나가는 많은 관리자들은 그들의 본사 일과의 일부를 함께 가져가며, 이것이 부가적인 업무와 그들의 주의와 집중을 흩트리는 결과를 가져온다. 이에 더하여, 새로운 문화에(항공편 상용 고객의 경우) 적응할 수 있는 시간이 거의 없다. 그러나 단기적 임무

그림 11.8 글로벌 임무에서 커리어에 대한 고려

| 장기적 임무 | 단기적 임무 |
|---|---|
| 연고를 유지하기 어려우므로 본사 복귀가 어려워질 수 있음. | 해외에 있는 동안에도 본사와의 관계를 유지하며 책임을 수행할 필요가 있으며, 이로 인해 이중의 업무부담으로 이어짐. |
| 본사의 변화에 발맞추기 어려우며(예: 프로세스나 기술의 변화), 이에 따라 복귀가 더욱 어려워질 수 있음. | 힘차게 시작할 필요성; 새로운 나라에 대해 배울 시간이 없음; 빠르게 업무에 돌입해야 함. |
| 눈에서 멀어지면, 마음에서 멀어짐. 중요한 승진이나 다른 기회에서 제외될 수도 있음. | 배우고 적응할 시간이 제한적이며, 성과에 대한 높은 압력으로 인해 높은 스트레스와 실패가능성. |
| 해외 경험은 미래의 커리어 발전에 중요한 자산이 될 수 있음. | 가족 이주나 장기적인 자원투입 없이 국제적인 경험을 얻을 수 있는 좋은 방법임. |
| 외국 문화를 배우고 적응할 시간이 더 많지만, 성공 여부가 현지의 연고를 확보하는 것에 좌우되기 때문에 적응 필요성이 더욱 크다. | 다양한 단기적 해외 임무로부터 얻은 광범위한 지식이 본사로 돌아와 귀중한 자산이 될 수 있음. |

는 대개 관리자로 하여금 실제로 해외로 이주하지 않으면서도 외국을 경험하고 새로운 사람을 만날 수 있게 한다. 인맥 형성과 같은 개인적 그리고 직업적 발전을 위한 좋은 기회도 많다. 아마도 여기서 중요한 이슈는 글로벌 관리자가 개인뿐 아니라 조직과 관련된 다양한 이해관계자들의 더 나은 이익을 위해 그 임무를 어떻게 활용하는가가 될 것이다.

## 방법을 찾아서: 문화충격에 대처하기
### Finding your way: coping with culture shock

외국에서 산다는 것은 개인이 두 문화의 사이에 갇혀 있는 것과 같다. 한편으로는, 그 사람의 전제, 스킬, 행위적 선호, 그리고 지금의 삶의 지위에 기여한 사고방식 등을 제공한 원래의 문화가 있다. 예를 들어, 해외 임무에 선발된 관리자는 종종 본사에서 성공적인 관리자로 비춰지며, 특정한 방식으로 업무를 수행해 온 결과 그 자리에 오른 사람이다. 또 다른 한편으로는, 다른 가치관, 다른 전제, 그리고 다른 사고방식을 가지고 다른 행동을 요구하는 외국 문화가 있다. 본국에서 성공에 기여한 행동들이 외국에서는 받아들여지지 못하고, 성공적이지도 않을 수 있다. 둘 이상의 문화가 만나게 될 때 문화적 마찰을 경험할 수 있고(3장 참조), 관계를 맺는 새로운 방법을 고안해야 하는 적응 프로세스가 요구될 수도 있다.

대부분의 사람들은 새로운 외부환경에 맞추기 위해 자연스럽고 무의식적으로 그들의 행동을 조정하여 적응한다. 그러나 이러한 적응은 개인과 환경 간의 적합성을 높일 수도 또는 그렇지 못할 수도 있다. 충분한 시간이 지나면 사람들은 "현지인처럼" 될 것이라는 것이 널리 알려진 믿음이지만, 이것이 반드시 사실은 아니다. 외국에 살게 된 결과 대부분의 사람들이 변화하지만, 그것이 그들의 변화가 반드시 현지 사람들과 더 유사해지도록 하는 것은 아니다.[14] 사실 어떤 사람들은 그들의 본래 문화에 이전보다 훨씬 더 애착을 갖게 되기도 한다. 주재원 및 소수민족 거주지는 드물지 않으며, 어떤 사람들은 외국에서 현지의 가치관에 전혀 동화되지 않거나 현지 언어를 배우려는 노력조차 없이 수년을 보낸다. 이러한 이유로, 외국 문화에 대한 적응 프로세스를 두 가지의 관련 있으면서도 상당히 다른 프로세스로 구별해 보는 것이 도움이 된다.[15]

- **심리적 적응:** 새로운 나라에서의 생활방식을 개인적으로 만족스러운 방식으로 개발하는 프로세스.
- **사회-문화적 적응:** 유능하게 현지 문화와 상호작용하는 개인의 능력.

두 프로세스는 서로 연관되어 있지만, 반드시 동시에 발생하는 것은 아니며, 어떤 경우에는 단지 한 유형의 적응만이 성취될 수도 있다. 예를 들어 문화적 적응능력이 거의 없는 주재원이 현지 문화가 배제된 고립지에서 행복한 삶을 누릴 수도 있는 반면, 문화적 적응능력이 뛰어난 사람이 외국 환경에서 불행하게 지낼 수도 있다. 심리적 적응과 문화적 적응을 구별하는 것은, 본국 문화와 현지 문화의 동일시의 정도, 그들의 행동을 수정하는 능력과 의지, 그리고 그들이 직면하는 외부적 압력에 따라 서로 다른 대응전략을 활용하는 이유를 이해하는 데 도움을 준다.

## 심리적 적응

글로벌 이주자들에게는 **심리적 적응(psychological adjustment)**이 널리 알려진 도전과제이다. 새로운 환경에 처하는 것은 정보의 과잉, 환경 이해능력 부족, 그리고 일상적인 업무에서 새로운 접근방식을 배워야 할 필요성 때문에 스트레스를 초래한다. 외국이라는 환경에 처해 있을 때, 사람들은 보통 신호를 해석하고 반응하는 데 있어 그들의 과거 경험을 활용할 수 없으며, 그들의 행동이 기대한 결과를 가져오지 못할지도 모르기 때문에 근심과 좌절이 증폭된다. 이에 더하여, 좋아하는 음식을 못 찾거나, 전화 걸기, 대중교통 이용, 편지를 부치는 것과 같은 단순한 일을 수행하지 못하는 등 사소해 보이는 것들이 혼란을 일으키고 통제력의 상실을 느끼게 할 수 있다. 개인은 새로운 문화에 따른 현실과 옛 문화에 따른 기대감에 의해 발생된 내적 불균형 상태에 직면할 수도 있다. 이러한 불균형은 그로 하여금 자신의 행동습관에 의문을 갖게 하고, **문화충격(culture shock)**이라고 흔히 일컫는 근심과 스트레스, 혼란으로 이어질 수 있다.[16]

문화충격은 심리적 좌절감, 근심, 실망에서부터 만성우울증에 이르기까지 여러 가지 모습으로 나타난다. 어떤 사람은 불면증, 두통 또는 다른 정신장애 증상과 같은 심리적 반응을 경험하기도 한다. 그렇다 하더라도, 문화충격은 질병이 아니다. 오히려 그것은 개인이 새로운 환경에 대처하기 위해 노력하고 있음을 나타내는 것이며, 심리적 적응의 좋은 출발점이다. 따라서 문제는 어떻게 충격을 피하느냐가 아니라 어떻게 그것을 관리하느냐이다.

### 응용 11.3 뤄강의 피터 헤슬러

미국의 저널리스트인 피터 헤슬러(Peter Hessler)는 중국 광둥성 뤄강의 시골마을에서 점심 초대를 받았을 때 깜짝 놀랐다.[17] 최고급 야생동물 요리점의 테이블에 자리를 잡고 나자, 여자 종업원이 “큰 쥐가 좋은가요, 작은 쥐가 좋은가요?”라고 무심하게 물었다. 뭐라고 해야 할지 몰랐던 헤슬러는 종업원에게 그 차이점이 무엇인지 물었더니, 큰 쥐는 풀을 먹고 자라고, 작은 쥐는 과일을 먹고 자란다고 알려주면서 둘 다 맛이 좋다는 것이다. 무얼 골라야 할지 생각하며 헤슬러는 옆 테이블의 사람들을 바라보았다. 어린아이가 쥐의 다리살을 뜯어먹고 있었지만, 그의 눈에는 큰 쥐인지 작은 쥐인지 알아볼 수 없었다. 어떻게 하다가 이런 곤경에 처하게 되었는지 스스로에게 물으면서 그는 마침내 결정을 내렸다. “작은 쥐요.” 메뉴판에서 그가 고른 것은 ‘검은 콩을 곁들인 산쥐탕(Simmered Mountain Rat with Black Beans)’으로, 다른 메뉴들 – ‘산쥐수프(Mountain Rat Soup)’, ‘산쥐찜(Steamed Mountain Rat)’, ‘산쥐탕(Simmered Mountain Rat)’, ‘산쥐구이(Roasted Mountain Rat)’, ‘산쥐카레(Mountain Rat Curry)’, ‘매콤 짭짜름한 산쥐요리(Spicy and Salty Mountain Rat)’ 등을 제치고 골라낸 것이었다.

중국 사람들은 광둥 사람들은 무엇이든 먹는다고 말한다. 최고급 야생동물 요리점에서 사람들은 쥐뿐 아니라 멧비둘기, 여우, 고양이, 비단뱀, 그리고 영어로 번역조차 할 수 없는 이름의 괴상한 현지 동물들을 다양하게 주문할 수 있다. 메뉴를 선택하는 데에는 맛과 질감 이상의 것을 고려해야 한다. 맛이 좋기 때문만이 아니라 활달한 징션(精神, 또는 영혼)을 전해 준다고 믿기 때문에 고양이요리를 주문하는 것이다. 뱀요리는 당신을 더욱 강하게 만들어 주기 때문이며, 보다 정력적이 되기 위해 사슴의 국부를 주문한다. 왜 쥐를 먹냐고? 대머리가 되는 것을 막고 흰머리를 검게 되돌려 주기 때문이다.

몇 분 후 그 종업원은 헤슬러에게 주방 뒤로 와서 쥐를 고르라고 요청했다. 주방 뒤편에서 그는 여러 개의 동물우리가 층층이 쌓여 있는 것을 보았다. 각 우리에는 30마리 정도의 쥐가 갇혀 있었다. "이건 어때요?" 그 종업원이 물었다. "좋습니다." 헤슬러가 대답했다. 그러자 그 종업원이 하얀 장갑을 끼고(아마도 위생상의 목적이었을 것이다) 그가 고른 쥐를 움켜잡았다. "이 녀석 맞지요?" 그녀가 물었다. 쥐는 구슬 같은 눈으로 헤슬러를 바라보았다. 그는 고개를 끄덕였다. 그러자 그 종업원이 쥐의 꼬리를 잡고 손목을 휙 젖혔고 쥐가 공중으로 날아오르더니 콘크리트 바닥에 머리부터 떨어지면서 부드러운 퍽 소리가 났다. 피도 별로 나지 않았다. 헤슬러는 테이블로 돌아가도 좋으며, 곧 점심이 마련될 것이라는 얘기를 들었다.

식사가 오기를 기다리며 헤슬러는 식당 주인과 이야기를 나눌 기회를 갖게 되었다. 제일 먼저 눈에 들어온 것은 그 식당 주인의 검고 풍성한 머리카락이었다. 주인의 말에 의하면, 현지인들은 1,000년 이상 쥐를 먹어 왔으며, 손님들은 깨끗하다는 이유로 산에서 난 쥐를 고집하고 도시 쥐는 먹지 않는다고 주장했다. 그는 정부 위생과에서 정기적으로 쥐를 검사하고 있고, 한 번도 잘못된 적이 없었다고 헤슬러를 안심시켰다. 걸음을 옮기기 전 그 주인은 미소를 지으며 이런 음식을 미국에서는 절대 찾을 수 없을 거라고 말했다.

마침내 점심이 나오자 헤슬러는 이것을 새로운 경험으로 생각하려 애썼다. 그는 콩을 먼저 먹었고, 맛이 괜찮았다. 그러고 나서 그는 쥐고기의 여기저기를 포크로 찔러 보았다. 그것은 분명히 잘 익은 상태였고, 파와 양파, 생강으로 근사하게 장식되어 있었다. 앙상한 쥐 넓적다리, 짧게 조각난 쥐 옆구리살, 섬세하고 작은 쥐의 갈빗대가 밝은 색의 소스에 담겨 있었다. 주저하면서 그는 최초의 한 입을 깨물었고, 살코기가 하얗고 기름기가 적으며 전혀 질긴 데가 없다는 것을 발견했다. 이전까지 맛본 어떤 것과도 다른 맛이었다. 그것은 쥐 맛이었다. 다행스럽게도, 그에게는 그것을 씻어 내릴 맥주가 많이 있었다.

다음에 대해 생각해 보자.

(1) 뤄강의 식당에서 피터 헤슬러가 경험한 것과 같은 상황을 당신이 마주한다면 어떻게 하겠는가? 특히 중요한 중국인 고객이 당신을 그 식당으로 초대한 것이라면?
(2) 다른 문화권에서 당신은 현지 문화에서는 받아들여지는 – 또는 꼭 필요한 – 것이지만 당신에게는 불편한 어떤 것을 먹거나 행동하도록 압력을 받은 유사한 경험이 있는가? 어떻게 했나?
(3) 당신의 본국 문화에는 외국인 방문자가 어떤 이유로 불쾌하거나 불편하게 여길 만한 것들이 있는가? 이러한 상황에서 당신은 당신의 외국인 손님이 편하게 느끼도록 무엇을 할 수 있겠는가?
(4) 당신의 음식 취향과 먹는 습관에 대해 생각해 보라. 매우 다른 음식문화를 가진 외국에서 사는 것이 얼마나 쉽다고 생각하는가?

## 심리적 적응의 단계

새로운 문화에 대한 심리적 적응의 프로세스는 매우 개인적일 수 있으며, 개인의 특성, 관련된 문화, 그리고 상황별 특성에 따라 크게 달라질 수 있다. 그럼에도 불구하고 적응 프로세스의 공통적인 단계에 대한 지식은 해외에 있는 동안 개인적 느낌을 이해하고 대처하는 데에 도움이 된다. 외국 문화에 대한 적응의 가장 유명한 모델 중 하나는 다음의 네 가지 단계 – 허니문, 환상 깨기, 초기 적응, 적응 – 를 제시한다(그림 11.9 참조).[18]

1. **허니문.** 외국에 처음 도착하면 주재원들은 크게 흥분한다. 만물이 흥미롭고, 가끔 아름답기도 하며, 대개 즐겁다. 새로운 것의 환상은 마주치는 어려움이나 차이점을 비교적 사소한 것으로 보이게 만들고, 종종 외국 문화에 적응하기 쉽다고 과대평가하게 된다. 이 기간은 사람과 임무의 성격, 본국과 현지국의 유사성 정도에 따라 짧게 며칠에서 길게는 몇 달까지 지속될 수 있다. 많은 주재원들은 허니문 기간이 외국에 도착하기 이전에 생겼거나, 전혀 없었다고 말한다. 많은 이들이 외국에 도착하면서 흥분을 느끼는 반면, 어떤 사람들은, 자리를 잡고 라이프스타일의 차이에 대응하는 것과 관련한 스트레스 때문에 그 느낌이 압도되어 버릴지 모른다.[19]
2. **환상 깨기.** 허니문 기간이 지나 초기의 행복감과 흥분이 사라지면, 라이프스타일의 차이, 편안한 음식의 부족, 그리고 새로운 환경의 불확실성에 대처하는 어려움은 더 이상 즐겁지 않고 짜증스러운 일이 된다. 이러한 어려움은 점점 증폭되고, 사람들은 종종 심리적으로 지치고 압도되었다고 느낀다. 이것은 문화적 적응 프로세스에서 가장 어려운 단계이다. 어떤 사람들은 외국 환경에 머물러 있지만 감정적으로 위축

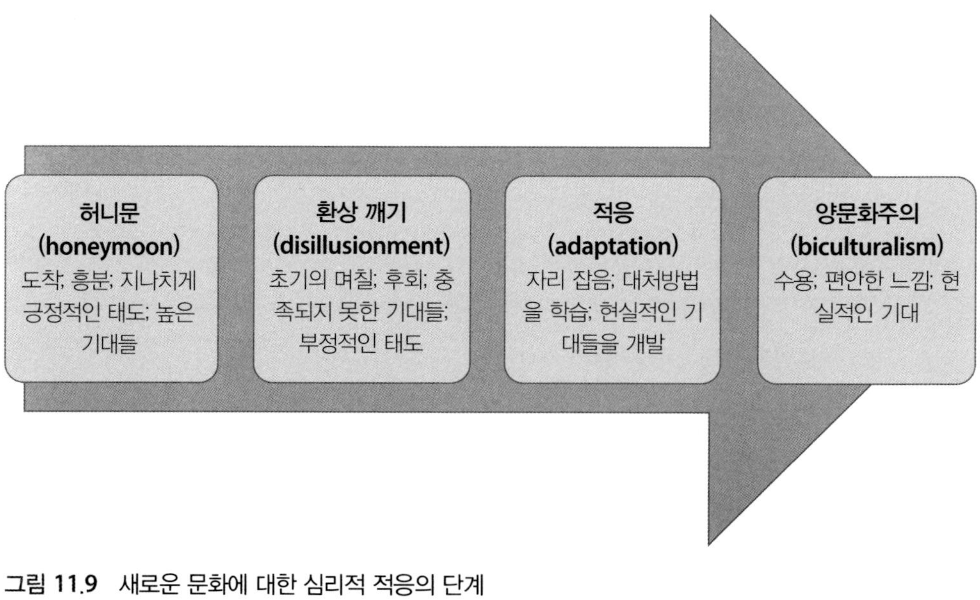


**그림 11.9** 새로운 문화에 대한 심리적 적응의 단계

되어 현지 언어를 말하거나 현지인과 상호작용하는 것을 거부하며, 많은 사람들이 이 단계에서 포기하고 집으로 돌아온다. 어떤 사람들은 과도한 음주나 약물 사용과 같은 부적절한 대처방법을 취하기도 한다.

3. **초기 적응.** 초기 적응이라는 세 번째 단계에서 사람들은 새로운 문화를 이해하고 일상생활에 적응하기 시작한다. 이 단계는 여전히 감정적 흔들림이라는 특징을 보이지만 그 강도나 집중도가 환상 깨기 단계에 비해 덜 심하다.
4. **적응 및 양문화주의.** 마지막으로, 주재원은 새로운 문화에서 생산적으로 기능할 수 있는 그의 능력에 대해 확신을 가지며 안정감을 경험한다. 어떤 사람들은 본국에서보다 더 낫다고 느낄 수도 있고, 또 어떤 사람들은 더 나쁘다고 느낄 수도 있지만, 어느 경우에든 새로이 발견한 안정감과 편안함, 그리고 자신감을 누린다.

문화충격에 대해 생각해 보는 또 다른 방법은 새로운 문화적 환경에 적응하는 것과 관련된 스트레스가, 우리의 내적 능력과 환경의 새로운 요구 사이에서의 불일치에 의해 발생하는 스트레스 유형과 전혀 다르지 않다는 것을 고려하는 것이다(예: 새로운 직업을 시작하기, 대학 신입생, 또는 아이를 갖는 일 등). 다른 유형의 스트레스의 경우와 마찬가지로, 새로운 문화적 환경에 적응하는 것은 우리 자신을 변화시키고 재창조하는 독특한 기회를 제공한다. 환경과의 기능적인 관계를 유지하기 위해 애쓰는 동안 우리는 내적 변화와 조정을 만들어 낸다. 이 적응 프로세스와 성장은 순환적이고 연속적이다. 즉, 스트레스가 심한 각각의 경험이 개인의 차원에서 적응으로 이어지고, 종종 내적 성장으로 이어진다. 스트레스 – 적응 – 성장 프로세스는 새로운 환경적 도전이 있는 한 계속되지만, 주요한 변화는 해외 파견 초기단계에서 경험할 가능성이 높으므로, 시간이 지남에 따라 덜해지는 경향이 있다(대학에서 해가 갈수록 강의가 어려워지고 학업 부담이 늘어남에도 불구하고 입학 첫 학기가 감정적으로 더 어려울 수 있는 것과 같다).

외국 문화에 대한 적응의 정도와 속도는 사람마다 다르며 개인적 기대감, 개인 특성 및 환경, 그리고 현지 환경의 특성을 포함한 여러 변수에 따라 달라진다.

첫째로, 환상 깨기는 종종 외국에서의 경험에 대한 개인의 비현실적 기대에 의해 증폭된다. 많은 사람들이 이국적인 분위기가 가져다줄 꿈같은 생활을 그려보지만, 교통이나 날씨, 그리고 일상의 다른 부분들과 같이 쉽게 알 수 있는 삶의 현실에 대해 준비하는 데 실패한다. 예를 들면, 어떤 관리자가 싱싱한 열대식물에 둘러싸여 사는 것이 매력적이다라고 생각하지만, 필연적으로 따라오는 모기들에 대해 생각 못하는 것과 같다. 사람들은 문화적 차이를 과소평가하거나, 새로운 언어와 새로운 환경에서 살아가는 방법을 배우고, 적응하고, 대처하는 자신의 능력을 과대평가할 수도 있다.

둘째로, 사람들은 새로운 상황에 얼마나 빨리 적응하며, 얼마나 쉽게 새로운 관계를 개발하고, 그리고 모호함과 일시적 통제력 상실에 대해 얼마나 편안하게 받아들이는가에 있어서 서로 다르다. 마찬가지로 개인별 환경도 달라서, 적응을 돕기도 방해하기도 한다. 예를 들어 가족과 함께 이주하는 사람은 더 높은 감정적 지지를 가질 수 있지만, 혼자서 이주하는 사람에 비해 배우자와 아이들의 정착 면에서 더 많은 도전과제에 직면한다. 그 나라에 대해 이전 경험이 있거나 그 언어를 알고 있는 사람은 그 문화에서의 경험이나 언어에 대한 지식이 없는 사람보다 더 쉽다고 느낀다. 기대되는 임무 기간 또한 문화충격을 경험하는 데 있어 영향을 미친다. 예를 들어 3개월의 임무 기간 동안 좋아하는 스포츠나 취미활동을 못하는 것은 그다지 큰 좌절을 가져오지 않지만, 영구적인 이주의 경우 중요한 고민거리가 될 수도 있다.

셋째로, 주재원의 외부 환경은 적응의 정도와 프로세스를 결정하는 데 중요한 역할을 한다. 예를 들어 어떤 나라는 외국인에게 보다 개방적이고, 언어 훈련, 정보 센터, 그리고 지원 그룹 등의 형태로 외국인을 지원하기 위한 인프라를 개발하고 있다. 같은 나라 내에서도 중요한 차이가 있을 수 있다. 예를 들어 영어를 쓰며 돌아다니는 것은 대도시 또는 관광지에서는 상대적으로 쉬울 수 있지만, 조그만 마을에서는 그렇지 않다. 차이를 인내하고 다문화주의를 받아들이는 정도 또한 문화에 따라 다르다. 어떤 문화에서는 차이의 가치를 인정하고 존중하며 외국인들이 그들 자신의 문화를 버리지 않기를 기대하지만, 다른 문화에서는 동화될 것을 강하게 강조한다. 주재원을 맞는 조직 또한 중요한 역할을 한다. 캐나다인 관리자가 태국에서 캐나다 기업을 위해 일하는 경험과 태국 기업을 위해 일하는 경험은 서로 다르다.

적응의 용이성을 둘러싼 핵심 질문은, 주재원이 여러 차례의 임무 이후 그의 적응 스킬을 향상시킬 수 있는가이다. 한편으로는, 문화충격에 대처하는 방법을 배우고, 자신감을 얻으며, 외국 환경에 정착하는 기대에 스트레스를 느끼지 않을 수 있으므로 경험이 도움이 된다. 반면에, 중요한 세부사항을 간과하고 적절한 준비에 실패할 수 있으므로 지나친 자신감은 방해가 된다. 이에 더하여, 어떤 주재원은 여러 차례의 해외 임무 이후 피로감을 호소하며, 곧 떠나게 될 외국에서 또 다른 언어와 문화를 배우고 관계를 개발하는 시간을 들이는 데 흥미를 잃기도 한다.

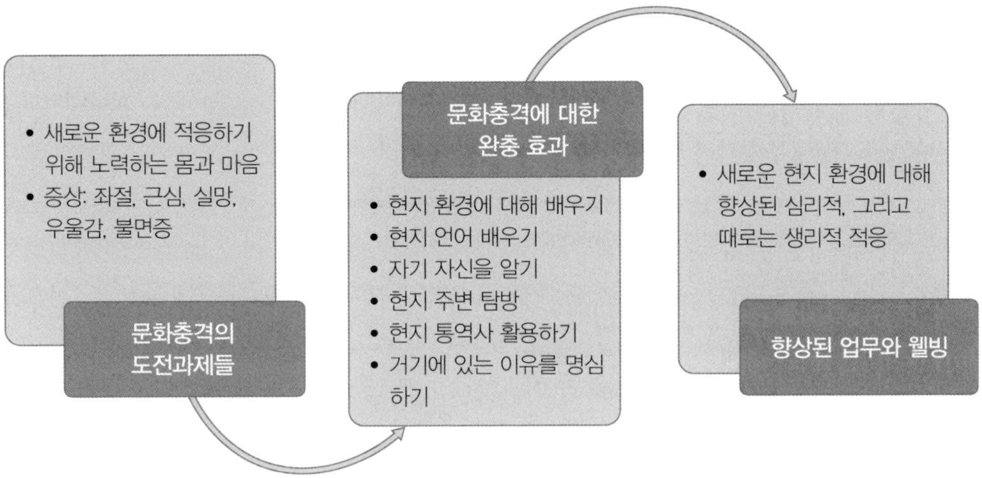


그림 11.10 문화충격에 대처하는 전략들

## 문화충격 대처하기

문화충격은 피할 수 없지만, 적절한 사전 준비를 통해 어느 정도 약화시킬 수 있다.[20] 이러한 준비에는 현지 환경과 자기 자신을 이해하여 기대 수준을 적절히 맞추는 것이 포함된다. 주재원이 현지 문화와 조직의 요구를 포함하여 현지 환경을 더 많이 이해할수록 변화는 더욱 쉬워질 것이다. 마찬가지로, 주재원이 자신의 개인적 선호 때문에 제기되는 도전과제들에 대해 더 많이 이해할수록, 그러한 필요를 다루는 데 더 많은 준비가 된다. 다음에는 해외 임무를 잘 준비하기 위해 몇 가지 전략을 제시한다(그림 11.10 참조).

1. **현지 환경에 대해 배우기.** 문화는 복잡하고, 파편적이고, 역동적이고, 특이하다. 문화적 지식은 종종 행동을 설명하는 데 유용하지만 그것을 예측하는 데는 그렇지 않다. 모든 상황은 독특하며, 미래에 경험할 문화적 갈등을 예측하는 것은 불가능하다. 이러한 도전과제에도 불구하고 현지 문화, 역사, 그리고 지리에 대해 배우는 것은 앞으로 마주치게 될 새로운 환경과 상황을 이해하는 것을 돕고 현지인과의 대화를 촉진한다. 적어도 그것은 주재원이 무엇을 찾아봐야 할지를 아는 데 도움이 된다. 가능하다면 이주하기 전에 그 나라를 짧은 기간 방문하는 것이 좋은 생각이다. 짧은 방문은 기대감을 형성하고, 주재원에게 무엇이 닥쳐올지에 대해 더 나은 심리적 준비를 하는 데 도움이 된다. 다른 것은 몰라도, 주재원은 교통, 환경오염, 언어 또는

음식이 즉각적인 도전과제가 될 것이라는 감은 갖는다. 사실 많은 기업들이 파견에 앞서 근무지를 단기간 방문하도록 주재원들과 그 가족들을 보내 그 임무가 자신과 가족들에게 적합한 것인지 결정할 수 있게 한다. 전임 주재원이나 외국에서의 경험을 가진 다른 사람과 이야기하는 것도 무엇을 기대할지 아는 데 도움이 된다. 그러나 다른 사람의 의견에 지나치게 의존하지 않는 것이 중요하다. 사람과 상황은 독특한 것이므로 당신의 경험은 그와 다를 가능성이 많다.

2. 현지 언어 배우기. 5장에서 논의된 바와 같이, 언어는 문화적 정보의 핵심 채널이다. 현지 언어를 배우는 것은 문화적 적응 프로세스를 촉진할 수 있다. 현지 언어를 배우는 것은 통제력이 유지되는 느낌을 가져다주고 현지인과의 커뮤니케이션을 촉진한다. 이에 더하여, 현지인들은 종종 단지 초보적인 방식으로라도 현지 언어를 말하는 외국인 방문자에게 보다 수용적이다. 흥미롭게도 연구결과에 의하면, 새로운 언어를 배우는 것이 전 세계에 걸쳐 일하고 돌아다니는 관리자들의 필수적인 자산인 인지적 유연성(cognitive flexibility)을 촉진하는 것으로 나타난다.[21] 그러나 새로운 언어를 배우는 것과 관련된 도전과제를 과소평가해서는 안 된다. 특히 단기적 임무의 경우, 짧은 가용 시간과 높은 업무 요구를 고려할 때 언어를 배우는 것은 불가능할지도 모른다. 어떤 관리자들은 그들의 커리어 전체에 걸쳐 수차례의 해외 임무를 거치는데, 인간이 현실적으로 마스터할 수 있는 언어는 몇 개가 될까?
3. 자기 자신을 알기. 외국 현지를 이해하는 도전과제가 주어졌을 때, 주재원이 해외 파견 시에 가져갈 가장 좋은 지식은 자기 자신의 문화와 스스로에 대해 아는 것이다. 첫째로, 외국인들이 당신에게 당신이 한 번도 생각해 보지 않았던 당신의 나라나 문화에 대해 질문할 가능성이 있다. 많은 주재원들이 해외에 있는 동안 자기 자신의 나라에 대해 더 배우게 된다고 말한다. 둘째로, 자신의 문화가 자신에게 영향을 미친 방식을 아는 것은 상황을 보다 중립적으로 볼 수 있게 돕는다. 누군가의 사고방식은 그 자신의 문화의 산물인 것과 마찬가지로, 우리의 사고방식이 우리 문화의 산물임을 인식하게 되면 갈등을 중립적으로 바라보기가 쉬워지고, 보편적으로 합의된 최선의 방식이라는 우리의 견해에 모든 사람이 동의하기를 기대하지 않는 것이 보다 쉬워진다. 우리의 문화가 제기한 한계(예: 회의는 정시에 시작되어야 한다는 믿음)를 알게 되면, 우리는 정보를 찾고 상황에 대처하는 능력이 나아질 수 있다. 마지막으로, 자기 자신을 아는 것은 또한 재배치의 실용적인 측면에서 도움이 된다. 실없이 들리겠지만, "살기 위해 꼭 필요한" 몇 가지 물건들을 챙기는 것은 해외에서의 첫날을 보다 순조롭게 보내는 데 도움이 된다.

4. 현지 주변 탐방. 문화충격 프로세스를 완화시키기 위해 외국 현지에 도착하자마자 취할 수 있는 방법이 있다. 그 출발점으로서, 주변 환경을 신속히 파악하고 주변에 대한 통제감을 구축하는 것이 중요하다. 머무는 장소를 편안한 느낌이 들도록 만들고, 걸어서 이웃을 돌아보는 것과 같은 간단한 것들이 자신감을 갖게 하고 근심을 줄이는 데 도움이 된다. 과감히 바깥으로 나서는 것은 외국 환경에 대해 배우고 적응 프로세스를 시작하는 유일한 방법이다. 멀리서 보면 이것이 별문제가 아닌 것처럼 보일 수 있는데, 이는 보기보다 어려운 도전과제가 될 수 있다. 이것에 대해 어느 교환학생이 압축해서 표현했다. "당신이 아는 사람이 아무도 없고 특별히 가야 할 곳이 있는 것도 아닐 때 방황하며 밖에서 나다니기보다는 집안에 눌러앉아 유튜브 영상이나 보는 편이 훨씬 당기는 일이죠."[22]
5. 현지 통역사 활용하기. 새로운 나라에 정착하게 된 후, 멘토나 **문화 통역사(cultural translator)**를 찾아보는 것은 종종 좋은 아이디어가 된다. 이들은 양쪽 문화를 잘 이해하고 새로운 방문자가 경험하는 것을 잘 이해하도록 도울 수 있는 사람들이다. 최고의 문화 통역사는 대체로, 문화적 차이를 인식하고 그 이면에 있는 원인까지 해석해 줄 수 있으며, 그 자신의 국제적인 경험을 가지고 있다. 그들은 또한 현지인들이 알아차리지 못하지만 당신이 알아야 할 기본적인 정보들의 중요한 원천이 될 수도 있다(예: 휴지를 변기 안에 던져 넣으면 안 된다는 것). 커뮤니티에 동화되고 중요한 지원의 원천이 될 수도 있는 사람들을 알게 된다는 점에서 클럽이나 서로 다른 관심 분야를 가진 사교적 그룹에 가입하는 것도 도움이 된다.
6. 거기에 있는 이유를 명심하기. 무엇보다도, 해외 임무를 시작하게 된 이유에 대해 계속 생각하는 것이 도움이 된다. 직업적 기회이든, 라이프스타일에 의한 선택이든, 또는 단지 모험의 일환이든 그 경험이 당신의 성장을 돕는다는 것을 명심하고 있으면 모든 일이 좀 더 견딜 만하게 될 수 있다. 어떤 사람들은 그들의 경험을 지속하고 진전을 관찰하는 방법으로 개인적 기록이나 블로그를 쓰는 것이 도움이 되었다고 한다.

명심해야 할 핵심 포인트는 적응 프로세스가 내적, 외적 요구의 갈등을 편안하고 도움이 되는 방법으로 해소할 방법을 찾는 것이라는 점이다. 몇몇 경우에서 그것은 외국 환경 속에서 본국 문화의 측면을 재창조하는 것일 수도 있으며(예: 좋아하는 음식 요리하기), 새로운 환경에 얼마나 녹아들지를 선택하는 것일 수도 있다(예: 종교적 의식 회피하기). "현지인처럼 행동하기"와 "아무것도 바꾸지 않기"의 사이에는 많은 선택지들이 있다. 문화충격을 다루는 것은 각자에게 효과적인 균형점을 찾는 일이다.

## 당신의 자리를 찾아서: 문화 변용 전략
Finding your place: acculturation strategies

글로벌 거주자에게 두 번째 주요한 도전과제는 소위 **사회–문화적 적응(socio-cultural adjustment)**이라고 불린다. 이것은 글로벌 여행자가 집에서처럼 편안함을 느끼기 시작하고 현지 커뮤니티에 더 잘 융합되는 시점이다. 새로운 문화 환경에 적응하는 프로세스는 **문화 변용(acculturation)**(새로운 언어를 배우는 것을 포함하는 광범위한 영역에서 새로운 문화적 관습을 습득하는 것)과 **탈문화화(deculturation)**(적어도 이전에는 옛 관습을 불러일으켰을 만한 상황에서 이제는 새로운 반응이 요구된다는 지각에 의해 몇 가지 옛 관습을 버리는 것)를 모두 포함할 수 있다.[23] 사람들은 새로운 환경에 더 잘 맞추기 위해 시행착오를 거쳐 현지인처럼 행동하는 방법을 배우거나 편안하면서도 수용 가능한 대안적 행동들을 찾아내는 방식으로 그들의 행동을 조정한다. 예를 들어 본국에서는 직설적으로 말하는 데 익숙한 사람이지만, 새로운 환경의 문화에서는 미묘하고 간접적인 커뮤니케이션을 찬양할 수 있다. 비록 간접적 화법이 어렵다고 느끼더라도 그는, 사무 환경 바깥이나 일대일 대화와 같이 직접적 화법이 보다 적합한 외국 환경에서도 맥락을 찾아내는 것을 배울 수 있다.

### 문화 변용 전략

문화 변용은 절대적이지 않다. 수년이 지나서도 사람들은, 업무 환경이나 공적인 영역에서는 현지 문화의 관습을 받아들이고 완벽하게 적응할 수 있지만, 보다 사적인 영역에서는 자기들 문화의 사회적 가치나 전제를 유지한다. 예를 들면, 직업적으로 완벽하게 적응한 사람이 집에서는 그의 원래 문화의 몇몇 부분을 유지하면서 자기 문화권 내에 있는 사람과 결혼을 하려는 것은 드문 일이 아니다. 이전에 논의된 바와 같이, 문화는 많은 요소를 가지고 있는데, 공공 수준에서 피상적인 행동들을 조정하는 것은 상대적으로 어렵지 않으며 대부분의 사람들이 쉽게 마스터하는 반면(예: 절, 키스, 또는 악수), 어떤 전제는 받아들이거나 내려놓기가 어렵다(예: 일부다처제의 수용). 새로운 행동이나 전제가 개인에게 받아들일 수도 따라할 수도 없기 때문에 문화적 갈등이 피할 수 없게 되는 상황에서 문화 변용이 대안적인 전략이 될 수 있다.

단순화의 목적 하에, 관리자가 이용 가능한 문화 변용 전략의 세 가지 주요 유형을 살펴보자(그림 11.11 참조). 실제에 있어 개인은, 구체적인 상황에 따라 이 전략들 사이를 아마도 오가게 될 것이다. 한쪽 극단인 **분리**(separation)에서 관리자들은 자신들의 본국 문화를 고수한 채 현지인과의 상호작용을 최소한으로 제한하며 현지 문화의 관습을 따르거나 상호작용을 거부한다. 이들은 주재원을 위한 안식처에 사는 것을 선호하며, 현지 언어를 배우려 하지 않고, 본국에서 가졌을 만한 생활과 유사한 생활을 재건한다. 이 전략을 채택하는 관리자들은 현지 직원들 및 커뮤니티와 친밀관계를 구축하기 어려울 수 있다. 그러나 업무 요건에 따라 그들은 직무를 만족스럽게 매우 잘 수행할 수도 있다(예: 해외 소재 미국계 대학에서 일하는 영어 강사).

다른 쪽 극단인 **동화**(assimilation)에서 관리자들은 현지 환경에 동화되도록 노력하며 "현지인처럼(go native)" 될 수 있다. 그들은 자신의 원래 문화에서의 습관과 전제들을 버리고 새로운 문화적 환경에서의 습관과 전제들을 받아들인다. 외국으로 영구히 이주하는 관리자들은 이러한 전략이 문화 간 갈등의 기회를 줄이기 때문에 마음이 끌릴 수 있다. 반면에, 필요한 경우 본국으로 돌아오는 것이 어려워지게 될 수도 있다. 때로는 본국의 문화를 완전히 버리는 것이 불가능할 수도 있으며, 임무의 이유에 따라 생산성을 저해하게 될 수도 있다. 관리자들은 종종 해외에서 변화를 일으키게 하려고 파견되며, 현지 문화에 지나친 동화는 장애물로 여겨질 수 있다.

분리와 동화의 사이에 있는 **통합**(integration)에서 관리자들은, 두 문화를 통합하기 위한 통합 전략을 채택한다. 그들은 현지 환경에서 성공적인 관계를 구축함과 동시에 본국 문화의 중요한 측면은 유지할 수 있다. 개인의 원래 문화가 중요한 자원이 될 수 있다는 것은 문화적 적응의 과소평가된 측면 중 하나이다. 각 문화 내에서 사람들은 다른 환경 조건에서도 유용할 수 있는 스킬과 습관을 발전시키며 이것은 현지 환경에서

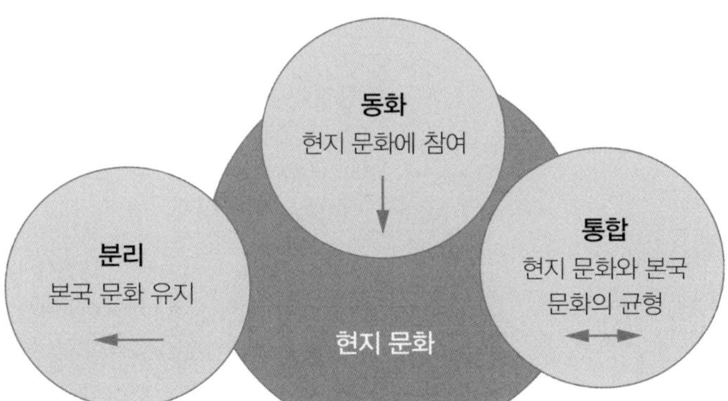


그림 11.11 현지 문화 속에서의 문화 변용 전략

중요한 장점이 될 수 있다. 예를 들어 많은 과업을 동시에 수행하기를 기대하는 동시적(polychromic) 환경에 익숙한 브라질인 관리자는 매우 역동적인 환경에서 유용한 자원이 될 수 있다. 그러나 통합은 현지 문화의 참여와 협동이 있어야만 가능하다. 현지 문화권에 있는 개인이 외국 문화의 행동을 받아들이거나 가치 있게 여기지 못한다면, 통합은 이루어지기 어려울 수 있다. 비록 첫눈에는 통합이 최고의 전략이며 모든 관리자가 채택해야 할 것으로 보일지라도, 현지 문화에 따라 그것이 가능한 정도가 다르다. 어떤 문화에서는 다문화주의에 대해 개방적이고 이러한 옵션이 가능하지만(예: 캐나다), 다른 환경에서는 상황에 맞추려는 압력이 더 높고 동화에 실패한 관리자는 환경으로부터 분리되는 경향이 있다.

## 문화 변용의 성공에 대한 영향 요인

사회-문화적 적응 프로세스는 문화적 지식, 문화적 거리, 그룹 간 태도(즉, 문화 그룹들이 서로를 어떻게 지각하는가), 다문화적 역량, 그리고 새로운 환경에서의 역할 등을 포함하는 몇 가지의 변수에 의해 좌우된다(그림 11.12 참조). 먼저, 새로운 문화적 환경에서 성공적으로 기능하기 위해서는 현지 문화의 규범과 제도, 그리고 기대를 이해해야 한다. 그 문화에 대한 이전 경험과 문화 통역사의 이용가능성은 개인이 새로운 상황을

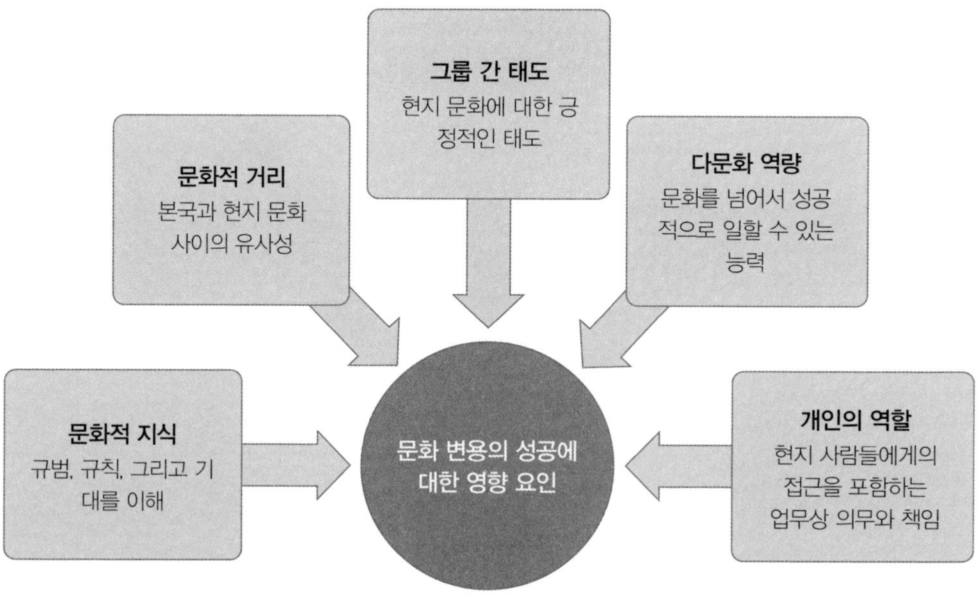


그림 11.12 문화 변용의 성공에 대한 영향 요인

신속하게 지각하는 것을 돕고 적합한 행동을 찾아내기 위한 시행착오의 횟수를 최소화함으로써 적응 프로세스를 가속화할 것이다(문화적 지식을 습득하는 데 대한 다음 논의 참조).

본국과 현지 문화의 문화적 차이의 정도와 유형은 새로운 문화적 요소들을 받아들이고 마스터하는 것이 어려울지 쉬울지 결정하는 중요한 요인이다. 어떤 경우는 문화적 거리가 비교적 문제없이 쉽게 마스터될 수 있는 반면, 다른 경우는 차이가 너무 커서 적응이 매우 어렵거나 아예 불가능하다.

본국과 현지 문화에서 사람들이 가지는 상대 문화에 대한 고정관념과 지각이 적응을 쉽게 하거나 방해할 수 있다. 예를 들어 현지 문화가 본국 문화의 사람들에게 존경받는 것이라면, 현지 문화에 따르는 것이 바람직한 것으로 여겨진다. 반면에 현지 문화가 "열등"하거나 "후진적"으로 여겨진다면 적응은 보다 부정적으로 여겨진다. 동시에, 누군가 외국 문화에서 온 것에 의해 존경받으며 그 그룹에 속하는 데 특권을 부여받는다면, 본국 문화를 포기할 어떤 유인도 존재하지 않을 것이다.

다른 문화와 성공적으로 상호작용하는 것은 개인이 현지 환경 내에서 안식처 발굴을 돕는 학습할 수 있는 역량이다. 2장에서 논의한 바와 같이, 다문화적 역량은 다양성을 포용하고 복잡성을 수용하는 행동과 사고방식의 유연성을 개발함으로써 문화를 넘어서 성공적으로 일하는 능력을 의미한다.

마지막으로, 현지 문화 속에서 외국인 개인이 수행해야 할 역할은, 현지 환경에 적응하는 것이 얼마나 중요하고 바람직한지 뿐만 아니라 현지인에게, 그리고 결과적으로, 현지 문화적 지식에 대해 얼마나 많이 노출되어야만 하는지도 영향을 준다. 예를 들어 해외 지사에서 일하는 주재원이 주로 다른 주재원들과 일한다면 현지 문화에 대해 거의 노출되지 않을 수 있으며, 그 결과 매우 느린 문화 변용 프로세스를 겪게 된다.

## 귀국 관리 Managing repatriation

귀국은 주재원을 본국으로 돌아오게 하는 프로세스를 말한다. 귀국은 임무가 완료되었기 때문에 일어날 수도 있고, 가족 문제, 실패, 또는 불만에 의해서도 일어날 수 있다. 귀국이 가끔 해외 파견만큼이나 많은 문화충격을 야기함에도 불구하고, 조직이나 관리자들은 종종 그 영향을 간과한다. 본국으로 돌아갈 때 관리자들은 **역문화충격(reverse culture shock)**에 빠질 수 있다.

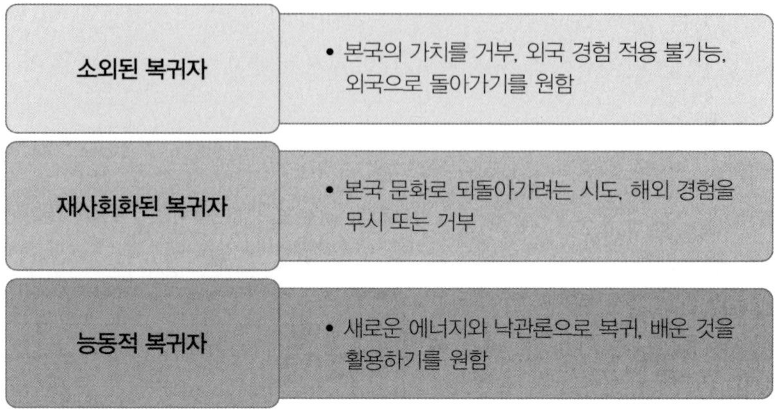


그림 11.13 복귀 주재원의 대응 전략

역문화충격은 직무나 본국의 옛 생활방식에 대한 불만족에서 일어날 수 있다. 해외여행의 흥분은 사라져 버렸다. 어떤 경우에는 자신의 이전 직무로 복귀한 주재원이 강등되었다고 느끼거나 지루해하기도 한다. 다른 경우에는, 회사가 커다란 변화를 겪고 있어서 그 주재원의 스킬이 더 이상 유용하거나 중요하지 않을 수도 있다. 이에 더하여, 상사나 동료들이 그가 해외에서 습득한 국제적 경험이나 스킬을 가치 있게 여기지 않을 수도 있다. 복귀는 개인적 수준에서 도전과제가 될 수 있다. 친지나 친구들이 이사했을지도, 새로운 친구를 만들었을지도 모르고, 새로운 관심사가 생겼거나, 그리고 이제는 해외 파견 이전처럼 만날 수 없을지도 모른다. 마지막으로, 때로는 주재원 자신이 변해 버리는 경우이다. 그들은 본국에 있는 옛 친구들이 낯설어할 수 있는 새로운 가치관, 습관, 그리고 세계관을 받아들였다. 극단적으로 그들은 모국에서 이방인이 되어 버릴 수도 있다. 해외 인턴십을 마치고 본국으로 돌아간 어느 학생은 다음과 같이 말했다. "집에 돌아오는 과정에서 제게 가장 힘들었던 부분은, 본국에 남아 똑같이 유지되던 사람들과 물건들에 대해 해외에서 제가 경험하고 그에 따라 변화된 부분들을 어떻게 타협시킬 것인가였어요."[25]

복귀한 주재원은 다음 세 가지 전략 중 하나를 채택하는 경향이 있다(그림 11.13 참조). 먼저, **재사회화된 복귀자(resocialized returnee)**는 해외 임무에서 배운 것들을 무시하거나 거부함으로써 본국 문화로 되돌아가기를 시도하는 사람들이다. 그러한 복귀자들은 전형적으로 그들의 해외 임무 기간 동안 외국 문화에 동화되는 데 실패했고, 종종 주재원 커뮤니티 속에서만 살며 현지인들과의 상호작용을 최소화하던 사람들이다. 결과적으로, 그들은 심리적으로 본국 문화로의 복귀가 비교적 쉽다고 느끼는 경향이 있다.

다음으로, **소외된 복귀자(alienated returnee)**는 스펙트럼의 반대편 끝에 있다. 해외에 있는 동안 그들은 "현지인처럼" 지내는 경향이 있으며, 시간이 흐르면서 현지국의 가치관을 옹호하고 본국의 가치관을 거부하기 시작한다. 본국으로 돌아오면 그들은 소외된 것처럼 느낀다. 본국으로 와 버린 지금 그들은 해외 경험을 의미 있는 방식으로 적용하는 것이 어렵다는 것을 알게 된다. 많은 경우, 그들은 익숙한 해외의 집으로 다시 돌아가길 바란다.

마지막으로, **능동적 복귀자(proactive returnee)**는 낙관적인 여행자 부류이다. 그들은 두 문화를 긍정적이고 생산적인 방식으로 접합하는 데 성공할 수 있다는 확신을 가지고 본국으로 돌아온다. 그들은 해외 파견의 결과로서 개인적인 변화가 일어났다는 것을 알고 있으며 그들이 배운 것을 활용하기를 원한다. 그들은 종종 유사한 경험을 가진 새로운 친구들이나 동료들을 찾아 나서거나 새로운 프로젝트 또는 모험을 추진한다. 무엇보다도 그들은 해외에서 그들이 배운 것을 활용하기를 원한다.

복귀와 관련한 어려움을 줄이기 위해 많은 기업들은 주재원들이 본국 기업 본사에 있는 동료들과 접촉할 수 있게 하는 다양한 메커니즘을 만들어 낸다. 이러한 메커니즘에는 특별한 뉴스레터, 정기적으로 예정된 본국 방문, 주재원의 관심사에 초점을 둔 특별한 웹페이지, 그리고 해외 임무와 복귀 후 활동을 감독하는 HRM 전문가를 배치하는 것이 포함된다. 대부분의 주요 다국적기업들에게(그리고 대부분의 주재원들에게) 핵심이 되는 것은 주재원들이 본국을 떠나 있는 동안 방황하거나 잊혀지지 않도록 하는 것이다. "눈에서 멀어지면 마음에서 멀어진다"는 오랜 격언은 이 경우에 적용될 수 있으며, 이것이 발생하지 않도록 보장하는 책임은 종종 주재원 자신에게 있다.

### 응용 11.4 벨리즈의 안드레아 워커

다음과 같은 예들은 많은 나라의 다수의 기업들에서 나타난다. 디테일은 다양할 수 있지만, 이러한 이야기들은 모두 한 가지 공통점을 가지고 있다. 즉, 문제투성이라는 점. 생각해 보자: 호주의 주방가전 기업에서 3년간 초급 단계의 마케팅 담당으로 일해온 안드레아 워커(Andrea Walker)에게 승진과 함께 벨리즈에서 현지 마케팅 관리자로 일하라는 해외 임무가 제안되었다. 글로벌 비즈니스 경험과 더 큰 기업내 입지를 동시에 얻기 위해 그녀는 즉시 그 기회를 받아들였다. 그녀는 벨리즈에서 좋은 거래선을 개발하고 회사를 위한 시장을 구축하면서 3년을 보냈다. 그녀는 벨리즈 인근 지역의 문화와 업무 절차들에 대해 많은 것을 배웠고, 그녀가 느끼기에 그것은 소비자 가전제품의 글로벌 제조기업인 회사에 도움이 될 것이었다.

그러나 그녀가 딸의 학업을 위해 본국으로 돌아가야 할 시점이 되었다고 결정했을 때, 회사의 반응은 그다지 열성적이지 않아 보였다. 그녀를 최초로 고용했던 임원은 더 이상 회사에 남아 있지 않았고, 본사에 있는 다른 관리자들은 그들 자신이 아끼는 후배들과 일하고 싶어 했다. 몇몇 관리자들은 정기적인 시장 동향 보고서를 제외하고는 안드레아를 기억도 못하는 것처럼 보였다. 그렇다 하더라도 안드레아는 3년의 파견 기간 이후 본사로 돌아갈 수 있음을 보장하는 서면계약서를 가지고 있었다.

다음에 대해 생각해 보자.

(1) 당신이 안드레아이고, 당신의 본사 복귀에 대해 열성적인 사람이 거의 없다는 것을 안다면 당신은 어떻게 할 것인가? 그 이유는?
(2) 당신이 회사의 관리자이며, 안드레아의 복귀에 대해 열성적인 사람이 거의 없다는 것을 인식한다면 어떻게 할 것인가? 그 이유는?
(3) 안드레아의 해외 업무 경험을 활용하기 위해 회사는 어떤 다른 접근법을 취해야 하나?
(4) 본사와의 연락과 커뮤니케이션을 유지하기 위해 안드레아는 어떤 다른 접근법을 취해야 하나?

## 경영자 노트:
## 글로벌 임무 관리

웨이 호프먼, 피터 헤슬러, 그리고 안드레아 워커는 한 가지 공통된 경험을 갖고 있다. 그들은 모두 그들이 자라온 것과 매우 다른 환경에서 대처해 나갈(그리고 바라건대 성공할) 필요가 있었다. 그들은 모두 글로벌 여행자였다. 그러나 그들이 비교적 공통된 목표를 가지고 있었던 반면, 그들이 적응해야 했던 환경은 커다란 차이가 있었다.

우리는 여기서 해외에서 일한다는 것이 사람들의 개인적 그리고 조직적 환경에 따라 매우 다른 방식으로 그들에게 영향을 끼치는 여러 가지 도전과제를 제기할 수 있음을 배웠다. 이러한 도전과제들은 출발 이전에도 이후에도 모두 일어난다. 이들 중 몇몇 도전과제는 시간이 흐름에 따라 본질적인 진화가 일어날 수 있지만, 다른 것들은 항상 현재와 같이 존재한다. 우리는 이들 도전과제 중 세 가지에 대해 탐구하였다. 즉, 개인적 고려, 시간에 대한 고려, 그리고 가족과 커리어에 대한 고려. 비록 대부분의 사람들이 외국 문화 속에서 살아가는 결과 변화하지만, 이것이 반드시 그들이 현지인들과 더 유사해지도록 변했다는 것을 의미하지는 않는다. 사실 몇몇 사람들은 이전보다 더 그들의 원래 문화에 집착하게 될 수도 있다. 주재원 및 소수민족 거주지가 드문 일이 아니며, 어떤 사람은 현지 가치관에 동화하려는 노력이나 현지 언어를 배우려는 노력조차 하지 않는 채로 외국에서 여러 해를 보내기도 한다. 그러므로 외국 문화에 대한 적응 프로세스를 두 가지의 관련된 그러나 상당히 다른 프로세스로 분리하여 살펴보는 것이 종종 도움이 된다. 심리적 적응은 새로운 나라에서 개인적으로 만족스러운 생활방식을 개발하는 프로세스를 말하고, 사회-문화적 적응은 유능하게 현지 문화와 상호작용하는 개인의 능력을 말한다.

동시에, 해외에서의 근무 이후 복귀 문제를 최소화하기 위해 기업들은, 주재원들이 본국의 본사에 있는 동료들과 접촉을 유지할 수 있게 하기 위해, 특별한 뉴스레터, 정기적으로 예정된 본국 방문, 주재원의 관심사에 초점을 둔 특별한 웹페이지, 그리고 해외 임무와 복귀 후 활동을 감독하는 HRM 전문가를 배치하는 것이 포함되는 다양한 메커니즘을 만든다. 대부분의 주요 다국적기업들에게(그리고 대부분의 주재원들에게) 핵심이 되는 것은 주재원들이 본국을 떠나 있는 동안 방황하거나 잊혀지지 않게 하는 것이다.

이 책의 전반에 걸쳐 언급한 바와 같이, 새로운 임무를 위해 준비하는 데 있어서의 첫 번째 도전과제 중 하나는 당신의 미래의 가정과 직장의 특성이 나타나는 문화적, 조직적, 그리고 상황적 환경을 이해하는 것이다. 예를 들어 개인주의적이고 평등주의적인 환경에 익숙한 관리자가 집단주의적이고 위계적인 특성의 환경으로 이동하는 것은 충격이 될 수 있다. 마찬가지로, "이방인"에게 개방적이고 회사의 지원이 상당한 조직(앞에서 나온 로열 더치 쉘과 같은)으로부터 보다 폐쇄적이고 회사의 지원이 거의 없으며 아마도 적대적인 환경으로 이동하는 것은 파견 근무자가 될 사람에게 긴장감을 줄 수 있다(문화충격에 대한 논의 참조). 마지막으로, 상황과 그 안에 있는 사람은 항상 다르다. 해외 임무에서 그 파견 근무자의 목표는 무엇이며, 다문화 역량을 포함하는 그의 스킬은 무엇인가? 그러한 이동에 어떤 가족적 책임이 고려되어야만 하는가? 이동의 전과 후 살아가고 일하는 환경을 평가하는 것은 쉬운 과업이 아니며, 그럼에도 불구하고 새로운 모험을 적절하게 준비하기 위해 필수적이며, 또한 적어도 신중하게 이루어져야 한다. 영국의 축구선수이자 코치였던 사람이 다음과 같이 말했다. "내가 말할 수 있는 요점은, 더 많은 교육을 받고 더 많은 준비를 할수록 실패의 가능성은 줄어든다는 것이다."[26]

영국 작가 루이스 캐럴(Lewis Carroll)은 *이상한 나라의 앨리스*에서 중요한 관찰을 적었는데 이것을 다른 말로 바꿔 표현하면 이렇다. "네가 어디로 가는지 모른다면, 어떤 길이 목적지로 안내할거야."[27] 해외여행과 생활, 그리고 근무의 경우에도 마찬가지이다. 목표와 계획은 성공을 위해 필수적이다. 이것은 분명히 사전준비를 필요로 하지만, 또한 지속적인 현장 스킬 개발과 상당한 자신감을 요구한다. 글로벌 관리자의 도전과제는 회사를 위한 과업의 성취와 자신을 위한 개인적 성장과 개발 사이의 실현가능한 균형점을 찾는 일이다. 이상적으로는 이들 두 목표는 상호보완적이지만, 이것은 계획 없이 일어나지 않는다. 그러므로 관리자는 무엇을 해야 하는가? 여기 세 가지 제안이 있다(그림 11.14 참조).

### 1. 새로운 환경을 이해하라.

개인이나 가족들이 보다 쉽게 변화를 위해 준비할 수 있는 일들이 많이 있다. 몇몇은 도전적일 수 있지만(예: 현지 언어 배우기), 거의 대부분은 어렵지 않다. 그렇더라도 도착에 앞서 새로운 환경을 더 많이 알수록 현지에 정착하고 일에 착수하는 데 훨씬 대비가 된다. 다음의 전략들을 고려해 보자.

- 새로운 지역과 그 문화에 대해 학습하라.
- 현지의 연락처를 조사하라.
- 도착하기 전에 현지의 단체와 클럽 그리고 다른 흥미로운 곳을 연구하라.
- 업무를 시작하기 전에 즐거운 시간을 갖도록 계획하라.
- “꼭 가져야 할” 물건이 있다면 출발 시 가져가거나 화물로 배송시켜라.
- 친구들과 가족에게 말하고 연락을 유지할 방법을 찾아라. 본국에 지원 네트워크를 구축하라.
- 해외 경험을 위한 당신의 목표에 대해 생각해 보라.
- 현지 언어를 학습하라.

| 1. 새로운 환경을 이해하라. | 2. 다문화 역량을 지속적으로 개발하라. | 3. 집처럼 편안해져라. |
|---|---|---|
| • 출발 전에 새로운 환경에 대해 학습을 시작하라.<br>• 배우자나 가족이 있다면 그들을 개입시켜라.<br>• 새로운 지역에서 예상되는 연락처에 출발 전에 접근하라.<br>• 귀국 후 접촉을 유지하도록 지원기지를 구축하라. | • 자아인식과 공감능력을 지속적으로 개발하라.<br>• 새로운 경험에 대해 재고하고, 패턴을 찾아라.<br>• 행동적 유연성 능력을 배양하라.<br>• 행동하기 전에 생각하라. | • 스킬을 가지고 자신의 원래 모습대로 지내라.<br>• 새로운 환경에서 당신이 있어야 할 곳과 역할을 찾아라.<br>• 정보 공유를 통해 현지 환경으로의 통합을 촉진하라.<br>• 대부분의 문화는 “외국인”에게 관대하다.<br>• 스스로 지나치게 심각해지지 말라. |

그림 11.14 전 세계에서 생활하고 근무하기 위한 전략들

## 2. 다문화 역량을 지속적으로 개발하라.

전 세계에서 생활하고 근무하기 위한 두 번째 전략은 지속적인 자기 개발을 포함한다. 다시 말해, 이 책 앞에서 논의한 바와 같이, 성공적인 관리자들은 다문화 역량을 개발할 수 있는 사람들이다. 이것은 지속적인 학습-자신과 다른 사람들 모두에 대해-과 개인적 그리고 관리자로서의 개발을 포함한다. 여기에 몇 가지 핵심 전략들이 있다.

- **더 나은 자아인식을 개발하라.** 자아인식이란 자신의 정체성, 가치관, 그리고 사회적 지위와 상호작용에 관한 믿음을 말한다. 이것은 기존의 믿음과 가치관에 반하는 경험을 할 때, 자신의 고유한 정체성을 유지할 수 있게 한다. 당신 자신의 문화와 그것이 어떻게 당신의 가치관, 믿음, 그리고 세계관을 형성하였는지에 대한 인식을 개발하라.
- **더 큰 공감능력을 개발하라.** 공감능력이란 다른 사람의 감정이나 동기를 파악하고 이해하는 능력을 말한다. 이것은 자신의 정체성을 유지하면서 상대방을 도울 수 있도록 해 준다. 다른 사람들도 역시 깊숙이 자리 잡은 문화적 가치관과 믿음의 산물에 의해 행동이 이루어지는 복잡한 문화적 존재임을 이해하라. 오해가 발생하면, 그것을 판단하기 이전에 혼란스럽거나 불쾌한 행위에 대한 문화적 설명을 찾아보라.
- **정보를 모으고 분석하라.** 정보를 모으고 분석하는 것은 맥락과 바디랭귀지, 표정, 그리고 행동 신호를 관찰하는 능력을 말한다. 능동적으로 귀를 기울이고 정보를 요약하며, 적절한 타이밍과 방식으로 질문을 하라. 적시에 질문하고, 다른 사람들을 관찰하며, 당신의 전제를 검증하고, 그리고 준거 기준을 확장하라.
- **정보를 통합하고 변형하라.** 정보의 통합과 변형은 의미 단계의 협상과정에서 수집된 정보에 기반하여 일관된 행동 이론을 개발하는 것을 말한다. 이 이론이 검증되고 행동이 실행되면서 새로운 규칙이 만들어지고 정교해진다. 문화 간 경험에 대해 재고하고 패턴을 찾아라. 당신의 결론을 검증하라.
- **더 많은 행동 유연성을 개발하라.** 행동 유연성은 각기 다른 행동들을 취하고, 스타일을 전환하며, 둘 이상의 방식을 통해 과업을 달성하는 능력을 말한다. 다른 행동들을 취하고 다른 방식으로 일하는 것을 연습하면서 당신의 행동 레퍼토리를 증가시킬 기회를 찾아라. 예를 들어 당신이 직접적 커뮤니케이션을 하는 사람이면, 간접적 커뮤니케이션을 연습하라. 이에 더하여, 당신의 도전적인 행동들을 찾아내고 다른 행동으로 바꾸라. 예를 들면, 공격적인 발언을 하기 전에 먼저 사과하라.
- **더 큰 마음챙김을 개발하라.** 마음챙김은 자신의 감정과 행동 그리고 다른 사람들의

행동과 반응에 깊은 주의를 기울이는 능력을 말한다. 당신의 행동과 반응에 집중하도록 노력하라. 행동하기 전에 생각하라.

### 3. 집처럼 편안해져라.

마지막으로, 전 세계에서 생활하고 일하는 것은, 새로운 것들을 배우고 자신의 커리어를 진보시킬 기회가 될 수 있다. 해외 임무는 새로운 관리적 스킬을 개발하고, 모호함에 대한 인내심을 증대시키며, 새로운 관점과 사고방식을 개발하고, 다른 사람과 협업하는 능력을 향상시킬 기회를 제공한다. 그러나 이러한 기회를 이용하기 위해서는 유연성과 높은 수준의 자아인식이 요구된다. 마지막 분석은, 새로운 환경에서 집처럼 편안해질 수 있는 능력이 관리자의 성공에 주요 열쇠가 된다는 것이다.

- **스킬을 가지고 자신의 원래 모습대로 지내라.** 해외에 있는 동안 관리자들은 스킬이 있다면 여전히 스스로의 모습을 지킬 수 있다. 다시 말해, 그들은 적응하고 변화해야만 하겠지만, 전혀 다른 누군가가 될 필요는 없다는 것이다. 그들이 수용되고 결실 있는 경험을 얻기 위해 반드시 현지 종교로 귀의하거나, 볶은 개미를 먹는 식성을 개발하거나(아무리 맛있다고 하더라도) 할 필요는 없다. 그러나 그들은 몇몇 중요한 부분에서는 유연해야 하고, 다른 사람들이 그들에게 동의하지 않을 수 있다는 것(또는 그들을 싫어하기까지 한다는 것)을 받아들여야 할 것이다. 여기서 핵심은 균형이다. 사람들에게 진정으로 중요하며 타협할 수 없는 것은 무엇인가? 그리고 사람들은 무엇과 함께 살 수 있는가? 이 질문을 자주 떠올려라. 대답은 매번 달라질 수 있다.
- **새로운 환경에서 당신이 있어야 할 곳과 역할을 찾아라.** 사람은 같더라도 새로운 환경 속에서 그들은 다른 역할을 맡아야 할 필요가 있을 수 있다. 예를 들어 본국에서 그들은 부서 내 최고의 관리자이며 다른 사람이 성공하도록 돕는 사람일 수 있다. 그러나 해외에서는 누군가 자신의 임무를 도와줄 사람을 필요로 하는 상황이 될 수도 있다. 해외에서 일하는 사람은 그가 다른 역할을 하게 될 것으로 기대해야 하며, 새로운 환경의 일부가 되도록 느끼게 하는 역할을 능동적으로 찾아야 한다.
- **통합을 촉진하는 정보를 능동적으로 찾고 제공하라.** 여기에서 두 가지 커뮤니케이션 도구가 도움이 될 수 있다 – 탐문과 변호. **탐문(inquiry)**은 자기 자신의 추론과 다른 사람의 추론을 탐색하고 질문을 던지는 것을 말한다. 다시 말해, 문화 간 갈등에 부딪힐 때마다 다음과 같은 질문을 스스로에게 던져라. 이 상황을 당신은 그리고 나는 어떻게 지각하는가? 이 상황에서 당신과 나는 무엇을 얻고자 하는가? 이 목표를 달성하기 위해 당신과 나는 어떤 행동을 취할 것인가? 탐문을 위해서는 판단을 유보

하고, 이전까지의 이해에서 벗어나서, 새로운 이해가 만들어질 때까지 불확실성을 참아 내는 것이 필요하다. 우리는 옳은 것을 좋아하지만, 문화를 넘나드는 상황에서 무엇이 옳은가는 상대적이다. **변호**(advocacy)는 자신의 생각과 욕구를 표현하고 지지하는 것을 말한다. 변호하기 위해서는 당신이 생각하고 원하는 것을 분명하게 말하고 당신의 관점의 배경이 되는 추론을 설명해야 한다. 다시 말해 그것은 당신 스스로를 자각하고 당신의 전제와 관점이 무엇인지 이해하는 것을 요구한다. 그것은 또한 당신이 상황에 대해 느끼는 감정에 대한 책임을 지도록 요구한다. 예를 들어 상대방이 회의에 항상 늦게 오는 것 – 아마도 당사자의 문화에서는 받아들여질 만한 것 – 에 대해 당신이 좌절하고 있다면 당신은 이렇게 말할 수 있다. "당신을 기다리지 않아도 되면 좋겠습니다. 당신이 언제 도착할지 알 수 없는 것이 제게는 매우 스트레스를 주기 때문이죠." 이것은 다음과 같이 말하는 것과는 매우 다르다. "난 바쁜 사람이고, 당신이 약속을 못 지키는 것은 사려 깊지 못한 행동이오." 첫 번째 말은 당신과 그 상호작용에 대한 당신의 느낌에 대한 것이며, 다른 사람에게 당신의 관점을 이해하고 반응하도록 가능성을 열어 준다. 두 번째 말은 개인에 대한 구체적인 공격으로 간주되기 쉽고 개인적인 것으로 받아들여질 가능성이 있다. 결국, 그 사람은 태만에 대해 이유를 대겠지만 문제는 풀리지 않고 남아 있을 것이다.

- **스스로 지나치게 심각해지지 말라.** 문화충격은 대개 일시적이며, 모든 사람들이 어느 정도 겪는 일임을 기억하라. 사람들은 그들이 항상 옳아야 할 필요가 없으며, 실수는 삶의 한 부분임을 인정해야 한다. 대부분의 문화는 "외국인"에게 관대하다. 당신 자신과 다른 사람들에게 인내심을 가지고, 즐길 것을 명심하라.

## 핵심용어

문화 변용 • 문화 변용 전략 • 소외된 복귀자 • 문화 통역사 • 문화충격 • 탈문화화 • 회사–주도형 글로벌 임무 • 장기적 글로벌 임무(장점과 단점) • *징셔*(중국어) • 능동적 복귀자 • 심리적 적응 • 재사회화된 복귀자 • 역문화충격 • 자기–주도형 글로벌 임무 • 단기적 글로벌 임무(장점과 단점) • 사회 – 문화적 적응

## 토의용 질문

1. 그들이 종종 어쩔 수 없는 아웃사이더처럼 느낀다는 것은 새로운 글로벌 임무에서 관리자들에게 근본적인 도전과제이지만, 그들은 단지 업무를 해내기 위해 현지 문화에

"파고 들어갈" 방법을 찾아내야 한다(그림 11.1 참조). "파고 들어가는" 프로세스를 촉진시키기 위한 곧 출발하려는 동료에게 당신은 어떤 충고를 줄 것인가?

2. 많은 사람들이 여행을 좋아하지만, 전 세계에서 일하는 것은 휴가에서의 경험과는 다를 수 있다. 이러한 측면에서, 커리어의 너무 이른 시기에 글로벌 임무를 받아들이는 경우의 위험은 무엇이 있을까?
3. 관리자는 그가 해외 임무에 대해 "준비되었다"는 것을 어떻게 알 수 있을까?
4. 관리자의 새로운 해외 임무에 대한 적응력에 성별이나 나이가 영향을 미치는가? 설명하라.
5. 새로운 환경에 대한 심리적 적응과 사회–문화적 적응의 차이는 무엇인가? 각각의 예를 하나씩 들어 보라.
6. 문화충격을 직접 경험한 적이 있는가? 그렇다면, 무슨 일이 일어났나?
7. 처음으로 글로벌 임무를 받아 출발을 앞둔 직원 그룹에게 문화충격을 최소화하기 위한 2일간의 워크숍을 개발하도록 당신이 요청받았다면, 이 워크숍은 어떠해야 하겠는가?
8. 이 장에서 논의된 세 가지 문화 변용 전략(분리, 동화, 통합) 각각의 장점과 단점은 무엇인가?
9. 해외 임무에서 복귀하는 직원들이 그들이 태어나고 자란 나라로 재적응하는 데 그토록 어려움을 겪는 이유는 무엇인지에 대해 설명하라.
10. 이 장의 마지막에 글로벌 임무를 관리하는 방법에 관한 다양한 전략들이 논의되었다(경영자 노트 참조). 이들 중 새로운 관리자가 마스터하기에 비교적 쉬운 것들은 무엇인가? 어려운 것은 무엇인가? 그 이유는?

## 사례: 글로벌 임무, 미얀마

미얀마는 최근 수십 년 동안 슬픈 역사를 겪었다. 정치적으로, 경제적으로 고립되어 있었으며, 반대파에 대한 억압이 널리 행해졌다. 그러나 2012년 지도자가 문호를 개방하고, 더 큰 개인의 자유를 허용하는 몇몇 조치를 취하기 시작하면서 글로벌 경제에 합류했다. 진정한 정치적, 경제적 개혁이 일어날지에 대해서 대부분의 외부 관찰자들은 조심스럽거나 회의적이기조차 하지만, 새로운 제품과 서비스에 대한 수요를 맞추기 위해 조기에 미얀마 시장으로 진입하는 외국 기업에게는 선도 진입자의 이점(first-mover advantages)이 존재할지도 모른다.

경제 개발 전문가들은 미얀마 정부에게 농업부문을 현대화하는 것이 국가의 전반적인 경제 개발 계획을 크게 도울 것이라고 조언해 왔다. 광대한 땅이 농업에 전적으로 이용되고 있었음에도 생산은 적고 비효율적이었다. 이를 바로잡기 위해 정부는 기술적 전문가와 농업용 장비의 수입을 논의해 왔고, 이것은 농산물 수출을 증대시켜 미래의 투자를 위한 외국 자본을 얻는 보다 효율적인 시스템을 구축하는 데 도움이 될 것이다.

당신이 일하는 웰스웨이크필드 유한회사(Wells-Wakefield LLP)는 영국의 농업용 장비 제조기업으로, 이러한 노력들 속에서 돈을 벌 기회를 희망하면서 양곤에 현지 사무소를 설립하였고, 빠르게 변화하고 진화하는 국내 여건들을 평가하는 한편, 성장하는 국가경제가 웰스웨이크필드의 농업용 장비를 판매할 영구적인 판매 및 유통 네트워크를 설립하기에 충분히 강하고 안정적인지 어떤지에 대해 조언하려 한다. 만약 정부가 농업부문의 향상을 위해 중대한 조치를 취한다면, 이 기업은 그 개발의 한 부분을 맡게 될지도 모른다.

그러나 현 단계에서 모든 것은 실험적이다. 당신은 회사로부터 양곤으로 가서 이 실험을 주도하는 한편, 사업적 모험을 감행하는 것과 관련한 경제적, 정치적, 사회적 기회와 제약조건에 대한 전체적인 평가를 수행하도록 요청받았다. 당신의 임무 기간은 3년이다. 당신과 당신의 배우자, 그리고 두 어린 아이들은 90일 후에 양곤으로 떠나게 된다.

## 사례 질문

**1.** 임무를 위해 준비하면서, 임무를 성공적으로 만들기 위해 당신이 출발 전에 이해할 필요가 있는 가장 중요한 정보는 무엇인가? 구체적으로, 당신이 출발 전에 답을 알아야 될 가장 중요한 질문들은 무엇인가?

**2.** 당신은 출발 전에 이 질문들에 대해 어떻게 정확하고 유용한 대답을 얻을 것인가?

**3.** 미얀마로 이주하는 데 있어서 당신이 마주하게 될 주요한 도전과제는 무엇일지에 대해 설명하라.

**4.** 양곤에 도착한 후, 새로운 문화에 대해 심리적으로 또한 사회-문화적으로 스스로 문화 변용을 하는 것을 계속하기 위해 무엇을 할 것인가? 가족을 위해서는 무엇을 하겠는가?

**5.** 도착한 후, 현지의 문화적, 정치적, 경제적 환경을 더 잘 이해하고 미얀마에 당신의

회사를 위한 장기적인 시장 잠재력이 존재하는지 아닌지를 더 잘 결정하기 위해 무엇을 할 것인가?

6. 마지막으로, 임무를 마친 뒤에 나타날 잠재적인 본국 복귀 문제를 줄이기 위해 당신의 임무 기간 동안 무엇을 할 것인가?
7. (선택 연구 문제) 이주에 대한 준비로서, 양곤에서 가능한 주거 옵션과 생활 여건을 탐색하고, 거기서의 합리적인 월 생활비용이 얼마가 될 것인지 개략적으로 정리하여 당신의 상사에게 제출할 짧은 보고서를 준비하라.

## ❖ NOTES


1. Robert Louis Stevenson, *Travels with a Donkey in the Cévennes*. Oxford University Press, 1993 [1879].
2. Bill Newcott, "Big boat, little boat," *AARP The Magazine*, January 2012, p. 26.
3. Nancy J. Adler, *International Dimensions of Organizational Behavior*, 5th edn. Mason, OH: Thompson, 2008.
4. Marja Tahvanainen, Denice Welch, and Verner Worm, "Implications of short-term international assignments," *European Management Journal*, 23(6) (2005), pp. 663–73.
5. Nancy J. Adler, *International Dimensions of Organizational Behavior*, 3rd edn. Cincinnati, OH: South-Western College Publishing, 1997.
6. Martha J. Frase, "International commuters: are your overseas assignments creating risky 'stealth-pats'?," *HR Magazine*, 52(3) (2007), pp. 91–5.
7. Carla, Joinson, "Cutting down the days: HR can make expat assignments short and sweet," *HR Magazine*, 45(4) (2000), pp. 92–7.
8. "Travelling more lightly," *The Economist*, June 22, 2006, pp. 99–101.
9. Helene Mayerhofer, Linley C. Hartmann, Gabriela Michelitsch-Riedl, and Iris Kollinger, "Flexpatriate assignments: a neglected issue in global staffing," *International Journal of Human Resource Management*, 15(8) (2004), pp. 1371–89.
10. Richard Hodgetts and Fred Luthans, *International Management: Culture, Strategy, and Behavior*, 5th edn. New York: McGraw-Hill-Irwin, 2003.
11. Scott Gummer, "Citigroup's Wei Hopeman transcends time zones," *Fortune*, January 16, 2012, p. 21.
12. Gummer, "Citigroup's Wei Hopeman."
13. Sue Shellenbarger, "Separation anxiety: job transfers create problems for families," *Wall Street Journal*, October 27, 2005, p. D1.
14. John W. Berry, "Acculturation: living successfully in two cultures," *International Journal*

*of Intercultural Relations*, 29(6) (2005), pp. 697 – 712.

15. Colleen Ward, Yutaka Okura, Antony Kennedy, and Takahiro Kojima, "The U-curve on trial: a longitudinal study of psychological and sociocultural adjustment during cross-cultural transition," *International Journal of Intercultural Relations*, 22(3) (1998), pp. 277 – 91; Berry, "Acculturation."
16. Young Yun Kim, "Intercultural personhood: globalization and a way of being," *International Journal of Intercultural Relations*, 32(4) (2008), pp. 359 – 68.
17. Peter Hessler, "A rat in my soup," *The New Yorker*, July 24, 2000, p. 38.
18. Adapted from Lillian H. Chaney and Jeanette S. Martin, *Intercultural Business Communication*. Upper Saddle River, NJ: Prentice-Hall, 1995.
19. Lorraine Brown and Immy Holloway, "The adjustment journey of international postgraduate students at an English university: an ethnographic study," *Journal of Research in International Education*, 7(2) (2008), pp. 232 – 49.
20. Kim, "Intercultural personhood."
21. Harry C. Triandis, *Culture and Social Behavior*. New York: McGraw-Hill, 1994.
22. 사적인 대화.
23. 이 프레임워크는 민족문화 그룹의 문화변용 전략에 대한 Berry의 저서인 "문화변용(Acculturation)"의 내용을 기반으로 한다. 원래의 프레임워크에서 Berry는, 민족문화 그룹이 그들 고유의 문화를 버렸지만 지배적 문화에 통합되는 데 실패한 상황을 일컫는 주변화(marginalization)를 네 번째 전략으로 제시하였다. 우리가 보기에 이 전략은 직무 요건을 고려 시 관리자들에게 성공적으로 활용될 것으로 보이지는 않는다.
24. Ward et al., "The U-curve on trial"; Berry, "Acculturation."
25. 사적인 대화.
26. Stuart Pearce, *Wikipedia*, 2012.
27. 이 "인용"은 바꿔 써진 표현이다. 왜냐하면, Carroll이 실제로 이러한 말을 쓴 적이 없지만, 이것이 그가 전하려 한 메시지라고 종종 인용되는 것이기 때문이다. 그 대신 그는 이러한 결론을 내리는 두 등장인물들의 긴 대화를 적었다. 게다가, Lewis Carroll은 필명이며, 그의 본명은 Charles Lutwidge Dodgson이었고, 그는 작가이자, 수학자, 논리학자였으며, 성공회 부제이자 사진사였다.

# 12 우리가 배운 것들

## Lessons learned

**경영 과제**

애플의 창업자인 스티브 잡스(Steve Jobs)는 비겁함에 대해 경고하였다. "다른 사람들의 생각에 따라 살게 되는 도그마의 함정에 빠지지 말라. 당신 내면의 목소리가 다른 사람들의 의견이라는 소음에 파묻히게 두지 말라. 그리고 가장 중요한 것으로, 당신의 마음과 영감을 따르는 용기를 가져라."[1] 이러한 사고와 행동의 독립성이 글로벌 관리자가 알고 실행할 필요가 있는 것이 무엇인지에 대한 우리의 탐구를 이끌어 왔다. 우리는 여기에서, 오늘날의 경제에서 모든 관리자가 글로벌 관리자이며, 그들이 어디에서 어떻게 일하는지와 상관없이 대부분 유사한 도전과제에 직면하고 있다고 주장해 왔다. 우리는 이들 도전과제들을 탐구하였고, 관리자의 업무에 있어서의 유사점과 차이점을 조사하였으며, 관리자들이 성공하기 위해 필요한 핵심 스킬을 제시하였다. 이제 관리자들의 도전과제는 글로벌 경영의 통합된 접근방식으로 이러한 교훈을 통합하는 것이다. 이것은 어렵지만, 그럼에도 불구하고 미래의 성공을 위해 필수적인 과업이다. 경영의 미래와 글로벌 관리자들이 미지의 강물로 뛰어들기 위해 고려해야 할 것에 대한 몇 가지 생각들과 더불어 우리의 발견들을 요약하면서 이 책을 마무리한다.

**차례**



미래의 경제 동향과 글로벌 비즈니스의 앞날에 대해 미래학자들과 그들의 신중한 예언이 오늘날처럼 넘쳐난 적은 없었다. 어떤 전문가들은 과거의 경쟁자가 미래의 파트너가 될 것이라고 하고, 다른 전문가들은 그 반대라고 예언한다. 어떤 사람들은 글로벌화가 가져온 경제적 통합의 증대를 예언하고, 다른 사람들은 글로벌화가 가져온 경제적 파편화와 혼란의 증대를 예언한다.

과거의 위대한 철학자들의 의견조차 서로 다르다. 11세기 페르시아의 수학자이자 천문학자, 시인이었던 오마르 하이얌(Omar Khayyám)은 미래를 보기 위해서 과거를 연구해야 한다고 말했다. 역사를 통해 배우라; 과거는 서문이다. 동시에, 기원전 5세기 불교의 창시자인 싯다르타(Siddhārtha Gautama)는 우리가 미래를 보기 위해서는 한 걸음 앞으로 나아가야 한다고 말했다. 눈을 똑바로 뜨고 지켜보라; 미래는 그것을 샅샅이 살펴보고 이용하기 위한 준비가 된 자의 것이다. 역시 두 철학자의 두 가지 다른 의견이다. 다시 한 번, 우리의 도전과제는 과거와 현재 같은 그러한 모순으로부터 학습하는 것이다.

## 우리가 배운 것들 What have we learned?

관리자는 조언을 얻기는 쉽지만, 좋은 조언을 얻는 것은 어렵다. 이 책 전반을 통해 우리는 관리자에게 현장에서 좋은 조언이 될 것으로 여겨지는 것들을 요약하였다. 왜냐고? 이탈리아의 소설가인 알베르토 모라비아(Alberto Moravia)가 언급한 바와 같이, "사실이 부족하면, 루머가 무성하다."[2] 사실과 좋은 조언이 없다면 관리자는 스스로 헤엄쳐 가거나 가라앉도록 남겨지며, 이를 대신한 근거 없는 루머나 뜬금없는 의견들은 그들의 생존과 성공가능성을 향상시키지 못한다. 여기에 우리가 제시한 전략은 낯선 세계 속에서 성공할 수 있는 다문화 역량을 개발하는 것이다.

1장에서 소개된 바와 같이, 우리는 이 주제를 세 가지 부분 또는 단계로 접근하였다(그림 12.1 참조). 첫 번째 단계에서는 **관리자들이 직면하는 도전과제 이해하기**가 강조되었다. 두 번째 단계에서는 **관리가 일어나는 환경(문화적, 조직적, 상황적) 이해하기**로 강조가 옮겨갔다. 마지막으로 세 번째 단계에서는 **글로벌 경영기술을 개발하고 이것을 어디에 어떻게 활용해야 하는지**에 대해 강조하였다. 이 세 가지 단계를 우리는 다문화 역량을 개발하는 로드맵으로 본다.

### 1단계. 관리 도전과제의 이해

관리자의 첫 번째 과업은 글로벌 비즈니스와 글로벌 관리자의 본질적 변화를 고려하면서 새로운 글로벌 현실을 이해하는 것이다.

- **글로벌 도전과제.** 글로벌화는 기정사실이 되었지만, 실제론 그 이상이다. 비즈니스

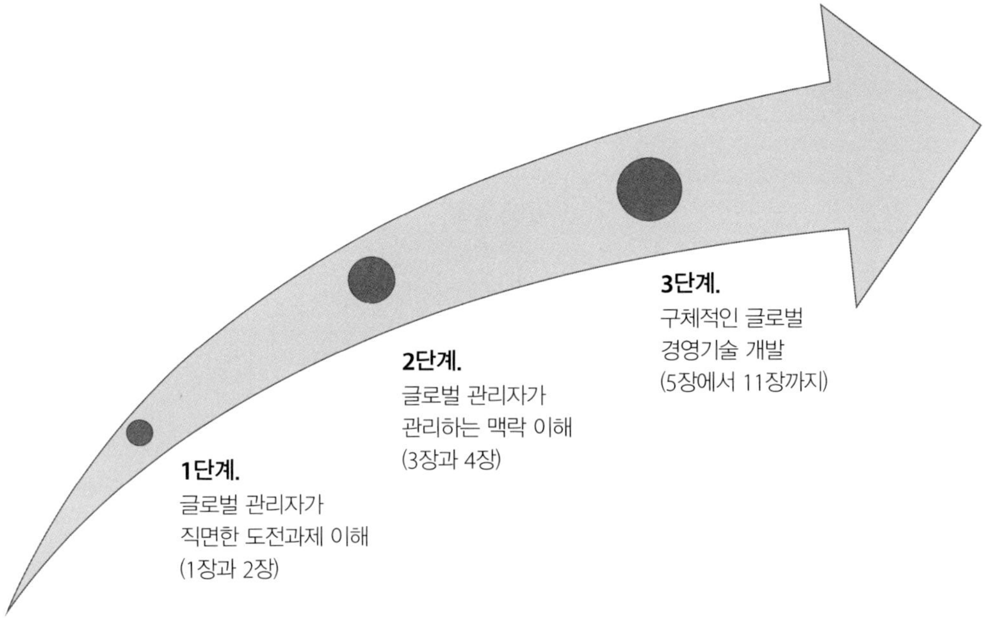


그림 12.1 다문화 역량 개발 단계

의 변화는 증대된 글로벌화, 글로벌화된 인력, 기술혁명, 정치적 그리고 제도적 변화, 경제적 기회와 혼란을 포함한다. 우리는 이것이 현대의 글로벌 비즈니스에 어떤 의미를 갖는지 스스로에게 물어볼 필요가 있다. 1장에서 이러한 불확실한 글로벌 경제 속에서 관리자가 가져야 할 스킬이 무엇인지 이해하는 사고의 틀로서 다문화 역량의 개념을 도입하였다.

- **글로벌 관리자들.** 오늘날 관리자들의 책임이 과거와 어떻게 다른지에 대해서도 탐구하였다. 글로벌 인식과 이해는 성공적인 관리자들의 시험대가 되었다. 우리는 2장에서 글로벌 관리자의 세 가지 일반적인 유형 – 주재원, 항공편 상용 고객, 가상 경영자 – 을 제시했고, 각각에서 글로벌 책임과 자격조건이 어떻게 다를 수 있는지를 파악하였다. 아래에 논의되는 바와 같이, 우리는 독자들을 책의 전체에 걸쳐 안내하는 글로벌 경영 모델을 소개하는 것으로 이 장을 마무리한다.

## 2단계. 글로벌 이해의 개발

이 책의 두 번째 부분(3장과 4장)에서 우리는 글로벌 관리자가 일하는 환경이나 맥락에 대한 더 나은 이해를 강조하였다. 우리는 이 환경을 문화적, 조직적, 상황적 맥락에 집

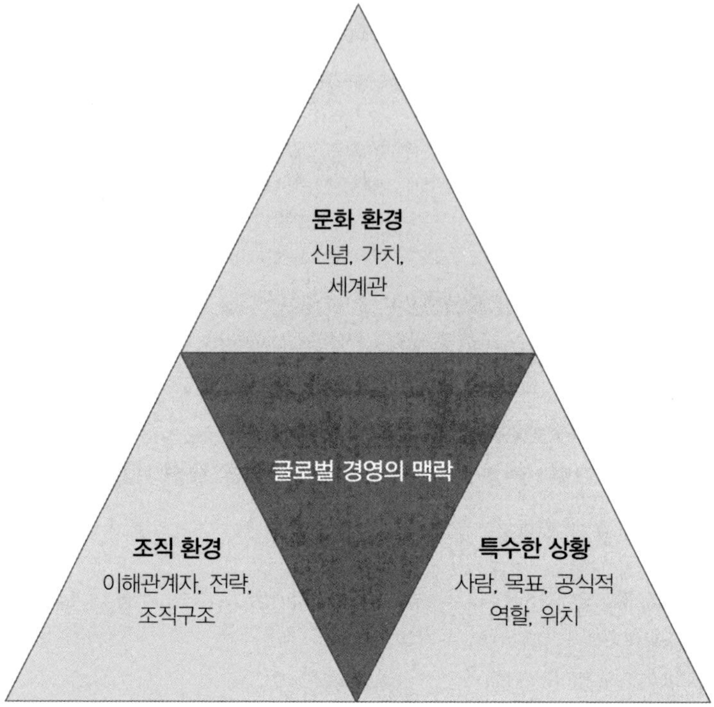


그림 12.2 문화적, 조직적, 상황적 맥락들

중하는 3개의 장으로 나누었다(그림 12.2 참조).

- 문화. 우리는 개념으로서의 문화의 다양한 의미를 논의하였다. 또한, 문화가 전반적인 일의 가치와 사회적 규범화된 믿음을 통해 관리적 행위에 영향을 미치는 것을 언급하였다. 우리는 다양한 사람들과 문화들의 일면을 한눈에 알아보는 축소판을 구축하여 핵심 문화 차원의 개념을 소개하였다. 예를 들면, 개인주의적 문화의 사람들에 비해 집단주의적 문화에서 일하는 사람들은 그룹으로 일하는 것을 더욱 가치있게 여기며, 정보를 공유하고, 개인의 성과보다 그룹의 성공을 위해 노력할 가능성이 높다. 그러나 축소판에서는 보다 심층적인 조사를 통해서만 얻어지는 세부사항이 부족하다. 우리는 또한 모든 문화가 복잡성과 모순들로 특징되는 환경 속에 존재함을 지적하였다. 마지막으로, 우리는 문화의 하위단위이지만 여전히 관리자가 이해해야 할 중요한 요소인 제도적 환경에 대해 논의하였다.
- 조직. 집중화 또는 협력적 의사결정과 같은 다양한 조직구조, 가치 및 프로세스를 지닌 조직에서 일하는 사람들은 협상, 리더십, 직원 관리방식에 있어서 매우 다른 방식으로 접근한다. 따라서 글로벌 전략과 조직 설계, 그리고 구조의 관계를 이해하

는 것이 중요하다. 이에 더하여, 언제 어디에서 독단적 또는 협력적 의사결정이 일어날 가능성이 높을까? 서로 다른 문화는 종업원 참여의 개념을 어떻게 정의할까? 어떻게 조직문화가 종업원과 관리자의 행동에 영향을 미칠까?

- **상황적 여건.** 관리자가 처해 있는 각각의 독특한 상황은 관리자의 행동과 성공에 영향을 미칠 수 있다. 예를 들어 관리자가 현지 언어를 이해하지 못하는 곳에서 계약을 협상하거나 사람들을 관리하는 것은 근무환경의 방정식을 상당히 변화시킨다. 통역사가 활용되어야 하고, 많은 정보들을 쉽게 놓칠 수 있다. 이것은 상황이 어떻게 다양할 수 있는지에 대한 그저 하나의 예일 뿐이다. 우리는 역할과 책임, 지역, 그리고 목표와 과업뿐만 아니라 사람들 사이에서의 차이점도 논의하였다. 이러한 요소들을 이해하는 것은 잠재적으로 적절한 행동이 무엇인지 보여 줌으로써 관리적 과업 환경을 인식하는 틀을 형성하는 데 도움이 된다.

## 3단계. 글로벌 경영기술의 개발

마지막으로, 이 책의 세 번째 부분(5장에서 11장)에서는, 관리자들의 노력이 이해에서 실행으로 이동하는 것을 지원하는 글로벌 경영기술 몇 가지를 탐구함으로써 글로벌 경제 속에서 보다 실용적인 관리를 구체적으로 검토하는 데 집중하였다(그림 12.3 참조).

- **이문화 커뮤니케이션.** 다양한 환경 요인이 대인관계의 성공에 영향을 미치는지 분석하는 데 활용하기 위해 이문화 커뮤니케이션 모델이 소개되었다. 커뮤니케이션과 커뮤니케이션 프로토콜에 대한 인지적 한계를 포함하여 사람들 간의 커뮤니케이션에 대한 문화적 스크린들이 논의되었다. 언어적 행동뿐만 아니라 비언어적 행동까지 영향을 미치는 핵심 요인으로서 내용과 맥락이 탐구되었다. 첫인상을 이해하고 관리하는 전략이 또한 논의되었다.
- **글로벌 조직 선도.** 글로벌 맥락에서 리더십은 모두가 동의하는 중요한 것이지만 어떻게 실행해야 하는지 아는 사람은 거의 없다. 그것은 여전히 모호한 개념으로 남아있는데 대체로 그 이유는 특정한 가능 목표의 성취를 향해 집단적 에너지를 쏟는 방식으로 현지 환경을 이해하고 활용할 수 있는 리더들에게 그 실행을 크게 의존하기 때문이다. 문화, 조직 그리고 다양한 상황의 이해가 없을 때 이러한 노력은 대체로 희망없는 과업이다. 문화적 제약 속에서 리더십 행동을 이해하고 적용하는 인식의 틀로서 GLOBE 연구가 여기에 소개되었다.

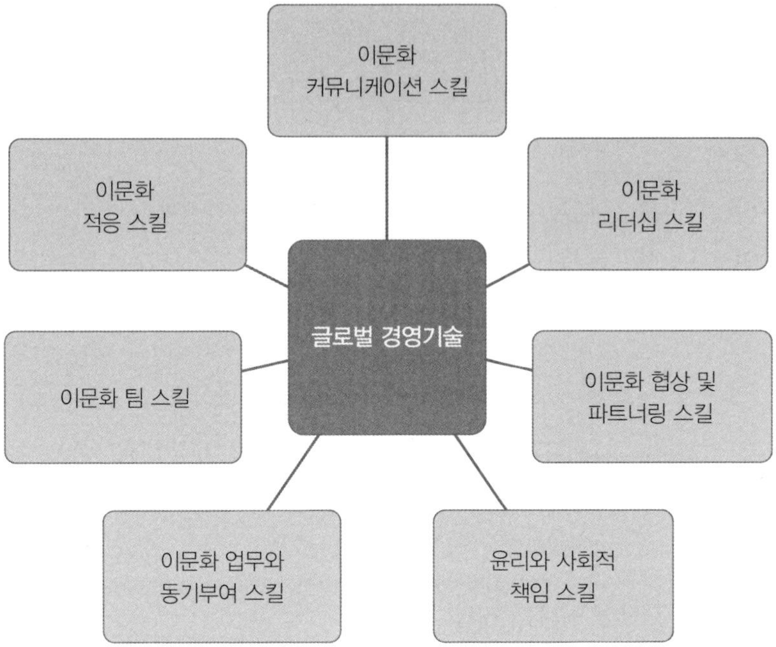


그림 12.3 글로벌 경영기술

- **글로벌 파트너십 협상.** 국경을 넘어서 협상하고 흥정하는 것은 많은 관련 변수들이 문화를 기반으로 하는 것이기에 결코 쉬운 일이 아니다. 많은 경우에서 그것들은 시야에서 가려져 관리자로 하여금 부분적으로 눈을 가린 채 매우 큰 판돈이 걸린 게임을 하게 만든다. 여기에서의 논의는 협상을 위한 준비로부터 마지막 계약에 이르기까지의 전 과정을 다루었다. 파트너를 찾고, 합의점을 협상하고, 후속 파트너십을 관리할 때, 윤리와 상호신뢰 그리고 상호이익 구축의 중요성이 핵심 고려사항으로 대두되었다.
- **윤리적 갈등과 사회적 책임의 관리.** 불완전한 세상에서 관리자들은 뇌물과 부패, 공정 고용관행, 그리고 환경지킴이 역할을 포함하는 많은 도전과제에 직면한다. 비즈니스에서 성공을 추구하면서도 자신의 핵심적인 윤리적 신념과 제도적 또는 법적 요건에 충실하는 것은 결코 쉽지 않은 과업이다. 전 세계에 만연한 이문화 갈등의 이유, 이문화 갈등의 원천, 윤리적 및 제도적 갈등, 보편주의와 특수주의, 윤리적 글로벌 리더의 행동, 그리고 윤리적 경영자 행동의 지침을 고려할 때, 이러한 딜레마를 다루었다.
- **일과 동기부여 관리.** 국경을 넘어서 사람들을 관리하고 동기부여를 하는 것은 관리

자들이 부딪히는 가장 도전적인 일 중 하나이다. 그것은 또한 가장 스트레스를 받게 하는 일 중 하나일 수 있다. 이 책에서 우리는 관리와 동기부여의 환경을 탐구하였다. 우리는 업무 가치가 어떻게 직원들의 행동에 영향을 미치며, 서로 다른 환경에서 경영자 역할이 어떻게 달라질 수 있는지에 대해 살펴보았다. 우리는 심리적 계약관계뿐만 아니라 업무에서의 심리도 검토하였다. 마지막으로, 잠재적인 동기부여 전략으로서 유인과 보상이 논의되었다.

- **글로벌 팀 관리.** 글로벌이든 아니든 팀과 함께 일하는 것은 관리자에게 신나는 일이면서도 동시에 위협적일 수 있다. 긍정적인 그룹 역동성이 개인적으로 일해서는 불가능했을 만한 창조적이고 협력적인 노력으로 이어지는 상황에서는 신나는 일이 될 수 있다. 하지만 관리자와 팀이 서로 다른 대본에 따라 움직이고, 서로를 싫어하며, 신뢰하지 않고, 상반되는 목적을 가지는 상황에서는 위협적일 수도 있다. 따라서 팀 관리는 중요한 스킬이 된다. 이에 대해 우리는 글로벌 팀의 핵심 성공요인뿐 아니라 서로 다른 유형의 글로벌 팀을 탐구하였다. 우리는 팀 구축에서 리더십의 역할과 구성원 간 상호신뢰의 중요성을 탐구하였다. 마지막으로, 팀 갈등을 해결하거나 적어도 견뎌내는 전략을 검토하였다. 전반적으로, 글로벌 팀을 포함하여 다양성이 높은 팀일수록, 그 노력이 잘 관리되고 육성되고 보상되는 한 보다 나은 성과를 내고 창의적인 해결책을 찾을 수 있다.
- **글로벌 임무의 관리.** 마지막으로, 우리는 해외에서 생활하고 일하는 것이 갖는 도전과제에 대해 탐구하였다. 우리는 자기-주도형 임무와 회사-주도형 임무 사이의 잠재적인 차이점과, 글로벌 임무의 장점과 단점을 검토하였다. 문화 변용과 귀국 프로세스를 관리하는 전략이자 테크닉으로서 심리적 적응과 사회-문화적 적응이라는 두 개념이 논의되었다.

## 종합하기

마지막으로, 2장에서 처음 소개한 바와 같이, 이들 세 가지 단계를 포괄하기 위해 우리는 글로벌 경영 모델의 길을 따랐다. 그림 12.4에 제시된 이 모델은, 글로벌 관리자가 성공하기 위해서는 적어도 두 가지 도전과제를 인식해야 함을 보여 준다. 첫째로, 그들은 환경을 이해해야 한다. 무엇을 알고 행해야 할까? 무엇을 하지 않아야 할까? 기회는 어디에 있는가? 합리적인 결정을 내리고 구체적인 행동을 취하기 위해 얼마만큼의 재량권이 필요할까? 둘째로, 그들은 당면한 환경의 제약조건 속에서 목표와 목적을 추구하기 위해 필수적인 스킬과 능력을 가지거나 개발해야 한다. 이러한 스킬이 없다면 기회를 쉽게 놓쳐 버릴 것이다.

- **정해진 목표 및 목적.** 모델에서 제시된 바와 같이, 관리자의 첫 번째 과업은 정해진 목표와 목적의 일관된 조합을 개발하는 것이다(박스 1). 계약의 협상, 관계 구축, 파트너십 관리, 글로벌 업무 관리를 포함하여 닥쳐오는 글로벌 상황에서 관리자가 성취하고자 하는 것은 무엇인가?
- **맥락적 요구와 제약조건.** 모델은 관리자로 하여금 명확한 목표, 전략, 그리고 목적을 수립하는 것을 넘어서서 관리적 행동을 증진하거나 제한할 수 있는 다양한 맥락적 요구와 제약조건을 이해할 것을 요구한다(박스 2). 모든 관리적 업무는 기존의 요구(사람들이 무엇을 해야 하는가)와 제약조건(사람들이 무엇을 해서는 안 되는가)에 의해 다양한 정도의 제한을 받는다. 요구와 제약조건은 현지 문화, 조직, 그리고 상황에 의해 크게 영향을 받는다. 우리는 이것을 "글로벌 경영의 맥락"이라고 부른다.
- **관리자 옵션과 행동.** 이러한 제한 내에서 일반적으로 관리자는 수행할 것과 수행 방

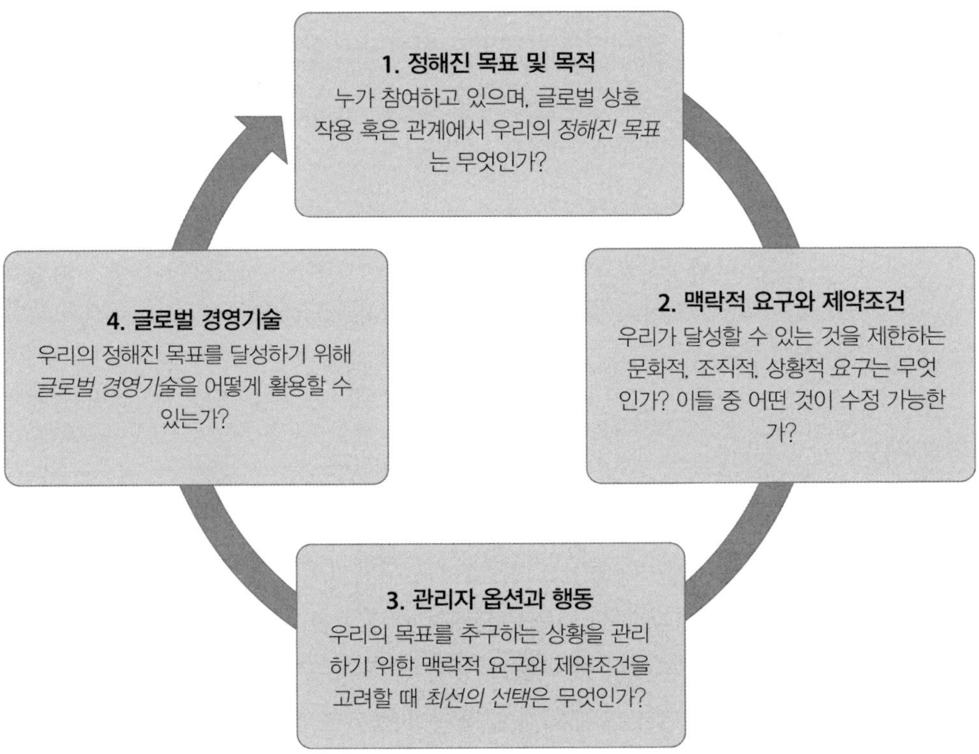


그림 12.4 글로벌 관리자 모델

식에 대해 그들에게 알려진 다양한 관리적 옵션과 행동을 갖는다(박스 3). 관리자의 도전과제는 그들의 환경 속에서 각각의 독특한 문제에 포함된 문화적, 조직적, 상황적 요구와 제약조건을 이해하고 이들 제한 내에서 행동하는 것이다. 이것은 쉽지 않지만 장기적 성공을 위해 필수적이다.

- **글로벌 경영기술.** 마지막으로 관리자가 글로벌 환경에서 일하면서 목적을 성취하기 위해 필요한 글로벌 경영기술을 가지지 못하면 결코 성공할 수 없다(박스 4).

## 우리는 어디로 가야 하나? Where do we go from here?

이 책의 전반에 걸쳐, 글로벌 경제에서 성공은 관리 이슈와 문화 이슈를 세부적으로 이해하는 것이 필요하다고 믿으며, 그 두 가지를 통합하기 위한 노력이 제시되었다. 성공적인 글로벌 관리자는 국경을 넘나들며 현지의 변화와 도전과제에 쉽게 적응한다. 그들은 어디에서든 경쟁우위를 찾아낸다. 그러나 무엇보다도 그들은 그들 주변으로부터 끊임없이 배우며 이러한 교훈을 업무에 적용해 간다.

### 과거로부터 배우기

이러한 측면에서 아마도 역사가 학습 프로세스의 좋은 시작점이 될 것이다. 스페인의 철학자 조지 산타야나(George Santayana)는 이렇게 말했다. "선조들의 실수로부터 배우는 것에 실패하면 그것을 반복할 수밖에 없는 운명이 된다."[3] 이것은 사실이 될 수 있지만, 역사를 공부하는 것(과거로부터 배우는 것)의 이점 가운데 하나가 원점에서 시작할 필요를 경감시킨다는 것 또한 옳다. 역사는 교훈을 제공하며, 우리는 그것을 반석으로 삼아 경영과 우리 자신의 커리어에도 우리 자신의 접근방식을 쌓아 나간다. 이러한 생각으로 우리는, 세 개의 매우 다른 시점과 다른 사람, 다른 환경으로부터 얻은 세 가지 교훈을 제시한다. 처음 두 개의 예는 앞선 세대에서 온, 콜럼버스(Christopher Columbus)와 간디(Mahatma Gandhi)이며, 세 번째는 아주 최근의 과거에서 온 것이다. 이들은 모두 지역 및 전 세계 비즈니스 관리자에게 이야기한다.

콜럼버스는 최초로 아메리카를 발견한 유럽 탐험가로 잘 알려져 있다. (많은 스칸디나비아 사람들은 이에 동의하지 않으며, 수 세기 이전에 바이킹이 상륙하여 캐나다의 북동쪽 끝을 식민지화했다고 반박한다. 많은 아메리카 원주민과 이누이트족 또한 동의

하지 않으며, 실제로는 그들이 먼저 그곳에 있었다고 지적한다. 사실 그들 중 일부는 히스파니올라섬 해변에서 "신세계"에 도착한 콜럼버스를 만났고 값비싼 대가를 치렀다.) 콜럼버스는 또한, 맞든 틀리든, 지구가 평평하지 않고 둥글다는 것을 증명한 것으로도 널리 알려졌다. 콜럼버스를 둘러싼 논란의 한편에서 많은 학자들이 간과해 온 이야기는, 콜럼버스가 그 발견을 위한 원정에 성공한 것은 그가 옳았기 때문이 아니라 틀렸기 때문이라는 것이다.

생각해 보자. 콜럼버스보다 오래전 고대 그리스의 수학자들이 지구가 둥글다고 주장하였다. 그들은 지구의 둘레가 약 25,000마일이라고 놀라운 정확도로 추정해 내기까지 했다. 농사꾼과 교육받지 못한 많은 사람들은 그렇지 못했지만, 콜럼버스와 그 당시 그의 선원들은 이것을 이해했다. 그 당시 대부분의 탐험가들은 대충의 정확도로 그들의 목적지인 인도와 스파이스섬(Spice Islands)이 스페인 서쪽으로 대략 8,000마일 거리에 있다고 추론했다. 그들은 또한 거리를 생각하면 그러한 항해는 불가능하다고 정확히 추론했다. 당시의 기술 수준에서 물과 보급품이 떨어지지 않고 그만한 거리를 항해할 수 있는 배는 없었다. 콜럼버스는 활용 가능한 당시 지도와 도표를 연구하고, 사람들의 생각이 잘못되었으며 인도는 단지 약 3,000마일 떨어져 있을 뿐이라는 틀린 결론을 내렸고, 그것은 어렵지만 그가 보기에 가능한 여정이었다. 1492년 그는 항해를 시작했다. 콜럼버스가 바다 위에서의 오랜 여정을 마치고 아무에게도 알려지지 않은 카리브해에 진입한 것은 아이러니하게도 스페인으로부터 막 3,000마일을 넘어서는 지점이었으며, 그는 인도에 도착했다고 다시 한 번 틀린 결론을 내렸다.

콜럼버스의 항해로부터 얻는 유용한 교훈은 간단하다. 콜럼버스가 보다 정확한 정보를 가졌고, 인도까지의 거리에 대한 현지 전문가의 말에 귀를 기울였다면, 그는 항해를 시도하지 않았을지도 모른다. 그러나 그는 자기가 옳다고 믿었고, 그 믿음에 기반하여 행동을 시작했다. 여정을 계속하는 동안 그는 전략을 수정하고 자신의 실수로부터 배우려고 시도했다. 사실 오늘날의 많은 관리자들은 이와 동일한 교훈을 얻는다. 인생의 가장 위대한 성공의 몇몇은 우연, 예감, 또는 단순한 행운으로부터 얻어진다. 모든 관리자들은 실수를 하고 잘못된 계산을 하며 몇몇은 남들보다 더 많이 한다. 관리적 성공은 선형적인 경우가 거의 없고, 많은 장애물과 우회를 거치게 된다. 그러나 승자와 패자를 가르는 것은 끈기와 결의, 학습 및 적응능력, 그리고 가능하면 그들의 실수를 활용하는 능력이다.

두 번째 교훈은 좀 더 직접적인 것으로, 20세기 인도의 비폭력 평화주의 활동가인 간디에 관한 것이다. 간디는 "다른 사람에게서 찾고자 하는 변화는 우리 자신에게서 일어나야 한다"는 말을 무척 좋아했다.[4] 다시 말해, 글로벌 관리자의 진정한 도전과제는 팔로워십(followership)이 아니라 리더십이라는 것이다. 도전과제는 어떻게 회사를 보다 번성하게 하며, 세상을 더욱 번영하게 할 것이냐는 것이다. 이것을 성취하기 위해 성공적인 글로벌 관리자는 그의 조직과 주변을 위해 가치를 창출하는 협력적이고 공생적인 방법으로 사람들을 불러 모아야 한다. 이러한 노력에서, 문화가 어떻게 다르고 조직적 관리적 프로세스에 어떻게 영향을 미치는가에 대한 이해가 성공적인 글로벌 관리자의 도구상자에 필수적인 요소로서 등장한다.

마지막 예는 과거 몇 년간의 글로벌 경제적 혼란으로부터 나온 것이다. 우리는 최근 경제 침체, 금융 위기, 은행 파산, 기업 구제금융, 불경기, 그리고 실업에 대해 많은 이야기들을 들어 왔다. 또한 은행가, 투자가, 모기지 대부자, 제조업체, 외국기업, 그리고 정치인들을 포함하여 많은 사람들과 기관들이 비난받는 것을 보았다. 우리는 대륙 전체에서 온 리더들이 집단적으로 다른 대륙에서 온 리더들을 비난하는 것을 본다. 비난의 손가락질이 향하는 방향은 거의 무한정이다. 마지막으로, 우리는 전례 없는 개인적 그리고 집단적 탐욕을 보았다. 비즈니스 세계에서는, 지리적 위치와 상관없이 기업가들과 경영자들이 모두 그들의 경쟁자나 동료들보다 더 부유해지기 위해 필사적으로 일시적 모면책과 단기적 경쟁우위를 찾으려 애쓰는 것을 목격했다. 부는 축하받고 때로는 숭배되기조차 한다. 그러는 동안 전 세계의 개도국과 산업화된 국가에서 수백만 명의 사람들이 집, 직업, 안전, 건강, 그리고 자녀들의 교육기회조차 잃고 있다.

**이 모든 혼돈 속에서 성공적인 글로벌(그리고 현지) 비즈니스의 근본적인 전제인 상호교환과 상호이익이 실종되어 버렸다.** 연구자들과 관리자들은 모두 성공적인 글로벌 협상은 그들의 공통된 목적을 달성하기 위해 사람들과 기업들이 함께 모이는 것에 기반한다고 본다. 법적 계약이 최우선인 나라에서조차 개인적 관계의 역할은 과소평가되지 않는다. 마찬가지로, 성공적인 커뮤니케이션은 전형적으로 모든 관계자들이 공통된 이해를 공유할 때 가장 잘 촉진된다고 여겨진다. 리더들은 관여한 모든 사람들이 승리하도록 노력할 때 보다 효과적인 것으로 보인다. 업무의 동기부여와 성과는 모든 계층의 직원들이 수용할 이유를 알 때 가장 잘 촉진된다. 평등, 공정성, 그리고 책무는 대부분의 사람들에게 보다 윤리적이고 지속 가능한 세계질서를 창조하는 가장 효과적인 방법으로 여겨진다.

분명히 이러한 관리 프로세스는 관리자와 기업이 국경을 넘어서면 근본 원칙은 유효하더라도 보다 복잡하고 도전적이게 된다. 과거 몇 년 동안 개인과 기업의 이기주의는, 본국에서든 해외에서든, 탐욕이 미래 발전과 안전을 위해 단기적이고 지속 불가능한 전략임을 명확히 보여 주었다. 이해관계자 – 고객이든, 투자자이든, 직원이든 상관없이 – 들과의 신뢰를 깨는 것은 결국에는 예외 없이 최적상태가 되지 못한다. 그 대신, 글로벌 관리자들과 기업들은 장기적인 글로벌 전략과 파트너십을 추구하고 배제가 아닌 포용, 물리적 경쟁이 아닌 파트너십이라는 진정한 이해관계자 모델을 그들의 비즈니스 계획의 일부에 포함시키는 것이 훨씬 낫다.

## 미래를 향해 바라보기

이 책의 앞부분에서 우리는, 문화와 문화적 차이가 관리적 사고와 행동을 이해하는 중요한 열쇠 – 비록 유일한 열쇠인 것은 아닌 것이 명백하지만 – 임을 제시하였다. 또한 이들 열쇠의 유용성을 발견하는 생산적인 방법이 전체적인 학습 전략의 일부로서 지적인 발견과 경영 개발에 접근임을 제시하였다(그림 12.5 참조).[5] 그렇게 함으로써 관리자들은, 여전히 미래를 내다보는 힘을 갖지는 못하더라도, 미래를 위해 더 잘 준비하는 능력을 갖게 된다. 현대그룹의 창업자인 정주영은 다음과 같이 말했다. "고도로 경쟁적인 비즈니스 환경에서 승자와 패자를 가르는 것은, 닥쳐오는 도전과제와 기회에 대비하여 준비하고, 그러한 기회가 언제 나타날지 인식하는 능력이다."[6] 준비와 인식 둘 다 필요하다. 적절한 준비 없이 미래의 기회를 기대하거나 기회의 출현에 대한 적절한 학습 없이 미래를 준비하는 것은 모두 2등이나 3등이 되는 길이다.

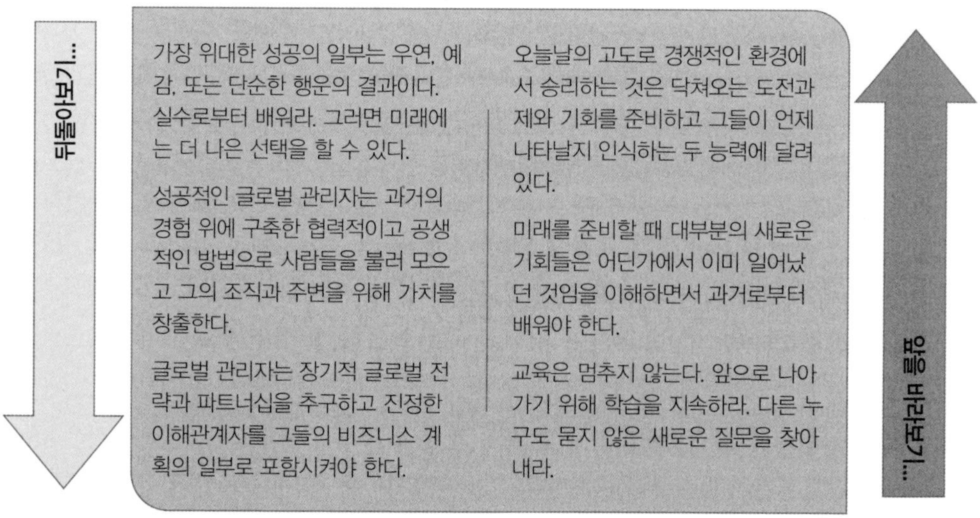


그림 12.5 과거로부터 배우기, 미래를 내다보기

마찬가지로, 많은 사람들이 중국어로 "위기"를 뜻하는 *웨이지(危機)*가 전형적으로 두 글자로 이루어진 것임을 주목하였다. 즉, 한 글자는 위험을 의미하며, 다른 한 글자는 기회를 의미한다. 이러한 해석은 위기가 종종 위협과 기회라는 다른 두 변수와 관련되었음을 제시한다. 많은 경우에, 위협과 기회는 사실 조직을 더욱 민첩하게 만들고, 더 빨리 반응하게 하며, 보다 경쟁적이게 하는 생산적인 변화로 이어질 수 있다. 그러나 이것은 관리자가 무슨 일이 일어나고 있는지를 깨닫고, 그들이 나타날 때 그 사건을 활용할 위치에 있어서 주변 환경을 이해할 경우에만 일어난다.

비즈니스 환경을 이러한 방식으로 바라보게 되면, 오마르 하이얌과 싯다르타가 21세기의 글로벌 관리자들에게 실제로 같은 조언을 주고 있음을 알게 된다. 그렇다. 과거는 서문이다. 그리고 우리는 이러한 상황에 오게 된 "방법"과 "이유"를 이해해야만 한다. 그러나 또한 우리가 올바른 방향으로 향하고 있음을 믿는다면(그래서 우리는 적어도 은유적으로 미래를 "볼" 수 있다), 우리에게 필요한 것은 그것을 계속 추구하는 것이다. 그러므로 우리가 과거 > 현재 > 미래와 같이 현재를 역동적이고 연속적인 용어로 보는 한, 지금 당장의 우리의 주목이 집중되는 것은 현재여야 할 것이다. 대부분의 비즈니스 기회는 과거도 아니고 미래도 아닌 지금 여기에 있다. 아마도 글로벌 관리자가 할 수 있는 가장 현명한 일은 이러한 역동성을 이해하는 것이다. 미래에 우리를 도울 수 있는 과거로부터 우리는 무엇을 배울 수 있으며, 미래의 성공 보장에 도움이 되는 현재에 우리는 무엇을 할 수 있을까?

이것을 성취하기 위해서, 이 책의 전체에 걸쳐 논의한 바와 같이, 글로벌 관리자들이 문화를 넘어서서 일하는 데 능숙해져야 한다. 왜냐하면 이것이 대부분의 미래 기회가 발견될 곳이기 때문이다. 그들은 한 국가 내에서의 차이점뿐만 아니라 국경을 넘어서 문화적 차이점과 유사점을 구별하는 능력을 개발해야만 한다. 그들은 다양한 문화들 속에 자리 잡은 미묘한 모순과 이중성을 끄집어내는 능력을 개발해야만 하고, 존재하지 않을지도 모르는 쉬운 답을 찾지 않아야 한다. 그들은 또한 리더십, 동기부여, 협상, 그리고 커뮤니케이션과 같은 전통적인 관리 스킬을 문화 간 또는 다문화 여건에 맞추는 능력을 개발해야 한다. 여기에 효과적인 글로벌 경영의 핵심이 있다.

서로 다른 문화적 배경에서 온 사람들을 다뤄야 한다는 것은 매우 도전적이지만, 잠재적인 보상이 매우 클 수 있다. 그러나 많은 관리자들에게 그것은 쉬운 일이 아니다. ABB의 CEO인 퍼시 바네빅(Percy Barnevik)이 말한 "글로벌 관리자는 태어나는 것이 아니라 만들어지며, 그것은 자연스러운 프로세스가 아니다"[7]라는 말을 명심하라. 또한 "글로벌 관리자는 단순히 낡은 여행가방과 너덜너덜한 여권으로 특징지을 수 없다"[8]라는 토마스 스튜어트(Thomas Stewart)의 말도 기억하라. 이러한 말들이 옳은 만큼 미래의 성공을 위해 준비할 책임은 관리자들에게 있다. 서로 다른 문화에서 온 관리자들과 기업가들과 어울리는 것은 우리 자신에 대해 더 많이 알 수 있고, 일을 하는 새로운 방식을 발견하며, 오래된 문제와 새로운 문제에 대한 창의적인 해결책을 발견하는 많은 기회를 열어 준다. 대부분의 관리자들에게 그것은 분명히 발전적인 프로세스의 일부분이며, 그 추구과정에서 끊임없는 인지적, 분석적, 그리고 경험적 학습이 중요한(종종 과소평가된) 역할을 한다.

## ❖ NOTES

1. Steven Jobs, commencement address, Stanford University, California, June 12, 2005.
2. Alberto Moravia, *The Indifferent Ones*. New York: E. P. Dutton, 1932.
3. George Santayana, *The Life of Reason or the Phases of Human Progress: Reason in Common Sense*. New York: Charles Scribner & Sons, 1924, p. 284.
4. Mohandas Karanchand Gandhi, *Gandhi: An Autobiography*. Boston, MA: Beacon Press, 1993.
5. David A. Kolb, "Management and the learning process," *California Management Review*, 18(3) (1976), pp. 21–31; David A. Kolb, *Experiential Learning: Experience as the Source of Learning and Development*. Englewood Cliffs, NJ: Prentice-Hall, 1984.
6. Richard M. Steers, *Made in Korea: Chung Ju Yung and the Rise of Hyundai*. London: Routledge, 1999.
7. Percy Barnevik, cited in Philip R. Harris, Robert T. Moran, and Sarah V. Moran, *Managing Cultural Differences: Global Leadership Strategies for the 21st Century*, 6th edn. Amsterdam: Elsevier, 2004, p. 25.
8. Thomas Stewart, cited in Harris, Moran, and Moran, *Managing Cultural Differences*, p. 1.

# 부록: 국가 문화의 모델

많은 매니저들에게 문화의 연구는 다양한 문화적 차원(예: 개인주의/집단주의)을 활용하여 다른 문화 혹은 국가를 비교하면서 시작한다. 예를 들어, 프랑스의 매니저가 체코의 프라하를 여행하려고 한다면, 도착 전에 두 지역 간 문화적 트렌드의 차이를 이해하는 것이 도움이 될 것이다. 그런 모델이 매니저가 성공하기 위해 알 필요가 있는 모든 것을 설명하지 않지만, 유용한 출발점이 될 수 있다.

많은 모델들이 있고 널리 받아들여져 왔다. 여기에는 클라이드(Clyde Kluckhohn)와 플로렌스 클럭혼(Florence Kluckhohn) 및 프레드 스트로드벡(Fred Strodtbeck), 길트 홉스테드(Geert Hofstede), 에드워드 홀(Edward T. Hall), 폰스 트롬피나르스(Fons Trompenaars), 샬롬 슈바르츠(Shalom Schwartz), 그리고 로버트 하우스(Robert House)와 그의 GLOBE 프로젝트 동료들이 있다. 각 모델은 다양한 차원 및 척도를 활용하여 문화적 차이의 핵심을 밝히려고 시도한다. 그렇게 하는 데 있어서 각 모델은 사회적 신념, 규범, 그리고/혹은 가치의 다양한 측면을 강조한다, 따라서 모델 간 수렴은 매우 제한적인 것으로 보이지만 이것은 사실이 아니다. 아래에 6개 모델을 요약한다. 공통점을 찾아서 모델 간 간단한 비교가 이어진다.[1]

## 국가 문화의 모델 Models of national cultures

클라이드 클럭혼에 의한 초기 연구를 기반으로, 문화인류학자 **플로렌스 클럭혼**과 **프레드 스트로드벡**은 최초의 문화 모델 중 하나를 개발하여 후속 모델의 중요한 초석이 되었다.[2] 모든 인간 집단에 공통적인 제한된 수의 문제가 있고 따라서 제한된 수의 해결책이 있다고 주장하면서 그들은 가치 지향성에 기반한 문화 이론을 제안했다. 더 나아가 지배적 가치 시스템을 창출하는 방식으로 특정 사회의 가치가 배분된다고 그들은 주장한다. 그들은 인류학 이론을 활용하여 다섯 가지 가치 지향성을 파악했는데, 그 중의 4개는 미국 남서부의 5개 하부문화 – 두 개의 아메리카 원주민 부족, 히스패닉 마을, 몰몬 마을, 그리고 앵글로 아메리칸 정착민의 농촌 마을 – 에서 나중에 실증되었다. 그림

A.1에 다섯 가지 차원이 소개되며, 각 차원은 3가지 유형이 있다.

네덜란드 경영학자 **길트 홉스테드**는 조직문헌에 가장 널리 활용되는 문화적 차이 모델을 개발하였다.[3] 그의 모델은 주요 다국적기업에서 일하는 다양한 국가의 종업원들을 대상으로 한 연구에서 개발되었고, 그들의 가치 차이를 기반으로 다양한 문화를 구별 지을 수 있다는 가정에 근거한다. 다른 말로 하면, 어떤 문화는 개인 간 평등에 높은 가치를 부여하고, 또 어떤 문화는 사람들 간 계층 혹은 권력 거리에 높은 가치를 둔다. 마찬가지로 어떤 문화는 일상생활의 확실성을 중요시하고 예기치 못한 사건에 대처하는 데 어려움을 겪는 반면, 어떤 문화는 모호성에 관대하고 변화를 즐기는 경향이 있다. 종합하면, 이들 가치 차원을 기반으로 문화 간 조직화된 행동에 대한 상당한 통찰력을 얻을 수 있다고 홉스테드는 주장한다. 처음에 홉스테드는 네 가지 차원으로 문화를 구별할 수 있다고 주장했지만 나중에 홍콩 학자 마이클 본드(Michael Bond)와 함께 한 연구에서 다섯 번째 차원을 추가하였다.[4] 2010년에 불가리아의 사회학자 율리안 민코프(Yulian Minkov)와의 공동연구에서 여섯 번째 차원을 추가하였다. 그림 A.2에 최종 6

**그림 A.1 클럭혼과 스트로드벡의 문화 차원**

| 차원 | 유형 | | |
|---|---|---|---|
| 자연과의 관계: 자연 통제의 필요성 혹은 책임에 대한 믿음 | 지배: 사람이 자연을 통제할 필요 혹은 책임을 지닌다는 믿음 | 조화: 조화 혹은 균형을 유지하기 위해 사람은 자연과 함께해야 한다는 믿음 | 복종: 개인은 자연에 순응해야 한다는 믿음 |
| 인간과의 관계: 사회 구조에 대한 믿음 | 개인주의적(동등한 관계): 개인을 중심으로 사회 구조가 배치되어야 한다는 믿음 | 그룹중심적(공존관계): 사회 구조가 비교적 동등한 지위를 지닌 인간 집단에 기반되어야 한다는 믿음 | 권위주의적(상하관계): 사회 구조가 확실하고 엄격한 계층관계를 지닌 집단에 기반되어야 한다는 믿음 |
| 인간 활동: 적절한 목표에 대한 믿음 | 정적: 사람은 현재 순간의 삶에 집중해야 한다는 믿음 | 내면적 성장: 사람은 전인격체로 발전하도록 노력해야 한다는 믿음 | 동적: 목표 및 성취를 위해 노력해야 한다는 믿음 |
| 시간과의 관계: 과거, 현재, 미래가 의사결정에 미치는 영향의 정도 | 과거: 의사결정을 할 때, 사람은 주로 과거 사건이나 전통의 영향을 받는다 | 현재: 의사결정을 할 때, 사람은 주로 현재 상황의 영향을 받는다 | 미래: 의사결정을 할 때, 사람은 주로 미래 전망의 영향을 받는다 |
| 인간의 본성: 선, 중립, 악의 인간 본성에 대한 믿음 | 선: 인간은 본래 선하다는 믿음 | 중립: 인간은 본래 중립적이라는 믿음 | 악: 인간은 본래 악하다는 믿음 |

가지 차원이 소개된다.

유명한 미국의 문화인류학자인 **에드워드 홀**은 독일, 프랑스, 미국, 일본 같은 여러 사회에서 그의 민족지학 연구에 기반하여 문화 모델을 개발하였다.[5] 그의 연구는 주로 개인 간 커뮤니케이션에서 문화적 차이에 초점을 두지만, 사적 공간 및 시간에 관한 연구도 하였다. 그림 A.3에 이들 세 가지 문화 차원이 요약되어 있다. 이문화 관리 분야

**그림 A.2 홉스테드의 문화 차원**

| 차원 | 유형 | |
|---|---|---|
| 권력 거리: 사회에서 권력의 적절한 배분에 대한 믿음 | 낮은 권력 거리: 효과적인 리더는 부하에 비교하여 많은 권력을 가질 필요가 없다는 믿음 | 높은 권력 거리: 권위 있는 자리에 있는 사람이 부하에 비교하여 많은 권력을 가져야 한다는 믿음 |
| 불확실성 회피성향: 불확실성에 대한 관대함의 정도 및 규칙 제정에 대한 불확실성의 영향 | 낮은 불확실성 회피성향: 모호함에 대해 관대함; 불확실성을 제어하기 위한 규칙이 필요 없음 | 높은 불확실성 회피성향: 모호함에 대해 관대하지 않음; 불확실성을 제어하기 위해 많은 규칙이 필요함 |
| 개인주의/집단주의: 개인 대 집단 이익의 상대적 중요성 | 집단주의: 일반적으로 집단 이익이 개인 이익에 우선 | 개인주의: 일반적으로 개인 이익이 집단 이익에 우선 |
| 남성성/여성성: 단호함 대 소극성; 물질적 소유 대 삶의 질 | 남성성: 물질적 소유, 돈, 개인적 목표 추구를 중시 | 여성성: 강한 사회적 관계, 삶의 질, 타인의 행복을 중시 |
| 장기 대 단기 지향성: 일, 삶, 관계에 대한 시간 지향성 | 단기 지향성: 과거 및 현재 지향성; 전통 및 사회적 의무 중시 | 장기 지향성: 미래 지향성; 헌신, 근면, 근검절약을 중시 |
| 방종 대 절제: 개인의 행복, 여가, 자기 통제에 대한 상대적 강조 | 방종: 쾌락 및 욕구 충족에 대한 사회적 강조 | 절제: 만족감을 억제하거나 규제하기 위한 엄격한 사회적 통제 |

**그림 A.3 홀의 문화 차원**

| 차원 | 유형 | |
|---|---|---|
| 맥락: 메시지의 맥락이 메시지 자체만큼 중요한 정도 | 저맥락: 직접적이고 솔직한 커뮤니케이션; 메시지 자체가 의미를 전달한다 | 고맥락: 커뮤니케이션에서 많은 의미가 메시지를 둘러싼 맥락을 통하여 간접적으로 전달된다 |
| 공간: 사람들이 타인과 물리적인 공간을 공유할 때 편안함을 느끼는 정도 | 권력의 중심: 세력권을 주장하는; 자신과 타인 사이에 명확하게 구분된 사적 공간의 필요성 | 커뮤니티의 중심: 공동체의; 타인과 사적 공간을 편안하게 공유 |
| 시간: 사람들이 순차적으로 일을 처리하는가 혹은 동시에 여러 가지 일을 처리하는가 | 단일시간: 개인의 목표에 대한 순차적 집중; 일과 사적 삶의 구분; 정확한 시간관념 | 다중시간: 여러 목표에 동시 집중; 일과 사적 삶의 통합; 상대적 시간관념 |

에서 오늘날 사용되는 많은 용어들이 그의 연구에서 나왔다(예: 단일시간과 다중시간).

홉스테드의 연구를 기반으로 네덜란드 경영학자 **폰스 트롬피나르스**는 10년 동안 쉘과 다른 매니저에 대한 연구를 토대로 다소 다른 문화 모델을 제시하였다.[6] 그의 모델은 하버드 사회학자 탈코트 파슨즈(Talcott Parsons)와 에드워드 쉴즈(Edward Shils)의 초기 연구에 기반을 두고 있으며, 문화 간 가치 및 사적 관계의 차이에 초점을 둔다.[7] 그림 A.4에 소개된 것처럼 7가지 차원으로 구성된다. 처음 5가지 차원은 사람 간 관계에 초점을 두고, 마지막 두 개는 시간 관리 및 자연과 사회의 관계에 초점을 둔다.

확실히 더 심리학적인 견해를 취하는 **샬롬 슈바르츠**와 그의 동료들은 사회적 가치 간의 본질적인 구분은 자신이 표현한 동기부여 목표라고 주장한다.[8] 그는 욕구, 사회적 동기, 그리고 사회 제도적 요구를 반영하는 10가지 보편적 인간 가치를 확인했다.[9] 이들 가치는 모든 문화에서 흔히 발견되며 인간 존재의 보편적 욕구를 나타낸다. 확인된 인간의 가치는 다음과 같다. 즉 권력, 성취, 쾌락주의, 자극, 자기방향, 보편주의, 자선,

**그림 A.4 트롬피나르스의 문화 차원**

| 차원 | 유형 | |
|---|---|---|
| 보편주의/특수주의: 사회 구성원 간 표준화된 규칙 및 정책 적용의 상대적 중요성; 규칙 집행에서 예외의 역할 | 보편주의: 모든 사람에게 똑같이 적용되는 공식적 규칙 및 정책에 의존 | 특수주의: 상황의 성격 및 관련된 사람에 따라 규칙이 조율된다 |
| 개인주의/집단주의: 사람들이 자기 자신으로부터 혹은 집단으로부터 정체성을 추동하는 정도 | 개인주의: 개인의 성취 및 독립성에 초점 | 집단주의: 집단성취 및 복지에 초점 |
| 한정주의/확산주의: 개인의 다양한 역할이 구분되어 있는가 혹은 통합되어 있는가 | 한정주의: 개인의 다양한 역할의 분명한 구분 | 확산주의: 개인의 다양한 역할의 분명한 통합 |
| 중립주의/표현주의: 공공장소에서 사람들이 감정 표현을 자유롭게 하는 정도 | 중립주의: 감정 표현의 자제; 감정을 숨김 | 표현주의: 감정 표현이 수용적이거나 고무적 |
| 성취주의/귀속주의: 존경과 사회적 지위가 개인들에게 부여되는 방식 | 성취주의: 획득된 성취에 대한 존경 | 귀속주의: 주어진 혹은 물려받은 지위에 대한 존중 |
| 시간관념: 일상생활에서 과거 혹은 미래에 상대적인 초점 | 과거/현재 지향적: 과거 사건과 영광을 강조 | 미래 지향적: 계획 및 미래 가능성을 강조 |
| 환경과 관계: 사람이 환경을 통제하는가 혹은 환경이 사람을 통제하는가 | 내부 지향적: 환경을 통제하는 데 초점 | 외부 지향적: 자연과 조화롭게 사는 것에 초점 |

**그림 A.5 슈바르츠의 문화 차원**

| 차원 | 유형 | |
|---|---|---|
| 보수주의/자율: 개인이 집단에 통합되어 있는 정도 | 보수주의: 개인은 자신의 삶의 방식을 공유하는 집단과의 참여와 동일시를 통해 의미를 발견하여 집단에 편입된다. | 자율: 개인은 집단으로부터 자율성을 지니고 있으며, 자기만의 고유한 의미를 찾는다. 지적 자율성(아이디어와 권리의 독립적 추구)과 효과적인 자율성(정서적으로 긍정적인 경험을 독립적으로 추구)의 두 가지 유형의 자치. |
| 계층/평등주의: 평등이 중요시되고 기대되는 정도 | 계층: 문화는 계층적으로 구성된다. 개인은 자신의 역할을 준수하기 위해 사회화되고 그렇지 않은 경우 제재를 받는다. | 평등주의: 인간은 인간으로서의 기본적인 이해관계를 공유하는 도덕적 평등체로 간주된다. |
| 지배/조화: 사람들이 개인적 또는 집단적 이익을 향상시키기 위해 자연 및 사회 세계를 변화시키려는 정도 | 지배: 개인은 자기주장을 통해 앞서 나가는 것을 중요하게 생각하며, 개인적 또는 집단적 이익을 증진시키기 위해 자연 및 사회 세계를 변화시키려고 노력한다. | 조화: 개인은 세계를 있는 그대로 받아들이고 개발보다는 보존하려고 노력한다. |

전통 적합성 및 안전. 분석의 개인 및 문화적 수준은 개념적으로 독립적이라고 슈바르츠는 주장한다.[10] 개인 수준 차원은 개인의 일상생활에서 그들의 가치에 따라 행동할 때 경험하는 심리적 역동성을 반영하는 반면, 문화 수준 차원은 인간 행위를 규제하기 위해 사회가 찾는 해결책을 반영한다. 분석의 문화적 수준에서 슈바르츠는 3가지 차원 – 보수주의 대 자율, 계층 대 평등주의, 그리고 지배 대 조화 – 을 확인했다. 이것은 그림 A.5에 요약되어 있다. 이 모델을 바탕으로 그는 54개국의 학교 교사와 대학생을 대상으로 연구했다. 그의 모델은 사회 행동의 기본 영역에 적용되었지만, 조직 연구에의 적용은 제한적이었다.[11]

마지막으로 문화적 차원을 연구하는 가장 야심찬 노력중 하나로, 로버트 하우스는 문화적 차이가 리더십 과정에 미치는 영향을 주로 이해하는데 초점을 맞춘 국제 연구팀을 이끌었다.[12] 그들의 조사를 **GLOBE 연구(Global Leadership and Organizational Behavior Effectiveness study)**라고 부른다. 그들의 연구에서 GLOBE 연구원들은 그림 A.6에 요약된 것처럼 9개의 문화 차원을 확인했다. 이들 차원 중 몇 가지(예: 개인주의/집단주의, 권력 거리 및 불확실성 회피성향)는 이전에 확인되었지만 다른 것들은 독특하다(예: 성 평등주의 및 성취 지향성).

**그림 A.6 GLOBE 프로젝트의 문화 차원**

| 차원 | 유형 | |
|---|---|---|
| 권력 거리: 사람들이 권력이 공평하게 배분되었다고 기대하는 정도 | 높음: 계급으로 나누어진 사회; 권력 기반이 안정적이고 희소하다; 권력이 사회 질서를 제공하는 것으로 여겨짐; 신분 상승이 제한됨 | 낮음: 두터운 중산층이 있는 사회; 권력 기반이 일시적이고 나눌 수 있음; 권력은 종종 부패, 강제, 지배의 원천으로 여겨짐; 높은 신분 상승 기회 |
| 불확실성 회피성향: 사람들이 미래 사건의 불예측성을 줄이기 위해 규범, 규칙 및 절차에 의존하는 정도 | 높음: 사회적 상호작용을 공식화하려는 경향; 법적 계약서의 문서화; 질서정연하고 세심한 기록 유지; 규칙과 공식적 정책에 의존 | 낮음: 사회적 상호작용에서 보다 비공식적인 경향; 신뢰하는 사람들의 말에 의존; 질서와 기록 유지에 관심이 덜함; 비공식적 행동 규범에 의존 |
| 인간 지향주의: 사람들이 공평, 이타주의 및 관용을 중시하는 정도 | 높음: 타인의 이익을 중요시; 이타주의, 자비, 친절, 관용을 중시; 강한 소속 욕구; 심리적 병적 문제 낮음 | 낮음: 자신의 이익을 중요시; 즐거움, 위로 및 자기만족을 중시; 강한 권력 및 소유 욕구; 심리적 병적 문제 다소 많음 |
| 제도적 집단주의: 사회가 자원의 집단적 배분 및 집단적 행위를 장려하는 정도 | 높음: 강한 응집력 있는 집단으로 통합된 개인; 집단과 상호의존적이라고 생각되는 자기; 종종 사회적 목표가 개인의 목표보다 우선 | 낮음: 자신을 책임지는 개인; 독립적으로 여겨지는 자기; 종종 개인의 목표가 사회적 또는 집단적 목표보다 우선 |
| 조직 내 집단주의: 개인이 그들 조직 및 가족 내에서 자긍심, 충성심, 응집력을 나타내는 정도 | 높음: 구성원들이 상호의존적이고 그룹이나 조직에 중요한 개인적 기여를 모색한다고 가정; 장기적인 고용주 – 종업원 관계; 조직은 종업원 복지의 주요 책임을 맡음; 그룹이 내린 의사결정 중요 | 낮음: 구성원들은 자신이 조직과 독립적이며 개인적인 기여로 눈에 띄기를 원한다고 가정; 단기적인 고용주 – 종업원 관계; 조직은 종업원의 개인적인 복지보다 종업원이 수행한 업무에 주로 관심 |
| 단호함: 사람들이 타인과의 관계에서 독단적이고, 대결적이며, 공격적인 정도 | 높음: 사회의 모든 구성원에 대한 단호함, 지배 및 거친 행동을 중시; 강한 자에 동조; 경쟁 중시; 노력을 통한 성공에 대한 믿음; 직접적이고 모호하지 않은 커뮤니케이션 중시 | 낮음: 단호함보다 겸손과 부드러움을 선호; 약한 자에 동조; 종종 경쟁을 패배와 처벌과 연관시킴; 커뮤니케이션과 행위에서 체면 유지 중시 |
| 남녀 평등주의: 성적 차별이 최소화되는 정도 | 높음: 직장에서 높은 여성 참여율, 권위 있는 위치에 여성이 많음; 사회에서 동등한 지위를 부여받은 여성 | 낮음: 직장에서 낮은 여성 참여율; 권위 있는 위치에 여성이 적음; 사회에서 동등한 지위를 부여받지 않은 여성 |

**그림 A.6 (계속)**

| | | |
|---|---|---|
| 미래지향주의: 사람들이 계획, 투자 및 연기된 만족감과 같은 미래지향적인 행동에 참여하는 정도 | 높음: 경제적 성공을 크게 강조; 미래를 위해 저축하는 성향; 내재적 동기 중시; 유연하고 적응력 있는 조직 | 낮음: 경제적 성공을 덜 강조; 즉각적인 만족감 추구; 외생적 동기 중시; 관료주의적이고 유연하지 못한 조직 |
| 성과지향주의: 높은 성과가 장려되고 보상받는 정도 | 높음: 개인이 자신의 운명을 통제할 수 있다는 믿음; 단호함, 경쟁력 및 물질주의 중시; 사람보다 성과를 더 강조 | 낮음: 통제보다 환경과 조화 중시; 연공서열, 충성심, 사회적 관계 및 소속감 강조; 일보다 사람 자체를 더 중시 |

이 평가에 따라 GLOBE 연구원은 62개국에서 데이터를 수집하고 결과를 비교하였다. 문화 간 리더 행동에서 체계적인 차이가 발견되었다. 예를 들어 개인주의적인 서구에서 흔히 수용되는 참여적 리더십 스타일은 집단주의적인 동양에서는 효과가 의심스럽다. 아시아 매니저들은 가부장적인 리더십과 집단 유지 활동에 중점을 둔다. 카리스마 리더는 대부분의 문화권에서 발견되지만 일부 문화권에서는 독단성이 강하고 다른 문화권에서는 수동적이다. 부하 직원의 의견을 주의 깊게 경청하는 리더는 중국보다 미국에서 더 가치 있게 여겨진다. 말레이시아 리더는 겸손하고 근엄한 태도로 행동할 것으로 기대된다, 반면에 미국 리더들은 거의 이런 태도를 취하지 않는다. 인도인들은 독단적이고, 도덕적 원칙이 있으며, 이데올로기적이고, 대담하고, 능동적인 리더를 선호한다. 가족과 부족의 규범은 많은 아랍 국가에서 독재적인 리더를 지지한다.[13] 분명히 GLOBE 프로젝트의 주요한 공헌 중 하나는 문화적 차원뿐 아니라 그러한 차원의 차이가 리더십 행동과 효과에 미치는 영향에 대해 체계적으로 연구하였다는 것이다.

## 모델 간 공통 주제 Common themes across models

종합하면 이 여섯 가지 모델은 두 가지 목적을 달성하려고 한다. 첫째, 다양한 문화를 비교할 수 있도록 잘 정립된 차원을 제공한다. 이와 관련하여 그들은 문화 분석을 위한 지적인 속기 형태를 제공하여, 연구자가 다양한 문화의 평가를 권력 거리, 불확실성 회피성향 등으로 세분화하여 생각을 정리하고 다른 기념비적인 일에 집중할 수 있도록 한다. 둘째, 모델 중 네 개는 다양한 문화를 평가할 수 있는 점수를 제공한다. 예를 들어, 우리는 홉스테드의 모델을 사용하여 권력 거리가 독일은 35점인 데 비해 프랑스는 68

점을 기록하여 독일이 프랑스보다 더 평등하다고 이야기한다. 이들 점수가 매우 정확하거나 이들 국가들의 일반적인 특징을 보여 주는가에 관계없이, 이들 국가의 문화적 차이에 대한 지표를 제공한다.

이 리뷰에서 알 수 있듯이, 문화적 차이를 표현하는 데는 여러 가지 방법이 있다. 불행히도 자주 접할 수 있는 6가지 문화 모델은 사회적 신념, 규범, 혹은 가치의 다른 측면에 초점을 맞추고 있어서, 얼핏 보면 모델 간 수렴은 어려워 보인다. 이러한 수렴의 결여는 경영에 대한 문화적 영향을 연구하는 학자들과 새로운 문화적 환경을 이해하려고 하는 매니저 모두에게 도전과제다.

한 모델을 다른 모델보다 더 지지하는 대신에, 모든 모델은 경영 관행과 관련하여 문화에 대한 우리의 이해에 기여하는 중요한 요소를 가지고 있다고 우리는 생각한다(3장 참조).[14] 이 문화 이론 정글을 탐색하기 위해, 다양한 문화적 환경에서 비즈니스를 더 잘 이해할 수 있는 그들의 효용을 기반으로 다양한 모델을 통합하고 적용하는 것이 가장 생산적인 접근법이라고 우리는 주장한다. 그렇게 함으로써 우리는 문화 간 주요한 차이를 총괄적으로 나타내는 공통 주제를 추구한다. 어떤 단일 모델도 문화의 모든 측면을 설명할 수 없지만, 비교 분석을 통해 주된 문화적 특성을 알아낼 수 있다고 믿는다.

우리 견해로는 이 비교를 통해 다섯 가지의 비교적 뚜렷한 공통 주제가 나타난다(그림 A.7 참조).

- **권력 배분.** 사회에서 권력과 권위가 어떻게 배분되는가? 이 분배는 계층구조 또는 평등주의 개념에 기초하고 있는가? 평등 또는 특권에 관한 사회적 신념은 무엇인가?
- **사회적 관계.** 사회의 기본 구성 요소는 무엇인가? 개인 또는 집단? 집단 행동을 위해 사회는 어떻게 구성하는가?
- **환경적 관계.** 사회적 차원에서, 사람들은 주변 환경과의 관계를 어떻게 바라 볼 것인가? 환경을 통제하거나 습득하는 것이 그들의 목표인가 또는 환경과 조화를 이루면서 사는 것이 목표인가?
- **시간 및 업무 패턴.** 사회의 사람들은 일과 근무시간 외 활동을 수행하기 위해 자신의 시간을 어떻게 구성하는가? 사람들은 선형적으로 일을 하는가 아니면 비선형적으로 일을 하는가?
- **불확실성 및 사회적 통제.** 사회는 구성원들의 행동에 있어 예측 가능성을 확보하기 위해 어떻게 노력하는가? 그들은 일률적으로 적용되는 규칙, 정책, 법률 및 사회적

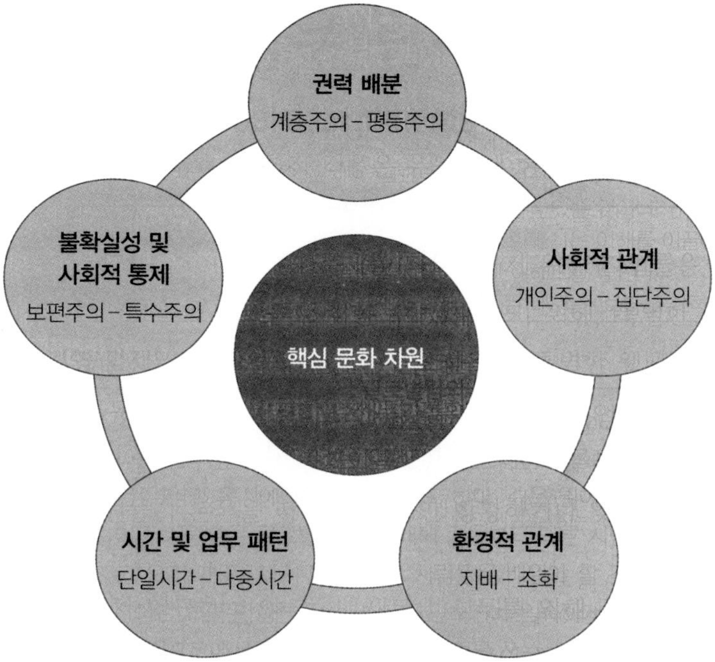


**그림 A.7** 핵심 문화 차원

> 규범을 통해 사람을 통제하려고 노력하는가? 아니면 개인적 관계 또는 특수한 상황에 의지하려고 하는가?

이러한 클러스터링을 달성하기 위해, 원래 모델의 여러 차원을 하나의 보다 일반적인 또는 통합적인 문화 차원(예: GLOBE 모델의 제도적 및 그룹 내 집단주의)으로 묶을 수 있음을 인식해야 한다. 또한 아래에서 논의되는 것처럼, 여러 학자들이 자주 사용하는 단순한 형용사를 넘어서서 다양한 개념 자체의 더 깊은 의미를 찾아야 한다.

얼핏 보면 이들 다섯 가지 주제는 홉스테드의 다섯 가지 차원을 복제하는 것처럼 보이지만, 좀 더 자세히 분석해 보면 다른 모델은 현대적인 작업장에 더 적합하도록 차원을 증폭하고, 명확하게 하고, 경우에 따라 차원을 재조정하는 역할을 한다. 실제로 이 모델들 간 공통성이 글로벌 경영에 대한 더 나은 이해를 위한 중요한 평가요소로서 효용(가능한 타당성)을 강화시켜 준다고 믿는다. 따라서 각 모델은 이러한 노력에 가치를 더해 준다.

## 핵심 문화 차원 Core cultural dimensions

### 권력 배분: 계층주의 대 평등주의

모든 사회는 권력과 영향력이 어떻게 분산되고 사용되는지를 규율하는 규범적 신념을 가지고 있다. 전형적으로 이러한 규범은 권력이 계층의 최상위 또는 근처에 모일 것인지 아니면 보다 공평하게 분산될 것인지로 표현된다. 다른 말로 문화는 더 **계층적**인가 아니면 **평등주의적**인가? 이 차원과 관련된 질문은 다음과 같다. 권위가 궁극적으로 강력한 중앙집권 정부에 있어야 하는가 아니면 국민 자신에 있어야 하는가? 수직(예: 키가 큰 조직구조)으로조직을 구성해야 하는가 아니면 수평(예: 평면 조직구조 또는 네트워크 조직구조)으로 조직을 구성해야 하는가? 의사결정이 주로 독재적인가 아니면 참여적인가? 직무에 가장 적합하기 때문에 리더가 선택되었는가 아니면 커뮤니티에 이미 입지를 굳혔기 때문에 리더로 선택되었는가? 리더는 선출되었는가 아니면 지명되었는가? 사람들이 권위에 이의를 제기하는가 아니면 꺼려하는가?

### 사회적 관계: 개인주의 대 집단주의

사회 조직의 성격과 자기 정체성에 대한 인식은 한 사회와 다른 사회를 구분 짓는 것을 이해하는 핵심 변수로서 다양한 문화 모델에서 광범위하게 확인되었다. 이것은 일반적으로 **개인주의** 또는 **집단주의** 문화로 표현된다. 여기서 문제는 사회의 구성원이 자신을 다른 무엇보다 더 개인으로서 또는 집단의 일원으로서 생각하는지 여부다. 그들은 자신의 노력 또는 집단 활동을 통해 자기 정체성을 확보하는가? 개인적 목표가 중요한가 아니면 집단적 목표가 더 중요한가? 집단 제재는 개인 책임을 강화하는가 아니면 집단 규범의 준수를 강화하는가? 개인 의사결정이 선호되는가 아니면 그룹 의사결정이 선호되는가? 비즈니스가 주로 서면 계약으로 이루어지는가 아니면 사적 관계로 이루어지는가? 커뮤니케이션이 주로 저맥락(메시지가 의도한 메시지의 대부분을 포함)으로 특징지어지는가 아니면 고맥락(메시지를 둘러싼 맥락이 중요한 정보를 전달 – 6장 참조)으로 특징지어지는가?

이러한 차원에 대한 이해는 매니저가 해외에서 성공하기 위해 중요하다. 예를 들어 개인의 성과를 보상하는 성과중심 인센티브 시스템의 도입은 강한 집단주의 문화에서 성공하기 어려울 것이다. 마찬가지로 높은 개인주의 문화권에서 참여적 의사결정을 지나치게 강조하는 것은 문제가 될 수 있다(4장 참조). 현지 관습 및 사회 규범에 배치되는 것이 아닌 지원하는 행정 관행을 개발하는 것이 글로벌 매니저의 도전과제이다.

## 환경적 관계: 지배 지향 대 조화 지향

대부분의 사회는 주변 환경과의 관계에 대해 합리적으로 널리 공유된 견해를 가지고 있다. 우리는 이것을 **지배 지향**과 **조화 지향**이라고 부른다. 이 관계는 종종 사회의 기본 동기구조 또는 목표를 나타낸다. 즉 근본적인 차원에서 어떤 사회는 주변 환경을 통제하려고 하지만 다른 사회는 주변 환경과 조화를 이루어 살려고 한다. 사회는 개인이나 집단 목표 달성을 위해 경쟁을 강조하거나, 사회 진보, 삶의 질, 타인의 복지를 위해 노력하는가? 사회는 자연을 의지로 굽히려고 하는가 아니면 자연에 가능하면 순응하려 하는가? 사회는 독단적이고, 능동적이고, "남성적"(홉스테드의 용어를 사용하면)인가 아니면 수동적이고, 반응적이며, "여성적"인가? 사회는 직무 성과를 바탕으로 외생적 보상을 강조하는가 아니면 연공서열 혹은 조직에서 자신의 직책에 기반한 내재적 보상을 강조하는가? 성취의 상징으로 물질적 소유를 강조하는가 아니면 절약, 조화, 사회적 지속 가능성을 강조하는가? 마지막으로, 사람들은 현시적 소비를 하는 경향이 있는가 아니면 겸손하고 소박한 경향이 있는가?

이 차원을 이해하면 매니저가 업무 계획 및 인센티브 계획을 결정하는 데 도움이 되며 심지어 리더십 스타일에도 영향을 미칠 수 있다. 예를 들어 지배 지향 문화권에 있는 종업원들은 도전과제 및 개인 인센티브에 반응할 것이다. 그들은 성공을 위해 노력할 것이다. 조화 지향 문화권에 있는 종업원들은 집단 복지, 사적 관계, 환경적 지속 가능성을 구축하거나 유지하는 데 더 많은 관심이 있을 것이다. 그들은 사회 진보에 더 헌신하는 경향이 있다. 따라서 그들은 참여적 리더십에 더 잘 반응하고 제안된 변화에 회의적일 수 있다. 이를 이해하는 매니저는 상황에 적합한 리더십 스타일을 구사할 수 있다.

## 시간 및 업무 패턴: 단일시간형 대 다중시간형

문화 간 네 번째 주요한 차이는 시간과 업무에 대한 사람들의 접근법이다. 여기서 우리는 **단일시간형**과 **다중시간형**으로 구분한다. 단일시간형 문화권에 있는 사람들은 시간 사용과 업무에 대한 접근법에서 보다 체계적이다. 그들은 시간을 측정할 수 있고, 사용할 수 있고, 때로는 판매할 수 있는 상품으로 본다. 그들은 일을 순차적으로 한 번에 하나씩 처리해야 하는 일련의 업무 및 목표로 접근한다. 반면에 다중시간형 문화권에 있는 사람들은 보다 유연하며 여러 문제를 동시에 해결하는 경향이 있다. 그들은 보통 시간을 무시하고 엄격한 마감시간에 저항한다. 또한 다중시간형 문화권의 사람들은 일과 개인적 삶을 보다 유연하게 혼합하는 경향이 있는 반면에 단일시간형 문화권의 사람들은 일과 가족 사이에 확실한 선을 긋는다.

논리적인 질문은 다음과 같다. 사람들이 정확한 시간관념을 가지고 있으며 시간약속을 정시에 지키는가 아니면 상대적인 관념을 갖고 있고 약속시간에 늦는 경향이 있는가? 사람들이 자기 직무에 헌신하는가 아니면 가족 및 친구에게 헌신적인가? 그들은 일과 가정생활을 구분하는가 아니면 통합적으로 보는가? 사람들이 계획에 선형 접근방식을 취하는가 아니면 비선형 접근방식을 취하는가? 마지막으로, 그들은 집중력이 강하고 참을성이 없는가 아니면 집중력이 약하고 인내심이 있는가?

## 불확실성 및 사회적 통제: 규칙기반 대 관계기반

문화 간 차이를 구별하기 위해 매니저가 사용할 수 있는 마지막 차원은 사회에서 불확실성을 줄이는 수단으로 규칙 대 관계 문제와 관련이 있다. 다른 말로 사회적 행동을 가장 잘 통제할 수 있는 방법은 무엇인가? 이러한 구분을 우리는 **규칙기반**과 **관계기반**이라고 부른다. 또한 **보편주의**와 **특수주의**라고도 한다(3장 참조).[15] 핵심적으로 이 문제는 사회적 통제 수단에 초점을 둔다.

규칙기반(또는 보편주의) 문화에서는 사회적 가치와 표준이 개인의 욕구나 친구 및 친척의 권리보다 우선한다. 규칙은 회원 전체에 똑같이 적용되도록 의도되었다. 예외는 법치를 약화시키는 역할을 할 뿐이다. 예를 들면, 법정에서 진실한 증언을 해야 한다는 규칙이 특정 가족 또는 우정 관계보다 더 중요하다. 이것은 보편주의 문화에서 특별한 유대관계가 중요하지 않다는 것을 말하는 것이 아니다. 오히려 법에 구현된 보편적 진리가 이러한 관계보다 더 중요하다는 것이다. 반면에 특수주의 문화는 사람 사이의 우정, 놀라운 업적, 독특한 상황, 긴밀한 인간관계를 이상적인 문화로 본다. 법 정신이 법의 글자보다 더 중요하다고 여긴다. 분명히 특수주의 문화에도 규칙과 법이 있지만, 그것은 사람들이 서로 어떻게 관련되는지를 체계화하기 위해 만들어진 것이다. 규칙이 필요하지만 (특정 사례에 대해 예외를 적용할 수 있는 경우) 사람들은 친구에게 의지할 필요가 있다.

결과적으로, 규칙기반 문화에서는 있을 수 있는 많은 예상치 못한 사건이나 행동을 통제하기 위해 법률, 규칙, 규제, 관료주의적 절차 및 엄격한 사회적 규범을 공표하는 경향이 있다. 사람들은 법의 지배에 대한 도덕적인 믿음으로 인해 공식적으로 승인된 제약을 따르는 경향이 있다. 위반이 발견되지 않을 것이라는 것을 알면서도 규칙을 지킬 것이다. 차들이 없을 때에도 빨간불에서 기다리는 것이 좋은 예다. 정상참작이 되는 상황이나 개인적 커넥션에 대한 예외를 제외하고 규칙과 법은 보편적으로 적용된다(적어도 이론적으로). 비즈니스 거래에서 공식적 계약서 사용 및 엄격한 장부 기록에 대한 강한 믿음이 있다. 일은 전형적으로 "규칙대로" 이루어지며, 위반은 보통 즉각적인 제재 또는 결과를 초래한다. 마지막으로, 가능한 한 객관적인 기준에 근거하여 의사결정을 하는 경향이 있다. 이 모든 것은 예기치 못한 놀라움이 없는 사회를 만들어 내는 것을 목표로 한다.

반면에 관계기반(또는 특수주의) 문화는 사회적 통제 수단으로서 추상적이고 객관적인 규칙이나 규제보다는 영향력 있는 사람을 활용하는 경향이 있다.[16] 이 개인적 통제는 부모, 동료, 상사, 감독관, 정부 관료 등 영향력을 지닌 사람으로부터 나올 수 있다. 이 점에서 관계기반 문화는 특수주의적이며, 개별적인 상황이 공식적인 규칙이 적용되는 방식에 영향을 미친다. 또한 엄격한 규칙 및 절차를 대신하여 상호이익이 되는 대인관계와 신뢰를 개발하는 데 중점을 둔다. 기록 보존이 거의 필요치 않으며 일이 비공식적으로 수행되는 경향이 있다. 공식적인 규칙이 모든 우발적인 사건을 다룰 수 없으며 약간의 유연성이 필요하다는 믿음으로 관료주의 규칙을 준수하지 않는 것에 대한 관용도 커진다. 마지막으로, 의사결정은 객관적 기준 및 주관적 기준이 혼합되어 이루어지며 덜 공식적이다.

이것은 관계기반 문화가 법과 공식 절차를 존중하지 않는다고 말하는 것은 아니다. 그들은 존중한다. 보편주의적 문화에서처럼 도덕적 올바름(moral correctness)에 대한 선천적 믿음 때문이 아니라, 자신의 사회적 네트워크가 그들을 수용하고 사회적 네트워크가 그들을 따르는 것이 미덕이고 필요하다고 판단하는 정도까지 법과 절차를 따른다. 행동의 예측가능성이 중요할 때, 계약이 아니라 접촉을 통해 동기를 부여받으며 파트너 간 대인관계 신뢰 및 상호지원이 중요하다.

## ❖ NOTES

1. Luciara Nardon and Richard M. Steers, "The culture theory jungle: divergence and convergence in models of national culture," in Rabi S. Bhagat and Richard M. Steers (eds.),

*Cambridge Handbook of Culture, Work, and Organizations*. Cambridge University Press, 2009, pp. 3–22.

2. Clyde Kluckhohn, "Values and value orientations in the theory of action," in Talcott Parsons and Edward A. Shils (eds.), *Towards a General Theory of Action*. Cambridge, MA: Harvard University Press, 1951; Florence Kluckhohn and Fred Strodtbeck, *Variations in Value Orientations*. Evanston, IL: Row, Peterson, 1961.
3. Geert Hofstede, *Culture's Consequences: Comparing Values, Behaviors, Institutions, and Organizations across Nations*. Thousand Oaks, CA: Sage, 1980.
4. Michael Bond and Peter Smith, "Cross-cultural social and organizational psychology," *Annual Review of Psychology*, 47 (1996), pp. 205–35.
5. Edward T. Hall, *The Silent Language*. New York: Doubleday, 1959; Edward T. Hall and Mildred Reed Hall, *Understanding Cultural Differences: Germans, French and Americans*. Yarmouth, ME: Intercultural Press, 2000.
6. Fons Trompenaars, *Riding the Waves of Culture: Understanding Cultural Diversity in Business*. London: Economist Books, 1993; Fons Trompenaars and Charles Hampden-Turner, Riding the Waves of Culture: Understanding Diversity in Global Business, 3rd edn. New York: McGraw-Hill, 1998.
7. Parsons and Shils, *Towards a General Theory of Action*.
8. Shalom Schwartz, "Universals in the content and structure of values: theoretical advances and empirical tests in 20 countries," in Mark Zanna (ed.), *Advances in Experimental Social Psychology*, vol. 25. New York: Academic Press, 1992, pp. 1–65.
9. Cigdem Kagitçibasi, "Individualism and collectivism," in Marshall Segal and Cigdem Kagitçibasi (eds.), *Handbook of Cross-Cultural Psychology*, vol. 3. Boston: Allyn & Bacon, 1997, pp. 1–49.
10. Shalom Schwartz, "Beyond individualism/collectivism: new cultural dimensions of values," in Uichol Kim, Harry C. Triandis, Cigdem Kagitçibasi, Sang-Chin Choi, and Gene Yoon (eds.), *Individualism and Collectivism: Theory, Methods and Applications*. Thousand Oaks, CA: Sage, 1994, pp. 85–122.
11. Bond and Smith, "Cross-cultural social and organizational psychology."
12. Robert J. House, Paul J. Hanges, Mansour Javidan, Peter W. Dorfman, and Vipin Gupta, *Culture, Leadership and Organizations: The GLOBE Study of 62 Societies*. Thousand Oaks, CA: Sage, 2004.
13. House et al., *Culture, Leadership and Organizations*.
14. Nardon and Steers, "The culture theory jungle."
15. John Hooker, *Working across Cultures*. Stanford University Press, 2003.
16. Hooker, *Working across Cultures*.

# 찾아보기

[국문]